Entscheidungen des
Bundesarbeitsgerichts

Herausgegeben

von den Mitgliedern des Gerichtshofes

Berlin 1960

Walter de Gruyter & Co.

vorm. G. J. Göschen'sche Verlagshandlung / J. Guttentag, Verlagsbuchhandlung / Georg Reimer / Karl J. Trübner / Veit & Comp.

Entscheidungen des
Bundesarbeitsgerichts

7. Band

Berlin 1960

Walter de Gruyter & Co.

vorm. G. J. Göschen'sche Verlagshandlung / J. Guttentag, Verlagsbuchhandlung / Georg Reimer / Karl J. Trübner / Veit & Comp.

ZITIERWEISE

Für die Zitierung dieser Sammlung wird die Abkürzung BAG empfohlen, z. B. BAG 1,70 (= Band 1 Seite 70).

Archiv-Nr. 28 19 60

Satz und Druck: Berliner Buchdruckerei Union G. m. b. H., Berlin SW 61

INHALT

Berichtigung

Band 6: S. 121 Zeile 8 von oben lies: **„auch** entfällt" statt: „nicht entfällt".

1

1. Schuldet der Arbeitgeber dem Arbeitnehmer eine sogenannte Bruttovergütung, so ist der Arbeitnehmer dem Arbeitgeber gegenüber verpflichtet, die auf die jeweilige Vergütung entfallenden Steuern und Abgaben allein zu tragen. Es kommt insoweit auf die dem öffentlichen Recht angehörende steuerrechtliche Regelung nicht an.

2. Die Tatsache allein, daß ein Arbeitgeber versehentlich zu wenig Steuern bei Auszahlung der Vergütung einbehält, befreit den Arbeitnehmer nicht von der Verpflichtung, gleichwohl dem Arbeitgeber gegenüber weiterhin für die zu wenig einbehaltenen Steuern aufzukommen, wenn das Finanzamt den Arbeitgeber auf Grund steuerrechtlicher Vorschriften nachträglich zur Zahlung der Steuerschuld heranzieht. Es ist Sache des Arbeitnehmers, sich in ausreichendem Maße selbst darum zu kümmern, ob der Steuerabzug vom Arbeitgeber richtig vorgenommen wird.

3. Die Fürsorgepflicht des Arbeitgebers schließt grundsätzlich auch die Pflicht ein, die Lohnsteuer richtig zu berechnen. Bei einer schuldhaft falschen Berechnung der Lohnsteuer oder anderer öffentlicher Abgaben durch den Arbeitgeber kann dieser verpflichtet sein, dem Arbeitnehmer den daraus etwa entstehenden Schaden zu ersetzen.

EStG § 38; LStDV § 46; Steueranpassungsgesetz § 7; BGB § 611.

IV. Senat. Urteil vom 24. 10. 1958 i. S. L. (Kl.) w. L. H. (Bekl.)
4 AZR 114/56.

I. Arbeitsgericht Wiesbaden. — II. Landesarbeitsgericht Frankfurt/Main.

Der Kläger ist Mitglied des Orchesters beim Landestheater in D. Durch einen am 3. Juni 1954 zugestellten Haftungsbescheid nahm das Finanzamt das beklagte Land wegen eines in den Jahren 1950 und 1951 beim Kläger nicht einbehaltenen Betrages von 199,30 DM an Lohnsteuer, Kirchensteuer und „Notopfer Berlin" in Anspruch. Das beklagte Land verlangte vom Kläger mit Schreiben vom 1. Oktober 1954 die Erstattung dieses Betrages.

Der Kläger hält das Verlangen des beklagten Landes für unberechtigt.

Er hat beantragt, festzustellen, daß das beklagte Land nicht berechtigt ist, dem Kläger Steuerbeträge aus den Jahren 1950 und 1951 vom im Jahre 1955 oder später fällig werdenden Gehalt in Abzug zu bringen.

Die Klage blieb in allen Instanzen ohne Erfolg.

Aus den Gründen:

Das beklagte Land hatte für die hier in Frage stehenden Jahre 1950 und 1951 zu Lasten des Klägers von dessen Gehalt Lohn- und Kirchensteuer sowie das „Notopfer Berlin" in der gesetzlich vorgeschriebenen Höhe jeweils einzubehalten und an das zuständige Finanzamt abzuführen (§ 38 EStG in Gesetzbl. d. Verw. d. Verein. Wirtschaftsgebietes 1949, S. 274; BGBl. 1951 I, S. 15; BGBl. 1952 I, S. 46; § 46 LStDV in Gesetzbl. d. Verw. d. Vereinigten Wirtschaftsgebietes 1949, S. 166; BGBl. 1950, S. 713; § 5 d. Ges. zur Erhebung einer Abgabe „Notopfer Berlin" i. d. F. der Bekanntmachung v. 20. Juni 1950, BGBl. S. 341; § 3 d. hessischen VO über die Erhebung von Kirchensteuern v. 20. Juli 1948, GVBl. S. 91; § 7 Abs. 2 d. hessischen Kirchensteuergesetzes v. 27. April 1950, GVBl. S. 64). Hiernach ist der eigentliche Steuerschuldner sowohl hinsichtlich der Lohn- als auch der Kirchensteuer für die Jahre 1950 und 1951 der Kläger als Arbeitnehmer (a. A. Bühler, Handkommentar zur Einkommensteuer usw., 1956, § 38 EStG Anm. 6, wonach „entgegen der Ausdrucksweise des Gesetzes" der Arbeitgeber als der eigentliche Steuerschuldner der Lohnsteuer anzusehen sei). Entsprechendes gilt für das Notopfer Berlin. Das beklagte Land als Arbeitgeber haftete aber gleichfalls für die Einbehaltung und Abführung der Steuern und Abgaben. Es haftete neben dem Kläger insbesondere für die richtige Einbehaltung. Sind nun die vorgenannten Steuern und Abgaben, wie hier, nicht richtig, d. h. nicht in der gesetzlich vorgeschriebenen Höhe von dem jeweiligen Gehalt des Klägers einbehalten worden, so daß eine Steuer- bezw. Abgabenschuld verblieb, so sind beide Parteien, Arbeitgeber und Arbeitnehmer, weil sie dieselbe Leistung schulden bezw. für sie haften, dem Finanzfiskus gegenüber Gesamtschuldner (§ 7 Steueranpassungsges. v. 16. 10. 1934 in RGBl. I S. 926, i. d. F. d. EinfGRealStG v. 1. 12. 1936 in RGBl. I S. 977). Es handelt sich um eine Gesamtschuld im Steuerrecht. Daran ändert auch nichts § 38 EStG, wo die Ausdrücke „schulden" und „haften" gebraucht werden; denn gerade auch für die dort genannte „Haftung" des Arbeitgebers normiert § 7 Steueranpassungsges. eine Gesamtschuld (vgl. Wertenbruch in Anm. zu AP Nr. 3 zu § 426 BGB). Hafteten die Parteien aber dem Finanzfiskus hinsichtlich der zu wenig gezahlten Steuern und Abgaben aus den Jahren 1950 und 1951 als Gesamtschuldner, so konnte das Finanzamt grundsätzlich jeden von ihnen ganz oder zum Teil zur Leistung heranziehen (vgl. hierzu auch BAG in AP Nr. 5 zu § 550 ZPO; Berié-Hentrich, Komm. zum Lohnsteuerrecht, 1955, S. 315). Es liegt grundsätzlich im Belieben des Finanzamts, an welchen der Gesamtschuldner es sich halten will; es hätte sich auch an den Kläger halten können, ohne gegen § 38 Abs. 3 EStG zu verstoßen, weil Ziff. 1 dortselbst gerade hier gegeben war.

Wenn aber, wie hier, der Arbeitgeber vom Finanzamt wegen nicht einbehaltener Lohn- und Kirchensteuer sowie der Abgabe „Notopfer Berlin" in Anspruch genommen worden ist, so kann er grundsätzlich von seinem Arbeitnehmer, auf dessen Lohn oder Gehalt die Steuern bezw. Abgaben entfielen, volle Erstattung der letzteren verlangen. Der erkennende Senat schließt sich hier im Ergebnis und im wesentlichen auch in der Begründung den Urteilen des Zweiten Senats vom 27. März 1958 in AP Nr. 1 u. Nr. 2 zu § 670 BGB an.

Auch unabhängig von den vom Zweiten Senat angestellten Überlegungen wurzelt der Anspruch des beklagten Landes gegen den Kläger auf Erstattung der gezahlten Steuern und Abgaben auch in dem bestehenden Arbeitsverhältnis (vgl. AP Nr. 1 zu § 670 BGB). Es ist ein allgemeiner Erfahrungssatz, daß in der Regel der Arbeitgeber dem Arbeitnehmer eine sogenannte Brutto-Vergütung schuldet. Das bedeutet, daß der Arbeitnehmer im Innenverhältnis verpflichtet ist, gegenüber seinem Arbeitgeber die auf die jeweiligen Vergütungen entfallenden Steuern und Abgaben allein zu tragen; es kommt insoweit auf die dem öffentlichen Recht angehörende steuerrechtliche Regelung gar nicht an. Das erhellt aus der Gegenprobe. Ist nämlich eine sogenannte Netto-Vergütung vereinbart, so ist, unbeschadet der steuerrechtlichen Regelung, im Innenverhältnis der Arbeitgeber verpflichtet, Steuern und Abgaben zu tragen. Der Arbeitnehmer bleibt Steuerschuldner. Die Tatsache allein, daß ein Arbeitgeber versehentlich zu wenig Steuern bei Auszahlung der Vergütung einbehält, befreit den Arbeitnehmer keineswegs von der Pflicht, gleichwohl dem Arbeitgeber gegenüber weiterhin für die zu wenig einbehaltene Steuer aufzukommen, wenn das Finanzamt den Arbeitgeber auf Grund steuerrechtlicher Vorschriften nachträglich zur Zahlung der Steuerschuld heranzieht. Es ist Sache des Arbeitnehmers, sich in ausreichendem Maße selbst darum zu kümmern, ob der Steuerabzug vom Arbeitgeber richtig vorgenommen wird. Der Arbeitnehmer kann vom Arbeitgeber eine aufgeschlüsselte Berechnung von Brutto-Vergütung, öffentlich-rechtlichen und sonstigen Abgaben und Abzügen verlangen. Der Arbeitgeber hat ihm auf Verlangen auch die für die

Berechnung maßgebenden Bestimmungen (Tabellen pp.) mitzuteilen oder ihn hiervon Kenntnis nehmen zu lassen.

Wie diese Frage bei inzwischen beendetem Arbeitsverhältnis und nachträglicher Heranziehung des Arbeitgebers für zu wenig einbehaltene Lohnsteuer durch das Finanzamt zu entscheiden wäre, kann hier unerörtert bleiben.

Die vorstehenden Ausführungen schließen nicht aus, daß der Arbeitgeber bei einer schuldhaft falschen Berechnung der Lohnsteuer oder anderer Abgaben verpflichtet ist, dem Arbeitnehmer den daraus etwa entstehenden Schaden zu ersetzen. Denn die Fürsorgepflicht des Arbeitgebers schließt grundsätzlich auch die Pflicht ein, die Lohnsteuer richtig zu berechnen. Abgesehen davon, daß dem Kläger hier kein Schaden entstanden ist, wie das angefochtene Urteil bindend festgestellt hat, ein Schaden insbesondere grundsätzlich nicht darin zu sehen ist, daß er noch nachträglich Steuern für frühere Zeiträume zahlen muß, ist mit den obengenannten Urteilen des Zweiten Senats nicht jede falsche Anwendung von Steuervorschriften bei der Kompliziertheit des gegenwärtigen Steuersystems dem Arbeitgeber als Verschulden anzurechnen; dies um so weniger, wenn sich der Arbeitnehmer um die richtige Berechnung seiner Steuerschulden, wenn er sie im Innenverhältnis allein zu tragen hat, gar nicht kümmert.

2

Die Kündigung gegenüber einem Arbeitnehmer, die unter Verletzung der Vorschriften über den Kündigungsschutz bei Massenentlassungen (§§ 15 ff. KSchG) geschieht, ist nur dann unwirksam, wenn sich der gekündigte Arbeitnehmer auf eine solche Unwirksamkeit gegenüber dem Arbeitgeber beruft.

AVAVG (a. F.) § 113; ArbGG § 2 Abs. 4; KO §§ 138 ff.; KSchG §§ 15 ff.

II. Senat. Urteil vom 6. 11. 1958 i. S. St. (Bekl.) w. B. (Kl.) 2 AZR 354/55.

I. Arbeitsgericht Berlin. — II. Landesarbeitsgericht Berlin.

In dem Unternehmen des im Verlaufe des Revisionsverfahrens verstorbenen ehemaligen Beklagten, Dipl.Ing. M., waren regelmäßig 166 Arbeitnehmer beschäftigt. Zwischen dem 9. Januar 1954 und dem 30. Januar 1954 nahm er insgesamt 29 Entlassungen vor, ohne eine Entlassungsanzeige an das Arbeitsamt zu erstatten.

Von den 29 entlassenen Arbeitnehmern meldeten sich vier Arbeitnehmer arbeitslos, die auf ihren Antrag Arbeitslosenunterstützung im Gesamtbetrag von 444,30 DM erhielten.

Mit der am 2. Dezember 1954 eingereichten Klage hat die Klägerin unter Berufung auf § 113 Abs. 2 AVAVG (a. F.) von dem ehemaligen Beklagten Erstattung dieses Betrages verlangt.

Es ist zwischen den Parteien unstreitig, daß die hier in Rede stehenden vier Arbeitnehmer zu dem ihnen gesetzten Kündigungsendtermin die Arbeit aufgegeben und dem ehemaligen Beklagten die Fortsetzung der Arbeit nicht ausdrücklich angeboten haben. Sie haben außerdem anläßlich ihres Ausscheidens in einer ihnen vorgelegten Bescheinigung unterschriftlich bestätigt, keine weiteren Ansprüche mehr gegen den ehemaligen Beklagten zu haben.

Das Arbeitsgericht hat die Klage abgewiesen, das Landesarbeitsgericht hat ihr entsprochen. Die Revision des Beklagten hatte Erfolg.

Aus den Gründen:

1. Für die Berechtigung des von der Klägerin gegen den Beklagten gerichteten Verlangens auf Erstattung der an die vier Arbeitnehmer erbrachten Leistungen ist für Berlin für den im vorliegenden Rechtsstreit in Rede stehenden Zeitraum — 1954 — von § 113 AVAVG in der Fassung vom 12. Oktober 1929 — RGBl. I, 162 [179] — auszugehen. Das ergibt sich aus folgendem:

Nach dem Zusammenbruch im Jahre 1945 bestimmte für Berlin zunächst § 19 des Gesetzes über die Regelung der Arbeitslosenunterstützung in Groß-Berlin vom 25. April 1949 — VOBl. Groß-Berlin 1949, 145 [146] —, daß die Vorschriften des AVAVG vom 16. Juli 1927 (RGBl. I, 187 [201]) sinngemäß gelten sollen, soweit sie die Arbeitslosenunterstützung betreffen und den übrigen Bestimmungen des Gesetzes vom 25. April 1949 nicht widersprechen. Das führte jedoch gerade wegen § 19 dieses Gesetzes vom 25. April 1949 zu keiner Einführung auch des § 113 AVAVG 1927. Denn § 11 Abs. 2 und Abs. 4 des Gesetzes vom 25. April 1949 enthielten eine besondere Regelung darüber, wie bei Erstattungsansprüchen zu verfahren war. Erstattungsansprüche des Arbeitsamtes waren der Stelle gegenüber geltend zu machen, die dem Arbeitslosen die Bezüge zu zahlen hatte. Im Falle der Geltendmachung hatte die Stelle die Bezüge bis zur Tilgung des Ersatzanspruches an das Arbeitsamt abzuführen, das seinerseits wegen seines Erstattungsanspruches die Bezüge pfänden konnte. Außerdem war in

§§ 15—17 dieses Gesetzes gegenüber den einschlägigen Anordnungen und Verfügungen des Arbeitsamtes ein Spruchbehördenverfahren möglich, das endgültig entschied.

Durch § 7 Ziffer 3 des Gesetzes zur vorläufigen Regelung der Arbeitslosenunterstützung in Berlin vom 28. Dezember 1950 — VOBl. Berlin 1950 I, 566 [567/568] — erhielt § 11 des Gesetzes über die Regelung der Arbeitslosenunterstützung in Groß-Berlin vom 25. April 1949 — VOBl. Groß-Berlin 1949, 145 [146] — unter Aufhebung von dessen § 19 aber folgende Fassung:

„1. Die Anrechnung der in § 10 bezeichneten Einnahmen erfolgt in sinngemäßer Anwendung der §§ 112 und 113 AVAVG vom 16. 7. 1927 in der Fassung vom 12. 10. 1929 (RGBl. I, S. 162)."

§ 8 des Gesetzes vom 28. Dezember 1950 bestimmte weiter, daß das AVAVG vom 16. Juli 1927 in der Fassung vom 12. Oktober 1929 (RGBl. I S. 162) mit Ausnahme einiger ausdrücklich genannter, hier nicht weiter interessierender Vorschriften sinngemäß gelten solle, soweit es den Vorschriften aus dem Gesetz vom 28. Dezember 1950 und aus dem Gesetz vom 25. April 1949 nicht widerspreche. Inwieweit es allein auf Grund einer sinngemäßen Anwendung des § 113 AVAVG vom 16. Juli 1927 in der Fassung vom 12. Oktober 1929 und ohne daß noch sonstige besondere Umstände vorliegen, zu einer inhaltlichen Veränderung dieser Vorschrift kommen könnte, ist nicht einzusehen. Die Frage, wie gegen etwaige Maßnahmen des Arbeitsamtes vorzugehen wäre, interessiert in diesem Zusammenhang nicht.

Bei dieser gesetzlichen Regelung ist es auch, soweit die Vorschrift des § 113 AVAVG (a. F.) in Betracht kommt, für Berlin bis zur Aufhebung der beiden genannten Berliner Gesetze vom 25. April 1949 und vom 28. Dezember 1950 durch Artikel X § 10 Ziffer 47 und 49 des Bundesänderungsgesetzes zum AVAVG vom 23. Dezember 1956 — BGBl. I, 1018 [1056], für Berlin übernommen durch Gesetz vom 10. Januar 1957 (GVBl. Berlin 1957, 93) — geblieben (vgl. auch Berndt-Dräger, AVAVG, 2. Nachtrag, Einleitung zu Teil VI C, Arbeitslosenversicherung in Berlin; ferner Arbeitslosenhilfe in Berlin", 1952, S. 38, 39, herausgegeben vom Landesarbeitsamt Berlin).

2. Das Landesarbeitsgericht hat nicht erörtert, ob für den von der Klägerin somit gemäß § 113 AVAVG 1929 verfolgten Erstattungsanspruch der Rechtsweg vor den Arbeitsgerichten gegeben ist.

a) Nach § 113 Abs. 2 Satz 3 AVAVG in den bis 1931 geltenden Fassungen vom 16. Juli 1927 / 16. Dezember 1927 / 12. Oktober

1929 — RGBl. I 1927, 187 [201], 337 [342], 1929, 153 [158] — entschieden über Erstattungsstreitigkeiten zwischen Reichsanstalt und Arbeitgeber unter Ausschluß des Rechtsweges der Verwaltungsausschuß des Arbeitsamtes, gegen dessen Entscheidung gemäß § 188 AVAVG binnen zweier Wochen eine Beschwerde an den Verwaltungsausschuß des Landesarbeitsamtes zulässig war, dessen Entscheidung grundsätzlich endgültig war, da es gegen dessen Entscheidungen, von dem Beanstandungsrecht des § 194 AVAVG abgesehen, eine Beschwerde an den Vorstand der Reichsversicherungsanstalt nur gab, wenn er in erster Instanz entschied (§ 190 AVAVG; vgl. Stier-Somlo, AVAVG, 1. Aufl., 1928, § 113 Anm. 3 und § 188 Anm. 2; Stier-Somlo, AVAVG, 2. Aufl., 1930, § 113 Anm. 3 und § 188 Anm. 2; Weigert-Berndt-Ehlert-Lehfeldt-Syrup, AVAVG, 1927, § 113 Anm. IV und Vorbem. 2 vor § 187; Fischer-Biensfeld-Blackholm-Dencker-Münch-Rieber-Weinbrenner, AVAVG, 1928, § 113 Anm. 10 S. 519; Jaeger-Neuburger-Adam, AVAVG, 1928, § 113 Anm. 20 S. 617; Spliedt-Broecker, AVAVG, 4. Aufl., 1929, § 113 Anm. 6 S. 275/276; Schmeißer, AVAVG, Bd. 1, 1931, § 113 Anm. 8; Böhm-Eichelsbacher, AVAVG, 2. Aufl., 1930, § 113 Anm. 9).

Die Zuständigkeit der Arbeitsgerichte bestand damals nur für Aufrechnungsstreitigkeiten im Sinne des damaligen § 113 Abs. 2 Satz 2 AVAVG zwischen Arbeitgeber und Arbeitnehmer (vgl. Jaeger-Neuburger-Adam, AVAVG, 1928, § 113 Anm. 20 S. 617; Spliedt-Broecker, AVAVG, 4. Aufl., 1929, § 113 Anm. 6, S. 275, 276; Schmeißer, AVAVG, Bd. 1, 1931, § 113 Anm. 8). Für sie hat das Reichsarbeitsgericht im Urteil vom 15. Dezember 1928 — RAG 490/28 — in ARS 8, 55 [59/61] = Arb-Rechts-Praxis, Monatsschrift des Allgemeinen Deutschen Gewerkschaftsbundes, Nr. 3, S. 55 — angenommen, daß, soweit die Reichsanstalt gemäß § 113 Abs. 2 Satz 1 AVAVG vom Arbeitgeber Erstattung verlangen könne, eine cessio legis vorliege, die dem Arbeitnehmer die Aktivlegitimation für die kraft Gesetzes an die Reichsanstalt zedierten Ansprüche nehme (vgl. dazu ablehnend Nörpel, Arbeitsrechtspraxis, Monatsschrift des Allgemeinen Deutschen Gewerkschaftsbundes, Nr. 3 S. 55 und Spliedt-Broecker, AVAVG, 4. Aufl., 1929, § 113 Anm. 6, S. 276 Fußnote).

Das Verhältnis zwischen Reichsanstalt und Arbeitslosen blieb insofern unberührt, als die Reichsanstalt gegen den Arbeitslosen auch unter den Voraussetzungen der §§ 177, 185 AVAVG vorgehen konnte (Fischer-Adam-Berghofer-Grams-Hastler, AVAVG, 6. Aufl., Bd. I 1937, § 113 Bem. 47; RVA GrE Nr. 4184 vom

20. Februar 1931 — IIIa Ar 359/30 — in RArbBl. 1931 IV 380 = Spruchpraxis, Entscheidungen der Spruchbehörden und Gerichte zum AVAVG, herausgegeben von Böhm, IV 1366; dazu auch RAG ARS 33, 264 [269]).

b) Nach der durch die Dritte Verordnung des Reichspräsidenten zur Sicherung von Wirtschaft und Finanzen und zur Bekämpfung von politischen Ausschreitungen vom 16. Oktober 1931 — RGBl. I S. 537 — Zweiter Teil, Art. 1, Ziff. 1 — erfolgten Streichung von Satz 3 des § 113 Abs. 2 AVAVG ist in Praxis und Lehre in der Zeit zwischen 1931 bis 1939 nie angezweifelt worden, daß für Ansprüche der Reichsanstalt gemäß § 113 Abs. 2 AVAVG (a. F.) gegen den Arbeitgeber die Zuständigkeit der Arbeitsgerichte gegeben sei. Auch nach 1945 war dies wieder die ganz überwiegende Ansicht in Praxis und Lehre. Insoweit kann zur näheren Begründung auf das Urteil des erkennenden Senats vom 20. Juni 1958 — 2 AZR 271/55 — AP Nr. 1 zu § 113 AVAVG (a. F.) — mit den darin enthaltenen eingehenden Begründungen und Nachweisen verwiesen werden.

c) Der Umstand, daß für den hier in Rede stehenden Zeitraum in Berlin § 113 AVAVG in der Fassung von 1929 galt und daß in §§ 15—17 des Gesetzes vom 25. April 1949 ein Spruchbehördenverfahren vorgesehen war, das gegen Anordnungen und Verfügungen des Arbeitsamtes angerufen werden konnte und endgültig entschied, könnte nun dahin gedeutet werden, daß damit der Rechtsweg vor den Arbeitsgerichten für Erstattungsansprüche der Bundesanstalt gegen Arbeitgeber ausgeschlossen gewesen und es wieder bei der früheren Zuständigkeit der Verwaltungsausschüsse bzw. der Spruchbehörden der §§ 15 ff. des Gesetzes vom 25. April 1949 verblieben sei.

Das ist indessen n i c h t anzunehmen.

Eine Anwendung des § 113 AVAVG 1929 in der Form, daß das Spruchbehördenverfahren der §§ 15 ff. des Gesetzes vom 25. April 1949 zuständig sei, scheitert für 1954 jedenfalls schon daran, daß es 1954 diese in §§ 15ff. des Gesetzes vom 25. April 1949 geregelten Spruchbehörden nicht mehr gab. Die §§ 15 ff. des Gesetzes vom 25. April 1949 wurden durch § 53 Abs. 2 des Bundesanstaltsgesetzes vom 10. März 1952 — BGBl. I, S. 123 [129] — in Verbindung mit dem Berliner Übernahmegesetz vom 30. April 1952 — GVBl. Berlin S. 303 — außer Kraft gesetzt und durch § 49 des Bundesanstaltsgesetzes ersetzt (vgl. auch: Berndt-Draeger, AVAVG, VI C 2 Anmerkungen 1 zu §§ 15 und 16 des Berliner Gesetzes vom 25. April 1949). Die Möglichkeit, daß § 113 AVAVG 1929 mit der Maßgabe gegolten habe, daß an die Stelle des

Spruchbehördenverfahrens der §§ 15 ff. des Berliner Gesetzes vom 25. April 1949 das Spruchbehördenverfahren nach näherer Maßgabe der §§ 48—50 des Bundesanstaltsgesetzes vom 10. März 1952 getreten sei, scheidet deswegen aus, weil ab 1. Januar 1954 auch die §§ 48—50 des Bundesanstaltsgesetzes durch § 224 Abs. 3 Ziffer 9 des Sozialgerichtsgesetzes vom 3. September 1953 — BGBl. I S. 1239 [1265] — in Verbindung mit dem Berliner Übernahmegesetz vom 20. November 1953 — GVBl. S. 1419 — aufgehoben worden sind.

d) Somit ergibt sich jedenfalls für Berlin für den hier in Betracht kommenden Zeitraum, daß die dafür gebotene Anwendung von § 113 AVAVG 1929 nicht zu einer Spruchbehördenzuständigkeit führen kann. Aus dem Umstand, daß deren positivrechtliche Beseitigung auf Grund des § 224 Abs. 3 Ziffer 9 des Sozialgerichtsgesetzes geschah, folgt aber anderseits auch nicht, daß nunmehr für Erstattungsansprüche der Bundesanstalt gegen Arbeitgeber nach Maßgabe des § 113 Abs. 2 AVAVG 1929 die Sozialgerichtsbarkeit zuständig gewesen sei. Wie der Senat in dem bereits erwähnten Urteil vom 20. Juni 1958 — 2 AZR 271/55 — AP Nr. 1 zu § 113 AVAVG (a. F.) — ausgeführt hat, sind seit 1931 Rechtsprechung und Rechtslehre übereinstimmend durchweg davon ausgegangen, daß der in § 113 AVAVG Abs. 2 (a. F.) geregelte Erstattungsanspruch auf einer cessio legis von Ansprüchen des Arbeitnehmers gegen den Arbeitgeber beruht und daß wegen des privatrechtlichen Charakters des Erstattungsanspruchs deshalb der Rechtsweg vor den Arbeitsgerichten auch nach geschehenem Rechtsübergang auf den Träger der Arbeitslosenversicherung bestehen bleibe (§ 2 Abs. 2 ArbGG 1926 bzw. § 2 Abs. 4 ArbGG 1953). An dieser Beurteilung der Rechtsnatur des Erstattungsanspruchs und seiner Zuordnung zur Zuständigkeit der Arbeitsgerichtsbarkeit hat der Bundesgesetzgeber in § 96 Abs. 2 Satz 2 des AVAVG 1956 in der Fassung der Bekanntmachung vom 3. April 1957 — BGBl. I, 321 —, der dem früheren § 113 Abs. 2 AVAVG (a. F.) entspricht, ausdrücklich festgehalten. Das kommt dadurch zum Ausdruck, daß § 96 Abs. 2 Satz 2 AVAVG 1956 ausdrücklich von einem Übergang der Forderung des Arbeitnehmers gegen den Arbeitgeber auf die Bundesanstalt spricht, woraus gemäß § 2 Abs. 4 ArbGG 1953 notwendig auch die Zuständigkeit der Arbeitsgerichte für derartige kraft Gesetzes auf die Bundesanstalt übergegangene Ansprüche gegen den Arbeitgeber folgt. Unter diesen Umständen würde es regelrecht sinnwidrig sein, aus der Tatsache, daß das Spruchbehördenverfahren durch das Sozialgerichtsgesetz 1953 abgeschafft worden ist, folgern zu wollen, daß für Berlin nunmehr die Sozialgerichtsbarkeit an dessen Stelle getreten sei. Dann würde sich nämlich ergeben, daß für Berlin Erstattungsansprüche nach § 113 Abs. 2 AVAVG (a. F.), zudem übrigens nur vorübergehend bis zum Inkrafttreten des § 96 AVAVG 1956, in die Sozialgerichtsbarkeit verwiesen worden wären, obwohl in allen anderen deutschen Ländern, wie in dem Urteil des Senates vom 20. Juni 1958 — 2 AZR 271/55 — AP Nr. 1 zu § 113 AVAVG (a. F.) — eingehend belegt ist, für Erstattungsansprüche nach § 113 Abs. 2 AVAVG (a. F.) die Arbeitsgerichte zuständig waren und nach § 96 Abs. 2 AVAVG 1956 zuständig sind. Das Sozialgerichtsgesetz 1953 wollte aber — das muß man nach dem gesamten Gesetzeswerk annehmen — vereinheitlichen und nicht in verschiedenen regionalen Bereichen verschiedene gerichtliche Zuständigkeitsbereiche sinnwidrig und zwecklos neu begründen. Das rechtfertigt die Annahme, daß mit der erörterten Abschaffung der Spruchbehörden auch in Berlin § 113 AVAVG 1929 mit dem Inhalt galt, daß für die Verfolgung der in § 113 Abs. 2 Satz 2 AVAVG 1929 geregelten Erstattungsansprüche ebenfalls die Arbeitsgerichte zuständig waren.

3. a) Durch den während des Revisionsverfahrens eingetretenen Tod des bisherigen Beklagten ist das Verfahren nicht unterbrochen gewesen, weil der bisherige Beklagte durch einen Prozeßbevollmächtigten vertreten war (§ 246 Abs. 1 ZPO). An Stelle des bisherigen Beklagten sind als Rechtsnachfolger sein Erbe oder seine Erben die beklagte Partei des vorliegenden Rechtsstreites geworden (§ 239 Abs. 1 ZPO, § 1922 Abs. 1 BGB).

b) Infolge der Eröffnung des Konkursverfahrens über den Nachlaß des bisherigen Beklagten beschränkte sich die Haftung der Erben gemäß § 1975 BGB für Nachlaßverbindlichkeiten auf den Nachlaß des ehemaligen Beklagten. Etwaige im Wege der Legalzession auf die Klägerin übergegangene Vergütungsansprüche der vier Arbeitnehmer sind Nachlaßverbindlichkeiten des ehemaligen Beklagten (§ 1967 Abs. 2 BGB). In einem Nachlaßkonkurs sind derartige Ansprüche der Klägerin einfache Konkursforderungen (§ 3 Abs. 1 KO). Die Voraussetzungen für die Annahme einer Masseschuld i. S. von § 59 Ziffer 2 KO sind nicht gegeben. Hinsichtlich des Nachlasses sind die Erben Gemeinschuldner geworden, und sie haben mit der Nachlaßkonkurseröffnung gleichzeitig die Befugnis zur Prozeßführung verloren, die auf den Nachlaßkonkursverwalter gemäß § 6 Abs. 2 KO übergegangen ist. Gleichzeitig ist damit gemäß § 240 ZPO eine Unterbrechung des Verfahrens eingetreten (vgl. Stein-Jonas, ZPO, 18. Aufl., § 240 Anm. I 1 zu Fußnote 6; KG OLG E 1, 445 [446]).

c) Ob die von beiden Parteien erklärten Verfahrensaufnahmen wirksam sind, ist von Amts wegen zu prüfen. Die Wirksamkeit der von dem

Beklagten erklärten Verfahrensaufnahme ergibt sich aus § 146 Abs. 6 und Abs. 3 KO.

Nach § 146 Abs. 6 KO ist der Widerspruch gegen die Feststellung von sogenannten titulierten Konkursforderungen zur Konkurstabelle von dem Widersprechenden zu verfolgen. In der Rolle des Widersprechenden gegen die Feststellung der bisherigen Klageforderung zur Konkurstabelle ist der Nachlaßkonkursverwalter und damit der jetzige Beklagte. Die zur Konkurstabelle angemeldete Forderung, deren Feststellung der jetzige Beklagte widersprochen hat, war auch eine titulierte Konkursforderung im Sinne von § 146 Abs. 6 KO. Als solche bezeichnet das Gesetz Konkursforderungen, für welche ein Endurteil vorliegt. Das angefochtene Urteil des Landesarbeitsgerichts hat das arbeitsgerichtliche Urteil ersetzt (vgl. auch RGZ 75, 53 [60]; OLG Stettin JW 1925, 2273 [2274]; Stein-Jonas, ZPO, 18. Aufl., § 584 Anm. III 1 zu Fußnote 2; Baumbach-Lauterbach, ZPO, 25. Aufl., § 584 Anm. 2 B; Urteile des Zweiten Senats des Bundesarbeitsgerichts vom 20. März 1958 — 2 AZR 60/55 — und vom 20. Juni 1958 — 2 AZR 231/55 — AP Nr. 3 zu § 580 ZPO und BAG 6, 95 [100]). Es ist gemäß § 300 Abs. 1 ZPO ein Endurteil. Somit mußte der jetzige Beklagte den Widerspruch gegen die titulierte Forderung verfolgen, was gemäß § 146 Abs. 3 KO durch Aufnahme des Prozesses in den Formen des § 250 ZPO geschehen konnte, die vorliegend beachtet sind.

Die §§ 138 ff. KO schreiben vor, daß die Schuldenmasse in einem bestimmten Verfahren zur Konkurstabelle festgestellt werden soll. Diesem Zweck der §§ 138 ff. muß auch die Aufnahme eines durch Konkurseröffnung gemäß § 240 ZPO unterbrochenen Verfahrens Rechnung tragen; die Vorschriften der ZPO selbst über die Aufnahme des Verfahrens sagen über die sonstige nähere Durchführung des Rechtsstreites nichts. Es ist daher unzulässig, eine Verfahrensaufnahme nach näherer Maßgabe des § 146 Abs. 3 und Abs. 6 KO mit Anträgen zu betreiben, die nicht dem Umstand Rechnung tragen, daß infolge der Konkurseröffnung es nur noch um die Frage eines Schuldenmassenstreites gehen kann, ob also die streitige Forderung zur Konkurstabelle festzustellen ist oder nicht (vgl. BGH LM Nr. 4 zu § 146 KO). Der Antrag des die Verfahrensaufnahme betreibenden Widersprechenden und damit des jetzigen Beklagten muß daher zu erkennen geben, daß er eine Klärung der Berechtigung seines Widerspruches gegen die Feststellung der titulierten Konkursforderung zur Tabelle erstrebt, während der Gegner und damit die Klägerin mit ihrem Antrag zum Ausdruck bringen muß, daß sie Feststellung ihrer titulierten Konkursforderung zur Tabelle begehrt. Wie die Anträge im einzelnen zu fassen sind, ist eine Frage der Zweckmäßigkeit und auch eine solche der Ausdeutung der Rechtsnatur des Feststellungsverfahrens im Sinne von § 146 KO überhaupt (vgl. hierzu Mentzel-Kuhn, KO, 6. Aufl., 1955, § 146 Anm. 5 mit weiteren Nachweisen; über Antragsformulierungen in einem solchen Fall vgl. RG Warn 1933 Nr. 167; Böhle-Stamschräder, KO, 4. Aufl., 1955 § 146 Anm. 3; Jaeger, KO, 6./7. Aufl., 1936, § 146 Anm. 24; vgl. auch BGH LM Nr. 4 zu § 146 KO). Die Anträge beider Parteien werden den zu beachtenden Erfordernissen nun in jedem Fall gerecht. Der Antrag der Klägerin läßt eindeutig erkennen, daß sie nach Aufnahme des Verfahrens nur noch über die Berechtigung der Feststellung der bisherigen Klageforderung als Konkursforderung zur Konkurstabelle streiten will, er ist also eindeutig auf das in Rede stehende Feststellungsverfahren abgestellt und ihm angemessen. Der demgegenüber auf Klageabweisung lautende Antrag des jetzigen Beklagten muß unter diesen Umständen ohne Bedenken dahin umgedeutet werden, daß er damit nur das Gegenteil dessen will, was der Antrag der Klägerin zum Inhalt hat, nämlich die Berechtigung seines Widerspruchs gegen die Feststellung der bisherigen Klageforderung zur Tabelle.

Diese Antragsänderung ist den Parteien auch noch im Revisionsverfahren gestattet (BGH LM Nr. 5 zu § 146 KO; RGZ 65, 132 [133]; Jaeger, LZ 1915 Sp. 1273 [1276]; Jaeger, a. a. O., § 146 Anm. 19 (S. 554); Böhle-Stamschräder, a. a. O., § 146 Anm. 2 d), sofern sie sich im Rahmen des bisherigen Parteivorbringens und damit innerhalb der Grenzen des § 561 ZPO hält, was hier der Fall ist.

4. Die materielle Begründetheit der Klage mit dem soeben erörterten, durch die Konkurseröffnung modifizierten Inhalt hängt somit davon ab, ob die Voraussetzungen gegeben sind, unter denen § 113 Abs. 2 AVAVG (a. F.) eine cessio legis Platz greifen läßt. § 113 Abs. 2 AVAVG (a. F.) setzt voraus, daß vom Arbeitsamt nach näherer Maßgabe des AVAVG Leistungen an einen „Arbeitslosen" gewährt werden, der noch Bezüge aus seinem Arbeitsverhältnis zu fordern hat und der daher gemäß § 113 Abs. 1 AVAVG (a. F.) keine Arbeitslosenunterstützung erhalten soll. Sind diese Voraussetzungen gegeben, so tritt, wie aus § 113 Abs. 2 AVAVG (a. F.) hervorgeht, die Legalzession der Ansprüche des „Arbeitslosen" gegen den Arbeitgeber auf die Bundesanstalt mit der Gewährung der Arbeitslosenunterstützung ein, früher nicht (vgl. Urteil des Zweiten Senats des Bundesarbeitsgerichts vom 20. Juni 1958 — 2 AZR 197/56 — AP Nr. 5 zu § 113 AVAVG (a. F.)).

Leistungen an „Arbeitslose" sind im vorliegenden Fall seitens der Klägerin erfolgt. Wie der erkennende Senat in dem Urteil vom 20. Juni 1958 — 2 AZR 197/56 — AP Nr. 5 zu § 113 AVAVG (a. F.) ausgeführt hat, ist „arbeitslos" derjenige, der faktisch arbeitslos ist, und es greift bei gegebener faktischer Arbeitslosigkeit § 113 Abs. 2 AVAVG (a. F.) auch dann Platz, wenn die die Arbeitslosenunterstützung gewährende Behörde weiß, daß der von ihr unterstützte Arbeitnehmer im Hinblick auf § 113 Abs. 1 AVAVG (a. F.) keine Arbeitslosenunterstützung beanspruchen kann.

Somit hängt die Berechtigung des Klagebegehrens davon ab, ob die vom Arbeitsamt unterstützten Arbeitnehmer gegen den ehemaligen Beklagten Vergütungsansprüche hatten, die wegen § 113 Abs. 2 AVAVG (a. F.) auf die Klägerin übergegangen sind.

5. Als Anspruchsgrundlage für einen auf die Klägerin im Wege der Legalzession übergegangenen Vergütungsanspruch der vom Arbeitsamt unterstützten Arbeitnehmer gegen den ehemaligen Beklagten als Arbeitgeber hat das Landesarbeitsgericht zutreffend § 615 Satz 1 BGB in Betracht gezogen. Der darin nach näherer Maßgabe des § 615 Satz 2 BGB vorgesehene Vergütungsanspruch des Arbeitnehmers gegen den Arbeitgeber setzt voraus, daß der Arbeitgeber mit der Annahme der Dienste des Arbeitnehmers in Annahmeverzug geraten ist.

Ein Annahmeverzug des Arbeitgebers ist nur denkbar, wenn das Arbeitsvertragsverhältnis der vier vom Arbeitsamt unterstützten Arbeitnehmer über die vom ehemaligen Beklagten vorgenommene Entlassung hinaus fortbestand. Daß dies der Fall war, hat das Landesarbeitsgericht angenommen. Diese Annahme ist jedoch rechtsfehlerhaft.

a) Das Landesarbeitsgericht hat angenommen, die von dem ehemaligen Beklagten getätigten 29 Entlassungen erfüllten die Voraussetzungen einer anzeigepflichtigen Massenentlassung im Sinne von § 15 Abs. 1 und Abs. 2 KSchG deshalb, weil auch die 20 Entlassungen, die unter Berufung auf Art. VI Ziffer 1 der Tarifordnung für die Metallindustrie im Wirtschaftsgebiet Brandenburg vom 19. März 1936 „fristlos" geschehen waren, bei der Berechnung der nach § 15 Abs. 1 KSchG für die Annahme einer Massenentlassung erforderlichen Zahl der Entlassungen mitzurechnen seien. Es hat weiter angenommen, daß Massenentlassungen schlechthin unwirksam seien, wenn dabei der in § 15 Abs. 1 KSchG vorgeschriebenen Anzeigepflicht seitens des Arbeitgebers nicht genügt wird, wie das hier der Fall wäre, da die 20 „fristlosen" Entlassungen für die Annahme einer Massenentlassung mitzurechnen wären.

b) Die Frage, ob im vorliegenden Fall die in Rede stehenden 29 Entlassungen die Voraussetzungen einer Massenentlassung im Sinne von § 15 Abs. 1 und Abs. 2 KSchG erfüllten oder ob dies, wie der Beklagte annimmt, nicht der Fall ist, weil 20 Entlassungen, die unter Berufung auf Art. VI Ziffer 1 der Tarifordnung „fristlos" geschehen sind, bei der Berechnung der in § 15 Abs. 1 KSchG genannten Mindestzahlen nicht mitzurechnen sind, ist bedeutsam, wenn beim Vorliegen einer Massenentlassung und damit der Unrichtigkeit der Annahme des Beklagten die 29 vorgenommenen Kündigungen in jedem Fall wegen Nichterstattung der in § 15 Abs. 1 KSchG vorgeschriebenen Massenentlassungsanzeige unwirksam wären und die Arbeitsvertragsverhältnisse der entlassenen Arbeitnehmer und damit auch der hier in Betracht kommenden vier Arbeitnehmer fortbestanden hätten. Die dahingehende Annahme des Landesarbeitsgerichts ist aber unzutreffend. Die in § 16 Abs. 1 KSchG geregelte Unwirksamkeit einer Entlassung ist keine solche schlechthin.

Der Gesamtzweck der Bestimmungen über den Kündigungsschutz bei Massenentlassungen geht nicht dahin, einen Individualkündigungsschutz des Arbeitnehmers zu regeln. Dieser ist im Ersten Abschnitt des Kündigungsschutzgesetzes geregelt (§§ 1 ff. KSchG), und der Massenentlassungskündigungsschutz der §§ 15 ff. KSchG läßt den Individualkündigungsschutz der §§ 1 ff. KSchG unberührt (Urteil des Zweiten Senats des Bundesarbeitsgerichts vom 27. Februar 1958 — 2 AZR 445/55 — BAG 6, 1 [3] — mit weiteren Nachweisen und zustimmender Anmerkung von Herschel in AP Nr. 1 zu § 1 KSchG Betriebsbedingte Kündigung). Die Funktion der §§ 15 ff. KSchG geht vielmehr dahin, den Arbeitsmarkt zu schützen. Die in §§ 15 ff. KSchG enthaltenen Erschwerungen bei Massenentlassungen sollen es der Arbeitsverwaltung ermöglichen, rechtzeitig etwaige Maßnahmen zur Verhinderung von Massenentlassungen einzuleiten und bei nicht zu vermeidenden Massenentlassungen den davon betroffenen Arbeitnehmern rechtzeitig anderweitige Arbeitsmöglichkeiten nachzuweisen (vgl. hierzu Herschel-Steinmann, KSchG, 4. Aufl., 1958, Vorbem. 2 vor § 15 KSchG). Nur so ist die Anzeigepflicht gegenüber dem Arbeitsamt, die Zustimmung des Landesarbeitsamtes zur Entlassung sowie dessen Zulassung von Kurzarbeit verständlich. Um jene arbeitsmarktpolitischen Ziele selbst zu erreichen, hat der Gesetzgeber aber nur die Entfaltungs- und Entschließungsfreiheit des Arbeitgebers, nicht die des Arbeitnehmers eingeschränkt. Nur dem Arbeitgeber werden die in §§ 15 ff. KSchG näher geregelten Anzeigepflichten und Beschränkungen der Entlassungsmöglichkeiten auferlegt. Er allein ist der Normadressat dieser Vorschriften. Der

Arbeit**nehmer** dagegen ist in den Vorschriften über den Kündigungsschutz bei Massenentlassungen nirgends derart angesprochen, daß ihm Pflichten auferlegt werden oder daß er in seiner Entfaltungs- und Entschließungsfreiheit eingeschränkt wird. Wenn § 16 KSchG mit seinen Regeln über das Wirksamwerden der Massenentlassungen durch die Zustimmung des Landesarbeitsamtes weder den Arbeitgeber noch den von der Entlassung betroffenen Arbeitnehmer ausdrücklich nennt, so ist doch zu beachten, daß diese Vorschrift ausschließlich die seitens des Arbeitgebers anzeigepflichtigen Entlassungen und damit dem Zusammenhang nach den Bereich des Arbeitgebers anspricht. Auch spricht § 17 KSchG wieder eindeutig davon, daß dem Arbeitgeber unter bestimmten Voraussetzungen die Einführung von Kurzarbeit gestattet wird.

Diese Regelung hat ihren guten Sinn. Würde man aus den vom Gesetz aus Anlaß von Massenentlassungen verfolgten arbeitsmarktpolitischen Zielen auch den Arbeitnehmer in seiner Entfaltungs- und Entschließungsfreiheit beschränken, so würde das nämlich zu einer nach Artikel 12 Abs. 1 GG grundrechtswidrigen Erscheinungsform der Zwangsarbeit führen. Es erscheint im übrigen etwa auch arbeitsmarktpolitisch wenigstens in vielen Fällen nicht notwendig, aus Anlaß von Massenentlassungen dem davon betroffenen einzelnen Arbeitnehmer die Auswirkungen der demnächstigen etwaigen arbeitsmarktpolitischen Maßnahmen, zu deren Veranlassung §§ 15 ff. KSchG den Arbeitsverwaltungsbehörden hinreichend Gelegenheit zu geben beabsichtigen, zukommen lassen zu wollen, nämlich dann nicht, wenn er sich von ihnen für sich nichts verspricht. Ein Arbeitnehmer, dem unter Verletzung des Kündigungsschutzes bei Massenentlassungen gekündigt worden ist, kann stets wegen der zentralen Bedeutung des Arbeitsplatzes für seine Persönlichkeit und seinen gesamten Lebenszuschnitt das unbedingt anzuerkennende und damit das berechtigte und sogar dringende Anliegen haben, von einem Arbeitgeber, der Massenentlassungen vornimmt, wegzukommen, um rechtzeitig einen Arbeitsplatz bei einem anderen Arbeitgeber zu bekommen, bei dem das Arbeitsverhältnis beständiger ist. Diese Überlegungen machen es notwendig, die aus arbeitspolitischen Gründen aus Anlaß von Massenentlassungen gesetzlich vorgesehene Beschränkung der Entschließungsfreiheit des Arbeitgebers einerseits und die dabei unverändert fortbestehende Entfaltungs- und Entschließungsfreiheit des Arbeitnehmers andererseits in der richtigen Weise aufeinander abzustimmen, damit die Grundprinzipien der Gesamtregelung gewahrt bleiben und nicht verfälscht werden. Eine solche prinzipiengerechte Betrachtung führt aber dazu, daß die vom Gesetz nicht berührte Entfaltungs-

und Entschließungsfreiheit des Arbeitnehmers nur dann gewahrt und nur dann eine echte Entschließungsfreiheit ist, wenn er bestimmt, ob er sich auf die aus Anlaß von Massenentlassungen vorgesehenen Folgen aus den Beschränkungen der Entschließungsfreiheit des Arbeitgebers berufen will oder nicht. Deshalb hat ein Verstoß des Arbeitgebers gegen die Vorschriften bei Massenentlassungen, insbesondere das Unterlassen der in § 15 Abs. 1 KSchG vorgeschriebenen Massenentlassungsanzeige, nicht die Folge, daß solche Kündigungen schlechthin nichtig sind. Wollte man das annehmen, so könnte von einer eigenen Entschließungsfreiheit des Arbeitnehmers keine Rede mehr sein. Unter Verstoß gegen §§ 15 ff. KSchG vorgenommene Kündigungen eines Arbeitgebers sind daher nur dann unwirksam, wenn sich der Arbeitnehmer auf einen solchen Verstoß beruft. Gerade weil dem Arbeitnehmer die Entfaltungs- und Entschließungsfreiheit vom Gesetz auch aus Anlaß von Massenentlassungen nicht genommen und nicht beschränkt wird, hat er es damit in der Hand, darüber zu befinden, ob er als Glied des Arbeitsmarktes an den Folgen etwaiger künftiger arbeitsmarktpolitischer Maßnahmen der Arbeitsverwaltungsbehörden teilhaben will oder ob er sich aus Anlaß der ihm gegenüber erklärten Kündigung vom Arbeitgeber trennen und von diesem am Arbeitsverhältnis nicht weiter festhalten lassen will. Deshalb muß er entscheiden, ob er die gegen die Kündigungsschutzvorschriften bei Massenentlassungen verstoßende Kündigung seitens seines Arbeitgebers hinnimmt oder nicht. Er muß, weil er kraft seiner Entfaltungs- und Entschließungsfreiheit darüber zu entscheiden hat, ob er den Massenentlassungskündigungsschutz in Anspruch nimmt oder nicht, also irgendwie mit der Äußerung, ob er das eine oder das andere will, reagieren. Seine Reaktionspflicht ist damit die Folge, die sich zwangsläufig daraus ergibt, daß bei ihm die Entschließungsfreiheit liegt. Reagiert er nicht mit einer Berufung auf den Massenentlassungskündigungsschutz, so nimmt er die Kündigung hin. Daß in einer Nichtreaktion als solcher bereits die Berufung auf den Verstoß des Arbeitgebers gegen die Vorschriften der §§ 15 ff. KSchG liege, kann sinnvollerweise nicht gesagt werden, vielmehr liegt seitens des Arbeitnehmers ein Hinnehmen der Entlassung vor.

Demgegenüber läßt sich auch nicht einwenden, daß dem unter Verletzung von Massenentlassungsschutzvorschriften gekündigten Arbeitnehmer eine solche Reaktionspflicht nicht zuzumuten sei, weil er die rechtliche Bedeutung der soeben erörterten Reaktionspflicht nicht kenne. In der Mitte des 20. Jahrhunderts muß einem in einer modernen hoch entwickelten Industriegesellschaft lebenden Arbeitnehmer zugemutet werden, sich die Rechtskenntnisse zu verschaffen, die er im Arbeitsleben für die Wahrnehmung seiner sozialen Sicherheit braucht. Ihm stehen hierfür sachkundige Instanzen und Organisationen, wie z. B. die Arbeitnehmervertretung in den einzelnen Betrieben und die Gewerkschaften, zur Verfügung. Eine Betrachtung, die es gestatten würde, sich in derartigen Fällen auf Rechtsunkenntnis zu berufen, ist sachfremd und unangebracht; eine solche Betrachtung würde mit dem Mitbestimmungsrecht, das die Rechtsordnung den Arbeitnehmern im Arbeitsleben einräumt, ebensowenig vereinbar sein wie mit der Achtung und Würde, auf die der Arbeitnehmer als mündiger Mensch Anspruch erheben kann.

c) Damit ergibt sich zusammengefaßt, daß Kündigungen, die seitens eines Arbeitsgebers im Rahmen von Massenentlassungen unter Verstoß gegen die ihm in §§ 15 ff. KSchG auferlegten Pflichten und Beschränkungen seiner Entschließungsfreiheit geschehen, nicht schlechthin nichtig sind. Vielmehr hängt die Wirksamkeit bzw. Unwirksamkeit derartiger Kündigungen davon ab, wie der gekündigte Arbeitnehmer kraft seiner Entschließungsfreiheit hierauf reagiert. Beruft er sich auf einen Verstoß des Arbeitgebers gegen den Massenentlassungskündigungsschutz, so ist die betreffende Kündigung unwirksam. Beruft er sich nicht darauf, so sind die Kündigungen trotz des Verstoßes gegen die Vorschriften über den Kündigungsschutz bei Massenentlassungen wirksam (so im Ergebnis ebenfalls: Hueck, KSchG, 3. Aufl., 1954, § 16 Anm. 1; Hueck-Nipperdey, Lehrbuch des Arbeitsrechts, 6. Aufl., Bd. I, § 66 V 1 S. 635 zu Fußnote 19; Herschel-Steinmann, KSchG, 4. Aufl., 1958, § 15 Anm. 8).

6. Es ergibt sich somit, daß das Arbeitsverhältnis der vier von der Klägerin unterstützten Arbeitnehmer mit dem ehemaligen Beklagten nur dann fortbestanden hat, wenn der ehemalige Beklagte nicht allein eine Massenentlassung im Sinne des § 15 Abs. 1 KSchG getätigt hat, sondern die vier Arbeitnehmer sich auch auf den dadurch für sie möglichen Kündigungsschutz berufen haben. Die Annahme, daß die den vier Arbeitnehmern gegenüber ausgesprochene Kündigung gegen § 1 KSchG verstoßen habe, scheidet deshalb aus, weil nach den von der Revision nicht gerügten tatsächlichen Feststellungen des Landesarbeitsgerichts die vier Arbeitnehmer innerhalb der ersten acht Wochen ihrer Tätigkeit bei dem ehemaligen Beklagten entlassen worden sind und demnach nicht die in § 1 Abs. 1 KSchG für einen Individualkündigungsschutz aufgestellte Voraussetzung einer mehr als sechsmonatigen ununterbrochenen Betriebszugehörigkeit erfüllten.

Die erste Frage, ob die von dem ehemaligen Beklagten getätigten 29 Entlassungen eine Massenentlassung im Sinne von § 15 Abs. 1 KSchG darstellten oder nicht, bedarf aber hier deshalb keiner Erörterung, weil die vier von der Klägerin unterstützten Arbeitnehmer auf einen etwaigen für sie sich ergebenden Kündigungsschutz aus dem Gesichtspunkt der §§ 15 ff. KSchG sich jedenfalls gegenüber dem ehemaligen Beklagten nicht berufen haben. Nach den insoweit von der Revision nicht angegriffenen tatsächlichen Feststellungen des Landesarbeitsgerichts sind die vier von der Klägerin unterstützten Arbeitnehmer auf Grund der ihnen gegenüber erklärten Kündigungen widerspruchslos ausgeschieden, wobei sie noch unterschriftlich anerkannt haben, gegen den ehemaligen Beklagten keine Ansprüche mehr aus dem Arbeitsverhältnis zu haben. Demnach ergibt sich aus dem zu 5 b und c dieser Entscheidungsgründe Ausgeführten, daß die vier von der Klägerin unterstützten Arbeitnehmer einen etwaigen für sie aus §§ 15 ff. KSchG folgenden Kündigungsschutz gegenüber dem ehemaligen Beklagten jedenfalls nicht geltend gemacht haben und die ihnen gegenüber von dem ehemaligen Beklagten ausgesprochenen Kündigungen daher in jedem Fall, auch wenn sie im Rahmen einer Massenentlassung geschehen sein sollten, wirksam geworden sind.

Soweit das Landesarbeitsgericht weiter in tatsächlicher Beziehung festgestellt hat, den vier von der Klägerin unterstützten Arbeitnehmern habe eine widersprechende Reaktion auf die ihnen gegenüber ausgesprochenen Kündigungen deshalb nutzlos erscheinen müssen, weil der ehemalige Beklagte auf dem Formular des Arbeitsamtes die Frage, ob eine Massenentlassung vorliege, nicht ausgefüllt hatte, ändert das an der getroffenen Beurteilung der Wirksamkeit der ihnen gegenüber geschehenen Kündigungen nichts. Die Klägerin hat nicht dargelegt, daß die vier von ihr unterstützten Arbeitnehmer daraus nachträglich irgendwelche Folgerungen gezogen und sich auf einen für sie aus §§ 15 ff. KSchG folgenden Kündigungsschutz gegenüber dem ehemaligen Beklagten im Rahmen ihrer Entschließungsfreiheit berufen haben. Ohne eine solche widersprechende Reaktion der vier Arbeitnehmer selbst kann aber aus §§ 15 ff. KSchG ein Kündigungsschutz nicht in Betracht kommen. Die Entschließungsfreiheit des Arbeitnehmers, ob er die Kündigungsschutzwirkungen der §§ 15 ff. KSchG in Anspruch nehmen will, verlangt nun einmal seine dementsprechende Äußerung, wenn jene Wirkung Platz greifen soll. Der Umstand allein, daß der Arbeitgeber seinerseits auf eine widersprechende Stellungnahme doch nichts im Sinne eines Fallenlassens der Kündigung vornehmen werde, läßt noch nicht zwingend den Schluß zu, der Arbeitnehmer wolle seinen Arbeitsplatz behalten. Die Klägerin selbst ist nicht befugt, für die von ihr unterstützten vier Arbeitnehmer sich auf diese vom Landesarbeitsgericht festgestellten Umstände zu berufen. Denn sie hat irgendwelche Rechte aus dem Arbeitsverhältnis der von ihr unterstützten Arbeitnehmer gegen den Arbeitgeber erst dann, wenn der Arbeitgeber gegenüber den Arbeitnehmern in Annahmeverzug geraten ist und die sich daraus gemäß § 615 BGB ergebenden Vergütungsansprüche der Arbeitnehmer gegen den Arbeitgeber auf sie im Wege der Legalzession gemäß § 113 Abs. 2 AVAVG (a. F.) auf Grund der an die Arbeitnehmer gewährten Leistungen übergegangen sind, vorher nicht. Ergibt sich aber, daß jedenfalls wegen der fehlenden widersprechenden Reaktion der vier von der Klägerin unterstützten Arbeitnehmer gegenüber den ihnen seitens des ehemaligen Beklagten ausgesprochenen Kündigungen deren Arbeitsverhältnis wirksam beendet worden ist, so ist für die Annahme eines Annahmeverzuges des ehemaligen Beklagten und damit für die Annahme von Vergütungsansprüchen der vier Arbeitnehmer, die gemäß § 615 BGB, § 113 Abs. 2 AVAVG (a. F.) auf die Klägerin übergegangen sein könnten, kein Raum.

7. Die von der Klägerin verfolgten Erstattungsansprüche ergeben sich auch nicht in anderer Hinsicht daraus, daß nach den vom Landesarbeitsgericht getroffenen Feststellungen der ehemalige Beklagte in dem Fragebogen, der dem Arbeitsamt vorgelegt worden ist, eben die Frage, ob eine Massenentlassung vorliege, nicht ausgefüllt hat. Gemäß § 218 a AVAVG (a. F.) ist zwar der Arbeitgeber, der vorsätzlich oder fahrlässig in einer Bescheinigung, zu deren Ausstellung er nach § 170 Abs. 2 AVAVG (a. F.) verpflichtet ist, falsche oder unvollständige Angaben macht, der Bundesanstalt zum Ersatz des daraus entstandenen Schadens verpflichtet. Dafür, daß diese Voraussetzungen gegeben gewesen seien, hat die Klägerin aber nichts dargelegt. Sie hat nichts darüber dargelegt, daß es sich bei den hier in Rede stehenden Bescheinigungen, die dem Arbeitsamt vorgelegt worden sind, um solche im Sinne von § 170 Abs. 2 AVAVG (a. F.) handelte. Sie hat aber vor allem auch nichts dafür dargelegt, daß eine etwaige vorsätzliche oder falsche Ausfüllung derartiger Bescheinigungen — sollten es solche im Sinne von §§ 170 Abs. 2, 218 a AVAVG (a. F.) gewesen sein — ursächlich dafür war, daß sie daraufhin Arbeitslosenunterstützung gezahlt hat (vgl. BAG Urteil des Ersten Senats vom 29. November 1957 — 1 AZR 35/56 — AP Nr. 3 zu § 4 TVG Ausschlußfristen). Ohne eine dahingehende Behauptung läßt sich die Berechtigung des Klageanspruchs daher auch nicht aus dem Gesichtspunkt des § 218 a AVAVG (a. F.) rechtfertigen.

8. Somit fehlt es an einer Anspruchsgrundlage für das Klagebegehren. Das macht die Aufhebung des angefochtenen Urteils des Landesarbeitsgerichts und die Wiederherstellung des erstinstanzlichen Urteils, durch das die Klage abgewiesen worden war, erforderlich.

3

1. Die Bestimmung des § 2 Abs. 2 der TO für Filmschaffende, nach der sich Filmschaffende bei Abschluß ihrer Filmverträge eines rechtsgeschäftlich bestellten Bevollmächtigten n i c h t bedienen dürfen, ist rechtsunwirksam.

2. Zur Auslegung eines Vertrages zwischen Produktionsfirma und Filmschaffenden, nach dem der Filmschaffende zur Dienstleistung nur unter der Mitwirkung eines namentlich bestimmten Regisseurs, dessen Mitwirkung als Vertragsgrundlage bezeichnet ist, gehalten ist. Folgen der Nichtmitwirkung dieses Regisseurs.

3. Grenzen der Lehre vom Betriebsrisiko.

Tarifordnung für Filmschaffende v. 19. 8. 1943, §§ 2 Abs. 2, 13; BGB §§ 151, 615, 323 f.

I. Senat. Urteil vom 7. 11. 1958 i. S. CCC-F. A. B. (Bekl.) w. T. (Kl.) 1 AZR 249/58.

I. Arbeitsgericht Berlin. — II. Landesarbeitsgericht Berlin.

Am 7. Juli 1956 schloß die Beklagte mit der Klägerin einen privatschriftlichen Vertrag über die Beschäftigung der Klägerin als Hauptdarstellerin in einem von der Beklagten herzustellenden Film „Strafregisterauszug". Die Klägerin war bei dem Abschluß durch ihre Manager vertreten, sie selbst unterschrieb die Vertragsurkunde nicht.

In dem Vertrag ist bestimmt:

„1. Die Produktion verpflichtet die Filmschaffende für die weibliche Hauptrolle in dem Film „Strafregisterauszug" unter der Regie von Th.

2. Die Vertragszeit beginnt am 1. Februar 1957 und endet mit Beendigung der Rolle, jedoch nicht später als 31. März 1957 einschließlich Karenzzeit.

3. Die Filmschaffende erhält eine Pauschale in Höhe von 50 000,— DM zusätzlich einer Gewinnbeteiligung.

4. ....

5. ....

6. ....

7. Das Drehbuch ist der Filmschaffenden bis zum 31. Dezember 1956 vorzulegen, und die Produktion wird etwaige Änderungswünsche der Filmschaffenden in bezug auf ihre Rolle berücksichtigen.

8. ....

9. Grundlage des Vertragsabschlusses ist, daß für die Inszenierung des Films der Regisseur Th. verpflichtet wird."

Mit Th. hatte die Beklagte bereits am 11. Juni 1956 einen Vertrag abgeschlossen, nach dem Th. der Beklagten bis Ende 1957 für zwei Filme als Regisseur zur Verfügung stehen sollte. Die Termine für die zunächst nicht näher bezeichneten Filme sollten jeweils 3 Monate vorher mitgeteilt werden.

In einem Schreiben der Manager des Regisseurs Th., die gleichzeitig Manager der Klägerin sind, vom 3. Oktober 1956 baten diese die Beklagte, nunmehr den Zeitraum der Regieaufgabe des Herrn Th. im Rahmen der zwischen ihrer Produktion und Herrn Th. getroffenen Vereinbarung festzulegen. Es heißt in diesem Schreiben weiter:

„Da laut Ziff. 9 des Engagementsvertrages N. T. (d. i. d. Klägerin) vom 7. Juli 1956 Grundlage des Vertragsabschlusses ist, daß für die Inszenierung des Films „Strafregisterauszug" der Regisseur Th. verpflichtet wird, und dieser Vertrag für den Zeitraum vom 1. Februar 1957 bis 31. März 1957 fest terminiert ist, kommt für Herrn Th. ja auch nur dieser Zeitraum in Frage."

Für den Film „Strafregisterauszug" hatte der Autor J. H., ein Bundesfilmpreisträger, das Drehbuch ausgearbeitet. Dieses Drehbuch fand jedoch nicht den Beifall Th.'s. Die zwischen H. und Th. geführten Verhandlungen führten nicht zu einer Einigung. Nachdem zuletzt H. seine Ansichten zu den Beanstandungen Th.'s in einem Schreiben vom 13. Dezember 1956 an Th. eingehend auseinandergesetzt hatte, kam es am 18. Dezember 1956 zu einer Besprechung zwischen der Klägerin,, Th. und dem Produktionsleiter der Beklagten, B. In dieser Besprechung, von der die Beklagte am 19. Dezember 1956 die Manager der Klägerin schriftlich unterrichtete, erklärte Th., daß er das Drehbuch in der vorliegenden Form nicht inszenieren wolle. Den Beanstandungen Th.'s hinsichtlich des Drehbuchs schloß sich auch die Klägerin an. In ihrem Schreiben vom 19. Dezember 1956 an die Manager der Klägerin erklärte die Beklagte, daß sie sich entschlossen habe, Th. eine andere Regieaufgabe zu übertragen, da die Bucharbeiten an dem Stoff „Strafregisterauszug" doch noch einige Zeit in Anspruch nehmen würden und somit die Herstellung des Films vorläufig ungewiß sei. In dem Schreiben heißt es dann weiter:

„Somit tritt der Fall ein, daß Herr Th. zu der vorgesehenen Zeit den Stoff „Strafregisterauszug" nicht übernehmen kann und wir neuen Termin abstimmen müssen, was bedeutet, daß Frau T. (d. i. die Klägerin) — da Herr Th. in der vorgesehenen Drehzeit diesen Film „Strafregisterauszug" nicht inszeniert — laut Vertrag vom 7. Juli 1956 Ziff. 9 frei ist."

Th. schrieb am 2. Januar 1957 an die Beklagte und erklärte, daß die Differenzen zwischen ihm und dem Autor H. nicht bereinigt seien. In dem Schreiben heißt es:

„Das Ergebnis ist das jetzt vorliegende Drehbuch, das N. T. (d. i. die Klägerin) nicht spielen will und von dem ich nicht weiß, wohin ich es inszenieren soll."

Der Film „Strafregisterauszug" ist von der Beklagten weder in der vorgesehenen Drehzeit vom 1. Februar 1957 bis zum 31. März 1957 noch später hergestellt worden.

Die Klägerin wurde während der Zeit vom 1. Februar bis 31. März 1957 auch nicht in einer anderen Rolle von der Beklagten beschäftigt.

Die Klägerin hat von der vereinbarten Gage 5000,— DM bereits im Jahre 1956 erhalten. Sie verlangt mit der vorliegenden Klage die Zahlung der restlichen 45 000,— DM. Die Beklagte bittet um Klageabweisung.

Während das Arbeitsgericht die Klage abgewiesen hat, hat das Landesarbeitsgericht die Beklagte antragsgemäß verurteilt. Nach Erlaß des Urteils des Landesarbeitsgerichts hat die Beklagte an die Klägerin selbst auf die Urteilssumme 25 496,25 DM gezahlt. Sie hat weiter auf Anweisung der Klägerin an das Finanzamt einen Gesamtsteuerbetrag von 21 141,60 DM abgeführt. Schließlich hat die Beklagte an den Prozeßbevollmächtigten der Klägerin Prozeßkosten in Höhe von 1568,01 DM entrichtet.

Die Beklagte bittet nunmehr mit der Revision um Aufhebung des angefochtenen Urteils sowie um Klageabweisung und schließlich um Verurteilung der Klägerin zur Zahlung von 45 000,— DM nebst 4 % Zinsen für 25 496,25 DM seit dem 1. August 1958 und für 19 503,75 DM seit dem 1. Oktober 1958. Weiter bittet die Beklagte um Verurteilung der Klägerin zur Rückzahlung der Prozeßkosten in Höhe von 1568,01 DM nebst 4 % Zinsen seit dem 1. August 1958. Die Revision der Beklagten führte zur Aufhebung und Zurückverweisung.

Aus den Gründen:

I. Das Landesarbeitsgericht ist davon ausgegangen, daß der zwischen den Parteien am 7. Juli 1956 abgeschlossene Vertrag nicht deshalb rechtsunwirksam ist, weil die Klägerin sich bei dem Abschluß des Vertrages durch ihre Manager als rechtsgeschäftliche Vertreter hat vertreten lassen.

Die gegen diese Rechtsansicht des Landesarbeitsgerichts geäußerten Bedenken der Beklagten greifen nicht durch.

Zwar bestimmt § 2 Abs. 2 der Tarifordnung für Filmschaffende vom 19. August 1943 (RABl. 1943, Teil IV, S. 628), daß die Filmschaffenden die Verträge persönlich abzuschließen haben, sich jedoch hierbei beraten lassen können. Nach dieser Vorschrift der Tarifordnung ist es sonach den Filmschaffenden verwehrt, sich bei Abschluß ihrer Filmverträge rechtsgeschäftlich vertreten zu lassen. Der Senat hat bereits in der Entscheidung vom 15. November 1957 (BAG 4, 59) im Anschluß an die Entscheidung des Zweiten Senats vom 7. Juli 1955 (BAG 2, 58) ausgeführt, daß die Arbeitsverhältnisse zwischen Filmherstellungsfirmen und Filmschaffenden auch heute noch der Tarifordnung für Filmschaffende vom 19. August 1943 unterstehen. Diese Tarifordnung ist weder durch einen Tarifvertrag verdrängt (§ 9 Abs. 1 TVG) noch nach § 9 Abs. 2 des Tarifvertragsgesetzes aufgehoben worden. Trotz der grundsätzlichen Weitergeltung der Tarifordnung für Filmschaffende ist aber hinsichtlich jeder einzelnen Bestimmung dieser Tarifordnung zu prüfen, ob sie etwa deshalb rechtsunwirksam ist, weil sie typisch nationalsozialistische Gedanken enthält oder weil sie sonst mit den allgemeinen Grundsätzen des geltenden Rechts unvereinbar ist.

Gegen die Bestimmung, daß die Filmschaffenden sich bei dem Abschluß ihrer Verträge nicht durch einen rechtsgeschäftlich Bevollmächtigten vertreten lassen können, hat der Senat bereits in der Entscheidung vom 15. November 1957 erhebliche Bedenken angedeutet. Aus Anlaß des vorliegenden Rechtsstreits hat der Senat diese Bestimmung noch einmal genau und grundsätzlich geprüft. Er ist dabei zu dem Ergebnis gekommen, daß diese Bestimmung, die ganz allgemein den Filmschaffenden die Hinzuziehung eines bevollmächtigten Vertreters beim Vertragsabschluß verwehrt, rechtsunwirksam ist. Es ist ein allgemeiner Grundsatz des deutschen Zivilrechts, daß sich jeder Staatsbürger bei dem Abschluß seiner Geschäfte eines von ihm ausgewählten und bestellten Bevollmächtigten bedienen kann. Dieser Grundsatz ist im Zivilrecht selbst nur für wenige sogenannte höchstpersönliche Rechtsgeschäfte im Familienrecht (vgl. § 13 des Ehegesetzes) und im Erbrecht (vgl. §§ 2064, 2274 BGB) durchbrochen. In diesen Fällen ist im Gesetz selbst vorgeschrieben, daß die Handelnden persönlich mitwirken müssen. Im übrigen gilt dies jedoch im Privatrecht und auch im Arbeitsvertragsrecht nicht. Die Tarifordung für Filmschaffende verwehrt es nun ganz grundsätzlich und für alle Fälle dem Filmschaffenden, sich eines solchen Vertreters zu bedienen. Ein solches ganz generelles Verbot, das für alle abzuschließenden Filmverträge gelten soll, steht im Gegensatz zu dem allgemeinen privatrechtlichen Grundsatz der Zulässigkeit einer rechtsgeschäftlichen Vertretung. Dieser Grundsatz ist als eine gesetzliche Regel des BGB anzusehen, die jedenfalls durch eine Rechtsverordnung (wie es die Tarifordnung ist) oder einen Akt der Autonomie der Sozialpartner (Tarifvertrag) nicht beseitigt werden kann. Beim Abschluß von Filmverträgen durch Filmdarsteller handelt es sich keineswegs um solche höchstpersönlichen Rechtsgeschäfte, die eine Ausnahme von dem allgemeinen Grundsatz der Zulassung der Vertretung beim Rechtsgeschäft rechtfertigen könnten. Der Senat hat bereits in der Entscheidung vom 15. November 1957 (BAG 4, 59) ausgeführt, daß ein allgemeines für alle Fälle geltendes Verbot, sich bei einem solchen Rechtsgeschäft eines Vertreters zu bedienen, im einzelnen Fall dazu führen könne, daß dem Filmdarsteller der Abschluß der für ihn wichtigen Verträge unbillig erschwert werde. Der Senat ist auch entgegen den Ausführungen der Revision nicht der Überzeugung, daß die Regelung damit gerechtfertigt werden könnte und daher zulässig wäre, weil sie die Filmschaffenden vor der Gefahr schützen solle, für gleiche Zeitspannen doppelt verpflichtet zu sein. Es ist auch nicht gerechtfertigt, die Zulässigkeit einer rechtsgeschäftlichen Vertretung der Filmschaffenden durch „Manager" deshalb auszuschließen, um so die Filmschaffenden vor einer angeblichen Ausnutzung durch diese Manager zu schützen. Führen die vertraglichen Bindungen zwischen Filmschaffenden und Managern, die der Bevollmächtigung des Managers zugrunde liegen, zu einer von der Rechtsordnung nicht zu billigenden Ausnutzung der Filmschaffenden, so ist der zwischen Filmschaffenden und Managern geschlossene Vertrag nichtig. Damit erlischt auch die erteilte Vollmacht. Dieser von der Rechtsordnung gewährleistete Schutz reicht aus, es bedarf nicht eines in der Unzulässigkeit der Bevollmächtigung bestehenden besonderen Schutzes. Das Verbot widerspricht auch den Prinzipien des in der Bundesrepublik geltenden freiheitlichen Rechtsstaates und dem Recht auf freie Entfaltung der Persönlichkeit, wie es in Art. 2 Abs. 1 des Grundgesetzes zum Ausdruck kommt. Deshalb ist die genannte Bestimmung rechtsunwirksam. Daraus folgt, daß der zwischen den Parteien zustande gekommene Vertrag nicht deshalb rechtsunwirksam ist, weil sich die Klägerin bei dem Abschluß dieses Vertrages ihrer Manager als der von ihr benannten rechtsgeschäftlichen Vertreter bedient hat. Der Entscheidung des Landesarbeitsgerichts ist also insoweit in Übereinstimmung mit den Ausführungen der Revisionsbeantwortung beizutreten.

II. Die Revision rügt weiterhin, daß das Landesarbeitsgericht den Inhalt des zwischen den Parteien zustande gekommenen Vertrages rechtsirrtümlich beurteilt habe und so zur Verurteilung der Beklagten gekommen sei.

Insoweit trägt die Revision zunächst vor, der Vertrag zwischen den Parteien sei nicht rechtswirksam geworden. Er sei dadurch aufschiebend bedingt gewesen, daß der Regisseur Th. zur Übernahme von Regie und Inszenierung des fraglichen Films verpflichtet werde. Die Bedingung sei nicht eingetreten.

Diesen Darlegungen der Revision vermag der Senat nicht beizutreten. Es trifft zwar zu, daß in dem Vertrag zwischen Th. und der Beklagten vom 11. Juni 1956 bestimmte Filme, für die Th. die Regie übernehmen sollte, noch nicht genannt waren. Durch diesen Vertrag allein war also Th. noch nicht zur Regie für den Film „Strafregisterauszug" verpflichtet. Nun hat aber Th. durch seinen Manager der Beklagten am 3. Oktober 1956 ein klares Angebot dahin gemacht, daß er den Film „Strafregisterauszug" als einen der im Rahmenvertrag vom 11. Juni 1956 vorgesehenen Filme inszenieren wolle. Das Schreiben vom 3. Oktober 1956 ist Bestandteil des Schriftsatzes der Beklagten vom 31. Mai 1957 und ist damit ebenso wie dieser Schriftsatz von dem Landesarbeitsgericht in seinem Urteil in Bezug genommen. Es unterliegt damit auch der Beurteilung des Revisionsgerichts. Wenn die Manager Th.'s in diesem Schreiben auf den Film „Strafregisterauszug" und die für diesen Film vorgesehene Drehzeit Bezug nehmen und weiter ausdrücklich erklären, daß Th. ja diesen Film im Hinblick auf die von der Klägerin und der Beklagten getroffene Abrede inszenieren müsse, so kann diese Regelung nur als ein Angebot Th.'s aufgefaßt werden, daß er diesen Film „Strafregisterauszug" auch inszenieren wolle. Zwar ist vom Landesarbeitsgericht nicht festgestellt, ob dieses Angebot des Regisseurs Th., den Film „Strafregisterauszug" zu inszenieren, ausdrücklich oder stillschweigend von der Beklagten angenommen worden ist. Es kann jedoch nach dem Tatbestand und den vom Landesarbeitsgericht bezogenen Schriftsätzen der Parteien kein Zweifel darüber bestehen, daß die Beklagte, die ja unter allen Umständen die Inszenierung des Films „Strafregisterauszug" in Durchführung des mit der Klägerin geschlossenen Vertrages dem Regisseur Th. übertragen wollte, mit diesem Angebot einverstanden war. Nach § 151 BGB kommt der Vertrag durch die Annahme des Antrages zustande, ohne daß diese Annahme dem Antragenden gegenüber erklärt zu werden braucht, wenn eine solche Erklärung nach der Verkehrssitte nicht zu erwarten ist oder der Antragende auf sie verzichtet hat. Unter den hier vorliegenden Umständen — Bindung von Th. durch den Vertrag vom 11. Juni 1956, Verknüpfung des Vertrages zwischen der Klägerin und der Beklagten mit der Übernahme der Regie durch Th. und schließlich ausdrückliche Bezugnahme des Regisseurs Th. auf diesen Vertrag zwischen der Klägerin und der Beklagten in dem von seinen Managern gefertigten Schreiben vom 3. Oktober 1956 — kann es keinem Zweifel unterliegen, daß die Beklagte das Angebot von Th. vom 3. Oktober 1956 angenommen hat.

Der Vertrag ist deshalb, auch wenn er zunächst als aufschiebend bedingter Vertrag anzusehen war, voll wirksam geworden.

Aus Ziff. 1 des Vertrages zwischen der Klägerin und der Beklagten ergibt sich aber, daß die Klägerin für die weibliche Hauptrolle in dem Film „Strafregisterauszug" „unter der Regie von Th." verpflichtet war. Beide Parteien haben also mit Klarheit zum Ausdruck gebracht, daß das Drehen des Films und insbesondere die Mitwirkung der Klägerin in diesem Film mit der tatsächlichen Regieführung durch Th. stehen und fallen sollte. Es steht nun fest, daß es zum Drehen des Films in der vorgesehenen Drehzeit nicht gekommen ist, weil der Regisseur Th. die Regie des Films in der Form des von dem Drehbuchautor J. H. vorgelegten Drehbuchs, zuletzt am 18. Dezember 1956, ablehnte. Das Berufungsgericht ist trotzdem zu einer Verurteilung der Beklagten gekommen. Es hat angenommen, die Beklagte habe die Garantie übernommen, daß Th. den fraglichen Film inszeniere. Daher müsse sie dafür einstehen, daß Th. tatsächlich die Regie führe. Sie müsse im Hinblick auf diese Garantie das Honorar an die Klägerin zahlen, auch wenn es wegen der Weigerung Th.'s nicht zur Verfilmung des vorliegenden Drehbuchs gekommen sei. Dies gelte auch dann, wenn die Beklagte daran, daß Th. die Regiearbeit nicht übernommen habe, kein Verschulden treffe. Zur Begründung hat sich der Vorderrichter weiter darauf berufen, daß die Klägerin nach Ziffer 7 des von ihr mit der Beklagten geschlossenen Vertrages auch berechtigt gewesen sei, Änderungswünsche in bezug auf ihre Rolle vorzubringen, die die Beklagte als Produzent zu berücksichtigen habe. Von diesem Recht habe die Klägerin dadurch Gebrauch gemacht, daß sie sich die künstlerischen Bedenken des Regisseurs Th. gegen das Drehbuch des Autors J. H. zu eigen gemacht habe. Da die Beklagte diesen Änderungswünschen nicht entsprochen habe, müsse sie auch aus diesen Gründen die vorgesehene Vergütung an die Klägerin zahlen.

Der Senat hält diese Gründe des Berufungsgerichts für rechtsirrtümlich.

Die Übernahme einer Garantie und damit die Übernahme einer Haftung auch ohne Verschulden durch einen der beiden Vertragschließenden kann nur dann angenommen werden, wenn der Vertrag insoweit einen klaren ausdrücklichen oder jedenfalls völlig eindeutigen Wortlaut enthält. Hier ist die Mitwirkung Th.'s in der Form zum Gegenstand des Vertrages gemacht worden, daß die Klägerin nur zur Dienstleistung unter der Regie Th.'s verpflichtet war (Ziff. 1) und daß Grundlage des Vertrages war, daß Th. für die Inszenierung des Films verpflichtet wurde (Ziff. 9). Bestimmungen darüber, ob und wie die Beklagte dafür haften sollte, wenn es nicht gelingen würde, Th. zu verpflichten oder zur tatsächlichen Übernahme der Regie zu veranlassen, enthält der Vertrag nicht. Es ist nicht möglich, aus einer solchen Vertragsregelung auf die Übernahme einer Garantie durch die Beklagte und damit auf das Einstehenmüssen auch ohne Verschulden zu schließen. Diese Auslegung des Landesarbeitsgerichts trägt also seine Entscheidung nicht. Die Auslegung unterliegt vielmehr, da die vom Landesarbeitsgericht für richtig gehaltene Auslegung nicht möglich ist oder jedenfalls gegen die anerkannten Auslegungsgrundsätze der §§ 133, 157 BGB verstößt, in vollem Umfange der Nachprüfung durch das Revisionsgericht.

Soweit das Landesarbeitsgericht seine Entscheidung darauf stützt, daß die Klägerin die Änderungswünsche Th.'s zu ihren eigenen gemacht und damit von dem ihr in Ziff. 7 des Vertrages eingeräumten Recht zu Änderungswünschen, die die Beklagte zu erfüllen habe, Gebrauch gemacht habe, ist die Rechtsansicht des Landesarbeitsgerichts deshalb nicht haltbar, weil die Klägerin nach dem vom Landesarbeitsgericht in Bezug genommenen Parteivortrag keinerlei spezialisierte Änderungswünsche gerade hinsichtlich einer Änderung ihrer Rolle vorgebracht, sondern sich nur allgemein mit den Bedenken Th.'s gegen das Drehbuch als solches identifiziert hat. Es fehlt auch jede Feststellung des Landesarbeitsgerichts darüber, daß etwa in der Kritik Th.'s konkrete Änderungswünsche hinsichtlich der Rolle der Klägerin enthalten gewesen seien.

Wenn sonach die Entscheidungsgründe des Landesarbeitsgerichts rechtlich die von ihm getroffene Entscheidung nicht rechtfertigen, so mußte der Senat schon im Hinblick auf §§ 563, 565 ZPO prüfen, ob bereits jetzt eine Endentscheidung in der Sache möglich ist. Eine solche Endentscheidung kann jedoch zur Zeit noch nicht getroffen werden.

III. Der Senat hat erwogen, ob im vorliegenden Fall angesichts des Scheiterns des Films „Strafregisterauszug" die Regeln über das Betriebsrisiko, wie sie der Senat in ständiger Rechtsprechung entwickelt hat (vgl. BAG 3, 346), anzuwenden sind. Zu einer solchen Nachprüfung bestand um so mehr Anlaß, als weder der Vorderrichter noch die Parteien dieses Rechtsstreits sich mit dem § 13 der Tarifordnung für Filmschaffende hinreichend beschäftigt haben. Läge ein Fall einer Behinderung der Firma im Sinne des § 13 TO vor, so würde dann, wenn die Beklagte diese Behinderung zu vertreten, d. h. hier verschuldet hätte, die Klägerin grundsätzlich den Anspruch auf die vereinbarte Vergütung haben (§ 13 Abs. 1). Das gleiche würde gelten, wenn die Behinderung der Firma zwar von ihr nicht zu vertreten ist, es sich jedoch um eine langfristige Unterbrechung oder um eine Aufgabe des Produktionsvorhabens handelt (§ 13 Abs. 2). Ein solcher Fall einer langfristigen Unterbrechung könnte an sich hier vorliegen, zumal die Beklagte selbst in dem Schreiben vom 19. Dezember 1956 an die Manager der Klägerin und des Regisseurs erklärt hatte, die Verfilmung des Stoffes „Strafregisterauszug" werde nunmehr solange verschoben werden müssen, daß die für die Zeit vom 1. Februar 1957 bis 31. März 1957 vorgesehenen Dreharbeiten nicht stattfinden könnten. Sonach könnte auf den ersten Blick § 13 Abs. 2 der Tarifordnung angewendet werden, mit der Folge, daß die Klägerin den Anspruch auf die vereinbarte Vergütung hat, und zwar auch dann, wenn die Beklagte die Nichtgewinnung des Regisseurs Th. für die Inszenierung und damit die langfristige Unterbrechung oder gar Aufgabe des Filmvorhabens nicht verschuldet hätte.

Der Senat ist jedoch zu dem Ergebnis gekommen, daß § 13 Abs. 2 der Tarifordnung im vorliegenden Fall nicht zur Anwendung kommt. Gerade weil § 13 Abs. 2 der Tarifordnung offensichtlich das Betriebsrisiko für den Fall regeln will, daß das Scheitern der Produktion des bestimmten Films in der Sphäre, d. h. allein in dem Wirkungskreis der Produktionsfirma liegt, kann die Bestimmung, die die Anwendbarkeit der allgemeinen Grundsätze über die Tragung des Betriebsrisikos durch den Arbeitgeber gedanklich voraussetzt, hier nicht angewendet werden.

Die Parteien haben hier die Gewinnung des Regisseurs Th. für den Film und seine tatsächliche Mitwirkung in dem Film in einer Weise zum Inhalt ihrer vertraglichen Beziehungen gemacht, die es ausschließt, im Hinblick auf das Nichterreichen dieser Mitwirkung die allgemeinen Grundsätze über die Tragung des Betriebsrisikos durch den Arbeitgeber anzuwenden. Die Gewinnung von Th. als Regisseur war, gleichgültig ob seine vertraglich vorgesehene Heranziehung in erster Linie im Interesse der Klägerin oder der Beklagten angeregt worden ist, eine Angelegenheit des beiderseitigen Interesses, d. h. sowohl des Interesses der Beklagten wie des Interesses der Hauptdarstellerin, der Klägerin. Beide Parteien hielten im Interesse des Gelingens des Films, des künstlerischen Erfolges und der beiderseitigen erfolgreichen Zusammenarbeit die Mitwirkung von Th. als Regisseur für entscheidend. Die Klägerin insbesondere war nach dem mit ihr geschlossenen Vertrag nur gehalten, die Hauptrolle unter der Regie von Th. zu spielen. Sie konnte jede Mitwirkung ablehnen, wenn Th. die Regie nicht tatsächlich führte. Die Beklagte war nicht berechtigt, statt Th.'s einen anderen Regisseur einzusetzen. Scheitert in einem solchen Fall die Mitwirkung des beiderseits in Aussicht genommenen Regisseurs und soll nach dem Vertragsinhalt gerade dieser Regisseur, nicht auch bei dessen Ausfall ein anderer Regisseur die Regie übernehmen, so kann nicht davon gesprochen werden, daß ein solches Ereignis nur in der Sphäre, nur im Bereich der Produktionsfirma eingetreten ist; ebensowenig kann aber andererseits die umgekehrte Feststellung getroffen werden, daß es sich um eine Behinderung nur im Bereich der Hauptdarstellerin handele. Haben beide Parteien übereinstimmend gerade einen bestimmten Regisseur, der nicht ersetzt werden kann, vorgesehen und die Durchführung des Filmvorhabens gerade von der Mitwirkung dieses Regisseurs abhängig gemacht, so liegt, wenn dieser Regisseur nicht mitwirkt, ein Hinderungsgrund vor, der nach der Natur der Sache sowohl in der Sphäre der Produktionsfirma wie in der Sphäre der Hauptdarstellerin liegt. Die Entscheidung des Rechtsstreits kann daher nicht aus den Regeln des Betriebsrisikos und damit nicht aus § 13 Abs. 2 der Tarifordnung gewonnen werden. Auch § 13 Abs. 1 der Tarifordnung ist danach nicht anwendbar, weil es sich eben nicht nur um eine Behinderung der Firma im Sinne dieser Bestimmung handelt.

Auch die Regelung des Annahmeverzuges, insbesondere § 615 BGB, führt nicht dazu, daß die Klägerin bereits jetzt die von ihr verlangte Vergütung für den Film so verlangen kann, als hätte sie an diesem Film mitgewirkt und die ihr übertragene Hauptrolle gespielt. Die Klägerin war nur für einen Film unter der Regie von Th. engagiert. Diese Leistung, die sie nach dem mit ihr geschlossenen Vertrag schuldete, konnte von ihr infolge der Weigerung des Regisseurs, das Drehbuch in der vorliegenden Form zu verfilmen, nicht erbracht werden. Damit entfällt ein Annahmeverzug der Beklagten im Sinne des § 615 BGB.

Die Lösung des Rechtsstreits muß daher, nachdem weder die Regelungen über das Betriebsrisiko noch die über den Annahmeverzug zu einer Entscheidung führen können, aus den allgemeinen Regeln des BGB über die Unmöglichkeit der Leistung gefunden werden. Danach kommt es entscheidend darauf an, ob die Unmöglichkeit von einer der beiden

Parteien im Sinne eines Verschuldens zu vertreten ist oder ob keine der Parteien für die Unmöglichkeit haftbar gemacht werden kann.

Dabei ist vorweg entscheidend zu berücksichtigen, daß nach dem Sinn und Zweck des Vertrages beide Parteien zusammenarbeiten mußten, um die Regie von Th. zu ermöglichen. Beide Parteien mußten also insbesondere ihren Einfluß auf Th. geltend machen, damit dieser Regie und Inszenierung übernahm. Allerdings trifft dabei die Hauptverpflichtung die Beklagte. Sie mußte in erster Linie alles tun, um Th. für die Regie zu gewinnen. Sie mußte sich nach besten Kräften und mit vollem Einsatz bemühen, nicht nur Th. zu verpflichten, wie sie dies durch den Rahmenvertrag vom 11. Juni 1956 und die Annahme der Erklärung Th.'s vom 3. Oktober 1956 getan hat, sondern sie mußte auch alles ihr Mögliche tun, damit Th. tatsächlich die Regie bei dem Abdrehen des Films „Strafregisterauszug" übernahm.

Die Mitwirkung Th.'s und damit die Dreharbeiten sind unterblieben, weil Th. gegen das Drehbuch in der vorliegenden Form künstlerische Bedenken hatte und deshalb die Mitwirkung ablehnte. In dem Vertrag zwischen der Beklagten und dem Regisseur Th. ist zwar nicht ausdrücklich bestimmt, daß Th. hinsichtlich der Form des Drehbuchs Änderungswünsche geltend machen konnte und daß die Beklagte gehalten war, diesen Änderungswünschen des Regisseurs Rechnung zu tragen. Der Senat steht jedoch auf dem Standpunkt, daß bei Auslegung eines Regievertrages für einen Film nach Treu und Glauben und im Hinblick auf die notwendige Rücksichtnahme auf das künstlerische Gewissen des Regisseurs berechtigten künstlerischen Bedenken gegen das von ihm als Film zu inszenierende Drehbuch im Rahmen des Zumutbaren Rechnung getragen werden muß. Jedenfalls kann, wenn nicht eindeutig etwas anderes bestimmt ist, auch der durch einen Regievertrag bereits gebundene Regisseur nicht gezwungen werden, seinen berechtigten oder jedenfalls vertretbaren künstlerischen Bedenken zuwider die Regie tatsächlich zu führen.

Wenn aber Meinungsverschiedenheiten zwischen Drehbuchautor und Regisseur auftauchen, ist es jedenfalls in erster Linie notwendig, daß der Produzent nach besten Kräften bemüht ist, diese Meinungsverschiedenheiten auszugleichen, um so zu einer gedeihlichen Zusammenarbeit zwischen Regisseur und Drehbuchautor zu kommen.

Die Feststellungen des Berufungsurteils darüber, ob die beklagte Produktionsfirma diese von ihr zu fordernden Bemühungen in dem vollen zumutbaren Umfang durchgeführt hat, reichen nicht aus. Das Berufungsgericht brauchte allerdings von seinem Standpunkt aus diese Frage nicht zu erörtern, da es eine Garantie der Beklagten für die Gewinnung von

Th. und damit eine Haftung der Beklagten auch ohne Verschulden angenommen hat. Da diese Rechtsansicht des Berufungsgerichts nicht durchgreift und da andererseits eine abschließende Entscheidung im Hinblick auf den noch aufklärungsbedürftigen Sachverhalt nicht möglich ist, mußte das angefochtene Urteil aufgehoben und der Rechtsstreit zur erneuten Verhandlung und Entscheidung an das Landesarbeitsgericht zurückverwiesen werden.

Bei der nunmehr vorzunehmenden weiteren Aufklärung des Sachverhalts wird das Landesarbeitsgericht, notfalls unter Anwendung des § 139 ZPO, genauere Feststellungen darüber zu treffen haben, wann Th. das Drehbuch des Autors erhalten hat, ob dies insbesondere vor oder nach dem Schreiben der Manager Th.'s vom 3. Oktober 1956 gewesen ist. Auf diese Feststellungen könnte es ankommen, weil es nicht unerheblich ist, ob Th. sich in Kenntnis des ihm vorliegenden Drehbuchs des Autors zur Regieübernahme des Films „Strafregisterauszug" entschlossen hat oder ob er diesen Entschluß gefaßt hat, bevor er das Drehbuch kannte. Das Landesarbeitsgericht wird nähere Feststellungen darüber zu treffen haben, wann und wem gegenüber Th. erstmals Bedenken gegen das Drehbuch in der vorliegenden Form geäußert hat, welche Bedenken dies im einzelnen waren, ob Bedenken von ihm in einer Form geäußert sind, die eine sachliche Bearbeitung und einen Ausgleich der verschiedenen Auffassungen ermöglichten, und welches Ergebnis zwischen den Beteiligten geführte mündliche oder schriftliche Verhandlungen über aufgetretene Meinungsverschiedenheiten hatten. Weiter wird das Landesarbeitsgericht zu prüfen haben, ob die Beanstandungen Th.'s sachlich berechtigt, jedenfalls aber vertretbar erscheinen. Vor allem ist zu prüfen, was die Beklagte unternommen hat, als sie von den künstlerischen Bedenken Th.'s gegen das Drehbuch in der vorliegenden Form erfuhr, insbesondere, welche Anstrengungen die Beklagte gemacht hat, um die aufgetretenen Spannungen zwischen Th. und H. zu beseitigen. Insoweit kann es auf den vom Vorderrichter nicht berücksichtigten Beweisantrag, den die Klägerin in ihrem Schriftsatz vom 16. Mai 1957 gestellt hat, ankommen. Es muß also festgestellt werden, ob tatsächlich am 5. Dezember 1956 eine persönliche Besprechung zwischen Th. und H. für den 17. Dezember 1956 zur Bereinigung der zwischen beiden bestehenden verschiedenen Auffassungen vereinbart war und ob die Beklagte veranlaßt hat, daß diese Reise von Th. zu H. und diese Besprechung unterblieb. Es wird dabei auch der Brief H.'s an Th. vom 13. Dezember 1956 zu würdigen und zu prüfen sein, ob die Beklagte nach Kenntnis von diesem Brief etwas getan hat, um Th. zu veranlassen, sich mit H. nochmals auseinanderzusetzen. Schließlich wird das Landesarbeitsgericht festzustellen haben, welches Ergebnis die Besprechung vom 18. Dezember 1956 zwischen der Beklagten, der Klägerin und Th. gehabt hat. Auch wird zu prüfen sein, welche Erklärungen die Klägerin selbst in dieser Besprechung oder im Zusammenhang mit dieser Besprechung abgegeben hat. Schließlich wird das Landesarbeitsgericht noch aufzuklären haben, ob die Beklagte nach der Besprechung am 18. Dezember noch Schritte zu einer Umstimmung Th.'s angekündigt, unternommen oder unterlassen hat. Dabei wird es auch darauf ankommen, ob die Herstellung eines Drehbuchs unter Berücksichtigung der Anregungen von Th., soweit sie berechtigt waren, bis zum vorgesehenen Drehbeginn noch möglich war und von Th. und der Klägerin noch erwartet wurden. In diesem Zusammenhang gewinnt auch die Frage Bedeutung, wie sich die Klägerin und Th. nach der Besprechung vom 18. Dezember 1956 verhalten haben, ob die Klägerin auf den an ihre Manager gerichteten Brief der Beklagten vom 19. Dezember 1956 etwas veranlaßt hat und ob sie insbesondere zu erkennen gegeben hat, daß sie mit den Dreharbeiten in der Zeit vom 1. Februar bis 31. März 1957 noch rechnete. Das Verhalten der Klägerin insoweit ist auch deshalb zu berücksichtigen, weil auch sie — wie bereits erwähnt — verpflichtet war, ihren Einfluß dafür einzusetzen, daß Th. die Regie tatsächlich übernahm.

Die Klägerin hat im Rechtsstreit auch vorgetragen, die Beklagte habe Th. auf Grund des mit ihm zustande gekommenen Vertrages zwingen müssen, das Drehbuch zu verfilmen, sofern seine Bedenken nicht berechtigt gewesen seien. Gegen das Bestehen einer solchen Rechtspflicht hegt der Senat jedoch Bedenken. Einmal erscheint es — wie bereits erwähnt — zweifelhaft, ob ein Regisseur gerichtlich gezwungen werden kann, ein Drehbuch gegen seine künstlerische Überzeugung zu verfilmen, zum anderen wäre eine Vollstreckung eines etwa ergehenden Urteils nach § 888 Abs. 2 ZPO dahin, daß der Regisseur zur tatsächlichen Führung der Regie durch Beugestrafen anzuhalten ist, nicht möglich. Der Senat ist der Überzeugung, daß die Beklagte zwar alles tun mußte, um berechtigte Bedenken Th.'s zu berücksichtigen, daß sie aber nicht gezwungen war, Th., wenn sie seine Bedenken für unberechtigt hielt, unter Zuhilfenahme der Gerichte zur Erfüllung des mit ihm geschlossenen Vertrages zu zwingen. Das gilt um so mehr, als die Klägerin ja die künstlerischen Bedenken Th.'s teilt.

Je nach dem Ergebnis der noch vorzunehmenden Beweisaufnahme wird das Landesarbeitsgericht zu der Feststellung kommen müssen, daß entweder die Beklagte a l l e s ihr Zumutbare nach besten Kräften getan hat, um Th. für die Regie und Inszenierung des Films tatsächlich zu gewinnen, daß sie also insoweit das Äußerste ihr Zumutbare getan hat, gleichwohl aber mit ihren Bemühungen keinen Erfolg gehabt hat. In diesem Fall ist die Klage mangels jeden Verschuldens der Beklagten abzuweisen. Sollte aber das Landesarbeitsgericht zu der Feststellung kommen, daß die Beklagte nicht alles getan hat, um den Film, wie vorgesehen, drehen zu lassen, daß sie noch vorhandene und ihr zumutbare Ausgleichsmöglichkeiten zwischen Th. und H. nicht restlos ausgeschöpft, daß sie insbesondere die erwähnte, vorgesehene nochmalige Besprechung zu Unrecht abgesagt oder verhindert oder sonst etwas noch Mögliches unterlassen hat, um zum Ziele zu kommen, so würde die Beklagte unter dem Gesichtspunkt des Schadenersatzes (§ 325 BGB) haften. Dabei wird aber dann die Frage eines Mitverschuldens der Klägerin (§ 254 BGB) und eine etwa daraus folgende Minderung des Ersatzanspruchs zu prüfen sein.

4

Ist an einem gesetzlichen Wochenfeiertag schlechtes Wetter, so entfällt der Anspruch des Bauarbeiters auf Fortzahlung seines Lohnes nur dann, wenn der Arbeitgeber rechtzeitig vorher — und nicht nur für den Feiertag — den Ausfall der Arbeit wegen schlechten Wetters angeordnet hatte.

Feiertagslohnzahlungsges. Berlin § 1.

II. Senat. Urteil vom 12. 11. 1958 i. S. G. (Bekl.) w. B. u. a. (Kl.)
2 AZR 427/57.

I. Arbeitsgericht Berlin. — II. Landesarbeitsgericht Berlin.

Der Beklagte betreibt in Berlin das Baugewerbe. Bei ihm waren die Kläger in einer Maurer-Akkordkolonne tätig. In der Bußtagswoche 1956 trat Frost ein. Am Montag, dem 19. November 1956, war deshalb — jedenfalls nach der Behauptung des Beklagten — die Arbeit gehemmt. Am Dienstag, dem 20. November 1956, entließ der Beklagte die Kläger bereits gegen 14 Uhr, und zwar, wie er behauptet, wegen des Frostes, während die Kläger behaupten, daß die vorzeitige Arbeitsbeendigung vor Feiertagen üblich gewesen sei. Am Mittwoch, dem 21. November 1956, war Bußtag. Der Bußtag ist nach § 1 Nr. 7 des Berliner Gesetzes über die Feiertage vom 14. Dezember 1949 (VOBl. S. 496) gesetzlicher Feiertag. Am Bußtag herrschte nach der Behauptung des Beklagten eine Kälte von mindestens 6°. Die Kläger arbeiteten an diesem Tage nicht, der Beklagte zahlte ihnen für diesen Tag auch keinen Lohn. Am darauffolgenden

Donnerstag, dem 22. November 1956, entließ der Beklagte die Kläger, als sie zur Arbeit erschienen, so daß die Kläger in der Folgezeit Arbeitslosenunterstützung bekamen.

Die Kläger verlangen von dem Beklagten die Zahlung ihres Lohnes für den Bußtag.

Beide Vorinstanzen haben die Klage aus dem Berliner Gesetz über die Lohnzahlung an Feiertagen vom 22. Juli 1950 (VOBl. 50, 317) für unbegründet gehalten.

Das BAG hat das Urteil des LAG aufgehoben und die Sache zur anderweiten Verhandlung und Entscheidung zurückverwiesen.

Aus den Gründen:

Ist an einem Wochenfeiertag schlechtes Wetter, so schließt das weder den Anspruch des Bauarbeiters auf Bezahlung schlechthin aus, noch bleibt es schlechthin ohne Einfluß auf seinen Lohnanspruch.

Nach § 3 Ziff. 7 der — jedenfalls in Berlin noch weitergeltenden — Reichstarifordnung (RTO) für das Baugewerbe vom 1. November 1941 (Reichsarbeitsbl. IV, S. 1592) ist der Lohnanspruch des Bauarbeiters ausgeschlossen, wenn der Arbeitgeber wegen schlechter Witterung nicht arbeiten läßt. Ob ungünstiges Wetter, wie etwa starker Frost oder erheblicher Dauerregen, der Arbeit des Bauarbeiters entgegensteht, ist nicht ein für allemal von vornherein für jede betriebliche Situation zu entscheiden. Auch das Baugewerbe umfaßt Arbeiten, die trotz ungünstigen Wetters sehr wohl verrichtet werden können. Ob das im Einzelfall möglich und zweckmäßig ist, entscheidet (jedenfalls nach der hier maßgebenden RTO) der Bauunternehmer. Auf Grund seiner Leitungsbefugnis kann er seinen Bauarbeitern andere Arbeiten zuweisen, die vom Wetter unabhängig sind. Deshalb erscheinen die Bauarbeiter auch in der Regel auf der Baustelle, obgleich das Wetter ungünstig ist. So haben sie es hier auch am Dienstag, dem 20. November 1956, und am Donnerstag, dem 22. November 1956, getan. Es würde auch nicht gut angehen, wenn die Bauarbeiter es von sich aus bei schlechtem Wetter einfach unterließen, sich zur Verfügung zu halten, denn dann nähmen sie der Baubetriebsleitung die Möglichkeit des Einsatzes für Arbeiten, die vom ungünstigen Wetter nicht berührt werden. Es ergibt sich mithin: Nicht schon das schlechte Wetter allein reicht aus, den Bauarbeiter am Verdienen zu hindern. Hinzukommen muß vielmehr noch eine Entscheidung der Betriebsleitung, daß der Bauarbeiter wegen des schlechten Wetters nicht arbeiten soll. Erst diese betriebsleitende Entscheidung hat die rechtsgestaltende Wirkung, daß der

Arbeitnehmer wegen schlechten Wetters nicht zu arbeiten braucht und seinen Lohn nicht erhält.

Dieser Grundsatz muß auch gelten, wenn ungünstiges Wetter gerade auf einen Wochenfeiertag fällt. Auch dann kann das ungünstige Wetter allein nicht den Lohnanspruch des Bauarbeiters zunichte machen und dem Arbeitgeber den Vorteil bringen, die Feiertagsbezahlung zu sparen. Vielmehr muß die rechtzeitige betriebsleitende Entscheidung des Arbeitgebers, daß der Bauarbeiter wegen des ungünstigen Wetters nicht arbeiten solle, hinzukommen. Daß der Arbeitgeber sich nachträglich auf das ungünstige Wetter beruft, um sich der Feiertagsbezahlung zu entziehen, geht nicht an. Er muß sich vielmehr von vornherein für die eine oder die andere Möglichkeit entscheiden. Trifft der gesetzliche Wochenfeiertag in eine Periode ungünstigen, die Bauarbeiten behindernden Wetters, und hat der Arbeitgeber erklärt, daß seine Bauarbeiter für die Dauer dieser Witterungsperiode nicht arbeiten sollen, so trifft das natürlich auch für die Wochenfeiertage zu, die in diese Periode fallen. In einem solchen Fall unterbleibt die Arbeit dann nicht wegen des Feiertages, sondern wegen des ungünstigen Wetters und der diesem Rechnung tragenden Entscheidung des Arbeitgebers. Dann entfällt die Feiertagsbezahlung. Ist aber zufällig gerade an dem gesetzlichen Wochenfeiertag ungünstiges Wetter, und kann der Arbeitgeber daher seine Entscheidung nicht mehr rechtzeitig seinen Bauarbeitern bekanntgeben, so scheidet das ungünstige Wetter als Grund für das Unterbleiben der Arbeit aus. In diesem Fall ruht die Arbeit nur wegen des gesetzlichen Feiertages. Dann bleibt trotz schlechten Wetters der Anspruch auf Feiertagsvergütung bestehen.

Eine vernünftige Durchführung dieser Grundsätze verwehrt dem Arbeitgeber auch die Möglichkeit, das Recht der betriebsleitenden Entscheidung zu mißbrauchen. Er würde das tun, wenn die ungünstige Witterung ihm Anlaß gäbe, gerade nur an dem gesetzlichen Feiertag der Witterung wegen die Arbeit ausfallen zu lassen, an den angrenzenden Werktagen dagegen nicht. Eine solche Anordnung wäre innerlich unglaubhaft; sie würde gegen den Sinn des Gesetzes über die Lohnzahlung an Feiertagen verstoßen und daher rechtsunwirksam sein.

Die für die Auslegung dieser Rechtsgrundsätze erforderlichen tatsächlichen Feststellungen sind vom Landesarbeitsgericht nicht getroffen worden. Es mußte daher die Aufhebung des Urteils und die Zurückverweisung der Sache an das Landesarbeitsgericht erfolgen. Das Landesarbeitsgericht wird also zu prüfen haben, ob am Dienstag vor Bußtag der Beklagte den Ausfall der Arbeit für den Rest des Dienstages und die Folgezeit wegen schlechten Wetters angeordnet hat, ob gegebenenfalls, wenn er lediglich den Schlechtwetterausfall für Bußtag angeordnet haben sollte, eine solche Anordnung innerlich glaubhaft und beachtlich wäre. Weiter ist angezeigt zu prüfen, wie im Betrieb des Beklagten sich üblicherweise Schlechtwetter ausgewirkt hat und ob die Arbeiter üblicherweise trotz schlechten Wetters zur Arbeit erschienen sind. Schließlich wird das Landesarbeitsgericht auch in den Kreis seiner Ermittlung die Frage mit einzubeziehen haben, ob die Bauarbeiter des Beklagten bei Arbeitsausfall infolge schlechten Wetters aus betrieblichen oder tariflichen Einrichtungen Ausgleichszahlungen erhalten und unter welchen Voraussetzungen derartige Zahlungen zu erbringen sind, weil hieraus wieder ein Rückschluß zulässig ist, ob der Beklagte ernstlich den Arbeitsausfall infolge schlechten Wetters angeordnet hatte.

5

1. Bei der Kündigungsschutzklage mit einem Klageantrag nach näherer Maßgabe des § 3 Satz 1 KSchG ist Streitgegenstand die Frage, ob ein Arbeitsverhältnis aus Anlaß einer ganz bestimmten Kündigung zu dem von dieser Kündigung gewollten Termin aufgelöst ist oder nicht.

2. Will ein Arbeitgeber, mit dem ein Arbeitnehmer im Wege der Kündigungsschutzklage darüber streitet, ob sein Arbeitsverhältnis aus Anlaß einer ganz bestimmten Kündigung zu dem von dieser Kündigung gewollten Termin endet oder nicht, die Beendigung des Arbeitsverhältnisses zu demselben Termin aus einer späteren Kündigung herleiten, so muß er das zur Vermeidung der Präklusion geltend machen. In dem Kündigungsschutzprozeß ist im Fall der Annahme der Unwirksamkeit der ersten Kündigung darüber zu befinden, ob nicht die spätere Kündigung das Arbeitsverhältnis zu demselben Termin beendet hat.

3. Die Präklusion tritt jedoch nicht ein, wenn der Arbeitgeber die Beendigung des Arbeitsverhältnisses aus der späteren Kündigung in dem fraglichen Kündigungsschutzverfahren geltend gemacht hat, das Gericht es aber eindeutig und ausdrücklich abgelehnt hat, dieserhalb zu entscheiden.

KSchG § 3 Satz 1, §§ 1, 6; ZPO § 322; BGB § 138 Abs. 1.

II. Senat. Urteil vom 13. 11. 1958 i. S. Sch. (Kl.) w. F. H. (Bekl.)
2 AZR 573/57.

I. Arbeitsgericht Frankfurt/Main. — II. Landesarbeitsgericht Frankfurt/Main.

Der Kläger war vom 1. Mai 1935 bis zum Zusammenbruch im Jahre 1945 bei der IG angestellt. Seit dem 6. Juli 1953 war er bei der

Beklagten, einem Nachfolgeunternehmen der IG, als Mitarbeiter des Vorstandsmitgliedes für Finanz- und Rechnungswesen beschäftigt, wobei sein Eintrittsdatum bei der Beklagten auf den 1. Mai 1937 festgelegt wurde.

In einer Routinesitzung bei der Beklagten vom 16. August 1954 hatte der bei der Beklagten tätige Oberingenieur W. gegen eine Verwendung des Klägers in einer bestimmten Vertrauensstellung Bedenken geäußert. Der Kläger, dem Einzelheiten der gegen ihn geäußerten Bedenken bekannt wurden, fühlte sich dadurch in seiner Ehre angegriffen, und er verlangte deshalb von W. bestimmte Ehrenerklärungen und Auskünfte. Die ihm von W. durch Vermittlung der Beklagten angebotenen Erklärungen wies er als ungenügend zurück. Er erhob vor dem Landgericht Frankfurt gegen W. eine Klage, in der er von diesem den Widerruf bestimmter Äußerungen, ferner bestimmte Auskünfte begehrt und Feststellung dahin beantragt hat, daß W. verpflichtet ist, ihm den Schaden zu ersetzen, der ihm aus bestimmten Äußerungen W.'s entstanden ist. Mit der Begründung, daß der Kläger in dieser Angelegenheit mit der Ablehnung der Vermittlungsversuche der Beklagten eine vertrauensvolle Zusammenarbeit unmöglich gemacht habe und der Kläger durch sein Verhalten den Betriebsfrieden gefährde, kündigte die Beklagte dem Kläger mit Schreiben vom 15. Februar 1956, dem Kläger zugegangen am 18. Februar 1956, zum 30. September 1956. Vor dieser Kündigung hatte sie den Betriebsrat nicht gehört. Sie holte die Anhörung des Betriebsrates nach und richtete an den Kläger am 21. Februar 1956 folgendes Schreiben:

> „Im Nachgang zu unserem Kündigungsschreiben vom 15. Februar 1956 teilen wir mit, daß der Betriebsrat zu Ihrer Kündigung gehört worden ist.
>
> Wir wiederholen hiermit die Kündigung vom 15. Februar 1956 mit dem vollen Wortlaut des in Abschrift nochmals angefügten Schreibens."

Mit einer am 8. März 1956 beim Arbeitsgericht eingegangenen Klage hat der Kläger beantragt festzustellen, daß sein Arbeitsverhältnis bei der Beklagten durch die Kündigung vom 15. Februar 1956 nicht beendet worden ist. Er hat im einzelnen geltend gemacht, die Kündigung sei grob sozial ungerechtfertigt. Wegen Parteinahme der Beklagten zugunsten des W. sei sie sittenwidrig, verstoße sie deshalb auch gegen das Grundrecht des Art. 2 GG und sei sie daher gesetzwidrig im Sinne von § 134 BGB. Sie verstoße auch gegen § 51 BetrVG und gegen bestimmte Vorschriften der Arbeitsordnung der Beklagten.

Das Arbeitsgericht hat die Klage abgewiesen, das Landesarbeitsgericht hat durch Urteil vom 7. Dezember 1956 unter Abänderung des arbeitsgerichtlichen Urteils festgestellt, daß das Arbeitsverhältnis durch die Kündigung vom 15. Februar 1956 nicht aufgelöst ist. Zur Begründung hat es ausgeführt, die Unterlassung der gemäß § 66 Abs. 1 BetrVG gebotenen vorherigen Anhörung des Betriebsrates mache die Kündigung vom 15. Februar 1956 unwirksam. Es hat weiter ausgeführt, in dem Schreiben der Beklagten vom 21. Februar 1956 sei eine erneute Kündigung zu erblicken. Diese könne aber bei der Entscheidung außer Betracht bleiben, weil der Kläger hinsichtlich dieser Kündigung keine Anträge gestellt und die Möglichkeit habe, diese Kündigung gemäß § 11 Abs. 3 KSchG noch wegen Sittenwidrigkeit anzugreifen.

Der Kläger hat Anfang 1957 gegen die Beklagte Klage auf Zahlung seines Gehaltes für die Zeit nach dem 30. September 1956 erhoben und zuletzt Gehaltszahlung im Gesamtbetrag von 6250,— DM für die Zeit von Oktober 1956 bis Februar 1957 einschließlich nebst entsprechenden Zinsen verlangt. Er hat dazu geltend gemacht, das Schreiben der Beklagten vom 21. Februar 1956 enthalte keine Kündigung. Jedenfalls sei eine etwaige Kündigung aus den gleichen Gründen unwirksam, die er schon im Vorprozeß gegenüber der Kündigung vom 15. Februar 1956 geltend gemacht hatte.

Der Kläger ist mit seiner Klage in den beiden Vorinstanzen unterlegen. Seine Revision führte zur Aufhebung und Zurückverweisung der Sache an die Vorinstanz.

Aus den Gründen:

I. Als Anspruchsgrundlage für die Berechtigung des Gehaltszahlungsbegehrens des Klägers für die Monate Oktober 1956 bis Februar 1957 ist, was das Landesarbeitsgericht nicht ausdrücklich erörtert hat, § 615 Satz 1 BGB in Betracht zu ziehen, wonach ein Dienstverpflichteter die vereinbarte Vergütung nach näherer Maßgabe des § 615 Satz 2 BGB, § 9 KSchG verlangen kann, wenn der Dienstberechtigte mit der Annahme der Dienste in Verzug kommt. Von einem „Dienstverpflichteten" und „Dienstberechtigten" und von einem „Annahmeverzug des Dienstberechtigten" im Sinne des § 615 Satz 1 BGB kann ebenso wie von einem „Gläubiger", „Schuldner" und einer „Leistung" im Sinne der Gesamtregelung der §§ 293 ff. BGB nur gesprochen werden, wenn ein Arbeitsverhältnis in der fraglichen Zeit zwischen den Parteien bestand, dessen Erfüllung durch den Schuldner an dem Verhalten des Gläubigers scheitert. Demnach ist die Berechtigung des Klagebegehrens davon abhängig, ob für die hier in Rede stehende Zeit vom Oktober 1956 bis Februar 1957 einschließlich noch ein Arbeitsverhältnis zwischen den Parteien bestand und ob der Kläger die Beklagte nach näherer Maßgabe der §§ 293 ff. BGB in Annahmeverzug gesetzt hat.

II. 1. Das Urteil des Landesarbeitsgerichts vom 7. Dezember 1956 hat festgestellt, daß das Arbeitsverhältnis durch die Kündigung vom 15. Februar 1956 zum 30. September 1956 nicht aufgelöst ist. Gegenüber dem vorliegenden Zahlungsbegehren des Klägers beruft sich die Beklagte darauf, das Arbeitsverhältnis der Parteien sei auf Grund einer Kündigung vom 21. Februar 1956 zum 30. September 1956 doch aufgelöst worden.

2. Bei dieser Streitlage ist aus prozeßrechtlichen Gründen vorweg klarzustellen, ob zwischen den Parteien durch das Urteil des Landesarbeitsgerichts bereits rechtskräftig darüber entschieden worden ist, daß das Arbeitsverhältnis zum 30. September 1956 auch nicht durch eine Kündigung vom 21. Februar 1956 aufgelöst worden ist. Wäre das der Fall, so dürfte auch für die Frage, ob sich das jetzige Zahlungsbegehren des Klägers aus dem Gesichtspunkt des Annahmeverzuges der Beklagten rechtfertigt, nur davon ausgegangen werden, daß das Arbeitsverhältnis der Parteien am 30. September 1956 nicht aufgelöst worden ist. Wenn durch das Urteil vom 7. Dezember 1956 rechtskräftig zwischen den Parteien entschieden worden sein sollte, daß zum 30. September 1956 das Arbeitsverhältnis zwischen den Parteien auch nicht durch eine Kündigung vom 21. Februar 1956 aufgelöst worden ist, dann kann auch für das jetzige Zahlungsbegehren des Klägers diese Frage nicht anders beurteilt werden, weil es sich insoweit um die Geltendmachung von Rechtsfolgen aus einem Rechtsverhältnis handelt, über dessen Bestand zwischen den Parteien rechtskräftig entschieden worden ist. Der Sinn der Rechtskraftwirkung ist nicht nur, daß derselbe Klageanspruch nicht mehr Prozeßgegenstand sein kann, sondern darüber hinaus auch, im Interesse des Klärungs- und Friedenszweckes der gerichtlichen Entscheidung, daß die einmal zwischen den Parteien getroffene Entscheidung dann zu achten ist, wenn der dort entschiedene Punkt in einem weiteren Prozeß zwischen den Parteien nur Anspruchsgrundlage ist. Anderenfalls würde trotz der rechtskräftigen Entscheidung ein beträchtliches Moment der Unsicherheit gegeben sein (vgl. auch Stein-Jonas, ZPO, 18. Aufl., § 322 Anm. IX 2 mit Nachweisen). Somit kommt es für die Berechtigung des Zahlungsbegehrens des Klägers für die Zeit nach dem 30. September 1956 darauf an, ob durch das Urteil vom 7. Dezember 1956 rechtskräftig ent-

schieden worden ist, daß das Arbeitsverhältnis zwischen den Parteien zum 30. September 1956 auch nicht durch eine Kündigung vom 21. Februar 1956 aufgelöst worden ist.

3. Die Frage, was im Vorprozeß rechtskräftig entschieden worden ist, bestimmt sich danach, was im Vorprozeß der Streitgegenstand war.

Durch den Antrag des Klägers im Vorprozeß, festzustellen, daß sein Arbeitsverhältnis durch die Kündigung vom 15. Februar 1956 nicht aufgelöst worden ist, mit der Begründung, diese Kündigung sei sozial ungerechtfertigt und aus anderen Gründen unwirksam, ist das Klagebegehren als Kündigungsschutzklage im Sinne von § 3 Satz 1 KSchG gekennzeichnet. Der Klageantrag entspricht genau der in § 3 Satz 1 KSchG vorgesehenen Fassung, und die Klage zielt gerade auch auf die Geltendmachung der sozialen Ungerechtfertigkeit der Kündigung ab. Dann kann ihr Charakter als Kündigungsschutzklage nicht deswegen entfallen, weil auch noch andere Gründe für die Unwirksamkeit der Kündigung geltend gemacht werden. Diese anderen Gründe können auch im Kündigungsschutzprozeß mit geltend gemacht werden.

Darüber, was im Kündigungsschutzprozeß bei einem solchen Antrag als Streitgegenstand anzusehen ist, gehen in Rechtsprechung und Schrifttum die Meinungen auseinander. Die überwiegende Meinung nimmt an, bei einer Kündigungsschutzklage mit einem Klageantrag nach näherer Maßgabe des § 3 Satz 1 KSchG sei Streitgegenstand die Feststellung der Nichtauflösung eines Arbeitsverhältnisses wegen der Rechtsunwirksamkeit der konkreten mit der Kündigungsschutzklage bekämpften Kündigung (vgl. BAG 2, 87 [90]; Hueck, Nipperdey-Festschrift, 1955, S. 99 ff. [106/107]; Hueck-Nipperdey, Lehrbuch des Arbeitsrechts, 6. Aufl., Bd. I, § 64 VII 1 S. 591 zu Fußnote 74; Hueck, KSchG, 3. Aufl., 1954, § 3 Anm. 4; Herschel-Steinmann, KSchG, 4. Aufl., 1958, § 7 Anm. 4; Habscheid, RdA 1958, S. 46 ff., 95 ff. [97], jeweils mit weiteren Nachweisen). Bötticher (Herschel-Festschrift, 1955, S. 181 ff. [186/187]) und ihm weitgehend folgend Zeuner (MdR 1956, 257 ff.) vertreten den Standpunkt, Streitgegenstand einer Kündigungsschutzklage sei der Bestand des Arbeitsverhältnisses überhaupt, bezogen auf den Zeitpunkt der letzten mündlichen Verhandlung (Bötticher, a. a. O., S. 185).

Die Ansicht von Bötticher und Zeuner trifft für den vom Gesetz im Kündigungsschutzprozeß vorgesehenen, nach näherer Maßgabe des § 3 Satz 1 KSchG gekennzeichneten Antrag, wie er hier vom Kläger im Kündigungsschutzprozeß verfolgt wurde, nicht zu. Wenn § 3 Satz 1 KSchG einen Feststellungsantrag des Inhaltes zuläßt, „daß das Arbeitsverhältnis durch die Kündigung nicht aufgelöst ist", so ergibt sich daraus, daß nicht schlechthin wie im Normalfall einer Feststellungsklage nach § 256 ZPO darüber gestritten werden soll, ob im Zeitpunkt der letzten mündlichen Verhandlung das Arbeitsverhältnis aufgelöst ist, sondern nur gleichsam punktuell darüber, ob durch eine ganz bestimmte Kündigung — „die" Kündigung —, die der Arbeitnehmer zur Vermeidung ihres Wirksamwerdens (§ 6 KSchG) gemäß § 3 Satz 1 KSchG fristgerecht angreifen muß, das Arbeitsverhältnis aufgelöst ist oder — bei entsprechender Kündigungsfrist — demnächst aufgelöst wird oder nicht. Damit läßt § 3 Satz 1 KSchG einen punktuellen Streit über die Berechtigung eines Einwandes, nämlich darüber zu, ob aus Anlaß einer ganz bestimmten Kündigung dem Arbeitgeber der rechtsvernichtende Einwand erwachsen ist, das Arbeitsverhältnis habe durch die Kündigung sein Ende gefunden bzw. es werde nach Ablauf der Kündigungsfrist enden. Der mit einer Kündigungsschutzklage nach näherer Maßgabe des § 3 Satz 1 KSchG vorgehende Kläger negiert die rechtsvernichtende Wirkung eines solchen aus einer ganz bestimmten Kündigung drohenden Einwandes des Arbeitgebers und begehrt deshalb die negative Feststellung, daß damit das Arbeitsverhältnis wegen der Unbegründetheit dieses Einwandes aus Anlaß einer ganz bestimmten Kündigung nicht erloschen ist. Damit ergibt sich schon aus dem Wortlaut des Gesetzes, daß im Falle eines Kündigungsschutzantrages nach näherer Maßgabe des § 3 Satz 1 KSchG Streitgegenstand ist, ob ein vom Kläger als demjenigen, der die beantragte Feststellung begehrt, darzulegendes Arbeitsverhältnis aus Anlaß einer ganz bestimmten, von ihm ebenfalls darzulegenden Kündigung zu dem von dieser Kündigung gewollten Endtermin aufgelöst ist.

Diese vom Gesetz anerkannte punktuelle und lokalisierte Streitmöglichkeit und dieser Streitgegenstand haben auch ihren guten und praktischen Sinn. Sie dient einmal dazu, den Streit auf eine Streitfrage zu konzentrieren, die häufig die einzige Streitfrage zwischen den Parteien ist und von der die Parteien wissen, welche Weiterungen sich daraus ergeben, wenn die Kündigung als unwirksam bzw. als wirksam festgestellt wird. Diese Streitfrage ist, ob aus einem bestimmten Anlaß zu einem bestimmten Termin ein Arbeitsverhältnis aufgelöst ist, ob also mit diesem Zeitpunkt der Arbeitnehmer seinen Arbeitsplatz verliert oder nicht. Es besteht häufig einerseits wohl ein Rechtsschutzbedürfnis, gerichtlich klären zu lassen, ob eine ganz bestimmte Kündigung zu einem von dieser gewollten Termin das Arbeitsverhältnis aufgelöst hat oder nicht, während es andererseits an einem Bedürfnis fehlen kann, gerichtlich klären zu lassen, ob ein Arbeitsverhältnis noch im Zeitpunkt der letzten mündlichen Verhandlung besteht. Wenn z. B. ein Arbeitgeber eine sozialungerechtfertigte Kündigung ausspricht, kann ein Arbeitnehmer sich dagegen im Wege der Kündigungsschutzklage wehren. Das hindert ihn nicht, im Laufe des Rechtsstreites eine spätere zweite Kündigung zu einem anderen Kündigungstermin hinzunehmen oder von sich aus zu einem späteren Kündigungstermin zu kündigen oder sich mit dem Arbeitgeber vertraglich über eine Aufhebung des Arbeitsverhältnisses zu einem späteren Termin zu einigen und trotzdem — namentlich im Hinblick auf die Folgen aus § 615 BGB, § 9 KSchG — auch dann noch die Unwirksamkeit der früheren Kündigung feststellen zu lassen, wenn im Zeitpunkt der letzten mündlichen Verhandlung das Arbeitsverhältnis nicht mehr besteht. Wenn ein Arbeitgeber sowohl fristlos aus wichtigem Grunde wie fristgerecht im Wege der ordentlichen Kündigung ein Arbeitsverhältnis zu lösen unternimmt, kann ein Arbeitnehmer sich gegen die fristlose außerordentliche Kündigung wehren, wobei deren Rechtsunwirksamkeit in derselben Weise wie bei einem Angriff wegen angeblich sozial ungerechtfertigter ordentlicher Kündigung, also gemäß § 3 KSchG, geltend zu machen ist, und andererseits die fristgerechte ordentliche Kündigung hinnehmen und ein Interesse — z. B. wegen der Folgen aus § 615 BGB, oder weil ihm an der Ausräumung eines in der außerordentlichen fristlosen Kündigung liegenden Vorwurfs gelegen ist — daran haben, festgestellt zu wissen, daß die außerordentliche fristlose Kündigung das Arbeitsverhältnis nicht aufgelöst hat, und zwar auch dann, wenn das Arbeitsverhältnis im Zeitpunkt der letzten mündlichen Verhandlung über diesen Kündigungsschutzstreit aus einem anderen Grunde schon aufgelöst ist.

Somit ergibt sich zusammengefaßt, daß bei einem Kündigungsschutzprozeß dann, wenn, wie das hier der Fall ist, der Klageantrag nach näherer Maßgabe des § 3 Satz 1 KSchG gefaßt ist, Streitgegenstand die Frage ist, ob ein Arbeitsverhältnis aus Anlaß einer bestimmten Kündigung zu dem von der Kündigung gewollten Endtermin aufgelöst ist oder nicht. Die Feststellung zur Auflösung oder Nichtauflösung des Arbeitsverhältnisses ist dabei, unbeschadet der Beziehung der Kündigungsschutzklage zu der vom Arbeitgeber ausgesprochenen Kündigung, allerdings schon deswegen bedeutsam, weil das bei einer Kündigungsschutzklage besonders wichtig ist; es geht insofern um den Bestand des Arbeitsverhältnisses. Dieser Gesichtspunkt ist von der Sache her für die Parteien wesentlich, er darf bei der Bestimmung des Streitgegenstandes der Kündigungsschutzklage nicht außer acht gelassen werden. Gerade aus diesem Grunde können im Kündigungsschutzprozeß neben einer sozialen Ungerechtigkeit der Kündigung auch noch sonstige Gründe für die Unwirksamkeit der Kündigung geltend gemacht werden. (Zu den ganzen Ausführungen vgl. auch das zur Veröffentlichung in der Amtlichen Sammlung des Bundesarbeitsgerichts vorgesehene Urteil des erkennenden Senates vom 17. November 1958 — 2 AZR 277/58 — BAG 7, 51 ff.)

Eine ganz andere Frage ist die, ob im Kündigungsschutzstreit der Antrag weiter gehen kann, z. B. neben dem Antrag aus § 3 Satz 1 KSchG den weiteren Antrag enthalten darf, festzustellen, daß das Arbeitsverhältnis fortbesteht (so Hueck, Nipperdey-Festschrift, S. 110/111). Diese Frage braucht indessen hier nicht entschieden zu werden, weil ein solcher Antrag und eine Beurteilung solchen Inhaltes vorliegendenfalls nicht in Betracht kommt.

4. Demnach hat das Urteil des Landesarbeitsgerichts vom 7. Dezember 1956 festgestellt, daß aus Anlaß der Kündigung vom 15. Februar 1956 das Arbeitsverhältnis zu dem mit ihr gewollten Kündigungsendtermin vom 30. September 1956 nicht aufgelöst worden ist. Da im vorliegenden Rechtsstreit Vergütung für die Monate Oktober 1956 bis Februar 1957 verlangt wird, ist auch nicht rechtskräftig entschieden worden, ob in diesem Zeitraum das Arbeitsverhältnis der beiden Parteien bestanden hat.

III. Soweit die Beklagte sich für ihren Einwand, das Arbeitsverhältnis des Klägers mit ihr sei mit Wirkung vom 30. September 1956 beendet, auf eine Kündigung vom 21. Februar 1956 beruft, erhebt sich aber die weitere Frage, ob sie sich hierauf noch berufen kann oder ob die Berufung hierauf durch das Urteil des Landesarbeitsgerichts vom 7. Dezember 1956 ausgeschlossen — präkludiert — ist.

1. Würde man der Beklagten gestatten, sich gegenüber der jetzigen Zahlungsklage darauf zu berufen, daß sie am 21. Februar 1956 zum 30. September 1956 erneut und wirksam gekündigt habe, so würde das bedeuten, daß im Rahmen der Zahlungsklage unter Umständen davon auszugehen wäre, daß entgegen der in dem Urteil des Landesarbeitsgerichts vom 7. Dezember 1956 getroffenen Feststellung das Arbeitsverhältnis zum 30. September 1956 doch aufgelöst worden ist, zwar nicht auf Grund der Kündigung vom 15. Februar 1956, sondern auf Grund einer Kündigung vom 21. Februar 1956. Dem steht aber grundsätzlich das Präklusionsprinzip entgegen.

2) Sinn und Inhalt des Präklusionsprinzips stehen im engsten Zusammenhang mit dem Wesen der Rechtskraft. Sinn der Rechtskraft ist

es, mit ihrem Eintritt den Streitgegenstand endgültig erledigt sein zu lassen in der Erwägung, daß der Staat für einen Streitgegenstand seine Gerichte vernünftigerweise nur einmal zur Verfügung stellen kann. Dann bedeutet das Präklusionsprinzip als notwendige Folge der Rechtskraftwirkung, daß bei einem Streit über einen Streitgegenstand die Parteien gehalten sind, in dem Rechtsstreit alles das vorzubringen, was erforderlich ist, um mit ihrem Standpunkt durchzudringen. Hat ein Rechtsstreit rechtskräftig sein Ende gefunden, so soll — von Fällen des Wiederaufnahmeverfahrens abgesehen — die entschiedene Streitfrage nicht dadurch wieder aufgerollt werden können, daß der unterlegene Teil neue Tatsachen beibringt (vgl. statt aller Stein-Jonas, ZPO, § 322 VIII 3 mit Nachweisen).

3. Streitgegenstand beim Kündigungsschutzprozeß, jedenfalls bei einem Klangeantrag nach näherer Maßgabe des § 3 Satz 1 KSchG, ist, wie dargelegt, die Frage, ob ein Arbeitsverhältnis aus Anlaß einer bestimmten Kündigung zu dem von der Kündigung gewollten Endtermin aufgelöst ist oder nicht, wobei die Feststellung über die Auflösung oder Nichtauflösung zu dem fraglichen Zeitpunkt selbst von maßgeblicher Bedeutung ist. Dem damit gegebenen Präklusionsprinzip muß ein Arbeitnehmer Rechnung tragen, der eine ihm gegenüber ausgesprochene Kündigung im Wege der Kündigungsschutzklage nach näherer Maßgabe des § 3 Satz 1 KSchG angreift. Er darf sich also nicht darauf beschränken, im Wege der Kündigungsschutzklage nur die Sozialunwirksamkeit der von ihm angegriffenen Kündigung im Sinne von § 1 Abs. 2 KSchG geltend zu machen. Er muß auch sonstige Unwirksamkeitsgründe vorbringen (Bundesarbeitsgericht, Urteil vom 7. Februar 1958 — 1 AZR 576/56 — AP Nr. 1 zu § 70 PersVG Kündigung; Hueck-Nipperdey, Lehrbuch des Arbeitsrechts, 6. Aufl., Bd. I, § 64 VII 3 S. 592 zu Fußnote 82 und Fußnote 83; Hueck, KSchG, 3. Aufl., 1954, § 3 Anm. 4 und in RdA 1951, 281 [284]; Bötticher, RdA 1951, 81 [85]; Bötticher in Herschel-Festschrift, 1955, S. 181 [186/187]; Staudinger-Nipperdey-Neumann, 11. Aufl., Vorbem. 137 vor § 620 BGB; auch Bundesarbeitsgericht, Zweiter Senat, Urteil vom 12. April 1956 — 2 AZR 247/54 — AP Nr. 11 zu § 626 BGB mit Anm. von Bötticher).

Dem Präklusionsprinzip des Kündigungsschutzprozesses muß aber auch ein Arbeitgeber Rechnung tragen. Er kann und muß zur Vermeidung der Präklusionswirkung z. B. geltend machen, daß das, was der Arbeitnehmer als Kündigung im Wege der Kündigungsschutzklage angreift, gar keine Kündigung darstellt, weil z. B. das Arbeitsverhältnis überhaupt nicht bestanden hat oder daß es nicht mit dem betreffenden

Arbeitgeber bestanden hat oder daß es längst beendet ist (vgl. insoweit auch das bereits erwähnte Urteil des Zweiten Senates des Bundesarbeitsgerichts vom 17. November 1958 — 2 AZR 277/58 — BAG 7, 51 ff.). Denn wenn in der Endfrage darüber gestritten wird, ob zu einem bestimmten Termin ein Arbeitsverhältnis aufgelöst worden ist oder nicht, gehört dazu gegebenenfalls auch ein etwaiger Streit darüber, ob überhaupt ein Arbeitsverhältnis vorlag, auf das sich eine Kündigung erstrecken konnte. Der Arbeitgeber muß aber auch, wenn er die Beendigung eines Arbeitsverhältnisses zu einem bestimmten Zeitpunkt nicht nur aus einer dem Arbeitnehmer gegenüber ausgesprochenen Kündigung, sondern im Falle deren Unwirksamkeit aus anderen Gründen annimmt, auch diese anderen Gründe zur Vermeidung der Präklusionsfolgen geltend machen. Er kann sich nicht darauf beschränken, in einem ersten Kündigungsschutzprozeß Tatsachen für die soziale Rechtfertigung der vom Arbeitnehmer bekämpften Kündigung darzulegen, um im Fall, daß sich die Kündigung als sozial ungerechtfertigt erweist, in einem neuen Rechtsstreit nunmehr geltend zu machen, das Arbeitsverhältnis sei zu demselben Termin, den die vom Arbeitnehmer mit Erfolg bekämpfte Kündigung im Auge hatte, aus anderen Gründen beendet gewesen. Denn er muß immer dem Umstand Rechnung tragen, daß im Endergebnis, wenn auch veranlaßt durch eine bestimmte Kündigung, darüber gestritten wird, ob zu einem bestimmten Termin ein Arbeitsverhältnis sein Ende gefunden hat oder nicht. Darüber aber, ob zu ein und demselben Zeitpunkt ein Arbeitsverhältnis sein Ende gefunden hat oder nicht, kann nicht in verschiedenen Prozessen entschieden werden. Es kann also nicht in der Weise gestritten werden, daß in einem ersten Prozeß entschieden wird, der Endigungsgrund Nr. 1 habe das Arbeitsverhältnis A zum Zeitpunkt X nicht beendet, während in einem zweiten Prozeß entschieden wird, der Endigungsgrund Nr. 2 oder die Endigungsgründe Nr. 2 bis 5 hätten dasselbe Arbeitsverhältnis A zu demselben Zeitpunkt X doch aufgelöst. Eine solche Verfahrensweise führt zu einer unökonomischen mehrfachen Inanspruchnahme der Gerichte, zu der unerwünschten Möglichkeit von sich in ihrem Ergebnis widersprechenden Urteilen und damit zur Rechtsunsicherheit, zum Hintanhalten von Tatsachenstoff, mit einem Wort, zu Sinnwidrigkeiten in jeder Form. Will daher ein Arbeitgeber, mit dem ein Arbeitnehmer im Weg der Kündigungsschutzklage darüber streitet, ob sein Arbeitsverhältnis aus Anlaß einer bestimmten Kündigung zu dem von der Kündigung vorgesehenen Termin endet oder nicht, die Beendigung zu demselben Termin z. B. daraus herleiten, daß er erneut zu dem gleichen Termin wirksam — ordentlich oder außerordentlich —

gekündigt habe oder weil er zu einem früheren Termin bereits wirksam fristlos außerordentlich gekündigt habe oder weil er sich mit dem Arbeitnehmer über eine Aufhebung des Arbeitsverhältnisses zu demselben Termin inzwischen vertraglich geeinigt habe, so muß der Arbeitgeber das bei Vermeidung der Präklusionswirkung geltend machen.

4. Im vorliegenden Fall hatte die Beklagte sich im Vorprozeß gegenüber der Kündigungsschutzklage, die gegen die Kündigung vom 15. Februar 1956 gerichtet war und Feststellung begehrte, daß damit das Arbeitsverhältnis nicht zum 30. September 1956 aufgelöst ist, im Verlaufe der Berufungsinstanz darauf berufen, das Arbeitsverhältnis sei jedenfalls zum 30. September 1956 auf Grund einer wiederholten Kündigung vom 21. Februar 1956 beendet. Das Landesarbeitsgericht hat zu dieser Frage einer wiederholten Kündigung vom 21. Februar 1956 ausgeführt, darüber habe es nicht zu befinden, sondern nur über die soziale Rechtfertigung der Kündigung vom 15. Februar 1956. Richtigerweise hätte es nach dem oben Dargelegten die von der Beklagten geltend gemachte wiederholte Kündigung vom 21. Februar 1956 in seine Entscheidung einbeziehen und darüber befinden müssen, ob die von ihm getroffene Feststellung, das Arbeitsverhältnis sei durch die Kündigung vom 15. Februar 1956 zum 30. September 1956 nicht aufgelöst worden, sich nicht deshalb verbot, weil die Beendigung des Arbeitsverhältnisses zum 30. September 1956 sich jedenfalls auf Grund einer wiederholten Kündigung von 21. Februar 1956 ergab.

Da das Landesarbeitsgericht so aber nicht verfahren ist, erhebt sich die Frage, ob das Urteil des Landesarbeitsgerichts auch unter diesen Umständen die Präklusionswirkung hat, daß die Beklagte sich für eine Beendigung des Arbeitsverhältnisses zum 30. September 1956 nicht mehr auf eine wiederholte Kündigung vom 21. Februar 1956 berufen kann. Das ist zu verneinen. Das Landesarbeitsgericht hat über den Streitgegenstand, ob das Arbeitsverhältnis zum 30. September 1956 aufgelöst ist, nach seinen Gründen erkennbar nicht abschließend entschieden, sondern ist von der irrigen Auffassung ausgegangen, daß diese Entscheidung ihre Korrektur finden könne, wenn eine wiederholte Kündigung vom 21. Februar 1956 wirksam sei, wobei es angenommen hat, eine vom Kläger geltend gemachte Sittenwidrigkeit und Gesetzwidrigkeit der Kündigung vom 21. Februar 1956 sei in einem gesonderten Prozeß auszutragen. Damit hat es, wenn auch unbewußt, eine nach § 303 ZPO unzulässige Entscheidung über ein einzelnes Entscheidungselement getroffen, anstatt einheitlich darüber zu entscheiden, ob das Arbeitsverhältnis der Parteien unter Berücksichtigung der Kündigung vom 15. Februar 1956 und einer wiederholten Kündigung vom 21. Februar 1956 und des dagegen vom Kläger erhobenen Einwandes der Sittenwidrigkeit und der Gesetzwidrigkeit aufgelöst ist oder nicht.

5. Da einerseits das Urteil des Landesarbeitsgerichts vom 7. Dezember 1956 als Hoheitsakt nun einmal besteht, auch keinesfalls solche Umstände vorliegen, die die Annahme eines sogenannten „Nichturteils" rechtfertigen (vgl. hierzu statt aller: Stein-Jonas, ZPO, Vorbem. I vor § 578), jenes Urteil sich aber andererseits nach Tenor und Entscheidungsgründen ausdrücklich — wenn auch nach dem Dargelegten fehlerhaft — einer Entscheidung über die Bedeutung einer wiederholten Kündigung vom 21. Februar 1956 enthalten hat, kann insoweit keine Präklusionswirkung des Urteils vom 7. Dezember 1956 angenommen werden. Denn wenn der prozeßökonomisch ausgerichtete Sinn der Präklusion dahin geht, die Parteien eines Rechtsstreites bei Vermeidung von Rechtsnachteilen zu zwingen, alles das vorzutragen, was erforderlich ist, um mit ihrem Rechtsstandpunkt durchzudringen, so kann diese Sinngebung dann nicht durchgreifen, wenn, wie das hier geschehen ist, die Beklagte sich in dem Vorprozeß gerade ausdrücklich auf eine Kündigung vom 21. Februar 1956 berufen hat, das Gericht es aber seinerseits ausdrücklich und eindeutig ablehnt, sich hiermit zu befassen und den Wirkungen der Präklusion Rechnung zu tragen. Es ist ganz allgemein zu beachten, daß das Landesarbeitsgericht den erschöpfend vorgetragenen Streitgegenstand eindeutig nicht erschöpfend hat entscheiden wollen. Das kann aber dann nur dazu führen, daß der Beklagten es in diesem vorliegenden Zahlungsrechtsstreit nicht kraft Präklusion durch das Urteil vom 7. Dezember 1956 verwehrt sein kann, sich darauf zu berufen, daß die vom Kläger verfolgten Zahlungsansprüche deshalb entfallen, weil das Arbeitsverhältnis zum 30. September 1956 auf Grund einer wiederholten Kündigung vom 21. Februar 1956 beendet worden ist.

6. Abschließend folgt, daß für das in dem vorliegenden Rechtsstreit vom Kläger verfolgte Zahlungsbegehren das Landesarbeitsgericht für die aus § 615 Satz 1 BGB sich ergebende Frage, ob nach dem 30. September 1956 noch ein Arbeitsverhältnis bestanden hat, materiell noch prüfen durfte, ob das Arbeitsverhältnis der Parteien auf Grund des Schreibens der Beklagten vom 21. Februar 1956 zum 30. September 1956 beendet worden ist oder nicht. Soweit das Landesarbeitsgericht sich mit dieser Frage somit zulässig materiell-rechtlich befaßt hat, unterliegt das, wie jede andere materiell-rechtliche Erörterung eines Landesarbeitsgerichts, im Revisionsverfahren der Überprüfung durch das Revisionsgericht nach den allgemein für das Revisionsverfahren geltenden Normen und Regeln.

IV. 1. Das Landesarbeitsgericht hat angenommen, das Schreiben der Beklagten vom 21. Februar 1956 enthalte den Ausspruch einer erneuten Kündigung. Damit hat es das Schreiben der Beklagten vom 21. Februar 1956 und damit ein tatsächliches Verhalten der Beklagten, das auch der Kläger als Geschehnis nicht in Zweifel gezogen hat und das als unstreitig in dem Tatbestand des angefochtenen Urteils festgestellt ist, als Willenserklärung der Beklagten ausgelegt. An diese vom Landesarbeitsgericht vorgenommene Auslegung ist das Revisionsgericht gebunden, sofern die vom Landesarbeitsgericht getroffene Annahme, es liege eine Willenserklärung vor, nicht gegen Denkgesetze, Erfahrungssätze oder gegen gesetzliche oder allgemein anerkannte Auslegungsregeln verstößt (vgl. Bundesarbeitsgericht, Zweiter Senat, Urteil vom 19. Januar 1956 — 2 ARZ 80/54 — AP Nr. 1 zu § 620 BGB Kündigungserklärung; Erster Senat, Urteil vom 12. Juli 1957 — 1 AZR 418/55 — AP Nr. 6 zu § 550 ZPO). Ein Verstoß gegen Denkgesetze und gegen Erfahrungssätze ist nicht ersichtlich. Aber auch eine Verletzung von Auslegungsregeln liegt nicht vor. Wenn Worte einen Sinn haben und die Sprache ein Verständigungsmittel unter den Rechtsgenossen ist, muß das Schreiben der Beklagten vom 21. Februar 1956 dahin verstanden werden, daß damit die frühere Kündigung vom 15. Februar 1956 „wiederholt", das heißt eindeutig „noch einmal" ausgesprochen worden ist. Wollte man der Auffassung der Revision folgen, das Schreiben der Beklagten vom 21. Februar 1956 habe nur die „Mitteilung" darüber enthalten, daß zu der Kündigung vom 15. Februar 1956 nachträglich der Betriebsrat angehört worden ist, dann hätte sich die Beklagte auf den ersten Absatz ihres Schreibens beschränkt und wäre die „Wiederholung", d. h. die Neuvornahme der Kündigung mit dem vollen Wortlaut des in Abschrift nochmals beigefügten Schreibens der Beklagten vom 15. Februar 1956 überflüssig und regelrecht sinnwidrig gewesen.

2. Ist somit für die Revisionsinstanz davon auszugehen, daß das Schreiben der Beklagten vom 21. Februar 1956 eine Kündigung zum 30. September 1956 enthält, so kann der Kläger sich für eine Unwirksamkeit dieser Kündigung nicht mehr darauf berufen, sie sei sozial ungerechtfertigt im Sinne von § 1 KSchG gewesen. Denn gemäß § 3 Satz 1 KSchG war der Kläger gehalten, die Rechtsunwirksamkeit der Kündigung der Beklagten vom 21. Februar 1956 wegen Sozialwidrigkeit im Sinne von § 1 KSchG innerhalb der in § 3 Satz 1 KSchG vorgesehenen Frist klageweise nach näherer Maßgabe des § 3 KSchG geltend zu machen. Das ist nicht geschehen, so daß die Kündigung vom 21. Februar 1956

gemäß § 6 KSchG als von Anfang an wirksam gilt, wenn sie nicht aus einem anderen Grunde unwirksam ist.

3. a) Was die von der Versäumung der Klagefrist des § 3 Satz 1 KSchG nicht berührte weitere Frage angeht, ob die Kündigung vom 21. Februar 1956 aus einem anderen Grunde als dem der Sozialwidrigkeit unwirksam ist (§ 11 Abs. 4 KSchG), hat der Kläger gerügt, insoweit sei die angefochtene Entscheidung nicht mit Gründen versehen, so daß ein absoluter Revisionsgrund im Sinne des § 551 Ziffer 7 ZPO gegeben sei. Diese Rüge der Revision ist unbegründet. Das angefochtene Urteil hat sich mit der Frage, ob die Kündigung der Beklagten vom 21. Februar 1956 aus einem anderen Grunde als dem der Sozialwidrigkeit unwirksam sei, insbesondere ob sie sittenwidrig, gesetzeswidrig oder grundrechtswidrig sei, ausdrücklich befaßt und hat diese Frage verneint. Zur Begründung hat es ausgeführt, eine Sittenwidrigkeit der Kündigung könne nicht angenommen werden, da die Kündigung auf sachlichen Gründen, zumindest auf einer Störung des Vertrauensverhältnisses der Parteien als Faktum, beruhe und daher weder verwerflich noch willkürlich sei. Auch ein Verstoß gegen ein Gesetz sei nicht erkennbar; die Beklagte habe den Kläger nicht an der Ausübung seiner verfassungsmäßigen Grundrechte gehindert. Diese vom Landesarbeitsgericht gegebene Begründung läßt erkennen, daß es die im Tatbestand dieses Urteils näher mitgeteilten Gründe, die der Kläger jenseits der Sozialwidrigkeit gegen die Gültigkeit der Kündigung angeführt hatte, gewürdigt hat. Das genügt, um das angefochtene Urteil von dem in § 551 Ziffer 7 ZPO vom Gesetzgeber unter formalen Gesichtspunkten geregelten Vorwurf, nicht mit Gründen versehen zu sein, zu entheben. Denn § 551 Ziffer 7 ZPO greift nur in den Fällen durch, in denen Gründe entweder völlig fehlen oder so inhaltlos, unvollständig oder lückenhaft sind, daß nicht erkennbar ist, welches die Erwägungen des Gerichts überhaupt waren (vgl. Stein-Jonas, ZPO, § 551 Anm. II 7). Von einem solchen Mangel kann aber hier keine Rede sein. Die Begründung des Landesarbeitsgerichts lautet in bündiger Kürze dahin, angesichts der Erschütterung des Vertrauensverhältnisses zwischen den Parteien griffen die vom Kläger geltend gemachten Unwirksamkeitsgründe nicht durch.

b) Mit Recht rügt jedoch die Revision insoweit eine Verletzung von § 138 Abs. 1 BGB.

Die Frage, ob die Kündigung vom 21. Februar 1956 sittenwidrig ist oder nicht, läßt sich vom Revisionsgericht nur beurteilen, wenn aus dem vom Berufungsgericht festgestellten Sachverhalt genügend klar hervorgeht, wie und in welchem Ausmaß es die in den Prozeß eingeführten tatsächlichen Umstände, die zur Kündigung führten, erwogen hat. Nur dann kann nämlich das Revisionsgericht nachprüfen, ob das Berufungsgericht den Rechtsbegriff der Sittenwidrigkeit im Sinne des § 138 Abs. 1 BGB richtig erkannt und richtig angewandt hat, insbesondere ob es die gesamten Umstände des einzelnen Falles gewürdigt hat (BAG 1, 110 [113]; 1, 117 [120]). In dieser Beziehung hat es aber das angefochtene Urteil fehlen lassen. Seine Begründung für die Verneinung der Sittenwidrigkeit der Kündigung vom 21. Februar 1956 erschöpft sich in der Ausführung, weil das Vertrauensverhältnis zwischen den Parteien gestört sei, sei die Kündigung weder verwerflich noch sittenwidrig. Diese Begründung läßt aber völlig außer acht, daß der Kläger im einzelnen behauptet hatte, ihm sei Unrecht geschehen und die Beklagte habe unsachlich zugunsten seines Gegners W. Partei ergriffen. Würde das zutreffen, so ließe sich die vom Landesarbeitsgericht angenommene Verneinung der Sittenwidrigkeit nicht mit der Begründung halten, das Verhalten der Beklagten sei weder verwerflich noch willkürlich.

Unter diesen Umständen muß es als möglich erscheinen, daß das Landesarbeitsgericht den Begriff der Sittenwidrigkeit im Sinne des § 138 Abs. 1 BGB nicht richtig erkannt und nicht richtig angewendet hat. Diese Möglichkeit genügt für die Annahme einer Rechtsverletzung im Sinne des § 549 Abs. 1 ZPO, auf der das angefochtene Urteil deshalb beruhen kann, weil im Falle der Bejahung der Sittenwidrigkeit der Kündigung vom 21. Februar 1956 die Zahlungsansprüche des Klägers nicht mit der bisher vom Landesarbeitsgericht angenommenen Begründung verneint werden könnten, das Arbeitsverhältnis der Parteien habe am 30. September 1956 geendet. Das führt gemäß §§ 564 Abs. 1, 565 Abs. 1, Abs. 3 Ziffer 1 ZPO zur Aufhebung des angefochtenen Urteils und zur Zurückverweisung der Sache zur anderweiten Verhandlung und Entscheidung an das Landesarbeitsgericht. Seine Aufgabe wird es sein, näher aufzuklären und nach näherer Maßgabe des oben Ausgeführten zu entscheiden, ob die Kündigung vom 21. Februar 1956 sittenwidrig ist oder nicht. Zu weiteren Hinweisen sieht sich der Senat nicht in der Lage, weil es in dem angefochtenen Urteil insoweit an den erforderlichen tatsächlichen Feststellungen fehlt, um genügend bestimmte Hinweise im übrigen geben zu können.

6

1. Der Arbeitgeber, der mit seinem Arbeitnehmer eine Umsatzvergütung vereinbart, verpflichtet sich jedenfalls regelmäßig damit auch, dem Arbeitnehmer diejenigen Auskünfte zu erteilen, die dieser zur Realisierung seines diesbezüglichen Anspruchs benötigt.

2. Bei der Kündigungsschutzklage mit dem vom Gesetz vorgesehenen Klageantrag gemäß § 3 Satz 1 KSchG ist Streitgegenstand die Frage, ob ein Arbeitsverhältnis durch und aus Anlaß einer ganz bestimmten, mit der Kündigungsschutzklage angegriffenen Kündigung zu dem von dieser Kündigung gewollten Endtermin aufgelöst ist. Dabei ist für die Bestimmung des Streitgegenstandes aber auch zu beachten, daß im Rahmen der Kündigungsschutzklage die Parteien darüber streiten können, ob ein Arbeitsverhältnis überhaupt bestand und ob ein bestimmtes Handeln des Arbeitgebers überhaupt als Kündigung in Betracht kommt.

3. Liegt der Beweiswürdigung des Berufungsgerichts gemäß § 526 Abs. 1 ZPO das erstinstanzliche Beweisergebnis zu Grunde, stellt es einen Verstoß gegen § 286 Abs. 1 ZPO dar, wenn das Berufungsgericht zur Beweiswürdigung nur sagt, es folge den zutreffenden Ausführungen des vordergerichtlichen Urteils.

4. Ist eine in das Wissen eines Zeugen gestellte Tatsache erheblich, so ist der Zeuge zu hören. Die Vernehmung darf nicht mit der Begründung unterbleiben, das Gericht sei bereits von dem Gegenteil dessen, was der Zeuge aussagen soll, überzeugt. Darin liegt eine unzulässige antezipierte Beweiswürdigung, durch die § 286 Abs. 1 ZPO verletzt wird.

BGB §§ 157, 242; KSchG §§ 1, 3; ZPO § 286.

II. Senat. Urteil vom 17. 11. 1958 i. S. R. (Bekl.) w. G. (Kl.)
2 AZR 277/58.

I. Arbeitsgericht Solingen. — II. Landesarbeitsgericht Düsseldorf.

Der Kläger wurde von der Beklagten am 15. Februar 1956 als Verkaufsleiter für H.-Waschmaschinen und sonstige Geräte angestellt. Er übernahm das Verkaufsbüro der Beklagten für das gesamte Bundesgebiet in D. und erhielt Handlungsvollmacht. Als Vergütung waren vereinbart ein Bruttogehalt von 550,— DM monatlich zuzüglich 200,— DM Kilometergeld wöchentlich, 90,— DM Tagesspesen wöchentlich, 80,— DM Wagenzuschuß monatlich sowie ein „Umsatzbonus" von 1 % für alle von dem Verkaufsbüro getätigten Aufträge.

Mit Schreiben vom 28. August 1956 teilte die Beklagte dem Kläger mit, sie sei wegen der fehlenden Rentabilität des D-Büros gezwungen, die mit dem Kläger getroffenen Vereinbarungen zu kündigen. Im Anschluß hieran verhandelten die Parteien mehrfach mündlich und schriftlich über eine anderweitige Ausgestaltung der Vertragsbeziehungen, ohne zu einer Einigung zu kommen. Der Kläger setzte in dieser Zeit seine Tätigkeit für die Beklagte fort. Am 11. Februar 1957 schrieb die Beklagte dem Kläger unter Bezugnahme auf die am 28. August 1956 ausgesprochene Kündigung, infolge des Scheiterns der bisher gepflogenen Verhandlungen sehe sie sich veranlaßt, sich anderweitig zu orientieren, und sie werde das D-Büro vorab selbst übernehmen. Sie forderte den Kläger auf, sofort seinen Urlaub anzutreten und die ihm gegebene Vollmachtsurkunde an die Beklagte zurückzugeben. Daraufhin stellte der Kläger am 11. Februar 1957 seine Tätigkeit für die Beklagte ein. Mit Schreiben der Beklagten vom 15. Februar 1957 erhielt er von der Beklagten Lohnsteuer- und Versicherungskarte zurück. Sein Gehalt erhielt er bis zum 28. Februar 1957.

Unter Berufung darauf, daß das Schreiben der Beklagten vom 15. Februar 1957 eine Kündigung zum 28. Februar 1957 enthalte, hat der Kläger mit einer am 5. März 1957 beim Arbeitsgericht eingereichten Klage beantragt festzustellen, daß das Arbeitsverhältnis durch die Kündigung vom 15. Februar 1957 nicht aufgelöst ist. Er hat weiter Auflösung des Arbeitsverhältnisses und Zahlung einer Abfindung begehrt. In der mündlichen Verhandlung vom 25. Juni 1957 hat er erklärt, damit solle ebenfalls festgestellt werden, daß das Arbeitsverhältnis auch nicht durch die Kündigung vom 11. Februar 1957 aufgelöst sei. Er hat hilfsweise beantragt, die sich gegen die Kündigung vom 11. Februar 1957 richtende Klage nachträglich zuzulassen. Neben anderem, was die Revisionsinstanz nicht betrifft, hat er weiter beantragt, die Beklagte zu verurteilen, an ihn 1890,— DM Gehalt für März 1957 zu bezahlen. Ferner hat er beantragt, die Beklagte zu verurteilen, ihm zwecks Berechnung seines Umsatzbonus Auskunft darüber zu erteilen, welche Umsätze die von ihm engagierte Vertretergruppe Gr. über das D.-Verkaufsbüro in der Zeit vom 1. November 1956 bis zum 31. März 1957 getätigt hat.

Die Beklagte hat zu ihrem Klageabweisungsantrag geltend gemacht, nach ihrer Ansicht sei das Arbeitsverhältnis durch das Schreiben vom 28. August 1956 mit Wirkung zum 31. Dezember 1956 beendet worden. Die Weiterbeschäftigung des Klägers über diesen Zeitpunkt hinaus habe daran nichts geändert, und das Schreiben vom 11. Februar 1957 sei nur eine vorsorgliche Wiederholung der Kündigung gewesen. Daraus hat sie hergeleitet, daß der Kläger für März 1957 kein Gehalt fordern könne. Zum Verlangen des Klägers auf Auskunft über die Umsätze der Vertretergruppe Gr. hat die Beklagte behauptet, der Kläger habe sich mehrfach damit einverstanden erklärt, daß ihm für die von der Gruppe Gr. getätigten Umsätze kein Umsatzbonus zustehe.

Das Arbeitsgericht hat durch Teilurteil vom 25. Juni 1957 die Klage insoweit abgewiesen, als der Kläger Feststellung begehrt hat, daß das Arbeitsverhältnis durch die Kündigungen vom 11. Februar 1957 bzw. 15. Februar 1957 nicht aufgelöst ist, sowie soweit er Auflösung des Arbeitsverhältnisses und Zahlung einer Abfindung verlangt hat. Eine gegen dieses Teilurteil eingelegte Berufung hat der Kläger zurückgenommen.

Durch ein weiteres Teilurteil vom 8. Oktober 1957 hat das Arbeitsgericht die Klage auf Zahlung des Märzgehaltes abgewiesen und der Auskunftsklage unter Abweisung im übrigen insoweit entsprochen, als der Kläger Auskünfte über die Umsätze der Gruppe Gr. für die Zeit vom 1. November 1956 bis zum 28. Februar 1957 verlangt hat.

Mit der hiergegen erhobenen Berufung hat die Beklagte die Abweisung der Auskunftsklage in vollem Umfang begehrt. Mit der Anschlußberufung hat der Kläger seine durch das Teilurteil vom 8. Oktober 1957 abgewiesenen Klageteile weiter verfolgt. Das Landesarbeitsgericht hat die beiden Berufungen zurückgewiesen. Die Revision des Klägers ist zurückgewiesen worden, die Revision der Beklagten hatte Erfolg.

Aus den Gründen:

A. 1. Der von der Revision des Klägers verfolgte Gehaltsanspruch für den Monat März 1957 in Höhe von 1890,— DM sowie sein Auskunftsverlangen über die Umsätze der Gruppe Gr. im Monat März 1957 setzen voraus, daß die Beklagte in diesem Monat mit der Annahme der Dienste des Klägers in Verzug geraten ist. Denn nur bei Annahmeverzug der Beklagten kann der Kläger, der im Monat März 1957 nicht mehr für die Beklagte gearbeitet hat, gemäß § 615 Satz 1 BGB trotz seiner Untätigkeit und ohne Verpflichtung zur Nachleistung seiner Dienste die vereinbarte Vergütung, somit Gehalt und Umsatzbonus, nach näherer Maßgabe des § 615 Satz 2 BGB verlangen.

Solchenfalls steht ihm zur Realisierung seines Umsatzbonusanspruchs auch ein Auskunftsanspruch zu; denn der Arbeitgeber, der mit seinem Arbeitnehmer einen Umsatzbonus vereinbart, muß unter Berücksichtigung der Auslegungs- und Leistungsmaßstäbe der §§ 157, 242 BGB eine solche Abrede mit dem Inhalt gegen sich gelten lassen, daß er sich mit der Vereinbarung einer solchen besonderen Entlohnungsform jedenfalls regelmäßig auch verpflichtet, dem Arbeitnehmer die Auskünfte zu erteilen, die der Arbeitnehmer zur Realisierung seines Umsatzbonusanspruches benötigt. Voraussetzung ist dabei allerdings, daß der Arbeitnehmer den Umsatzbonus überhaupt beanspruchen kann.

2. Voraussetzung eines Annahmeverzuges der Beklagten im Sinne des § 615 Satz 1 BGB ist, daß im Monat März 1957 zwischen den Parteien noch ein Arbeitsverhältnis bestanden hat. Denn nur in einem solchen Fall kommt das Institut des Annahmeverzuges überhaupt begrifflich in Betracht, weil es ausweislich der Gesamtregelung in §§ 293 ff. BGB und der darin geschehenen Verwendung der Begriffe „Gläubiger", „Schuldner" und „Leistung" davon ausgeht, daß ein Schuldverhältnis besteht, dessen Erfüllung durch den Schuldner an dem Verhalten des Gläubigers scheitert.

3. Das Landesarbeitsgericht hat angenommen, auf Grund des rechtskräftig gewordenen Teilurteils des Arbeitsgerichts vom 25. Juni 1957 stehe zwischen den Parteien rechtskräftig fest, daß zwischen ihnen ab 1. März 1957 kein Arbeitsverhältnis mehr bestanden habe, und diese rechtskräftige Feststellung verbiete es, für das auf den Gesichtspunkt des Annahmeverzuges gestützte Zahlungs- und Auskunftsbegehren des Klägers für den Monat März 1957 die Vorfrage des Bestehens oder Nichtbestehens eines Arbeitsverhältnisses anders zu beurteilen.

a) Im rechtlichen Ausgangspunkt ist diese Annahme des Landesarbeitsgerichts nicht zu beanstanden. Nach § 322 Abs. 1 ZPO erstreckt sich die Rechtskraft eines Urteils auf den Anspruch, über den entschieden worden ist. Wenn durch das Teilurteil vom 25. Juni 1957 rechtskräftig zwischen den Parteien entschieden worden sein sollte, daß zwischen ihnen im März 1957 kein Arbeitsverhältnis mehr bestand, dann kann auch für das jetzige Zahlungs- und Auskunftsbegehren für den Monat März 1957 diese Frage nicht anders beurteilt werden, weil es sich insoweit um die Geltendmachung von Rechtsfolgen aus einem Rechtsverhältnis handelt, über dessen Bestand zwischen den Parteien rechtskräftig im negativen Sinn entschieden worden ist. Der Sinn der Rechtskraftwirkung ist nicht nur, daß derselbe Klageanspruch nicht mehr Prozeßgegenstand sein kann, sondern darüber hinaus auch, im Interesse des Klärungs- und Friedenszweckes der gerichtlichen Entscheidung, daß die einmal zwischen den Parteien getroffene Entscheidung dann zu achten ist, wenn der dort entschiedene Punkt in einem weiteren Prozeß zwischen den Parteien nur Anspruchsgrundlage ist. Anderenfalls würde ein erhebliches, letztlich eben mit der Rechtskraft der früheren Entscheidung nicht zu vereinbarendes

Moment der Unsicherheit gegeben sein (vgl. auch Stein-Jonas, ZPO, 18. Aufl., § 322 Anm. IX 2 mit Nachweisen). Somit kommt es für die Berechtigung des Zahlungs- und Auskunftsbegehrens des Klägers für den Monat März 1957 darauf an, ob durch das Teilurteil vom 25. Juni 1957 rechtskräftig entschieden worden ist, daß zwischen den Parteien im Monat März 1957 kein Arbeitsverhältnis bestand.

b) Die Frage, worüber durch das Teilurteil vom 25. Juni 1957 rechtskräftig entschieden worden ist, bestimmt sich danach, was in diesem Teil des Rechtsstreits der Streitgegenstand war. Durch den Antrag des Klägers festzustellen, daß sein Arbeitsverhältnis durch die Kündigung vom 11. Februar 1957 bzw. 15. Februar 1957 nicht aufgelöst worden ist, mit der Begründung, diese Kündigungen seien sozial ungerechtfertigt, ist das Klagebegehren eindeutig als Kündigungsschutzklage im Sinne von § 3 Satz 1 KSchG gekennzeichnet. Darüber, was im Kündigungsschutzprozeß bei einem solchen Antrag als Streitgegenstand anzusehen ist, gehen in Rechtsprechung und Schrifttum die Meinungen auseinander. Die überwiegende Meinung nimmt an, bei einer Kündigungsschutzklage mit einem Klageantrag nach näherer Maßgabe des § 3 Satz 1 KSchG sei Streitgegenstand die Feststellung der Nichtauflösung eines Arbeitsverhältnisses wegen der Rechtsunwirksamkeit der konkreten mit der Kündigungsschutzklage bekämpften Kündigung (vgl. BAG 2, 87 [90]; Hueck, Nipperdey-Festschrift, 1955, S. 99 ff. [106/107]; Hueck-Nipperdey, Lehrbuch des Arbeitsrechts, 6. Aufl., Bd. I, § 64 VII 1 S. 591 zu Fußnote 74; Hueck, KSchG, 3. Aufl., 1954, § 3 Anm. 4; Herschel-Steinmann, KSchG, 4. Aufl., 1958, § 7 Anm. 4; Habscheid, RdA 1958, S. 46 ff., 95 ff. [97], jeweils mit weiteren Nachweisen). Bötticher (Herschel-Festschrift, 1955, S. 181 ff. [186/187]) und ihm weitgehend folgend Zeuner (MdR 1956, 257 ff.) vertreten dagegen den Standpunkt, Streitgegenstand einer Kündigungsschutzklage sei der Bestand des Arbeitsverhältnisses überhaupt, bezogen auf den Zeitpunkt der letzten mündlichen Verhandlung (Bötticher, a. a. O., S. 185).

Die Ansicht von Bötticher und Zeuner trifft für den vom Gesetz im Kündigungsschutzprozeß vorgesehenen, nach näherer Maßgabe des § 3 Satz 1 KSchG gekennzeichneten Antrag nicht zu. Wenn § 3 Satz 1 KSchG einen Feststellungsantrag des Inhaltes vorsieht, „daß das Arbeitsverhältnis durch die Kündigung nicht aufgelöst ist“, so ergibt sich daraus, daß nicht schlechthin wie im Normalfall einer Feststellungsklage nach § 256 ZPO darüber gestritten werden soll, ob im Zeitpunkt der letzten mündlichen Verhandlung das Arbeitsverhältnis aufgelöst ist, sondern gleichsam punktuell darüber, ob durch eine ganz bestimmte Kündigung

— „die" Kündigung —, die der Arbeitnehmer zur Vermeidung ihres Wirksamwerdens (§ 6 KSchG) gemäß § 3 Satz 1 KSchG fristgerecht angreifen muß, das Arbeitsverhältnis aufgelöst ist bzw. — bei entsprechender Kündigungsfrist — demnächst aufgelöst wird oder nicht. Damit läßt § 3 Satz 1 KSchG anders als die allgemeine Regel des § 256 ZPO einen punktuellen Rechtsstreit über, prozessual gesehen, die Berechtigung eines Einwandes, nämlich darüber zu, ob aus Anlaß einer ganz bestimmten Kündigung dem Arbeitgeber der rechtsvernichtende Einwand erwachsen ist, das Arbeitsverhältnis habe durch die Kündigung sein Ende gefunden bzw. es werde nach Ablauf der Kündigungsfrist enden. Der Arbeitgeber muß nach § 1 Abs. 2 Satz 2 KSchG die Tatsachen beweisen und demgemäß auch vortragen, die in der Person oder dem Verhalten des Arbeitnehmers oder in den betrieblichen Verhältnissen vorliegen und die Kündigung bedingen (Herschel-Steinmann, KSchG, § 1 Anm. 52; Hueck, KSchG, § 1 Anm. 42); der Gegeneinwand des Arbeitnehmers, bei der Auswahl des zu Entlassenden seien soziale Gesichtspunkte nicht oder nicht genügend berücksichtigt worden und der sich hiergegen wieder richtende Einwand des Arbeitgebers, betriebliche Bedürfnisse stünden der Auswahl nach sozialen Gesichtspunkten entgegen, interessieren in diesem Zusammenhang nicht, eben weil sie Gegeneinwände sind. Der mit einer Kündigungsschutzklage nach näherer Maßgabe des § 3 Satz 1 KSchG vorgehende Kläger negiert die rechtsvernichtende Wirkung eines solchen aus einer ganz bestimmten Kündigung drohenden Einwandes des Arbeitgebers und begehrt die negative Feststellung, daß das Arbeitsverhältnis wegen der Unbegründetheit dieses Einwandes aus Anlaß einer ganz bestimmten Kündigung nicht erloschen ist. Die Entscheidung zur Auflösung oder Nichtauflösung des Arbeitsverhältnisses ist, unbeschadet der Beziehung der Kündigungsschutzklage zu der vom Arbeitgeber ausgesprochenen Kündigung, schon deswegen wichtig, weil das bei einer Kündigungsschutzklage besonders grundlegend ist; es geht insofern um den Bestand des Arbeitsverhältnisses. Es ergibt sich schon aus dem jedenfalls insoweit eindeutigen Wortlaut des Gesetzes, daß im Falle eines Kündigungsschutzantrages nach näherer Maßgabe des § 3 Satz 1 KSchG Streitgegenstand ist, ob ein vom Kläger als demjenigen, der den Anspruch stellt, darzulegendes Arbeitsverhältnis aus Anlaß einer ganz bestimmten, von ihm ebenfalls darzulegenden Kündigung zu dem von dieser Kündigung gewollten Endtermin aufgelöst ist. Die Regelung des Gesetzes dient einmal dazu, den Streit auf eine Streitfrage zu konzentrieren, die überaus häufig die einzige Streitfrage zwischen den Parteien ist, und von der die Parteien wissen, welche Weiterungen sich daraus ergeben, wenn die Kündigung als unwirksam oder aber als wirksam festgestellt wird. Diese Streitfrage ist, ob aus einem bestimmten Anlaß zu einem bestimmten Termin ein Arbeitsverhältnis aufgelöst ist, ob also mit diesem Zeitpunkt der Arbeitnehmer seinen Arbeitsplatz verliert oder nicht. Es besteht ferner häufig einerseits ein Rechtsschutzbedürfnis, gerichtlich klären zu lassen, ob eine ganz bestimmte Kündigung zu einem von dieser gewollten Termin das Arbeitsverhältnis aufgelöst hat oder nicht, während es andererseits an einem Bedürfnis fehlen kann, gerichtlich klären zu lassen, ob ein Arbeitsverhältnis noch im Zeitpunkt der letzten mündlichen Verhandlung besteht. Wenn z. B. ein Arbeitgeber eine sozial ungerechtfertigte Kündigung ausspricht, kann ein Arbeitnehmer sich dagegen im Wege der Kündigungsschutzklage wehren. Das hindert ihn nicht, im Laufe des Rechtsstreites eine spätere zweite Kündigung zu einem anderen Kündigungstermin hinzunehmen oder von sich aus zu einem späteren Kündigungstermin zu kündigen oder sich mit dem Arbeitgeber vertraglich über eine Aufhebung des Arbeitsverhältnisses zu einem späteren Termin zu einigen und trotzdem — namentlich im Hinblick auf die Folgen aus § 615 BGB — auch dann noch die Unwirksamkeit der früheren Kündigung feststellen zu lassen, wenn im Zeitpunkt der letzten mündlichen Verhandlung das Arbeitsverhältnis nicht mehr besteht. Wenn ein Arbeitgeber sowohl fristlos aus wichtigem Grunde wie fristgerecht im Wege der ordentlichen Kündigung ein Arbeitsverhältnis zu lösen unternimmt, kann ein Arbeitnehmer sich gegen die fristlose außerordentliche Kündigung wehren, wobei deren Rechtsunwirksamkeit in derselben Weise wie bei einem Angriff wegen angeblich sozial ungerechtfertigter Kündigung, also gemäß § 3 KSchG, geltend zu machen ist, und andererseits die fristgerechte ordentliche Kündigung hinnehmen und ein Interesse — z. B. wegen der Folgen aus § 615 BGB oder weil ihm an der Ausräumung eines in der außerordentlichen fristlosen Kündigung liegenden Vorwurfs gelegen ist — daran haben, festgestellt zu wissen, daß die außerordentliche fristlose Kündigung das Arbeitsverhältnis nicht aufgelöst hat, und zwar auch dann, wenn das Arbeitsverhältnis im Zeitpunkt der letzten mündlichen Verhandlung über diesen Kündigungsschutzstreit aus einem anderen Grunde schon aufgelöst ist.

Somit ergibt sich zusammengefaßt, daß im Kündigungsschutzprozeß bei einem Klageantrag, wie er nach näherer Maßgabe des § 3 Satz 1 KSchG vorgesehen ist, Streitgegenstand die Frage ist, ob ein Arbeitsverhältnis aus Anlaß einer bestimmten Kündigung zu dem von der Kündigung gewollten Endtermin aufgelöst ist. Diese Rechtsauffassung dürfte auch schon der Entscheidung des Senats in Sachen 2 AZR 34/53 vom

14. Oktober 1954 (BAG 1, 152 ff.) zugrunde liegen, wenn es dort heißt, bei der Zielrichtung der Kündigungsschutzklage, nämlich der Feststellung, das Arbeitsverhältnis sei durch die Kündigung nicht aufgelöst worden, sei zunächst zu prüfen, inwieweit die Kündigung überhaupt zulässig war.

c) Bei einem solchen Streitgegenstand des Kündigungsschutzprozesses bedeutet die Klageabweisung der Kündigungsschutzklage die Feststellung, daß das Arbeitsverhältnis zu dem Endtermin, dessen Gültigkeit die Kündigungsschutzklage leugnet, aufgelöst ist. Denn die Klageabweisung bedeutet eine negative Bescheidung des Anspruchsbegehrens, das darauf gerichtet war, daß — aus Anlaß und durch eine ganz bestimmte Kündigung — das Arbeitsverhältnis über den von der Kündigung in Frage gestellten Endtermin hinaus nicht aufgelöst ist (vgl. Stein-Jonas, ZPO, 18. Aufl., § 256 Anm. V 1 zu Fußnote 150; Hueck in Nipperdey-Festschrift, S. 109 zu Fußnote 1, beide mit zahlreichen Nachweisen).

d) Diese Rechtskraftwirkung gilt nicht nur dann, wenn das die Kündigungsschutzklage abweisende Urteil zu dem Ergebnis kommt, ein Arbeitsverhältnis habe zwischen den Parteien bestanden, aber die von der Kündigungsschutzklage negierte Kündigung habe es wirksam aufgelöst. In einem solchen Fall streiten die Parteien *nur* darüber, ob ein, bisher von beiden Parteien als gegeben angenommenes, Arbeitsverhältnis aus Anlaß einer bestimmten Kündigung aufgelöst worden ist. Im Rahmen einer Kündigungsschutzklage können die Parteien aber auch mit einer vorverlegten Front streiten, nämlich darüber, ob ein Arbeitsverhältnis überhaupt bestand und ob ein bestimmtes Handeln des Arbeitgebers überhaupt als Kündigung in Betracht kommt oder ob die Annahme einer Kündigung seitens des Arbeitgebers bereits daran scheitert, daß es überhaupt an einem kündigungsfähigen Arbeitsverhältnis fehlte. Daß ein solcher Streit im Rahmen einer Kündigungsschutzklage möglich sein muß, ergibt schon die Überlegung, daß andernfalls ein Arbeitgeber gegen die vom Kläger geltend gemachte Annahme, er habe zu der Beklagten in einem Arbeitsverhältnis gestanden, schutzlos wäre und sich gegen eine solche Annahme nur mit der Berufung auf eine rechtswirksame Kündigung verteidigen könnte. In einem Kündigungsschutzstreit muß eben der Kläger als derjenige, der die Aufrechterhaltung seines Arbeitsverhältnisses begehrt, und zwar gerade gegenüber dem Ausspruch einer Kündigung, darlegen und im Streitfalle beweisen, daß er zu dem Beklagten bis zu dem streitigen Endtermin in einem Arbeitsverhältnis gestanden hat und daß der Arbeitgeber den Fortbestand dieses Arbeitsverhältnisses durch eine als Kündigung gewollte Willenserklärung in Frage stellt. Er macht dann unter Berufung auf die von ihm in ihrer Rechtswirksamkeit negierte Kündigung des Arbeitgebers das nach näherer Maßgabe des § 3 Satz 1 KSchG angegebene Rechtsschutzinteresse geltend. Es ist dann Sache des Beklagten, die Berechtigung seines rechtsvernichtenden Einwandes der Kündigung darzulegen und erforderlichenfalls zu beweisen. Aus dieser Verteilung der beiderseitigen Darlegungs- und Beweislast ergibt sich aber auch, daß der Beklagte nicht gehindert ist, aus Rechtsgründen zu leugnen und aus tatsächlichen Gründen zu bestreiten, daß überhaupt ein Arbeitsverhältnis bestanden hat oder daß er überhaupt eine Kündigung ausgesprochen habe. Sonst würde gerade die Schutzlosigkeit des Arbeitgebers gegenüber einem wesentlichen Begehren des Klägers gegeben sein. Wenn Fragen dieser Art in Rede stehen, kann über die Endfrage, ob ein Arbeitsverhältnis aus Anlaß eines bestimmten Handelns des Arbeitgebers in Form einer Kündigung zu einem bestimmten Endtermin aufgelöst worden ist, erst entschieden werden, wenn die Anspruchsvoraussetzungen der Kündigungsschutzklage, nämlich das Bestehen des Arbeitsverhältnisses bis dahin und das Vorliegen einer Kündigungserklärung, positiv geklärt sind. Die mit der Kündigungsschutzklage nach dem unter A 3 Gesagten u. a. gestellte Frage nach dem Bestand des Arbeitsverhältnisses wird hier besonders akut. Wenn bei einer solchen Streitfrage, wie das im vorliegenden Fall durch das Teilurteil vom 25. Juni 1957 geschehen ist, die Kündigungsschutzklage mit der Begründung abgewiesen wird, nach dem 31. Dezember 1956 habe kein Arbeitsverhältnis mehr zwischen den Parteien bestanden und das vom Kläger bekämpfte Handeln des Arbeitgebers sei überhaupt keine Kündigung, weil zu seinem Zeitpunkt schon kein kündigungsfähiges Arbeitsverhältnis mehr bestanden habe, so steht mit dieser Abweisung ebenfalls das Gegenteil dessen fest, was der Kläger begehrt hatte. Im Gegensatz zu der von ihm begehrten Feststellung, sein Arbeitsverhältnis sei durch ein bestimmtes Kündigungshandeln des Arbeitgebers zu einem bestimmten Endtermin nicht aufgelöst, wird festgestellt, daß es aufgelöst *ist*, zwar nicht deswegen, weil eine Kündigung sozial gerechtfertigt und daher wirksam ist, sondern deshalb, weil ein Arbeitsverhältnis zu dem streitigen Endtermin aus anderem Grunde schon nicht mehr bestand und eine Kündigung nicht mehr in Frage kam (vgl. auch Hueck, Nipperdey-Festschrift, S. 109).

e) Somit hat das Landesarbeitsgericht zu Recht angenommen, durch das Teilurteil vom 25. Juni 1957 sei rechtskräftig festgestellt, daß ein Arbeitsverhältnis nicht mehr besteht. Fehlerhaft ist lediglich seine Annahme, hierdurch sei auch rechtskräftig festgestellt, daß ein Arbeitsverhältnis seit dem 1. Januar 1957 nicht mehr bestehe. Diese Annahme des Landesarbeitsgerichts wird von der Rechtskraftwirkung des Teilurteils vom 25. Juni 1957 nicht gedeckt. Streitgegenstand war die Auflösung des Arbeitsverhältnisses zum Ende des Monates Februar 1957 durch die vom Kläger als Kündigung bekämpften Schreiben der Beklagten vom 11. Februar bzw. 15. Februar 1957. Insoweit ist das Klagebegehren mit der Angabe der Beendigung der Tätigkeit des Klägers bei der Beklagten eindeutig fixiert. Durch die Zurückweisung seines dahingehenden Feststellungsbegehrens steht nur das Gegenteil fest, nämlich, daß zu diesem Zeitpunkt das Arbeitsverhältnis aufgelöst war. Daß die Auflösung des Arbeitsverhältnisses ab 1. Januar 1957 datiert, ist Entscheidungsgrund, nicht Streitgegenstand und nimmt an der Rechtskraft nicht teil.

Auf diesem soeben erörterten Rechtsfehler des Landesarbeitsgerichts beruht aber das angefochtene Urteil hinsichtlich der vom Kläger für den Monat März 1957 verfolgten Ansprüche nicht. Denn wenn rechtskräftig zwischen den Parteien feststeht, daß jedenfalls ab Ende Februar 1957 zwischen den Parteien kein Arbeitsverhältnis mehr bestand, konnte der Kläger nicht mehr mit der Zahlungs- und Auskunftsklage für den März 1957 mit der Begründung durchdringen, die Beklagte habe sich in Annahmeverzug befunden. Denn damit leitet er aus einem Rechtsverhältnis Rechte her, dessen Bestehen rechtskräftig verneint worden ist (vgl. Stein-Jonas, a. a. O., § 322 IX 2). Diese Rechtskraft hat zur Folge, daß für die vom Kläger aus dem Gesichtspunkt des Annahmeverzuges erhobenen Ansprüche das Bestehen eines Arbeitsverhältnisses in Übereinstimmung mit der rechtskräftigen Feststellung des Teilurteils verneint werden muß, womit die Möglichkeit entfällt, einen Annahmeverzug der Beklagten anzunehmen.

B. Was die Revision der Beklagten angeht, handelt es sich bei ihr darum, ob das Landesarbeitsgericht zu Recht angenommen hat, der Kläger habe einen Auskunftsanspruch über die Umsätze der Gruppe Gr. für die Zeit vom 1. November 1956 bis 28. Februar 1957.

1. Das Landesarbeitsgericht ist in rechtlicher Beziehung zutreffend davon ausgegangen, die Berechtigung des Auskunftsbegehrens des Klägers hänge davon ab, ob die Vereinbarung bezüglich des Umsatzbonus auch die Gruppe Gr. ergreife. Im übrigen gilt für die Grundlage des Auskunftsanspruches das unter A 1 dieser Entscheidungsgründe bereits Ausgeführte.

2. Aus der vom Kläger am 15. Februar 1956 ausgestellten Vollmacht hat das Landesarbeitsgericht entnommen, die dem Kläger unter-

stellte D.-Verkaufsdirektion der Beklagten sei der Sitz der zentralen Verkaufsleitung der Beklagten gewesen. Daraus sowie aus der Bezeichnung des Klägers als „Verkaufsdirektor" oder „Verkaufsleiter" der von der Beklagten eingerichteten H.-Vertriebsorganisation hat es als erwiesen angesehen, zwischen den Parteien sei vereinbart gewesen, daß dem Kläger der versprochene Bonus für alle im Bundesgebiet verkauften H.-Waschmaschinen zustehe, soweit diese durch seinem Verkaufsbüro unterstellte Vertriebsorganisationen verkauft worden sind. Es hat weiter als erwiesen angesehen, daß die Verkaufsgruppe Gr. in die Vertriebsorganisation des Verkaufsbüros des Klägers eingebaut gewesen sei.

Mit dieser Begründung ließ sich der Auskunftsanspruch des Klägers aber nur für die Zeit vom 1. November 1956 bis zum 31. Dezember 1956 rechtfertigen. Denn das Landesarbeitsgericht geht davon aus, am 31. Dezember 1956 sei das Arbeitsverhältnis zwischen den Parteien beendet gewesen. Wie die Rechtsbeziehungen der Parteien nach dem 1. Januar 1957 waren, hat es nicht näher festgestellt. Ohne eine solche Prüfung konnte es jedoch einen Bonusanspruch des Klägers für die Zeit ab 1. Januar 1957 und damit einen Auskunftsanspruch des Klägers nicht in Betracht ziehen. Dieser Rechtsfehler zwingt zur Aufhebung des angefochtenen Urteils, soweit das Landesarbeitsgericht einen Auskunftsanspruch für die Zeit ab 1. Januar 1957 bis 28. Februar 1957 bejaht hat. Ob in dieser Zeit zwischen den Parteien Rechtsbeziehungen bestanden und welchen Inhalt diese hatten, kann das Revisionsgericht in Ermangelung entsprechender vollständiger tatsächlicher Feststellungen durch das Landesarbeitsgericht nicht von sich aus feststellen. Das Fehlen von Vertragsbeziehungen läßt sich insbesondere nicht, wie oben zu Ziffer A 3 d und e dieser Entscheidungsgründe erörtert, schon aus den Rechtskraftwirkungen des Teilurteils vom 25. Juni 1956 herleiten. Deshalb ist auch die Zurückverweisung des Rechtsstreites an die Vorinstanz zur anderweiten Verhandlung und Entscheidung notwendig.

3. Soweit ein Auskunftsanspruch des Klägers für die Zeit vom 1. November 1956 bis zum 31. Dezember 1956 in Rede steht, ergibt sich folgendes:

a) Aus dem angefochtenen Urteil ergibt sich, daß die Gruppe Gr. für die Beklagte erst tätig geworden ist, nachdem der Kläger den Vertrag vom 15. Februar 1956 abgeschlossen hatte.

Unter diesen Umständen ist es nicht zu beanstanden, wenn das Landesarbeitsgericht den Vertrag vom 15. Februar 1956 lediglich auf Grund des Inhaltes der Vollmachtsurkunde vom 15. April 1956 und unter Berücksichtigung der Gesamtumstände, unter denen das Verkaufsbüro der Beklagten in D. betrieben wurde, dahin auslegt, dem Kläger habe danach ein Umsatzbonus für alle im Bundesgebiet verkauften H.-Waschmaschinen zugestanden, soweit sie durch die seinem Verkaufsbüro unterstellten Vertriebsorganisationen verkauft worden sind. Insoweit ist weder ein Denkverstoß noch ein Verstoß gegen Erfahrungssätze oder gegen Auslegungsregeln zu erkennen.

b) Demnach hing die Berechtigung des Auskunftsbegehrens des Klägers für die hier nur noch in Rede stehende Zeit vom 1. November 1956 bis 31. Dezember 1956 davon ab, ob die Gruppe Gr. in die vom Kläger geleitete Vertriebsorganisation eingebaut war und ob es zutraf, wie die Beklagte behauptet hatte, daß der Kläger anläßlich der Aufnahme der Tätigkeit der Gruppe Gr. oder danach sich damit einverstanden erklärt hatte, daß ihm ein Umsatzbonus aus deren Tätigkeit nicht zustehe.

Ersteres hat das Landesarbeitsgericht auf Grund der Aussage des Zeugen Gr. als erwiesen angesehen. Gegen diese tatsächlichen Feststellungen sind prozessuale Rügen im Sinne des § 554 Abs. 3 Ziffer 2 b ZPO von der Beklagten nicht erhoben worden.

Soweit das Landesarbeitsgericht angenommen hat, es sei nicht bewiesen, daß der Kläger sich mit der Herausnahme der Gruppe Gr. aus der Umsatzbonuspflicht einverstanden erklärt habe, rügt die Revision der Beklagten mit Recht die Verletzung des § 286 Abs. 1 ZPO. Diese Vorschrift gebietet dem Tatrichter, seine Überzeugung darüber, ob eine streitige Behauptung wahr ist oder nicht, unter Berücksichtigung des gesamten Inhaltes der Verhandlungen und des Ergebnisses einer etwaigen Beweisaufnahme zu bilden. Daraus folgt die Pflicht des Tatrichters, sich in seinen Entscheidungsgründen mit einem Beweisergebnis in Form einer Beweiswürdigung auseinanderzusetzen, weil sich nur so ergibt, ob § 286 Abs. 1 ZPO Genüge getan ist. Diesem Gebot wird die vom Landesarbeitsgericht angestellte Beweiswürdigung darüber, ob der Kläger einer nachträglichen Änderung des Vertragsverhältnisses vom 15. Februar 1956 zugestimmt habe, jedoch nicht gerecht. Zu dem streitigen Beweisthema waren in erster Instanz die Zeugin Sch. und die Ehefrau des Inhabers der Beklagten vernommen worden. Wenn das Landesarbeitsgericht auch gemäß § 526 Abs. 1 ZPO das erstinstanzliche Beweisergebnis seiner Beweiswürdigung zugrundelegen konnte und angesichts des unsubstantiierten Beweisantritts der Beklagten in der Berufungsinstanz, die Ehefrau des Inhabers der Beklagten habe in erster Instanz unvollständig ausgesagt, von einer erneuten Vernehmung der Ehefrau in der Berufungsinstanz absehen durfte, so entband das es jedoch nicht von der Pflicht, sich mit dem diesbezüglichen Ergebnis der erstinstanzlichen Beweisaufnahme auseinanderzusetzen. Daran aber hat es das Landesarbeitsgericht fehlen lassen. Der von ihm angebrachte Satz „insoweit folge es den zutreffenden Ausführungen des angefochtenen Urteils" enthält keine sachliche Auseinandersetzung mit dem Beweisergebnis der ersten Instanz, sondern ist eine inhaltlose Floskel. Wollte man sich mit ihr begnügen, würden Erwägungen Tür und Tor geöffnet, die selbst nicht nachprüfbar wären. Soweit das Landesarbeitsgericht dazu noch ausgeführt hat, die erneute Vernehmung der Ehefrau des Inhabers der Beklagten sei unangebracht, weil sie am Ausgang des Rechtsstreites ihres Ehemannes interessiert und ihre Aussage zur Beweisführung daher ungeeignet sei, gab das erstinstanzliche Beweisergebnis für eine solche Annahme dem Landesarbeitsgericht keinen Anhalt. Es liegt darin eine sogenannte „antezipierte Beweiswürdigung", die unzulässig ist und gegen § 286 ZPO verstößt. Ist eine in das Wissen eines Zeugen gestellte Tatsache erheblich, so ist dieser Zeuge zu hören, weil andernfalls das Gericht selbst die durch § 286 ZPO gebotene Berücksichtigung des gesamten Inhalts der Verhandlungen verhindert. Die Vernehmung darf nicht deshalb unterbleiben, weil die Behauptung durch das Ergebnis der bisherigen Beweisaufnahme widerlegt sei, sondern nur dann, wenn jede Möglichkeit, daß die Beweisaufnahme Sachdienliches ergeben werde, ausgeschlossen ist. Mit dieser aus § 286 ZPO sich ergebenden Pflicht der erschöpfenden Beweisaufnahme ist es unvereinbar, einem Zeugen zu glauben, ohne einen für das Gegenteil benannten Zeugen zu hören. Denn das Gericht kann nicht wissen, was der Zeuge, den es nicht hört, aussagen wird und inwieweit seine Darstellung, insbesondere nach den ganzen Umständen seiner Vernehmung und seiner Aussage, glaubwürdiger ist als die des gehörten Zeugen. Ohne eine solche Kenntnis kann es daher der ihm nach § 286 ZPO auferlegten Pflicht zur umfassenden Beweisaufnahme und -würdigung nicht genügen (vgl. BGH NJW 1951, 481 [482]). Besondere Umstände, die ausnahmsweise eine andere Handhabung rechtfertigen, mögen denkbar sein, sind aber im vorliegenden Fall jedenfalls nicht gegeben. Bei dieser unzulässigen antezipierten Beweiswürdigung liegt auch nahe, daß sie Anlaß für eine stillschweigend negative Bewertung der erstinstanzlichen Aussage der Zeugin durch das Landesarbeitsgericht war. Da es nach all dem somit möglich erscheinen muß, daß bei ordnungsmäßiger Beweiswürdigung das Landesarbeitsgericht zur Frage der nachträglichen Abänderung des ursprünglichen Vertrages vom 15. Februar

1956 zu einem anderen Ergebnis gekommen wäre als es gekommen ist, erweist sich dieser Verfahrensverstoß als rechtskausal im Sinne von § 549 Abs. 1 ZPO. Das führt gemäß § 564 Abs. 1 ZPO zur Aufhebung des angefochtenen Urteils und, da das Revisionsgericht insoweit ebenfalls keine eigenen tatsächlichen Feststellungen treffen kann, zur Zurückverweisung der Sache an die Vorinstanz auch insoweit, als der Auskunftsanspruch des Klägers für die Zeit vom 1. November bis 31. Dezember 1956 in Rede steht, ohne daß es dabei noch darauf ankommt, inwieweit die weitere Rüge der Beklagten, das Landesarbeitsgericht habe anläßlich der Vernehmung des Zeugen Gr. noch § 139 ZPO verletzt, zutrifft.

7

1. Die Angestellten der VergGr. IV TO.A, erste Fallgruppe, müssen sich durch eine besonders verantwortliche Stellung aus den entsprechenden Tätigkeitsmerkmalen der VergGr. V b TO.A herausheben.

Die Tätigkeit nach VergGr. IV TO.A unterscheidet sich von der nach VergGr. V b TO.A insofern nur dem Grade, nicht der Art nach. Ob dies der Fall ist, liegt im wesentlichen im Beurteilungsspielraum der Tatsacheninstanz.

2. Für die Einreihung eines Angestellten in eine Vergütungsgruppe der Anlage 1 zur TO.A kommt es allein auf die Tätigkeit, die der Angestellte ausübt, an.

3. Wird ein Angestellter auf einem Dienstposten beschäftigt, der in der Regel mit einem Beamten besetzt wird, so kann aus einem Vergleich der Besoldung dieses Beamten mit den Gehältern der Angestellten nach Anlage 1 zur TO.A kein Schluß auf die richtige, d. h. der Tätigkeit des Angestellten entsprechende, Vergütungsgruppe gezogen werden.

TO.A Anlage 1 (VergGr. IV, erste Fallgruppe).

IV. Senat. Urteil vom 22. 11. 1958 i. S. F. B. (Bekl.) w. A. (Kl.) 4 AZR 388/56.

I. Arbeitsgericht Weiden (Zweigstelle Schwandorf).

II. Landesarbeitsgericht Bayern (Nürnberg).

Der Kläger war vom 1. Juni 1953 bis zum 4. Februar 1955 im Angestelltenverhältnis als Dienststellenleiter eines Lastenausgleichsamts beschäftigt. Er erhielt die Bezüge nach der VergGr. V b TO.A. Der räumliche Bereich seiner Dienststelle umfaßte 32 000 Einwohner. Im Jahre 1953 sind durch dieses Ausgleichsamt aus Mitteln des Lastenausgleichs für Unterhalts- und Hausratshilfe, Erziehungsbeihilfen und Aufbaudarlehen rund 2 Millionen DM ausgezahlt worden. Dem Kläger unterstanden 8 Angestellte. Zu seinen dienstlichen Aufgaben gehörten die Leitung des Ausgleichsamts, die Geschäftsverteilung und Organisation, der Vorsitz im Ausgleichsausschuß, der Entwurf der Berichte an die vorgesetzte Dienststelle, die Vorbereitung und Abwicklung der Beschwerdeverfahren, die Überwachung der Rechtsprechung und deren Auswertung für die Dienststelle, das Sachgebiet der Erziehungsbeihilfe, die Leitung des Aufgabengebietes der Kriegsschadenrente.

Der Kläger ist der Ansicht, seine Tätigkeit habe den Merkmalen der VergGr. IV TO.A entsprochen. Mit der Klage verlangt er die Feststellung, daß er nach der VergGr. IV TO.A zu entlohnen sei, sowie Zahlung des Gehaltsunterschiedes zwischen den VergGr. IV und V b TO.A für die Monate Juni bis August 1953.

Der Beklagte hat Klageabweisung beantragt. Er ist der Auffassung, die VergGr. IV TO.A komme nur für die Leitung größerer Ausgleichsämter als das vom Kläger geleitete in Betracht. Er hat behauptet, daß der Kläger überwiegend nicht mit leitenden oder sonst besonders verantwortlichen Aufgaben, sondern mit der Tätigkeit eines Sachbearbeiters befaßt gewesen sei. Auch sei er weder bei seiner Einstellung in sein Aufgabengebiet eingearbeitet gewesen, noch habe er sich bewährt.

Arbeitsgericht und Landesarbeitsgericht haben der Klage stattgegeben. Die Revision des Beklagten blieb ohne Erfolg.

Aus den Gründen:

I. Unbegründet ist die Rüge der Revision, das Landesarbeitsgericht habe gegen die Vorschriften der Zivilprozeßordnung über die Beweisaufnahme verstoßen, weil es die Entscheidung einer Rechtsfrage, nämlich darüber, ob der Kläger in einer besonders verantwortlichen Stellung tätig gewesen sei, einem Sachverständigen überlassen habe.

Allerdings enthält das in der Vergütungsordnung der TO.A für die Büroangestellten der VergGr. IV aufgestellte Tätigkeitsmerkmal der „besonders verantwortlichen Stellung" einen allgemeinen oder sog. unbestimmten Rechtsbegriff. Die Entscheidung darüber, ob dieses Tätigkeitsmerkmal erfüllt ist, erfordert daher nicht nur tatsächliche Feststellungen, sondern auch deren Unterordnung unter diesen Rechtsbegriff. Die Entscheidung dieser Rechtsfrage darf das Gericht nicht einem Sachverständigen überlassen. Das Landesarbeitsgericht hat das indessen auch nicht getan. Es hat zwar in seinem Beweisbeschluß dem bestellten Sachverständigen aufgegeben, sich gutachtlich darüber zu äußern, ob die im Beschluß im einzelnen bezeichnete Tätigkeit des Klägers zumindest im überwiegenden Maße eine solche sei, die als eine Tätigkeit in besonders verantwortlicher Stellung im Sinne der Tätigkeitsmerkmale der VergGr. IV TO.A zu beurteilen sei. Das Berufungsgericht hat aber das eingeholte Gutachten nicht etwa in der Weise verwertet, daß es die Bewertung der Tätigkeit des Klägers dem Sachverständigen überlassen hätte. Es hat vielmehr selbst geprüft, ob die vom Sachverständigen hervorgehobenen Umstände, namentlich die für die Tätigkeit des Klägers vorausgesetzten Kenntnisse, der Umfang seiner Entscheidungsbefugnis und die daraus sich ergebenden Auswirkungen auf die Betroffenen und die verwalteten öffentlichen Mittel sowie die Stellung des Klägers innerhalb des Behördenaufbaus geeignet sind, die Annahme einer besonders verantwortlichen Stellung zu rechtfertigen. Wenn es sich hierbei neben eigenen Argumenten weitgehend den Ausführungen des Sachverständigen, weil es diese für rechtlich zutreffend erachtete, angeschlossen hat, so läßt das einen Verstoß gegen verfahrensrechtliche Vorschriften nicht erkennen.

II. Die vom Kläger begehrte VergGr. IV TO.A erfordert bei Angestellten im Bürodienst eine Tätigkeit „in besonders verantwortlicher Stellung", während die dem Kläger vom Beklagten zugebilligte VergGr. V b eine selbständige Tätigkeit in einer Stelle von besonderer Bedeutung voraussetzt. Zutreffend geht das Berufungsgericht davon aus, daß die vom Dienstherrn vorgenommene Einreihung des Angestellten in eine Vergütungsgruppe der Anlage 1 zur TO.A nicht konstitutiv wirkt und von den Tatsacheninstanzen in vollem Umfange nachzuprüfen ist. Das Revisionsgericht hat dagegen die Anwendung der in den Tätigkeitsmerkmalen der TO.A enthaltenen allgemeinen (unbestimmten) Rechtsbegriffe, zu denen auch die bei der VergGr. IV genannte „besonders verantwortliche Stellung" gehört, nur daraufhin nachzuprüfen, ob das angefochtene Urteil den Rechtsbegriff selbst verkannt hat, oder ob bei der Unterordnung des Sachverhalts unter die Rechtsnorm Denkgesetze oder allgemeine Erfahrungssätze verletzt sind oder die Bewertung, insbesondere wegen Außerachtlassung wesentlicher Umstände, offensichtlich fehlerhaft ist; im übrigen liegt die Bewertung im Beurteilungsspielraum der Tatsacheninstanz (vgl. BAG 4, 152).

Auf einer Rechtsverletzung der bezeichneten Art beruht das angefochtene Urteil nicht. Bedenklich sind allerdings die Ausführungen des Berufungsgerichts, soweit es den Dienstposten des Klägers mit bestimmten Beamtenbesoldungsgruppen vergleicht. Es schließt sich dabei einer als Ansicht der beteiligten Fachkreise bezeichneten Auffassung an, daß die Spitzenkräfte der Ausgleichsämter, weil sie die Voraussetzungen für den gehobenen Verwaltungsdienst erfüllen müßten, in die VergGr. V b bzw. IV TO.A einzustufen seien, da diese Gruppen den Besoldungsgruppen A 4 c 2 (Inspektor) bzw. A 4 b 1 (Oberinspektor) entsprächen; wenn aber bei dem Dienststellenleiter und seinem Stellvertreter wegen ihrer unterschiedlichen Verantwortung eine verschiedene Eingruppierung gerechtfertigt sei, so müsse für den Dienststellenleiter die VergGr. IV TO.A die richtige Gruppe sein.

Dem ist zunächst entgegenzuhalten, daß § 308 Abs. 3 des Lastenausgleichsgesetzes (LAG) vom 14. August 1952 (BGBl. I, S. 446) die Bestellung des Dienststellenleiters und seines Stellvertreters nicht von der Befähigung zum gehobenen Verwaltungsdienst abhängig macht. Es heißt dort, daß zum Dienststellenleiter und zu dessen Stellvertreter nur Personen zu bestellen sind, die die erforderliche persönliche und fachliche Eignung für ein solches Amt besitzen; die erforderliche fachliche Eignung ist bei Befähigung zum gehobenen Verwaltungsdienst in der Regel anzunehmen. Die Befähigung zum gehobenen Verwaltungsdienst ist also weder notwendige Voraussetzung für die Bestellung zum Dienststellenleiter oder Stellvertreter, noch gewährleistet sie in jedem Falle die dafür erforderliche fachliche Eignung. Immerhin gibt die Bestimmung des § 308 Abs. 3 LAG einen Hinweis auf die Bedeutung, die der Gesetzgeber den Aufgaben des Dienststellenleiters eines Ausgleichsamts und seines Stellvertreters beimißt. Aus ihr können aber noch keine Schlüsse darauf gezogen werden, ob der Dienststellenleiter, wenn er als Angestellter beschäftigt wird, über die „Stelle von besonderer Bedeutung" (VergGr. V b) hinaus eine besonders verantwortliche Stellung innehat und deshalb in die VergGr. IV TO.A einzustufen ist, so wenig etwa ein Angestellter, der den für einen Oberinspektor vorgesehenen Dienstposten versieht, schon daraus den Anspruch auf eine bestimmte Vergütungsgruppe der TO.A herleiten kann. Zwischen der Regelung der Beamtenbesoldung und der Vergütung der Angestellten besteht nämlich, ganz abgesehen von der verschiedenen Berechnung der Bezüge nach dem Dienst- bzw. Lebensalter und der andersartigen Gestaltung der Versorgung, ein wesentlicher Unterschied. Die Bezüge des Beamten richten sich nach dem ihm übertragenen Amt und sind von der ausgeübten Tätigkeit unabhängig; es kann also beispielsweise die gleiche Tätigkeit bei unterschiedlicher Besoldung einem Inspektor oder einem Oberinspektor übertragen sein. Für die Einreihung des Angestellten in eine Vergütungsgruppe der TO.A ist dagegen allein die Art der übertragenen Tätigkeit, nämlich die Erfüllung der in der Vergütungsordnung aufgestellten Tätigkeitsmerkmale maßgebend. Es kann daher, wenn ein Angestellter einen für einen

Beamten vorgesehenen Dienstposten versieht, aus einem Vergleich der Besoldung eines solchen Beamten mit den Angestelltengehältern kein Schluß auf die richtige, d. h. der Tätigkeit entsprechende, Vergütungsgruppe der TO.A gezogen werden (vgl. hierzu BAG AP Nr. 19 zu § 3 TO.A am Schluß mit Anmerkung von Jesch). Soweit vom Bund, von den Ländern und früher vom Zentral-Haushalts-Amt für die britische Zone und dem Personalamt des Vereinigten Wirtschaftsgebiets vergleichende Gegenüberstellungen der Beamtenbesoldungsgruppen und der Vergütungsgruppen herausgegeben worden sind, dienten diese Erlasse lediglich dem Zweck, zur Vermeidung von Härten die Bestimmung des § 5 Abs. 5 TO.A über die Berechnung der Grundvergütung auf ehemalige Beamte, die als Angestellte wiedereingestellt wurden, zu ermöglichen und eine gleichmäßige Handhabung zu erleichtern (vgl. hierzu Böhm-Jund, Recht für Angestellte, S. 82, 97 f.; Ambrosius zu § 5 Abs. 5 TO.A, lfd. Nr. 37). Diese Gegenüberstellungen bedeuten daher keine Bewertung von Dienstposten im Sinne des Tarifrechts. Das zeigt sich z. B. deutlich darin, daß in diesen Gegenüberstellungen die Besoldungsgruppe des Regierungsamtmanns (A 3 b), der auch zum gehobenen Verwaltungsdienst rechnet, mit der VergGr. III TO.A verglichen wird, was den Tätigkeitsmerkmalen der ersten Fallgruppe dortselbst (Angestellte mit abgeschlossener Hochschulbildung oder gleichwertige Angestellte) nicht entspricht.

Wohl kann daraus, daß eine Verwaltung regelmäßig eine Tätigkeit von einer bestimmten Beamtenkategorie wahrnehmen läßt, ein Schluß darauf gezogen werden, welche Bedeutung die Verwaltung selbst dieser Tätigkeit beimißt, und dies kann wiederum als „Anschauung der beteiligten Berufskreise" (vgl. BAG 1, 247; 5, 38) für die Auslegung der in den Tätigkeitsmerkmalen der TO.A enthaltenen unbestimmten Rechtsbegriffe als Erkenntnisquelle von Bedeutung sein. Entsprechendes gilt, wenn ein Gesetz für einen Dienstposten eine bestimmte Befähigung verlangt. Es ist aber, wie sich aus den obigen Ausführungen ergibt, irrig, wenn das Berufungsgericht die VergGr. V b TO.A hinsichtlich der Bewertung der Tätigkeit schlechthin als unterste mit dem gehobenen Verwaltungsdienst vergleichbare Vergütungsgruppe ansieht.

Diese von Rechtsirrtum beeinflußten Ausführungen des angefochtenen Urteils sind aber im Ergebnis unschädlich. Denn das Berufungsgericht hat auch unabhängig von ihnen die Tätigkeit des Klägers einer eingehenden Prüfung unterzogen, ohne daß die Bewertung einen revisiblen Verstoß erkennen läßt.

Das Berufungsgericht untersucht die Bedeutung der Dienststellung des Klägers nach den ihr vom Lastenausgleichsgesetz zugewiesenen Aufgaben und würdigt die Tätigkeit des Klägers sowohl nach ihrer Schwierigkeit wie nach ihren Auswirkungen auf den Staat und die betroffenen Außenstehenden. Es berücksichtigt, in welcher Größenordnung den Lastenausgleichsämtern die Verteilung öffentlicher Mittel übertragen ist und welche Verantwortung mit ihrer richtigen Verteilung verbunden ist: einerseits bedürfe es einer sorgfältigen Prüfung der Erfolgsaussichten und der Förderungswürdigkeit der Antragsteller, andererseits müsse auch das Vertrauen der Vertriebenen und Kriegsgeschädigten zum Staat geweckt und gestärkt werden. Das Berufungsgericht verweist auf die dem Dienststellenleiter des Lastenausgleichsamts im Lastenausgleichsgesetz (§§ 335 Abs. 2, 343 Abs. 1, 345 Abs. 1, 347) und in weiteren Spezialvorschriften übertragene Entscheidungsbefugnis, die bei der Gewährung von Aufbaudarlehen für die gewerbliche Wirtschaft und die freien Berufe bis zum Betrage von 10 000 DM gehen. Weiter stellt das angefochtene Urteil fest, daß der Dienststellenleiter eine kaum übersehbare Fülle von Gesetzesmaterial und sonstigen Vorschriften beherrschen muß, insbesondere bei der ihm übertragenen Leitung der Ausschüsse und der fachlichen Aufsicht über alle Angestellten des Amtes. Daneben muß er die Entwicklung von Rechtsprechung und Lehre verfolgen und sie zumindest in den grundsätzlichen Fragen überblicken.

Wenn das Berufungsgericht unter Berücksichtigung aller dieser Umstände zu dem Ergebnis gelangt, daß der Kläger in einer besonders verantwortlichen Stellung im Sinne der Merkmale der VergGr. IV TO.A tätig gewesen ist, so kann darin eine Rechtsverletzung der oben bezeichneten Art nicht gefunden werden. Das Landesarbeitsgericht geht zutreffend davon aus, daß der Büroangestellte der VergGr. IV TO.A sich durch eine besonders verantwortliche Stellung aus den Tätigkeitsmerkmalen der VergGr. V b herausheben muß. Die VergGr. V b erfordert bereits eine „Stelle von besonderer Bedeutung". Diese besondere Bedeutung kann, wie der erkennende Senat bereits in einer früheren Entscheidung (BAG 5, 38) ausgeführt hat, im Aufbau der Verwaltung selbst in Erscheinung treten, beispielsweise durch Zuweisung von Aufsichtsfunktionen oder besonders schwierigen Aufgaben, oder auch nach außen, nämlich in der besonderen Einwirkung der Tätigkeit auf die Lebensverhältnisse Dritter; je nach den Umständen kann das eine oder das andere Moment genügen, es kann aber auch im Einzelfalle eine besondere Bedeutung der Stelle erst beim Zusammentreffen beider Momente anzuerkennen sein. Daraus ergibt sich, daß sich die Tätigkeit nach der VergGr. IV von derjenigen nach der VergGr. V b TO.A nur dem Grade nach, nicht aber — wie z. B. die selbständige von einer routinemäßigen

Tätigkeit — auch der Art nach unterscheidet. Denn durch eine größere Verantwortung zeichnen sich in aller Regel die Tätigkeiten der höheren Vergütungsgruppen vor denen der niedrigeren Gruppen aus, weil regelmäßig mit der schwierigeren Tätigkeit auch eine größere Verantwortung verbunden ist. Im einzelnen kann sich die Verantwortung auf den Behördenapparat als solchen erstrecken, wie bei der Wahrnehmung von Aufsichtsfunktionen, oder auf ideelle oder materielle Belange des Dienstherrn oder schließlich auch auf die Lebensverhältnisse Dritter. Ähnlich wie bei der „besonderen Bedeutung" einer Stelle der VergGr. V b kann sich die besondere Verantwortlichkeit der Stellung im Sinne der Tätigkeitsmerkmale der VergGr. IV TO.A schon aus einem dieser Momente oder auch erst aus dem Zusammentreffen mehrerer ergeben. Die Entscheidung hierüber, insbesondere die Abgrenzung von der „Stelle von besonderer Bedeutung" der VergGr. V b liegt im wesentlichen im Beurteilungsspielraum der Tatsacheninstanz.

Eine offensichtlich fehlerhafte Bewertung liegt auch nicht darin, daß das Landesarbeitsgericht eine besonders verantwortliche Stellung bereits bei dem Dienststellenleiter eines kleinen Ausgleichsamts als gegeben ansieht, während der Beklagte das erst für die Dienststellenleiter großer Ausgleichsämter anerkennen will. Zwar wäre es fehlerhaft zu sagen, es könne für das Maß der Verantwortung eines Dienststellenleiters grundsätzlich auf die Größe der Dienststelle nicht ankommen. Es kann im Einzelfalle durchaus so liegen, daß erst durch eine größere Zahl der unterstellten Kräfte oder durch den Umfang der tatsächlich ausgeübten Entscheidungsbefugnis die Aufgaben eines Dienststellenleiters als besonders verantwortlich erscheinen. Andererseits kann aber die besondere Verantwortlichkeit je nach den Umständen auch schon bei dem Leiter einer kleineren Dienststelle anzunehmen sein. Das angefochtene Urteil bejaht das bei dem Kläger, weil er die weitverzweigte Materie des Lastenausgleichs ebenso beherrschen müsse und ebenso verantwortungsvolle Entscheidungen zu treffen habe wie der Dienststellenleiter eines großen Amtes. Das ist aus Rechtsgründen nicht zu beanstanden.

Unbegründet ist der Angriff der Revision, das Landesarbeitsgericht habe nicht beachtet, ob der Kläger überwiegend eine besonders verantwortliche Tätigkeit ausgeübt habe; tatsächlich sei der Kläger überwiegend nicht mit leitenden Aufgaben, sondern mit der Tätigkeit eines Sachbearbeiters befaßt gewesen. Irrig ist zunächst die Meinung der Revision, es könne, soweit der Kläger besonders verantwortliche Entscheidungen getroffen habe, nur die Entscheidung selbst, nicht aber deren Vorbereitung als besonders verantwortlich angesehen werden; in solcher Weise darf eine einheitliche Tätigkeit nicht zerlegt und unterschiedlich bewertet werden. Im übrigen hat das angefochtene Urteil festgestellt, daß die Sachbearbeitung in Angelegenheiten der Erziehungsbeihilfe den Kläger nicht überwiegend in Anspruch genommen hat. Es führt weiter aus, daß die dem Kläger ferner übertragene Leitung des Aufgabengebietes der Kriegsschadenrente nicht als Sachbearbeitertätigkeit anzusehen sei. Diese Auffassung entspricht der Regelung des § 335 LAG, wonach über die Anträge auf Kriegsschadenrente der Leiter des Ausgleichsamts oder der Ausgleichsausschuß entscheidet, dessen Vorsitzender der Kläger war. Schließlich hat es das Landesarbeitsgericht bei der Feststellung der überwiegenden Tätigkeit des Klägers zu Recht sinngemäß darauf abgestellt, was der Gesamttätigkeit des Klägers das besondere Gepräge gab (vgl. BAG 1, 92; Clemens-Görner-Opalke, Vergütungsrecht der Angestellten des öffentlichen Dienstes, S. 38). Hiernach kann es dahingestellt bleiben, ob die Sachbearbeitertätigkeit des Klägers bei der Bewertung seiner Stellung auch deshalb nicht zu berücksichtigen ist, weil sein Dienstvertrag ausdrücklich die Tätigkeit eines Dienststellenleiters und nicht die eines Sachbearbeiters zum Inhalt hat.

Entgegen der Meinung der Revision durfte das Landesarbeitsgericht bei der Bewertung der Tätigkeit des Klägers die Behauptung des Beklagten unberücksichtigt lassen, der Kläger habe sich erst einarbeiten müssen und habe sich nicht bewährt. Die besondere Verantwortlichkeit einer Stellung ergibt sich aus der dem Angestellten übertragenen Tätigkeit. Dem Kläger war von Anfang an die volle Verantwortung des Dienststellenleiters eines Ausgleichsamts übertragen. Falls er den an ihn gestellten Anforderungen nicht voll entsprochen hat, konnte das eine Kündigung mit oder ohne Angebot einer geringerwertigen Weiterbeschäftigung, nicht aber eine niedrigere Einstufung rechtfertigen.

8

1. Die Bestimmung in Nr. 8 Abs. b DO. RAM, daß Einwendungen gegen die vom Arbeitgeber vorgenommene Einreihung eines Angestellten in einer Vergütungsgruppe der TO.A innerhalb von zwei Monaten nach der Mitteilung geltend zu machen sind, ist für tarifliche Vergütungsansprüche ohne Bedeutung.

2. Dasselbe gilt von der Bestimmung in ADO Nr. 5 Abs. 2 zu § 5 TO.A.

3. Die Verjährungseinrede kann durch den Einwand der unzulässigen Rechtsausübung entkräftet werden, wenn der Gläubiger von der rechtzeitigen Klageerhebung durch das Verhalten des Schuldners, wenn auch unabsichtlich, abgehalten worden ist.

Der Einwand der unzulässigen Rechtsausübung entfällt, wenn der Gläubiger nach dem Wegfall der den Einwand begründenden Umstände die Klage nicht binnen einer nach Treu und Glauben zu bestimmenden, regelmäßig nur kurz zu bemessenden Frist erhoben hat.

DO. RAM vom 7. März 1942 Nr. 8 Abs. b; ADO Nr. 5 Abs. 2 zu § 5 TO.A; BGB § 242.

IV. Senat. Urteil vom 24. November 1958 i. S. B. f. A. (Bekl.) w. H. (Kl.) 4 AZR 228/56.

I. Arbeitsgericht Berlin. — II. Landesarbeitsgericht Berlin.

Der Kläger war beim Arbeitsamt B.-N. beschäftigt. Nachdem er zunächst eine Vergütung nach der VergGr. VI b TO.A erhalten hatte, stufte ihn die Beklagte am 19. Juni 1953 mit Wirkung vom 1. Februar 1953 in die VergGr. V b TO.A ein. Mit Schreiben vom 13. Oktober 1953 bat der Kläger die Beklagte, seine Einstufung zu überprüfen und ihm die Vergütung der VergGr. V b TO.A bereits vom 15. Februar 1952 ab zu bewilligen. Die zuständige untergeordnete Dienststelle der Beklagten lehnte das mit Bescheid vom 23. Januar 1954 unter Hinweis auf die ADO Nr. 5 Abs. 2 zu § 5 TO.A ab. Sie teilte dem Kläger jedoch gleichzeitig mit, sie habe dem Präsidenten der Beklagten berichtet und um Entscheidung gebeten, ob die vom Kläger gestellte Forderung außergerichtlich befriedigt werden könne. Auf seine Erinnerung wurde der Kläger unter dem 27. Juli 1954 dahin beschieden, daß die Entscheidung der Hauptstelle der Beklagten noch ausstehe, daß diese aber bemüht sei, über die Anwendung der Nr. 5 Abs. 2 ADO zu § 5 TO.A eine höchstrichterliche Entscheidung herbeizuführen. Durch Schreiben vom 6. August 1955 teilte die Beklagte dem Kläger schließlich mit, die Entscheidung ihres Präsidenten laute dahin, daß der Forderung des Klägers nur im Rahmen der Verjährungsfrist entsprochen werden könne. Demgemäß wurde dem Kläger der Unterschiedsbetrag zwischen der Vergütung nach den Vergütungsgruppen VI b und V b TO.A lediglich für den Monat Januar 1953 nachgezahlt.

Mit seiner am 1. Oktober 1955 bei Gericht eingegangenen Klage verlangt der Kläger den Unterschiedsbetrag zwischen den beiden genannten Vergütungsgruppen für die Zeit vom 1. Mai bis zum 31. Dezember 1952. Die Beklagte räumt ein, daß die Tätigkeit des Klägers seit dem

15. Februar 1952 die Merkmale der VergGr. V b erfüllt hat, beruft sich aber darauf, daß der Kläger die in Nr. 8 der Besonderen Dienstordnung für die Verwaltungen und Betriebe des Reichs und des Landes Preußen im Geschäftsbereich des Reichsarbeitsministeriums vom 7. März 1942 (DO. RAM) bestimmte zweimonatige Frist für Einwendungen gegen die vom Dienstherrn vorgenommene Eingruppierung nicht gewahrt habe; ferner erhebt sie die Einrede der Verjährung.

Beide Vorinstanzen haben der Klage stattgegeben. Die Revision der Beklagten wurde zurückgewiesen.

Aus den Gründen:

I. Nr. 8 Abs. b DO. RAM bestimmt, daß dem Angestellten die Vergütungsgruppe, in die er eingereiht wird, alsbald schriftlich mitzuteilen ist, und daß Einwendungen hiergegen spätestens innerhalb von 2 Monaten nach Empfang der schriftlichen Mitteilung auf dem Dienstwege geltend zu machen sind.

Das Landesarbeitsgericht ist der Ansicht, daß diese Bestimmung der DO. RAM weitergelte und auf das Arbeitsverhältnis des Klägers anzuwenden sei. Der Ablauf der für die Geltendmachung von Einwendungen bestimmten Frist bewirke aber nicht das Erlöschen der Gehaltsansprüche des Klägers, sondern habe nur zur Folge, daß die Beklagte dem Gehaltsanspruch des Klägers den Ablauf der Frist wie bei der Verjährung einredeweise entgegenhalten könne. Dieses Recht habe aber die Beklagte hier verwirkt, da sie in dem fast zwei Jahre andauernden Schriftwechsel sich niemals auf den Ablauf der Ausschlußfrist berufen, sondern den Kläger fortlaufend auf die noch ausstehende Klärung der Tragweite der ADO Nr. 5 Abs. 2 zu § 5 TO.A und die Möglichkeit einer außergerichtlichen Befriedigung seiner Ansprüche hingewiesen und schließlich in ihrem letzten Bescheid lediglich Verjährung geltend gemacht habe. Wenn die Beklagte sich nunmehr auf die in Nr. 8 DO. RAM bestimmte Ausschlußfrist stütze, stelle sie sich damit treuwidrig in Gegensatz zu ihrem gesamten früheren Verhalten.

Dem ist entgegenzuhalten, daß die Beklagte nach den Feststellungen des Berufungsgerichts dem Kläger keinen Anlaß gegeben hat, gegen die ihm mit dem Schreiben der Beklagten vom 19. Juni 1953 mitgeteilte Eingruppierung erst nach mehr als zwei Monaten, nämlich erst mit seinem Schreiben vom 13. Oktober 1953, Einwendungen zu erheben. Denn erst mit diesem Schreiben beginnt der Schriftwechsel der Parteien über die vom Kläger begehrte Eingruppierung.

Indessen kann es hier überhaupt dahingestellt bleiben, ob es sich bei der Frist der Nr. 8 Abs. b DO.RAM um eine echte Ausschlußfrist für die Geltendmachung von Rechten bzw. Ansprüchen handelt oder nur um eine sogenannte Nachprüfungsfrist. Es kann hier ferner unerörtert bleiben, ob die DO.RAM, wenn auch nicht unmittelbar, so doch gemäß §§ 1, 6 des Bundespersonalgesetzes vom 17. Mai 1950 (BGBl. I S. 207) sinngemäß auf das Arbeitsverhältnis des Klägers anzuwenden ist. Denn jedenfalls hat die Bestimmung der Nr. 8 Abs. b DO.RAM, daß Einwendungen des Angestellten gegen die ihm vom Dienstherrn mitgeteilte Einreihung in eine Vergütungsgruppe der TO.A spätestens binnen zwei Monaten nach Empfang der schriftlichen Mitteilung auf dem Dienstwege geltend zu machen sind, für den Klageanspruch keine Bedeutung. Diese Bestimmung beruht ersichtlich auf der zur Zeit des Erlasses der Dienstordnung herrschenden Rechtsauffassung, daß die vom Dienstherrn gemäß § 3 TO.A vorgenommene Einreihung des Angestellten in eine Vergütungsgruppe konstitutiv wirke, d. h. daß erst die Einreihung oder Einstufung in eine bestimmte Vergütungsgruppe den Anspruch auf entsprechende Vergütung zur Entstehung bringe, und daß diese vom Dienstherrn vorgenommene Einreihung bis zu einer Vertragsänderung auch maßgebend bleibe. Nach der vom Bundesarbeitsgericht in ständiger Rechtsprechung (vgl. BAG 1, 85; AP Nr. 8 zu § 3 TO.A) vertretenen Ansicht kommt aber der Einstufung des Angestellten durch den Behördenleiter eine konstitutive Bedeutung nicht zu. Vielmehr stehen dem Angestellten die Ansprüche nach der seiner Tätigkeit entsprechenden Vergütungsgruppe unmittelbar aus der Tarifordnung zu, so daß eine zu niedrige und deshalb tarifordnungswidrige Einstufung seitens des Arbeitgebers bedeutungslos ist. Kann aber der Arbeitgeber dem Angestellten das Recht auf tarifgerechte Eingruppierung durch eine unrichtige Einstufung nicht schmälern, und können die Vertragsparteien wegen der Unabdingbarkeit der Tarifordnung eine schlechtere als die richtige Vergütungsgruppe auch nicht vereinbaren, so ist die Bestimmung einer Dienstordnung, die für die Geltendmachung von Einwendungen des Angestellten gegen seine vom Arbeitgeber vorgenommene Einreihung eine Frist setzt, gegenstandslos.

Dasselbe gilt für die Bestimmung des § 5 Abs. 2 der ADO zu § 5 TO.A. Danach kann die oberste Dienstbehörde, wenn der Angestellte schon vor der Entscheidung über seine Ansprüche überwiegend Tätigkeiten einer höheren Vergütungsgruppe ausgeübt hat, die Zahlung der Dienstbezüge nach dieser Gruppe rückwirkend bis zu drei Monaten anordnen. Auch diese Bestimmung beruht auf der vom Bundesarbeitsgericht in ständiger Rechtsprechung abgelehnten Vorstellung, daß erst die Einreihung des Angestellten in die höhere Vergütungsgruppe seitens des Dienstherrn die tariflichen Ansprüche des Angestellten nach dieser Vergütungsgruppe begründe. Diese Ansprüche beruhen aber unmittelbar auf der Tarifordnung und ergeben sich aus der dem Angestellten übertragenen und von ihm ausgeübten Tätigkeit.

II. Die von der Beklagten erhobene Einrede der Verjährung will das Berufungsgericht nicht durchgreifen lassen, weil die Beklagte sich mit deren Geltendmachung in Widerspruch zu ihrem eigenen früheren Verhalten setze. Dem ist im Ergebnis beizutreten.

Die mit der Klage geltend gemachten Gehaltsforderungen des Klägers für das Jahr 1952 sind zwar gemäß §§ 196 Abs. 1 Ziffer 8, 201 BGB mit dem Ablauf des Jahres 1954, also vor Klageerhebung, verjährt. Der Kläger hatte seinen Anspruch aber bereits im Jahre 1953 gegenüber der Beklagten geltend gemacht. Die zuständige, untergeordnete Dienststelle der Beklagten hatte den Anspruch zwar abgelehnt. Sie hatte aber den Kläger zugleich wiederholt darauf hingewiesen, daß die endgültige Entscheidung des Präsidenten der Beklagten noch ausstehe. Damit hatte die Beklagte zum Ausdruck gebracht, daß sie ihre endgültige Entschließung darüber, ob sie den Anspruch des Klägers erfüllen wolle, erst noch treffen werde. Der Kläger konnte daher als Angestellter einer mehrstufigen Körperschaft des öffentlichen Rechts verständigerweise davon absehen, die Verjährung durch Klageerhebung zu unterbrechen, solange ihm der endgültige Bescheid der Beklagten noch nicht mitgeteilt war. Denn er durfte auf Grund des Verhaltens der Beklagten darauf vertrauen, daß diese entweder seinen Anspruch befriedigen oder aber, im Falle der endgültigen Ablehnung, sich auf die inzwischen eingetretene Verjährung nicht berufen werde. Hat aber der Schuldner durch sein Verhalten, wenn auch unabsichtlich, den Gläubiger von der rechtzeitigen Klageerhebung abgehalten, so wird die Verjährungseinrede durch den Gegeneinwand der unzulässigen Rechtsausübung entkräftet; denn die Berufung auf die Verjährung verstößt gegen Treu und Glauben, weil sie mit dem früheren Verhalten des Schuldners unvereinbar ist (RGZ 144, 381; Enneccerus-Nipperdey, Allgem. Teil des bürgerlichen Rechts, 2. Halbband, 1955, S. 1019 f.).

Das bedeutet jedoch nicht, daß mit dem Wegfall der den Arglisteinwand begründenden Umstände die Verjährungsfrist von neuem zu laufen beginne. Es findet auch keine Hemmung der Verjährung mit der in § 205 BGB bestimmten Wirkung statt. Vielmehr darf sich der Schuldner nur so lange nicht auf den durch sein Verhalten wesentlich mitverursachten Eintritt der Verjährung berufen, als ihre Geltendmachung mit eben diesem Verhalten des Schuldners in Widerspruch steht und daher gegen Treu und Glauben verstößt. Daher muß der Gläubiger nach dem Wegfall der den Einwand der unzulässigen Rechtsausübung begründenden Verhältnisse binnen einer wiederum nach Treu und Glauben unter Berücksichtigung der Umstände des Einzelfalles zu bestimmenden angemessenen Frist Klage erheben. Tut er das nicht, so kann sich nunmehr der Schuldner auf die Verjährung berufen, ohne daß ihm der Arglisteinwand erfolgreich entgegengesetzt werden kann (vgl. RGZ 143, 253 f.; 153, 111; BGHZ 9, 5 f.; H. Lehmann in Anm. zu RG JW 37, 2299; vgl. auch Enneccerus-Nipperdey, a. a. O., S. 1020).

Die dem Gläubiger nach dem Wegfall der Hindernisse für die Klageerhebung zuzubilligende Frist kann immer nur verhältnismäßig kurz sein (vgl. BGH NJW 1955, 1834). Hier sind zwischen der endgültigen Ablehnung der Beklagten und der Einreichung der Klage weniger als 8 Wochen verstrichen. Diese Zeitspanne ist hier noch als angemessen anzusehen.

9

1. Der Tarifvertrag kann ein Landesgesetz grundsätzlich nicht abändern.

2. Einem Anspruch auf Urlaubsabgeltung gegenüber einem früheren Arbeitgeber geht der Anspruch vor, den der Arbeitnehmer gegenüber einem späteren Arbeitgeber auf Gewährung von Urlaub in natura erwirbt.

3. Günstigkeitsvergleich zwischen einer gesetzlichen und einer tariflichen Urlaubsregelung.

TVG § 4; UrlG Hamburg § 10; Rahmentarifvertrag für den Groß- und Außenhandel Hamburg vom 1. 4. 1951.

II. Senat. Urteil vom 25. 11. 1958 i. S. Fa. E. (Bekl.) w. S. (Kl.).
2 AZR 259/58.

I. Arbeitsgericht Hamburg. — II. Landesarbeitsgericht Hamburg.

Der Kläger war seit Mitte Juli 1948 bei der Beklagten, einem der Wirtschaftsvereinigung Groß- und Außenhandel Hamburg angehörigen Unternehmen, als Kraftfahrzeugschlosser beschäftigt. Am 21. Januar 1953 kündigte ihm die Beklagte zum 11. Februar 1953. Der Kläger erhielt von der Beklagten für das Urlaubsjahr 1953 drei Tage Urlaub. Der Kläger forderte jedoch eine Urlaubsabgeltung für weitere zwölf Urlaubstage. Nach dem für das Arbeitsverhältnis der Parteien maßgebenden Rahmentarifvertrag (RTV) der Wirtschaftsvereinigung Groß- und Außenhandel Hamburg vom 1. April 1951 steht einem Arbeitnehmer, der — wie der Kläger — sich im fünften Beschäftigungsjahr beim gleichen Arbeitgeber befindet, ein Jahresurlaub von 15 Tagen zu (§ 9 Ziff. 4 RTV). Auf diese Bestimmung des RTV bezieht sich der Kläger hinsichtlich der Höhe der von ihm geforderten Urlaubsabgeltung. Die Beklagte hingegen stützt sich auf § 9 Ziff. 3 RTV, der wie folgt lautet:

> „Scheidet ein Arbeitnehmer vor dem 1. Mai aus, so besteht anteilmäßiger Urlaubsanspruch; ist der Urlaub bereits gewährt, so kann das für die Urlaubszeit gezahlte Endgelt nicht zurückgefordert werden. Der Urlaubsanspruch bleibt jedoch für Arbeitnehmer bestehen, die seit ihrer Einstellung noch keinen Urlaub gehabt und die Wartezeit erfüllt haben ..."

Diese Bestimmung will der Kläger unter Hinweis auf das Hamburger Urlaubsgesetz (HUG) vom 27. Januar 1951 (GVBl. 51, 11) nicht gelten lassen. Er verweist auf § 5 HUG, der nur für das Eintrittsjahr, aber nicht — nach Erfüllung der Wartefristen — im Austrittsjahr eine Verkürzung des Urlaubs nach Maßgabe der im Austrittsjahr für den Arbeitgeber geleisteten Arbeit vorsieht. Er verweist ferner auf § 10 HUG, der wie folgt lautet:

> „Soweit in gesetzlichen Bestimmungen, Tarifverträgen, Gesamtvereinbarungen oder Arbeitsverträgen eine für den Arbeitnehmer günstigere Regelung getroffen ist, bleibt diese unberührt."

Bei Zugrundelegung des Hamburger Urlaubsgesetzes würde dem Kläger für das Urlaubsjahr 1953 ein Urlaubsanspruch von zwölf Tagen zugestanden haben (§ 3 HUG).

Das Arbeitsgericht hat dem Kläger eine Urlaubsabgeltung für neun Tage zu- und für drei Tage aberkannt. Es hat die Urlaubsregelung des Hamburger Urlaubsgesetzes als die dem Kläger günstigere angesehen und hat aus diesem die Urlaubsdauer in Höhe der dort vorgesehenen zwölf Tage entnommen und nicht — wie der Kläger begehrte — aus dem RTV in Höhe der dort vorgesehenen 15 Tage. Hiervon hat es die drei Urlaubstage abgezogen, die der Kläger bereits erhalten hatte.

Gegen das Urteil des Arbeitsgerichts hat lediglich die Beklagte Berufung eingelegt. Ihre Berufung hat das Landesarbeitsgericht zurückgewiesen, jedoch die Revision zugelassen.

Die Revision der Beklagten führte zur Klageabweisung.

Aus den Gründen:

I. Die Revision hat zunächst die Frage zur Entscheidung gestellt, ob durch § 10 HUG, der den Tarifpartnern nur eine dem Arbeitnehmer günstigere Urlaubsregelung gestattet, in die bundesrechtlich verankerte Tarifhoheit unzulässigerweise eingegriffen werde. Diese Frage war zu verneinen. Wie sich aus den Bestimmungen des Grundgesetzes (GG) über die Gesetzgebung (Art. 70—82) und dem Begriff der im Tarifvertragsgesetz (TVG) vom 9. April 1949 anerkannten Tarifhoheit ergibt, stehen Tarifnormen unter dem Range eines Landesgesetzes. Für das zum Arbeitsrecht gehörende Urlaubsrecht haben nach Art. 74 Ziff. 12 GG die Länder die Befugnis zur Gesetzgebung, ohne daß ihnen das Grundgesetz die Auflage gemacht hätte, nicht in die Tarifhoheit einzugreifen. Die Ländergesetze und die Befugnis der Länder zur Gesetzgebung enden, wenn und soweit der Bundesgesetzgeber von der ihm auf diesem Gebiet zustehenden konkurrierenden Gesetzgebung Gebrauch macht (Art. 72 GG). Dadurch, daß in Art. 9 Abs. 3 GG die Koalitionsfreiheit anerkannt und der Bundesgesetzgeber im TVG den Tarifpartnern die Normsetzungsbefugnis überlassen hat, ist der Landesgesetzgeber in der Fassung eines Landesurlaubsgesetzes nicht beschränkt worden.

Gegen die Gültigkeit des § 10 HUG, der tarifliche Urlaubsregelungen nur zuläßt, soweit sie dem Arbeitnehmer günstiger sind als die Urlaubsregelung des HUG selbst, bestehen also keine Bedenken.

II. Der Senat mußte daher in eine Prüfung eintreten, ob die Urlaubsregelung des HUG oder des RTV die günstigere ist.

Bei dem hiernach anzustellenden Günstigkeitsvergleich ist von der Fassung des § 10 HUG auszugehen. Diese ist nicht inhaltsgleich mit Art. 11 des Bayerischen Urlaubsgesetzes vom 11. Mai 1950 (GVBl. S. 81), der den Vierten Senat im Urteil vom 8. Oktober 1958 — 4 AZR 34/55 — (BAG 6, 297 ff.) beschäftigt hatte. Deshalb ist auch dieses, das Bayerische Urlaubsgesetz anwendende Urteil des Vierten Senats für den erkennenden Senat nicht im Sinne des § 45 Abs. 2 ArbGG bindend.

Der erkennende Senat ist jedoch im wesentlichen zu den gleichen rechtlichen Ergebnissen gelangt. Bei dem Günstigkeitsvergleich, der hier gemäß § 10 HUG zwischen der tariflichen Regelung des RTV und dem HUG anzustellen war, scheidet ein abstrakter Gesamtvergleich, der alle Urlaubsbestimmungen des RTV für alle Arbeitnehmer allen Bestimmungen des HUG gegenüberstellt, als praktisch unmöglich aus. Abzulehnen ist aber auch ein Vergleich einzelner für sich betrachteter Bestimmungen des Gesetzes und des RTV, da eine solche Betrachtung dazu führen würde, daß der einzelne Arbeitnehmer sich jeweils die ihm günstigere Einzelbestimmung aus der tariflichen und der gesetzlichen Regelung zusammensuchen könnte (sogenannte „Rosinentheorie") und somit zu einer Urlaubsregelung käme, die weder von den Tarifpartnern noch vom Hamburger Gesetzgeber gewollt war. Es würde dabei ganz übersehen werden, daß die einzelnen tariflichen Bestimmungen in engem inneren Zusammenhang zu anderen tariflichen Bestimmungen stehen und deshalb auch als Einheit von den Tarifpartnern ausgehandelt worden sind. Es kann also die Günstigkeitsabwägung nur in der Weise erfolgen, daß die in einem offensichtlich inneren Zusammenhang stehenden tariflichen Bestimmungen und die entsprechenden des HUG im Hinblick auf die Lage des Klägers verglichen werden.

Wie unter dieser Leitlinie im Urteil des Vierten Senats die den Komplex „Urlaub und fristlose Entlassung" betreffenden tariflichen und gesetzlichen Bestimmungen miteinander verglichen worden sind, so müssen hier die Bestimmungen des RTV und des HUG, die sich mit Urlaubsdauer, Fälligkeit und Wartefristen befassen, im Hinblick auf die Lage des Klägers als eines im fünften Urlaubsjahr stehenden Arbeitnehmers miteinander vergleichen werden.

Dabei ergibt sich: Nach dem RTV hat der im fünften Urlaubsjahr stehende Arbeitnehmer einen Urlaubsanspruch von 15 Tagen, nach dem HUG nur einen solchen von zwölf Tagen. Andererseits entsteht für einen solchen Arbeitnehmer der gesetzliche Urlaubsanspruch bereits mit Beginn des Kalenderjahres in voller Höhe, während in § 9 Ziff. 3 RTV vorgesehen ist, daß bei einem Ausscheiden des Arbeitnehmers vor dem 1. Mai des Urlaubsjahres für die Zeit vor dem 1. Mai nur ein anteilmäßiger Urlaubsanspruch besteht. Wenn man es auf das gesamte Urlaubsjahr abstellt, ist somit der RTV günstiger; wenn man das Ausscheiden des Arbeitnehmers während des Urlaubsjahres in Betracht zieht, so bleibt die Urlaubsregelung des RTV für acht Monate, nämlich für ein Ausscheiden nach dem 1. Mai, die günstigere, mithin für einen längeren Teil des Jahres, als es die ersten vier Monate des Jahres sind.

Aber auch wenn man nur die ersten vier Monate des Urlaubsjahres betrachtet, ist die gesetzliche Regelung nicht schlechthin günstiger. Es ist noch zu unterscheiden, ob dem Arbeitnehmer in dieser Zeit bereits der Urlaub durch Gewährung bezahlter Freizeit gewährt worden war oder ob es sich nach seinem Ausscheiden in den ersten vier Monaten des Urlaubsjahres nur noch um die Urlaubsabgeltung handelt. Da sowohl in § 9 Ziff. 3 Satz 3 des RTV und § 6 Abs. 2 HUG die möglichst zusammenhängende Gewährung des Urlaubs vorgeschrieben ist, ist davon auszugehen, daß bei Gewährung des Urlaubs in diesen Monaten bereits zusammenhängend der volle Jahresurlaub gewährt worden ist. Dann würde sich der Arbeitnehmer nach dem RTV besser stehen als nach dem HUG, weil er nach diesem Gesetz nur zwölf Tage, nach dem RTV dagegen 15 Tage Urlaub hat. Hat er schon vor seinem Ausscheiden in den ersten vier Monaten des Urlaubsjahres den vollen Jahresurlaub erhalten, so hat er damit sowohl nach dem HUG als auch nach dem RTV eine ihm zustehende Leistung erhalten; er braucht auch nach dem RTV, wie dieser ausdrücklich betont, für diesen Fall nichts zurückzuvergüten. Also auch insoweit ist die Regelung des RTV günstiger als die des Gesetzes.

Hat der Arbeitnehmer bei seinem Ausscheiden vor dem 1. Mai des Urlaubjahres noch keinen oder keinen vollen Urlaub durch Gewährung von Freizeit erhalten, so hat er nach dem RTV einen Anspruch auf Abgeltung der ihm am anteiligen seiner bisher geleisteten Arbeit entsprechenden Urlaub noch fehlenden Tage, nach dem HUG auf Abgeltung von zwölf Tagen (gegebenenfalls nach Abzug bereits gewährter Tage). In diesem Punkt scheint die gesetzliche Regelung günstiger als die tarifliche zu sein. Dieser erste Anschein schwächt sich jedoch ab, wenn man bedenkt, daß der aus dem HUG sich ergebende Anspruch des im Anfang des Jahres ausscheidenden Arbeitnehmers ein subsidiärer ist. Wenn der Arbeitnehmer im Laufe des Urlaubsjahres bei einem neuen Arbeitgeber nach Erfüllung der Wartefrist noch einen Anspruch auf Gewährung von bezahlter Freizeit erwirbt, wie das bei einem im Anfang des Jahres ausscheidenden Arbeitnehmer ohne Schwierigkeiten möglich ist, so geht der Anspruch auf echten Urlaub dem Anspruch auf Urlaubsabgeltung vor, wie der Erste Senat, dem sich der erkennende Senat anschließt, im Urteil vom 5. Dezember 1957 in 1 AZR 603/56 (AP Nr. 21 zu § 611 BGB Urlaubsrecht) entschieden hat.

Berücksichtigt man dies alles, so ist, auch wenn man die Möglichkeit eines Ausscheidens vor Schluß des Urlaubsjahres in die Abwägung einbezieht, die Urlaubsregelung des RTV für einen Arbeitnehmer im fünften Urlaubsjahr günstiger als die des HUG.

Wenn das Arbeitsgericht bei seinem Günstigkeitsvergleich zu einem anderen Ergebnis gekommen ist, so liegt das ersichtlich daran, daß das Arbeitsgericht den gesetzlichen Anspruch auf Urlaubsabgeltung nicht als einen subsidiären angesehen hat. Außerdem hat das Arbeitsgericht es auf die Entlassung abgestellt. Das war insofern unrichtig, als die Tatsache der Entlassung dem Kläger nicht zu einem höheren Urlaubsanspruch oder höheren Urlaubsabgeltungsanspruch verhelfen kann, als er ihn im Augenblick vor der Entlassung hatte. Die Frage nach der günstigeren Urlaubsregelung kann nicht gleitend durch das einheitliche Urlaubsjahr hindurch verschieden je nach dem Zeitpunkt des Ausscheidens beurteilt werden (vgl. Nikisch in AP 50, 275; Dietz, AP 52, 107; Hueck-Nipperdey-Tophoven, § 4 TVG, Anm. 91). Vielmehr muß zu Beginn des Urlaubsjahres als dem für den Erwerb des Urlaubsanspruchs maßgebenden Zeitpunkt (vgl. BAG 3, 27 [29]; AP Nr. 1 zu § 2 UrlG Rheinland-Pfalz) festgestellt werden, welche Urlaubsregelung für den einzelnen Arbeitnehmer die günstigere ist, die gesetzliche oder die tarifliche, wobei in diese Abwägung auch der Fall eines vorzeitigen Ausscheidens mit einbezogen werden muß. Ergibt sich bei einer solchen Abwägung bei Beginn des Urlaubsjahres, daß die tarifliche Regelung günstiger ist, so erwirbt der einzelne Arbeitnehmer für das nunmehr beginnende Urlaubsjahr seine Urlaubsansprüche nach der tariflichen Regelung. Er kann dann nicht durch eine vorzeitige Entlassung einen größeren gesetzlichen Abgeltungsanspruch erwerben, als ihm nach der — insgesamt auch unter Berücksichtigung eines vorzeitigen Ausscheidens günstigeren — tariflichen Regelung zusteht.

10

Die Unterwerfung eines bereits entstandenen Anspruchs unter die Verfallklausel eines erst von einem späteren Zeitpunkt ab geltenden Tarifvertrages setzt, unabhängig von der Frage, inwieweit eine derartige Regelung überhaupt ohne Verstoß gegen rechtsstaatliche Grundsätze getroffen werden kann, jedenfalls zunächst einmal voraus, daß ein solcher Wille der Tarifvertragspartei im Tarifvertrag klar und deutlich seinen Ausdruck findet.

TVG § 1; BGB §§ 133, 157; RTV für Angestellte im genossenschaftlichen Groß- und Außenhandel des Landes Nordrhein-Westfalen vom 5. Mai 1954 § 9; RTV für Angestellte im Groß- und Außenhandel im Bereich der Wirtschaftsvereinigung Groß- und Außenhandel Bezirksvereinigung Münster/Westf. vom 12. August 1952 § 9; RTV für Angestellte im Groß- und Außenhandel im Bereich der Wirtschaftsvereinigung Groß- und Außenhandel Bezirksvereinigung Münster/Westf. vom 5. Oktober 1949 § 9; Tarifordnung für den Großhandel im Wirtschaftsgebiet Westfalen/Niederrhein vom 5. Juni 1939 § 18.

II. Senat. Urteil vom 27. 11. 1958 i. S. R. (Kl.) w. E. (Bekl.)
2 AZR 9/58.

I. Arbeitsgericht Rheine i. W. — II. Landesarbeitsgericht Hamm i. W.

Der Kläger war seit 1937 mit eineinhalbjähriger Unterbrechung durch Kriegsdienst bei der Beklagten, einer Lebensmittelgroßhandlung, als Expedient beschäftigt. Am 4. April 1954 wurde er arbeitsunfähig krank. Am 30. Mai 1956 kündigte die Beklagte das Arbeitsverhältnis zum 30. September 1956. Jedenfalls seit April 1954 war der Kläger gewerkschaftlich nicht organisiert.

Mit der am 6. Februar 1957 beim Arbeitsgericht eingegangenen Klage fordert der Kläger von der Beklagten Schadensersatz wegen Verletzung der Fürsorgepflicht und unerlaubter Handlung. Einmal habe die Beklagte den Arbeitsraum so unzureichend gestaltet, daß er sich durch Zugluft ein Ohrenleiden zugezogen habe bzw. daß ein vorhandenes Ohrenleiden verschlimmert worden sei. Zum anderen habe er sich ein Herzleiden zugezogen, das durch die Aufregung bei zahlreichen Diebstählen in dem seiner Aufsicht unterstellten Lager entstanden sei, ohne daß die Beklagte gegen diese Diebstähle mit ausreichenden Mitteln durchgegriffen habe. Er sei wegen all dem frühzeitig arbeitsunfähig geworden und erhalte jetzt eine Rente, deren Betrag geringer sei als das von ihm bei voller Gesundheit mit Sicherheit verdiente Gehalt. Ihm sei, so behauptet der Kläger, ein Schaden von mindestens 40 000,— DM entstanden, wovon er mit der vorliegenden Klage zuletzt einen Teilbetrag von 10 000,— DM geltend machte.

Das Arbeitsgericht hat die in der ersten Instanz auf Zahlung von 500,— DM gerichtete Klage abgewiesen. Das Landesarbeitsgericht hat die Berufung des Klägers zurückgewiesen und den Streitwert entsprechend dem bei ihm gestellten Antrag auf 10 000,— DM festgesetzt.

Das Landesarbeitsgericht stützt seine Entscheidung auf § 9 Nr. 4 des mit Wirkung vom 1. September 1955 für allgemein verbindlich erklärten (BArbBl. 55, 784) Rahmentarifvertrages (RTV) für Angestellte im genossenschaftlichen Groß- und Außenhandel des Landes Nordrhein-Westfalen vom 5. Mai 1954. Die Klage des Klägers sei am 6. Februar 1957 beim Arbeitsgericht eingegangen. Die von der Beklagten am 30. Mai 1956 ausgesprochene Kündigung sei infolge des Verhaltens des Klägers trotz § 2 des Gesetzes über die Fristen für die Kündigung von Angestellten zu dem Zeitpunkt des 30. September 1956 wirksam geworden.

Unter diesen Umständen sei die dreimonatige Verfallfrist des § 9 Nr. 4 des RTV vom 5. Mai 1954 abgelaufen.

§ 9 Nr. 4 des RTV vom 5. Mai 1954 lautet:

„Fälligkeit und Erlöschen von Ansprüchen.

1. Vergütungen für Mehr-, Nacht-, Sonn- und Feiertagsarbeit sind — soweit nicht eine Pauschalvergütung vereinbart worden ist — spätestens am Schluß des folgenden Monats mit dem Gehalt auszuzahlen.
2. Der Anspruch auf diese Vergütung ist binnen 2 Monaten nach erfolgter Abrechnung für den Monat, in dem die betreffenden Arbeiten geleistet wurden, geltend zu machen.
3. Alle übrigen Ansprüche aus diesem Tarifvertrag sind binnen 3 Monaten nach ihrer Entstehung, mit Ausnahme des Urlaubsanspruchs (vgl. § 7 Ziff. 7), im Falle der Beendigung des Arbeitsvertrages jedoch spätestens binnen 3 Monaten nach Vertragsende, geltend zu machen.
4. Alle sonstigen Ansprüche aus dem Arbeitsvertrag sind binnen 6 Monaten nach ihrer Entstehung, im Falle der Beendigung des Arbeitsvertrages jedoch spätestens binnen 3 Monaten nach Vertragsende, geltend zu machen.
5. Die Geltendmachung hat grundsätzlich innerhalb der in den Ziffern 2 bis 4 gesetzten Fristen schriftlich bei der Firmenleitung zu geschehen. Bleibt dies ergebnislos, so kann sie innerhalb einer weiteren Frist von einem Monat durch Klageerhebung erfolgen.
6. Eine Geltendmachung nach Ablauf der in den Ziffern 2 bis 5 genannten Fristen oder Nichterfüllung der dort genannten Voraussetzungen ist ausgeschlossen."

Die Revision des Klägers führte zur Aufhebung des angefochtenen Urteils und zur Zurückverweisung des Rechtsstreits an das Landesarbeitsgericht.

Aus den Gründen:

I. Die Auffassung des Landesarbeitsgerichts, die vom Kläger behaupteten Ansprüche seien nach § 9 Nr. 4 des RTV vom 5. Mai 1954 verfallen, ist nicht frei von Rechtsirrtum.

Nach der Behauptung des Klägers sind seine Schadensersatzansprüche auf jeden Fall vor der tatsächlichen Beendigung seiner Tätigkeit bei der Beklagten entstanden, also vor dem 4. April 1954. Das Landesarbeitsgericht hat es unterlassen, bei dieser Sachlage zu prüfen, ob der erst am 5. Mai 1954 abgeschlossene und für einen gewerkschaftlich nicht organisierten Arbeitnehmer erst ab 1. September 1955 verbindliche RTV die Ansprüche des Klägers, die, wenn sie überhaupt entstanden waren, eben schon früher vorlagen, überhaupt erfassen konnte. Der Senat verneint diese Frage.

Die Unterwerfung eines Anspruchs, der bereits entstanden ist, unter die Verfallklausel eines erst von einem späteren Zeitpunkt ab geltenden Tarifvertrages bedeutet eine wesentliche inhaltliche Veränderung des Anspruchs; denn der bisher zeitlich nicht beschränkte und nur von einem gewissen Zeitpunkt ab lediglich mit der Verjährungseinrede behaftete Anspruch würde zeitlich begrenzt und nach einer mehr oder weniger kurzen Zeit untergehen. Unabhängig von der Frage, wieweit die Normen setzenden Tarifvertragsparteien einen derart schmälernden Eingriff in bereits entstandene Rechte überhaupt vornehmen können, ohne gegen rechtsstaatliche Grundsätze zu verstoßen, müßte ein solcher Wille der Tarifvertragsparteien jedenfalls zunächst einmal im Tarifvertrag klar und eindeutig seinen Ausdruck finden. Das erfordert der Grundsatz der Rechtsklarheit und Rechtsgewißheit.

In dieser Richtung findet sich im RTV vom 5. Mai 1954 aber noch nicht einmal ein schwacher Anhaltspunkt und erst recht nicht ein klarer und eindeutiger Niederschlag eines Willens der Tarifvertragsparteien, auch bereits bei Inkrafttreten des Tarifvertrages entstandene Ansprüche der Verfallklausel des § 9 zu unterwerfen.

II. Wenn danach im Gegensatz zur Auffassung des Landesarbeitsgerichts die vom Kläger behaupteten Ansprüche nach § 9 des RTV vom 5. Mai 1954 nicht verfallen sind, so ist das Revisionsgericht trotzdem nicht in der Lage, den Rechtsstreit endgültig zu entscheiden.

Das Landesarbeitsgericht hat weder zum Entstehungszeitpunkt des Schadens, seinem Vorliegen und der Kausalität noch zur Verjährung oder Verwirkung tatsächliche Feststellungen getroffen, die es dem Revisionsgericht ermöglichen würden, selbst ein abschließendes Urteil zu fällen. Zur Nachholung dieser Feststellungen muß daher der Rechtsstreit an das Landesarbeitsgericht zur anderweiten Verhandlung und Entscheidung zurückverwiesen werden.

Das Landesarbeitsgericht wird zunächst feststellen müssen, w a n n der vom Kläger behauptete Schaden, sei es der durch das Gehörleiden oder sei es der durch den Herzfehler verursachte, entstanden ist.

Ansprüche des Klägers, die etwa zwischen dem 1. Dezember 1952 und dem 1. September 1955 entstanden sind, sind bereits verfallen, und zwar auf Grund der Verfallklausel des RTV für Angestellte im Groß- und Außenhandel im Bereich der Wirtschaftsvereinigung Groß- und Außenhandel Bezirksvereinigung Münster/Westfalen vom 12. August 1952, der mit Wirkung vom 1. Dezember 1952 für allgemein verbindlich erklärt worden ist (Bundesanzeiger Nr. 246 vom 19. Dezember 1952).

Die Verfallklausel (§ 9) des RTV vom 12. August 1952 hat denselben Wortlaut wie § 9 des RTV vom 5. Mai 1954. War der Kläger vor der Allgemeinverbindlicherklärung des RTV vom 12. August 1952 zur Zeit seiner Herrschaft gewerkschaftlich organisiert — im angefochtenen Urteil fehlt insoweit eine Feststellung —, so galt dieser RTV und damit seine Verfallklausel für das Arbeitsverhältnis des Klägers bereits entsprechend früher. Eine Wirkung der Verfallklausel noch vor dem im einzelnen in Betracht kommenden Zeitpunkt scheidet aus dem oben dargelegten Grunde aus.

Alle früher etwa entstandenen Ansprüche des Klägers sind jedoch nicht verfallen; denn der vorher für das Arbeitsverhältnis entweder kraft Zugehörigkeit des Klägers zu einer der tarifvertragsschließenden Parteien oder kraft Allgemeinverbindlicherklärung geltende RTV für Angestellte im Groß- und Außenhandel im Bereich der Wirtschaftsvereinigung Groß- und Außenhandel Bezirksvereinigung Münster/Westfalen vom 5. Oktober 1949 (gültig ab 1. Oktober 1949; allgemein verbindlich ab 1. Juni 1950) enthält keine Verfallklausel, welche die vom Kläger behaupteten Ansprüche erfaßt. Die Verfallklausel des § 9 des RTV vom 5. Oktober 1949 erfaßt nur Ansprüche wegen Mehr-, Nacht-, Sonn- und Feiertagsarbeit, den Anspruch auf Vergütung und alle übrigen Ansprüche aus dem Tarifvertrage; sie erfaßt jedoch nicht alle sonstigen Ansprüche aus dem Arbeitsverhältnis, wie z. B. die vom Kläger behaupteten Schadensersatzansprüche wegen Verletzung der Fürsorgepflicht oder aus unerlaubter Handlung.

Soweit etwaige Ansprüche des Klägers aus dem Arbeitsverhältnis vor der Verbindlichkeit des RTV vom 5. Oktober 1949 entstanden sind, sind sie ebenfalls nicht verfallen. Vor diesem Zeitpunkt galt für das Arbeitsverhältnis des Klägers die Tarifordnung für den Großhandel im Wirtschaftsgebiet Westfalen-Niederrhein vom 5. Juni 1939 (Tarifregister 2306/3; Reichsarbeitsblatt 1939, Teil VI, S. 1073). Sie enthält, wie sich aus ihrem § 18 ergibt, keine Verfallklausel und verkürzt auch nicht die Verjährungsfrist für die vom Kläger behaupteten Ansprüche.

Nach alledem bisher Gesagten sind insbesondere auch, entgegen der Ansicht des Landesarbeitsgerichts, keine Ansprüche wegen des von dem Kläger geltend gemachten Gehörschadens verfallen, sofern und soweit dieser Schaden schon in den Jahren 1948 bis 1950 aufgetreten sein sollte.

Die Einrede der Verjährung, die die Beklagte erhoben hat, hat gegenüber den vom Kläger behaupteten Ansprüchen keinen Erfolg, weil der Schadensersatzanspruch aus § 618 BGB erst in 30 Jahren verjährt (Staudinger-Nipperdey-Mohnen, BGB § 618 Anm. 48).

Soweit nach den vorstehenden Ausführungen die Ansprüche des Klägers nicht verfallen sind, wird das Landesarbeitsgericht den Sachverhalt allerdings des weiteren unter dem Gesichtspunkt der Verwirkung zu prüfen haben.

Kommt auch eine Verwirkung nicht in Frage, so wird das Landesarbeitsgericht alle Gesichtspunkte zum Grunde des Schadens, der Kausalität usw. berücksichtigen, prüfen und alsdann entscheiden müssen.

11

1. Bei der Prüfung der Frage, ob ein Arbeitnehmer Angestellter oder Arbeiter ist, ist der Verkehrsanschauung ein entscheidendes Gewicht beizumessen.

Ein entscheidendes Anzeichen dafür, wie dieserhalb bestimmte Tätigkeiten nach der Verkehrsanschauung zu werten sind, ist das Ansprechen dieser Tätigkeiten in Tarifverträgen als Arbeiter- oder als Angestelltentätigkeit. Das gilt auf jeden Fall dann, wenn mehrere einschlägige tarifliche Regelungen für einen bestimmten Wirtschaftsbereich in einem bestimmten Wirtschaftsgebiet im Ergebnis ihrer Regelungen eine widerspruchslose Einheit bilden.

2. Enthalten einschlägige tarifliche Regelungen keinen Hinweis auf einen Wechsel der Verkehrsanschauung zur Bewertung einer Tätigkeit als Arbeiter- oder Angestelltentätigkeit, ist zu vermuten, daß die in den Tarifnormen zum Ausdruck kommende Verkehrsanschauung schon seit sehr langer Zeit vor dem Inkrafttreten der Regelungen besteht.

3. Den Bestimmungen über die Berufsgruppen in der Angestelltenversicherung kommt zunächst lediglich versicherungsrechtliche Bedeutung zu, arbeitsrechtliche Bedeutung nur insoweit, als in arbeitsrechtlichen Gesetzen auf diese Berufsgruppenbestimmung Bezug genommen wird. Im übrigen ist in arbeitsrechtlicher Hinsicht für die Bewertung einer Tätigkeit als Angestellten- oder Arbeitertätigkeit allgemein entscheidend, welche Tätigkeit dem Arbeitnehmer nach dem Inhalt seines Arbeitsverhältnisses obliegt.

BGB § 611; HGB § 59; AngVersG § 1.

II. Senat. Urteil vom 29. 11. 1958 i. S. K. (Kl.) w. S. AG. (Bekl.)
2 AZR 245/58.

I. Arbeitsgericht Saarbrücken. — II. Landesarbeitsgericht Saarbrücken.

Der Kläger ist seit 1950 als Telefonist an einem Klappenschrank in der Telefonzentrale der Grube R. der Beklagten beschäftigt. Er hat innerhalb des Saarlandes die aus der Grube herausgehenden Gespräche zu vermitteln und wählt dabei das Amt und legt das Gespräch auf den Anmelder um. Gespräche nach Orten außerhalb des Saarlandes werden von der Grube aus nur in geringem Umfange geführt. Der Fernsprechverkehr innerhalb der Grube wird mit Ausnahme verhältnismäßig weniger Apparate automatisch ohne Mitwirkung des Klägers abgewickelt. Dem Kläger obliegt neben der Bedienung des Klappenschrankes die Führung von drei mit dem Fernsprechbetrieb zusammenhängenden Büchern, nämlich eines Buches über Privatgespräche auf der Grube R., eines Buches über Dienstgespräche der Kokerei R. und schließlich eines Buches über Dienstgespräche auf der Grube R. Die Verrechnung der in diese Bücher eingetragenen Gespräche obliegt dem Kläger nicht.

Der Kläger wird als Arbeiter nach dem Tarifvertrag „Lohnordnung für die Arbeiter der Saarbergwerke" entlohnt. Er gehört jedoch auf Verlangen der Saarknappschaft dieser als Mitglied der Angestelltenversicherung an.

In dem Tarifvertrag für die Angestellten der Saarbergwerke vom 21. September 1955 sind in der Gruppe K 6 kaufmännische Angestellte ohne Kaufmannsgehilfenbrief, die mit einfachen Büroarbeiten beschäftigt sind, aufgeführt. Die ehemaligen „Unteren Angestellten", die bisher in einer diesbezüglichen Sonderkategorie geführt wurden, sowie die Telefonisten der Hauptzentrale Saarbrücken sind den oben erwähnten kaufmännischen Angestellten gleichgestellt. In der Lohnordnung der Arbeiter der Saarbergwerke vom 28. August 1956 in der Fassung vom 4. April 1957 sind Telefonisten aufgeführt, und zwar in Gruppe 2 die unter Tage, in Gruppe 3 die über Tage.

Der Kläger ist der Ansicht, er sei nach der von ihm geleisteten Tätigkeit als Angestellter anzusehen, und er begehrt die Feststellung, daß die Beklagte verpflichtet ist, den Kläger ab 1. Januar 1955 in das Angestelltenverhältnis zu überführen.

Während das Arbeitsgericht nach dem Klageantrag erkannt hat, hat das Landesarbeitsgericht die Klage abgewiesen. Die Revision des Klägers wurde zurückgewiesen.

Aus den Gründen:

Das Landesarbeitsgericht hat es zutreffend bei der Beurteilung der Frage, ob der Kläger als Angestellter oder als Arbeiter anzusehen ist, darauf abgestellt, ob nach der Verkehrsanschauung die von dem Kläger geleisteten Arbeiten als Arbeiten eines Angestellten oder als solche eines Arbeiters anzusehen sind. Wenn das Landesarbeitsgericht insoweit von der Verkehrsanschauung ausgeht und dabei auf die in den Saarbergwerken geltenden tariflichen Regelungen besonderen Wert legt, so folgt es damit der in der Rechtsprechung des Senats vertretenen Ansicht. Der Senat hat bereits in der Entscheidung vom 30. September 1954 (BAG 1, 92 ff.) ausgeführt, daß die Arbeit eines Angestellten sich von der eines gewerblichen Arbeitnehmers dadurch unterscheidet, daß die gedankliche, geistige Arbeit die mechanische, mit der Hand geleistete Arbeit überwiegt. Der Senat hat in dieser Entscheidung ferner ausgeführt, daß für die Bewertung als Arbeiter oder Angestellter der Verkehrsanschauung ein entscheidendes Gewicht beizumessen ist. Die Verkehrsanschauung kommt, wenn es sich um Arbeiten handelt, die innerhalb eines Wirtschaftsgebietes tariflicher Regelung zugänglich geworden sind, insbesondere in den für dieses Wirtschaftsgebiet getroffenen tariflichen Regelungen zum Ausdruck. Die Tarifpartner können zwar nicht einen Arbeitnehmer, der als Arbeiter anzusehen ist, dadurch zum Angestellten im Rechtssinne machen, daß sie ihn tarifvertraglich als Angestellten bezeichnen; ebenso können sie einem Arbeitnehmer, der Angestellter ist, nicht die Stellung eines Arbeiters geben. Ob aber ein Arbeitnehmer Angestellter oder ob er Arbeiter ist, bestimmt sich eben maßgebend nicht zuletzt nach der Verkehrsanschauung. Insoweit ist nun auf die getroffenen tariflichen Regelungen besonderes Gewicht zu legen. Die Tarifpartner stehen den tatsächlichen Verhältnissen, die für die geleistete Arbeit maßgebend und für die Kennzeichnung der Arbeit als Angestellten- oder als Arbeitertätigkeit ausschlaggebend sind, gerade wegen ihrer Tarifaufgaben besonders nahe. Dabei ist es, wenigstens grundsätzlich, gleichgültig, ob die Tarifvertragspartner den wesentlichen Teil der in dem betreffenden Wirtschaftsbereich und Wirtschaftsgebiet tätigen Arbeitnehmer und Arbeitgeber bei sich organisiert haben oder nicht; die in BAG 1, 92 [96] vertretene gegenteilige Auffassung wird aufgegeben. Wenn sonach in tariflichen Regelungen eine bestimmte Tätigkeit als Angestelltentätigkeit, eine andere hingegen als Arbeitertätigkeit gewertet wird, so ist das ein entscheidendes Anzeichen dafür, wie nach der Verkehrsanschauung diese Arbeiten zu werten sind. Dies gilt jedenfalls dann, wenn die verschiedenen, die einschlägigen Begriffsbestimmungen enthaltenden tariflichen Regelungen für einen bestimmten Wirtschaftsbereich in einem bestimmten Wirtschaftsgebiet sich selbst, wie hier der Tarifvertrag für die Angestellten der Saarbergwerke einerseits und die Lohnordnung für die Arbeiter der Saarbergwerke andererseits, ohne Widerspruch im Ergebnis ihrer beiderseitigen Regelungen zusammenfügen und damit ergänzen. Eine solche tarifliche Regelung rechtfertigt den Schluß, daß in dem Wirtschaftsbereich und in dem Wirtschaftsgebiet, auf die sich die tarifliche Regelung bezieht, die von den einzelnen in diesem Wirtschaftsgebiet tätigen Arbeitnehmern geleistete Arbeit nach der dort geltenden Verkehrsanschauung so bewertet wird, wie es die Tarifpartner ausgesprochen haben. Der Senat hatte in dem vorliegenden Fall daher auch keine Veranlassung, zu der Frage Stellung zu nehmen, wie sich die Tatsache, daß in verschiedenen Tarifwerken, die für denselben Wirtschaftsbereich und dasselbe Wirtschaftsgebiet gelten, einander widersprechende Bewertungen finden, auf die Ermittlung der überwiegenden Verkehrsanschauung auswirkt. Hier besteht nämlich zwischen dem Lohntarifvertrag für die Angestellten der Saarbergwerke und der Lohnordnung für die Arbeiter der Saarbergwerke und damit in der Gesamtregelung kein Widerspruch.

Der Tarifvertrag für die Angestellten der Saarbergwerke bezeichnet unter K 6 als Angestellte die kaufmännischen Angestellten ohne Kaufmannsgehilfenbrief, die mit einfachen Büroarbeiten beschäftigt sind, und stellt diesen Angestellten die ehemaligen „Unteren Angestellten", die bisher in der entsprechenden Sonderkategorie geführt wurden, sowie die Telefonisten der Hauptzentrale Saarbrücken gleich. Demgegenüber enthält die Lohnordnung für die Arbeiter der Saarbergwerke in ihrer Lohnstufenordnung die Telefonisten unter Tage und die Telefonisten über Tage. Die Tarifparteien haben also von den Telefonisten nur die in der Hauptverwaltung Saarbrücken Beschäftigten als Angestellte angesehen, während sie die anderen Telefonisten — gleichviel, ob sie über Tage oder unter Tage beschäftigt sind und gleichviel, ob sie in einem Büroraum ihre Arbeit verrichten oder in einer Werkstatt oder einem sonstigen Arbeitsraum arbeiten — als Arbeiter angesehen und sie deshalb in die für Arbeiter geltende Lohnordnung aufgenommen haben. Die Tarifpartner haben auch nicht zum Ausdruck gebracht, daß jeder Telefonist, der eine Zentrale bedient, als Angestellter angesehen werde, als Arbeiter aber nur derjenige Telefonist, der nur einen einzigen Apparat bedient. Ein solcher Ausdruckswille der Tarifpartner folgt nicht daraus, daß die Tätigkeit eines Telefonisten unter Tage mit „Bedienung eines Apparates" umschrieben ist, während bei den Telefonisten über Tage von „Telefonisten" schlechthin gesprochen worden ist. Ob also ein Telefonist einen einzigen Apparat oder einen Klappenschrank bedient, sollte nach der Lohnordnung, die für alle nicht in der Hauptzentrale Saarbrücken beschäftigten Telefonisten gilt, eindeutig keinen Unterschied machen. Der

Tarifvertrag für Angestellte der Saarbergwerke bezeichnet jedenfalls den Kläger, der nicht in der Hauptzentrale Saarbrücken, sondern auf der Grube R. seinen Dienst verrichtet, nicht als Angestellten, die Lohnordnung für die Arbeiter der Saarbergwerke bezeichnet ihn aber dadurch, daß auch sein Arbeitsplatz in dieser Lohnordnung aufgeführt ist, als Arbeiter. In dieser tariflichen Regelung des Tarifvertrages für die Angestellten der Saarbergwerke einerseits und der Lohnordnung der Arbeiter der Saarbergwerke andererseits kommt sonach die Auffassung der Tarifpartner zum Ausdruck, daß von den Telefonisten, die die Beklagte insgesamt beschäftigt, nur diejenigen als Angestellte angesehen werden, die in der Hauptverwaltung Saarbrücken der Beklagten arbeiten, nicht aber auch die Telefonisten, die auf den einzelnen Gruben der Beklagten tätig sind. Es ist also im Hinblick auf diese tarifliche, aus dem Lohntarifvertrag für Angestellte einerseits und der Lohnordnung für Arbeiter andererseits bestehende Gesamtregelung festzustellen, daß nach der Verkehrsanschauung in dem hier fraglichen Wirtschaftsbereich und Wirtschaftsgebiet die Verrichtung des Klägers als Arbeitertätigkeit gewertet wird.

Nun sieht zwar der Tarifvertrag die ehemaligen „Unteren Angestellten", die bisher in der Sonderkategorie geführt wurden, ebenfalls als Angestellte an. Dies ergibt sich daraus, daß diese „Unteren Angestellten" den Angestellten ohne Kaufmannsgehilfenbrief, die mit einfachen Büroarbeiten beschäftigt sind, gleichgestellt sind. Die Revision rügt aber zu Unrecht, daß das Landesarbeitsgericht eine nähere Aufklärung des Begriffs „Untere Angestellte" unterlassen habe. Daß der Kläger vor Inkrafttreten des Tarifvertrages für die Angestellten der Saarbergwerke „Unterer Angestellter" war, hat er selbst nicht vorgetragen. Sofern in den Ausführungen der Revisionsbegründung ein entsprechender Vortrag zu sehen sein sollte, wäre er für die Revisionsinstanz unbeachtlich. Vor allem aber ergibt sich aus der Tatsache, daß Telefonisten sowohl in dem Tarifvertrag für Angestellte wie in der Lohnordnung für Arbeiter ausdrücklich erwähnt sind, der Schluß, daß sie gerade nicht als „Untere Angestellte" zu betrachten sind. Für sie treffen die Tarifwerke besondere Regelungen, sie unterstellen sie damit gerade nicht dem Begriff der „Unteren Angestellten".

Die von den Tarifvertragsparteien vorgenommene Bewertung der Tätigkeit des Klägers als eine Arbeitertätigkeit und damit die von ihnen für ihren Bereich wiedergegebene Verkehrsauffassung widerspricht auch nicht zwingenden gesetzlichen Normen.

Zwar wäre der gesetzlich in § 59 HGB festgelegte Handlungsgehilfenbegriff verkannt, wenn der Kläger tatsächlich überwiegend kaufmännische Tätigkeit zu leisten hätte. Wie der Senat bereits in BAG 1, 92 ff. zum Ausdruck gebracht hat, unterscheidet sich — unbeschadet der Bedeutung, die der Verkehrsanschauung zukommt — die Arbeit eines Angestellten, und also auch die eines kaufmännischen Angestellten mit der ihn kennzeichnenden kaufmännischen Tätigkeit, von der eines gewerblichen Arbeitnehmers dadurch, daß die gedankliche, geistige Arbeit die mechanische, mit der Hand geleistete Arbeit überwiegt. Bei der Tätigkeit eines Telefonisten, die sich auf die Herstellung von Telefonverbindungen beschränkt, überwiegt aber, wie das Landesarbeitsgericht zutreffend angenommen hat, die mechanische, mit der Hand geleistete Arbeit. Denn die Herstellung von Telefonverbindungen ist eine überwiegend mechanische Arbeit (vgl. BAG AP Nr. 3 zu § 59 HGB). Die Arbeit des Klägers wird auch nicht dadurch zu einer überwiegend gedanklichen, geistigen Arbeit, daß er drei einfache Bücher zu führen hat. Insoweit handelt es sich lediglich um eine Nebentätigkeit, die der Kläger neben der ihm hauptsächlich obliegenden Arbeit des Herstellens von Fernsprechverbindungen leistet. Jedenfalls aber überwiegt, wie insbesondere auch in der tariflichen Regelung zum Ausdruck gekommen ist, die mechanische Arbeit so stark, daß diese der gesamten Tätigkeit das Gepräge gibt. Es kann dahingestellt bleiben, ob ein Arbeitnehmer, der als Telefonist beschäftigt ist, dann Angestellteneigenschaft hat, wenn ihm in überwiegendem Umfange neben seiner Telefonistentätigkeit solche Arbeiten anvertraut werden, die eine gedankliche, geistige Leistung voraussetzen. Nach der Lebenserfahrung liegt aber bei einem derart wie dem Kläger beschäftigten Telefonisten das Schwergewicht auf der Vermittlung der Ferngespräche.

Es ist ohne Bedeutung für die Bewertung der Tätigkeit des Klägers, daß die Ferngespräche in dem kaufmännischen Betriebe des Arbeitgebers und unmittelbar für dessen kaufmännische Zwecke geführt werden. Wenn das HGB die besondere Schicht der Handlungsgehilfen erwähnt und für ihre Begriffsbestimmung u. a. wesentlich sein läßt, daß sie selbst kaufmännische Dienste leisten, so können sinnvoll zu den Handlungsgehilfen nur solche Arbeitnehmer gerechnet werden, die selbst in ausgesprochener Weise kaufmännische Dienste leisten. Wenn nur auf die wirtschaftliche Zweckbestimmung der für einen kaufmännischen Betrieb geleisteten Dienste abgestellt würde und diese, obwohl sie selbst nicht kaufmännisch sind, bereits deshalb als kaufmännische Dienste angesehen werden müßten, weil sie für einen kaufmännischen Betrieb geleistet werden, so wäre die Begriffsbestimmung des HGB, die es auf die Art der von dem Arbeitnehmer selbst geleisteten Dienste abstellt, nicht verständlich. Neben dem Erfordernis, daß der Arbeitnehmer selbst kaufmännische Dienste leistet, wird nach der Regelung des § 59 HGB zusätzlich noch die Leistung in einem Handelsgewerbe verlangt.

Die Tarifpartner haben sonach damit, daß sie den Kläger in seiner Tätigkeit als Arbeiter angesehen haben, nicht gegen die zwingende Vorschrift des § 59 HGB verstoßen.

Zutreffend führt das Landesarbeitsgericht auch aus, daß der Kläger nicht etwa deshalb als Angestellter anzusehen ist, weil er auf Verlangen der Knappschaft in der Angestelltenversicherung versichert ist. Es trifft zwar zu, daß in den Bestimmungen von Berufsgruppen der Angestelltenversicherung (Verordnung vom 8. März 1924 in der Fassung der Verordnungen vom 4. Februar und 15. Juli 1927) solche Angestellten zu den Büroangestellten im Sinne des § 1 Abs. 1 Nr. 3 AnVG gerechnet werden, die als Telefonisten tätig sind. Durch die Tätigkeit als Telefonist erhält aber der Arbeitnehmer nicht in allgemeiner Hinsicht die arbeitsrechtliche Rechtsstellung eines Angestellten. Denn die Berufsgruppenbestimmung der Angestelltenversicherung hat lediglich Bedeutung für seine versicherungsrechtliche Stellung dem Versicherungsträger gegenüber, für seine arbeitsrechtliche Stellung aber nur insoweit, wie in arbeitsrechtlichen Gesetzen (vgl. § 616 Abs. 2 BGB, § 1 des Gesetzes über die Fristen für die Kündigung von Angestellten vom 9. Juli 1926; siehe auch Urteil des erkennenden Senats vom 7. November 1958 — 2 AZR 465/55 — AP Nr. 1 zu § 616 BGB Angestellter —) auf den Begriff des Angestellten im Sinne des Angestelltenversicherungsgesetzes Bezug genommen ist, und nur für den Bereich einer solchen Bezugnahme, nicht aber auch für seine sonstige arbeitsrechtliche Stellung dem Arbeitgeber gegenüber. Im übrigen aber ist entscheidend, welche Tätigkeiten dem Arbeitnehmer nach dem Inhalt seines Arbeitsverhältnisses obliegen. Letzteres allein trägt in einer sinnvollen Weise die Schichtung nach Arbeitern und Angestellten, die ein wichtiges Prinzip unseres Arbeitsrechtes ist (siehe Hueck-Nipperdey, Lehrbuch des Arbeitsrechts, 6. Aufl., Bd. I, S. 61; Nikisch, Arbeitsrecht, 2. Aufl., S. 108).

Die Stellung eines Angestellten hat der Kläger auch nicht im Hinblick auf die Vorschrift des § 1 des Tarifvertrages für die Angestellten der Saarbergwerke. Nach § 1 Buchstabe b dieses Tarifvertrages gilt die tarifliche Regelung in persönlicher Hinsicht für alle Angestellten der Saarbergwerke, die unter den Berufsgruppendefinitionen der Anlage 1 dieses Tarifvertrages bezeichnet sind (also nicht für den in dieser Anlage nicht aufgeführten Arbeitsplatz des Klägers) und die eine Angestelltentätigkeit im Sinne des Angestelltenversicherungsgesetzes ausüben. Angestellte nach dem Tarifvertrag und der damit in ihm zum Ausdruck gekommenen Verkehrsauffassung sind sonach nur solche Arbeitnehmer, die sowohl arbeitsrechtlich eine Angestelltentätigkeit zu leisten haben wie aber auch eine Angestelltentätigkeit im Sinne des Angestelltenversicherungsgesetzes ausüben. Beide Voraussetzungen müssen nebeneinander erfüllt sein. Ein Arbeitnehmer der Saarbergwerke ist nur dann Angestellter, wenn er sowohl im Sinne der Berufsgruppendefinition des Tarifvertrages wie auch im Sinne der Bestimmungen von Berufsgruppen der Angestelltenversicherung Angestellter ist. Der Kläger ist aber, wie ausgeführt, im Hinblick auf die von ihm geleistete Tätigkeit bei der Beklagten und damit im Sinne der Berufsgruppendefinition der Anlage 1 des Tarifvertrages für die Angestellten der Saarbergwerke nicht Angestellter, sondern Arbeiter.

12

1. Ob eine Dienststelle am 8. Mai 1945 im Sinne des Regelungsgesetzes in der Bundesrepublik (einschließlich Westberlins) ihren Sitz hatte, richtet sich nicht nach der Lage des Dienstgebäudes, sondern nach dem räumlichen Zuständigkeitsbereich der Dienststelle.

2. Ein dienstordnungsmäßiger Angestellter der früheren AOK Berlin fällt als Einheimischer unter § 63 Abs. 1 Nr. 1 a Regelungsgesetz, auch wenn er seinen Arbeitsplatz im heutigen Ostberlin hatte.

3. Die Bezirksverwaltungsstellen der AOK waren keine Dienststellen im Sinne des Regelungsgesetzes.

Regelungsgesetz § 63 Abs. 1 Nr. 1 a; DO der Krankenversicherungsanstalt Berlin, Nr. 3 Abs. 2 der Übergangsbestimmungen.

III. Senat. Urteil vom 2. 12. 1958 i. S. F. (Kl.) w. AOK B. (Bekl.)
3 AZR 372/56.

I. Arbeitsgericht Berlin. — II. Landesarbeitsgericht Berlin.

Der 1898 geborene Kläger war von 1933 bis 1945 als Angestellter, zuletzt als dienstordnungsmäßiger Verwaltungsinspektor (Gruppe 4 c 2 der RBO) bei der früheren Allgemeinen Ortskrankenkasse Berlin beschäftigt. Diese war eine Körperschaft des öffentlichen Rechts. Ihr Bezirk (§ 226 RVO) umfaßte die Reichshauptstadt Berlin. Sie hatte ihren Sitz in Berlin und bestand aus einer sogenannten Hauptverwaltung, deren Gebäude in der Rungestraße (Ostberlin) lag, und mehreren Bezirksverwaltungen, von denen die Bezirksverwaltung I ebenfalls im Gebäude der Rungestraße untergebracht war. Nach der Besetzung Berlins im Mai 1945 mußte die AOK ihre Tätigkeit einstellen. Es wurde ein Treuhänder für die Verwaltung der Vermögenswerte bestellt. Im Juli 1945 wurde die Versicherungsanstalt Berlin (VAB) gegründet, die nicht nur die Krankenversicherung übernahm, sondern alle Zweige früherer sozialer Leistungen umfaßte. Die Spaltung Berlins im Jahre 1948 hatte zur Folge, daß aus der Verwaltung der VAB ein Teil nach Westberlin übersiedelte und hier auf Grund der in Westberlin nunmehr einsetzenden Wiederangleichung des Sozialversicherungsrechts an das in der Bundesrepublik geltende Recht (Berliner Gesetz vom 3. 12. 1950, GVBl. S. 542) weiter tätig war. Nach § 7 des Rentenversicherungsüberleitungsgesetzes vom 10. Juli 1952 (GVBl. S. 588) blieb die Versicherungsanstalt Berlin Träger der Krankenversicherung und erhielt den Namen „Krankenversicherungsanstalt Berlin" (KVA). Durch weiteres Gesetz vom 24. Januar 1958 (GVBl. Berlin S. 65) erhielt sie mit Wirkung vom 1. Januar 1958 ihren alten Namen als AOK Berlin wieder.

Der Kläger hatte seinen Arbeitsplatz in der Rungestraße. Beim Zusammenbruch verlor er, seit April 1943 als Soldat bei der Wehrmacht, seinen Arbeitsplatz, weil die AOK ihren Betrieb einstellen mußte. Am 1. Juli 1951 trat er als Aushilfsangestellter in den Dienst der VAB (späteren KVA) Berlin (West), die inzwischen die Aufgaben der alten AOK für Westberlin übernommen hatte. Nachdem er zunächst mit Unterbrechungen auf Grund befristeter Arbeitsverträge beschäftigt war und während der Unterbrechungen eine Übergangsvergütung von monatlich 206 DM nach dem Regelungsgesetz erhalten hatte, übernahm ihn die KVA Berlin am 20. August 1954 in ein unbefristetes Arbeitsverhältnis, ohne ihn jedoch dienstordnungsmäßig anzustellen.

Der Kläger, der in Westberlin wohnt, macht geltend, er falle unter die Vorschrift des § 63 Abs. 1 Nr. 1 a Regelungsgesetz und habe gegen die Beklagte einen Anspruch auf Verwendung als dienstordnungsmäßiger Angestellter wie früher bei der AOK. Er verlangt für die Zeit vom 1. Dezember 1953 bis 30. April 1955 500 DM als Teilbetrag des Unterschiedes zwischen dem ihm angeblich zustehenden Gehalt als Verwaltungsinspektor und der ihm tatsächlich gewährten Vergütung. Die Beklagte meint, daß dem Kläger dieser Anspruch nicht zusteht, weil er am 8. Mai 1945 bei der Verwaltung in der Rungestraße in Ostberlin beschäftigt gewesen sei und daher nicht gemäß § 63 Regelungsgesetz als „Einheimischer", sondern nach Kapitel I dieses Gesetzes als „Verdränger" behandelt werden müsse.

Das Arbeitsgericht hat die Klage abgewiesen, das Landesarbeitsgericht die Berufung des Klägers zurückgewiesen. Die Revision des Klägers führte zur Verurteilung der Beklagten.

Aus den Gründen:

Den Anspruch, mit Wirkung vom 1. Dezember 1953 aus seinem Arbeitsverhältnis als Tarifangestellter in das Rechtsverhältnis eines dienstordnungsmäßigen Angestellten (§ 351 RVO) übernommen zu werden, stützt der Kläger auf Nr. 3 Abs. 2 der Übergangsbestimmungen zur Dienstordnung der Beklagten vom 5. November 1953, die rückwirkend am 1. Dezember 1952 in Kraft getreten sind (§ 16 der Dienstordnung). Die Vorschrift lautet:

> „Dienstordnungsmäßigen Angestellten, die nach § 63 Abs. 1 Ziffer 1 des Gesetzes zur Regelung der Rechtsverhältnisse der unter Artikel 131 GG fallenden Personen vom 11. Mai 1951 (BGBl. I S. 307; GVBl. S. 1149) an der Unterbringung teilnehmen und zu deren Unterbringung die Krankenversicherungsanstalt Berlin verpflichtet ist, ist, soweit sie am Tage des Inkrafttretens der Dienstordnung nicht bei der Krankenversicherungsanstalt Berlin beschäftigt sind bzw. keine Planstelle innehaben, auf einen innerhalb eines Jahres nach Inkrafttreten der Dienstordnung zu stellenden Antrag spätestens innerhalb eines Jahres eine Planstelle bei der Krankenversicherungsanstalt Berlin zu übertragen, wenn sie vor dem 30. Januar 1933 oder als Laufbahn-Bewerber nach diesem Zeitpunkt in das DO-Verhältnis übernommen worden sind."

Von diesen Voraussetzungen erfüllt der Kläger ohne weiteres die beiden zuletzt genannten, nämlich daß er bei Inkrafttreten der DO am 1. Dezember 1952 keine Planstelle bei der Beklagten innehatte, und daß er als Laufbahn-Bewerber nach dem 30. Januar 1933 in das DO-Verhältnis bei der AOK Berlin übernommen worden ist. Darüber sind die Parteien einig. Es ist auch nicht streitig, daß der Kläger zum Kreis der von Artikel 131 GG und vom Regelungsgesetz erfaßten Personen gehört. Er hat am 8. Mai 1945 als dienstordnungsmäßig angestellter Inspektor der AOK Berlin im öffentlichen Dienst gestanden, seinen Arbeitsplatz aus anderen als tarifrechtlichen Gründen, nämlich wegen des Wegfalls der AOK Berlin verloren, und er ist von der Beklagten nicht seiner früheren Rechtsstellung entsprechend, sondern nur als Tarifangestellter wiederverwendet worden. Der Streit geht nur darum, ob der Kläger die weitere Voraussetzung des in § 3 der Übergangsbestimmungen angezogenen § 63 Abs. 1 Nr. 1 des Regelungsgesetzes erfüllt, daß er Angestellter einer

Körperschaft im Bundesgebiet war, wobei Westberlin zum Bundesgebiet gehört (§ 2 der 5. DVO zum Regelungsgesetz).

Zutreffend geht der Berufungsrichter davon aus, daß es für die Belegenheit der Körperschaft des öffentlichen Rechts im Bundesgebiet im Sinne des § 63 auf die jeweilige Dienststelle ankommt, bei der der Angestellte oder Arbeiter am 8. Mai 1945 beschäftigt war. Denn auch in §§ 1 und 2 des Regelungsgesetzes sowie in § 62 und § 82 wird es ausdrücklich auf die Dienststelle abgestellt. § 63 Abs. 1 steht systematisch in engstem Zusammenhang mit den genannten Bestimmungen: Gegenüber dem in §§ 1 und 2 behandelten Personenkreis der sogenannten Verdrängten fügt § 63 ergänzend den Kreis der sogenannten Einheimischen hinzu und nimmt weiterhin § 62, insbesondere dessen wichtigen Absatz 3 in Bezug. In § 82 werden die Rechtsverhältnisse der „Einheimischen" auf Grund des Gedankens einer Funktionsnachfolge geregelt, so daß auch hier eine enge, schon im Systematischen zum Ausdruck kommende Beziehung besteht. In allen diesen sich ergänzenden Bestimmungen und damit auch im § 63 Abs. 1, obwohl dort das Wort Dienststelle nicht nochmals vorkommt, kann es daher nur auf die Dienststelle ankommen. Bei der Abgrenzung der unter § 63 fallenden Personen ist daher ebenso wie sonst an diesen Begriff anzuknüpfen.

Unrichtig ist es aber, wenn der Berufungsrichter die Hauptverwaltung der AOK einerseits und deren Bezirksverwaltungen jeweils als verschiedene Dienststellen im Sinne des § 63 ansieht und zu einer Ablehnung des Klageanspruchs mit der Feststellung gelangt, daß der Kläger für die in der Rungestraße mit untergebrachten Bezirksverwaltung I überwiegend beschäftigt war. Der Begriff der Dienststelle wird im Regelungsgesetz nicht näher erläutert. Er ist auch nicht einheitlich, sondern aus dem Sinn und Zweck des jeweiligen Gesetzes zu bestimmen, wobei auch der Verkehrsanschauung ein Platz einzuräumen ist. Danach wird für den Begriff der Dienststelle im Gegensatz zu einer bloßen Verwaltungs-Abteilung eine organisatorische und zweckbedingte Geschlossenheit verlangt werden müssen. Diese setzt wiederum ein gewisses Maß von Selbständigkeit voraus. Merkmale einer solchen Selbständigkeit (vgl. neuerdings § 7 des Personalvertretungsgesetzes) sind insbesondere ein eigener Haushalt, ein — wenn auch begrenztes — eigenes Finanzgebaren und eine — zum mindesten begrenzte — eigene Personalhoheit, d. h. das Recht des Behördenleiters, wenigstens Gruppen von Arbeitnehmern selbständig einzustellen und zu entlassen. Die Aufgabe des Regelungsgesetzes, insbesondere des § 63 i. V. m. § 82, ist es, den danach Berechtigten wieder ihren alten oder wenigstens überhaupt einen Dienstherrn zuzuweisen, weil das die natürlichste Form einer Wiedereingliederung in den öffentlichen Dienst ist. Für eine „Dienststelle" muß daher auch deshalb ein gewisses Maß von Personalhoheit gefordert werden, weil in erster Linie die Unterbringung in Rede steht.

Bei den Bezirksverwaltungen der AOK Berlin fehlte es an einer auch nur begrenzten Selbständigkeit. Sie hatten weder einen eigenen Etat, noch eine Personalhoheit, d. h. keine Befugnis, überhaupt Arbeitnehmer einzustellen. Die Bezirksverwaltungen, die nach dem unwidersprochenen Vortrag des Klägers vorwiegend Beiträge und Krankenscheine entgegennahmen sowie Krankengeld auszahlten, können nur als den Melde- und Zahlstellen im Sinne des § 345 Abs. 2 Ziffer 5 RVO gleichstehend angesehen werden. Der Weg, die Aufgaben einer Krankenkasse mit räumlich weit ausgedehnten Bezirken auf selbständige Dienststellen zu verteilen, ist im § 415 a RVO gesetzlich festgelegt, wonach Sektionen gebildet und ihnen Teile der Einnahmen und Ausgaben der AOK zugewiesen werden können. Die Berliner Bezirksverwaltungen der AOK waren streitlos nicht als Sektionen errichtet.

Unter diesen Umständen muß angenommen werden, daß nur die Hauptverwaltung eine Dienststelle im Sinne des Regelungsgesetzes war, die Bezirksverwaltungsstelle I hingegen nicht. Die Dienststelle, in deren Dienst der Kläger am 8. Mai 1945 stand, war also die Hauptverwaltung, gleichviel ob er, wie er es behauptet, überwiegend für sie arbeitete, oder ob er überwiegend bei der unselbständigen Bezirksverwaltungsstelle I tätig war, was die Beklagte behauptet. Entscheidend ist daher, ob die AOK Berlin als solche „im Bundesgebiet", dem das Gebiet von West-Berlin durch § 2 der 5. DVO gleichgestellt wurde, gelegen war.

Der Berufungsrichter lehnt auch das ab, indem er sich auf ein Urteil des Berliner Oberverwaltungsgerichts vom 15. Oktober 1955 sowie auf den Kommentar von Ambrosius-Löns-Rengier beruft. Danach soll es allein darauf ankommen, ob das Gebäude, in dem die Dienststelle am 8. Mai 1945 untergebracht war, im heutigen Ost- oder Westberlin liegt. Diese Auffassung hat der 3. Senat des Oberverwaltungsgerichts in einem weiteren Urteil vom 19. März 1957 (OVG III B 241/56) ausführlich begründet. Er ist der Ansicht, daß diese von ihm als „Dienststellenprinzip" bezeichnete Anknüpfung an die „räumliche Belegenheit" der Dienststelle (oder Versorgungskasse) in einfacher Weise klare Verhältnisse schaffe, aber auch trotz einiger, für den Einzelfall unvermeidbarer Härten zu erträglichen Ergebnissen führe. Der Rechtsauffassung des Oberverwaltungsgerichts kann sich der erkennende Senat aber nicht anschließen.

Zunächst kommt es nach § 63 ebenso wie nach §§ 1, 2, 82 nicht auf den „Sitz" der Dienststelle an, d. h. auf den Ort, der in der Regel dort als gegeben angesehen wird, wo die Verwaltung geführt wird. Dieser Sitz kann durch Satzung oder Statut auch anderswo und rein fiktiv begründet werden. Er kann auch außerhalb jedes örtlichen Zuständigkeitsbereiches einer Behörde liegen, wie das z. B. bei Landratsämtern in kreisfreien Städten der Fall ist. Das Gesetz vermeidet an allen Stellen diesen Ausdruck und stellt es allein auf die Belegenheit der Dienststelle „im Bundesgebiet" ab, weil damit die materielle Belegenheit des Dienstverhältnisses sachlich korrespondiert.

Auch bei einer natürlichen oder juristischen Person bestimmt sich die Ortsbindung nicht nach dem Gebäude oder Grundstück, sondern nach dem rechtlich bestimmten Umkreis, in dem ihre Lebensbeziehungen eingebettet sind. So ist der Wohnsitz einer natürlichen Person oder der Sitz einer juristischen Person nicht ihre Wohnung oder das Gebäude, sondern der Ort, d. h. die Gemeinde, in der die Wohnung oder die Verwaltung liegt. Einen sogenannten doppelten Wohnsitz hat nur, wer Wohnungen in zwei Orten hat, aber nicht auch der, welcher zwei Wohnungen in ein und demselben Ort besitzt (§ 7 Abs. 1 und 2 BGB). Dementsprechend gilt als Sitz eines Vereins der Ort, d. h. die Gemeinde, in der die Verwaltung des Vereins geführt wird (§ 24 BGB). Auf den Umkreis muß es aber erst recht abgestellt werden, wenn es sich um die Belegenheit einer Dienststelle handelt. Für diesen Umkreis bietet sich als das natürliche Kriterium der Bereich an, für den die Dienststelle gebildet ist. Das gilt ganz besonders von einer AOK, die nach § 226 RVO für einen örtlichen Bezirk errichtet wird. Daraus ergibt sich zwanglos, daß die Belegenheit der AOK Berlin in Berlin schlechthin war und damit das Gebiet von Westberlin umfaßte.

Wenn nun, wie bei der Spaltung Berlins im Jahre 1948, von dem Bezirk einer Dienststelle ein Teil abgespalten wird und die Aufgaben nur in dem verbleibenden Teil fortgeführt werden können, so ist die Entscheidung allein dahin möglich, daß die Belegenheit der Dienststelle in demjenigen Teil erhalten bleibt, in dem die Aufgaben fortgeführt werden. So liegt es aber insofern, als die sich aus der RVO ergebenden Aufgaben der AOK nur in Westberlin fortgeführt worden sind. Nun sind allerdings auch im Gebiet von Westberlin die Aufgaben der AOK zunächst zum Erliegen gekommen; denn die alte AOK Berlin wurde auf Befehl der damaligen russischen Besatzungsmacht stillgelegt. Diese Unterbrechung ist jedoch für die Frage, ob es sich um eine Dienststelle im Bundesgebiet bzw. in Westberlin im Sinne des § 63 handelt, ohne Bedeutung. Da die Beklagte für Westberlin die Aufgaben der früheren AOK übernommen hat, ist sie in Westberlin gemäß § 82 Regelungsgesetz jetzt der Dienstherr des Klägers, dessen Unterbringung und Versorgung ihr gemäß § 63 Abs. 1 letzter Satz Regelungsgesetz obliegt, zumal das heutige Westberlin nach seiner Fläche und nach der Zahl seiner Einwohner den überwiegenden Teil von Berlin darstellt.

13

Eine Zurückverweisung des Rechtsstreits seitens des Landesarbeitsgerichts an das Arbeitsgericht wegen eines Mangels im Verfahren ist jedenfalls dann unzulässig, wenn der Mangel vom Berufungsgericht noch beseitigt werden kann (z. B. Nachholung einer vom Arbeitsgericht zu Unrecht unterlassenen Beweisaufnahme).

ArbGG § 68.

II. Senat. Urteil vom 4. 12. 1958 i. S. B. (Kl.) w. Fa. H. (Bekl.) 2 AZR 282/57.

I. Arbeitsgericht Esslingen. — II. Landesarbeitsgericht Baden-Württemberg (Kammer Stuttgart).

Der Kläger war bei der Beklagten als Richtmeister beschäftigt. Mit der Klage begehrte er die Verurteilung der Beklagten zur Zahlung von rückständigem Gehalt. Die Beklagte hat wegen angeblichen schuldhaften zum Schadenersatz verpflichtenden Verhaltens des Klägers Widerklage erhoben mit dem Ziel der Verurteilung des Klägers zur Zahlung von 3225,75 DM.

Das Arbeitsgericht hat der Klage stattgegeben und die Widerklage ohne Beweiserhebung abgewiesen; der Kläger habe den angeblichen Schaden nicht zu vertreten.

Das Landesarbeitsgericht hat auf die nur die Widerklage betreffende Berufung der Beklagten die erstinstanzliche Entscheidung aufgehoben und die Sache zur erneuten Verhandlung und Entscheidung an das Arbeitsgericht zurückverwiesen. Zwar sei nach § 68 ArbGG wegen eines Mangels im Verfahren die Zurückverweisung vom Landesarbeitsgericht an das Arbeitsgericht an sich unzulässig. Diese Bestimmung beruhe aber ganz offenbar darauf, daß der Gesetzgeber bei ihrer Schaffung nur auf die Interessen der Arbeitnehmerseite, die in der Regel klageführend auftrete, bedacht gewesen sei. Auf Grund der „ratio legis" müßte die zu weit gefaßte Gesetzesvorschrift auf das angebrachte Maß zurückgeführt werden. Die Bestimmung des § 68 ArbGG müsse im Wege der Rechtsprechung eine generelle Einengung erfahren, wobei allerdings nur an maßvollsten Gebrauch von seiten des Landesarbeitsgerichts gedacht sein könne. Dem Berufungsgericht obliege in erster Linie die Überprüfung vordergerichtlicher Urteile. Dieser zivilprozessuale Grundsatz erscheine verletzt, wenn der Erstrichter umfangreiche und schwierige Schadenersatzprozesse, die eine eingehende Beweisaufnahme erheischten, unter Berufung auf einen abwegigen Rechtsgrund einfach an die zweite Instanz zur Durchführung abgäbe. Würde ein solches Verfahren der Arbeitsgerichte größere Ausmaße annehmen, so müsse das bei der gegenwärtigen Besetzung der Landesarbeitsgerichte zu ihrer Überlastung führen. Da in dem vorliegenden Schadenersatzprozeß das Arbeitsgericht der Verpflichtung der Sachverhaltsermittlung, wozu die Einziehung der von den Parteien beantragten Beweise gehöre, in keiner Weise nachgekommen sei, müsse die Sache zur neuerlichen Verhandlung und Entscheidung an das Arbeitsgericht zurückverwiesen werden.

Die Revision des Klägers führte zur Aufhebung und Zurückverweisung an das Landesarbeitsgericht.

Aus den Gründen:

1. Da das Landesarbeitsgericht die Revision nicht zugelassen hat, der Beschwerdewert auch die Revisionsgrenze nicht erreicht, ist die Revision nur statthaft, wenn das Urteil des Landesarbeitsgerichts im Sinne von § 72 Abs. 1 Satz 2, 3 ArbGG von einer in der Revisionsbegründung bezeichneten Entscheidung des Bundesarbeitsgerichts oder — solange eine Entscheidung des Bundesarbeitsgerichts in der Rechtsfrage nicht ergangen ist — von der Entscheidung eines anderen Landesarbeitsgerichts oder eines obersten Arbeitsgerichts eines Landes abweicht und auf dieser Abweichung beruht. Der Kläger macht insoweit geltend, daß das angegriffene Urteil von den Urteilen des Landesarbeitsgerichts Frankfurt/Main vom 11. September 1952 (III LA 248/52) und des Landesarbeitsgerichts Heidelberg vom 15. September 1949 (Sa 74/49) (AP 50 Nr. 132) abweiche. Der Revision ist jedenfalls darin zu folgen, daß eine Divergenz des angefochtenen Urteils von der Entscheidung des Landesarbeitsgerichts Frankfurt/Main vom 11. September 1952 vorliegt.

Mit ihren Darlegungen zu einer einengenden Auslegung setzt sich die angefochtene Entscheidung in Widerspruch zu dem erwähnten Urteil des Landesarbeitsgericht Frankfurt/Main. In dieser letzteren Entscheidung wird ausgeführt, daß durch das Landesarbeitsgericht eine Zurückverweisung der Sache wegen Verfahrensmangels im arbeitsgerichtlichen

Verfahren allgemein nicht zulässig sei. Im Interesse der Beschleunigung des Verfahrens habe das Arbeitsgerichtsgesetz den Verlust einer Instanz in Kauf genommen.

Das angefochtene Urteil beruht auch auf der aufgezeigten Abweichung. Denn hätte das Landesarbeitsgericht eine andere rechtliche Auffassung hinsichtlich der Berechtigung zur Zurückverweisung vertreten, hätte es den Rechtsstreit selbst sachlich entscheiden müssen. Der tragende Komplex rechtlicher Erwägungen bei der angefochtenen und der angezogenen Entscheidung, die selbst auf Grund der mit ihr vertretenen Ansicht gerade zu einem Urteil in der Sache kommen mußte, ist also der gleiche. Er hat jedoch eine verschiedene rechtliche Beurteilung erfahren, so daß die gesetzlichen Voraussetzungen des § 72 Abs. 1 Satz 2, 3 ArbGG für die Statthaftigkeit der Revision gegeben sind (vgl. BAG AP Nr. 3 zu § 72 ArbGG 1953).

2. Die Revision ist auch zulässig, weil der Kläger durch die angefochtene Entscheidung beschwert ist. Das Landesarbeitsgericht hat das die Widerklage der Beklagten abweisende Urteil des Arbeitsgerichts aufgehoben und die Sache zur anderweiten Verhandlung und Entscheidung an die erste Instanz zurückverwiesen. Der Kläger ist, wie sich aus dem Tenor des angefochtenen Urteils eindeutig ergibt, somit mit seinem Antrag auf Abweisung der Widerklage, dem das Urteil der ersten Instanz entsprochen hatte, in der zweiten Instanz nicht durchgedrungen. Insofern ist er also durch das Urteil des Landesarbeitsgerichts beschwert, gleichgültig, daß eine ihm ungünstige materiellrechtliche Entscheidung nicht ergangen ist (vgl. Rosenberg, Lehrbuch des Zivilprozeßrechts, 7. Aufl., § 134 II 2 a S. 635).

3. Die Revision ist schließlich auch begründet. Der Senat vermag in Übereinstimmung mit Dersch-Volkmar, ArbGG, 6. Aufl., § 68 Anmerk. 6 ff.; Dietz-Nikisch, ArbGG, § 68 Anm. 11 f.; Grüll, ArbGG Anm. zu § 68; Haberkorn, NJW 1953, 14; Pohle, Anm. zu AP Nr. 1 zu § 68 u. zu AP Nr. 3 zu § 96 ArbGG 1953; Stein-Jonas, ZPO, § 539 Anm. V 1 und Wieczorek, ZPO, § 539 Anm. D der von der Vorinstanz und gelegentlich auch sonst (so LAG Baden-Württemberg vom 13. März 1957, AP Nr. 1 zu § 68 ArbGG 1953, aber mit scharf ablehnender Stellungnahme von Pohle) vertretenen Auffassung nicht zu folgen. § 68 ArbGG bestimmt eindeutig, daß wegen eines Mangels im Verfahren des Arbeitsgerichts eine Zurückverweisung der Sache seitens des Berufungsgerichts an die erste Instanz unzulässig ist. Diese von § 539 ZPO abweichende Regelung findet sich bereits im ArbGG 1926 und ist unverändert in das heutige Arbeitsgerichtsgesetz übernommen worden. Sie ist,

wie sich nicht zuletzt auch aus der Begründung zu § 65 Entw. des ArbGG 1926 ergibt, im Interesse der Beschleunigung des Verfahrens eingeführt worden. Der Verlust eines mangelfreien Verfahrens im ersten Rechtszug sollte durch die Beschleunigung des Verfahrens aufgewogen werden (Drucksache Nr. 2065 Reichstag III. Wahlperiode 1924/26 S. 61). Dasselbe sagen die Materialien zu der heutigen Vorschrift: „Im Hinblick auf den das Verfahren der Arbeitsgerichtsbarkeit beherrschenden Grundsatz der Beschleunigung soll daran festgehalten werden, daß wegen eines Mangels im Verfahren des Arbeitsgerichts die Zurückverweisung unzulässig ist." (Drucksache Nr. 3516 Deutscher Bundestag 1. Wahlperiode 1949 zu § 68 Entw. S. 32).

Die Meinung des Landesarbeitsgerichts, bei § 68 ArbGG sei mit Rücksicht darauf, daß das Zurückverweisungsverbot nur die Interessen der in der Regel klageführend auftretenden Arbeitnehmerseite im Auge habe und eine Einengung auf die von dem Grundgedanken des Gesetzes beabsichtigten Fälle zulässig sei, ist nicht haltbar. Eine solche ratio legis ist weder aus dem Wortlaut des Gesetzes noch aus den Materialien zu entnehmen. Sie steht vielmehr in offensichtlichem Widerspruch zu den vorstehend wiedergegebenen Begründungen. Pohle hat in seiner Besprechung des oben genannten Urteils des Landesarbeitsgerichts Baden-Württemberg vom 13. März 1957 = AP Nr. 1 zu § 68 ArbGG 1953, das den gleichen Standpunkt einnimmt wie das Berufungsurteil, mit vollem Recht darauf hingewiesen, es sei keineswegs „offenbar", daß der Gesetzgeber mit der Bestimmung des § 68 nur Interessen anspruchsberechtigter Arbeitnehmer im Auge gehabt habe. Mit Pohle ist vielmehr zu sagen, daß in der Regel j e d e r ein „unverkennbares Bedürfnis an einer alsbaldigen Anspruchsbefriedigung" hat. Es geht schon bei der allgemein gehaltenen Fassung des § 68 ArbGG nicht an, dem Gesetzgeber ohne weiteres zu unterstellen, daß er die Interessen der Arbeitnehmerseite höher bewertet habe als die der Arbeitgeber. Zwingende Gründe, die die Unterstellung einer so ungleichen Behandlung zweier Parteigruppen durch den Gesetzgeber rechtfertigten, sind nicht zu erkennen. Es muß Pohle ferner darin zugestimmt werden, daß neben den Parteiinteressen an der Beschleunigung des Verfahrens diese Beschleunigung nicht zuletzt im Interesse schlechthin der R e c h t s p f l e g e bei der Arbeitsgerichtsbarkeit erstrebt wird.

Bei der Vorschrift des § 68 ArbGG handelt es sich nicht um einen allgemeinen verfahrensrechtlichen Grundsatz. Es kann dahingestellt bleiben, ob die Vorschrift sich bewährt hat; denn auch wenn dies nicht der Fall sein sollte, ist der Richter trotzdem an sie gebunden und kann ihr keinen anderen Inhalt geben, als ihr nach Wortlaut und Sinn innewohnt. Eine Änderung könnte vielmehr nur durch den Gesetzgeber erfolgen.

Im übrigen verkennt das Landesarbeitsgericht aber auch, daß bei Schadenersatzklagen gegen den Arbeitnehmer dieser als Beklagter ebenfalls regelmäßig ein Interesse an beschleunigter Erledigung des Rechtsstreits hat; denn er muß so rasch wie möglich wissen, ob der gegen ihn erhobene Anspruch begründet ist oder nicht, um gegebenenfalls sich darauf einstellen zu können.

Sofern das Landesarbeitsgericht des weiteren sogar die Auffassung vertritt, daß nicht nur eine fallweise Einschränkung des Verbots der Zurückverweisung, sondern darüber hinaus eine generelle Einengung im Weg der Rechtsprechung zulässig sei, wenn dabei auch nur an maßvollsten Gebrauch von seiten des Landesarbeitsgerichts gedacht werden könne, so stellt auf jeden Fall diese Ansicht einen klaren Verstoß gegen Art. 20 Abs. 3 GG dar, wonach die Rechtsprechung an Gesetz und Recht gebunden ist (vgl. Bonner Kommentar Anm. II 3 e zu Art. 20). Im Hinblick auf den eindeutigen Wortlaut des Gesetzes und den klaren Willen des Gesetzgebers läßt sich die Auffassung des Landesarbeitsgerichts ferner nicht aus dem Gedanken der Fortbildung des Rechts rechtfertigen; sie führt vielmehr zu einer unzulässigen Abänderung des geltenden Rechts. Ebenso wie der Richter in Gesetzen eindeutig getroffene Regelungen nicht ausdehnen darf (BAG 1, 279 = AP Nr. 4 zu § 11 KSchG mit zustimmender Anmerkung von Hueck), ebenso kann er sie grundsätzlich auch nicht beschränken.

Das Landesarbeitsgericht kann sich zur Begründung seines Standpunktes auch nicht auf die Ausführungen von Enneccerus-Nipperdey, Lehrbuch des bürgerlichen Rechts, Allgemeiner Teil, Erster Halbband, 14. Aufl., 1952, und Lehmann, Allgemeiner Teil des Bürgerlichen Gesetzbuches, 11. Aufl., 1958, beziehen. Nach Enneccerus-Nipperdey, § 57 II, S. 207, ist eine berichtigende Auslegung zulässig, wenn sich aus überzeugenden Gründen dartun läßt, daß der Wille des Gesetzgebers in der einen oder anderen Beziehung falsch — nämlich zu eng oder zu weit — ausgedrückt ist, aber nur unter der weiteren Voraussetzung, daß das Gesetzeswort als eine wenn auch unvollkommene, so doch bei Berücksichtigung aller in Betracht kommenden Umstände immer noch verständliche Erklärung des Gesetzeswillens angesehen werden darf. Nur wenn der Wille des Gesetzes und dessen Ausdruck in gewisser Beziehung qualitativ verschieden sind, wollen Enneccerus-Nipperdey, wie sich aus den Ausführungen in § 57 III a. a. O. ergibt, auch eine abändernde Auslegung zulassen: „Wäre mit Sicherheit nachzuweisen, daß der Gesetzgeber etwas ganz anderes wollte, als er gesagt hätte, so wäre das Gesetz zwar nicht nichtig, aber zu restringieren ..." Weder für eine berichtigende noch gar für eine abändernde Auslegung im Sinne von Enneccerus-Nipperdey sind aber, wie vorstehend dargelegt, hier die Voraussetzungen gegeben, so daß ein näheres Eingehen auf den Fragenkomplex nicht erforderlich ist.

Auch die Ausführungen von Lehmann hat das Landesarbeitsgericht offenbar mißverstanden. Was Lehmann mit Restriktion in dem vom Landesarbeitsgericht in Bezug genommenen Vorwort zu seinem Lehrbuch in Wirklichkeit gemeint hat, ergibt sich aus seinen Ausführungen auf S. 58, wo es heißt: „Eine solche Gebotseinschränkung oder Gebotsberichtigung ist dann zulässig und geboten, wenn es sich um eine eigenartige, vom Gesetzgeber bei Erlaß der Vorschrift noch nicht angeschaute Interessenlage handelt und die Annahme berechtigt ist, der Gesetzgeber hätte sie, wenn er zur Bewertung gekommen wäre, vernünftigerweise nicht so, sondern anders angeordnet." Gerade hiervon kann aber im vorliegenden Fall überhaupt keine Rede sein. Der Gesetzgeber hat vielmehr bewußt bereits 1926 die Zurückverweisung eines Rechtsstreits durch das Landesarbeitsgericht wegen eines Mangels im Verfahren des Arbeitsgerichts allgemein für unzulässig erklärt und hat diese Regelung bei Erlaß des Arbeitsgerichtsgesetzes von 1953 ebenso bewußt aufrecht erhalten, und zwar aus dem Gesichtspunkt der Beschleunigung des Verfahrens schlechthin.

Zu Unrecht beruft sich die Beklagte auf den Beschluß des Ersten Senats des Bundesarbeitsgerichts vom 12. Oktober 1955 (BAG 2, 147 ff.), in dem dieser das in § 96 ArbGG enthaltene Verbot der Zurückverweisung jedenfalls dann für unanwendbar erklärt hat, wenn der Antragsteller unter richtiger Beurteilung der Rechtslage alles Erforderliche in einer der Tatsacheninstanzen vorgetragen und unter Beweis gestellt, das Beschwerdegericht aber unter unrichtiger rechtlicher Beurteilung entsprechende Feststellungen zu allen oder einzelnen dieser rechtserheblichen Tatsachen nicht getroffen hat. In einem solchen Falle rechtfertigt der Erste Senat die von ihm vorgenommene Restriktion der Bestimmung des § 96 ArbGG damit, daß vom Gesetzgeber, wenn er für einen solchen Fall die Rechtsfolgen des Verbotes erwogen hätte, das allgemeine Verbot nicht ausgesprochen worden wäre. Gerade diese Voraussetzung ist aber bei § 68 ArbGG nicht gegeben. Im Falle des § 96 ArbGG handelt es sich um die Frage der Zurückverweisung in der Rechtsbeschwerdeinstanz, die zudem, wie der Erste Senat nachdrücklich betont, insofern besonders gelagert ist, als durch das ArbGG

1953 eine weitere Tatsacheninstanz ausdrücklich neu eingeführt worden ist. § 68 ArbGG 1953 trifft hingegen den Fall, daß der Rechtsstreit noch in der Tatsacheninstanz schwebt. Im Falle des § 96 ArbGG mag eine restriktive Auslegung vertretbar sein, wenn sie auch vereinzelt auf Bedenken gestoßen ist (s. Seibertz, SAE Heft 2/3 1956 S. 28 mit Gegenäußerung von Nipperdey a. a. O., Heft 8 1956 S. 163; zustimmend Pohle, Anm. AP Nr. 3 zu § 96 ArbGG 1953, s. ferner den den Rechtsstandpunkt der genannten Entscheidung bestätigenden Beschluß des Ersten Senats vom 1. August 1958, AP Nr. 1 zu § 83 ArbGG 1953, mit zustimmender Anmerkung von Pohle zum Leitsatz 2), vorliegend aber nicht. Mit Recht hat Pohle in der oben angeführten Besprechung des Urteils des Landesarbeitsgerichts Baden-Württemberg vom 13. März 1957 darauf hingewiesen, daß eine Auffassung, wie sie dieses Landesarbeitsgericht vertritt — und das Gleiche muß auch bezüglich des hier in Rede stehenden Urteils des Landesarbeitsgerichts gelten —, in einem erkennbaren und bedenklichen Gegensatz zu der genannten Entscheidung des Bundesarbeitsgerichts stehe, der man fast aus jedem Satz die Sorge des Gerichts anmerke, ob es nicht allzu leicht dem Gesetzesbefehl die Gefolgschaft versage.

Wenn das Landesarbeitsgericht schließlich meint, daß, wenn die Arbeitsgerichte in größerem Maß dazu übergingen, umfangreiche und schwierige Schadenersatzprozesse, die eine eingehende Beweisaufnahme erheischten, „unter Berufung auf einen abwegigen Rechtsgrund einfach an die zweite Instanz zur Durchführung abzugeben“, dies zu einer Überlastung der Landesarbeitsgerichte führen müsse, so kann auch ein derartiger Gesichtspunkt nicht rechtfertigen, gegen den klaren Wortlaut des Gesetzes und den eindeutigen Willen des Gesetzgebers zu entscheiden. Im übrigen ist im vorliegenden Falle — und auch im allgemeinen — nicht der geringste Anhaltspunkt dafür gegeben, daß die Arbeitsgerichte eine Beweisaufnahme etwa nicht durchführten, um diese Arbeit dem Landesarbeitsgericht aufzubürden. Im vorliegenden Fall ergibt sich vielmehr aus den eigenen Ausführungen des Landesarbeitsgerichts, daß das Arbeitsgericht lediglich von einer anderen, nach Ansicht des Landesarbeitsgerichts unrichtigen rechtlichen Beurteilung ausgegangen ist.

Ob der Fall etwa anders liegt, wenn der Mangel in der zweiten Instanz überhaupt nicht mehr behoben werden kann (vgl. das Beispiel bei Dietz-Nikisch, ArbGG § 68 Anm. 13; ferner LAG Hessen vom 9. April 1947, NJW 1948, 276, für den Fall, daß das Urteil der ersten Instanz überhaupt nicht mit Gründen versehen ist), kann hier dahin gestellt bleiben, da ein solcher Fall nicht vorliegt. Vielmehr ist das Landesarbeitsgericht durchaus in der Lage, den Mangel zu beheben, hier also die seines Erachtens vom Arbeitsgericht zu Unrecht unterlassene Beweiserhebung selbst durchzuführen.

Da das Landesarbeitsgericht somit eindeutig gegen § 68 ArbGG verstoßen hat, muß seine Entscheidung aufgehoben und die Sache zur anderweiten Verhandlung und Entscheidung an die Berufungsinstanz zurückverwiesen werden (Dersch-Volkmar, ArbGG, 6. Aufl., § 68 Anm. 9).

14

1. Durch Tarifvertrag kann bestimmt werden, daß ein neu zu gewährender Lohnzuschlag von dem Arbeitgeber an eine durch die Tarifvertragsparteien gebildete Lohnausgleichskasse abgeführt wird und daß diese Lohnausgleichskasse das alleinige, unmittelbare Forderungsrecht hinsichtlich dieses Lohnzuschlages hat.

2. Eine solche tarifliche Regelung kann für allgemeinverbindlich erklärt werden, sofern die Außenseiter dadurch nicht zu Mitgliedern der Lohnausgleichskasse werden und auch nicht mit Mitgliedspflichten belastet werden. Daraus, daß die Außenseiter keine Mitgliedschaftsrechte erwerben, sind Bedenken nicht herzuleiten, sofern der Grundsatz der gleichmäßigen Behandlung von Organisierten und Außenseitern gewahrt ist.

3. Die Regelung der Lohnausgleichskasse stellt keinen Akt der öffentlichen Fürsorge dar, die Abführung der Lohnzuschläge nicht die Erhebung einer — unzulässigen — Steuer. Auch eine grundgesetzwidrige Enteignung liegt nicht vor.

4. Durch Vereinbarung zwischen Arbeitgeber und Arbeitnehmer kann das Forderungsrecht der Lohnausgleichskasse nicht beeinträchtigt werden.

TVG §§ 1, 4, 5.

I. Senat. Urteil vom 5. 12. 1958 i. S. W. (Kl.) w. L. f. A. (Bekl.)
1 AZR 89/57.

I. Arbeitsgericht Gelsenkirchen. — II. Landesarbeitsgericht Hamm i. W.

Der Kläger ist bei der Firma St. in G. als Maurer-Vorarbeiter beschäftigt. Er ist gewerkschaftlich nicht organisiert.

In dem Tarifvertrag zur Neuregelung der Löhne, Ausbildungsbeihilfen und Ortsklassenspannen für die im Baugewerbe im Gebiet der Bundesrepublik Deutschland beschäftigten gewerblichen Arbeitnehmer, Lehrlinge und Anlernlinge vom 6. Februar 1955 in der Fassung vom

26. Mai 1955 (abgeschlossen zwischen dem Zentralverband des Deutschen Baugewerbes, dem Hauptverband der Deutschen Bauindustrie einerseits und der Industriegewerkschaft Bau, Steine, Erden im Gebiet der Bundesrepublik Deutschland andererseits) ist in § 2 Ziff. 2 bestimmt:

„Der bisherige Bundesecklohn von 2,— DM wird mit Wirkung vom 1. April 1955 um 6 v. H. erhöht und beträgt somit 2,12 DM. Mit Wirkung vom 1. Juli 1955 erhöht sich der Bundesecklohn um 0,04 DM auf 2,16 DM für jede Stunde, für die ein Lohnanspruch des Arbeitnehmers besteht. Der Betrag von 0,04 DM stellt den Ausgleich für witterungsbedingte Arbeitsausfälle in der Winterperiode dar. Er wird nicht an den Arbeitnehmer ausgezahlt, sondern ist vom Arbeitgeber an eine zu diesem Zweck gebildete Kasse abzuführen. Er bleibt bei der Errechnung von Akkordverdiensten, der Zuschläge für Mehrarbeit, Nachtarbeit, Sonn- und Feiertagsarbeit, Erschwernisarbeit, Auslösungen, Wegezeitentschädigungen und des Urlaubsgeldes außer Ansatz."

Dieselben Tarifpartner haben in dem Tarifvertrag über den Lohnausgleich für Arbeitsausfälle in der Winterperiode vom 25. April 1955 in der Fassung vom 26. Mai 1955 folgende Bestimmungen getroffen:

„§ 2

Lohnausgleichskasse für Arbeitsausfälle in der Winterperiode.

Als gemeinsame Einrichtung der Tarifvertragsparteien wird aus Gründen der Solidarität innerhalb des Baugewerbes eine Lohnausgleichskasse für Arbeitsausfälle in der Winterperiode gebildet.

§ 3

Aufgabe der Lohnausgleichskasse.

Die Kasse hat die Aufgabe, Arbeitnehmern in der Winterperiode eine Unterstützung zu gewähren aus Mitteln, die durch Beiträge in eigener Vorsorge aufgebracht werden.

§ 4

Anspruch auf Unterstützung.

Anspruch auf Unterstützung gegenüber der Kasse hat jeder Arbeitnehmer,

1. der in der Zeit vom 1. November bis 15. März (Winterperiode) durch Entlassung oder eigene Kündigung aus wichtigem Grund aus einem Baubetrieb ausscheidet und nachweislich arbeitslos wird und

2. für den in dem Kalenderjahr, in das der Beginn der Winterperiode fällt, für mindestens 20 Wochen Beiträge in Höhe von mindestens 36,— DM zur Kasse zu leisten waren.

§ 5

Gegenstand des Unterstützungsanspruchs.

Die Unterstützung wird für jeden Wochentag — außer Sonntag —, für den ein Anspruch nach § 4 besteht, gewährt.
Die Höhe der Unterstützung beträgt 2,50 DM, für jugendliche Arbeitnehmer 1,50 DM täglich.
Die Unterstützung wird bis zu einer Höchstzahl von 30 Wochentagen gewährt.

§ 6

Rückvergütung.

Arbeitnehmer, für die gemäß § 4 Ziff. 2 in dem Kalenderjahr, in das der Beginn der Winterperiode fällt, für mindestens 20 Wochen Beiträge in Höhe von mindestens 36,— DM zur Kasse zu leisten waren und die bis zum 10. April keinen Anspruch auf Unterstützung geltend gemacht haben, können aus ihren Beiträgen eine Rückvergütung, deren Höhe nach dem jeweiligen Ablauf einer Winterperiode von der Kasse unter Berücksichtigung ihrer Leistungsfähigkeit und der notwendigen Rücklagen festgelegt wird, erhalten. Der Beschluß darüber ist bis zum 31. Juli eines jeden Jahres zu fassen und bekanntzugeben.

§ 7

Aufbringung der Mittel.

Der Arbeitgeber hat für jede Stunde, für die ein Lohnanspruch des Arbeitnehmers besteht, einen Betrag von 0,04 DM (Beitrag) einzubehalten und an die Kasse abzuführen. Die Kasse hat das unmittelbare und ausschließliche Recht, den Beitrag zu fordern."

Durch Vertrag vom 14. Juni 1955 haben die Tarifpartner die Lohnausgleichskasse für Arbeitsausfälle in den Winterperioden gegründet. In dem Gründungsvertrag ist vorgesehen, daß die Lohnausgleichskasse ein wirtschaftlicher Verein gemäß § 22 BGB sein soll, der durch staatliche Verleihung rechtsfähig wird. In der Satzung, die sich der Verein gegeben hat, ist bestimmt:

„§ 3

Mitgliedschaft.

Mitglieder der Lohnausgleichskasse sind:

der Zentralverband des Deutschen Baugewerbes, Bonn, Koblenzer Straße 93,
der Hauptverband der Deutschen Bauindustrie, Frankfurt am Main, Platz der Republik 38,
die Industriegewerkschaft Bau, Steine, Erden, Frankfurt am Main, Goetheplatz 5,
dergestalt, daß die Einzelmitglieder der Vorgenannten korporativ Mitglied der Lohnausgleichskasse sind.
Ihre Rechte in der Lohnausgleichskasse werden durch Abgeordnete wahrgenommen. Die Abgeordneten sind Einzelmitglieder der Lohnausgleichskasse.
Die Einzelmitglieder (Abgeordnete) der Lohnausgleichskasse haben die gleichen Rechte und Pflichten.

§ 5
Organe.

Die Organe der Lohnausgleichskasse sind die Mitgliederversammlung und der Vorstand.
Die Mitgliederversammlung setzt sich nach § 6 aus den Einzelmitgliedern zusammen. Sie besteht insgesamt aus 60 Mitgliedern, von denen je 15 Abgeordnete (Einzelmitglieder) des Zentralverbandes des Deutschen Baugewerbes und des Hauptverbandes der Deutschen Bauindustrie und 30 Abgeordnete (Einzelmitglieder) der Industriegewerkschaft Bau, Steine, Erden sind."

Nach § 7 beschließt die Mitgliederversammlung u. a. über die Verwendung der anfallenden Beträge, insbesondere Rückvergütung.

Unter dem 28. Juni 1955 — III b 3043/55 — (BABl. 55, S. 599) hat der Bundesminister für Arbeit sowohl den Tarifvertrag über Löhne, Ausbildungsbeihilfen und Ortsklassenspannen vom 6. Februar 1955 in der Fassung von 26. Mai 1955 wie den Tarifvertrag über den Lohnausgleich für Arbeitsausfälle in der Winterperiode vom 25. April 1955 in der Fassung vom 26. Mai 1955 für allgemeinverbindlich erklärt.

Die Lohnausgleichskasse hat die Rechtsfähigkeit kraft staatlicher Verleihung erlangt.

In dem vorliegenden Rechtsstreit streiten die Parteien über die Frage, ob auch für den Kläger als gewerkschaftlich nicht organisierten Arbeitnehmer der Stundenzuschlag von 0,04 DM von seinem Arbeitgeber an die Lohnausgleichskasse abzuführen ist. Nach dem Inkrafttreten der Tarifverträge hat der Kläger so viel Stunden gearbeitet, daß für ihn ein Betrag von 82,94 DM in Frage kommt.

Der Kläger ist der Ansicht, daß durch den Tarifvertrag nicht die Zahlung eines Teiles des Stundenlohnes an die Lohnausgleichskasse bestimmt werden könne; jedenfalls aber könne eine solche Regelung nicht im Wege der Allgemeinverbindlicherklärung auch auf gewerkschaftlich nicht organisierte Arbeitnehmer ausgedehnt werden.

Er hat vor dem Arbeitsgericht seine Arbeitgeberin, die Firma St., auf Auszahlung des Betrages von 82,94 DM in Anspruch genommen.

Die Firma St. hat zunächst Abweisung der Klage beantragt und ausgeführt, sie sei nur dann bereit, an den Kläger den von ihm geforderten Betrag auszuzahlen, wenn sie den gleichen Betrag nicht noch einmal an die Lohnausgleichskasse zahlen müsse.

Die Lohnausgleichskasse ist dem Rechtsstreit auf Seiten der Beklagten beigetreten und hat ausgeführt, der Kläger habe nicht den Anspruch auf Auszahlung des von ihm geforderten Betrages. Dieser sei vielmehr an die ordnungsgemäß und rechtswirksam errichtete Lohnausgleichskasse zu zahlen.

Das Arbeitsgericht hat durch Urteil vom 14. August 1958 unter Zulassung der Berufung die Klage abgewiesen.

Nachdem der Kläger Berufung eingelegt hatte, hat die beklagte Firma St. den Betrag von 82,94 DM zuzüglich 1,19 DM Zinsen unter Verzicht auf Rücknahme hinterlegt. Die Lohnausgleichskasse ist daraufhin als Partei in den Rechtsstreit eingetreten. Die Firma St. ist durch Urteil des Landesarbeitsgerichts aus dem Rechtsstreit entlassen worden.

Der Kläger hat nunmehr vor dem Landesarbeitsgericht beantragt,

unter Abänderung des angefochtenen Urteils festzustellen, daß ihm der von der Beklagten beim Amtsgericht G. unter dem 19. September 1956 hinterlegte Betrag von 82,94 DM einschließlich der hinterlegten Zinsen in Höhe von 1,19 DM zustehe.

Die Lohnausgleichskasse hat beantragt,

festzustellen, daß ihr der von der Beklagten beim Amtsgericht G. hinterlegte Betrag zustehe.

Durch das angefochtene Urteil hat das Landesarbeitsgericht unter Zulassung der Revision dahin erkannt, daß festgestellt wird, der Streitverkündeten (der Lohnausgleichskasse) stehe der von der Beklagten hinterlegte Betrag zu.

Die Revision des Klägers ist zurückgewiesen worden.

Aus den Gründen:

Die Lohnausgleichskasse für Arbeitsausfälle in der Winterperiode ist von den Tarifpartnern als „gemeinsame Einrichtung“ im Sinne des § 4

Abs. 2 TVG gegründet worden. Die Tarifpartner haben durch Tarifvertrag nicht nur bestimmt, daß ein Zuschlag zu dem Stundenlohn des einzelnen Arbeitnehmers von 0,04 DM mit Wirkung vom 1. Juli 1955 eingeführt wird, sondern haben ausdrücklich vorgesehen, daß dieser Betrag einen Ausgleich für witterungsbedingte Arbeitsausfälle in der Winterperiode darstelle. Er soll und darf nach der tariflichen Regelung nicht an den Arbeitnehmer ausgezahlt, sondern muß vom Arbeitgeber als Beitrag an die Lohnausgleichskasse abgeführt werden (§ 2 des Tarifvertrages vom 6. Februar 1955 in der Fassung vom 26. Mai 1955). Die Kasse hat nach dem Tarifvertrag vom 25. April 1955 in der Fassung vom 26. Mai 1955 das unmittelbare und ausschließliche Recht, den Beitrag zu fordern (§ 7).

Der Kläger zieht angesichts dieser tariflichen Regelung in Zweifel, ob ein Tarifvertrag, der den Arbeitnehmern einen nicht an den Arbeitnehmer selbst, sondern an eine Lohnausgleichskasse zu zahlenden Zuschlag auf den Stundenlohn gewährt und den Arbeitgeber verpflichtet, diesen Zuschlag an die Lohnausgleichskasse abzuführen, rechtswirksam ist und ob er durch Allgemeinverbindlicherklärung auch auf Außenseiter erstreckt werden kann.

Die Bedenken des Klägers sind jedoch nicht begründet.

1. Nach § 1 TVG haben die Tarifpartner das Recht, Rechtsnormen zu setzen, die den Inhalt, den Abschluß und die Beendigung von Arbeitsverhältnissen sowie betriebliche und betriebsverfassungsrechtliche Fragen ordnen können. Nach § 4 Abs. 1 TVG gelten die so gesetzten Rechtsnormen unmittelbar und zwingend zwischen den beiderseits Tarifgebundenen, die unter den Geltungsbereich des Tarifvertrages fallen. Nach § 4 Abs. 2 TVG können die Tarifparteien im Tarifvertrag gemeinsame Einrichtungen der Tarifvertragsparteien vorsehen und regeln (Lohnausgleichskassen, Urlaubsmarkenregelung usw.). Diese Regelungen gelten auch unmittelbar und zwingend für die Satzung dieser Einrichtung und das Verhältnis der Einrichtung zu den tarifgebundenen Arbeitgebern und Arbeitnehmern. Wenn also in einem Tarifvertrag eine Bestimmung getroffen wird, nach der ein Zuschlag zum Stundenlohn an eine so gemäß § 4 Abs. 2 TVG gebildete Lohnausgleichskasse zu zahlen ist, und wenn andererseits die Arbeitnehmer einen tariflichen Anspruch gegen ihren Arbeitgeber auf Leistungen an diese Lohnausgleichskasse haben und schließlich die Lohnausgleichskasse ihrerseits einen Anspruch gegen den Arbeitgeber auf Einbehaltung und Abführung bestimmter Beträge hat, so handelt es sich um echte, das Arbeitsverhältnis beherrschende Normen.

Um eine solche echte Rechtsnorm handelt es sich auch bei der im Tarifvertrag über den Lohnausgleich für Arbeitsausfälle in der Winterperiode vom 25. April/26. Mai 1955 enthaltenen Bestimmung, nach der der Arbeitnehmer gegen die Lohnausgleichskasse im Falle der Arbeitslosigkeit im Winter einen Rechtsanspruch auf Zahlung einer den Voraussetzungen, der Höhe und der Dauer nach festgelegten Unterstützung hat. An der Rechtsgültigkeit einer solchen tarifvertraglichen Vereinbarung, die für die Arbeitsverhältnisse der beiderseitigen Mitglieder der Verbände gilt, ist nach den angeführten Gesetzesbestimmungen nicht zu zweifeln. Die Mitgliedschaft allein des Arbeitgebers würde allerdings nicht genügen. Denn es handelt sich nicht um eine Rechtsnorm des Tarifvertrages über betriebliche und betriebsverfassungsrechtliche Fragen im Sinne des § 3 Abs. 2, sondern um die Einzelarbeitsverhältnisse beherrschende Inhaltsnormen des Tarifvertrages (vgl. Hueck-Nipperdey, Lehrbuch II, S. 190[47]).

2. Entgegen der Ansicht des Klägers ist der Senat in Übereinstimmung mit dem Landesarbeitsgericht aber auch zu dem Ergebnis gekommen, daß die hier getroffenen Bestimmungen über den zweckbestimmten Stundenzuschlag und die Abführung dieses Stundenzuschlages an die Lohnausgleichskasse für allgemeinverbindlich erklärt werden können. Diese Allgemeinverbindlicherklärung hat zur Folge, daß die Rechtsnormen des Tarifvertrages in seinem Geltungsbereich auch die bisher nicht tarifgebundenen Arbeitgeber und Arbeitnehmer erfassen (§ 5 Abs. 4 TVG).

Es ist allgemein anerkannt, daß eine tarifliche Bestimmung, die Lohnabzüge und Zahlungen an eine im Interesse der Arbeitnehmer für bestimmte Fälle errichtete Lohnausgleichskasse festlegt, im Hinblick auf § 5 TVG auch für allgemeinverbindlich erklärt werden kann (vgl. Hueck-Nipperdey, Lehrbuch II, S. 190[47] (s. a. auch S. 482 Anm. 36 am Ende); Kraegeloh, BB 1952, S. 92, 94; Hueck-Nipperdey-Tophoven, TVG 3. Aufl., § 5 Anm. 28; RAG, ARS 4, 170). Die Bestimmung, daß bei Gewährung eines Zuschlages zum Stundenlohn des Arbeitnehmers die Zahlung an eine Lohnausgleichskasse erfolgt, ist echte Arbeitsnorm, denn sie gibt dem Arbeitnehmer einen Anspruch gegen seinen Arbeitgeber auf Abführung dieses Betrages an die Lohnausgleichskasse (Vertrag zugunsten Dritter). Als eine solche echte Arbeitsnorm kann sie für allgemeinverbindlich erklärt werden. Bestritten ist allerdings im Schrifttum die Frage, ob die nach § 4 Abs. 2 des Tarifvertrages erfolgte gemeinsame Einrichtung der Tarifparteien und die über die Regelung der gemeinsamen Einrichtungen getroffenen Tarifnormen *als solche* durch die Allgemeinverbindlicherklärung auch auf Außenseiter ausgedehnt werden können (ablehnend Hueck-Nipperdey, a. a. O., S. 190/191 Anm. 47, S. 482; Hueck-Nipperdey-Tophoven, § 5 Anm. 28; Maus, TVG § 5 Anm. 27). Der Senat hält jedoch diese ablehnende Stellungnahme jedenfalls dann nicht für überzeugend und auch nicht für folgerichtig, wenn die Inhaltsnormen über die Abführungspflicht des Arbeitgebers mit den Normen über die Errichtung der gemeinsamen Einrichtung eine geschlossene Einheit bilden und die Konstruktion einer Zwangsmitgliedschaft vermieden wird. Denn für diejenigen, die die Zulässigkeit der Allgemeinverbindlicherklärung verneinen, war offenbar in erster Linie der Gedanke maßgebend, daß dadurch eine unzulässige, der Koalitionsfreiheit widersprechende Zwangsmitgliedschaft an der gemeinsamen Einrichtung geschaffen würde. Um einen solchen Fall handelt es sich hier aber nicht. Die Arbeitnehmer, die kraft Allgemeinverbindlicherklärung tarifgebunden werden, werden dadurch nicht zwangsweise Mitglied der Lohnausgleichskasse. Dies ergibt sich eindeutig aus § 3 der in dem Gründungsvertrag vom 14. Juni 1955 festgelegten Satzung der Lohnausgleichskasse. Mitglieder der Lohnausgleichskasse sind die Tarifpartner selbst dergestalt, daß die Einzelmitglieder der Tarifpartner „korporativ" Mitglied der Lohnausgleichskasse sind. Die Rechte in der Mitgliederversammlung der Lohnausgleichskasse werden durch Abgeordnete wahrgenommen. Diese Abgeordneten sind „Einzelmitglieder" der Lohnausgleichskasse. Die gewerkschaftlich nicht organisierten Arbeitnehmer werden also auch durch die Allgemeinverbindlicherklärung nicht zu Mitgliedern der Lohnausgleichskasse, und zwar weder zu „korporativen" Mitgliedern noch zu „Einzelmitgliedern"; sie werden daher auch nicht mit Mitgliedspflichten belastet. Insbesondere handelt es sich bei der Abführung des Stundenzuschlages nicht um eine sich aus einer Mitgliedschaft zur Lohnausgleichskasse ergebende Verpflichtung des Arbeitnehmers, sondern um die Durchführung einer das Arbeitsverhältnis beherrschenden Tarifnorm, nach der der zweckgebunden gewährte Zuschlag zum Stundenlohn an die Lohnausgleichskasse als die nach dem Tarifvertrag allein forderungsberechtigte Stelle abzuführen ist.

Der Senat hat auch erwogen, ob nicht etwa Bedenken gegen die Allgemeinverbindlicherklärung daraus herzuleiten sind, daß die nur kraft Allgemeinverbindlicherklärung tarifgebundenen Arbeitnehmer und Arbeitgeber keine Mitgliedschafts r e c h t e im Sinne körperschaftlicher Rechte nach dem Gründungsvertrag und der in ihm enthaltenen Satzung der Lohnausgleichskasse erwerben.

Derartige Bedenken könnten allerdings dann begründet sein, wenn die Lohnausgleichskasse in ihren Leistungen einen Unterschied zwischen den kraft Mitgliedschaft und den kraft Allgemeinverbindlicherklärung tarifgebundenen Arbeitnehmern machen würde. Aus der Regelung über die Lohnausgleichkasse in dem Tarifvertrag vom 25. April 1955 in der Fassung vom 26. Mai 1955 ergibt sich jedoch, daß alle tarifgebundenen Arbeitnehmer, gleichgültig ob sie gewerkschaftlich organisiert sind oder ob sie Außenseiter sind, sofern nur für sie Beiträge — diese sind für Organisierte wie für Außenseiter gleich hoch — an die Lohnausgleichskasse abgeführt wurden, hinsichtlich ihrer Rechtslage gegenüber der Lohnausgleichskasse völlig gleichgestellt sind. § 4 der Satzung gewährt den Anspruch auf Unterstützung allen Arbeitnehmern ohne Rücksicht auf gewerkschaftliche Zugehörigkeit, sofern sie nur in der Winterperiode durch Entlassung oder eigene Kündigung aus wichtigem Grund aus einem Baubetrieb ausscheiden und nachweislich arbeitslos werden und sofern für sie für mindestens 20 Wochen Beiträge in Höhe von mindestens 36,— DM zur Kasse zu leisten waren. Der Unterstützungsbeitrag und die Dauer der Unterstützungszahlung ist nach § 5 der Satzung für Mitglieder der Arbeitnehmerorganisationen ebenso geregelt wie für Außenseiter.

Es ist zwar nicht zu verkennen, daß nach der Satzung der Lohnausgleichskasse nur die Mitglieder der tarifschließenden Verbände eine (allerdings auch nur sehr mittelbare) Möglichkeit haben, auf die Geschäftsführung der Lohnausgleichskasse einzuwirken, nämlich dadurch, daß sie an der Wahl der Organe ihrer Verbände beteiligt sind, deren Abgeordnete die Mitgliederversammlung bilden. Es erscheint allerdings auch praktisch nach der Struktur der Lohnausgleichskasse kaum möglich, solchen Arbeitnehmern, für die nur kraft Allgemeinverbindlicherklärung Beiträge an die Lohnausgleichskasse abgeführt werden und die nur kraft Allgemeinverbindlicherklärung Ansprüche gegen die Lohnausgleichkasse haben, Mitwirkungsbefugnisse in der Mitgliederversammlung der Lohnausgleichskasse zu gewähren. Der Senat ist bei der Prüfung zu dem Ergebnis gekommen, daß die Einräumung solcher Mitwirkungsrechte für die nur kraft Allgemeinverbindlicherklärung tarifgebundenen Arbeitnehmer nicht notwendig ist, sofern, worauf allerdings mit besonderem Nachdruck hinzuweisen ist, die Tarifpartner und die Lohnausgleichskasse den Grundsatz gleichmäßiger Behandlung nicht nur bei der Gewährung der Unterstützungen während der witterungsbedingten Arbeitslosigkeit, sondern auch bei der etwaigen Rückvergütung nach § 6 des Tarifvertrages vom 25. April 1955 in der Fassung vom 26. Mai 1955 streng durchführen. Unter dieser Voraussetzung bestehen keine Bedenken, daß die nur kraft Allgemeinverbindlicherklärung tarifgebundenen Arbeitnehmer und Arbeitgeber in der Mitgliederversammlung der Lohnausgleichskasse nicht vertreten sind.

3. Den Einwand des Klägers, daß die tarifvertragliche Regelung und insbesondere deren Allgemeinverbindlicherklärung eine unzulässige, gegen Art. 14 des Grundgesetzes verstoßende Enteignung darstelle, hält der Senat nicht für zutreffend.

Ein Anspruch der Arbeitnehmer auf den Stundenzuschlag von 4 Pfennig im Sinne eines Zahlungsanspruchs an sie selbst besteht aus dem Tarifvertrag nicht. Die tarifliche Regelung gibt den Anspruch vielmehr von vornherein als einen Anspruch auf einen zweckgebunden abzuführenden Lohnzuschlag nur der Lohnausgleichskasse und nicht dem einzelnen Arbeitnehmer. Dieser hat einen Anspruch nur auf Zahlung an die Lohnausgleichskasse, nicht auf Zahlung an sich selbst (§ 335 BGB). Ein solcher Anspruch auf Auszahlung der 4 Pfennig an den Kläger selbst besteht für diesen auch nicht im Hinblick auf die von ihm behauptete arbeitsvertragliche Vereinbarung mit seinem Arbeitgeber. Der Kläger trägt insoweit vor, sein Arbeitgeber habe ihm die Auszahlung des Zuschlages zugesichert, sofern er nicht an die Lohnausgleichkasse zahlen müsse. Diese Zusage des Arbeitgebers steht also unter der ausdrücklichen Bedingung der Unzulässigkeit der tariflichen Regelung oder der Allgemeinverbindlicherklärung, d. h. unter der Bedingung, daß nicht an die Lohnausgleichskasse gezahlt zu werden braucht. Ist aber die tarifliche Regelung und die Allgemeinverbindlicherklärung, nach der der Zuschlag an die Lohnausgleichskasse abzuführen ist, zulässig und muß deshalb der Arbeitgeber den Zuschlag an die Lohnausgleichskasse abführen, so besteht kein einzelvertraglicher Anspruch des Arbeitnehmers auf Leistung an sich selbst, der ihm durch die Allgemeinverbindlicherklärung des Tarifvertrages entzogen sein könnte. Hinzu kommt, daß es sich bei der getroffenen Regelung um eine durchaus gleichmäßige Regelung für einen gesamten Gewerbezweig im Wege der nach dem Gesetz (§ 5 TVG) zulässigen Erstreckung der Tarifautonomie durch Allgemeinverbindlicherklärung auf alle in Frage kommenden Arbeitgeber und Arbeitnehmer handelt und daß deshalb von einer ungleichmäßigen Behandlung, von einem sogenannten Sonderopfer, das nach der Rechtsprechung des Bundesgerichtshofes (vgl. BGH — Großer Senat — BGHZ 6, 270 = LM Nr. 7 zu Art. 14 GG) das Charakteristikum der Enteignung ist, keine Rede sein kann. Gesetzliche Grundlage sowohl des Tarifvertrages wie der Allgemeinverbindlicherklärung ist das Tarifvertragsgesetz. Ein Widerspruch dieses Gesetzes zum Grundgesetz ist nicht ersichtlich.

4. Auch für den rechtlich nicht weiter charakterisierten Einwand, daß ein Mißverhältnis zwischen den abzuführenden Beträgen und den Auszahlungen bestehe, ist nichts erbracht.

5. Die von der Revision zur Erörterung gestellten Fragen, ob die Lohnausgleichskasse Aufgaben der der Gesetzgebung vorbehaltenen öffentlichen Fürsorge übernehme und ob die Regelung über die Aufbringung der von der Lohnausgleichskasse zur Erfüllung ihrer Aufgaben benötigten Mittel die — unzulässige — Erhebung einer Steuer darstelle, hat der Senat verneint. Bei der Unterstützungsregelung für witterungsbedingte Arbeitsausfälle handelt es sich, wie § 2 des Tarifvertrages vom 25. April 1955 in der Fassung vom 26. Mai 1955 hervorhebt, um eine aus Gründen der Solidarität innerhalb des Baugewerbes getroffene Maßnahme. Es handelt sich somit gerade nicht um öffentliche Fürsorge, sondern um eine echte Selbsthilfemaßnahme des Baugewerbes. Abwegig ist es auch, die Aufbringung der Mittel für diese Einrichtung als die Erhebung einer Steuer anzusehen.

6. Der Kläger bezweifelt die Rechtsgültigkeit der Errichtung der Lohnausgleichskasse auch insofern, als er der Ansicht ist, die Lohnausgleichskasse stelle eine Versicherung dar, die nicht ordnungsgemäß gegründet und nicht zum Geschäftsbetrieb zugelassen worden sei. Gegen die Annahme einer Versicherung bestehen rechtliche Bedenken. Zum Wesen der Versicherung gehört, daß das Ereignis, an das die Leistung des Versicherers anknüpft, ungewiß ist. Auch wenn man den Arbeits- und Lohnausfall wegen schlechten Wetters mindestens hinsichtlich seines Umfangs als ungewiß ansieht, so ist doch zu beachten, daß die Lohnausgleichskasse auf jeden Fall leisten soll, d. h. soweit sie nicht für winterliche Lohnausfälle in Anspruch genommen wird, im Wege der Rückvergütung. Im Ergebnis ist also die Leistung in jedem einzelnen Jahr nicht an ein ungewisses Ereignis geknüpft. Zu der Frage brauchte der Senat jedoch nicht abschließend Stellung zu nehmen. Denn auch wenn das der Fall ist, würde das an der Rechtsgültigkeit der getroffenen Regelung nichts ändern (vgl. RAG in ARS 4, 170, 173). Es wäre dann Aufgabe der mit der Aufsicht über Versicherungsunternehmen betrauten Stellen, diese Aufsicht für sich in Anspruch zu nehmen. Die Bestimmungen des Tarifvertrages und die Allgemeinverbindlicherklärung würden aber nicht nichtig sein.

7. Schließlich geht auch die Ansicht des Klägers fehl, er sei deshalb nicht an die Lohnausgleichsregelung gebunden, weil er mit seinem Arbeitgeber günstigere Abmachungen getroffen habe (§ 4 Abs. 3 TVG). Diese günstigeren Abmachnugen sieht der Kläger darin, daß sein Arbeitgeber zugesagt habe, ihm einen Zuschlag in der gleichen Höhe von 4 Pfennig zu dem Stundenlohn unmittelbar auszuzahlen, wenn er diesen Betrag nicht an die Lohnausgleichskasse zahlen müsse. Es kann dahingestellt bleiben, ob eine solche Vereinbarung zwischen dem Kläger und seinem Arbeitgeber tatsächlich getroffen ist. Wäre sie getroffen, so wäre sie nicht rechtswirksam. Denn durch Vereinbarung zwischen Arbeitgeber und Arbeitnehmer kann nicht das in den tarifvertraglichen Regelungen begründete unmittelbare Forderungsrecht der Lohnausgleichskasse vernichtet oder beeinträchtigt werden. Die von dem Kläger behauptete Vereinbarung mit seinem Arbeitgeber wäre ein Vertrag zu Lasten der Lohnausgleichskasse und als solcher unwirksam. Auch das Günstigkeitsprinzip des § 4 Abs. 3 TVG rechtfertigt eine solche Vereinbarung nicht.

8. Hat der Senat somit festgestellt, daß die Allgemeinverbindlicherklärung des rechtswirksam zustande gekommenen Tarifvertrages zulässig war, so bestand kein Anlaß, zu der Frage der Rechtsnatur der Allgemeinverbindlicherklärung eines Tarifvertrages hier Stellung zu nehmen. Der Senat hat Bedenken gegen die vom Bundesverwaltungsgericht in der Entscheidung vom 6. Juni 1958 (AP Nr. 6 zu § 5 TVG) geäußerte Rechtsansicht, die Allgemeinverbindlicherklärung sei eine Rechtsverordnung. Einer Entscheidung dieser Frage bedarf es jedoch im vorliegenden Falle nicht. Denn wenn, wie das Bundesverwaltungsgericht annimmt, die Allgemeinverbindlicherklärung eine Rechtsverordnung ist, so ist sie von den Gerichten für Arbeitssachen in vollem Umfange auf ihre Gesetzmäßigkeit nachzuprüfen. Diese Nachprüfung ergibt aber nach den vorstehenden Ausführungen, daß rechtliche Bedenken gegen die Allgemeinverbindlicherklärung der Tarifverträge vom 6. Februar/26. Mai 1955 und vom 25. April/26. Mai 1955 nicht bestehen. Ist die Allgemeinverbindlicherklärung hingegen ein Verwaltungsakt, so ist sie — insoweit sind die Gerichte für Arbeitssachen zur Nachprüfung berechtigt — jedenfalls nicht nichtig. Ob sie als Verwaltungsakt anfechtbar wäre, könnte von den Gerichten für Arbeitssachen nicht nachgeprüft werden. Diese Gerichte, und damit auch der Senat, müssen vielmehr, da eine Anfechtung der Allgemeinverbindlicherklärung im vorliegenden Fall nicht erfolgt ist und insbesondere ein auf Anfechtung ergangenes rechtskräftiges Urteil der Verwaltungsgerichte, das die Anfechtung für begründet erklärt hat, nicht vorliegt, von dem Bestand und der Rechtswirksamkeit des Verwaltungs-

aktes ausgehen und diesen Verwaltungsakt ihrer Entscheidung zugrunde legen.

Nach alledem ist festzustellen, daß sowohl die Tarifverträge über die Lohnausgleichskassen wie auch die Allgemeinverbindlicherklärung dieser Tarifverträge rechtswirksam sind. Daraus folgt, daß der von dem Arbeitgeber des Klägers hinterlegte Betrag der Lohnausgleichskasse gebührt. Der Entscheidung des Landesarbeitsgerichts ist sonach beizutreten.

15

1. Von Fällen der gefahrengeneigten Arbeit abgesehen haftet ein Arbeitnehmer wegen jeder fahrlässigen Verletzung seiner Arbeitspflichten dem Arbeitgeber für den diesem daraus entstandenen Schaden.

2. Für die Frage, ob eine gefahrengeneigte Arbeit vorliegt, ist darauf abzustellen, ob der konkrete Sachverhalt, der zu einem Schaden geführt hat, gefahrengeneigt ist.

BGB § 276.

II. Senat. Urteil vom 8. 12. 1958 i. S. G. (Kl.) w. B. (Bekl.)
2 AZR 524/57.

I. Arbeitsgericht Hannover. — II. Landesarbeitsgericht Hannover.

Der Kläger war beim Beklagten, der ein Fernverkehrsunternehmen in Hannover betreibt, längere Zeit als Interzonenfernfahrer für Fahrten nach Berlin tätig. Sein Arbeitsverhältnis endigte im November 1955.

Gelegentlich einer Interzonenfahrt von Berlin nach Hannover mit einem Lastwagen des Beklagten im November 1955 hatte der Kläger sieben Kollis mehr geladen, als in dem entsprechenden Warenbegleitschein eingetragen waren. Wegen dieser Unstimmigkeit verhängten die sowjetzonalen Behörden eine Strafe von 1050,— DM, die von der Firma Sch. bezahlt wurde und die der Beklagte an diese zu erstatten verurteilt worden ist.

Im Zuge einer nicht in die Revisionsinstanz gediehenen Lohnzahlungsklage des Klägers hat der Beklagte widerklagend vom Kläger Zahlung des Betrages von 1050,— DM verlangt. Er hat behauptet, er habe den Kläger laufend darauf hingewiesen, daß zur Vermeidung von Maßnahmen der sowjetzonalen Behörden Ladung und Papiere genau übereinstimmen müßten und der Kläger daher die Ladungen genau auf ihre Übereinstimmung mit den Begleitpapieren überprüfen müsse. Der Kläger habe diese Prüfung aber unterlassen, wodurch es zu der Strafe gekommen sei. Der Kläger hat zu seinem Klageabweisungsantrag behauptet, der Beklagte habe ihn nicht in der behaupteten Weise zur Nachprüfung der Übereinstimmung zwischen Ladung und Begleitpapieren angewiesen, sondern im Gegenteil erklärt, daß seine Fahrer eine solche Verantwortung nicht hätten. Er hat weiter behauptet, eine solche Nachprüfung sei ihm praktisch nicht möglich gewesen, weil er allein den Wagen habe laden müssen und sein Beifahrer unzuverlässig gewesen sei.

Das Arbeitsgericht hat die Widerklage abgewiesen; das Landesarbeitsgericht hat ihr entsprochen. Die Revision des Klägers ist zurückgewiesen worden.

Aus den Gründen:

I. Was die Statthaftigkeit der auf Divergenz gestützten Revision angeht, so weicht das angefochtene Urteil von dem Urteil des Landesarbeitsgerichts Stuttgart vom 17. September 1954 — AP Nr. 2 zu § 611 BGB Haftung des Arbeitnehmers — ab. Dort hat das Landesarbeitsgericht ganz allgemein und nicht beschränkt auf gefahrengeneigte Arbeit den seine Entscheidung tragenden Grundsatz ausgesprochen, daß der Arbeitnehmer dem Arbeitgeber nur für Vorsatz und grobe Fahrlässigkeit hafte. Das angefochtene Urteil nimmt dagegen an, daß der Arbeitnehmer dem Arbeitgeber für jede Fahrlässigkeit hafte, ohne dabei von einer gefahrengeneigten Arbeit auszugehen und ohne ausdrücklich oder erkennbar eine grobe Fahrlässigkeit des Klägers in Betracht zu ziehen. Auf dieser Abweichung beruht das angefochtene Urteil, weil der von ihm vertretene Rechtssatz, der auch in seiner Allgemeinheit für die Entscheidung tragend ist, dem maßgeblich enger gefaßten Rechtssatz des angezogenen Urteils widerspricht, so daß damit eine Belastung des Rechtslebens durch divergierende Entscheidungen zweier Landesarbeitsgerichte eintritt. Da das Bundesarbeitsgericht die in Rede stehende Frage selbst noch nicht entschieden hat, liegt somit eine Divergenz im Sinne von § 72 Abs. 1 Satz 3 ArbGG vor.

II. In der Sache selbst ist das Landesarbeitsgericht zutreffend davon ausgegangen, daß die Berechtigung des Schadenersatzbegehrens des Beklagten davon abhängt, ob der Kläger eine schuldhafte Vertragsverletzung begangen und dadurch den Schaden des Beklagten verursacht hat.

1. Soweit das Landesarbeitsgericht hierzu angenommen hat, nach den Grundsätzen von Treu und Glauben, die in der Verkehrsauffassung der beteiligten Kreise ihre Bestätigung finde, gehöre es zu den Pflichten eines Interzonenfernfahrers, Ladung und Begleitpapiere auf ihre Über-

einstimmung zu prüfen, stellt sich das als eine Auslegung des Leistungsinhaltes des zwischen den Parteien bestehenden Arbeitsvertrages dar. An diese Auslegung des Arbeitsvertrages der Parteien, gegen die prozessuale Rügen im Sinne der §§ 561 Abs. 1 Satz 2, 554 Abs. 3 Nr. 2 ZPO seitens der Revision nicht erhoben worden sind, ist das Revisionsgericht gebunden, sofern sie nicht gegen Denkgesetze, allgemeine Erfahrungssätze oder gesetzliche oder allgemein anerkannte Auslegungsregeln verstößt. Das ist nicht der Fall. Auch der Umstand, daß das Landesarbeitsgericht bei der Auslegung auf Grund der Auskunft der Bundesanstalt für Fernverkehr eine Verkehrsauffassung der beteiligten Kreise mit herangezogen hat, gibt keine Handhabe, seine Auslegung nach anderen Maßstäben als den soeben erwähnten durch das Revisionsgericht zu überprüfen. Die Verwertung dieser Feststellung ist ohne Verstoß gegen die eben genannten Sätze und Regeln vorgenommen worden, und eine Verfahrensrüge wurde in diesem Zusammenhang nicht geltend gemacht. Vom Landesarbeitsgericht festgestellte Verkehrsauffassungen bestimmter Berufskreise, die als solche selbst Tatsachen sind, können vom Revisionsgericht im übrigen ebenfalls nur daraufhin überprüft werden, ob gegen die Feststellung verfahrensrechtliche Rügen erhoben worden sind und ob das Landesarbeitsgericht die Feststellung unter Verletzung von Denkgesetzen, Erfahrungssätzen oder anerkannten Auslegungsregeln getroffen hat (vgl. Urteil des Zweiten Senates des Bundesarbeitsgerichts vom 7. November 1958 — 2 AZR 465/55 — AP Nr. 1 zu § 616 BGB Angestellter). Auch das ist nicht ersichtlich.

Demnach ergibt sich, daß das Landesarbeitsgericht, für die Revisionsinstanz bindend, angenommen hat, es habe eine von vornherein zu beachtende vertragliche Verpflichtung des Klägers bestanden, Ladung und Begleitpapiere auf ihre Übereinstimmung zu überprüfen.

2. In tatsächlicher Hinsicht hat das Landesarbeitsgericht ferner festgestellt, daß der Beklagte den Kläger aus Anlaß des hier in Rede stehenden Transportes ausdrücklich aufgefordert hat, Ladung und Begleitpapiere auf ihre Übereinstimmung zu überprüfen, daß der Kläger diesem Verlangen aber nicht entsprochen hat, sondern eine Zählung der ihm übergebenen Kollis überhaupt unterlassen hat, und daß ihm schließlich die Erfüllung des an ihn gestellten Verlangens weder technisch noch nach den Gesamtumständen unmöglich war, wie er behauptet hatte. Zu diesen tatsächlichen Feststellungen ist das Landesarbeitsgericht auf Grund des Ergebnisses der Beweisaufnahme gekommen, gegen die ebenso wie gegen deren Würdigung die Revision keine prozessualen Rügen im Sinne der §§ 561 Abs. 1 Satz 2, 554 Abs. 3 Nr. 2 ZPO erhoben hat. An diese

tatsächlichen Feststellungen des Landesarbeitsgerichts ist daher das Revisionsgericht gemäß § 561 Abs. 1 Satz 1 ZPO ebenfalls gebunden. Aus diesen tatsächlichen Feststellungen ergibt sich dann aber, was das Landesarbeitsgericht auch zutreffend angenommen hat, daß der Kläger durch die Nichtbeachtung der ihm zulässig im Rahmen seines Arbeitsvertrages von dem Beklagten erteilten Weisung seine arbeitsvertraglichen Pflichten verletzt hat.

3. Für die Schuldseite hat das Landesarbeitsgericht angenommen, der Kläger habe seine Vertragspflichten fahrlässig verletzt.

a) Hierzu macht die Revision geltend, nach allgemeinen Grundsätzen, zumindest aber nach den Grundsätzen über die Haftung des Arbeitnehmers bei sogenannter gefahrengeneigter Arbeit, die bei der hier in Rede stehenden Tätigkeit des Klägers anzunehmen sei, könne der Kläger aus dem Gesichtspunkt der schuldhaften Vertragsverletzung für einen dadurch verursachten Schaden nur dann in Anspruch genommen werden, wenn er grobfahrlässig gehandelt hätte, was aber vom Landesarbeitsgericht nicht festgestellt sei und auch nicht angenommen werden könne.

Hierin geht die Revision in mehrfacher Beziehung fehl.

b) Es kann zunächst keine Rede davon sein, daß ein Arbeitnehmer wegen Verletzung arbeitsvertraglicher Pflichten für den dadurch entstandenen Schaden generell und immer nur dann hafte, wenn ihm g r o b e Fahrlässigkeit vorgeworfen werden kann. Aus § 276 Abs. 1 Satz 1 BGB ergibt sich, daß der Schuldner grundsätzlich Vorsatz und Fahrlässigkeit schlechthin zu vertreten hat, sofern nichts anderes bestimmt ist. An einer ausdrücklichen Vorschrift darüber, daß für arbeitsvertragliche Pflichten von Arbeitnehmern etwas anderes gelte, fehlt es. Ein anderer als der in § 276 Abs. 1 Satz 1 BGB geregelte Verschuldensmaßstab ergibt sich auch nicht schlechthin aus der besonderen personalen Struktur des Arbeitsvertrages. Diese spricht vielmehr für das Gegenteil. Der wirtschaftliche Gesamtsinn eines Arbeitsverhältnisses, in dem Arbeitnehmer und Arbeitgeber in personeller Verbundenheit zueinander stehen, macht es dem Arbeitnehmer generell zur Pflicht, in jeder Hinsicht sorgfältig und damit ohne j e d e Fahrlässigkeit zu arbeiten. Es muß auch in Betracht gezogen werden, daß der Arbeit g e b e r dem Arbeitnehmer weitgehende Fürsorgepflichten schuldet, bei deren bereits fahrlässigen Verletzungen der Arbeitgeber vom Arbeitnehmer aus dem Gesichtspunkt der schuldhaften Vertragsverletzung auf Ersatz des ihm dadurch entstandenen Schadens in Anspruch genommen werden kann (vgl. statt aller: Hueck-

Nipperdey, Lehrbuch des Arbeitsrechts, 6. Aufl., § 48 II 5 c, cc S. 365; § 48 III 4 S. 376; Bundesarbeitsgericht, 2. Senat, Urteil vom 27. März 1958 — 2 AZR 188/56 — und 2 AZR 291/57 — AP Nr. 1 und 2 zu § 670 BGB; Meinert, Der Betrieb 1958, 1328). Es würde eine Wertverfälschung der Beziehungen, in denen Arbeitnehmer und Arbeitgeber wechselseitig stehen, bedeuten, wollte man verneinen, daß auch der Arbeitnehmer, dem im übrigen in immer mehr zunehmendem Maße wertvolle Vermögensteile seines Arbeitgebers anvertraut werden, nach besten Kräften bemüht sein muß, seine Arbeitspflichten zu erfüllen. Mit einer solchen Auffassung ist es unvereinbar, generell eine Haftungsmilderung in der Weise in Betracht zu ziehen, daß der Arbeitnehmer für Vertragsverletzungen nur bei grober Fahrlässigkeit haftet. Soweit Denecke (RdA 1952, 209 und RGRK Vorm. III 4 a zu § 611) sowie das Landesarbeitsgericht Stuttgart (AP Nr. 2 zu § 611 BGB Haftung des Arbeitnehmers) für derartige Fälle die auf Vorsatz und grobe Fahrlässigkeit beschränkte Haftung des Arbeitnehmers insbesondere aus einer Analogie zu Art. 34 GG mit seiner Haftungsregelung im Falle der Ausübung eines anvertrauten öffentlichen Amtes herleiten wollen, wird damit ein Sachverhalt herangezogen, der auf die mit ihm gegebenen Eigenarten abstellt und mit dem Wesen des Arbeitsverhältnisses nicht verglichen werden kann. Deshalb ist der weitaus überwiegenden Meinung beizutreten, die es ablehnt, generell einen Arbeitnehmer milder als in § 276 Abs. 1 Satz 1 BGB vorgesehen und nur beschränkt auf grobe Fahrlässigkeit haften zu lassen (vgl. statt aller die Nachweise bei Hueck-Nipperdey, a. a. O., Bd. I, § 35 II 3 S. 209 zu Fußnote 27).

c) Soweit die Revision geltend macht, der Kläger hafte nur deshalb für grobe Fahrlässigkeit, weil es sich bei der ihm übertragenen Tätigkeit um sogenannte „gefahrengeneigte Tätigkeit" gehandelt habe, so ist an sich zutreffend, daß bei Schadenverursachung durch den Arbeitnehmer im Zusammenhang mit sogenannter gefahrengeneigter Arbeit dieser in der Regel bei leichter Fahrlässigkeit nicht und nur bei grober Fahrlässigkeit haftet. Insoweit kann zur Begründung auf den ausführlichen Beschluß des Großen Senats des Bundesarbeitsgerichts vom 25. September 1957 — GS 4/56 — BAG 5, 1 ff., [7—9] mit seinen umfangreichen Nachweisen verwiesen werden. Hieraus kann die Revision jedoch nicht herleiten, daß dieser rechtliche Gesichtspunkt auch auf den Kläger Anwendung findet. Von einer gefahrengeneigten Arbeit kann nur gesprochen werden, wenn die Eigenart der vom Arbeitnehmer zu leistenden Arbeit es mit großer Wahrscheinlichkeit mit sich bringt, daß auch dem sorgfältigen Arbeitnehmer gelegentliche Fehler unterlaufen, die zwar —

für sich betrachtet — jedesmal vermeidbar waren, also fahrlässig herbeigeführt worden sind, mit denen aber angesichts der menschlichen Unzulänglichkeit als mit einem typischen Abirren der Dienstleistung erfahrungsgemäß zu rechnen ist (vgl. Großer Senat des Bundesarbeitsgerichts, Beschluß vom 25. September 1957 — GS 4/56 —, BAG 5, 1 [5]).

Die Frage, ob im vorliegenden Fall eine gefahrengeneigte Arbeit des Klägers gegeben war, ist, entgegen der Ansicht der Revision, nicht dahin zu stellen, ob die Tätigkeit eines Interzonenfernfahrers in ihrer Gesamtheit der konkret zu erbringenden einzelnen Leistungen dem entspricht, was in der oben gekennzeichneten Weise als gefahrengeneigte Arbeit angesprochen wird. Gefahrengeneigte Arbeit ist die Voraussetzung dafür, daß eine Haftungsmilderung oder ein Haftungsausschluß zugunsten des Arbeitnehmers Platz greifen kann. Gerade weil es sich aber dabei nur um die Frage handelt, ob eine Haftungsmilderung oder ein Haftungsausschluß wegen der besonderen Art der Arbeit in Betracht zu ziehen ist, muß die Gefahrengeneigtheit der Arbeit für den Sachverhalt gegeben sein, der im konkreten Fall zu einem Schaden geführt hat und bei dem ohne das Vorliegen gefahrengeneigter Umstände sonst eine volle Haftung des Arbeitnehmers nach allgemeinen Grundsätzen die Folge wäre. Es ist daher im vorliegenden Fall lediglich zu erörtern, ob der Umstand, der hier zu einem Schaden des Beklagten geführt hat, eine gefahrengeneigte Arbeit darstellte, ob es also eine gefahrengeneigte Arbeit darstellte, wenn der Kläger bei der hier in Rede stehenden Arbeit die genaue Übereinstimmung zwischen Ladung und Begleitpapieren zu überwachen hatte. Davon kann aber keine Rede sein. Wie das Landesarbeitsgericht festgestellt hat, wußte der Kläger auf Grund der ausdrücklichen Anweisung des Beklagten, daß er die Zahl der verladenen Kollis auf ihre Übereinstimmung mit dem Inhalt der Begleitpapiere genau zu überprüfen hatte, weil andernfalls Schwierigkeiten und unberechenbare Maßnahmen der sowjetzonalen Behörden zu befürchten waren. Nach den weiteren Feststellungen des Landesarbeitsgerichts lautete der Warenbegleitschein für die hier in Betracht kommenden Kollis über 126 Stück. Demnach oblag dem Kläger lediglich die Aufgabe, darauf zu achten, daß er nicht mehr oder weniger als 126 Kollis lud. Es wurde von ihm somit nur verlangt, daß er bis 126 zählen kann und daß er seine Ladung daraufhin überprüfte, ob sie 126 Kollis umfaßte, daß er sie also genau zählte. Bei einem solchen Sachverhalt, bei dem jemand ausdrücklich darauf hingewiesen wird, daß Ladung und Begleitpapiere genau übereinstimmen müssen, weil andernfalls Unannehmlichkeiten von sowjetzonalen Instanzen drohen — dieser Hinweis ist hier für den Sachverhalt selbst, unter dem die Arbeit verrichtet wird, mit kennzeichnend — und er vor allem die Verladung von nur 126 Kollis zu überwachen hat, ist es nicht typisch, daß dabei auch einem gewissenhaften Arbeitnehmer gelegentlich Fehler unterlaufen, mit denen wegen der menschlichen Unzulänglichkeit als mit einem typischen Abirren der Dienstleistung erfahrungsgemäß zu rechnen ist. Soweit die Revision als besonderen Umstand anführt, der Kläger habe etwa 2000 Kollis zählen müssen, ist das ein neues und für die Revisionsinstanz gemäß § 561 ZPO unbeachtliches Vorbringen, das bei der Würdigung, ob hier eine gefahrengeneigte Arbeit in Betracht kommt, außer Betracht bleiben muß.

d) Scheidet somit die Annahme aus, daß im vorliegenden Fall der Schaden auf einem Sachverhalt beruhe, den der Kläger im Rahmen einer gefahrengeneigten Arbeit gesetzt habe, so genügte es nach dem oben zu Ziffer II 3 b dieser Entscheidungsgründe Ausgeführten für die Bejahung seiner Haftungspflicht, wenn der Kläger fahrlässig gegen seine Vertragspflichten verstieß, und es brauchte nicht erörtert zu werden, ob seine Fahrlässigkeit leicht oder grob war. Daß der Kläger aber tatsächlich fahrlässig gehandelt hat, liegt offen zutage. Eine Fahrlässigkeit liegt vor, wenn die im Arbeitsleben erforderliche Sorgfalt außer Acht gelassen wird (§ 276 Abs. 1 Satz 2 BGB). Nach der dem Kläger ausdrücklich erteilten Weisung, Ladung und Begleitpapiere auf ihre Übereinstimmung zu prüfen, mußte er versuchen, dieser Weisung nach Kräften zu entsprechen, zumal er sich bewußt war, welche Schwierigkeiten bei Nichtübereinstimmung von Ladung und Papieren an der Zonengrenze entstehen konnten. Wenn er unter diesen Umständen die Kollis überhaupt nicht nachzählte, handelte er eindeutig fahrlässig, und zwar deshalb, weil er die erforderliche Sorgfalt außer Acht ließ, wenn er etwas unterließ, was leicht zu bewerkstelligen war und wenn er andererseits die aus der Unterlassung sich ergebenden großen Gefahren in Kauf nahm (vgl. auch BGH vom 3. Februar 1953 — I ZR 61/52 — NJW 1953, 541 [542]).

4. Das Landesarbeitsgericht hat schließlich auch die adäquate Kausalität zwischen der vom Kläger zu vertretenden Vertragsverletzung und dem Schaden des Beklagten festgestellt, ohne daß hiergegen rechtliche Bedenken bestehen und von der Revision Rügen erhoben werden (vgl. BGH vom 3. Februar 1953 — I ZR 61/52 — NJW 1953, 541 [542]).

16

1. Wird ein Arbeitsverhältnis nicht von der TO.A als Tarifordnung, also nicht mit normativer Wirkung erfaßt, so sind die Vertragspartner in der Gestaltung ihrer Vertragsbeziehungen frei. Eine abweichende Vergütungsregelung verstößt dann nicht schon deshalb gegen die guten Sitten, weil die vereinbarte Vergütung erheblich unter der tariflichen liegt oder nicht angemessen erscheint.

2. Ist allerdings die Tarifordnung im ganzen zum Vertragsinhalt gemacht und daneben zugleich eine Einstufung in eine bestimmte Vergütungsgruppe vorgenommen, wird der Parteiwille, wenn etwas anderes nicht deutlich zum Ausdruck kommt, in der Regel auf die Gewährung der tariflich richtigen Vergütungsgruppe gerichtet sein (vgl. BAG AP Nr. 7 zu § 1 TO.A).

3. Die in Betracht kommenden Tätigkeitsmerkmale der VergGr. III TO.A, 1. Alternative der ersten Fallgruppe, erfordern einen wissenschaftlichen oder technischen Angestellten mit abgeschlossener Hochschulbildung und entsprechender Tätigkeit. Der Angestellte muß also eine abgeschlossene Hochschulbildung aufweisen und außerdem eine entsprechende Tätigkeit ausüben, d. h. eine Tätigkeit, die ein Wissen und Können erfordert, wie es normalerweise gerade durch diese von dem Angestellten erworbene Hochschulbildung vermittelt wird.

4. Die Rechtsprechung des Bundesfinanzhofes zum Begriff der wissenschaftlichen Tätigkeit im Sinne des § 34 Abs. 5 (jetzt 4) EStG ist in diesem Zusammenhang nicht ohne weiteres verwertbar.

5. Die genannten Tätigkeitsmerkmale aus der VergGr. III TO.A, 1. Alternative der ersten Fallgruppe, können auch erfüllt sein, wenn die von der Wissenschaft gefundenen Erkenntnisse praktisch anzuwenden sind.

6. Die TO.A unterscheidet in der Fallgruppe 1 der VergGr. III nicht zwischen Anfängern und länger bewährten Kräften. Sie kann nicht in diesem Sinne als sog. Eingangsstufe für Akademiker angesehen werden.

7. Die Anschauung der beteiligten Berufskreise ist nur eine Erkenntnisquelle für die Anwendung der in den Tätigkeitsmerkmalen der TO.A enthaltenen allgemeinen Rechtsbegriffe. Sind diese Tätigkeitsmerkmale aber erfüllt, so kommt es auf etwaige tarifwidrige Gepflogenheiten nicht an.

TO.A § 3; Anlage 1, VergGr. III (erste Alternative der ersten Fallgruppe).

IV. Senat. Urteil vom 10. 12. 1958 i. S. D. B. (Bekl.) w. K. (Kl.)
4 AZR 528/55.

I. Arbeitsgericht Berlin. — II. Landesarbeitsgericht Berlin.

Der Kläger legte 1953 an der Freien Universität Berlin die Diplomprüfung als Volkswirt ab. Ab 1. Juni 1953 trat er zunächst als sog. freier Mitarbeiter gegen Honorar in die Dienste der Berliner Zentralbank. Im Mai 1954 wurde er mit Wirkung vom 1. Januar 1954 in das Angestelltenverhältnis übernommen und in die VergGr. V b der Anlage 1 zur TO.A eingestuft. Mit dem Inhalt des Schreibens der Zentralbank, in dem ihm seine Einstufung in die VergGr. V b TO.A mitgeteilt wurde, erklärte sich der Kläger in einem Bestätigungsschreiben uneingeschränkt einverstanden. Zum 31. März 1955 schied der Kläger aus den Diensten der Zentralbank aus. Er hatte während der gesamten Dauer seines Arbeitsverhältnisses in der volkswirtschaftlichen und statistischen Abteilung gearbeitet.

Der Kläger hat behauptet, ihm seien folgende Arbeiten übertragen worden:

1. Forschungsarbeiten über Zusammenhänge zwischen der Geld- und der Gütersphäre der Volkswirtschaft,
2. Entwicklung von Schätzungsmethoden für die Führung statistischer Reihen,
3. Entwürfe für Gutachten und Veröffentlichungen,
4. wissenschaftliches Lektorat auf dem Gebiete der Volkswirtschaftslehre und Politik,
5. Korreferat für Berichte und Gutachten anderer wissenschaftlicher Assistenten der Abteilung,
6. Endkontrolle der Übersetzung wirtschaftlicher Berichte ins Englische.

Der Kläger ist der Ansicht, seine Tätigkeit habe den Merkmalen der VergGr. III der Anlage 1 zur TO.A entsprochen. Er hat gegen die Berliner Zentralbank Klage erhoben auf Zahlung eines Teilbetrages von 500,– DM von dem Gehaltsunterschied zwischen den VergGr. V b und III für die Zeit vom 1. Januar 1954 bis 31. März 1955.

Die Beklagte hat Klageabweisung beantragt. Sie hat bestritten, daß der Kläger überwiegend eine wissenschaftliche Tätigkeit im Sinne der Tätigkeitsmerkmale der VergGr. III TO.A ausgeübt habe. Seiner Tätigkeit habe die Selbständigkeit und Eigenverantwortlichkeit gefehlt. Der Kläger habe als Anfänger wie ein Referendar nur „Zuarbeit" für den Abteilungsleiter geleistet, die im wesentlichen nur die Zusammentragung von Tatsachenmaterial zum Gegenstand gehabt habe. Das Schreiben des Klägers vom 21. Mai 1954 bedeute die rechtsgeschäftliche Annahme des Angebots der Beklagten, ihn nach Gruppe V b zu bezahlen. Die TO.A sei zwar zum Inhalt des Arbeitsverhältnisses gemacht worden. Da die

Beklagte aber nicht Partner eines Tarifvertrages sei, könnten auch die tariflichen Grundsätze der Unabdingbarkeit und Unverzichtbarkeit keine Anwendung finden. Schließlich meint die Beklagte, die Arbeitsgerichte könnten die Eingruppierung nicht nachprüfen, zumal die Beklagte an ihren Etat gebunden sei.

Arbeitsgericht und Landesarbeitsgericht haben nach dem Klagantrage erkannt.

Nachdem die Berliner Zentralbank nebst den anderen Landeszentralbanken durch das Gesetz über die Deutsche Bundesbank vom 26. Juli 1957 (BGBl. I S. 745), in Berlin übernommen durch Gesetz vom 17. September 1957 (GVBl. S. 1273), mit der Bank Deutscher Länder zur Deutschen Bundesbank verschmolzen worden war, hat der Kläger seine Klage gegen die Deutsche Bundesbank, vertreten durch den Vorstand der Landeszentralbank Berlin, Hauptverwaltung der Deutschen Bundesbank, gerichtet, die nunmehr auch als Beklagte aufgetreten ist. Die Revision der Beklagten führte zur Aufhebung und Zurückverweisung.

Aus den Gründen:

I. Das Landesarbeitsgericht gelangt zu dem Ergebnis, daß der Kläger Anspruch auf die Bezüge derjenigen Vergütungsgruppe der Anlage 1 zur TO.A habe, der seine Tätigkeit entsprochen habe. Es führt zunächst unter Hinweis auf die Rechtsprechung des Bundesarbeitsgerichts aus, daß die Eingruppierung nach dieser Tarifordnung gerichtlich nachprüfbar sei. Diese Rechtsprechung betrifft jedoch solche Arbeitsverhältnisse, die von der Tarifordnung normativ erfaßt werden. Darüber, ob das bei dem Arbeitsverhältnis des Klägers der Fall war, sagt das angefochtene Urteil ausdrücklich nichts; es hält vielmehr einen vertraglichen Anspruch des Klägers auf tarifgerechte Vergütung für gegeben.

Das Landesarbeitsgericht geht also offenbar davon aus, daß das Arbeitsverhältnis des Klägers nicht unmittelbar in den Geltungsbereich der TO.A fiel. Das ist zutreffend. Denn die Berliner Landeszentralbank fiel nicht unter die in § 1 Abs. 1 TO.A aufgeführten Verwaltungen und Betriebe. Sie war als selbständige Körperschaft des öffentlichen Rechts (vgl. Art. I der Errichtungsverordnung vom 20. März 1949, VOBl. für Groß-Berlin, Teil I, S. 88) weder mit der früheren Reichsbank oder Preußischen Staatsbank identisch, noch war sie ein Betrieb oder ein Teil der Verwaltung der Gemeinde oder des Landes Berlin.

Zu der vertraglichen Anspruchsgrundlage führt das Berufungsgericht aus: Die gesamten arbeitsvertraglichen Bindungen der Parteien seien unstreitig nach der TO.A gestaltet worden. Werde aber die TO.A zum Inhalt des Einzelarbeitsvertrages gemacht, so seien beide Parteien an die TO.A im ganzen gebunden, sofern nicht in echter freier Vereinbarung eine abweichende Regelung festgelegt werde. Eine solche wirksame Willensübereinstimmung könne aber dort nicht unterstellt werden, wo der Arbeitgeber in Ausnutzung seiner wirtschaftlichen Macht eine Minderbezahlung festlegen lasse, die der tariflichen Vergütungsordnung gröblich widerspreche. Eine solche Regelung sei sittenwidrig und daher gemäß § 138 BGB unwirksam. Es verstoße auch gegen Treu und Glauben, sich auf die Abdingung tariflicher Rechte zu berufen, obwohl eigentlich das Tarifwerk ohne jede Einschränkung zum Vertragsinhalt habe gemacht werden sollen; dann dadurch werde gerade die wichtigste Schutzfunktion der Tarifnormen, ihre bindende Vergütungsskala, beiseite geschoben. Aus der Erklärung des Klägers, er sei mit einer Bezahlung nach der VergGr. V b TO.A einverstanden, könne nicht der Schluß gezogen werden, daß der Kläger auf etwaige Rechte habe verzichten wollen; der Kläger habe damals noch nicht gewußt, daß seine Arbeit den Merkmalen der VergrGr. III entsprechen werde und der Arbeitgeber ihn dennoch aus besonderen Gründen nach Gruppe V b bezahlen wolle; er habe bei der Abgabe seiner Erklärung darauf vertrauen dürfen, daß die Beklagte ihn richtig einstufe.

Diese Ausführungen sind nicht frei von Rechtsirrtum und inneren Widersprüchen. Wird ein Arbeitsverhältnis nicht von der TO.A als Tarifordnung, also nicht mit normativer Wirkung erfaßt, so sind die Vertragspartner in der Gestaltung ihrer Vertragsbeziehungen frei. Eine abweichende Vergütungsregelung verstößt dann nicht schon deshalb gegen die guten Sitten, weil die vereinbarte Vergütung erheblich unter der tariflichen liegt oder nicht angemessen erscheint. Es steht den Vertragspartnern auch frei, die Bestimmungen einer Tarifordnung zum Inhalt des Arbeitsvertrages zu machen, hiervon aber gerade und allein die Vergütungsregelung auszunehmen. Ist insoweit eine solche abweichende Vereinbarung getroffen, so verstößt die Berufung auf diese Vereinbarung nicht deshalb gegen Treu und Glauben, weil sie die Bindung an die tarifliche Vergütungsordnung und damit die wichtigste Schutzfunktion der Tarifnormen beiseite schiebe; denn eine solche Bindung besteht ja gerade nicht. Es kann daher bei einer von der tariflichen Regelung abweichenden einzelnen Abrede auch nicht von einem Verzicht auf Rechte gesprochen werden. Es kommt vielmehr allein darauf an, den Inhalt des Vertrages durch Erforschung des zum Ausdruck gekommenen wirklichen Willens der Vertragsparteien zu ermitteln. Dieser kann dahin gehen, daß die Vergütung unabhängig von der Tätigkeit nach einer bestimmten

Vergütungsgruppe der TO.A gewährt werden soll und nur im übrigen die Bestimmungen der Tarifordnung Anwendung finden sollen. Ist allerdings die Tarifordnung im ganzen zum Vertragsinhalt gemacht und daneben zugleich eine Einstufung in eine bestimmte Vergütungsgruppe vorgenommen, wird der Parteiwille, wenn etwas anderes nicht deutlich zum Ausdruck kommt, in der Regel auf die Gewährung der tariflich richtigen Vergütungsgruppe gerichtet sein (vgl. BAG 4, 340 [345]). Das festzustellen, ist Sache der Tatsacheninstanz. Ob das Berufungsgericht dies hier auch unabhängig von seinen irrigen rechtlichen Erwägungen feststellen wollte, ist dem angefochtenen Urteil nicht deutlich zu entnehmen.

Sollte das Berufungsgericht nach erneuter Prüfung einen vertraglichen Anspruch des Klägers auf die richtige, d. h. seiner Tätigkeit entsprechende Vergütungsgruppe für die Zeit seit dem 1. Januar 1954 verneinen, so wird es weiter zu prüfen haben, ob der Kläger einen solchen Anspruch jedenfalls seit dem Inkrafttreten des Personalstatuts der Berliner Zentralbank (1. Januar 1955) hat.

II. Auch die Ausführungen des Berufungsgerichts darüber, daß die Tätigkeit des Klägers die Merkmale der VergGr. III TO.A erfüllt habe, sind nicht frei von Rechtsirrtum. In Betracht kommt — wovon das Landesarbeitsgericht auch ausgeht — allein die erste Alternative der ersten Fallgruppe: „wissenschaftliche und technische Angestellte mit abgeschlossener Hochschulbildung mit entsprechender Tätigkeit". Denn der Kläger hat als Diplomvolkswirt eine abgeschlossene Hochschulbildung und behauptet, auch entsprechend dieser Vorbildung beschäftigt worden zu sein.

Das Berufungsgericht geht nun von dem Begriff der „wissenschaftlichen Tätigkeit" aus, wie er in der Rechtsprechung des Bundesfinanzhofs zu § 34 Abs. 5 (jetzt 4) des Einkommensteuergesetzes entwickelt worden ist. Danach sei nicht nur derjenige wissenschaftlich tätig, der schöpferische Arbeit leiste, d. h. methodisch neue Ziele, Mittel und Wege weise (Forschung), sondern auch der, der das aus der Forschertätigkeit hervorgehende Wissen und Erkennen auf abstrakte oder konkrete Vorgänge anwende. Gegenüber jeder sonstigen Betätigung könne von wissenschaftlichen Arbeiten nur gesprochen werden, wenn grundsätzliche Fragen oder konkrete Fälle systematisch in ihren Ursachen erforscht, begründet und in einen Verständniszusammenhang gebracht würden. Einer lediglich auf Tatsachendarstellung beschränkten Tätigkeit könne der Charakter wissenschaftlichen Arbeitens regelmäßig nicht zugesprochen werden.

Nach diesen Maßstäben sieht das Landesarbeitsgericht die Tätigkeit des Klägers als eine wissenschaftliche und die Merkmale der VergGr. III TO.A als erfüllt an. Es übersieht dabei oder bringt jedenfalls nicht deutlich zum Ausdruck, daß die in Betracht kommenden Tätigkeitsmerkmale der VergGr. III TO.A einen wissenschaftlichen oder technischen Angestellten mit abgeschlossener Hochschulbildung und entsprechender Tätigkeit erfordern. Der Angestellte muß also eine abgeschlossene Hochschulbildung aufweisen und außerdem eine entsprechende Tätigkeit ausüben, d. h. eine Tätigkeit, die ein Wissen und Können erfordert, wie es normalerweise gerade durch diese von dem Angestellten erworbene Hochschulbildung vermittelt wird. Im Gegensatz hierzu spricht § 34 Abs. 5 (bzw. 4) EStG nur allgemein von wissenschaftlicher, künstlerischer und schriftstellerischer Tätigkeit, ganz abgesehen davon, daß für den Gesetzgeber bei der Gewährung einer Steuervergünstigung für eine Tätigkeit andere Gesichtspunkte maßgebend sind als bei ihrer Bewertung in einer tariflichen Vergütungsordnung. Der Bundesfinanzhof hat denn auch in einer Entscheidung vom 13. November 1952 (BStBl. 53, Teil III, S. 35 = NJW 53, 958) ausdrücklich betont, auch Nichtakademiker könnten wissenschaftlich arbeiten. Indem das Berufungsgericht sich schlechthin der Rechtsprechung des Bundesfinanzhofes anschließt, verkennt oder berücksichtigt es jedenfalls nicht genügend, daß gerade eine Tätigkeit verlangt wird, die auch der abgeschlossenen Hochschulbildung entspricht. Es mag sein, daß das Landesarbeitsgericht diesen Maßstab hat anlegen wollen; einzelne Wendungen des angefochtenen Urteils deuten darauf hin. Das Berufungsgericht hat aber jedenfalls unterlassen, die Tätigkeit des Klägers unter diesen Gesichtspunkten zu würdigen. Es stellt lediglich fest, der Kläger habe überwiegend eine wissenschaftliche Tätigkeit im Sinne der oben wiedergegebenen Begriffsbestimmung des Bundesfinanzhofs ausgeübt. Die im einzelnen angeführten Arbeiten des Klägers auf dem Gebiet der Volkswirtschaft legen zwar die Annahme nahe, daß diese Tätigkeit ein Wissen und Können erfordert, wie es normalerweise durch ein abgeschlossenes Studium der Volkswirtschaft vermittelt wird. Die vom Berufungsgericht unterlassenen Feststellungen hierüber kann aber nicht das Revisionsgericht treffen, zumal es gegenüber dem Bestreiten der Beklagten insbesondere auch der Feststellung bedarf, ob die überwiegende Tätigkeit des Klägers seiner abgeschlossenen Hochschulbildung entsprach.

Zu den von der Revision zum Teil bekämpften sonstigen rechtlichen Ausführungen des angefochtenen Urteils ist noch folgendes zu bemerken:

Ein wissenschaftlicher Angestellter übt nicht nur dann eine seiner abgeschlossenen Hochschulbildung entsprechende Tätigkeit aus, wenn er sich auf dem Gebiet wissenschaftlicher Forschung betätigt. Insofern trifft hier das zu, was das Berufungsgericht für den Begriff der „wissenschaftlichen Tätigkeit" ausgeführt hat. Die genannten Tätigkeitsmerkmale aus der VergGr. III TO.A können vielmehr auch erfüllt sein, wenn die von der Wissenschaft gefundenen Erkenntnisse praktisch anzuwenden sind. So fällt beispielsweise die Tätigkeit des Arztes sowohl bei der Erstellung medizinischer Gutachten wie bei der Krankenbehandlung unter diese Merkmale.

Mit Recht hat es das Landesarbeitsgericht für unerheblich bezeichnet, ob es sich bei dem Angestellten um einen Anfänger handelt, der sich nach dem Hochschulexamen noch keine praktischen Erfahrungen angeeignet hat. Die TO.A unterscheidet in der Fallgruppe 1 der VergGr. III nicht zwischen Anfängern und länger bewährten Kräften. Ob das zweckmäßig ist, kann dahinstehen. In jedem Falle kommt es für die Eingruppierung allein auf die Erfüllung der Tätigkeitsmerkmale an. Insofern ist es andererseits schief, die VergGr. III TO.A als Eingangsstufe für Akademiker zu bezeichnen; denn in die höheren Vergütungsgruppen gelangt der Angestellte mit abgeschlossener Hochschulbildung nicht schon dadurch, daß er sich in einer der VergGr. III TO.A entsprechenden Tätigkeit längere Zeit bewährt, sondern erst dann, wenn ihm eine Tätigkeit übertragen wird, die den Merkmalen der höheren Vergütungsgruppen entspricht, es sei denn, er solle übertariflich bezahlt werden.

Wenn die Tätigkeit des Klägers teilweise (z. B. verkürzte Wiedergabe von Aufsätzen aus Zeitschriften, Berichte über Tagungen) nicht die Merkmale der VergGr. III TO.A erfüllte, so steht dem Kläger diese Vergütungsgruppe nur zu, wenn die höherwertige Tätigkeit die überwiegende war. Ob das der Fall war, kann freilich nicht allein nach dem Zeitaufwand beurteilt werden. Vielmehr kommt es darauf an, welche Art von Arbeit seiner Tätigkeit das Gepräge gab (vgl. auch BAG 1, 92). Daher kann nicht etwa, wie die Beklagte will, so verfahren werden, daß der Zeitaufwand für Vorarbeiten geringer bewertet wird, wenn der Kläger solche Vorarbeiten für die ihm übertragene Erarbeitung eines Ergebnisses leisten mußte und die Auswertung seiner Vorarbeiten eine Tätigkeit darstellte, die seiner abgeschlossenen Hochschulbildung entsprach. Aber auch Vorarbeiten, die der Kläger nicht selbst auswertete, können bereits ein der abgeschlossenen Hochschulbildung entsprechendes Wissen erfordern, z. B. wenn schon die dem Kläger überlassene Auswahl des zu sammelnden Materials ein solches Wissen voraussetzte.

Ob bei der Bank Deutscher Länder und bei dem Statistischen Bundesamt Diplomvolkswirte mit gleicher Tätigkeit, wie sie der Kläger ausübte, auch nur die Vergütung nach der Gruppe V b TO.A erhielten, wie die Beklagte behauptet, hält das Berufungsgericht mit Recht für unerheblich. Die Anschauung der beteiligten Berufskreise ist nur eine Erkenntnisquelle für die Anwendung der in den Tätigkeitsmerkmalen der TO.A enthaltenen allgemeinen Rechtsbegriffe. Sind diese Tätigkeitsmerkmale aber erfüllt, so kommt es auf etwaige tarifwidrige Gepflogenheiten nicht an.

17

Die in § 4 Abs. 3 der Ruhegeldrichtlinien der Berliner Verkehrsbetriebe i. d. F. vom 7. Mai 1952 vorgesehene Anrechnung von Sozialversicherungsrenten erfaßt auch denjenigen Rentenanteil, der auf Beiträgen aus der Zeit vor der Betriebszugehörigkeit der Versorgungsberechtigten beruht.

BGB §§ 138, 242; Richtlinien für die vorläufige Ruhegeldeinrichtung der Berliner Verkehrsbetriebe i. d. F. vom 7. Mai 1952, § 4.

IV. Senat. Urteil vom 17. 12. 1958 i. S. Sch. (Kl.) w. B. (Bekl.) 4 AZR 378/57.

I. Arbeitsgericht Berlin. — II. Landesarbeitsgericht Berlin.

Der Kläger, der vorher bei anderen Arbeitgebern beschäftigt war, trat 1925 in die Dienste der Rechtsvorgängerin der Berliner Verkehrsbetriebe (BVG), eines Eigenbetriebes der Beklagten. Während der ganzen Zeit seiner Berufstätigkeit leistete er die gesetzlichen Pflichtbeiträge zur Invalidenversicherung. Am 21. November 1952 wurde der Kläger in den Ruhestand versetzt. Zu dieser Zeit galten für die Versorgung der Betriebsangehörigen der BVG die in Form einer Betriebsvereinbarung festgelegten „Richtlinien für die vorläufige Ruhegeldeinrichtung" in der Fassung vom 7. Mai 1952 (RR 1952), die am 1. Juni 1952 in Kraft getreten waren. Deren § 4 Abs. 3 bestimmt folgendes:

„Auf die Ruhegeldbezüge sind Leistungen und Renten einschließlich Rentenzulagen bzw. Rentenzuschläge (jedoch ausschließlich Pflegezulagen) aus der Sozialversicherung, der Unfallversicherung, Arbeitslosenversicherung, der Kriegsversorgung und aus sonstigen öffentlichen Mitteln, sowie bei Barleistungen aus der Sozialversicherung die Hälfte des Grundlohnes pro Kalendertag anzurechnen mit der Maßgabe, daß dem Ruhelohnempfänger von den anzurechnenden

Bezügen bis zum vollendeten 29. Dienstjahr 15 %, bei vollendetem 30. Dienstjahr 14 % und vom 31. Dienstjahr ab 13 % des berechnungsfähigen Einkommens verbleiben. Übersteigen die nach dieser Anrechnung verbleibenden Gesamtversorgungsbezüge 93 % des Berechnungseinkommens, so wird das Ruhegeld abermals um den übersteigenden Betrag gekürzt. In jedem Falle müssen dem Ruhegeldempfänger jedoch 15 % des Berechnungseinkommens als Ruhegeld verbleiben."

Dieser Regelung entsprechend rechnet die Beklagte auf das von ihr gewährte Ruhegeld die Sozialversicherungsrente an, die der Kläger bezieht.

Dagegen wendet sich der Kläger und meint, die Anrechnung sei insoweit unzulässig, als sie denjenigen Teil seiner Invalidenrente betreffe, der auf Beitragsleistungen aus der Zeit vor seiner Tätigkeit bei der Beklagten beruhe. Dieser belaufe sich auf 36,40 DM monatlich. Der Kläger verlangt von der Beklagten Zahlung des Differenzbetrages für das Jahr 1954.

Die Klage blieb in allen drei Instanzen ohne Erfolg.

Aus den Gründen:

In Übereinstimmung mit den in der Entscheidung des Großen Senats vom 16. März 1956 (BAG 3, 1) entwickelten Grundsätzen geht das angefochtene Urteil davon aus, daß die als Betriebsvereinbarung ergangenen Ruhegeldrichtlinien i. d. F. vom 7. Mai 1952 auf den Kläger Anwendung finden. Denn sie sind zu einem Zeitpunkt vereinbart worden, als das Arbeitsverhältnis des Klägers, der erst am 21. November 1952 in den Ruhestand getreten ist, noch bestand.

Entgegen der Ansicht der Revision ist kein Anlaß zu rechtlichen Bedenken gegeben, wenn das Berufungsgericht es für zulässig hält, daß die Beklagte bei der in § 4 Abs. 3 der Richtlinien vorgesehenen Anrechnung der Sozialrenten nicht nur den auf Beitragsleistungen aus der Zeit der Zugehörigkeit des Klägers zum Betriebe der BVG beruhenden Rententeil, sondern auch denjenigen Teilbetrag berücksichtigt, der dem Kläger aus vorbetrieblichen Beiträgen erwachsen ist.

Daß im Rahmen der Ruhegeldrichtlinien der BVG grundsätzlich Sozialrenten auf die betrieblichen Bezüge der Versorgungsberechtigten angerechnet werden können, hat das Bundesarbeitsgericht bereits zum Ausdruck gebracht (vgl. BAG 2, 23). Dagegen wendet sich die Revision auch nicht. Sie greift die vom Berufungsgericht vertretene Auffassung an, § 4 Abs. 3 der RR 1952 gestatte — abgesehen von den dort vorgesehenen Einschränkungen — die Anrechnung der vollen Sozialrente des Klägers. Der Revision ist zwar zuzugeben, daß trotz einheitlicher Berechnung und Festsetzung durch die Versicherungsbehörden eine rechnerische Aufspaltung dieser Rente in Beträge möglich ist, die auf vorbetrieblichen Beiträgen beruhen, und in solche, die sich aus Beitragsleistungen während der Betriebszugehörigkeit der Versorgungsberechtigten herleiten. Diese Unterscheidung hat auch Eingang in die Gesetzgebung gefunden. Gemäß § 52 Regelungsgesetz in Verbindung mit § 4 der 3. Durchführungsverordnung hierzu vom 7. April 1952 (BGBl. I, S. 230) sind nämlich auf die Versorgungsbezüge der von diesen Vorschriften erfaßten Personen Renten aus Rentenversicherungen nur insoweit anzurechnen, als sie auf ruhegehaltsfähigen Dienstzeiten beruhen. Die sogenannten vorbetrieblichen Rententeile werden demnach nicht berücksichtigt (vgl. dazu Anders, Gesetz zu Art. 131, 3. Aufl., § 52 Anm. 3). Darauf kann aber die Revision ihre Ansicht nicht stützen. Denn es handelt sich um eine gesetzliche Sonderregelung und nicht um den Niederschlag eines allgemeinen Rechtsgedankens, der bei dem Verständnis des § 4 Abs. 3 der RR 1952 zu beachten wäre.

Daß bei einer Rentenanrechnung im vorliegenden Falle die Versorgungsleistungen aus der Sozialversicherung nur insoweit Berücksichtigung finden dürften, als Beiträge aus der Zeit der Betriebszugehörigkeit ihre Grundlage bilden, versteht sich auch nicht von selbst. Ebensowenig läßt sich das aus der Entwicklung der Ruhegeldbestimmung der BVG herleiten, selbst wenn es richtig ist, daß dort eine Rentenanrechnung die Ausnahme gewesen ist, wie die Revision geltend macht. Vielmehr hätte eine solche Einschränkung, wenn sie bei der Vereinbarung der RR 1952 im Willen der Betriebspartner gelegen hätte, auch in § 4 Abs. 3 a. a. O. deutlich erkennbar zum Ausdruck gebracht werden müssen. In dieser Vorschrift ist aber in weitestem Umfang die Anrechnung von „Leistungen und Renten einschließlich Rentenzulagen, bzw. Rentenzuschlägen .... aus der Sozialversicherung" bestimmt. Es erscheint daher nicht als fehlerhaft, insbesondere nicht als ein Verstoß gegen § 157 BGB, wenn das Berufungsgericht zu dem Ergebnis kommt, daß § 4 Abs. 3 a. a. O. auch die sogenannten vorbetrieblichen Rententeile einer Anrechnung unterwirft, zumal deren Einzelheiten im übrigen in dieser Vorschrift genauestens geregelt sind.

Der Revision kann auch nicht beigepflichtet werden, wenn sie die Zulässigkeit einer solchen Anrechnung mit dem Hinweis bezweifelt, eine Betriebsvereinbarung, wie sie die Ruhegeldrichtlinien darstellten, könne zu Lasten eines Arbeitnehmers allenfalls über die betrieblichen, nicht aber die vorbetrieblichen Teile einer Sozialrente verfügen. Dieser Einwand liegt neben der Sache. Denn die Revision übersieht, daß die Regelung des § 4 Abs. 3 a. a. O. die Versorgung der im Ruhestand befindlichen früheren Betriebsangehörigen aus der Sozialversicherung völlig unberührt läßt. In Wirklichkeit führt nämlich die vorgesehene Anrechnung nicht zu einer Kürzung dieser Renten, sondern infolge von deren unterschiedlicher Höhe bei den einzelnen Versorgungsempfängern zu einer entsprechenden Staffelung des von der Beklagten gewährten betrieblichen Ruhegeldes. Dagegen bestehen aber auch keine grundsätzlichen Bedenken. Denn wie das Bundesarbeitsgericht bereits ausgeführt hat (BAG 2, 23 [25]), entspricht es gerade bei betrieblichen Wohlfahrtseinrichtungen oftmals der Billigkeit sowie dem Gemeinschafts- und Gleichheitsgedanken, daß nicht so sehr an alle gleich hohe Beträge ausgezahlt werden, als daß vielmehr durch die zusätzlichen Betriebsleistungen sonst bestehende Ungleichheiten ausgeglichen werden.

Ebensowenig steht die Anrechnung vorbetrieblicher Rententeile in Widerspruch zu den Grundsätzen der §§ 138, 242 BGB. Ein Verstoß gegen diese Vorschriften ist entgegen der Ansicht der Revision insbesondere auch nicht darin zu erblicken, daß auf Grund des § 4 Abs. 3 der RR 1952 eine solche Anrechnung erfolgt, ohne daß in den Richtlinien gleichzeitig die Berücksichtigung der vorbetrieblichen Dienstzeiten bei der Ruhegeldbemessung vorgesehen ist. Sollen betriebliche Ruhegeldvorschriften, die auf einer Betriebsvereinbarung beruhen, in bezug auf Inhalt und Umfang der zu gewährenden Leistungen durch Betriebsvereinbarung geändert werden, wie es durch die RR 1952 geschehen ist, so unterliegt es nämlich grundsätzlich der freien Vereinbarung der Betriebspartner zu bestimmen, was in Zukunft hinsichtlich der Voraussetzungen und der Höhe der Zuwendungen gelten soll. Wenn nun in den RR 1952 die Anrechnung der sogenannten vorbetrieblichen Rententeile ohne gleichzeitige Berücksichtigung der vorbetrieblichen Dienstzeiten festgelegt ist, so bedeutet eine solche Vereinbarung umso weniger eine Überschreitung der ihr durch die §§ 138, 242 BGB gezogenen Grenzen, als § 4 Abs. 3 a. a. O. gleichzeitig wesentliche Teile der Sozialrente, nämlich je nach Dauer der Betriebszugehörigkeit 15—13 % des ruhegeldfähigen Einkommens von der Anrechnung freistellt und damit in gewissem Umfang einen Ausgleich bringt. Diese Regelung führt, wie die Beklagte nach den Feststellungen des Berufungsurteils unwidersprochen vorgetragen hat, beim Kläger dazu, daß der diesem zustehende monatliche Freibetrag höher ist als der Rententeil, dessen zusätzliche Berücksichtigung er fordert. Sie hat weiter zur Folge, daß das Einkommen des Klägers, obwohl er sich im Ruhestand befindet, etwa die Höhe der Vergütung eines noch tätigen, vergleichbaren Betriebsangehörigen erreicht. Es ist daher aus Rechtsgründen nicht zu beanstanden, wenn das Berufungsgericht in der in Rede stehenden Regelung der RR 1952 nicht eine sittenwidrige oder mit den Anforderungen des § 242 BGB unvereinbare Benachteiligung des Klägers erblickt.

Schließlich kann die Revision auch keine Zustimmung finden, wenn sie meint, der auf vorbetrieblichen Beitragsleistungen beruhende Rententeil sei ebenso zu behandeln wie eine außerhalb des Arbeitsverhältnisses und des Betriebes der Beklagten auf Grund einer freiwilligen Versicherung des Versorgungsberechtigten erworbene Rente, weil die Beklagte insoweit nichts beigetragen habe und durch die Anrechnung dieses Rententeiles in den Genuß eines Vorteils kommen würde, für den andere Zahlungen geleistet hätten. Damit läßt sich aber die vom Kläger gewollte Gleichstellung nicht rechtfertigen. Wenn der Zweite und Dritte Senat des erkennenden Gerichts die dem Versorgungsberechtigten aus einer freiwilligen Versicherung zufließende Rente von einer Anrechnung ausgenommen haben (vgl. BAG 2, 23 [26] und AP Nr. 2 zu § 57 BetrVG), so liegt dem die auf der Grundlage eines allgemeinen Rechtsgedankens gewonnene Erkenntnis zugrunde, daß ihre Heranziehung einen unzulässigen Eingriff in die private Sphäre des Versorgungsberechtigten bedeuten würde, weil es sich um eine durch ausschließlich eigene Leistungen und freiwillige Opfer erlangte zusätzliche Versorgung handelt. Hier steht aber eine Pflichtversicherung in Frage, bei der diese Erwägungen nicht durchgreifen können. Denn zu dieser hatte der Kläger kraft Gesetzes beizutragen, gleichviel bei welchem Arbeitgeber er tätig war. Kann aber eine solche Sozialrente, wie bereits gesagt, grundsätzlich angerechnet werden, dann ist es unerheblich, ob zufällig die Beklagte allein oder vor ihr ein oder mehrere Arbeitgeber für kürzere oder längere Zeit die Arbeitgeberanteile getragen haben.

18

Der Zuschuß des Arbeitgebers nach dem ArbKrankhG ist nach Kalendertagen zu berechnen (ebenso auch das Ergebnis des Urteils des Gerichts vom 13. Mai 1958 — 2 AZR 47/58 — BAG 5, 291 ff.).

ArbKrankhG § 1, § 2.

II. Senat. Urteil vom 18. 12. 1958 i. S. M. (Kl.) w. Sch. (Bekl.)
2 AZR 37/58.

I. Arbeitsgericht Ulm. — II. Landesarbeitsgericht Baden-Württemberg.

Der Kläger ist seit mehreren Jahren bei der Beklagten als Schlosser beschäftigt. Er arbeitet in der Woche von Montag bis Freitag; sein Lohn wird monatlich abgerechnet. Im Monat Juni 1957 erzielte der Kläger bei 20 tatsächlichen Arbeitstagen und fünf arbeitsfreien Samstagen einen Nettoverdienst von 378,14 DM. In diesem Monat erlitt der Kläger einen unverschuldeten Betriebsunfall und war deshalb von Dienstag, dem 9. Juli bis Sonntag, den 21. Juli 1957 einschließlich arbeitsunfähig krank. Dieser Zeitraum umfaßt 13 Kalendertage, und zwar im einzelnen 9 Arbeitstage, zwei arbeitsfreie Samstage und zwei Sonntage.

Die Allgemeine Ortskrankenkasse zahlte dem Kläger für 13 Tage ein Krankengeld von je 10,71 DM, zusammen 139,23 DM.

Die Beklagte gewährte dem Kläger für 13 Kalendertage einen Zuschuß zu diesem Krankengeld in Höhe von täglich 0,63 DM, zusammen 8,19 DM.

Der Kläger verlangt mit der vorliegenden Klage einen Betrag von 5,67 DM von der Beklagten mit der Begründung, sie habe den Zuschuß zum Krankengeld zu gering berechnet. Der Kläger stellt seine Berechnung einmal auf den *arbeitstägigen* Nettoverdienst des Vormonats Juni 1957 ab und zum anderen auf die Anzahl der in der Krankheitszeit ausgefallenen *Arbeitstage*. Danach müsse der Krankengeldzuschuß wie folgt berechnet werden:

Nettoverdienst im Juni 1957	378,14 DM
bei 20 *tatsächlichen Arbeitstagen*	
somit arbeitstägiger Nettoverdienst: 378,14 : 20	18,90 DM
in der Zeit vom 9. 7. bis 21. 7. 1957 9 *Arbeitstage* Ausfall ergibt 18,90 × 9	170,10 DM
90 % hiervon	153,09 DM
gezahltes Krankengeld	139,23 DM
von der Beklagten mithin zu zahlender Zuschuß	13,86 DM
bereits gezahlter Zuschuß	8,19 DM
ergibt die Klageforderung von	5,67 DM.

Die Beklagte geht demgegenüber von dem Nettoverdienst der *Kalendertage* des Vormonats Juni 1957 und der Anzahl der *Krankengeldtage* aus. Nach ihrer Auffassung berechnet sich der Krankengeldzuschuß folgendermaßen:

Nettoverdienst im Juni 1957	378,14 DM
kalendertägiger Nettoverdienst bei 30 Kalendertagen: 378,14 : 30	12,60 DM

90 % davon	11,34 DM
gezahltes Krankengeld pro Kalendertag	10,71 DM
zu zahlender Zuschuß pro Kalendertag mithin	0,63 DM
für 13 Kalendertage: 0,63 × 13	8,19 DM.

Den Betrag von 8,19 DM habe der Kläger aber bereits erhalten.

Das Arbeitsgericht hat die Berechnungsweise der Beklagten für richtig gehalten und die Klage abgewiesen. Auf die Berufung des Klägers hat das Landesarbeitsgericht der Klage unter Zurückweisung der Berufung im übrigen in Höhe von 2,26 DM stattgegeben.

Das Landesarbeitsgericht geht von den Arbeitstagen des Vormonats Juni 1957 aus, wobei nach seiner Auffassung die arbeitsfreien Samstage des Klägers ebenfalls als Arbeitstage gelten. Danach habe der Kläger im Juni 1957 25 Arbeitstage geleistet. In der Krankheitszeit des Klägers seien ihm neun tatsächliche Arbeitstage und zwei arbeitsfreie Samstage ausgefallen. Nur auf diese 25 bzw. 11 Arbeitstage sei es nach dem ArbKrankhG abzustellen. Mangels gesetzlich vorgeschriebener Berechnungsweise müsse nämlich die Berechnung des Zuschusses zum Krankengeld nach dem Lohnausfallprinzip erfolgen. Danach sei der Krankengeldzuschuß des Klägers so zu ermitteln:

Nettoarbeitsverdienst im Juni 1957	378,14 DM
durchschnittliches Arbeitsentgelt pro Arbeitstag bei 25 Arbeitstagen im Juni 1957: 378,14 : 25	15,12 DM
durch Krankheit ausgefallenes Nettoarbeitsentgelt bei 11 Arbeitstagen 15,12 × 11	166,32 DM
90 % hiervon	149,68 DM
erhaltenes Krankengeld	139,23 DM
Unterschiedsbetrag = Zuschuß	10,45 DM
an Zuschuß bereits erhalten	8,19 DM
restlicher Zuschußbetrag	2,26 DM.

Die Revision des Klägers ist zurückgewiesen worden, die Anschlußrevision des Beklagten hatte Erfolg.

Aus den Gründen:

I. Nach § 1 Abs. 1 Satz 4 ArbKrankhG hat der Arbeitgeber den Zuschuß zum Krankengeld für die Tage zu zahlen, für die der Arbeiter Krankengeld erhält. Die Zuschußzahlung ist damit eindeutig auf die Tage der Krankengeldzahlung abgestellt. Das Krankengeld wird nach der zur Zeit geltenden gesetzlichen Regelung gemäß § 182 Abs. 1 Nr. 2 RVO für jeden Kalendertag der Arbeitsunfähigkeit gewährt. Daraus folgt zwingend, daß der Zuschuß zum Krankengeld nicht nur für die in der Krankheitszeit tatsächlich ausgefallenen Arbeitstage oder Werktage zu zahlen ist, sondern für jeden Krankengeld- und damit Kalendertag, auch wenn der Arbeiter bei Gesundheit an einem dieser Tage keinen Verdienst gehabt haben würde. Der Zuschuß des Arbeitgebers zum Krankengeld ist nach dem eindeutigen Wortlaut des Gesetzes auch für Sonntage und arbeitsfreie Samstage zu gewähren, sofern nur, wie es nach der bestehenden Regelung aber nun einmal der Fall ist, auch für diese Tage Krankengeld gezahlt wird. Deshalb sind die Berechnungsweisen des Klägers und des Landesarbeitsgerichts schon insoweit rechtsirrig, als sie eine Zuschußzahlung der Beklagten nur für neun bzw. elf ausgefallene Arbeitstage vorsehen.

§ 1 Abs. 1 Satz 4 ArbKrankhG kann nicht, wie Gift (Betrieb 57, 921) es will, dahin ausgelegt werden, diese Bestimmung stelle lediglich auf die Identität des Unterstützungs*zeitraumes* ab, weil es im Gesetz nicht heiße „für jeden Tag" der Krankengeldgewährung. Die Formulierung der Bestimmung, daß der Zuschuß für die Tage zu zahlen ist, für die der Arbeiter Kranken- oder Hausgeld erhält, läßt sprachlich jedoch keine andere Deutung zu, als daß für jeden einzelnen Tag der Kranken- oder Hausgeldzahlung auch ein Zuschuß zu zahlen ist. Jede andere Auslegung, insbesondere eine Auslegung, die es auf das bessere oder schlechtere Ergebnis für den Arbeiter abstellt, ist mit dem eindeutigen Wortlaut des Gesetzes nicht zu vereinbaren.

Daraus folgt auch, daß der Zuschuß zum Krankengeld im *Ergebnis* für jeden einzelnen Krankengeldtag und damit für jeden einzelnen Kalendertag zu ermitteln und zu zahlen ist. Die Tage, für die Krankengeld gewährt wird, sind der Ausgangs- und Markierungspunkt für die Zahlung des Zuschusses. Damit scheiden alle Berechnungen als rechtsirrig aus, die summarisch oder „pauschal" — wie es Höhne (Betrieblicher Krankengeldzuschuß für Arbeiter, Sonderveröffentlichung des Betriebsberaters 1958, S. 25) nennt — den Krankengeldzuschuß berechnen, indem sie die Summe des in der Krankheitszeit erhaltenen Krankengeldes der Summe von 90 Prozent des ausgefallenen Nettoarbeitsentgelts gegenüberstellen. Erst wenn der Zuschuß für jeden Krankengeldtag und damit Kalendertag in Höhe des auf jeden dieser Tage entfallenen Geldbetrages ermittelt ist, kann der Arbeitgeber durch Addition der einzelnen kalendertägigen Beträge den Gesamtbetrag des Zuschusses während der Krankheitszeit ermitteln. Das ist insbesondere wichtig bei schwankender Höhe der Krankengeldzahlung (Veränderung des Personenstandes und ähnliches).

II. Die Höhe des kalendertägig zu zahlenden Zuschusses zum Krankengeld wird nach § 1 Abs. 1 Satz 2 ArbKrankhG durch Subtraktion des Krankengeldes von einem Betrag von 90 Prozent des Nettoarbeitsentgelts ermittelt. Das Nettoarbeitsentgelt ist in § 1 Abs. 1 Satz 2 ArbKrankhG genannt und in § 2 ArbKrankhG definiert. Beide Vorschriften können daher nur im Zusammenhang und in ihrer Wechselbeziehung zueinander erfaßt werden. Es stellt sich nun die Frage, auf welche Weise das tatsächliche Arbeitsentgelt für den dem Krankheitszeitraum vorausgehenden Arbeitszeitraum, das § 2 ArbKrankhG in Bezug nimmt, des näheren aufzuteilen ist, um das Nettoarbeitsentgelt zur Bestimmung des für den einzelnen Krankengeldtag zu zahlenden Zuschusses zu ermitteln.

Es ist zu prüfen, ob das ArbKrankhG für die vorzunehmende Aufteilung des tatsächlichen Arbeitsentgelts in dem der Krankheit vorausgehenden Zeitraum einen eindeutigen Anhaltspunkt gibt. Diese Frage bejaht der Senat, und zwar in Übereinstimmung mit dem Ergebnis seiner Entscheidung vom 13. Mai 1958 — 2 AZR 47/58 — BAG 5,291.

§ 2 Satz 2 ArbKrankhG legt der Berechnung das durchschnittliche Arbeitsentgelt während eines der Krankheitszeit vorausgehenden und im einzelnen näher bestimmten Zeitraumes zugrunde. Das Wort „durchschnittlich" steht in Verbindung mit einer nach vier Wochen, einem Kalendermonat oder einem Teilmonat bemessenen Zeitraum; es steht nicht im Zusammenhang mit einer Anzahl der in diesen Zeitraum fallenden Arbeitstage oder Werktage.

Diese Verbindung des Wortes „durchschnittlich" mit einem nach vier Wochen, einem Kalendermonat oder einem Teilmonat bemessenen Zeitraum ist gerade sinnvoll im Hinblick auf den Willen des Gesetzes, daß der Zuschuß zum Krankengeld für die Tage zu gewähren ist, für die Krankengeld gezahlt wird, also nach der bestehenden Regelung für Kalendertage. Nur wenn das Arbeitsentgelt des der Krankheitszeit vorausgehenden Berechnungszeitraumes durch die Anzahl der Krankengeldtage dieses Zeitraumes geteilt wird, ist auch die Subtraktion des Krankengeldes von dem Betrag von 90 Prozent des Nettoarbeitsentgeltes ohne einen erneuten Umrechnungsvorgang möglich. Würde bei der Zahlung des Krankengeldes für Kalendertage das Arbeitsentgelt der Vorkrankheitszeit durch die Anzahl der in dieser Zeit tatsächlich geleisteten Arbeitstage oder die Anzahl der Werktage geteilt, so ergäbe das eine arbeitstägige oder werktägige Berechnungsgröße des Nettoarbeitsentgelts. Um diese dann der, wie ausgeführt, kalendertägigen Größe des Krankengeldes gegenüber zu stellen, wäre ein erneuter Umrechnungsvorgang notwendig, der die arbeitstägige oder werktätige Berechnungsgröße des Nettoarbeitsentgelts in eine entsprechende und damit die erforderliche Subtraktion erst ermöglichende kalendertägige Größe umwandeln würde. Dafür, daß das Gesetz einen solchen Umrechnungsvorgang gewollt hat, ergibt sich kein Anhalt. Vielmehr bezweckt und erreicht bereits das Wort „durchschnittliches Arbeitsentgelt" in § 2 Satz 2 ArbKrankhG das notwendige Zurechtrücken des Nettoarbeitsentgelts im Hinblick auf die für jeden Kalendertag gewährte Krankengeldzahlung.

Die im Schrifttum vertretene Ansicht, das Arbeitsentgelt der Vorkrankheitszeit sei durch die Anzahl der in diesem Zeitraum fallenden Arbeitstage oder Werktage zu teilen (Höhne, Betrieblicher Krankengeldzuschuß für Arbeiter, Sonderveröffentlichung des Betriebsberaters 1958 S. 24; ders. BB 57, 1146; Gift, Betrieb 57, 633 und 921; Stahl, Soz. Sicherheit 57, 226; a. A. allerdings Frey, BB 57, 755; Trieschmann, Betrieb 57, 532 u. 1128; Schmatz-Fischwasser, ArbKrankhG § 2 Anm. III 1; Rewolle, Die Betriebsverfassung 57, 166; Schelp-Trieschmann, Das Arbeitsverhältnis im Krankheitsfalle S. 136 u. die dort unter Anm. 53 auf Seite 137 zitierten Fundstellen), beruft sich im wesentlichen auf — zugunsten oder zu ungunsten des Arbeitnehmers — unterschiedliche Ergebnisse, die sich bei der Teilung des Arbeitsentgelts der Vorkrankheitszeit durch die Anzahl der Kalendertage dieses Zeitraums ergeben. Diese Auffassung des Schrifttums (insbesondere bei Höhne a. a. O. und Gift a. a. O.) hat ihre Ursache in der irrigen Ansicht, das ArbKrankhG wolle das Lohnausfallprinzip verwirklichen. Das ist jedoch nicht der Fall.

Gegen diese Auffassung spricht zunächst die Entwicklungsgeschichte des Gesetzes. Die frühere Ausschußfassung des Gesetzesentwurfs (Bundestagsdrucksache 3504 der zweiten Wahlperiode 1953) definierte das Nettoarbeitsentgelt dahin, daß es das um die gesetzlichen Lohnabzüge verminderte Arbeitsentgelt sei, das der Arbeiter erhalten haben würde, wenn er während der Dauer der Arbeitsunfähigkeit gearbeitet hätte. Diese Fassung stellte auf das echte Lohnausfallprinzip ab. Bei der Gesetz gewordenen Fassung ist aber nicht das Arbeitsentgelt maßgebend, das der Arbeiter bei Gesundheit verdient haben würde, sondern das Arbeitsentgelt, das er in einem vor der Krankheitszeit liegenden Zeitraum verdient hat.

Ferner spricht gegen das Lohnausfallprinzip die Anknüpfung des Zuschusses an das Krankengeld, das kein echtes Lohnausfallprinzip verwirklicht. Das zeigt sich klar in dem Falle, daß der Arbeiter am Freitag

Abend bei fünftägiger Arbeit in der Woche einen Betriebsunfall hat, der ihn für Samstag und Sonntag arbeitsunfähig macht. Der Arbeiter erhält für diese zwei Tage Krankengeld, obwohl er bei Gesundheit aus diesen Tagen keinen Verdienst gehabt hätte. Solche Ergebnisse hat der Gesetzgeber, ebenso wie auch in der Sozialversicherung, beim ArbKrankhG in Kauf genommen.

Auch die Abstellung des ArbKrankhG auf das Nettoarbeitsentgelt ist zu beachten; denn dadurch wird die Höhe des Krankengeldzuschusses bei gleichem Bruttolohn und gleicher Leistung von der individuellen und beeinflußbaren Steuerbelastung des einzelnen Arbeiters abhängig, also einem Umstand, der außerhalb des Arbeitsverhältnisses liegt.

III. Die in § 2 Satz 2 ArbKrankhG angeführten Zeiträume der Berechnungsgrundlage des Nettoarbeitsentgelts (die letzten vier den Lohnperioden des Betriebes entsprechenden Wochen, der letzte Kalendermonat oder Teilmonat) umfassen 28 bzw. 30 Tage oder bei einem Teilmonat die entsprechende Anzahl Tage (½ Monat = 15 Tage; ⅓ Monat = 10 Tage). Dies ist allgemeiner Grundsatz der Fristenberechnung, der durch § 2 Satz 2 ArbKrankhG nicht durchbrochen wird.

IV. Der Zuschuß des Arbeitgebers zum Krankengeld des Klägers ist daher im vorliegenden Falle wie folgt zu berechnen:

Nettoarbeitsentgelt des letzten Kalendermonats Juni 1957	378,14 DM
Nettoarbeitsentgelt im Juni 1957 378,14 : 30	12,60 DM
90 % davon	11,34 DM
gezahltes Krankengeld	10,71 DM
Zuschuß zum Krankengeld	0,63 DM

Den Zuschußbetrag von 0,63 DM für jeden Tag, für den der Kläger Krankengeld erhalten hat, hat die Beklagte an den Kläger gezahlt. Dessen Klage ist daher in vollem Umfange unbegründet.

19

1. Der Begriff der Arbeitsunfähigkeit im Sinne des § 1 ArbkrankhG und des § 182 RVO ist sachlich identisch.

2. Der Begriff „aus der gesetzlichen Krankenversicherung" des § 1 ArbKrankhG ist im Falle der Durchführung eines Heilverfahrens zugunsten des Arbeitnehmers wenigstens dann, wenn Heilbehandlung und Krankenhilfe zusammentreffen und der Träger der Rentenversicherung

Leistungen gemäß § 1239 RVO gewährt, so auszulegen, daß allein auf die wirtschaftliche Belastung der Krankenversicherung abgestellt wird.

ArbKrankhG § 1; RVO § 182.

II. Senat. Urteil vom 18. 12. 1958 i. S. B. (Kl.) w. Fa. K.-Werke (Bekl.)
2 AZR 166/58.

I. Arbeitsgericht Berlin. — II. Landesarbeitsgericht Berlin.

Der Kläger ist seit 1949 bei der Beklagten als Spachtelschleifer tätig. Vom 24. Juni 1957 bis zum 22. Juli 1957 wurde er von der Landesversicherungsanstalt (LVA) Berlin als Trägerin der Rentenversicherung der Arbeiter (ArV) zur Durchführung eines Heilverfahrens nach Bad Hersfeld verschickt. Für diese Zeit zahlte die LVA Berlin ihm gemäß § 1241 RVO ein Übergangsgeld. Vom 23. Juli bis 4. August 1957 wurde dem Kläger Schonzeit gewährt. Während der Zeit vom 23. Juli bis 4. August 1957 zahlte die Krankenversicherungsanstalt (KVA) Berlin als Trägerin der Krankenversicherung (KrV) dem Kläger Krankengeld, und die Beklagte erkannte für den letzteren Zeitraum einen Anspruch des Klägers gegen sie auf Zahlung von Krankengeldzuschuß nach dem Gesetz zur Verbesserung der wirtschaftlichen Sicherung der Arbeiter im Krankheitsfalle (ArbKrankhG) an.

Die KVA Berlin erstattete, wie eine bei ihr eingeholte Auskunft ergibt, deren Richtigkeit von den Parteien in den Vorinstanzen nicht bestritten ist, der LVA Berlin entsprechend § 1239 letzter Satz RVO [in der damals — und auch heute — geltenden Fassung (siehe BGBl. 1957, I, 45 ff.)] im Hinblick auf die Zahlung des Übergangsgeldes ein dem Kläger sonst zustehendes Krankengeld.

Der Kläger verlangt mit der vorliegenden Klage von der Beklagten Krankengeldzuschuß auch für die Dauer des Heilverfahrens.

Das Arbeitsgericht hat die Klage abgewiesen. Das Landesarbeitsgericht hat die Berufung des Klägers zurückgewiesen und die Revision zugelassen. Es ist der Auffassung, es fehle an der Voraussetzung, daß der Kläger Leistungen *aus* der gesetzlichen Kranken- oder Unfallversicherung erhalten habe. Denn der Kläger habe während der Dauer des Heilverfahrens *Übergangsgeld* von der *LVA* erhalten. Daß diese den Betrag letzlich von der KVA erstattet bekommen habe, ändere daran nichts.

Auf die Revision des Klägers hat das Bundesarbeitsgericht unter Aufhebung der beiden vorinstanzlichen Urteile die Beklagte zur Zahlung eines Krankengeldzuschusses in der unstreitigen Höhe von 22,05 DM verurteilt.

Aus den Gründen:

I. Das Landesarbeitsgericht hat im Tatbestand des angefochtenen Urteils auf die gemäß Beschluß des Arbeitsgerichts vom 8. November 1957 eingeholte Auskunft der KVA Berlin vom 22. November 1957 Bezug genommen. Den Inhalt und die Richtigkeit der Auskunft haben die Parteien nicht bestritten, wie die vom Landesarbeitsgericht ebenfalls in Bezug genommenen Schriftsätze ergeben. Danach steht nicht nur die im Tatbestand erwähnte Erstattung von Krankengeld durch die KVA an die LVA fest, vielmehr unterstellt die KVA für die Feststellung der Leistungsansprüche aus der Krankenversicherung auch die Arbeitsunfähigkeit des Klägers vom Beginn des Heilverfahrens an. Zwar nennt die Auskunft der KVA Berlin als Beginn des Heilverfahrens den 22. Juli 1957. Das ist aber ein offensichtlicher Schreibfehler. Aus dem gesamten Sinn und Zusammenhang des Schreibens ist eindeutig erkennbar, daß gerade der Beginn des Heilverfahrens gemeint ist. Es ist also davon auszugehen, daß beide Parteien die Arbeitsunfähigkeit des Klägers, wie sie im Schreiben der KVA Berlin unterstellt wird, angenommen haben. Für die Revisionsinstanz steht daher bindend fest, daß der Kläger vom Beginn des Heilverfahrens, d. h. vom 24. Juni 1957 an im Sinne des Krankenversicherungsrechts arbeitsunfähig war. Damit war der Kläger aber auch im Sinne des § 1 ArbKrankhG arbeitsunfähig; denn der Begriff der Arbeitsunfähigkeit ist dort kein neuer und anderer (§ 182 Abs. 1 Nr. 2 RVO; Schmatz-Fischwasser, ArbKrankhG, S. 31; wohl auch Schelp-Trieschmann, Das Arbeitsverhältnis im Krankheitsfalle, S. 3). Das erfordert die in § 1 ArbKrankhG zum Ausdruck kommende Akzessorietät des Arbeitgeberzuschusses zum Krankengeld. Voraussetzung des Krankengeldzuschusses ist nämlich, daß der Arbeiter Kranken- oder Hausgeld aus der gesetzlichen Krankenversicherung erhält. Das setzt aber wiederum voraus, daß der Arbeiter im Sinne des Krankenversicherungsrechts arbeitsunfähig krank ist. Daß im Sinne des ArbKrankhG zuzüglich noch eine weitere Voraussetzung erforderlich wäre, kann deswegen nicht angenommen werden, weil der Begriff der Arbeitsunfähigkeit als Voraussetzung für die jeweiligen Leistungen im § 1 Abs. 1 ArbKrankhG und in der grundlegenden krankenversicherungsrechtlichen Vorschrift des § 182 RVO inhaltlich gleichartig definiert ist. Letzterer Umstand ergibt auch schon allein für sich die sachliche Identität der hier und dort gebrauchten Formulierung.

II. Das Landesarbeitsgericht ist der Auffassung, die Zahlung von Übergangsgeld durch die Rentenversicherung während der Dauer des

Heilverfahrens gemäß § 1241 RVO sei im Sinne des § 1 ArbKrankhG keine Leistung aus der gesetzlichen Krankenversicherung, sondern eine Leistung der Rentenversicherung. Das Landesarbeitsgericht stützt sich dabei auf die Ausführungen von Schmatz-Fischwasser (ArbKrankhG § 1 Anm. III 3 S. 36 u. Betriebskrankenkasse 1957, 330) und Schelp-Trieschmann (Das Arbeitsverhältnis im Krankheitsfalle, S. 117). Diese Ansicht ist jedoch nicht frei von Rechtsirrtum, weil sie sich auf den Wortlaut des Gesetzes stützt, obwohl dieser Wortlaut nicht eindeutig ist.

Nach dem Wortlaut des Gesetzes kann die Formulierung „aus der gesetzlichen Krankenversicherung" einmal bedeuten, daß die Krankenversicherung unmittelbar selbst verpflichtet sein muß, an den Versicherten zu zahlen. Der Wortlaut kann aber zwanglos auch dahin ausgelegt werden, daß die Leistungen aus dem Vermögen der Krankenversicherung kommen müssen, d. h. daß letztlich an die wirtschaftliche Belastung der Krankenversicherung gedacht ist.

Läßt der Wortlaut des Gesetzes aber keine eindeutige Auslegung zu, so ist eine Gesetzesvorschrift nach dem Sinn des Gesetzes und nach dem Willen des Gesetzgebers auszulegen. Beides läßt sich im vorliegenden Falle nur unter Berücksichtigung der sozialversicherungsrechtlichen Vorschriften, des näheren der §§ 1239, 1241 RVO, ermitteln.

Der gesetzliche Tatbestand des § 1239 RVO trifft nur den Fall, daß Heilbehandlung notwendig ist und zugleich Krankenhilfe gewährt werden muß. Damit ist Voraussetzung, daß sowohl ein Krankenversicherungsverhältnis als auch ein Rentenversicherungsverhältnis besteht und in der Person des Versicherten Umstände vorliegen, die beide Versicherungsträger zu Leistungen verpflichten. In diesem Falle soll nach dem in § 1239 RVO eindeutig erkennbaren Willen des Gesetzes der Versicherte nur gegen einen der beiden Versicherungsträger einen Anspruch haben. Das hat einmal den Zweck, doppelte Leistungen der Sozialversicherung als Ganzes zu vermeiden und zum anderen verwaltungstechnisch und fürsorgemäßig die Durchführung des Heilverfahrens in eine einzige Hand zu legen. Damit ist aber die Krankenversicherung wirtschaftlich noch nicht von Leistungen frei. Einmal ergibt sich aus § 1239 Satz 1 RVO, daß die Rentenversicherung Leistungen der Krankenversicherung an Stelle des Trägers der Krankenversicherung übernimmt, womit eindeutig zum Ausdruck kommt, daß die Rentenversicherung nunmehr an sich der Krankenversicherung obliegende Aufgaben und Leistungen gewährt, also fremde Leistungen erbringt. Des weiteren folgt aus der Bestimmung des § 1239 Satz 4 RVO, daß die

Krankenversicherung der Rentenversicherung Ersatz zu leisten hat, soweit der Versicherte Anspruch auf Krankengeld gehabt hätte. Hinzu kommt die Bestimmung des § 1239 Satz 2 RVO, nach welcher die Rentenversicherung dem Versicherten mindestens das zu gewähren hat, was die Krankenversicherung zu leisten gehabt hätte, womit § 1241 Abs. 2 RVO im Sonderfall des § 1239 RVO eine gewisse Ausnahme erfährt und zu Gunsten des Versicherten modifiziert wird. Die Regelung des § 1239 RVO läßt damit erkennen, daß jedenfalls in einem bestimmten Ausmaß im Falle des § 1239 RVO wirtschaftlich gesehen Krankengeld gezahlt wird und damit der Versicherte eine Leistung aus der Krankenversicherung erhält. Wenn nach § 1239 Satz 3 RVO für die Dauer der Gewährung der hier interessierenden Leistung insoweit die Ansprüche des Berechtigten gegen den Träger der Krankenversicherung ruhen, bedeutet das nicht, daß sie noch irgendwie einmal zur Geltung gebracht werden könnten, weil sie nicht erfüllt seien, mit anderen Worten, daß der Träger der Rentenversicherung keine Leistungen der Krankenversicherung erbracht habe und diese also noch ausstünden. Die von dem Träger der Rentenversicherung erbrachte einschlägige Leistung muß ihm nun einmal von dem Träger der Krankenversicherung ersetzt werden, was also heißt, daß sie von dem ersteren zunächst einmal durchgeführt wurde.

§ 1 ArbKrankhG ist deshalb wenigstens in dem Falle, daß Heilbehandlung und Krankenhilfe zusammentreffen und von dem Träger der Rentenversicherung Übergangsgeld unter Berücksichtigung der an sich von dem Träger der Krankenversicherung zu erbringenden Leistungen gezahlt wird, so auszulegen, daß mit den Worten „aus der gesetzlichen Krankenversicherung" letztlich die wirtschaftliche Belastung der Krankenversicherung gemeint ist und es nicht darauf ankommt, wer dem Versicherten seine Unterstützung tatsächlich auszahlt (so auch Höhne in der Sonderveröffentlichung des Betriebsberaters, Betrieblicher Krankengeldzuschuß für Arbeiter, 1958). Diese Auslegung wird allein den realen Gegebenheiten gerecht.

Auch vom Ergebnis her gesehen ist die hier vertretene Auffassung sinnvoll. Nach § 1239 RVO kann die Rentenversicherung die Leistungen der Krankenversicherung übernehmen, sie ist jedoch nicht dazu verpflichtet. Ob die Rentenversicherung von der Übernahmemöglichkeit Gebrauch macht, hängt wesentlich von Zweckmäßigkeitsgründen, etwa im Sinne einer Vereinfachung des Verwaltungsablaufes ab. Die überwiegend verwaltungstechnische Entschließung der Rentenversicherung kann aber nicht ausschlaggebend dafür sein, ob der Arbeiter den Krankengeldzuschuß erhält oder nicht. Die Verschiebung der Zuständigkeit der Versicherungsträger, wie sie sich im Falle des § 1239 RVO zeigt, darf nach dem Sinn des ArbKrankhG den Arbeiter nicht schlechter stellen, als wenn es bei der früheren Zuständigkeit geblieben wäre. Sonst würde der Grundgedanke des ArbKrankhG, nämlich in allen durch Krankheit hervorgerufenen Fällen der Arbeitsunfähigkeit eine erhöhte wirtschaftliche Sicherheit des Arbeiters zu gewähren, nicht verwirklicht werden.

20

Wenn das Bundesarbeitsgericht zu einem Rechtssatz eine grundlegende generalisierende Entscheidung trifft, so sind alle zeitlich früher ergangenen Entscheidungen der Landesarbeitsgerichte zu diesem Rechtssatz zur Begründung einer Divergenz im Sinne des § 72 Abs. 1 Satz 3 ArbGG nicht mehr geeignet. Dabei ist es gleichgültig, ob die Entscheidungen der Landesarbeitsgerichte nur den generalisierenden Rechtssatz betreffen oder innerhalb dieses Rechtssatzes Typisierungen von Unterfällen vornehmen.

ArbGG § 72 Abs. 1 Satz 3.

II. Senat. Urteil vom 18. 12. 1958 i. S. Fa. A. (Bekl.) w. H. (Kl.) 2 AZR 269/58.

I. Arbeitsgericht Bamberg. — II. Landesarbeitsgericht Bayern, Sitz Nürnberg.

Der Kläger war seit 1947 als Schreiner in der Möbelfabrik der Beklagten beschäftigt. Am 23. November 1957 kündigte die Beklagte das Arbeitsverhältnis mit dem Kläger zum 21. Dezember 1957.

Seit 10 Jahren gewährte die Beklagte mit dem ausdrücklichen Vorbehalt der Freiwilligkeit ihren Arbeitnehmern eine Weihnachtsgratifikation. Am 21. Dezember 1957 zahlte die Beklagte an ihre Arbeitnehmer ebenfalls eine solche Gratifikation. Der Kläger, der im Vorjahre 180,— DM als Weihnachtsgratifikation erhalten hatte, erhielt nichts. Die Beklagte lehnte die Bezahlung mit der Begründung ab, der Kläger habe als gekündigter Arbeitnehmer keinen Anspruch auf die Zahlung.

Der Kläger verlangt mit der vorliegenden Klage von der Beklagten die Auszahlung der Weihnachtsgratifikation für das Jahr 1957 in der unstreitigen Höhe von 180,— DM mit der Begründung, die Beklagte verstoße gegen den Gleichbehandlungsgrundsatz, wenn sie ihm allein die Gratifikation verweigere.

Das Arbeitsgericht hat der Klage stattgegeben. Das Landesarbeitsgericht hat die Berufung der Beklagten zurückgewiesen, die Revision nicht zugelassen und den vom Arbeitsgericht festgesetzten Streitwert von 180,— DM nicht geändert. Die Beklagte verfolgt mit der von ihr eingelegten Revision das Ziel der Klageabweisung weiter und will die Statthaftigkeit der Revision auf § 72 Abs. 1 Satz 3 ArbGG stützen.

Aus den Gründen:

Da das Landesarbeitsgericht die Revision nicht zugelassen hat und der vom Arbeitsgericht festgesetzte Wert des Streitgegenstandes die in der ordentlichen Gerichtsbarkeit geltende Revisionsgrenze nicht erreicht, kann die Beklagte die Statthaftigkeit der von ihr eingelegten Revision nur auf Divergenz im Sinne des § 72 Abs. 1 Satz 2 oder 3 ArbGG stützen. Sie hat gegenüber dem Urteil des Landesarbeitsgerichts, nach dem der Gleichbehandlungsgrundsatz bei der Zahlung einer Weihnachtsgratifikation dann verletzt sein soll, wenn der Arbeitgeber generell die von ihm gekündigten Arbeitnehmer von der Zahlung ausschließe und nicht berücksichtige, ob die im Einzelfalle zur Kündigung führenden Umstände wegen eines schwerwiegenden Charakters den Ausschluß von der Gratifikation rechtfertigen, eine Reihe namentlich bezeichneter Entscheidungen von Landesarbeitsgerichten aus der Zeit von August 1953 bis Juni 1956 angeführt.

Alle diese Entscheidungen sind jedoch, jedenfalls in dem hier in Rede stehenden Zusammenhang, nicht mehr divergenzfähig, ohne daß es darauf ankommt, ob im einzelnen Falle die angefochtene Entscheidung von ihnen abweicht oder nicht.

Der Grundsatz der Gleichbehandlung ist durch das Bundesarbeitsgericht spätestens in seiner Entscheidung vom 5. Dezember 1957 — 2 AZR 474/55 — (AP Nr. 13 zu § 242 BGB Gleichbehandlung) dahin gefaßt, daß damit lediglich die sachfremde und willkürliche differenzierende Behandlung der Arbeitnehmer verboten ist, es aber gestattet ist, Ungleiches nach Maßgabe der vorhandenen Verschiedenheiten ungleich zu behandeln. Dieser, vom Bundesarbeitsgericht auch an anderer Stelle wiederholt (so BAG 3, 1 [11]; BAG AP Nr. 4 und 7 zu § 611 BGB Gratifikation; BAG AP Nr. 6 zu § 3 TO.A; BAG AP Nr. 10 zu § 242 BGB Ruhegehalt; BAG AP Nr. 4 und 5 zu § 242 BGB Gleichbehandlung) aufgestellte Rechtssatz ist seinem Inhalt nach ein allgemeiner Obersatz zu der Frage der Gleichbehandlung der Arbeitnehmer. Spätestens mit der Entscheidung vom 5. Dezember 1957 wurden alle früheren die Frage der Gleichbehandlung betreffenden Entscheidungen der Landesarbeitsgerichte zur Begründung einer Divergenz ungeeignet, und zwar nicht nur, soweit sie sich zu dem Gedanken und der Problemstellung des generalisierenden

Obersatzes äußerten, sondern auch soweit sie Typisierungen von Unterfällen vornahmen. Würden nicht auch die letzteren Entscheidungen der Landesarbeitsgerichte zur Divergenzbegründung ungeeignet werden, so würde der vom Bundesarbeitsgericht später aufgestellte Generalsatz durchlöchert und damit seine Tragweite als ein Satz eben des Bundesarbeitsgerichtes für das Institut der Divergenzrevision verkannt werden. Mit der generalisierenden Entscheidung zum Grundsatz der Gleichbehandlung hat das Bundesarbeitsgericht fundamental und umfassend zum Ausdruck gebracht, was in diesem Punkte Rechtens sein soll. Dann aber können die vorher ergangenen Entscheidungen der Landesarbeitsgerichte — ob generalisierend oder typisierend — zur Begründung der Statthaftigkeit einer Divergenzrevision nicht mehr herangezogen werden, weil im Hinblick auf jene Erkenntnisse der Landesarbeitsgerichte bei dem generellen Charakter des bundesarbeitsgerichtlichen Urteils nunmehr in jeder Hinsicht bereits eine Entscheidung des Bundesarbeitsgerichts ergangen ist. Auf eine Entscheidung des Bundesarbeitsgerichts selbst hat sich die Beklagte zur Begründung einer Divergenz nicht berufen.

Der Senat brauchte hier nicht zu entscheiden, ob eine landesarbeitsgerichtliche Entscheidung, die *nach* einer generalisierenden Entscheidung des Bundesarbeitsgerichts Unterfälle im Rahmen des Obersatzes typisiert, divergenzbegründend sein kann, oder ob die Entscheidung des Bundesarbeitsgerichts schlechthin eine Sperrwirkung auslöst. Im vorliegenden Falle sind alle von der Beklagten angeführten Entscheidungen der Landesarbeitsgerichte *vor* dem 5. Dezember 1957, dem Tage der Entscheidung des Bundesarbeitsgerichts, ergangen.

21

Bei der Vereinbarung eines übertariflichen Gehalts kann im Zweifelsfalle eine tarifliche Sozialzulage gesondert neben dem vereinbarten übertariflichen Gehalt gefordert werden. Jedoch ist eine Vereinbarung, die auch stillschweigend erfolgen kann, aber eindeutig sein muß, bei der Einstellung oder nachher dahin möglich, daß die Sozialzulage durch das übertarifliche Gehalt mit abgegolten sein soll. Die Beweislast für das Bestehen einer solchen von der Regel abweichenden Vereinbarung trägt der Arbeitgeber.

TVG § 4 Abs. 3: Sozialzulagen.

I. Senat. Urteil vom 19. 12. 1958 i. S. H. (Kl.) w. M. oHG (Bekl.)
1 AZR 42/58.

I. Arbeitsgericht Wuppertal. — II. Landesarbeitsgericht Düsseldorf.

Der Kläger trat im Jahre 1953 in das Einzelhandelsgeschäft der Beklagten als Angestellter ein. Das Vertragsverhältnis richtete sich nach dem Einstellungsschreiben vom 1. Oktober 1953, in dem es heißt:

„Hierdurch bestätigen wir die getroffene Vereinbarung bezügl. Ihrer Anstellung in unserem Hause als Chefdekorateur. ... Vorbehaltlich einer guten gegenseitigen Zusammenarbeit engagieren wir Sie daher als Chefdekorateur unseres Schaufensterateliers mit der alleinigen Befugnis in dieser Abteilung. Ihr Einkaufslimit erhalten Sie zur gegebenen Zeit und je nach den veränderten Voraussetzungen des Geschäftsganges gesondert. Bei Einstellungen und Entlassungen werden Sie von der Geschäftsleitung zu Rate gezogen. Ihr Brutto-Monatsgehalt beträgt DM 600,—, gegebenenfalls sind später weitere Steigerungen, die sich jedoch stets im Rahmen der Geschäftsentwicklung halten können, entsprechend Ihren Leistungen vorgesehen.

In diesem Zusammenhang haben wir Sie darauf aufmerksam gemacht, daß für die ausgeworfenen Gehälter in Ihrer Abteilung bestimmte Umsatzprozente als Erfahrungsrichtlinien unseres Konzerns festliegen, innerhalb der sich auch eine Gehaltssteigerung für Sie bewegen müßte. ..."

Später wurde das Gehalt des Klägers auf 700,—, schließlich auf 725,— DM monatlich erhöht.

Anwendbar ist u. a. der Gehaltstarifvertrag für den Einzelhandel in Nordrhein-Westfalen. Nach dessen § 6 müssen den Verheirateten 10,— DM Sozialzulage, den Angestellten mit Kindern unter 14 Jahren je 10,— DM Sozialzulage gezahlt werden. Das vertragliche Gehalt des Klägers, der Frau und zwei Kinder hat, lag stets um mehr als 30,— DM über dem tariflichen Gehalt.

Mit der Klage vom 18. März 1957 hat der Kläger die Zahlung von 30,— DM Sozialzulage für Januar 1956 geltend gemacht. Das Arbeitsgericht hat nach dem Klageantrag erkannt. Das Landesarbeitsgericht hat die Klage abgewiesen. Die Revision des Klägers führte zur Aufhebung und Zurückverweisung.

Aus den Gründen:

1. Das Landesarbeitsgericht ist der Auffassung, daß durch die Vereinbarung des übertariflichen Gehalts die tarifliche Sozialzulage abgegolten sei. Es handele sich bei den dem Kläger gewährten Bezügen nicht um ein ohne Rücksicht auf die soziale Lage des Klägers vereinbartes Leistungsentgelt, da die Leistungen des Klägers der Beklagten zur Zeit

seiner Einstellung noch nicht hätten bekannt sein können. Diesen habe somit bei der Festsetzung des Gehalts keine Bedeutung zukommen können. Es bleibe deshalb nur die Möglichkeit — da der Kläger eine anderweitige Vereinbarung dahin nicht habe beweisen können, daß der das Tarifgehalt übersteigende Teil des Gesamtgehalts aus anderen Gründen vereinbart worden sei —, daß mit diesem Gehaltsteil der sozialen Lage des Klägers, hier also seinem Familienstand, habe Rechnung getragen werden sollen. Da das Gesamtgehalt das Tarifgehalt plus Sozialzulage stets überstiegen habe, verstoße die so verstandene Vereinbarung nicht gegen die Unabdingbarkeit des Tarifvertrages. Der Kläger könne deshalb nicht die Sozialzulage neben dem vereinbarten Gesamtgehalt fordern, so daß seine Klage nicht begründet sei.

Bei der Prüfung, ob das mit dem Kläger vereinbarte, über dem Tarifvertrag liegende Gehalt als gegenüber der tariflichen Regelung günstiger anzusehen war, ist, wie die Revision mit Recht rügt, das Landesarbeitsgericht von einer unzutreffenden Rechtsauffassung ausgegangen. Es entspricht der heute ganz überwiegenden Meinung in der Rechtsprechung und Rechtslehre, daß bei der Prüfung der Günstigkeit ein Gesamtvergleich zwischen Tarifvertrag und Arbeitsvertrag insoweit stattfinden muß, als mehrere Regeln des Tarifvertrags oder des Arbeitsvertrags in offensichtlichem inneren Zusammenhang stehen (Hueck-Nipperdey-Tophoven, TVG, 3. Aufl., § 4 Anm. 91 mit zahlreichen Nachweisen). Ein solcher objektiver innerer Zusammenhang fehlt aber dann, wenn der Tarifvertrag einmal Löhne oder Gehälter lediglich nach der Arbeitsleistung festsetzt, davon ganz unabhängig jedoch auch ein sogenanntes Soziallohnsystem enthält. Diese sozialen Zulagen (Verheiratetenzulage und Kindergeld) sind hier einheitlich mit bestimmten Beträgen für alle Angestellten tariflich vereinbart ohne Rücksicht auf die Gehaltsgruppe, in die der einzelne Angestellte im übrigen fällt. In einem solchen Falle ist aber grundsätzlich davon auszugehen, daß die Vereinbarung eines übertariflichen Gehalts, das das tarifliche Gehalt zuzüglich der Sozialzulagen überschreitet, den Anspruch auf die Sozialzuschläge neben dem übertariflichen Gehalt für die eigentliche Arbeitsleistung nicht ausschließt. Das entspricht der ständigen Rechtsprechung des Reichsarbeitsgerichts, der sich der Senat anschließt (RAG ARS 35, 11; 40, 151; 41, 373; 44, 295).

Diese Regel ist jedoch keine zwingende. Wenn der objektive innere Zusammenhang, von dem soeben gesprochen wurde, nicht vorliegt, so können doch die Parteien des Arbeitsvertrages einen solchen Zusammenhang durch ausdrückliche oder stillschweigende, dann aber eindeutige Vereinbarung herstellen (Hueck-Nipperdey-Tophoven, a. a. O.,

Anm. 92). Es kann also eine bestimmte Art der tariflichen Regelung der einen Frage (hier der Sozialzulage) die arbeitsvertragliche Regelung einer anderen Frage (hier des übertariflichen Gesamtgehalts) bestimmen oder doch mitbestimmen. D.h.: wenn das übertarifliche Gehalt bei der Einstellung oder in einem späteren Zeitpunkt eindeutig gerade unter Berücksichtigung der nach dem Tarifvertrag zu zahlenden Sozialzulagen höher festgesetzt wird als das tarifliche Gehalt für die Arbeitsleistung plus Sozialzulagen, so haben die Parteien des Arbeitsvertrags den erforderlichen inneren Zusammenhang hergestellt. Dann sind die tariflichen Sozialzuschläge durch das im ganzen günstigere übertarifliche Gehalt abgegolten.

Die vorgenannten beiden Grundsätze stehen zueinander im Verhältnis von Regel und Ausnahme. Daraus folgt, daß in solchen Fällen der Arbeitgeber die Beweislast hat, wenn er eine entsprechende Vereinbarung behauptet.

2. Im vorliegenden Rechtsstreit fehlt es nach den Feststellungen des Landesarbeitsgerichts an eindeutigen Anhaltspunkten dafür, daß bei der Einstellung des Klägers eine Abgeltung der Sozialzulagen durch das übertarifliche Gehalt vereinbart worden wäre (wird ausgeführt).

3. Dagegen ist der Rechtsstreit noch nicht zur Endentscheidung reif, vielmehr ist seine Zurückverweisung in die Vorinstanz erforderlich. Denn es bedarf noch der Aufklärung, ob nicht nachträglich eine solche Abgeltungsvereinbarung zwischen den Parteien des Rechtsstreits zustande gekommen ist. Der Vorderrichter, der von seiner irrtümlichen Auffassung der Rechtslage aus auf diese Frage nicht einzugehen brauchte, wird bei der erneuten Verhandlung nunmehr diese Frage zu untersuchen haben. Er wird dabei insbesondere eine Beweisaufnahme darüber durchzuführen haben, ob der Kläger seinen tariflichen Anspruch auf die Sozialzulagen gekannt hat oder ob das, wie der Kläger im Rechtsstreit behauptet, nicht der Fall war. Dabei wird zu berücksichtigen sein, daß nicht nur der geltende Tarifvertrag die Sozialzulagen zugebilligt hat, sondern daß eine gleiche Regelung bereits in den früheren Tarifverträgen bis in die Zeit vor der Einstellung des Klägers bei der Beklagten bestanden hat.

Ergibt sich bei der erneuten Verhandlung, daß der Kläger seinen tariflichen Anspruch auf die Sozialzuschläge, insbesondere bei den zwischenzeitlich vorgenommenen Erhöhungen des Gehalts des Klägers, gekannt hat, so wird weiter zu prüfen sein, aus welchen Gründen der Kläger vor Juni 1956 seinen Anspruch nicht geltend gemacht hat, ob er dafür besondere Gründe hatte oder aber ob sein gesamtes Verhalten bei der Annahme des übertariflichen Gehalts nicht anders verstanden werden kann als eine Einverständniserklärung mit der Abgeltung. Nur in diesem Fall kann es bei der Klageabweisung verbleiben.

22

1. Innungen des Handwerks sind zuständig auch für Tarifverträge, die die Arbeitsverhältnisse in handwerklichen Nebenbetrieben der Deutschen Bundesbahn regeln.

2. Die Gerichte können Tarifnormen nur auf ihre Rechtmäßigkeit, nicht aber auf ihre Zweckmäßigkeit nachprüfen.

TVG §§ 1, 2; HandwO §§ 2, 47, 49, 53; Bundesbahngesetz §§ 1, 2, 41.

I. Senat. Urteil vom 19. 12. 1958 i. S. Sch. (Kl.) w. Fa. H. (Bekl.)
1 AZR 109/58.

I. Arbeitsgericht Hamburg. — II. Landesarbeitsgericht Hamburg.

Die Klägerin stand von 1955 an im Arbeitsverhältnis als Friseurin bei der Beklagten. Sie ist während des Laufes dieses Rechtsstreites am 26. August 1957 ausgeschieden. Die Beklagte betreibt auf Grund eines mit der Bundesbahndirektion Hamburg abgeschlossenen Pachtvertrages vom 11. Juni 1954 auf dem Bundesbahnhof H. ein Bahnhofsfriseurgeschäft für Herren und Damen. Dem Pachtvertrag sind die „Allgemeinen Bedingungen für die Verpachtung der Nebenbetriebe der Deutschen Bundesbahn" sowie die „Besonderen Bedingungen für die Verpachtung der Bahnhofsverkaufsstände" beigeheftet, die einen Bestandteil des Pachtvertrages bilden. Durch Schreiben vom 21. Juni 1954 an die Beklagte hat die Bundesbahndirektion die Verkaufszeiten für den Friseurbetrieb der Beklagten nach Abschnitt II Ziffer 4—8 der „Allgemeinen Verwaltungsvorschriften für die Behandlung von Bahnhofswirtschaften, Bahnhofsverkaufsstellen und Bahnhofsfriseurbetriebe" (MinBl. BWiM 1953, 519) „AVV Bahnhofsverkaufsstellen" auf werktags von 6.00 bis 22.00 Uhr und sonntags von 6.00—13.00 Uhr festgesetzt.

Zwischen der Gewerkschaft Öffentliche Dienste, Transport und Verkehr (ÖTV), der die Klägerin angehört, und der Friseurinnung Hamburg, der die Beklagte damals angehörte, aus der sie aber später ausgeschieden ist, wurde am 23. Mai 1956 ein Rahmentarifvertrag abgeschlossen, der auch für allgemeinverbindlich erklärt worden ist. Dieser Rahmentarifvertrag trat rückwirkend am 1. April 1956 in Kraft. Er hat nach § 1 folgenden Geltungsbereich:

1. Räumlich für das Gebiet der Freien und Hansestadt Hamburg.
2. Fachlich für alle Betriebe des Friseurhandwerks, insbesondere des Herren-, Damen- und Theaterfachs, der Schönheitspflege, Hand- und Fußpflege, Haarbe- und verarbeitung.
3. Persönlich für alle handwerklich tätigen Arbeitnehmer.

§ 2 dieses Rahmentarifvertrages bestimmt die Arbeitszeit in folgender Weise:

„1. Die regelmäßige Arbeitszeit ausschließlich der betrieblich vereinbarten Pausen beträgt wöchentlich 48 Stunden. Sofern die betrieblichen Verhältnisse es zulassen, kann sie durch Vereinbarung zwischen dem Betriebsinhaber und der Gehilfenschaft auf 5 ½ Werktage verteilt werden.
2. Die tägliche Arbeitszeit darf nicht vor 8.30 Uhr beginnen und muß spätestens 18.00 Uhr, Freitag 19.00 Uhr, Sonnabend 16.00 Uhr enden.
3. In Friseurbetrieben auf den Bundesbahnhöfen Hamburg-Hauptbahnhof und Hamburg-Altona sowie auf dem Flugplatz Fuhlsbüttel darf die Arbeitszeit nicht vor 7.00 Uhr beginnen und muß spätestens um 21.00 Uhr beendet sein, jedoch darf durch diese Regelung die wöchentliche Arbeitszeit von 48 Stunden nicht überschritten werden. Die außerhalb der im Absatz 2 festgelegten Arbeitszeit liegenden Arbeitsstunden sind mit einem Aufschlag von 50 % zu vergüten."

§ 3 dieses Rahmentarifvertrages enthält eine Zuschlagsregelung für Arbeitsstunden über die 48stündige Wochenarbeitszeit hinaus.

Die Parteien streiten über die Frage, ob dieser Rahmentarifvertrag auf das zwischen ihnen eingegangene Arbeitsverhältnis anwendbar ist. Die Klägerin bejaht diese Frage, während die Beklagte der Ansicht ist, den Tarifpartnern habe für die Erfassung der Arbeitsverhältnisse in dem von ihr geführten Betrieb durch einen von ihnen abgeschlossenen Tarifvertrag die Tarifzuständigkeit gefehlt, da es sich bei diesem Betrieb um einen Nebenbetrieb der Deutschen Bundesbahn handele.

Bei Zugrundelegung des Rahmentarifvertrages steht der Klägerin für die von ihr an Werktagen vor 8.30 Uhr und nach 18.00 Uhr (19.00 Uhr bzw. 16.00 Uhr) und an Sonn- und Feiertagen geleistete Arbeit ein Anspruch auf Zahlung von DM 688,22 brutto zu. Die Beklagte bestreitet für den Fall, daß der RTV anwendbar ist, diese Berechnung nicht, ist aber der Ansicht, daß dann eine Auszahlung gleichwohl an die Klägerin nicht erforderlich sei, weil diese übertarifliche Leistungen erhalten habe, die sie sich nunmehr auf den von ihr geltend gemachten tariflichen Anspruch anrechnen lassen müsse.

Vor dem Arbeitsgericht hat die Klägerin die Feststellung begehrt, daß das Arbeitsverhältnis der Parteien dem Tarifvertrag für das Friseurhandwerk in der Freien und Hansestadt Hamburg vom 23. Mai 1956 unterliege. Das Arbeitsgericht hat der Klage stattgegeben. In der Berufungsinstanz hat die Klägerin ihren Anspruch dahin umgestellt, daß sie Zahlung von DM 688,22 brutto begehrt.

Das Landesarbeitsgericht Hamburg hat den Zahlungsanspruch in Höhe von DM 33,20 für gerechtfertigt erklärt, im übrigen aber die Klage abgewiesen. Mit der Revision fordert die Klägerin die Verurteilung der Beklagten in voller Höhe, während die Beklagte im Wege der Anschlußrevision die Abweisung der Klage in vollem Umfang erstrebt.

Die Revision der Klägerin führte zur vollen Verurteilung der Beklagten.

Aus den Gründen:

1. Die Parteien haben in der Revisionsinstanz mit Recht die Rechtsfrage in den Mittelpunkt ihrer Erörterungen gestellt, ob die Tarifvertragsparteien des Rahmentarifvertrages für das Friseurhandwerk in der Hansestadt Hamburg vom 23. Mai 1956 zuständig waren, auch Bestimmungen für das Friseurgeschäft der Beklagten im Bundesbahnhof Hamburg-Altona zu erlassen. Denn auch tariffähige Verbände können einen bestimmten Tarifvertrag nur dann mit Rechtswirksamkeit und mit der Folge der Tarifbindung nach § 4 TVG abschließen, wenn sie für den Abschluß des Tarifvertrages zuständig sind (vgl. Hueck-Nipperdey, Lehrbuch des Arbeitsrechts, 6. Aufl., Band 2, S. 113, S. 301 f.; Hueck-Nipperdey-Tophoven, TVG 3. Aufl., § 2 Anm. 36). Auch ein im übrigen tariffähiger Verband kann einen Tarifvertrag nicht mit einem solchen betrieblichen Geltungsbereich abschließen, der über den Bereich hinausgeht, aus dem der Verband nach seiner Satzung Mitglieder aufnehmen kann; denn es ist Aufgabe der Tarifvertragsparteien, die Arbeitsverhältnisse ihrer Mitglieder durch Setzung tariflicher Normen zu ordnen. Gewerkschaften und Arbeitgeberverbände können sonach Tarifverträge nur im Rahmen ihrer Satzung und der die Verbände konstitutierenden Prinzipien, d. h. innerhalb ihres Organisations- oder Zuständigkeitsgebietes abschließen. Gehen die Verbände über diese Zuständigkeit hinaus, wollen sie also Arbeitsverhältnisse tariflich ordnen, für deren Ordnung sie nicht zuständig sind, so wäre ein solcher Tarifvertrag mangels Tarifzuständigkeit eines Verbandes oder beider Verbände für diesen Tarifvertrag insoweit nicht rechtswirksam, er könnte daher auch diese Ar-

beitsverhältnisse nicht ordnen; er könnte dies auch dann nicht, wenn er für allgemeinverbindlich erklärt würde.

2. Wendet man diese Grundsätze auf den vorliegenden Rechtsstreit an, so ist festzustellen, daß Bedenken gegen die Tarifzuständigkeit einer der beiden vertragschließenden Organisationen hinsichtlich des RTV für das Friseurhandwerk in der Freien und Hansestadt Hamburg nicht bestehen.

a) Auf der Arbeitnehmerseite ist der Rahmentarifvertrag von der Gewerkschaft ÖTV abgeschlossen. Diese Gewerkschaft schließt, ebenso wie ihre Vorgänger vor 1933, schon von jeher auch Tarifverträge für das Friseurgewerbe ab und zählt die Arbeitnehmer dieses Handwerks zu ihren Mitgliedern. Insoweit hat auch die Beklagte keine rechtlichen Bedenken erhoben. Es kommt hinzu, daß das Organisationsgebiet der ÖTV, wie es in § 2 ihrer Satzung vom 1./6. Juni 1958 umschrieben ist, das gesamte Gesundheitswesen umfaßt und daß nach § 4 Arbeitnehmer aus dem gesamten Organisationsgebiet Mitglieder der ÖTV werden können. Zum Gesundheitswesen in einem weiteren Sinn kann aber auch das Friseurhandwerk gerechnet werden, zumals dies der Überlieferung entspricht.

b) In der Friseurinnung Hamburg haben sich die selbständigen Handwerker des Friseurgewerbes zusammengeschlossen (vgl. §§ 47, 53 der HandwO). Diese Innung hat die Aufgabe, die gemeinsamen gewerblichen Interessen ihrer Mitglieder zu fördern (§ 49 Abs. 1 a. a. O.). Sie ist nach § 49 Abs. 3 Nr. 1 a. a. O. tariffähig. Sie ist damit also nach ausdrücklicher gesetzlicher Regelung zuständig, für handwerkliche Friseurbetriebe Tarifverträge abzuschließen. Demgegenüber kann nicht eingewendet werden, daß ihr die Zuständigkeit zum Abschluß eines Tarifvertrages fehle, der auch die Arbeitsverhältnisse im Betrieb der Beklagten regelt. Bei diesem Betrieb handelt es sich um einen Betrieb des Friseurhandwerks im Sinne des § 1 Nr. 2 RTV. Es trifft zwar zu, daß nach § 41 des Bundesbahngesetzes für die Nebenbetriebe der Bundesbahn, die den Bedürfnissen des Eisenbahn- und Schiffahrtsbetriebes und -verkehrs der Deutschen Bundesbahn zu dienen bestimmt sind — zu diesen gehört auch der Friseurbetrieb der Beklagten —, die Gewerbeordnung und das Gaststättengesetz nicht gelten. Auch gelten für solche Nebenbetriebe die Vorschriften über die Allgemeinen Ladenschlußzeiten des Ladenschlußgesetzes nicht (§ 8 a. a. O.). Für Friseurbetriebe auf Personenbahnhöfen gilt darüber hinaus das Ladenschlußgesetz nicht, soweit es sich um die Ausübung des Friseurhandwerks handelt (§ 18 a. a. O.). Der Bundesminister für Verkehr kann nach § 41 Abs. 2 des Bundesbahngesetzes gemeinsam mit dem Bundesminister für Wirtschaft und dem Bundesminister für Arbeit allgemeine Verwaltungsvorschriften für diese Nebenbetriebe erlassen, um die Versorgung der Reisenden mit Reisebedarf außerhalb der ortsüblichen Geschäftszeit zu ermöglichen (für den Bereich des Ladenschlußgesetzes vgl. weiter § 8 Abs. 2 a. a. O.). Solche allgemeinen Verwaltungsvorschriften für die Behandlung von Bahnhofswirtschaften, Bahnhofsverkaufsstellen und Bahnhofsfriseurbetrieben sind am 9. November 1953 erlassen (MinBl.BWiM 1953 S. 519) und am 1. Januar 1954 in Kraft getreten. Es braucht nicht erörtert zu werden, ob diese Verwaltungsvorschriften zum Teil auch Rechtsverordnungscharakter haben und daher normativ gelten. Jedenfalls aber schränken sie die Tariffähigkeit und die Tarifzuständigkeit der Sozialpartner nicht ein. Denn in keiner der Bestimmungen ist etwa das Tarifvertragsgesetz für den Bereich der Bundesbahnnebenbetriebe als nicht anwendbar erklärt worden, oder sind Tarifverträge über die Arbeitsverhältnisse der Arbeitnehmer in solchen Nebenbetrieben ausgeschlossen oder eingeschränkt worden. Vielmehr ist in Abschnitt III Ziffer 1 ausdrücklich bestimmt worden, daß der Pächter eines solchen Nebenbetriebes der Bundesbahn durch den Pachtvertrag anzuhalten ist, bestimmte arbeitsschutzrechtliche und arbeitsrechtliche Vorschriften zu beachten. Die Aufzählung dieser Bestimmungen ist eingeleitet mit den Worten: „Soweit in Tarifverträgen nichts anderes vereinbart ist, sind dies insbesondere die Vorschriften über ...". Daraus ist ersichtlich, daß auch für Bundesbahnnebenbetriebe die nach dem fachlichen und betrieblichen Geltungsbereich maßgebenden Tarifverträge der zuständigen Tarifpartner gelten sollen. Insbesondere enthalten aber die Allgemeinen Verwaltungsvorschriften keine Bestimmungen über die Löhne der Arbeitnehmer oder die Vergütung für die von ihnen zu bestimmten Arbeitszeiten geleistete Arbeit. Dies gilt auch für solche Arbeitszeiten, die dadurch erforderlich werden, daß wie hier, auf Grund des Abschnittes II Ziffer 4 und 8 der Allgemeinen Verwaltungsvorschriften bestimmte, die örtlich geltenden Verkaufszeiten überschreitende Verkaufszeiten festgesetzt werden. Ob die Arbeitnehmer eines solchen Nebenbetriebes verpflichtet sind, während der durch die Bundesbahndirektion festgelegten Öffnungszeiten Arbeit zu leisten, und welche Vergütung sie für die während dieser Öffnungszeiten geleistete Arbeit erhalten, ist weder Gegenstand der Allgemeinen Verwaltungsvorschriften, noch konnten diese Allgemeinen Verwaltungsvorschriften überhaupt darüber Bestimmungen treffen. Insoweit handelt es sich vielmehr um rein arbeitsrechtliche Fragen, die auf Grund von

Tarifverträgen der nach der Verbandsorganisation zuständigen Tarifpartner oder arbeitsvertraglich zu regeln waren.

Es kommt noch folgendes hinzu: nach der ausdrücklichen Vorschrift des § 2 Ziffer 2 in Verbindung mit § 2 Ziffer 1 der Handwerksordnung gelten die Vorschriften dieses Gesetzes für selbständige Handwerker auch für handwerkliche Nebenbetriebe, die mit einem Versorgungs- oder sonstigem Betrieb des Bundes, der Länder, der Gemeinden und der sonstigen juristischen Personen des öffentlichen Rechts verbunden sind, in denen Waren zum Absatz an Dritte handwerksmäßig hergestellt oder Leistungen für Dritte handwerksmäßig bewirkt werden. Die Deutsche Bundesbahn ist nach § 1 des Bundesbahngesetzes vom 13. Dezember 1951 ein nicht rechtsfähiges Sondervermögen des Bundes mit eigener Wirtschafts- und Rechnungsführung. Dieses Sondervermögen wird von der Bundesrepublik Deutschland verwaltet. Es hat nach § 2 a. a. O. im Rechtsverkehr die Stellung einer juristischen Person. Danach kann kein Zweifel bestehen, daß die Bundesbahn zu den öffentlich-rechtlichen Stellen im Sinne des § 2 Ziffer 1 und 2 der HandwO gehört. Ist aber der Betrieb der Beklagten, wie sich aus diesen Vorschriften, insbesondere auch aus § 41 des Bundesbahngesetzes ergibt, ein solcher Nebenbetrieb der Bundesbahn, so ist er danach als selbständiger Handwerksbetrieb anzusehen. Dies gilt zunächst nach der Vorschrift des § 2 der HandwO für den Bereich dieses Gesetzes, also für den Bereich der Handwerksordnung. In dieser sind aber die Rechtsverhältnisse der Handwerksinnungen, insbesondere ihre Tariffähigkeit, ausdrücklich geregelt. Die Verbindung von § 2 und § 49, insbesondere § 49 Abs. 3 der HandwO ergibt daher, daß die Friseurinnung Hamburg als Handwerksinnung im Sinne der Handwerksordnung die Arbeitsverhältnisse auch in einem handwerklichen Nebenbetrieb der Bundesbahn mit dem Sozialpartner auf der Arbeitnehmerseite durch Tarifverträge regeln konnte. Der Senat hat darüber hinaus keine Bedenken, die Bestimmung des § 2 HandwO auf dem Gebiete des Tarifvertragsrechts überall da anzuwenden, wo von handwerklichen Betrieben die Rede ist.

Nach alledem bestehen gegen die Tarifzuständigkeit der Friseurinnung Hamburg auch für einen im Betrieb der Beklagten geltenden Tarifvertrag keine Bedenken.

3. Ist somit der Tarifvertrag vom 23. Mai 1956 angesichts der Tarifzuständigkeit beider Tarifpartner und angesichts des fachlichen und persönlichen Geltungsbereichs des Tarifvertrages auf den Betrieb der Beklagten und die in diesem Betrieb bestehenden Arbeitsverhältnisse in vollem Umfange anzuwenden, was das Landesarbeitsgericht nicht mit

voller Klarheit erkannt hat, so kann es auf die tarifpolitischen Ausführungen des landesarbeitsgerichtlichen Urteils und der Anschlußrevision nicht ankommen. Das Gericht hat ordnungsgemäß zustande gekommene Tarifnormen nur auf ihre Rechtmäßigkeit, nicht aber auch auf ihre Zweckmäßigkeit zu prüfen. Gegen die Rechtmäßigkeit der hier vorliegenden Normen bestehen keine Bedenken. Wenn die Beklagte der Ansicht ist, daß die Bestimmungen des Rahmentarifvertrages über die Bezahlung der Früh- und Spätarbeitszeiten ihrer besonderen Lage nicht hinreichend Rechnung tragen, so konnte sie sich für spätere Tarifverträge durch Austritt aus der Innung der Tarifbindung entziehen, es sei denn, daß ein solcher späterer Tarifvertrag für allgemeinverbindlich erklärt würde. Jedoch entfällt die volle Tarifwirkung des hier in Rede stehenden Vertrages durch den Austritt aus der Innung, den die Beklagte nach Abschluß des Tarifvertrages, aber noch während dessen Geltungsdauer erklärt hat, nach der ausdrücklichen Vorschrift des § 3 Abs. 3 TVG nicht, solange dieser Tarifvertrag besteht. Zudem ist der Tarifvertrag auch für allgemeinverbindlich erklärt worden. Im übrigen hat die Beklagte für die Zukunft die Möglichkeit, wenn sie der Innung angehört, auf eine stärkere Berücksichtigung ihrer besonderen Lage in den Tarifverhandlungen hinzuwirken. Sie hat weiter, wenn sie der Innung nicht angehört und die von dieser abgeschlossenen Tarifverträge nur im Falle der Allgemeinverbindlicherklärung auf die Arbeitsverhältnisse in ihrem Betrieb Anwendung finden, die Möglichkeit, in dem Verfahren über die Allgemeinverbindlicherklärung nach § 5 TVG Bedenken zu erheben. Schließlich ist es nicht ausgeschlossen, daß der Verband des Deutschen Bahnhofshandels e. V. mit dem Sitz in Tegernsee, dem die Beklagte angehört, seinerseits den Versuch macht, mit der ÖTV Tarifverträge abzuschließen, die dann nach dem Grundsatz des Spezialitätsprinzips für Bahnhofsfriseurbetriebe einem allgemeinen Tarifvertrag für das Friseurhandwerk vorgehen würden.

Ist sonach der Tarifvertrag auf das Arbeitsverhältnis der Klägerin anwendbar und sind die in diesem Tarifvertrag getroffenen Rechtsnormen wirksam, so kann die Klägerin nach Maßgabe des § 2 Abs. 3 und des § 3 die von ihr beanspruchten Vergütungen verlangen. § 2 Abs. 3 kann nur dahin ausgelegt werden, daß alle vor 8.30 Uhr und nach 18.00 Uhr (freitags 19.00 Uhr, sonnabends 16.00 Uhr) geleisteten Arbeitsstunden mit dem Zuschlag von 50 % zu vergüten sind. Eine anderweite Zuschlagsregelung enthält § 2 Abs. 3 auch nicht für die dort erwähnten Friseurbetriebe auf den Bundesbahnhöfen und auf dem Flugplatz, zu denen auch der Betrieb der Beklagten gehört. Sie folgt nicht bereits daraus, daß für diese Betriebe eine andere als die für sonstige Betriebe geltende Arbeitszeit zugelassen ist.

4. Der Höhe nach ist die Klageforderung unstreitig. Die Beklagte selbst räumt ein, daß bei Zugrundelegung des Tarifvertrages die Klägerin den tariflichen Anspruch in der von ihr geltend gemachten Höhe (DM 688,22) hat. Wenn die Beklagte demgegenüber geltend machen will, die Klägerin könne Auszahlung dieses Betrages deshalb nicht mehr verlangen, weil sie über den Tarif hinaus andere Leistungen von der Beklagten erhalten habe (Bedienungsprozente, Gestellung von Arbeitskleidung und Handwerkszeug, Übernahme der Kosten für das Schleifen von Messern und Scheren), so ist das unschlüssig. Es mag dahingestellt bleiben, ob alle diese Leistungen von der Beklagten der Klägerin gewährt worden sind. Jedenfalls aber hat die Beklagte nicht vorgetragen, daß mit der Klägerin ausdrücklich oder doch jedenfalls eindeutig vereinbart worden wäre, die wegen der früh und spät geleisteten Arbeitsstunden fälligen Zuschläge sollten durch die genannten, übrigens in keinem inneren Zusammenhang mit der Klageforderung stehenden Leistungen abgegolten sein. Eine solche Vereinbarung wäre aber erforderlich gewesen, wenn die Beklagte sich auf die Abgeltung von Tarifansprüchen durch übertarifliche Leistungen berufen will.

23

1. Ob gegenüber dem Einwand des Ablaufs einer tariflichen Ausschlußfrist der Gegeneinwand der Arglist begründet ist, kann nicht grundsätzlich ein für alle Male, sondern nur nach den Besonderheiten des einzelnen Falles entschieden werden.

2. Der Ablauf der Ausschlußfrist des § 9 Abs. 1 des Bundesrahmentarifvertrages für das Baugewerbe vom 6. Juli 1956 steht dem Anspruch des entlassenen Bauarbeiters auf die Übergabe der ordnungsmäßig geklebten Urlaubskarte regelmäßig auch dann entgegen, wenn der Arbeitgeber grob fahrlässig es unterlassen hat, die Urlaubsmarken zu kleben.

BGB § 242 (Einrede der Arglist); TVG § 4 Abs. 4 Satz 3 (Ausschlußfristen); Bundesrahmentarifvertrag für das Baugewerbe vom 6. 7. 1956 § 9 Abs. 1.

II. Senat. Urteil vom 19. 12. 1958 i. S. Fa. B. (Bekl.) w. l. M. u. a. (Kl.) 2 AZR 141/58.

I. Arbeitsgericht Lingen. — II. Landesarbeitsgericht Hannover.

Die Beklagte betreibt in Niedersachsen den Straßen- und Tiefbau. In ihrem Betriebe waren die beiden Kläger als Arbeiter seit einigen Jahren mit Unterbrechungen beschäftigt. Am 18. März 1957 entließ die Beklagte sie wegen Arbeitsverweigerung fristlos. Urlaubskarten hat sie den Klägern bei der Entlassung nicht ausgehändigt. Die Kläger haben auch bis zum 12. Juni 1957 die Aushändigung nicht schriftlich verlangt.

Noch im März 1957 klagten die beiden Kläger verschiedene für die Revisionsinstanz nicht mehr interessierende Ansprüche ein. Diese Klage erweiterten sie in der mündlichen Verhandlung vom 12. Juni 1957 auf die Herausgabe ihrer Urlaubskarten mit geklebten Urlaubsmarken, und zwar der Kläger M. mit einem Markenwert von 178,— DM zuzüglich 20 % SV-Marken im Werte von 35,60 DM, der Kläger B. mit einem Markenwert von 175,20 DM zuzüglich 20 % SV-Marken im Werte von 35,04 DM; für den Fall, daß die Beklagte dies binnen einer Frist von vierzehn Tagen seit Zustellung des Urteils nicht täte, verlangten sie Schadensersatz.

Ob die Beklagte Urlaubskarten der Kläger besitzt, auf welchen Zeitraum, ob für das Jahr 1956 oder 1957, sich die herausverlangten Urlaubskarten und die zu klebenden Marken erstrecken sollen, ist weder aus den Akten noch aus den Tatbeständen der Urteile beider Vorinstanzen ersichtlich.

Beide Vorinstanzen haben dem Klageantrag stattgegeben.

Auf die Revision der Beklagten wurde das Urteil des LAG aufgehoben und die Sache zurückverwiesen.

Aus den Gründen:

1. Den Arbeitsvertrag jeder der beiden Kläger beherrschen, worüber zwischen den Parteien kein Streit besteht, der Bundesrahmentarifvertrag für das Baugewerbe vom 6. Juli 1956 — im folgenden: RTV — und die Anlage 2 zu diesem RTV — im folgenden: Urlaubsmarkenregelung —.

§ 8 RTV legt zunächst den Jahresurlaub und das Urlaubsgeld fest und überläßt die Bestimmungen über die Einzahlung, Verwaltung und Auszahlung des Urlaubsgeldes der Urlaubsmarkenregelung. § 9 Abs. 1 RTV lautet:

„§ 9

Ausschlußfristen

Alle beiderseitigen Ansprüche aus dem Arbeitsverhältnis und solche, die mit dem Arbeitsverhältnis in Verbindung stehen, verfallen, wenn sie nicht innerhalb von 2 Monaten nach der Fälligkeit gegenüber der anderen Vertragspartei schriftlich erhoben werden."

Die Urlaubsmarkenregelung bestimmt in:

„§ 3

Urlaubskarten

Der Arbeitgeber hat für jeden Arbeitnehmer nach der Einstellung eine Urlaubskarte, soweit noch nicht vorhanden, auf dessen Namen auszustellen.

Scheidet der Arbeitnehmer aus dem Betrieb aus, so ist die Urlaubskarte mit den übrigen Arbeitspapieren auszuhändigen. Der Arbeitnehmer ist verpflichtet, die Urlaubskarte dem nächsten Arbeitgeber zusammen mit den Arbeitspapieren zu übergeben.

§ 4

Errechnung des Urlaubsgeldes

. . .

. . .

Das Urlaubsgeld ist in der Lohnabrechnung zur Kenntnis des Arbeitnehmers auszuweisen.

§ 5

Einzahlung des Urlaubsgeldes und Kleben der Urlaubsmarken

Der Arbeitgeber ist verpflichtet, das Urlaubsgeld spätestens 5 Tage nach der Lohnabrechnung auf eines der bei den öffentlichen Sparkassen eingerichteten Konten der Gemeinnützigen Urlaubskasse für die Bauwirtschaft einzuzahlen. Er erhält von der Einzahlungsstelle den Gegenwert in Urlaubsmarken. Diese sind unverzüglich und ordnungsgemäß entsprechend dem für den einzelnen Arbeitnehmer errechneten Urlaubsgeldbetrag in die Urlaubskarte des Arbeitnehmers einzukleben und mit der Angabe der Lohnzahlungsperiode zu entwerten. Mit dem ordnungsgemäßen Verkleben der Urlaubsmarken ist der Urlaubsgeldanspruch des Arbeitnehmers jeweils abgegolten. Die Auszahlung des Urlaubsgeldes mit der laufenden Lohnzahlung ist unzulässig.

. . .".

2. Das Landesarbeitsgericht unterscheidet zwischen dem Anspruch auf die Herausgabe der Urlaubskarten in dem Zustande, in dem sie sich befinden, und dem Anspruch „auf Entrichtung (Kleben) von Urlaubsmarken".

Zur Herausgabe der Urlaubskarten in dem Zustande, in dem sie sich befinden, ist die Beklagte nach dem Tatbestand des angefochtenen Urteils bereit.

In der Urlaubskarte sieht das Landesarbeitsgericht ein Legitimationspapier; an ihm stehe dem Arbeitnehmer das Eigentum zu; die Ausschlußfrist versage gegenüber diesem sachenrechtlichen Anspruch.

Dieser Rechtsansicht pflichtet die Revisionsbegründung ausdrücklich bei. Die Beklagte ist im Ergebnis auch zur Herausgabe der Karten in dem Zustande, in dem sie sich befinden, bereit. Daher braucht das Revisionsgericht nicht zu prüfen, welche Rechtsgrundlage dieser Herausgabeanspruch an sich hat und ob er von der Ausschlußfrist des § 9 Abs. 1 RTV berührt wird.

3. Den „Anspruch auf Entrichtung (Kleben) von Urlaubsmarken" (gemeint ist wohl die in § 5 der Urlaubsmarkenregelung bestimmte Verpflichtung des Arbeitgebers, das Urlaubsgeld einzuzahlen, den Gegenwert in Urlaubsmarken in Empfang zu nehmen und die Urlaubsmarken in die Urlaubskarte einzukleben) hält das Landesarbeitsgericht für einen „schuldrechtlichen Leistungsanspruch". Auch insoweit erhebt die Revision keine Bedenken. Die Ansicht des Landesarbeitsgerichts läßt auch einen Rechtsirrtum nicht erkennen.

4. Grundsätzlich bezieht das Landesarbeitsgericht die Ausschlußfrist des § 9 Abs. 1 RTV auch auf diesen Leistungsanspruch. Dies kann nach der allgemeinen Fassung des § 9 RTV hier keinen rechtlichen Bedenken unterliegen.

§ 8 Ziff. 6 des RTV besagt — entgegen der von den Klägern in der Revisionsinstanz vertretenen Ansicht — nichts Gegenteiliges. Diese Bestimmung regelt, bis zu welchem Zeitpunkt der Urlaubsanspruch aus dem vergangenen Urlaubjahr in das neue Urlaubsjahr übertragen werden kann; sie steht der Anwendung der Verwirkungsbestimmung des § 9 RTV auf den Urlaubsanspruch des ausgeschiedenen Arbeitnehmers nicht entgegen. Das gilt auch für § 9 der Urlaubsmarkenregelung. Denn in dieser Bestimmung ist lediglich der Fall geregelt, daß der Arbeitnehmer die ordnungsmäßig mit Urlaubsmarken beklebte und ihm ausgehändigte Urlaubskarte nicht innerhalb bestimmter Frist der Gemeinnützigen Urlaubskasse zur Einlösung vorgelegt hat. Diese Bestimmung betrifft nur das Verhältnis zwischen dem Arbeitnehmer und der Gemeinnützigen Urlaubskasse, während es sich hier um die Rechtsbeziehung zwischen Arbeitgeber und Arbeitnehmer handelt, für die § 9 RTV gilt.

Nur für Ansprüche aus den Urlaubsgesetzen ist streitig, ob ihre Geltendmachung durch tarifliche Ausschlußfristen beschränkt werden darf. Der Anspruch der Kläger auf die Herausgabe ihrer ordnungsmäßig geklebten Urlaubskarten gründet sich aber nicht auf ein Urlaubsgesetz, sondern auf den RTV und die Urlaubsmarkenregelung.

5. Gleichwohl versagt das Landesarbeitsgericht unter dem Gesichtspunkt des § 242 BGB der Ausschlußfrist ihre Wirkung. Die Berufung auf eine Ausschlußfrist würde, so meint das Landesarbeitsgericht, eine offen-

sichtliche Umgehung des Tarifs sanktionieren, wenn über die Anwendbarkeit der Tarifbedingungen auf das Arbeitsverhältnis in rechtlicher und tatsächlicher Beziehnug keine Zweifel bestehen könnten. Die Vorschriften des RTV und der Urlaubsmarkenregelung seien eindeutig. Die Beklagte habe sich zumindest grob fahrlässig über sie hinweggesetzt, indem sie nicht wenigstens fünf Tage nach der Lohnabrechnung das Urlaubsgeld gegen die Einlösung entsprechender Urlaubsmarken bei der Urlaubskasse eingezahlt habe.

Zu Recht greift die Revision diese Ausführungen mit einer materiellen und einer verfahrensrechtlichen Rüge an.

§ 9 RTV enthält, wie das Landesarbeitsgericht richtig sieht, nicht eine die Anwendung von Treu und Glauben ausschließende (RGZ 146, 38; 152, 338) verfahrensrechtliche Ausschlußfrist, sondern hat materiellen Inhalt. Auch hiergegen wendet sich die Revision nicht. Der sachlichrechtliche Gesichtspunkt von Treu und Glauben beherrscht daher auch die Ausschlußfrist des § 9 RTV.

Eine tarifliche Ausschlußfrist will der Gefahr vorbeugen, daß eine Partei des Arbeitsvertrages noch nach längerer Zeit, soweit nicht eine Verjährungsfrist abgelaufen ist, Ansprüche aus dem Arbeitsverhältnis geltend machen kann, und will so beide Teile durch die Androhung des Verlustes ihrer Ansprüche zwingen, diese binnen der als angemessen angenommenen Ausschlußfrist in der näher bezeichneten Form gegenüber dem anderen Teil geltend zu machen. Dies soll einer raschen Befriedung im Arbeitsleben dienen; zudem erschwert jede Verzögerung der Erledigung zweifelhafter Ansprüche die zuverlässige Feststellung der maßgebenden Tatsachen.

Die Ausschlußfrist erstreckt sich daher ihrem Wesen nach gerade auch auf tarifliche Ansprüche; dies erkennt § 4 Abs. 4 Satz 3 TVG auch ausdrücklich an.

Ob nun dem Einwand des Ablaufs einer solchen Ausschlußfrist der Gegeneinwand der Arglist mit Erfolg entgegengesetzt werden kann, kann nicht ein für allemal grundsätzlich entschieden werden, sondern richtet sich nach den Besonderheiten des einzelnen Falles. Schon allein der Umstand, daß ein noch im ungekündigten Arbeitsverhältnis befindlicher Arbeitnehmer — verständlicherweise und auch für den Arbeitgeber erkennbar — größere Hemmungen in der rechtzeitigen Geltendmachung seiner Ansprüche haben wird als der Arbeitnehmer, dem der Arbeitgeber bereits gekündigt oder den er gar entlassen hat, hindert, beide Fälle gleich zu behandeln.

Der vorliegende Fall liegt besonders.

Beide Kläger hatte die Beklagte wegen Arbeitsverweigerung fristlos entlassen. Mit ihrer Wiedereinstellung konnten die Kläger daher nicht gut rechnen. Sie hatten auch alsbald nach ihrer Entlassung wegen anderer Ansprüche die Beklagte verklagt.

Beide Kläger waren seit mehreren Jahren Bauarbeiter. Ihnen war daher ebenso wie der Beklagten — jedenfalls stellt das Landesarbeitsgericht nichts Gegenteiliges fest — die tarifliche Urlaubsregelung geläufig. Genauso wie die Beklagte wußten auch sie oder mußten sie wenigstens wissen, daß der Arbeitgeber seinen Bauarbeitern das bei jeder Lohnabrechnung zu verrechnende Urlaubsgeld nicht in bar auszahlen darf, sondern zur Anschaffung von Urlaubsmarken zu verwenden, diese Urlaubsmarken in eine Urlaubskarte einzukleben und zu entwerten sowie daß er die geklebte Urlaubskarte seinen Bauarbeitern bei der Entlassung zusammen mit den übrigen Arbeitspapieren auszuhändigen hat. Der völlig ungeklärte Sachverhalt läßt durchaus die Möglichkeit zu, daß die Beklagte den Klägern das ihnen zustehende Urlaubsgeld entweder regelmäßig bei der jeweiligen Lohnzahlung oder bei der Entlassung ausgezahlt hat und daß die Kläger es angenommen haben, also mit dieser Regelung einverstanden waren.

Unter diesen Umständen tragen die Ausführungen des Landesarbeitsgerichts, daß die Beklagte grob fahrlässig ihre Verpflichtungen aus der Urlaubsmarkenregelung nicht rechtzeitig erfüllt habe, den Gegeneinwand der Arglist nicht; auch die Kläger haben sich möglicherweise tarifwidrig verhalten, indem sie unter Mißachtung der tariflichen Urlaubsmarkenregelung das Urlaubsgeld in bar in Empfang genommen haben; sie können daher ihrerseits aus dem tarifwidrigen Verhalten der Beklagten einen Verstoß gegen Treu und Glauben nicht herleiten. Nur wenn die Beklagte die Kläger in den Glauben versetzt hätte, sie hätte die Urlaubsmarken rechtzeitig angeschafft und rechtzeitig in die Urlaubskarten eingeklebt, und wenn die Kläger daher im Vertrauen auf das tariftreue Verhalten der Beklagten die rechtzeitige Geltendmachung ihrer Ansprüche unterlassen hätten, würde die Beklagte arglistig handeln, wenn sie sich trotzdem auf den Ablauf der Ausschlußfrist beriefe.

24

1. Zur sogenannten uneigentlichen Eventualantragstellung.

2. Der Begriff des wichtigen Grundes in § 133 b GewO ist derselbe wie in § 626 BGB.

3. Soweit §§ 133 c, 133 d GewO noch eine Reihe von besonderen Kündigungsgründen aufzählen, sind diese lediglich beispielhafte Erscheinungsformen des „wichtigen Grundes" im Sinne von § 133 b GewO, bei denen ebenfalls jeweils abzuwägen ist, ob bei Vorliegen einer der in §§ 133 c, 133 d GewO genannten Kündigungsgründe dem Kündigenden die Fortsetzung des Arbeitsverhältnisses bis zum Ablauf der ordentlichen Kündigungsfrist zuzumuten ist oder nicht. Das gilt jedenfalls dann, wenn derjenige, dem gekündigt wurde, durch sein Vorbringen eine umfassende, über die Prüfung der besonderen Tatbestände der §§ 133 c, 133 d GewO hinausgehende Bewertung geltend macht.

4. Reichen die Gründe, die vor der außerordentlichen fristlosen Kündigung entstanden sind, zur fristlosen Kündigung nicht aus, so vermögen später entstandene Kündigungsgründe die vorhergegangene Kündigung nicht zu rechtfertigen. Sie kommen nur für eine neue Kündigung als Kündigungsgrund in Betracht (Bestätigung des Urteils des Zweiten Senates des Bundesarbeitsgerichts vom 3. Mai 1956 — 2 AZR 388/54 — BAG 3, 13 [15]).

GewO §§ 133 b, 133 c Abs. 1 Ziff. 5, 133 d; BGB § 626; ZPO § 260.

II. Senat. Urteil vom 19. 12. 1958 i. S. H. (Kl.) w. D. A. (Bekl.)
2 AZR 390/58.

I. Arbeitsgericht Hamburg. — II. Landesarbeitsgericht Hamburg.

Der Kläger war seit dem 1. Mai 1957 bei der Beklagten, einem mit der Reparatur und Überprüfung von Flugzeugen befaßten Unternehmen, als technischer Angestellter beschäftigt. Sein Monatsbruttogehalt betrug 450,— DM; als Kündigungsfrist war eine solche von einem Monat zum Monatsende vereinbart. Ihm wurde von der Beklagten am 27. August 1957 aus Anlaß einer Auseinandersetzung, die der Kläger mit dem Inhaber der Beklagten hatte, fristlos gekündigt.

Der Kläger hat behauptet, der Anlaß dieser Auseinandersetzung sei gewesen, daß der Inhaber der Beklagten zu Unrecht von ihm verlangt habe, die von zwei anderen Prüfern an einem Flugzeug vorgenommene 100 Stundenkontrolle in das Bordbuch des betreffenden Flugzeuges einzutragen, was er aber deshalb habe ablehnen müssen, weil er die betreffende Kontrolle nicht selbst vorgenommen hatte. Die Beklagte hat demgegenüber behauptet, der Kläger habe die von ihm verlangte Eintragung in das Bordbuch des Flugzeuges nicht verweigern dürfen, weil es einer weiteren Prüfung durch den Kläger nicht bedurft habe. Bei der durch seine Weigerung entstandenen Auseinandersetzung habe der Kläger den Inhaber der Beklagten u. a. als „Erpresser", „Verbrecher" und

„Offiziersschuft" bezeichnet und angekündigt, er werde die Beklagte wirtschaftlich schädigen, was er in der Folgezeit auch fortlaufend wahr gemacht habe.

In der ersten Instanz hatte der Kläger beantragt, festzustellen, daß das zwischen den Parteien bestehende Arbeitsverhältnis durch die Kündigung vom 27. August 1957 nicht aufgelöst worden ist. Weiter hatte er in der ersten Instanz von der Beklagten Zahlung von Urlaubsabgeltung, von Auslagen für den Stellungsantritt bei der Beklagten sowie Kosten und Auslagen aus Anlaß dieses Rechtsstreites im Gesamtbetrag von 321,— DM sowie rückständigen Lohn im Betrag von 29,— DM, insgesamt somit 350,— DM verlangt. Das Arbeitsgericht hat durch Teilurteil die Feststellungsklage abgewiesen; in demselben Teilurteil hat es über die Zahlungsklage insoweit befunden, als mit ihr die oben genannten drei ersten Posten im Gesamtbetrag von 321,— DM vom Kläger geltend gemacht worden sind; auch insoweit hat es die Klage abgewiesen. In der Berufungsinstanz hat der Kläger seinen Feststellungsantrag bezüglich der Kündigung wiederholt sowie weiter beantragt, die Beklagte zu verurteilen, ihm „den durch die unrechtmäßige fristlose Kündigung entstandenen Schaden zu ersetzen". Das Landesarbeitsgericht hat „die Berufung des Klägers gegen das Teilurteil des Arbeitsgerichts als unbegründet zurückgewiesen". Es hat den vom Arbeitsgericht für das Teilurteil auf 1700,— DM festgesetzten Streitwert für die Berufungsinstanz erneut auf 1700,— DM festgesetzt und eine Revision nicht zugelassen.

Mit der Revision, deren Statthaftigkeit er auf eine Divergenz des angefochtenen Urteils zu mehreren Urteilen des Bundesarbeitsgerichts stützt, hat der Kläger sein Klageziel im Sinne seiner Berufungsanträge weiter verfolgt. Sie führte zur Aufhebung und Zurückverweisung.

Aus den Gründen:

I. Es bedarf zunächst der Klarstellung, worüber das Landesarbeitsgericht in dem angefochtenen Urteil überhaupt entschieden hat. Nur wenn das feststeht, kann erörtert werden, ob die eingelegte Revision aus dem allein hier in Betracht kommenden Gesichtspunkt der Divergenz im Sinne von § 72 Abs. 1 Satz 2 ArbGG statthaft ist und ob und inwieweit im Falle der Zulässigkeit der Revision sodann weiter auch die angefochtene Entscheidung im Sinne des § 549 ZPO auf einer Gesetzesverletzung beruht oder nicht.

Daraus, daß das angefochtene Urteil nach seinem Tenor die Berufung des Klägers gegen das Teilurteil des Arbeitsgerichts zurückgewiesen und sich in seinen Entscheidungsgründen mit der Frage der Wirksamkeit der fristlosen Kündigung vom 27. August 1957 befaßt und diese bejaht hat, ergibt sich klar, daß es den vom Kläger in der Berufungsinstanz unverändert weiterverfolgten und an erster Stelle geltend gemachten Feststellungsantrag bezügl. der Kündigung beschieden hat. Anders verhält es sich mit dem vom Kläger erstmalig in der Berufungsinstanz an zweiter Stelle gestellten Verurteilungsantrag bezügl. der Schadenersatzpflicht der Beklagten aus der Kündigung. Über diesen Antrag verhalten sich die Entscheidungsgründe des angefochtenen Urteils mit keinem Wort. Die Zurückweisung der Berufung des Klägers gegen das Teilurteil der ersten Instanz im Tenor des angefochtenen Urteils selbst läßt eine Befassung mit dem erst in zweiter Instanz geltend gemachten Verurteilungsantrag ebenfalls nicht erkennen, weil das erstinstanzliche Urteil sich mit einem solchen Antrag nicht befaßt hatte und die Zurückweisung der Berufung des Klägers gegen das Teilurteil der ersten Instanz nur die Bedeutung hat, daß eine angefochtene Entscheidung der ersten Instanz im Ergebnis gebilligt werde. Es kann nur angenommen werden, daß das angefochtene Urteil sich ausschließlich mit dem an erster Stelle verfolgten Feststellungsantrag, nicht dagegen mit dem an zweiter Stelle gestellten Verurteilungsantrag befaßt hat und über letzteren nicht entschieden hat. Für eine solche Annahme sprechen neben der Fassung des vom Landesarbeitsgericht gewählten Urteilstenors vor allem folgende Erwägungen: Die Fassung des an zweiter Stelle verfolgten Verurteilungsantrages kann dahin verstanden werden, daß der Kläger diesen Verurteilungsantrag nur für den Fall neben dem Feststellungsantrag gestellt hat, daß sein Feststellungsantrag Erfolg hat. Hierfür spricht, daß er die Verurteilung der Beklagten zum Ersatz des Schadens begehrt hat, der ihm aus der „ungerechtfertigten" fristlosen Kündigung entstanden ist. Die Zulässigkeit einer solchen sogenannten „uneigentlichen Eventualantragstellung", bei der ein zweiter Antrag nicht, wie beim echten Eventualantrag, für den Fall der Erfolglosigkeit eines Hauptantrages, sondern gerade umgekehrt für den Fall des Erfolges eines ersten Antrages gestellt wird, wird in Schrifttum und Rechtsprechung unterschiedlich beurteilt. Stein-Jonas, ZPO, 18. Aufl., § 260 Anm. I 3 zu Fußnote 14, Rosenberg, Lehrbuch des Deutschen Zivilprozeßrechts, 7. Aufl., § 93 III 3 b S. 442 und Lent, JR 1951, 376 halten solche uneigentliche Eventualanträge für statthaft; das Reichsgericht hat in RGZ 144, 71 [77] einen solchen Antrag erörtert, ohne ihn als unzulässig zu bezeichnen; Wieczorek, ZPO, § 260 Anm. B I b, sieht in derartigen Anträgen eine bedingte Klageerhebung, die unzulässig sei. Diejenigen, die die Zulässigkeit derartiger uneigentlicher Eventualanträge annehmen, streiten untereinander darüber, ob im Falle der uneigentlichen Eventualantragstellung das erkennende Gericht über beide Anträge auch dann entscheiden müsse, wenn es schon den ersten Antrag für unbegründet hält, oder ob es in einem solchen Fall einer Befassung mit dem zweiten uneigentlichen Eventualantrag nicht bedarf. Im ersteren Sinn hat sich Stein-Jonas, a. a. O., § 260 Anm. I 3 zu Fußnote 14 geäußert, im letzteren Sinn haben Lent, JR 1951, 376 und Rosenberg, a. a. O., § 93 III 3 b S. 442 Stellung genommen. Der Senat geht davon aus, daß das Landesarbeitsgericht, unbewußt oder bewußt, der soeben mitgeteilten Ansicht von Rosenberg und Lent gefolgt ist, wie das in der Praxis der Gerichte vielfach anzutreffen ist. Gegen die Annahme, daß das Landesarbeitsgericht eine Bescheidung des Verurteilungsantrages in Übereinstimmung mit der Ansicht von Stein-Jonas für erforderlich gehalten, darüber aber nicht entschieden habe, spricht, daß es das angefochtene Urteil nicht, wie das in einem solchen Fall üblich ist, als Teilurteil bezeichnet hat; gegen eine solche Annahme spricht weiter, daß es über die gesamten Instanzkosten entschieden hat, was unangebracht gewesen wäre, wenn das angefochtene Urteil ein Teilurteil hätte sein sollen. Unter diesen Umständen und im Hinblick darauf, daß das Landesarbeitsgericht den an zweiter Stelle verfolgten Verurteilungsantrag nicht beanstandet und nicht als unzulässig bezeichnet hat, kann auch nicht gesagt werden, daß es der mitgeteilten Ansicht von Wieczorek gefolgt sein könnte. Daher muß vernünftigerweise gefolgert werden, daß das Landesarbeitsgericht nur über den Feststellungsantrag entschieden und entsprechend den mitgeteilten Ansichten von Rosenberg und Lent und entsprechend einer vielfachen Übung der Praxis eine Bescheidung des Verurteilungsantrages für unnötig erachtet hat. Dafür, daß es den Verurteilungsantrag andererseits gesehen hat, spricht im übrigen der Umstand, daß es den Streitwert ausdrücklich neu auf 1700,— DM festgesetzt hat. Die Feststellungsklage allein wäre gemäß § 12 Abs. 7 ArbGG nur mit drei Monatsgehältern und somit mit 1350,— DM zu bewerten gewesen. Wenn das Landesarbeitsgericht trotzdem den Streitwert auf 1700,— DM neu festgesetzt hat, so muß angenommen werden, daß es mit der Differenz zwischen 1700,— DM und 1350,— DM das in zweiter Instanz gestellte Verurteilungsbegehren und jedenfalls nicht das in erster Instanz vom Kläger verfolgte Zahlungsbegehren berücksichtigt hat. Allerdings konnte es sich für die Berechtigung dieser Neufestsetzung des Streitwertes nicht, wie das geschehen ist, auf § 61 Abs. 2 ArbGG, sondern nur auf § 69 Abs. 2 ArbGG berufen.

Zusammengefaßt geht aus den vorstehenden Erwägungen der erkennende Senat davon aus, daß das angefochtene Urteil sich nur über den Feststellungsantrag des Klägers bezügl. der Kündigung verhält. Ob das rechtlich zutreffend war oder ob das Landesarbeitsgericht anders hätte verfahren müssen, ist vom Revisionsgericht hier nicht zu erörtern, weil es hier nur um die Klarstellung geht, welchen Inhalt die angefochtene Entscheidung hat, um danach erörtern zu können, ob die eingelegte Revision statthaft und gegebenenfalls begründet ist. Eine verfahrensrechtliche Rüge ist nicht erhoben worden, aus der Revision ist nichts zu entnehmen, was der hier getroffenen Feststellung entgegenstehen könnte.

II. Die Revision des Klägers ist aus dem Gesichtspunkt der Divergenz im Sinne von § 72 Abs. 1 Satz 2 ArbGG statthaft. Eine Divergenz ist in zweifacher Beziehung gegeben.

1. Das Landesarbeitsgericht hat in tatsächlicher Beziehung festgestellt, der Kläger habe anläßlich der Auseinandersetzung mit dem Inhaber der Beklagten diesen auf das Schwerste beleidigt und dessen Verhalten als verbrecherisch und als erpresserisch bezeichnet. Diesen festgestellten Sachverhalt hat es in rechtlicher Hinsicht dahin gewürdigt, das stelle eine „schwerwiegende Formalbeleidigung dar, die für die Beklagte die Fortsetzung des Arbeitsverhältnisses mit dem Kläger auch bis zum Ablauf der gesetzlichen Kündigungsfrist unzumutbar erscheinen läßt". Damit erhebt das Landesarbeitsgericht zum Leitgedanken seiner Entscheidung, auf dem das Urteil beruht, erkennbar den Rechtssatz, daß eine schwerwiegende Formalbeleidigung als solche genüge, um die Fortsetzung des Arbeitsverhältnisses bis zum Ablauf der ordentlichen Kündigungsfrist unzumutbar erscheinen zu lassen.

Demgegenüber hat der Dritte Senat des Bundesarbeitsgerichts in seiner Entscheidung vom 22. Dezember 1956 — 3 AZR 91/56 — BAG 3, 193 [195, 196] — den die dortige Entscheidung tragenden Grundsatz aufgestellt, daß die Frage, ob eine Formalbeleidigung einen hinreichenden Anlaß für eine außerordentliche fristlose Kündigung bilde, nur durch eine umfassende Klärung der Umstände beantwortet werden könne, unter denen die Formalbeleidigung erfolgt ist, weil nur dann zuverlässig erwogen werden könne, ob die beleidigende Äußerung des Arbeitnehmers so schwerwiegend ist, daß dem Arbeitgeber dessen Weiterbeschäftigung bis zum Ablauf der ordentlichen Kündigungsfrist nicht mehr zugemutet werden kann. Der vom Dritten Senat des Bundesarbeitsgerichts in der angezogenen Entscheidung beurteilte Sachverhalt betrifft zwar einen Fall, bei dem sich der wichtige Grund für die außerordentliche fristlose Kündigung nach § 626 BGB bestimmte. Der vom Dritten Senat aufgestellte Rechtssatz gilt aber nicht nur beschränkt auf solche Fälle, bei denen die Wirksamkeit einer außerordentlichen fristlosen Kündigung nach § 626 BGB zu beurteilen ist, sondern beansprucht gerade deswegen, weil § 626 BGB eine Generalklausel ist, erkennbar Geltung für alle Fälle, in denen eine außerordentliche fristlose Kündigung aus wichtigem Grund in Rede steht und der wichtige Grund in einer Formalbeleidigung gesehen wird. Der Umstand, daß für den Kläger als technischen Angestellten für die Frage, ob ihm aus wichtigem Grunde fristlos gekündigt werden kann, nicht von § 626 BGB, sondern von § 133 b GewO auszugehen ist, bedeutet deshalb keine Einschränkung des in der angezogenen Entscheidung des Bundesarbeitsgerichts aufgestellten Rechtssatzes. Denn § 133 b GewO ist ebenso wie § 626 BGB eine Generalklausel, die sich hinsichtlich des Begriffs des wichtigen Grundes mit der Regelung des § 626 BGB deckt (vgl. Hueck-Nipperdey, Lehrbuch des Arbeitsrechts, 6. Aufl., Bd. I, § 60 II S. 553). Das trifft auch insoweit zu, als in § 133 c Abs. 1 Ziffer 5 GewO als wichtiger Grund für eine außerordentliche Kündigung „Ehrverletzungen" genannt sind. Denn ausweislich des vom Gesetzgeber in § 133 c Abs. 1 und § 133 d GewO gebrauchten Wortes „insbesondere" sind die in §§ 133 c und 133 d GewO näher bezeichneten Kündigungsgründe nur beispielhafte Erscheinungsformen des wichtigen Grundes im Sinne von § 133 b GewO, bei denen somit ebenfalls jeweils umfassend abzuwägen ist, ob bei Vorliegen eines der in § 133 c und § 133 d GewO genannten Kündigungsgründe dem Kündigenden die Fortsetzung des Arbeitsverhältnisses bis zum Ablauf der ordentlichen Kündigungsfrist zuzumuten ist oder nicht (vgl. Hueck-Nipperdey, a. a. O., Bd. I, § 60 II S. 553, Fußnote 81 mit weiteren Nachweisen). Soweit Hueck bei Hueck-Nipperdey, a. a. O., diese Ansicht dahin einschränkt, bei Vorliegen eines der in §§ 133 c und 133 d GewO genannten Tatbestände sei eine Kündigung ohne weiteres zulässig, es könnten aber vom Gekündigten nachzuweisende Umstände ausnahmsweise dem Tatbestand seine Eigenschaft als wichtigen Kündigungsgrund nehmen, kann die Berechtigung dieser Beweisannahme hier dahinstehen, weil im vorliegenden Fall der Kläger sich jedenfalls darauf berufen hatte, die gegen ihn festgestellten Beleidigungen seien von dem Inhaber der Beklagten dadurch provoziert worden, daß er unrechtmäßig vom Kläger eine Eintragung im Bordbuch verlangt habe. Für einen solchen Fall nimmt auch Hueck an, daß eine Formalbeleidigung nicht zur Bejahung eines wichtigen Grundes ausreicht, sondern daß nach § 133 c Abs. 1 Ziffer 5 GewO so verfahren werden müsse, wie es der Dritte Senat des Bundesarbeitsgerichts in dem angezogenen Urteil ausgesprochen hat. Wenn schon wegen der ausdrücklichen Erwähnung der Tatbestände der §§ 133 c, 133 d GewO in besonderen Vorschriften von Hause aus das Vorliegen eines einschlägigen Tatbestandes zur außerordentlichen Kündigung berechtigen sollte, so muß doch jedenfalls wegen der Inbezugnahme des Begriffes des wichtigen Grundes durch das Wort „insbesondere" eine umfassende, über die Prüfung der näheren Tatbestände der §§ 133 c, 133 d GewO hinausgehende Bewertung dann stattfinden, wenn derjenige, dem gekündigt wurde, durch sein Vorbringen eine entsprechende Bewertung geltend macht.

Von der angezogenen Entscheidung des Dritten Senates des Bundesarbeitsgerichts weicht, worauf sich der Kläger ordnungsmäßig berufen hat, das angefochtene Urteil ab, weil es eine solche Überprüfung der gesamten Umstände, unter denen es zu den Beleidigungen gekommen ist, unterlassen hat und erkennbar nicht für erforderlich hält.

2. Noch aus einem weiteren Grunde ist, worauf sich der Kläger ebenfalls ordnungsgemäß berufen hat, eine Divergenz im Sinne von § 72 Abs. 1 Satz 2 ArbGG gegeben.

Das Landesarbeitsgericht hat in tatsächlicher Beziehung festgestellt, der Kläger habe erklärt, die Beklagte werde die Folgen ihres Verhaltens wirtschaftlich, insbesondere in bezug auf Wehrmachtsaufträge, noch zu spüren bekommen, und der Kläger habe diese seine diesbezüglichen Drohungen durch eine Flut von Anzeigen und Eingaben bei den verschiedensten Dienststellen wahrgemacht. Nach dem gesamten Zusammenhang beziehen sich diese Feststellungen des Landesarbeitsgerichts auf ein Verhalten des Klägers nach dem erfolgten Ausspruch der fristlosen Kündigung vom 27. August 1957. Das Landesarbeitsgericht hat dazu ausgeführt, damit habe sich der Kläger einer Nötigung und eines Verhaltens schuldig gemacht, das unter Abwägung der beiderseitigen Belange die fristlose Kündigung ebenfalls rechtfertige. Damit hat das angefochtene Urteil erkennbar den Rechtsstandpunkt vertreten, daß auch solche Kündigungsgründe, die nach dem Ausspruch einer außerordentlichen fristlosen Kündigung entstanden sind, eine vorher ausgesprochene außerordentliche Kündigung rechtfertigen könnten. Auf diesem Rechtssatz beruht die angefochtene Entscheidung deshalb, weil das Landesarbeitsgericht erkennbar annimmt, derartige Gründe rechtfertigten die hier in Rede stehende Kündigung auch dann, wenn man von den erörterten beleidigenden Äußerungen des Klägers absehe.

Demgegenüber hat der Zweite Senat in seinem Urteil vom 3. Mai 1956 — 2 AZR 388/54 — BAG 3, 13 [15] — den seine dortige Entscheidung tragenden Rechtssatz aufgestellt, daß Kündigungsgründe, die erst nach der fristlosen Entlassung entstanden sind, nur eine neue außerordentliche fristlose Kündigung mit Wirkung „ex nunc" rechtfertigen können. Auch diesen Grundsatz hat das Bundesarbeitsgericht in der angezogenen Entscheidung ganz allgemein für jeden Fall der außerordentlichen Kündigung aus wichtigem Grunde und nicht nur beschränkt auf § 626 BGB ausgesprochen.

Von diesem vom Zweiten Senat des Bundesarbeitsgerichts aufgestellten Rechtssatz weicht das angefochtene Urteil somit deshalb ab, weil es Kündigungsgründe, die nach der am 27. August 1957 geschehenen fristlosen Entlassung des Klägers entstanden sind, zur Rechtfertigung der vorhergegangenen Kündigung herangezogen hat und hat genügen lassen.

3. Die Revision ist somit wegen Divergenz nach § 72 Abs. 1 Satz 2 ArbGG statthaft; da die erforderlichen gesetzlichen Revisionsformalien im übrigen beachtet sind, ist sie auch zulässig.

III. Aus den vorstehenden Erörterungen zur Statthaftigkeit der Divergenzrevision ergibt sich ohne weiteres, daß die Revision auch sachlich begründet ist.

Gemäß dem bereits zu §§ 133 b, 133 c Abs. 1 Ziffer 5 GewO Ausgeführten konnte der Inhaber der Beklagten die außerordentliche fristlose Kündigung vom 27. August 1957 nur dann wirksam aussprechen, wenn ein wichtiger Grund dafür vorlag. Der Rechtsbegriff des wichtigen Grundes ist nur dann richtig angewendet, wenn alle vernünftigerweise in Betracht kommenden Umstände des Einzelfalles daraufhin abgewogen werden, ob und inwieweit dem Kündigenden zuzumuten war, das Arbeitsverhältnis bis zum Wirksamwerden einer ordentlichen Kündigung fortzusetzen oder nicht. Ist das nicht geschehen, so ist nicht ausgeschlossen, daß der Tatrichter den Begriff des wichtigen Grundes verkannt und damit fehlerhaft angewendet hat (vgl. statt aller: BAG 2, 207 [212]). Das angefochtene Urteil läßt bei der Würdigung des gegen den Kläger erhobenen Vorwurfes der schweren Ehrverletzung vor allem die Prüfung vermissen, wie es im einzelnen zu der Auseinandersetzung vom 27. August 1957 und zu den dabei vom Kläger begangenen Beleidigungen gekommen ist. Insbesondere ist nicht festgestellt, ob der Kläger sich zu Recht geweigert hat, die von ihm verlangte Eintragung in das Bordbuch des Flugzeuges vorzunehmen, und ob es deshalb infolge eines unrechtmäßigen Ansinnens des Inhabers der Beklagten zu der Auseinandersetzung und in deren Verlauf zu den Ehrverletzungen gekommen ist. Von einer Aufklärung dieser Umstände hängt es aber entscheidend ab, ob die vom Kläger begangenen Beleidigungen als so schwerwiegend zu beurteilen sind, daß der Beklagten eine Fortsetzung des Arbeitsverhältnisses bis zum Wirksamwerden einer ordentlichen Kündigung nicht mehr zuzumuten war. Demnach hat das Landesarbeitsgericht den Rechtsbegriff des wichtigen Grundes im Sinne der §§ 133 b, 133 c Abs. 1 Ziffer 5 GewO fehlerhaft angewendet. Auf dieser Rechtsverletzung beruht das angefochtene Urteil im Sinne des § 549 ZPO. Nach dem zu Ziffer II 2 dieser Entscheidungsgründe Ausgeführten ist das nach der Kündigung vom 27. August 1957 in Rede stehende Verhalten des Klägers von vornherein nicht geeignet, die Kündigung vom 27. August 1957 zu rechtfertigen, so daß es demnach möglich erscheinen muß, daß bei Vornahme der gebotenen Aufklärung darüber, unter welchen näheren Umständen es zu den beleidigenden Äußerungen des Klägers kam, das Landesarbeitsgericht hinsichtlich der Schwere der festgestellten Beleidigungen zu einer anderen Bewertung als der von ihm vorgenommenen gekommen wäre. Das macht nach §§ 564 Abs. 1, 565 Abs. 1 und Abs. 3 Ziffer 1 ZPO die Aufhebung des angefochtenen Urteils und die Zurückverweisung der Sache an das Landesarbeitsgericht zur anderweiten Verhandlung und Entscheidung erforderlich.

25

1. Der Bauunternehmer kann den Geldbetrag nicht aus ungerechtfertigter Bereicherung zurückfordern, den er bewußt tarifwidrig seinen Bauarbeitern als Urlaubsgeld bar ausgezahlt hat.

2. Gegenüber dem Anspruch des Arbeiters auf Herausgabe der Urlaubskarte kann der Bauunternehmer wegen seines etwaigen Anspruchs auf Rückzahlung des dem Arbeiter in bar ausgezahlten Urlaubsgeldes kein Zurückbehaltungsrecht geltend machen.

BGB §§ 273, 817; Rahmentarifvertrag für das Baugewerbe § 8.

II. Senat. Urteil vom 20. Dezember 1958 i. S. K. (Bekl.) w. F. (Kl.) 2 AZR 336/56.

I. Arbeitsgericht Hagen i. W. — II. Landesarbeitsgericht Hamm i. W.

Der Beklagte betreibt in H. i. Westf. das Stukkateurhandwerk. In diesem Betriebe war der Kläger seit etwa Anfang des Jahres 1952 bis Ende Januar 1956 als Stukkateur oder, wie der Beklagte behauptet, als Bauhelfer tätig.

Der Beklagte hat für den Kläger keine Urlaubskarte besorgt und keine Urlaubsmarken geklebt, sondern wie den anderen Angehörigen seines Betriebes das „Urlaubsgeld" bei jeder Lohnzahlung mit dem Lohn zusammen ausgezahlt, so auch für das Jahr 1955 einen Betrag von insgesamt 180,– DM.

Der Kläger verlangt von dem Beklagten die Aushändigung der Urlaubskarte für 1955 mit Marken im Werte von 180,– DM.

Der Beklagte erkennt diesen Anspruch an, jedoch nur Zug um Zug gegen Empfang von 180,– DM ungerechtfertigterweise gezahlten Urlaubsgeldes.

Das Arbeitsgericht hat den Beklagten nur gegen Empfang von 180,– DM zur Herausgabe der Urlaubskarte verurteilt, das Landesarbeitsgericht dagegen hat die Verurteilung von dem Empfang einer Gegenleistung nicht abhängig gemacht.

Die Revision des Beklagten wurde zurückgewiesen.

Aus den Gründen:

Da der Beklagte den vom Kläger geltend gemachten Anspruch anerkannt hat, hängt die Entscheidung lediglich davon ab, ob der Beklagte vom Kläger die Rückzahlung des ihm ausgehändigten Urlaubsgeldes verlangen kann und ob wegen dieses etwaigen Gegenanspruchs nach § 273 Abs. 1 BGB ihm ein Leistungsverweigerungsrecht zusteht.

1. Das Landesarbeitsgericht hat ohne nähere Begründung den Anspruch des Beklagten auf die Rückzahlung der als „Urlaubsgeld" gezahlten Beträge bejaht. Ein solcher Anspruch steht dem Beklagten jedoch nicht zu. Denn der Arbeitgeber im Baugewerbe, der — wie hier der Beklagte — seinen Arbeitnehmern das Urlaubsgeld in bar ausgezahlt hat, hat damit vorsätzlich gegen ein gesetzliches Verbot — dazu gehört auch das Verbot einer Bestimmung im normativen Teil eines Tarifvertrages — verstoßen und kann deshalb gemäß § 817 Satz 2 BGB die erbrachte Leistung nicht zurückfordern (vgl. BAG 4, 59).

2. Selbst wenn aber der Kläger einen Rückforderungsanspruch hätte, so würde ihm wegen eines solchen Anspruchs gegenüber dem Klageanspruch hier ein Zurückbehaltungsrecht nicht zustehen. Zwar kann den Erwägungen des Landesarbeitsgerichts, ein Zurückbehaltungsrecht sei deshalb nicht gegeben, weil es an der Voraussetzung „desselben rechtlichen Verhältnisses" fehle, nicht gefolgt werden. Unter „demselben rechtlichen Verhältnis" im Sinne des § 273 BGB ist auch ein innerlich zusammenhängendes, einheitliches Lebensverhältnis zu verstehen (RGZ 72, 65). Aus einem innerlich zusammenhängenden, einheitlichen Lebensverhältnis, nämlich dem Arbeitsverhältnis des Klägers, entspringen aber hier

zweifelsfrei der Anspruch des Klägers auf Herausgabe der ordnungsmäßig geklebten Urlaubskarten und der etwaige Anspruch des Beklagten auf Zurückzahlung zu Unrecht gezahlter Urlaubsabgeltung.

Wohl aber ist dem Landesarbeitsgericht darin zuzustimmen, daß es aus der besonderen Natur des Schuldverhältnisses ein Zurückbehaltungsrecht verneint.

Nach § 273 Abs. 1 BGB ist ein Zurückbehaltungsrecht dann nicht gegeben, wenn sich aus dem Schuldverhältnis ein anderes ergibt. Ob dies der Fall ist, muß von arbeitsrechtlichen Gesichtspunkten, insbesondere von der personenrechtlichen Seite des Arbeitsverhältnisses her beurteilt werden (RAG 25, 276 [283]). Danach ist aber ein Zurückbehaltungsrecht gegen den Anspruch auf die Herausgabe der Urlaubskarte ausgeschlossen.

Die Urlaubsmarkenregelung will sicherstellen, daß auch die Arbeitnehmer im Baugewerbe trotz des häufigen Wechsels ihres Arbeitsplatzes einen bezahlten Urlaub erhalten. Damit soll die Fürsorgepflicht der Arbeitgeber, die die Grundlage des Urlaubsanspruchs bildet, für diesen Berufszweig sichergestellt und näher geordnet werden.

Der Urlaub auch der Bauarbeiter soll, wie der der Arbeitnehmer aller anderen Berufszweige, einen Raubbau an der Arbeitskraft des einzelnen Arbeiters verhindern und gewährleisten, daß er ohne die Bindung an die Tagesarbeit seine Persönlichkeit frei entfalten kann. Letztlich zielt der Urlaub nicht nur auf das Wohl des einzelnen Bauarbeiters, der seine körperliche und geistig-seelische Kraft erneuern kann, und das Interesse des Baugewerbes selbst, dem gesunde und arbeitsfreudige Arbeiter erhalten werden sollen, sondern auch auf das Interesse der Gesamtheit; diese hat die materiellen und ideellen Nachteile eines Raubbaus an der Arbeitskraft zu tragen; ihr kommen die Vorteile einer körperlich und geistig-seelisch gesunden Arbeitnehmerschaft zugute.

Dieser über die Interessen des Einzelnen hinausgehende Anspruch ist allerdings in das Gewand eines privatrechtlichen Anspruchs gekleidet; der Arbeitnehmer hat es selbst in der Hand, ob er seinen Urlaubsanspruch geltend machen will oder nicht. Unterläßt er die Geltendmachung, so hat es dabei sein Bewenden. Macht der Arbeiter den Urlaubsanspruch aber geltend, so macht er damit nicht allein einen rein wirtschaftlichen oder geldwerten, sondern auch einen personenrechtlichen Anspruch geltend. Es geht nicht an, daß der Arbeitgeber die Erfüllung eines Anspruchs dieser Art solange verweigert, bis er wegen seines Anspruchs auf zuviel gezahlten Lohn befriedigt wird.

Dies gilt auch für die Herausgabe der Urlaubskarte. Denn die Urlaubskarte ist in jedem Falle nach § 7 der Urlaubsregelung die Voraussetzung dafür, daß der Arbeiter von seinem jeweiligen Arbeitgeber seinen Erholungsurlaub erhält.

Dem entspricht auch offenbar die besondere Gestaltung der Urlaubsmarkenregelung. Deren § 3 Abs. 2 verpflichtet den Arbeitgeber, die Urlaubskarte mit den übrigen Arbeitspapieren dem Arbeitnehmer herauszugeben, und Abs. 3 den Arbeitnehmer, die Urlaubskarte dem nächsten Arbeitgeber zusammen mit den Arbeitspapieren zu übergeben. Vernünftigerweise kann diese Vorschrift, wie das Landesarbeitsgericht richtig ausführt, nur dahin verstanden werden, daß die Urlaubskarte das Schicksal der anderen Papiere, insbesondere der Versicherungskarte und der Steuerkarte, teilt, also auch das Zurückbehaltungsverbot des Arbeitgebers an diesen Papieren (so Sturm, „Richtlinien über die Urlaubsbestimmungen und die Durchführung des Urlaubsmarkenverfahrens in der Bauwirtschaft", S. 14).

Eine Ausnahme hiervon ist auch nicht für den vorliegenden Fall am Platze. Es kann dahingestellt bleiben, ob unter gar keinen Umständen der Arbeitgeber die Urlaubskarte dem Arbeitnehmer vorenthalten darf; ob ein solches Zurückbehaltungsrecht dann gegeben ist, wenn der Arbeitnehmer vorsätzlich den Arbeitgeber geschädigt hat, braucht hier nicht entschieden zu werden.

Wie auch die Revision nicht verkennt, haben beide Teile tarifwidrig gehandelt, der Beklagte dadurch, daß er das Urlaubsgeld bei der jeweiligen Urlaubszahlung nicht zum Ankauf von Urlaubsmarken verwendet, sondern — entgegen der ausdrücklichen Bestimmung der Urlaubsmarkenregelung — an den Kläger ausgezahlt hat, der Kläger, indem er das Urlaubsgeld in bar angenommen und nicht auf dem Kleben einer Urlaubskarte bestanden hat. Dabei wiegt aber, was die Revision verkennt, die Tarifuntreue des Beklagten erheblich schwerer als die des Klägers.

Der Beklagte ist der wirtschaftlich Stärkere; von ihm muß auch die größere Einsicht verlangt werden. Wie die tariftreuen Arbeitgeber hätte er die Urlaubsmarkenregelung in seinem Betriebe auch gegen den Willen seiner Arbeitnehmer durchführen müssen; er durfte seinen Arbeitern nicht einen — freilich nur scheinbaren — Vorteil verschaffen, den sie als tariftreue Arbeitnehmer nicht erhalten hätten.

26

1. Nach dem Hausarbeitstagsgesetz des Landes Nordrhein-Westfalen haben nur solche Arbeitnehmerinnen einen Anspruch auf einen Hausarbeitstag, die einen eigenen, d. h. einen eigen geführten Haushalt, aber keine ausreichende Hilfe haben. Arbeitnehmerinnen, in deren Haushalt zur Mithilfe fähige weibliche Familienangehörige leben, erhalten dann keinen Hausarbeitstag, wenn diese weiblichen Familienangehörigen eine Mitarbeit im Haushalt ablehnen.

2. Als ausreichende Entlastung im Sinne des Gesetzes gelten solche weiblichen Familienangehörigen nicht, die selbst in einem Maße berufstätig sind, daß sie, wenn sie einen eigenen Haushalt führten, den Anspruch auf einen Hausarbeitstag nach dem nordrhein-westfälischen Hausarbeitstagsgesetz hätten. Diese weiblichen Familienangehörigen sind durch ihre Berufsarbeit so ausgelastet, daß der Arbeitgeber die den Hausarbeitstag begehrende Arbeitnehmerin nicht auf die Mitarbeit dieser Familienangehörigen verweisen kann.

3. Bei der Abgeltung für nicht gewährte Hausarbeitstage ist den Arbeitnehmerinnen der Lohn zu zahlen, der ihnen für die Arbeit an dem Tage, an dem sie ohne Rechtspflicht gearbeitet haben, nach dem Arbeitsvertrag zukommt. Das gilt jedoch nur für zu Unrecht nicht gewährte Hausarbeitstage.

Hausarbeitstagsgesetz von Nordrhein-Westfalen §§ 1, 2.

I. Senat. Urteil vom 8. 1. 1959 i. S. Z. (Kl.) w. Ph.-W.AG (Bekl.)
1 AZR 472/58.

I. Arbeitsgericht Krefeld. — II. Landesarbeitsgericht Düsseldorf.

Die Klägerin ist Witwe. Sie ist 51 Jahre alt. Sie ist als Arbeiterin bei der Beklagten beschäftigt. Dort arbeitet sie in der Doppelwoche 88 Stunden, und zwar in der einen Woche 40 Stunden an fünf Tagen, in der anderen Woche 48 Stunden an sechs Tagen. Sie hat zwei Töchter, die mit in ihrem Haushalt leben. Die eine Tochter ist 21 Jahre alt. Sie ist Büroangestellte. Die andere Tochter ist 17 Jahre alt. Sie ist in der Lehre.

Die Klägerin besitzt eine Wohnung von drei Zimmern und Küche. Dazu gehört ein Garten von 200 Quadratmeter Grundfläche. Bis Mai 1957 hatte ihr die Beklagte einen Hausarbeitstag gewährt. Dann stellte sie die Gewährung des Hausarbeitstags ein. Mit der Klage wird ein Betrag von 144,— DM als Abgeltung für nicht gewährte Hausarbeitstage in der Zeit von Juni 1957 bis März 1958 begehrt. Der Berechnung sind acht Stunden im Monat zugrunde gelegt.

Arbeitsgericht und Landesarbeitsgericht haben die Klage abgewiesen. Die Revision der Klägerin führte zur Verurteilung der Beklagten.

Aus den Gründen:

2. Bereits die materiell-rechtlichen Angriffe der Revision gegen die Ausführungen des Berufungsurteils greifen durch. Der Umstand, daß die Klägerin an jedem zweiten Sonnabend von der Berufsarbeit freigestellt ist, steht dem Anspruch auf Gewährung des Hausarbeitstages nach dem HATG NRW, wie die Beklagte nicht verkennt, nicht entgegen (BAG 5, 187 [189]). Ferner hat der Senat bereits in seiner Entscheidung BAG 1, 51, an der er festhält, ausgesprochen, daß ein eigener und eigen geführter Hausstand im Sinne des § 1 HATG NRW im allgemeinen dann vorliegt, wenn die folgenden zwei Voraussetzungen gegeben sind:

a) Die berufstätige Frau muß eine eigene Wohnung zum Mittelpunkt der Beziehungen ihres Lebens machen, und zwar in der Weise, daß sie die Wohnung nicht nur als Schlafstätte benutzt, sondern sie auch wirklich bewohnt, in ihr wirtschaftet und ihren Haushalt führt.

b) Die berufstätige Frau muß als Inhaberin der eigenen Wohnung ohne ausreichende Hilfe die anfallenden, mit einem Haushalt üblicherweise verbundenen Arbeiten im wesentlichen selbst verrichten.

Im Streitfall ist die zu a) erwähnte Voraussetzung gegeben. Die Parteien streiten jedoch über die Frage, ob der Klägerin eine ausreichende Hilfe zur Verfügung steht. Im Haushalt der Klägerin leben deren Töchter, die jedoch beide berufstätig sind. Die eine Tochter arbeitet als Büroangestellte an den ersten fünf Wochentagen von 7 ½ bis 17 ¼ Uhr, die andere Tochter als Lehrling täglich von 8 bis 17 Uhr. An den Vormittagen des Freitags und des Sonnabends besucht sie die Berufsschule, auf die sie sich auch noch vorbereiten muß. Freitags nachmittags ist sie an ihrer Arbeitsstelle tätig.

In der Entscheidung vom 2. November 1956 — 1 AZR 73/56 — AP Nr. 9 zu § 1 HausarbTagsG Nordrh.-Westfalen — hat der Senat ausgesprochen, daß es zur Annahme des Tatbestandsmerkmals „ohne ausreichende Hilfe" im Sinne des HATG NRW erforderlich und genügend ist, wenn Kräfte im Haushalt vorhanden sind, die zur Übernahme ausreichend entlastender Mithilfe fähig sind. Daran ist entgegen der Auffassung der Revision auch jetzt festzuhalten; denn es kann nicht Sinn und Zweck des Hausarbeitstagsgesetzes sein, der berufstätigen Frau einen Hausarbeitstag zu gewähren, um auf diese Weise im Haushalt lebende und zur Haushaltshilfe fähige Angehörige oder sonstige Personen auf Kosten des Arbeitgebers der anspruchsberechtigten Frau von zumutbarer Hausarbeit zu entlasten.

In der vorerwähnten Entscheidung hat der Senat jedoch weiter ausgeführt, daß berufstätige haushaltsangehörige Personen grundsätzlich für die Arbeit im Haushalt nicht zur Verfügung stehen, so daß sie für den Regelfall auch keine „ausreichende Hilfe" darstellen. Auch hieran hält der Senat nach erneuter Nachprüfung fest. Wenn das nordrhein-westfälische Gesetz einen Hausarbeitstag bereits dann gewährt, wenn die Arbeitnehmerin in der Woche mindestens 40 Stunden arbeitet, so ist daran zu erkennen, daß jede Haushaltsarbeit, die nach Ableistung dieser Berufsarbeit anfällt, eine zusätzliche Belastung darstellt, die, wenn die Arbeitnehmerin selbst einen eigenen Haushalt führte, ihr den Anspruch auf einen Hausarbeitstag gäbe. Lebt eine Arbeitnehmerin in dem Haushalt einer anderen Arbeitnehmerin, so wird der Anspruch dieser Arbeitnehmerin auf einen Hausarbeitstag nicht dadurch beeinträchtigt, daß die andere Arbeitnehmerin mit in diesem Haushalt lebt; denn diese Arbeitnehmerin ist im Sinne des HATG NRW selbst durch ihre eigene Berufsarbeit voll ausgelastet.

Es trifft zwar zu, daß in einem von mehreren Personen bewohnten Haushalt die Arbeit tatsächlich unter diese mehreren Haushaltsteilnehmer verteilt werden kann und in der Regel auch verteilt wird. Das HATG NRW gibt aber den Anspruch auf den Hausarbeitstag auch solchen Arbeitnehmerinnen, die nur für sich, nicht auch für andere Familienangehörige zu sorgen haben. Die Mitarbeit der im Haushalt lebenden Familienangehörigen wird zum erheblichen Teil durch die von ihnen selbst verursachte Mehrarbeit ausgeglichen. Es bleibt also immer noch ein Teil der Hausarbeit übrig, der von der den Hausarbeitstag beanspruchenden Arbeitnehmerin selbst geleistet wird. Das reicht im Sinne des HATG NRW auch dann aus, wenn es sich wie hier um mehrere haushaltszugehörige Personen im Haushalt der Arbeitnehmerin handelt, wenn diese sämtlich durch Berufarbeit im obigen Sinne voll ausgelastet sind.

Da diese Belastung der Töchter der Klägerin durch deren Berufsarbeit im vorliegenden Fall unstreitig ist, kommt es auf die prozessualen Rügen der Revision nicht an. Vielmehr ist der Anspruch der Klägerin auf Gewährung eines Hausarbeitstages grundsätzlich zu bejahen, da die Klägerin durch ihre berufstätigen Töchter keine „ausreichende Hilfe" hat. Die Voraussetzungen für den Anspruch auf Gewährung eines Hausarbeitstages richten sich nach den inhaltlich verschiedenen Regelungen der einzelnen Länder. Diese Regelungen sind, wie der Senat bereits mehrfach ausgeführt hat (vgl. BAG 3, 163; 5, 187 [189]), aus Wortlaut und Inhalt der für die einzelnen Länder gegebenen Gesetze auszulegen. Rechtsgrundsätze, die der Senat bei der Auslegung des in einem Land geltenden Gesetzes gefunden hat, sind nicht ohne weiteres auch für die Auslegung der Gesetze in einem anderen Land heranzuziehen. Soweit sich die Beklagte auf Entscheidungen zum Hausarbeitstagsgesetz Niedersachsen bezieht, sind diese Ausführungen nicht für die Frage des Hausarbeitstagsrechts im Lande Nordrhein-Westfalen zu übernehmen. Im Lande Nordrhein-Westfalen gilt jedenfalls eine Arbeitnehmerin durch ebenfalls voll berufstätige Töchter, die ihrerseits die Voraussetzungen des Hausarbeitstagsgesetzes erfüllen würden, wenn sie einen eigenen Haushalt führten, nicht als ausreichend entlastet.

Was die Berechnung der Höhe des Entgelts für den nicht gewährten Hausarbeitstag angeht, so hat der Senat in der Entscheidung BAG 3, 243 ausgesprochen, daß sich diese nach § 2 Abs. 1 des Gesetzes richte. Diese Rechtsansicht wird aufgegeben; denn § 2 Abs. 1 des Gesetzes betrifft nicht die Frage, wie der nicht gewährte Hausarbeitstag abzugelten ist, sondern ausschließlich die Frage, welches Entgelt die hausarbeitstagsberechtigte Frau im Falle der Gewährung des Hausarbeitstages fordern kann. Darum aber geht es hier nicht. Im Streitfall steht vielmehr gerade die Frage zur Entscheidung, wie der Abgeltungsbetrag für den nicht gewährten Hausarbeitstag zu berechnen ist.

Zur Rechtsnatur dieses Abgeltungsanspruchs hat sich der Senat in der Entscheidung BAG 3, 225 ausgesprochen. Er hat dort die Ansicht vertreten, es handele sich um einen vertraglichen Ausgleichsanspruch (Entschädigungsanspruch), der als Lohnanspruch zu behandeln sei. An dieser Auffassung wird festgehalten. Maßgeblich für die Höhe des Abgeltungsanspruchs ist also lediglich die Dauer der Arbeitszeit an dem Tag, an dem die Klägerin gearbeitet hat, ohne dazu verpflichtet zu sein. Hätte die Beklagte den begründeten Anspruch der Klägerin auf Gewährung des Hausarbeitstages erfüllt, so wäre die Klägerin an einem Wochentage von der Arbeit freigestellt worden. Als ein solcher Wochentag kam nur ein Tag in Frage, an dem an sich zu arbeiten war (BAG 3, 146). An diesem Tage hätte die Klägerin die Bezahlung für acht Stunden bekommen, ohne im Betrieb zu arbeiten. Hat sie aber wegen der Nichtgewährung des Hausarbeitstages in dem Betrieb gearbeitet, so sind ihr diese acht Stunden zusätzlich zu vergüten. Dies folgt bereits aus § 612 Abs. 2 BGB.

27

1. Der Anspruch auf tarifgemäße Vergütung nach der TO.A wird nicht erst durch die Einstufung des Angestellten in eine Vergütungsgruppe seitens des Arbeitgebers begründet, sondern ergibt sich als Erfüllungsanspruch aus dem Arbeitsverhältnis, auf das die tarifliche Inhaltsnorm zwingend und unmittelbar beherrschend einwirkt.

2. Weist der Arbeitgeber einem Angestellten, dessen Arbeitsverhältnis der TO.A unterliegt, einseitig eine Beschäftigung zu, die tariflich geringer bewertet ist als die bisher ausgeübte Tätigkeit, so behält der Angestellte gleichwohl den Anspruch auf die der bisherigen Tätigkeit entsprechende Vergütung, es sei denn, er erkläre sich mit der geringeren, der neuen Beschäftigung entsprechenden Vergütung ausdrücklich oder stillschweigend einverstanden.

3. Ein tariflich verankertes Direktionsrecht des Dienstherrn, dem Angestellten geringer zu bewertende Arbeit zuzuweisen und ihn entsprechend geringer zu vergüten, besteht nach der TO.A nicht.

TO.A Anlage 1 (VergGr. VI b); ADO Nr. 5 zu § 5 Abs. 3 TO.A.

IV. Senat. Urteil vom 14. 1. 1959 i. S. B. f. A. (Bekl.) w. W. (Kl.)
4 AZR 68/56.

I. Arbeitsgericht Wuppertal. — II. Landesarbeitsgericht Düsseldorf.

Der Kläger ist bei dem Arbeitsamt V. als Angestellter beschäftigt. Seit dem 1. Januar 1957 erhält er die Bezüge der VergGr. VII TO.A. Von Ende November 1945 bis Mitte Mai 1947 war er als Hilfssachbearbeiter in der Arbeitslosenversicherung beschäftigt. Danach war er in der Arbeitslosenvermittlung und in der Kasse tätig. Am 6. Oktober 1948 wurde er als Antragsaufnehmer und Hilfssachbearbeiter wieder der Versicherungsabteilung zugeteilt. In dieser Abteilung verblieb er, bis er am 26. Juni 1953 in die Abteilungen Rechnungsprüfstelle und Statistik versetzt wurde, und zwar wurde ihm in beiden Sachgebieten je zur Hälfte der Dienstposten eine Hilfskraft zugewiesen.

Der Kläger, der seit Oktober 1950 mehrfach vergeblich versucht hat, seine Höhergruppierung zu erreichen, behauptet, er sei seit dem 1. April 1949 als selbständiger Sachbearbeiter in der Versicherungsabteilung beschäftigt worden; diese Tätigkeit erfülle die Merkmale der VergGr. VI b TO.A.

Die Beklagte hat das bestritten.

Das Landesarbeitsgericht hat festgestellt, daß die Beklagte verpflichtet ist, den Kläger ab 1. September 1952 nach der VergGr. VI b

TO.A zu vergüten; für die frühere Zeit hat es die Klage abgewiesen.

Die Revision der Beklagten blieb ohne Erfolg.

Aus den Gründen:

I. Zu Recht hat das Landesarbeitsgericht die Bestimmung der ADO Nr. 5 zu § 5 Abs. 3 TO.A als gegenstandslos angesehen. Nach dieser Bestimmung kann die oberste Dienstbehörde die Zahlung der Dienstbezüge nach der Aufrückungsgruppe bis zu drei Monaten rückwirkend anordnen, wenn der Angestellte Tätigkeiten der Aufrückungsgruppe bereits vor dem Ersten des Monats ausgeübt hat, in dem die Entscheidung über das Aufrücken ergeht. Diese Vorschrift beruht, wie der erkennende Senat schon in seinem zur Veröffentlichung bestimmten Urteil vom 24. November 1958 — 4 AZR 228/56 — BAG 7, 71 ff. — ausgeführt hat, auf der vom Bundesarbeitsgericht in ständiger Rechtsprechung abgelehnten Vorstellung, daß die Einreihung des Angestellten in die höhere Vergütungsgruppe seitens des Arbeitgebers die tariflichen Ansprüche des Angestellten nach dieser Vergütungsgruppe erst begründe. Diese Ansprüche beruhen jedoch unmittelbar auf der Tarifordnung und ergeben sich aus der dem Angestellten übertragenen und von ihm ausgeübten Tätigkeit; der Einreihung durch den Arbeitgeber kommt nur deklaratorische, keine konstitutive Bedeutung zu. Die Ansprüche nach der höheren Vergütungsgruppe stehen daher gegebenenfalls dem Angestellten auch für die Vergangenheit und ohne die in ADO Nr. 5 zu § 5 Abs. 3 TO.A gesetzte zeitliche Beschränkung zu.

II. Das Landesarbeitsgericht hat den Anspruch des Klägers auf die Vergütung nach der VergGr. VI b TO.A für die Zeit seit dem 1. September 1952 bejaht. Zunächst sieht es die Tätigkeitsmerkmale dieser Vergütungsgruppe für den Bürodienst — gründliche, vielseitige Fachkenntnisse und selbständige Leistungen — als erfüllt an, solange der Kläger seit diesem Zeitpunkt die Tätigkeit eines Sachbearbeiters der Versicherungsabteilung ausgeübt hat. Das ist aus Rechtsgründen nicht zu beanstanden. Weder hat das Landesarbeitsgericht die in den Tätigkeitsmerkmalen enthaltenen allgemeinen Rechtsbegriffe verkannt, noch beruht die Unterordnung des festgestellten Sachverhalts auf Verstößen gegen Denkgesetze oder Erfahrungssätze, noch ist die Bewertung offensichtlich fehlerhaft (vgl. hierzu BAG 4, 152).

Das Berufungsgericht stellt fest, daß der Kläger die Tätigkeit eines Sachbearbeiters in der Versicherungsabteilung eines Arbeitsamts ausgeübt hat, und führt aus, diese Tätigkeit entspreche den Merkmalen der VergGr. VI b TO.A Hierbei geht das Landesarbeitsgericht davon aus, daß der Sachbearbeiter in der Arbeitslosenversicherung die geschlossene, entscheidungsreife Bearbeitung von Unterstützungsanträgen unter selbständiger Prüfung der materiell- und formellrechtlichen Voraussetzungen zu erledigen habe. In einer solchen Tätigkeit sieht das Berufungsgericht die Erbringung selbständiger Leistungen, und zwar hält es selbständige Leistungen im Sinne der Tarifnorm in Übereinstimmung mit der von der Beklagten selbst vertretenen und im Dienstbetriebe verlautbarten Auffassung für gegeben, wenn ein Angestellter auf Grund eigener Gedankenarbeit nach Maßgabe der Gesetze und Verwaltungsvorschriften Verwaltungsakte entscheidungsreif vorbereite; die Tatsache, daß der so vorbereitete Entwurf von einem andern überprüft und unterschrieben werde, mache die Leistung des Sachbearbeiters nicht zu einer unselbständigen. Das entspricht dem tariflichen Begriff der selbständigen Leistungen. Wie der erkennende Senat bereits früher (BAG 5, 32) ausgesprochen hat, bezeichnet das Tätigkeitsmerkmal der selbständigen Leistungen in der ersten Fallgruppe der VergGr. VI b TO.A eine Gedankenarbeit, die im Rahmen der für die Vergütungsgruppe vorausgesetzten Fachkenntnisse hinsichtlich des einzuschlagenden Weges wie insbesondere hinsichtlich des zu findenden Ergebnisses eine eigene Beurteilung und eine eigene Entschließung erfordert; die Unterschriftsbefugnis wird dabei nicht vorausgesetzt. Was das weitere Tätigkeitsmerkmal der gründlichen und vielseitigen Fachkenntnisse angeht, so genügt es, wenn diese auf dem Beschäftigungsgebiet vorhanden sind und auch benötigt werden, sofern es sich nicht bloß um ein eng umgrenztes Teilgebiet handelt, das nur eine gewisse Routine bei der Bearbeitung regelmäßig gleichgelagerter Fälle erfordert (BAG AP Nr. 7, 28 zu § 3 TO.A). Das Sachgebiet der Arbeitslosenversicherung ist, wie sich schon aus seiner gesetzlichen Regelung ergibt, nicht ein solches eng begrenztes Teilgebiet, sondern eines der Hauptgebiete in der Verwaltung der Beklagten. Seine Beherrschung, wie sie die oben beschriebene Tätigkeit eines Sachbearbeiters voraussetzt, erfordert daher, wie die Beklagte im übrigen selbst vorgetragen hat, auch gründliche und vielseitige Fachkenntnisse auf diesem Sachgebiet.

III. Mit Recht hat schließlich das Berufungsgericht angenommen, daß der Kläger den Anspruch auf die Vergütung nach der VergGr. VI b TO.A behalten hat, obwohl er später nicht mehr als Sachbearbeiter, sondern mit einer geringerwertigen Tätigkeit beschäftigt worden ist, nämlich seit Anfang März 1953 als Hilfssachbearbeiter in der Versicherungsabteilung und seit 26. Juni 1953 als Hilfskraft je zur Hälfte in der Rechnungsprüfstelle und in der Abteilung Statistik. Der Arbeitsvertrag des Klägers war nicht befristet und unterlag den Normen der TO.A. Der Kläger erlangte daher auf Grund der sein Arbeitsverhältnis beherrschenden und seinen Arbeitsvertrag als Mindestbedingungen zwingend ergänzenden Tarifnormen einen unmittelbaren Anspruch auf Vergütung nach derjenigen tariflichen Vergütungsgruppe, deren Tätigkeitsmerkmale die von ihm überwiegend ausgeübte Tätigkeit erfüllte. Der Anspruch auf tarifgemäße Vergütung ergibt sich als Erfüllungsanspruch aus dem Arbeitsverhältnis, auf das die tarifliche Inhaltsnorm — hier VergGr. VI b TO.A — zwingend und unmittelbar beherrschend einwirkt (vgl. hierzu Hueck-Nipperdey, Lehrbuch des Arbeitsrechts, 6. Aufl., 2. Bd., S. 367 f.; S. 376 ff.; Nikisch, Arbeitsrecht, 2. Aufl., 2. Bd., S. 375 f.). Er kann, wie das Berufungsgericht zutreffend annimmt, auch nicht durch die Zuweisung einer anderen Beschäftigung seitens des Arbeitgebers einseitig zuungunsten des Angestellten wieder beseitigt werden. Hierzu bedarf es vielmehr des gegenseitigen Einverständnisses oder der Kündigung des Arbeitsverhältnisses durch den Arbeitgeber, verbunden mit seinem Angebot, den Angestellten fürderhin nach den Tätigkeitsmerkmalen einer geringeren Vergütungsgruppe zu beschäftigen, es sei denn, daß der Tarif dem Arbeitgeber ein Direktionsrecht hinsichtlich der Zuweisung einer geringer zu vergütenden Tätigkeit einräumt (vgl. § 20 TO.B).

Ein solches Direktionsrecht bestand hier nicht. Auch die Beklagte selbst vertritt die Auffassung, sie habe dem Kläger eine andere, lediglich nach der VergGr. VII TO.A zu vergütende Tätigkeit kraft ihres Direktionsrechts zuweisen und ihn dementsprechend geringer entlohnen dürfen, nur deshalb, weil sie der irrigen Ansicht ist, schon seine bisherige Tätigkeit habe nur den Merkmalen dieser ihm gewährten Vergütungsgruppe entsprochen.

Eine Kündigung ist unstreitig nicht ausgesprochen worden. Es kann auch nicht eine stillschweigende Vertragsänderung angenommen werden, weil der Kläger die ihm zugewiesene neue Beschäftigung ohne Widerspruch ausgeübt habe. Denn der Kläger hat sich nach den Feststellungen des angefochtenen Urteils um die Einstufung in die VergGr. VI b TO.A seit dem Jahre 1950 bemüht und hat auch bereits im Jahre 1953 Klage erhoben. Dieser Sachverhalt bietet keinen Anhalt für die Annahme, der Kläger habe sich damit einverstanden erklärt, daß ihm nur noch eine nach der VergGr. VII TO.A zu vergütende Arbeit zugewiesen und auch entsprechend vergütet werde. Im übrigen geht der Streit nur um die Vergütung, nicht etwa darum, ob der Kläger verlangen kann, mit einer ganz bestimmten Tätigkeit beschäftigt zu werden.

28

1. Die Gerichte für Arbeitssachen sind im Rahmen einer bei ihnen anhängigen Klage auf Zahlung von Ruhegehalt auch zu der Entscheidung der Vorfrage befugt, ob es sich um eine im Betrieb der Berliner Niederlassung begründete Verbindlichkeit im Sinne des Berliner Altbankengesetzes handelt.

2. Das Ruhestandsverhältnis ist grundsätzlich dort belegen, wo der Arbeitnehmer seinen Ruhegeldanspruch durch Arbeit erworben hat.

3. Durch Parteivereinbarung kann ein anderer Ort zum Schwerpunkt des Ruhestandsverhältnisses gemacht werden.

Berliner Altbankengesetz vom 10. 12. 1953, § 7; BGB § 242, Ruhegehalt.

I. Senat. Urteil vom 22. 1. 1959 i. S. D. B. (Bekl.) w. K. (Kl.)
1 AZR 478/55.

I. Arbeitsgericht Berlin. — II. Landesarbeitsgericht Berlin.

Der im Jahre 1882 geborene Kläger war insgesamt etwa 44 Jahre lang im Dienst der Beklagten. Von 1920 bis zum 1. Juni 1943 war er, nachdem er bereits vorher in anderen thüringischen Filialen der Beklagten tätig war, alleiniger Direktor der Filiale A. Diese wurde am 30. Juni 1943 aus kriegsbedingten Gründen geschlossen.

Die Beklagte übersandte dem Kläger das von ihrer in Berlin sitzenden Personalabteilung gefertigte Schreiben vom 1. Juni 1943, das folgenden Wortlaut hat:

> „Im Hinblick auf die behördlicherseits angeordnete Schließung unserer Zweigstelle A. haben wir mit Rücksicht auf Ihre langjährige Dienstzeit in unserem Institut beschlossen, Sie zum 1. Juli 1943 in den Ruhestand zu versetzen.
> Wir werden die Pension für Sie, die nach den zur Zeit gültigen Bestimmungen — bis auf Widerruf — RM 6 000,— p. a. beträgt und auf die die Renten der Versicherungsträger in Anrechnung kommen, in der Ende dieses Monats stattfindenden Sitzung des Kuratoriums der David Hansemann'schen Pensionskasse genehmigen und Ihnen alsdann den offiziellen Pensionsbrief zugehen lassen."

Auf die ausgesetzte Pension von RM 6 000,— wurden die damaligen Renten aus der Angestelltenversicherung und aus dem Beamten-Versicherungsverein des Deutschen Bank- und Bankiergewerbes angerechnet, so daß für die Beklagte ein monatlicher Betrag von 248,76 DM verblieb. Diese Pension erhielt der Kläger auch von der Beklagten vom 1. Juli 1943 an. Sie wurde angewiesen von der Berliner Zentrale der Beklagten, bei der eine besondere Rücklage von 25 Mio RM zuletzt vorhanden war. Sie wurde zu Lasten der Berliner Hauptverwaltung, nicht zu Lasten einer Niederlassung gezahlt und wurde als laufende Handlungsunkosten verbucht. Die Personalakten des Klägers wurden in Berlin geführt. Ausgezahlt wurde die Pension zu Lasten von Berlin in der Filiale Weimar, bei der der Kläger aus kriegsbedingten Gründen aushilfsweise weiterbeschäftigt wurde. Das Gehalt des Klägers für diese Aushilfstätigkeit ging zu Lasten der Filiale Weimar.

Nach dem Zusammenbruch im Jahre 1945 war der Kläger bei der Beklagten nicht mehr tätig. Diese leistete auch keine Zahlungen an den Kläger mehr. Am 4. September 1952 erhielt der Kläger, der zunächst in der Ostzone geblieben war, die Zuzugsgenehmigung nach Westberlin aus Gründen der Familienzusammenführung. Der Kläger konnte jedoch erst am 19. Dezember 1953 nach Westberlin übersiedeln, da er vorher seinen Hausrat wegen einer verhängten Sperre nicht abtransportieren konnte.

Der Kläger verlangt, daß die Beklagte ab 1. Januar 1953 ihm auf Lebenszeit eine Pension von monatlich 248,67 DM zahlt.

Er ist der Ansicht, dieser Pensionsanspruch stehe ihm zu. Es handele sich auch um einen Anspruch, der nach dem Berliner Altbankengesetz vom 10. Dezember 1953 (GVBl. 1953, S. 1483) zu erfüllen sei, da es sich um eine im Berliner Geschäftsbetrieb der Beklagten begründete Verbindlichkeit handele.

Die Beklagte und die ihr als Streithelferin beigetretene Bundesrepublik beantragen Klageabweisung. Sie tragen vor, die Verbindlichkeit sei nicht im Geschäftsbetrieb der Berliner Niederlassung begründet worden.

Das Arbeitsgericht und das Landesarbeitsgericht haben nach dem Klageantrag erkannt. Die Revision der Beklagten ist im wesentlichen zurückgewiesen worden.

Aus den Gründen:

1. Der Senat hatte zunächst zu prüfen, ob die Gerichte für Arbeitssachen für die Entscheidung des Rechtsstreits selbst und auch für die Beurteilung aller Vorfragen, die für die Entscheidung erheblich sind, zuständig sind.

Auszugehen ist von § 2 Abs. 1 Ziff. 2 ArbGG. Um einen unter diese Vorschrift fallenden Rechtsstreit handelt es sich, denn der Kläger, ein früherer Angestellter der Beklagten, nimmt die Beklagte auf Zahlung eines Ruhegehalts in Anspruch. Die Entscheidung dieses Rechtsstreits hängt jedoch davon ab, ob es sich bei dem von dem Kläger verfolgten

Anspruch um eine im Geschäftsbetrieb der Berliner Niederlassung begründete Verbindlichkeit der Beklagten handelt. Denn nur wenn dies der Fall ist, kann die Beklagte nach den Vorschriften der §§ 5, 7 des Berliner Altbankengesetzes aus der dem Kläger bereits 1943, also vor dem 9. Mai 1945, gegebenen Ruhegeldzusage in Anspruch genommen werden. Für die Entscheidung des Rechtsstreits über den Zahlungsanspruch des Klägers ist also eine Vorentscheidung darüber erforderlich, ob es sich um eine solche im Geschäftsbetrieb der Berliner Niederlassung der Beklagten begründete Verbindlichkeit handelt.

Die Beklagte bestreitet diese nach dem Berliner Altbankengesetz für ihre Inanspruchnahme erforderliche Voraussetzung, während der Kläger diese Voraussetzung für gegeben ansieht. Die sonstigen Voraussetzungen des § 7 AltbG für die Inanspruchnahme der Beklagten als einer Berliner Altbank sind unstreitig gegeben.

Nach § 7 Abs. 7 AltbG finden die Vorschriften der §§ 21 ff. Umstellungsergänzungsgesetz vom 21. September 1953 (BGBl. I, S. 1439) dann Anwendung, wenn über die Voraussetzungen des § 7 Abs. 1—6 AltbG für die Inanspruchnahme der Altbanken, also auch über die Frage, ob es sich um eine im Geschäftsbetrieb der Berliner Niederlassung begründete Verbindlichkeit handelt, Streit besteht. Die §§ 21 ff. Umstellungsergänzungsgesetz sehen für die Entscheidung über die Umwandlungsfähigkeit von Uraltguthaben ein besonderes Verfahren der freiwilligen Gerichtsbarkeit vor. Diese Vorschriften sollen nach § 7 Abs. 7 AltbG entsprechend auch dann anwendbar sein, wenn es sich um die Voraussetzungen des § 7 Abs. 1—6 AltbG für die Inanspruchnahme einer Berliner Altbank handelt. Der Senat hatte deshalb zu prüfen, ob es sich bei diesem für entsprechend anwendbar erklärten Verfahren und der insoweit begründeten Zuständigkeit der Gerichte der freiwilligen Gerichtsbarkeit zur Entscheidung bestimmter Fragen um eine ausschließliche Zuständigkeit handelt, und zwar ausschließlich in dem Sinne, daß sie auch die ausschließliche Zuständigkeit der Gerichte für Arbeitssachen nach § 2 Abs. 1 Ziff. 2 ArbGG einschränkt.

Der Senat sieht sich in dieser Sache nicht veranlaßt, zu der Frage Stellung zu nehmen, ob das Arbeitsgerichtsgesetz vom 3. September 1953, das durch das Gesetz vom 16. Oktober 1953 (Berliner GVBl. 1953, S. 1231) in Berlin eingeführt ist, in Berlin als Bundesgesetz oder als Landesgesetze gilt. Auch bedarf es keiner Prüfung in der Richtung, ob die ausschließliche Zuständigkeit der Gerichte für Arbeitssachen nach § 2 ArbGG, wenn das Arbeitsgerichtsgesetz in Berlin als Bundesgesetz gilt, auf Grund der in § 45 Abs. 7 Umstellungsergänzungsgesetz vom 21. September 1953 enthaltenen Ermächtigung durch das Berliner Altbankengesetz — ein Landesgesetz — dahin eingeschränkt werden kann, daß die Gerichte für Arbeitssachen im Rahmen ihrer sonst gegebenen ausschließlichen Zuständigkeit auch für die Beurteilung von Vorfragen jedenfalls das Gegebensein der Voraussetzungen der Absätze 1—6 des § 7 AltbG für die Inanspruchnahme einer Berliner Altbank nicht mehr selbst prüfen dürften, vielmehr die Entscheidung insoweit den im Verfahren nach §§ 21 ff. Umstellungsergänzungsgesetz zuständigen Gerichten der ordentlichen Gerichtsbarkeit überlassen müßten.

Denn auch wenn man, wie der Vierte Senat des Bundesarbeitsgerichts dies in der Entscheidung vom 20. März 1957 (4 AZR 7/56, AP Nr. 25 zu § 2 ArbGG 1953) getan hat, davon ausgeht, daß verfassungsrechtliche Bedenken gegen die Rechtswirksamkeit des § 7 Abs. 7 AltbG nicht bestehen, bleiben ungeachtet dieser Regelung die Gerichte für Arbeitssachen im Rahmen der ihnen obliegenden Sachzuständigkeit für einen unter ihre nach § 2 ArbGG gegebene ausschließliche Zuständigkeit fallenden Rechtsstreit auch insoweit zuständig, als es sich um die Entscheidung der für die Sachentscheidung über den Klageantrag selbst erhebliche Vorfrage, nämlich über das Gegebensein der hier in Rede stehenden Voraussetzung „im Geschäftsbetrieb der Berliner Niederlassung begründet" handelt. Etwas anderes würde nur gelten, wenn die Zuständigkeit der ordentlichen Gerichte im Verfahren nach den §§ 21 ff. Umstellungsergänzungsgesetz eine ausschließliche wäre, und zwar eine noch ausschließlichere als die ausschließliche Zuständigkeit der Gerichte für Arbeitssachen nach § 2 ArbGG.

Insoweit ist der Senat zu dem Ergebnis gekommen, daß für die Entscheidung der als Vorfrage in einem anhängigen arbeitsgerichtlichen Verfahren erheblichen Frage, ob ein Versorgungsanspruch oder eine Versorgungsanwartschaft in Berlin begründet worden ist, jedenfalls keine ausschließliche Zuständigkeit der Gerichte der freiwilligen Gerichtsbarkeit nach §§ 21 ff. Umstellungsergänzungsgesetz auch im Verhältnis zu den nach dem Klageantrag ausschließlich zuständigen Gerichten für Arbeitssachen unter teilweiser Einschränkung dieser ausschließlichen Zuständigkeit begründet ist. Grundsätzlich hat jedes Gericht im Rahmen der ihm obliegenden Sachzuständigkeit zur Sachentscheidung in einem seiner Zuständigkeit unterliegenden und vor ihm anhängigen Rechtsstreit auch alle für diese Sachentscheidung erheblichen Vorfragen mitzuentscheiden (vgl. Rosenberg, Lehrbuch des Zivilprozeßrechts, 7. Aufl., S. 47 mit Rechtsprechung). Diese Kompetenz zur Entscheidung von Vorfragen kann einem sachlich ausschließlich zuständigen Gericht, wie es die Gerichte für Arbeitssachen sind, nur durch eine eindeutige und klare Regelung entzogen werden, aus der sich ergibt, daß das sachlich ausschließlich zuständige Gericht trotz der Ausschließlichkeit seiner Sachzuständigkeit jedenfalls die Vorfragenentscheidung nicht vornehmen darf. Denn aus dem Wesen einer ausschließlichen Zuständigkeit, wie sie den Gerichten für Arbeitssachen nach § 2 ArbGG zusteht, folgt grundsätzlich, daß gerade dieses Gericht den zulässig vor ihm anhängig gemachten Rechtsstreit einschließlich aller erheblichen Vorfragen entscheiden soll, es sei denn, daß eindeutig etwas anderes bestimmt ist. An einer solchen eindeutigen und klaren Einschränkung der ausschließlichen Zuständigkeit der Gerichte für Arbeitssachen fehlt es hier. Insbesondere ist in § 7 Abs. 7 AltbG nicht mit der erforderlichen Klarheit zum Ausdruck gekommen, daß den Gerichten für Arbeitssachen die Zuständigkeit zur Entscheidung bestimmter Vorfragen, die für die ihm obliegende Sachentscheidung erheblich sind, genommen wird. Es ist weder dort noch übrigens auch in den §§ 21 ff. UmstErgG ausdrücklich gesagt, daß die Gerichte der freiwilligen Gerichtsbarkeit zu der Entscheidung über das Gegebensein der Voraussetzungen des § 7 Abs. 1—6 AltbG ausschließlich zuständig seien oder daß diese Vorfragen nur in dem Verfahren nach den §§ 21 ff. a. a. O. entschieden werden dürften. Dies müßte aber, wenn die ausschließliche Zuständigkeit der Gerichte für Arbeitssachen insoweit beschränkt werden sollte, eindeutig zum Ausdruck gebracht sein. Dies folgt insbesondere aus einem Vergleich mit anderen Vorschriften, in denen die Zuständigkeit von Gerichten beschränkt worden ist. Der Senat verweist insoweit insbesondere auf § 901 der Reichsversicherungsordnung. Dort ist den Gerichten eindeutig die Zuständigkeit zur Sachentscheidung in bestimmtem Umfange entzogen. Entsprechendes gilt für § 1 Abs. 2 der Verordnung über die Behandlung der Ehewohnung und des Hausrats nach der Scheidung vom 21. Oktober 1944, wo ausdrücklich bestimmt ist, daß die dort erwähnten Streitigkeiten ausschließlich nach den Vorschriften dieser Verordnung behandelt und entschieden werden.

Es trifft zwar zu, daß nach der amtlichen Begründung zum Umstellungsergänzungsgesetz (Bundestagsdrucksache Nr. 4327, 1. Wahlperiode 1949, S. 27/28) das dort nur für die Prüfung der Umwandlungsfähigkeit von Uraltguthaben vorgesehene Verfahren an die Stelle der Entscheidung in der streitigen Gerichtsbarkeit treten soll. Wie sich aus dieser amtlichen Begründung jedoch ergibt, schwebte dem Gesetzgeber damals die Frage zur Entscheidung vor, ob die ordentlichen Gerichte im streitigen Verfahren nach der Zivilprozeßordnung oder in dem

Verfahren der freiwilligen Gerichtsbarkeit entscheiden sollten. Hier steht aber zur Erörterung, ob die ausschließliche Zuständigkeit der Gerichte für Arbeitssachen durch eine noch ausschließlichere Zuständigkeit der Gerichte im Verfahren der freiwilligen Gerichtsbarkeit eingeschränkt werden soll. Die Erwägungen, die den Gesetzgeber veranlaßten, für die Prüfung der Umwandlungsfähigkeit von Uraltguthaben durch die ordentlichen Gerichte das Verfahren der freiwilligen Gerichtsbarkeit vorzusehen, treffen auf den hier zur Entscheidung stehenden Fall nicht zu. Dies wird auch daran deutlich, daß die amtliche Begründung zum Entwurf des Umstellungsergänzungsgesetzes (S. 28 unten) ausdrücklich hervorhebt, die Zuweisung an das Gericht der freiwilligen Gerichtsbarkeit erscheine deshalb unbedenklich, weil sich die Besetzung des Gerichts nicht von der eines Prozeßgerichts unterscheide. Gerade dieser Hinweis zeigt, daß der Gesetzgeber offensichtlich nur das Verhältnis der ordentlichen streitigen Gerichtsbarkeit zur freiwilligen Gerichtsbarkeit in den §§ 21 ff. UmstErgG regeln wollte, nicht aber das Verhältnis der Arbeitsgerichtsbarkeit zur ordentlichen Gerichtsbarkeit.

Wenn nun § 7 Abs. 7 AltbG diese vom Gesetzgeber so verstandenen Vorschriften für „entsprechend" anwendbar erklärt, so folgt auch daraus nicht mit der erforderlichen Deutlichkeit, daß nunmehr — eben durch § 7 Abs. 7 AltbG — auch das Verhältnis zwischen ordentlicher Gerichtsbarkeit und Gerichtsbarkeit in Arbeitssachen geregelt werden sollte. Insbesondere ist aus dieser Verweisung nicht mit der gebotenen Deutlichkeit zu ersehen, daß die ausschließliche Zuständigkeit der Gerichte für Arbeitssachen durch eine auch ihnen gegenüber noch ausschließlichere Zuständigkeit der Gerichte der freiwilligen Gerichtsbarkeit auch hinsichtlich der Befugnis zu einer Entscheidung von Vorfragen für die den Gerichten für Arbeitssachen allein obliegende Sachentscheidung über den gestellten Klageantrag eingeschränkt werden sollte.

Der Senat verkennt nicht, daß eine in dem Verfahren der freiwilligen Gerichtsbarkeit ergangene Entscheidung für die Gerichte, die Verwaltungsbehörden und das Neue Institut bindend ist. Auch daraus folgt aber nicht, daß die Zuständigkeit der Gerichte der freiwilligen Gerichtsbarkeit nach den §§ 21 ff. UmstErgG eine noch ausschließlichere als die der Gerichte für Arbeitssachen ist. Zwar sind nach dieser Regelung auch die Gerichte für Arbeitssachen an eine im Verfahren nach den §§ 21 ff. a. a. O. ergangene Entscheidung gebunden. Diese Bindung setzt aber voraus, daß ein Verfahren nach §§ 21 ff. a. a. O. tatsächlich durchgeführt und rechtskräftig abgeschlossen ist. Solange dies nicht der Fall ist, kann eine Bindungswirkung nicht eintreten. Nicht zu entscheiden ist hier die

Frage, ob das Gericht für Arbeitssachen, das mit einem seiner Zuständigkeit nach § 2 ArbGG unterliegenden Rechtsstreit befaßt ist, die Verhandlung bis zur Entscheidung nach den §§ 21 ff. a. a. O. aussetzen k a n n, wenn bereits ein solches Verfahren der freiwilligen Gerichtsbarkeit anhängig ist oder vor der Entscheidung des Gerichtes für Arbeitssachen in der Tatsacheninstanz anhängig wird (§ 148 ZPO). Hier ist unstreitig ein solches Verfahren nicht anhängig gemacht worden.

Der Senat ist sonach zu dem Ergebnis gekommen, daß durch § 7 Abs. 7 AltbG in Verbindung mit §§ 21 ff. UmstErgG die ausschließliche Zuständigkeit der Gerichte für Arbeitssachen nicht mit der Folge eingeschränkt ist, daß durch eine noch ausschließlichere Zuständigkeit der in §§ 21 ff. UmstErgG erwähnten Gerichte der freiwilligen Gerichtsbarkeit den Gerichten für Arbeitssachen die Entscheidung über die für den geltend gemachten Zahlungsanspruch erhebliche Vorfrage entzogen ist, ob es sich um eine im Geschäftsbetrieb der Berliner Niederlassung der Beklagten begründete Verbindlichkeit handelt.

Diese Ansicht weicht zwar von der des Vierten Senats des Bundesarbeitsgerichts in der Entscheidung vom 20. März 1957 (4 AZR 7/56, AP Nr. 25 zu § 2 ArbGG) ab. Der Vierte Senat ist jedoch für diese Fragen unter keinerlei rechtlichem Gesichtspunkt mehr zuständig. Es bedarf daher nicht einer Vorlage an den Großen Senat. Insoweit verweist der Senat auf Wieczorek, GVG 1957, § 136 Anm. B II und die neuere Rechtsprechung des Bundesgerichtshofes, wie sie insbesondere in der Entscheidung vom 13. März 1956, Deutsches Verwaltungsblatt 1956, S. 759, 761 und auch in der Entscheidung vom 17. September 1958, NJW 1958, S. 1982 und 1983 zum Ausdruck kommt (vgl. auch BGHZ 9, 179 [181]; BGHStr. 7, 104 [109]; BGHStr. 8, 66).

2. Bei der sonach dem Senat in vollem Umfange obliegenden Entscheidung des Rechtsstreits war davon auszugehen, daß die Beklagte zur Zeit nach dem Berliner Altbankengesetz nur dann auf Erfüllung der dem Kläger gegebenen Pensionszusage in Anspruch genommen werden kann, wenn die Zusage „im Geschäftsbetrieb der Berliner Niederlassung begründet ist". Für Verbindlichkeiten, die im Geschäftsbetrieb einer anderen Niederlassung begründet sind, kann die Beklagte zur Zeit nicht in Anspruch genommen werden. Obwohl also alle Verbindlichkeiten, die von der Beklagten eingegangen sind, dem Gesamtunternehmen als einheitlichem Rechtsträger zur Last fallen, ist die Inanspruchnahme der Beklagten zur Zeit davon abhängig, in welcher Niederlassung die Verbindlichkeiten begründet sind. Nach dem Altbankengesetz und auch nach dem Umstellungsergänzungsgesetz werden dadurch, daß die Verbindlich-

keiten der einzelnen Niederlassungen nach verschiedenen rechtlichen Grundsätzen behandelt werden, die einzelnen Niederlassungen der Beklagten, obwohl es sich bei diesen um Teile eines einheitlichen Gesamtinstituts handelt, zu Trägern eigener Verbindlichkeiten gemacht und insoweit verselbständigt. Diese gesetzlichen Regelungen behandeln also die einzelnen Niederlassungen so, als wären sie allein — nicht auch das Gesamtunternehmen — Schuldner der Verbindlichkeiten. Daraus ergibt sich aber, daß die einzelne Niederlassung nur für die Verbindlichkeit haftet, die in ihrem eigenen Geschäftsbetrieb begründet ist. Die einzelne Niederlassung haftet also nur für die bei ihr „belegenen" Forderungen.

Als solche verselbständigte Niederlassung der Beklagten kann zwar auch deren Hauptniederlassung, die 1943 in Berlin ihren Sitz hatte, hinsichtlich bestimmter in ihrem eigenen unmittelbaren Geschäftsbetrieb begründeter Verbindlichkeiten angesehen werden. Dies gilt jedoch nur insoweit, als die Hauptniederlassung als „Niederlassung" wie auch die anderen Niederlassungen tätig geworden ist, nicht aber dann, wenn sie allein in ihrer Eigenschaft als Führungsstelle für das Gesamtunternehmen gehandelt hat. Denn soweit die Hauptniederlassung als Führungsstelle des Gesamtunternehmens tätig geworden ist, hat sie eben nicht wie eine Niederlassung gehandelt, sondern in ihrer Eigenschaft als Kopf des Gesamtunternehmens. Es ist in der Regel davon auszugehen, daß von der Berliner Zentrale der Beklagten eingegangene Verbindlichkeiten eben in der Eigenschaft als Unternehmensleitung begründet sind; von der Zentrale in der Eigenschaft als „Berliner Niederlassung" sind sie nur dann eingegangen, wenn sie sich nicht nur als Maßnahme der Unternehmensleitung darstellen, sondern mit einem wie dem einer Niederlassung geführten Geschäftsbetrieb der Zentrale in unmittelbarem Zusammenhang stehen.

Nach dem Altbankengesetz kann die Beklagte daher nicht schon mit der Begründung, es handele sich um eine von der damals in Berlin befindlichen Zentrale eingegangene Verbindlichkeit, in Anspruch genommen werden; vielmehr ist eine solche Inanspruchnahme nur dann möglich, wenn die Zentrale insoweit als eine im Sinne des Altbankengesetzes verselbständigte Niederlassung anzusehen ist.

Zwischen den Parteien ist unstreitig, daß der Kläger seit 1920 ständig als Direktor in der bereits 1943 geschlossenen Filiale A. tätig war; weiter ist unstreitig, daß er mit einem Schreiben der Personalabteilung der Beklagten, die in Berlin saß, vom 1. Juni 1943 in den Ruhestand versetzt worden ist. Weiter steht fest, daß die Personalabteilung in Berlin zuständig war für alle Angestellten und auch für Pensionsfragen. Auch ist davon auszugehen, daß in Berlin eine Rücklage von 25 Mio RM für die Pensionsverbindlichkeiten bestand, die das Landesarbeitsgericht als Pensionsfonds bezeichnet, die aber, wie sich aus dem übereinstimmenden Parteivortrag ergibt, lediglich eine bilanzmäßige Rückstellung war und offensichtlich auch vom Landesarbeitsgericht in diesem Sinne verstanden worden ist. Schließlich steht fest, daß die Pensionszahlungen von Berlin angewiesen und als laufende Handlungsunkosten in Berlin zu Lasten der Berliner Zentrale verbucht wurden.

Alle diese Merkmale besagen jedoch zunächst nur, daß die Zentrale der Beklagten diese Verbindlichkeit dem Kläger gegenüber in ihrer Eigenschaft als Unternehmensleitung, als Leiterin des Gesamtinstituts eingegangen ist und rechtfertigen noch nicht die Inanspruchnahme der Beklagten nach den einschränkenden Vorschriften des Berliner Altbankengesetzes. Denn die Zentrale hat eben nicht schon im Hinblick auf diese Umstände allein insoweit wie eine Niederlassung gehandelt, mit deren Geschäftsbetrieb als Niederlassung die von ihr eingegangene Verbindlichkeit in unmittelbarem Zusammenhang steht.

Der Senat verweist insoweit auf die Entscheidung des Kammergerichts vom 16. Dezember 1957 (AP Nr. 40 zu § 242 BGB Ruhegehalt), die Entscheidung des Zweiten Senats des Bundesarbeitsgerichts vom 5. Mai 1955 — 2 AZR 55/53 — (BAG 2, 18 = AP Nr. 4 zu § 242 BGB Ruhegehalt) und die zu beiden Entscheidungen in der AP veröffentlichten Anmerkungen von Beitzke. Der Senat läßt es dahingestellt, ob die Tatsache, daß es sich bei dem Kläger um einen Direktor, der als solcher und als Filialleiter in besonders engen Bindungen zur Zentrale gestanden haben könnte, gehandelt hat, dazu führen könnte, daß sein Arbeitsverhältnis und das ihm folgende Ruhestandsverhältnis als in Berlin begründet anzusehen ist.

Im vorliegenden Fall ist vielmehr entscheidend, daß die Zentrale der Beklagten in Berlin die Versorgungszusage gleichzeitig mit der Schließung der Filiale in A. abgegeben hat, bei der der Kläger seit langen Jahren ununterbrochen tätig war, und daß dieses so begründete Ruhestandsverhältnis von 1943 an ohne Zwischenschaltung einer anderen Niederlassung von Berlin aus abgewickelt worden ist. Aus diesen besonderen Umständen dieses Ruhestandsverhältnisses folgt, daß die Zentrale im Versorgungsfalle des Klägers nicht nur als Leiterin des Gesamtunternehmens gehandelt hat, sondern als Niederlassung der Beklagten in Berlin. Es trifft zwar zu, daß Versorgungsbezüge in Nachwirkung eines Anstellungsverhältnisses gewährt werden und grundsätzlich im Sinne des Währungsrechts und auch im Sinne des Altbankengesetzes dort belegen sind, wo das Arbeitsverhältnis seinen Schwerpunkt hatte, wo also das Arbeitsverhältnis erfüllt und abgewickelt wurde. Anknüpfungspunkt insoweit ist grundsätzlich der Betrieb, für den der Arbeitnehmer auf Grund des Arbeitsverhältnisses vor der Überführung in das Ruhestandsverhältnis tätig war. Fällt dieser Anknüpfungspunkt bereits bei Beginn des Ruhestandsverhältnisses weg, so fällt damit nicht etwa das Ruhestandsverhältnis mangels eines solchen Anknüpfungspunktes in sich zusammen, es bedarf vielmehr eines neuen Anknüpfungspunktes. Als daher wegen der Schließung der Filiale A. bereits 1943 der Ort A. und die dortige Niederlassung der Beklagten als Anknüpfungs- und Schwerpunkt für das zwischen den Parteien gleichzeitig begründete Ruhestandsverhältnis wegfiel, mußte, da von dort aus das Ruhestandsverhältnis nicht mehr abgewickelt werden konnte, für dieses Rechtsverhältnis ein neuer Anknüpfungs- und Schwerpunkt gesucht und gefunden werden. Die Beklagte hat auch dieser besonderen Sachlage dadurch Rechnung getragen, daß sie das Ruhegeld unmittelbar von Berlin aus festsetzte und überwies. Damit hat die Beklagte selbst Berlin zum Schwerpunkt des Ruhestandsverhältnisses gemacht, ihre Zentrale hat damit nicht nur in ihrer Eigenschaft als Unternehmensleitung gehandelt, sondern ist gleichzeitig wie eine verselbständigte Niederlassung anstelle der geschlossenen Niederlassung A. die Verbindlichkeit auf Zahlung des Ruhegehaltes eingegangen. Eine der vielen Niederlassungen der Beklagten mußte nunmehr zum Schwerpunkt des Ruhestandsverhältnisses gemacht werden; Weimar, wo der Kläger nach der Versetzung in den Ruhestand nur noch vorübergehend zur Aushilfe tätig war, ist mangels entsprechender Abreden nicht zu einem solchen Schwerpunkt gemacht worden; es blieb also, da auch eine andere Niederlassung nicht zu einem solchen Schwerpunkt gemacht worden ist, nur noch Berlin übrig, das damit nach dem eigenen Verhalten der Beklagten zum Schwerpunkt gerade dieses Ruhestandsverhältnisses wurde. Insoweit hat aber die Zentrale der Beklagten bereits 1943 wie eine Niederlassung gehandelt, die einen aus dem Bereich einer anderen Niederlassung kommenden Ruheständler in ihre eigene unmittelbare Betreuung übernahm. In dieses von der Beklagten unmittelbar eingegangene Ruhestandsverhältnis waren andere Niederlassungen nicht mehr eingeschaltet, nur noch die Zenrale war wie eine Niederlassung an diesem unmittelbar zwischen ihr und dem Kläger begründeten und bestehenden Ruhestandsverhältnis beteiligt.

Daher ist der Versorgungsanspruch des Klägers als „im Geschäftsbetrieb der Berliner Niederlassung" begründet anzusehen. Dem Kläger steht sonach nach § 7 AltbG der Anspruch dem Grunde nach zu.

3. Der Höhe nach konnte der Klage zunächst jedoch nur für die Zeitspanne bis zum Inkrafttreten der Rentenreform stattgegeben werden, während im übrigen der Klageanspruch nur dem Grunde nach für gerechtfertigt erklärt werden konnte.

Mit dem Inkrafttreten des AnVNG in Berlin auf Grund des Berliner Gesetzes vom 1. März 1957 (GVBl. S. 237) am 1. Januar 1957 kann sich eine Änderung in der Höhe der in den Vorinstanzen rechnerisch unstreitigen Zahlungspflicht der Beklagten ergeben.

Auf die dem Kläger zu gewährende Pension sollten die Renten der Versicherungsträger in Anrechnung kommen. Dies stellt das Schreiben vom 1. Juni 1943 fest. In dem Merkblatt vom 20. August 1944, das die bei der Beklagten geltende betriebliche Übung wiedergibt, heißt es darüber hinaus, daß Rentensteigerungen, die ohne Mitwirkung der Beklagten und deren Rechtsvorgänger erworben worden sind, nicht auf den Pensionszuschuß angerechnet würden, während die Grundrenten der Versicherungsträger voll auf die Pension anzurechnen seien.

Ist, wie vom Landesarbeitsgericht noch festzustellen sein wird, eine Änderung der Grundrente des Klägers durch das AnVNG eingetreten, so könnte sich die Beklagte hierauf berufen. Die Beklagte hat zwar in den Vorinstanzen die geltend gemachte Höhe des Anspruchs nicht bestritten. Dabei ist jedoch die Beklagte ebenso wie der Kläger, wie aus dem Gesamtzusammenhang erkennbar ist, von der Rentenregelung aus der Zeit vor dem 1. Januar 1957 ausgegangen. Wenn jetzt in der Revisionsinstanz auf die am 1. Januar 1957 eingetretene Änderung der Rentengesetzgebung hingewiesen und vorgetragen wird, es sei eine Änderung der voll anzurechnenden Grundrente eingetreten, so liegt darin nicht ein Vortrag neuer Tatsachen, der in der Revisionsinstanz unbeachtlich wäre; vielmehr liegt hierin der Vortrag, daß nach Abschluß der Tatsacheninstanz eingetretene Gesetzesänderungen zu einer anderen rechtlichen Beurteilung des Sachverhalts und der dem Zahlungsanspruch zugrunde liegenden und vom Landesarbeitsgericht übernommenen Berechnung führen müßten. Dieser Vortrag ist damit in der Revisionsinstanz noch zulässig. Dies ergibt sich bereits daraus, daß die Beklagte und die Streithelferin und ihnen folgend das Landesarbeitsgericht bei der in der Tatsacheninstanz vorgenommenen Anwendung und Auslegung einer typischen Regelung, wie sie hier in dem Merkblatt der Beklagten vom 20. August 1944 zum Ausdruck gekommen ist, eine nachträgliche Gesetzesänderung nicht berücksichtigt haben. Das Landesarbeitsgericht konnte diese zur Zeit seiner Entscheidung noch nicht vorliegende Gesetzesänderung nicht berücksichtigen. Kann sie aber als solche von Einfluß sein, so muß sie bei einem Sachverhalt der hier vorliegenden Art auch noch in der Revisionsinstanz beachtet werden.

Wie sich die Rentenreform auf die Berechnung des Zahlungsanspruchs für die Zeit nach dem 1. Januar 1957 auswirkt, kann in der Revisionsinstanz nicht festgestellt werden. Insoweit wird das Landesarbeitsgericht die nötige Sachaufklärung zu veranlassen haben. Der Senat weist jedoch darauf hin, daß unter Umständen eine neue Auslegung und sinngemäße Ergänzung der Pensionsrichtlinien der Beklagten erforderlich sein wird. Die Pensionsrichtlinien der Beklagten gehen offenbar davon aus, daß die Ruheständler der Beklagten nicht nur auf die Renten der Versicherungsträger und des Beamten-Versicherungsvereins des Deutschen Bank- und Bankiergewerbes im Ruhestande angewiesen sein sollten, vielmehr sollte den Ruheständlern von ihrem früheren Arbeitgeber ein Zuschuß zu diesen Renten gewährt werden. Bisher sind in den Tatsacheninstanzen offenbar von den Parteien übereinstimmend das letzte Gehalt des Klägers und die Rente nach dem Stande zur Zeit der Pensionierung im Jahre 1943 gegenübergestellt worden. Sollte sich durch die Rentenreform ergeben, daß die Grundrente des Klägers eine so starke Steigerung erfahren hat, daß der von der Beklagten insgesamt unter Zugrundelegung des letzten Gehalts des Klägers aus dem Jahre 1943 nach den Pensionsgrundsätzen der Beklagten zu zahlende Prozentsatz dieses letzten Gehalts schon durch die neuen Renten erreicht würde, so müßte geprüft werden, ob nicht nunmehr bei der Berechnung des Zuschusses entweder von dem letzten Gehalt des Klägers und den damaligen Renten auszugehen ist, oder ob das jetzige Gehalt eines vergleichbaren noch aktiven Angestellten und die heutigen nach der Rentenreform festgesetzten Renten zugrundezulegen sind.

29

1. Zur Entscheidung der Frage, ob der Angestellte einer Berliner Altbank einen Pensionsanspruch gegen die Altbank hat und dessen Erfüllung nach dem AltbG verlangen kann, sind die Gerichte für Arbeitssachen berufen.

2. Eine Versorgungsanwartschaft im Sinne des § 7 AltbG wird auch dann begründet, wenn die Versorgungszusage ohne Einräumung des Rechtsanspruchs und widerruflich gegeben wird.

3. Arbeitsverhältnisse können durch Parteivereinbarung zu ruhenden Arbeitsverhältnissen dadurch gestaltet werden, daß der Arbeitneh-

mer ohne Gehalt beurlaubt wird. Eine solche Vereinbarung ist nicht in eine Kündigung oder einverständliche Aufhebung des Arbeitsverhältnisses umzudeuten.

4. Zur Berücksichtigung von Gesetzesänderungen in der Revisionsinstanz.

Berliner Altbankengesetz §§ 5, 7; BGB § 242.

I. Senat. Urteil vom 22. 1. 1959 i. S. D. B. (Bekl.) w. V. (Kl.)
1 AZR 535/55.

I. Arbeitsgericht Berlin. — II. Landesarbeitsgericht Berlin.

Der am 26. März 1889 geborene und in Berlin wohnhafte Kläger war seit dem 1. Oktober 1910 bei der Beklagten als Angestellter in deren Berliner Hauptgeschäft tätig. Er wurde Mitte April 1945 zum Volkssturm eingezogen und kehrte Ende August 1945 aus russischer Gefangenschaft zurück. Die Beklagte hatte bereits vorher auf Grund des Befehls der Sowjetischen Besatzungsmacht vom 28. April 1945 und der Bekanntmachung des Berliner Magistrats vom 5. Juni 1945 (VOBl. Berlin, Ausgabe Nr. 1 Juli 1945) über das vorläufige Ruhen der Banken ihren Kassenverkehr einstellen müssen. Sie teilte dem Kläger am 1. November 1945 deshalb mit, daß er wie alle anderen Angestellten, die die Bank nicht mehr beschäftigen konnte, bis auf weiteres ohne Gehalt beurlaubt sei. Der Kläger bemühte sich auch später erfolglos um Wiederbeschäftigung bei der Beklagten. Er erhielt jedoch durch deren Vermittlung am 1. Januar 1947 eine Beschäftigung als Aushilfskraft. Dort schied er nach Erreichung seines 65. Lebensjahres im Jahre 1954 aus, ohne Versorgungsansprüche erworben zu haben. Die Beklagte zahlte dem Kläger für das restliche Jahr 1954 einen Zuschuß zu den Renten, die er von der Angestelltenversicherung und dem Beamten-Versicherungsverein erhielt, in Höhe von monatlich 70,17 DM. Mit dem 1. Januar 1954 stellte die Beklagte jedoch die Zahlungen ein, da der Versorgungsfall des Klägers erst nach dem 1. Januar 1953 eingetreten sei und deshalb nicht unter die Bestimmungen des Altbankengesetzes falle, sie auch im Hinblick auf die Richtlinien über die Bildung von Rückstellungen für Versorgungsverbindlichkeiten vom 11. Oktober 1954 (Amtsblatt für Berlin 1954, S. 1216) keine Rückstellungen für die Versorgungslast vornehmen könne und deshalb auch keine Ausgleichsforderungen gegen den Bund erhalte.

Die Beklagte zahlte in ständiger Übung ihren langjährigen tätigen Angestellten Zuschüsse zu den Versicherungsrenten, wenn die Angestellten entweder das 65. Lebensjahr erreicht hatten oder vorher ohne ihr

Verschulden ausscheiden mußten und bereits in die Nähe der Altersgrenze gerückt waren. Nach einem Merkblatt vom 20. August 1944, das eine Zusammenstellung der für den Bereich der Beklagten geltenden Ruhegeldgrundsätze enthält, besteht ein Rechtsanspruch auf die Leistungen der Beklagten nicht; diese behielt sich auch den Widerruf vor und führte besonders einige Tatbestände auf, in denen sie einen Widerruf ausüben konnte.

Mit der vorliegenden Klage verlangt der Kläger die Zahlung eines monatlichen Ruhegeldes von 70,17 DM ab 1. Juli 1955 auf Lebenszeit von der Beklagten. Die Beklagte, auf deren Seite die Bundesrepublik als Streithelferin beigetreten ist, hat um Abweisung der Klage gebeten.

Beide Vorinstanzen haben nach dem Klageantrag erkannt. Hiergegen richtet sich die Revision der Beklagten, mit der sie Abweisung der Klage erstrebt.

Aus den Gründen:

Die Parteien streiten lediglich noch über die Frage, ob eine vor dem 9. Mai 1945 begründete Versorgungsanwartschaft des Klägers nach dem 9. Mai 1945 und vor dem 1. Juli 1955 erloschen ist. Der Kläger nimmt mit dem Vortrag, er habe vor dem 9. Mai 1945 eine solche Anwartschaft erworben und diese habe sich, als er das 65. Lebensjahr erreicht habe, zu einem Anspruch auf Ruhegehaltsgewährung verdichtet, die Beklagte auf Zahlung eines Ruhegeldes vom 1. Juli 1955 an in Anspruch.

Bei der dem Gericht, auch dem der Revisionsinstanz, obliegenden Prüfung, ob der Rechtsweg vor ihm für den geltend gemachten Anspruch gegeben ist, ist davon auszugehen, daß die ausschließliche Zuständigkeit der Gerichte für Arbeitssachen im vorliegenden Falle sich aus § 2 Abs. 1 Ziff. 2 ArbGG ergibt. Denn es handelt sich um einen Anspruch aus dem Arbeitsverhältnis, das zwischen den Parteien bestanden hat. § 7 Abs. 7 des Altbankengesetzes sieht zwar ein besonderes Verfahren der freiwilligen Gerichtsbarkeit vor dem Landgericht Berlin vor. Die Zuständigkeit dieses Gerichtes ist jedoch, wie der Senat in dem Urteil vom 22. Januar 1959 — 1 AZR 478/55 — (BAG 7, 186 ff.) ausgeführt hat, keine ausschließliche in dem Sinne, daß dadurch die ausschließliche Zuständigkeit der Gerichte für Arbeitssachen nach § 2 ArbGG eingeschränkt würde. Dieses Verfahren der freiwilligen Gerichtsbarkeit ist auch nur für den Fall vorgesehen, daß Streit darüber besteht, ob die Voraussetzungen, unter denen nach § 7 Abs. 1 bis 6 des Berliner Altbankengesetzes die Altbank für alte Verbindlichkeiten in Anspruch genommen werden kann, gegeben sind. Um diese Voraussetzungen handelt es sich im vorliegenden Falle nicht. Denn zwischen den Parteien ist unstreitig, daß dann, wenn dem Kläger eine Versorgungsanwartschaft zusteht, diese in Berlin begründet ist, weiter, daß der Kläger an dem maßgebenden Stichtag in Berlin gewohnt hat und schließlich auch, daß es sich um eine auf Deutsche Mark umgestellte Verbindlichkeit handelt. Streit besteht also lediglich darüber, ob überhaupt eine Versorgungsanwartschaft im Sinne des Altbankengesetzes begründet ist und noch besteht und ob sie sich in einen Pensionsanspruch umgewandelt hat. Für diese Fragen sind aber die Gerichte für Arbeitssachen ausschließlich zuständig, denn es handelt sich um allgemeine Fragen aus dem Arbeitsrecht und um einen Anspruch des Klägers, den er aus seinem Arbeitsverhältnis mit der Beklagten zu haben glaubt.

1. Es ist zunächst davon auszugehen, daß der Kläger vor dem 9. Mai 1945 eine Versorgungsanwartschaft gegen die Beklagte erworben hat. Aus den tatsächlichen Feststellungen des Landesarbeitsgerichts ergibt sich, daß bei der Beklagten eine ständige Übung dahin bestanden hat, ihren Angestellten bei Ausscheiden aus dem Arbeitsverhältnis infolge Erreichens der Altersgrenze oder infolge Dienstunfähigkeit einen Zuschuß zum Ruhegehalt zu gewähren. Nach dem maßgebenden Merkblatt der Beklagten vom 20. August 1944 ist zwar davon auszugehen, daß auf diesen Zuschuß kein Rechtsanspruch bestand, daß es sich vielmehr um eine freiwillige widerrufliche Leistung der Beklagten handelte. Auch eine solche Übung begründet jedoch eine Versorgungsanwartschaft. Denn solange die Beklagte allgemein derartige Zuschüsse gewährt, und zwar auch freiwillig und ohne Rechtsanspruch, hat der einzelne Arbeitnehmer eine Anwartschaft darauf, daß auch ihm freiwillig und ohne Rechtsanspruch ein solcher Zuschuß im Versorgungsfalle gezahlt wird. Eine solche Versorgungsanwartschaft steht nach der ausdrücklichen Regelung in § 7 Abs. 1 des Berliner Altbankengesetzes vom 10. Dezember 1953 (GVBl. 1953, S. 1483) einer alten Zahlungsverbindlichkeit gleich. Aus dem Gesetzeswortlaut kann kein Anhalt in der Richtung gefunden werden, daß als Versorgungsanwartschaften im Sinne des Altbankengesetzes nur solche Anwartschaften angesehen werden sollten, bei denen es sich um die Aussicht auf Leistungen handelte, auf die ein Rechtsanspruch bestand und bei denen sich der Arbeitgeber einen Widerruf nicht vorbehalten hatte.

Damit ist festzustellen, daß der Kläger am 9. Mai 1945 bereits eine solche Versorgungsanwartschaft auf Grund der von der Beklagten ständig angewandten betrieblichen Übung erworben hatte.

2. Diese Versorgungsanwartschaft des Klägers ist aber auch nicht nach dem 9. Mai 1945 untergegangen.

a) Es kann dahingestellt bleiben, ob durch die Schließung der Berliner Banken auf Grund des Befehls des Chefs der sowjetischen Besatzung der Stadt Berlin vom 28. April 1945 — VOBl. der Stadt Berlin, Ausgabe Nr. 1 Juli 1945 — und der Bekanntmachung des Magistrats der Stadt Berlin vom 5. Juni 1945 (a. a. O.) und die durch diese Maßnahmen eintretende Unmöglichkeit zur weiteren Beschäftigung der überwiegenden Mehrheit des bisherigen Personals, einschließlich des Klägers, eine Beendigung der Arbeitsverhältnisse der Arbeitnehmer, die nicht weiterbeschäftigt werden konnten, ohne weitere rechtsgestaltende Maßnahmen seitens des Klägers oder der Beklagten hätte eintreten können (vgl. Hueck-Nipperdey, Lehrbuch des Arbeitsrechts, 6. Aufl., Bd. 1, S. 477 und Nikisch, Arbeitsrecht, 2. Aufl., Erster Band, S. 549). Denn jedenfalls ergibt sich aus den tatsächlichen Feststellungen des Landesarbeitsgerichts, daß die Beklagte im Jahre 1945 sich weder auf eine solche Beendigung des Arbeitsverhältnisses berufen hat, noch aber auf eine Beendigung des Arbeitsverhältnisses hinzielende oder eine solche Beendigung feststellende Erklärung dem Kläger gegenüber abgegeben hat. Die Beklagte hat ihren Angestellten im Jahre 1945 nicht etwa erklärt, das Arbeitsverhältnis sei beendet, sondern sie hat ihnen eröffnet, sie müßten sich als ohne Gehalt beurlaubt betrachten. Eine solche von den Angestellten hingenommene Maßnahme setzt gedanklich voraus, daß auch die Beklagte die Arbeitsverhältnisse grundsätzlich als fortbestehend behandelt wissen wollte. Behandeln aber die Parteien eines Arbeitsverhältnisses dieses bei Vorliegen eines Tatbestandes, der zur Beendigung des Arbeitsverhältnisses auch ohne weitere rechtsfeststellende Erklärungen unter Umständen hätte führen können, einverständlich als fortbestehend, so kann von einer Beendigung des Arbeitsverhältnisses kraft der Umstände allein nicht gesprochen werden. Dies gilt auch dann, wenn die Parteien das Arbeitsverhältnis zwar nicht mehr in der ursprünglichen Form fortführen, sondern es durch Beurlaubung ohne Gehalt zu einem ruhenden Arbeitsverhältnis machen.

b) Die Beklagte will jetzt die 1945 ausgesprochene Beurlaubung ohne Gehalt in eine bereits damals ausgesprochene Kündigung umgedeutet sehen. Auch diese Rechtsansicht der Beklagten geht fehl.

Es ist der Beklagten zwar zuzugeben, daß die Schließung der Banken und die damit eintretende Unmöglichkeit zur Beschäftigung ihres bisherigen Mitarbeiterkreises die Beklagte hätte berechtigen können, die Arbeitsverhältnisse zu kündigen. Von einer solchen ihr möglicherweise gegebenen Befugnis hatte aber die Beklagte im Jahre 1945 gerade nicht Gebrauch gemacht. Dazu hätte es einer eindeutigen Erklärung bedurft, aus der für die Arbeitnehmer als Erklärungsempfänger einwandfrei ersichtlich war, daß das Arbeitsverhältnis durch rechtsgestaltende Erklärung beendet werden sollte. Eine solche Erklärung hat aber die Beklagte nicht abgegeben. Sie hat mit dem Ausspruch der Beurlaubung ohne Gehalt gerade im Gegenteil erklärt, das Arbeitsverhältnis solle fortbestehen. Eine solche Erklärung ist das Gegenteil einer Kündigung, nämlich die Bestätigung des Fortbestehens eines Arbeitsverhältnisses dem Bande nach. Nachträglich kann die Beurlaubungserklärung den Erklärungen der Beklagten aus dem Jahre 1945 zuwider nicht als Kündigungserklärung mit der Folge der Vernichtung der Arbeitsverhältnisse, einschließlich des Arbeitsverhältnisses des Klägers, dem Bande nach gewertet werden.

c) Die Beurlaubung ohne Gehalt selbst hat nicht zu einem Erlöschen der Versorgungsanwartschaft des Klägers, die bereits vor dem 9. Mai 1945 entstanden war, schon im Jahre 1945 geführt.

Zweck der Beurlaubung ohne Gehalt und der damit vorgenommenen einverständlichen Umgestaltung der Arbeitsverhältnisse in ruhende Arbeitsverhältnisse war gerade, diese Arbeitsverhältnisse zu erhalten. Trotz der Beurlaubung ohne Gehalt blieb also der Kläger, auch während der Zeit, für die er beurlaubt war, Arbeitnehmer der Beklagten auf Grund des fortbestehenden, nunmehr ruhenden Arbeitsverhältnisses. Er hatte insbesondere alle Rechte aus dem Arbeitsverhältnis behalten, mit Ausnahme des Rechts auf Beschäftigung und des Rechts auf Vergütungszahlung. Diese Rechte sind zwar unter normalen Verhältnissen die wesentlichen Rechte des Arbeitnehmers aus dem Arbeitsverhältnis. Es herrscht aber auch im Arbeitsrecht Vertragsfreiheit. Die Parteien können sonach, soweit nicht zwingende Normen entgegenstehen, im Rahmen dieser Vertragsfreiheit ihr Arbeitsverhältnis gestalten. Deshalb kann rechtswirksam auch vereinbart werden, daß das Arbeitsverhältnis dem Bande nach fortbestehen solle, der Arbeitnehmer damit alle Rechte aus dem Arbeitsverhältnis behalten solle, nur einstweilen nicht zu arbeiten habe und auch keine Vergütung bekomme. Die Parteien des Arbeitsverhältnisses haben hier 1945 gehofft, daß sich in mehr oder minder kurzer Zeit die Möglichkeit ergeben werde, das ruhende Arbeitsverhältnis wieder zu einem lebenden Arbeitsverhältnis umzugestalten. Für einen solchen Fall hatte aber die Beurlaubung ohne Gehalt bei Fortbestehen der sonstigen Rechte aus dem Arbeitsverhältnis ihren guten Sinn. Die Jahre der Beurlaubung mußten den beurlaubten Angestellten und damit auch dem Kläger auf die Berufsjahre und die Dienstjahre angerechnet werden, was für ihre Rechtsposition bei einer Wiederaufnahme der Arbeit von besonderer Bedeutung sein konnte (Steigerung der Gehälter, des Urlaubs, Jubiläumszahlungen u. ä.). Insbesondere konnte das Fortbestehen des Arbeitsverhältnisses dem Bande nach aber von besonderer Bedeutung sein gerade für die Erhaltung der von den beurlaubten Angestellten und auch von dem Kläger bereits vor dem 9. Mai 1945 erworbenen Versorgungsanwartschaft. Wenn also die Beklagte in der Beurlaubung ohne Gehalt jetzt eine Aufhebung des Arbeitsverhältnisses sehen will, so geht das insofern fehl, als sie verkennt, daß gerade durch diese Beurlaubung das Arbeitsverhältnis in der Form des ruhenden Arbeitsverhältnisses aufrechterhalten werden sollte und aufrechterhalten worden ist. Die Vereinbarung eines Ruhens des Arbeitsverhältnisses kann nicht deshalb in eine Aufhebung des Arbeitsverhältnisses umgedeutet werden, weil ein ruhendes Arbeitsverhältnis, bei dem keine Arbeit geleistet und keine Vergütung gezahlt werden, ein Widerspruch in sich selbst sei. Daß dies nicht der Fall ist, ergibt sich bereits aus dem Streben der Parteien, dem beurlaubten Arbeitnehmer seine sonstige Rechtsposition zu erhalten.

d) Auch dadurch ist das Arbeitsverhältnis zwischen den Parteien und mit ihr die Versorgungsanwartschaft des Klägers nicht erloschen, daß der Kläger nach 1945 im Jahre 1947 eine anderweite Beschäftigung gefunden hat.

Das Landesarbeitsgericht führt in seinen Entscheidungsgründen aus, der Kläger habe durch die Aufnahme dieser anderen Arbeit seinen in 34 Jahren erworbenen Rechtsstatus nicht aufgeben wollen, sondern er habe sich zunächst nur eine andere Lebensgrundlage suchen wollen. Daraus könne nicht auf die Auflösung des Arbeitsverhältnisses geschlossen werden. Es ist schon zweifelhaft, ob diese Auslegung des Landesarbeitsgerichts überhaupt in der Revisionsinstanz nachprüfbar ist. Denn es handelt sich um die tatsächliche Auslegung eines Sachverhalts, die dem Landesarbeitsgericht als dem Gericht der Tatsacheninstanz offensteht und jedenfalls im Hinblick auf die hier vorliegenden Umstände möglich ist. Die vom Landesarbeitsgericht für richtig gehaltene Auslegung läßt weder wesentlichen Auslegungsstoff außer Acht, noch verstößt sie gegen Auslegungsregeln oder gegen die Denkgesetze. Im übrigen erscheint aber diese Auslegung unter den hier vorliegenden Umständen auch richtig. Als die Beklagte 1945 ihre Angestellten und darunter auch den Kläger beurlaubte, war für sie und die betroffenen Angestellten klar, daß diese an irgendeiner anderen Stelle ihre Mittel zum Lebensunterhalt verdienen mußten. Sie riet ihnen, sich eine andere Existenz aufzubauen. Damit gestattete sie ihnen, ungeachtet des Fortbestehens des Arbeitsverhältnisses als eines ruhenden Arbeitsverhältnisses, eine andere Stellung anzunehmen. Es mag sein, daß die Beklagte sich vorbehalten wollte, für einen solchen Fall das ruhende Arbeitsverhältnis zu kündigen. Hierauf kommt es aber nicht an, da die Beklagte dem Kläger gegenüber, als er diese andere Stellung übernommen hatte, eine Kündigung des Arbeitsverhältnisses nicht ausgesprochen hat. Jedenfalls ist die Vereinbarung über das Ruhen des Arbeitsverhältnisses nicht mit dem Inhalt zustande gekommen, daß das Arbeitsverhältnis ohne weiteres Zutun der Parteien enden sollte, wenn der Kläger eine andere Stellung annahm. Auch der Kläger hätte zwar das ruhende Arbeitsverhältnis kündigen können, um sich von dem Bande des Arbeitsverhältnisses zu lösen. Eine solche Kündigung des Klägers, die der Beklagten gegenüber hätte erklärt werden müssen, liegt aber hier nicht schon darin, daß der Kläger, der damals nahezu 59 Jahre alt war, eine andere Stellung annahm. Es handelte sich lediglich um eine Aushilfsstellung, die als solche, obwohl der Kläger etwa 7 Jahre bei dem anderen Arbeitgeber tätig war, keine der früher von dem Kläger bekleideten Stellung entsprechende Dauerstellung war; insbesondere ist aber zu berücksichtigen, daß der Kläger auf Grund der Aushilfstätigkeit keinerlei Versorgungsansprüche gegen den neuen Arbeitgeber erwarb. Daß ein 59jähriger Angestellter seine in 35jähriger Berufstätigkeit bei einem Arbeitgeber erworbenen Versorgungsansprüche durch die Übernahme einer mit neuen Versorgungsansprüchen nicht verbundenen Aushilfstätigkeit aufgeben wollte, kann, wie das Landesarbeitsgericht zutreffend ausgeführt hat, nicht angenommen werden. Die gegenteilige Auslegung würde gegen Erfahrungsgrundsätze verstoßen. Zur Begründung eines Verzichts auf die erworbene Versorgungsanwartschaft der Beklagten gegenüber hätte es unter den hier vorliegenden Voraussetzungen einer zusätzlichen deutlichen Erklärung des Klägers bedurft. Hier greifen also auch die vom Landesarbeitsgericht bereits hervorgehobenen Gesichtspunkte durch, daß nicht anzunehmen sei, der Kläger habe durch die Aufnahme der anderen Aushilfstätigkeit auf seine in 35jähriger Arbeit erworbenen Versorgungsansprüche verzichten wollen.

e) Auch durch einen Widerruf des Versorgungsversprechens ist die am 9. Mai 1945 bestehende Versorgungsanwartschaft des Klägers nicht beseitigt worden.

Das Landesarbeitsgericht geht insoweit davon aus, daß nach der betrieblichen Übung der Beklagten, auf Grund deren diese ihren Angestellten Ruhegelder zahlte, ein Rechtsanspruch nicht bestand. Das Landesarbeitsgericht führt aber dann weiter aus, daß eine Berufung auf diese Klausel dann gegen Treu und Glauben verstoße, wenn sich im Betrieb des Arbeitgebers durch jahrelange Gewährung der Ruhegelder eine entsprechende betriebliche Übung entwickelt habe. Von dieser dürfe der Arbeitgeber nicht im Einzelfall abgehen. Ein das Abgehen rechtfertigender Anlaß liege hier aber nicht vor.

Das Landesarbeitsgericht geht also zutreffend davon aus, daß grundsätzlich die dem Kläger gegebene Versorgungszusage, die bereits vor dem 9. Mai 1945 begründete Versorgungsanwartschaft, Rechtsansprüche nicht begründet, vielmehr frei widerruflich war. Aus der betrieblichen Übung, die das Landesarbeitsgericht festgestellt hat, ergibt sich aber, daß die Beklagte von der ihr vorbehaltenen Widerrufsmöglichkeit vor 1945 nicht Gebrauch gemacht hat, und daß sie auch von ihr nach 1945 und insbesondere im Versorgungsfall des Klägers, den sie bis zum Eintritt der Dienstunfähigkeit oder zum Erreichen der Altersgrenze weiterbeschäftigt hätte, nicht Gebrauch gemacht hätte, wenn es nicht zu der Schließung der Banken und damit zu der Stillegung des Geschäftsbetriebes gekommen wäre. Die Beklagte hat ihren Widerruf lediglich damit begründet, daß sie Ausgleichsforderungen gegen den Bund wegen der Versorgungsleistungen an den Kläger nicht erhalte, da die Altbankenrichtlinien vom 11. Oktober 1954 (Amtsblatt für Berlin 1954, S. 1216) für solche Fälle die Bildung von Rückstellungen und damit die Zubilligung von Ausgleichsforderungen nach § 45 des Umstellungsergänzungsgesetzes vom 21. September 1953 (BGBl. I S. 1439) nicht vorsähen. Aus den Altbankenrichtlinien ergibt sich jedoch, daß dann, wenn vor Gerichten mit Erfolg Versorgungsansprüche geltend gemacht werden, auch Ausgleichsforderungen zugebilligt werden (vgl. Abschnitt C Eingangsworte). Die Altbankenrichtlinien selbst wollen also in die Rechtsposition der Versorgungsberechtigten nicht eingreifen. Es kann daher dahingestellt bleiben, ob sie überhaupt eingreifen könnten, wobei zu beachten ist, daß es sich bei diesen Altbankenrichtlinien lediglich um Verwaltungsvorschriften handelt. Auch braucht nicht geprüft zu werden, ob sich nicht gerade im Fall des seit 1910 bei der Beklagten beschäftigten Klägers aus den Altbankenrichtlinien ergibt (C 2 c), daß die Bildung einer Rückstellung nicht beanstandet wird. Der allein mit der Nichtzubilligung von Ausgleichsforderungen begründete Widerruf ist also nicht gerechtfertigt.

Damit ergibt sich, daß der Kläger eine Versorgungsanwartschaft am 9. Mai 1945 erworben hatte und daß diese Versorgungsanwartschaft bis zum Eintritt der Pensionsreife im Jahre 1954 nicht erloschen ist. Der Kläger kann deshalb nunmehr die nach der Versorgungsanwartschaft gerechtfertigte Zahlung des Ruhegehaltes jedenfalls vom 1. Juli 1955 an verlangen.

3. Das von dem Kläger begehrte Ruhegeld konnte ihm jedoch zunächst nur für die Zeit bis zum 31. Dezember 1956 zugesprochen werden, während für die folgende Zeit der Anspruch nur dem Grunde nach für gerechtfertigt erklärt werden konnte.

Nach dem Merkblatt der Beklagten vom 20. August 1944 ist für die Frage der Anrechnung der Renten, die der Versorgungsberechtigte erhält, folgendes bestimmt:

„Rentensteigerungen, die ohne Mitwirkung der Deutschen Bank und deren Rechtsvorgänger erworben sind, werden nicht, die Grundrenten der Versicherungsträger jedoch stets voll auf die Pension angerechnet."

Im Hinblick auf diese Regelung kann sich durch die am 1. Januar 1957 eingetretene Neuregelung der Renten aus der Angestelltenversicherung (Berliner Gesetz vom 1. März 1957, VOBl. S. 237) eine Änderung in der Höhe der Zahlungspflicht der Beklagten ergeben. Es ist zwar in den Vorinstanzen unstreitig gewesen, daß der Kläger dann, wenn seine Versorgungsanwartschaft sich in einen Versorgungsanspruch umgewandelt habe, einen Pensionszuschuß in Höhe von 70,17 DM zu beanspruchen habe. Dabei sind die Parteien, wie aus dem Gesamtzusammenhang erkennbar, von der Rentenregelung aus der Zeit vor dem 1. Januar 1957 ausgegangen. Wenn jetzt in der Revisionsinstanz auf diese am 1. Januar 1957 eingetretene Änderung der Rentengesetzgebung hingewiesen wird, so liegt darin nicht ein Vortrag von neuen Tatsachen, der in der Revisionsinstanz unbeachtlich wäre, sondern der Vortrag, daß nach Abschluß der Tatsacheninstanz eingetretene Gesetzesänderungen zu einer anderen rechtlichen Beurteilung des Sachverhalts führen müssen. Auch der Kläger ist bei der Berechnung der Klageforderung von der Rentenregelung aus der Zeit vor dem 1. Januar 1957 ausgegangen. Der neue Vortrag, mit dem nunmehr die auch von dem Kläger zugrunde gelegte Berechnung im Hinblick auf die Änderung der Rentenregelung angegriffen wird, ist damit auch in der Revisionsinstanz noch zulässig. Letztlich wird gerügt, daß das Landesarbeitsgericht bei der Auslegung einer typischen Vertragsregelung, wie sie das Merkblatt vom 20. August 1944 darstellt, eine nachträgliche Gesetzesänderung nicht berücksichtigt habe. Die Parteien und das Landesarbeitsgericht konnten zwar diese in der Tatsacheninstanz noch nicht gegebene Änderung der Rentenregelungen nicht berücksichtigen. Sie muß aber nunmehr berücksichtigt werden. Das führt dazu, daß die Revisionsinstanz in ihrer Sachentscheidung die Rentenneuregelung nicht außer acht lassen darf. Da aber das nunmehr für den dem Kläger gebührenden Zuschuß maßgebende Zahlenwerk nicht feststeht, muß für die Zeit vom 1. Januar 1957 nach weiterer Aufklärung des Sachverhalts eine Neuberechnung des Zahlungsanspruchs erfolgen.

Sofern die Beklagte bei dieser Neuberechnung einerseits von dem letzten Gehalt des Klägers, andererseits aber von der Rentenhöhe, wie sie erst am 1. Januar 1957 eingetreten ist, ausgehen sollte, wird das Landesarbeitsgericht insbesondere zu prüfen haben, ob eine solche Berechnungsweise dem Sinn der von der Beklagten in ständiger Übung gewährten Pensionszuschüsse entspricht. Es liegt nahe, daß die Beklagte ihren Pensionären mehr als die Rente geben wollte. Dieses Ziel könnte vereitelt werden, wenn bei der Berechnung nur auf die Gehälter des Jahres 1945, andererseits aber auf die Renten des Jahres 1957 abgestellt würde. Das Landesarbeitsgericht wird insoweit u. U. zu prüfen haben, ob nicht in sachgemäßer Ergänzung und Auslegung der betrieblichen Übung, die die Beklagte ständig angewandt hat, bei der Neuberechnung des Pensionszuschusses entweder von den Gehältern und den Renten des Jahres 1945 auszugehen ist, oder aber ob von den Gehältern vergleichbarer Angestellter im Jahre 1957 und den neu festgesetzten Renten des Jahres 1957 auszugehen ist.

30

1. Die von den Berliner Altbanken mit ihren Angestellten 1945 vereinbarte Umgestaltung der Arbeitsverhältnisse in ruhende Arbeitsverhältnisse kann von den Angestellten durch einseitige Erklärung nicht rückgängig gemacht werden.

2. Die fortwirkende Fürsorgepflicht des Arbeitgebers auch im ruhenden Arbeitsverhältnis gebietet es, daß der Arbeitgeber vor Einstellung von Arbeitskräften, die bisher betriebsfremd waren, geeignete Angestellte heranzieht, deren Arbeitsverhältnis ruht.

BGB § 242, Fürsorgepflicht.

I. Senat. Urteil vom 26. 1. 1959 i. S. G. (Kl.) w. D. B. (Bekl.)
1 AZR 355/55.

I. Arbeitsgericht Berlin. — II. Landesarbeitsgericht Berlin.

Der 1900 geborene Kläger war mit Unterbrechungen seit 1915 bei der beklagten Bank in Berlin, zuletzt als Angestellter, beschäftigt. Am

1. September 1939 wurde er zur Wehrmacht einberufen; er kehrte am 16. Juli 1945 aus der Kriegsgefangenschaft zurück und meldete sich am 11. September 1945 bei der Beklagten zur Wiederaufnahme seiner Arbeit. Die Beklagte konnte jedoch den Kläger im Hinblick auf die von der Sowjetischen Besatzungsmacht verfügte Schließung der Berliner Altbanken durch den Befehl Nr. 1 vom 28. April 1945 nicht beschäftigen. Sie hatte bereits vor der Rückkehr des Klägers ihren Angestellten durch Aushang vom 15. Juni 1945 mitgeteilt, daß die nicht für die restlichen Verwaltungs- und Instandhaltungsarbeiten benötigten Angestellten sich als „bis auf weiteres ohne Gehalt beurlaubt" betrachten müßten. Der Kläger sprach in der Folgezeit wiederholt bei der Beklagten mit der Bitte um Wiederbeschäftigung vor. Die Beklagte kam diesen Bitten jedoch nicht nach, da noch zahlreiche andere Angestellte ohne Gehalt beurlaubt seien und für den Kläger keine Arbeit vorliege. Am 28. April 1948 bestätigte die Beklagte dem Kläger, daß er ohne Gehalt beurlaubt sei, und stellte ihm gleichzeitig ein Zeugnis aus. Auch eine weitere Bitte des Klägers, ihn wieder zu beschäftigen, lehnte die Beklagte am 11. Juni 1954 ab.

Der Kläger ist der Ansicht, die Beklagte hätte ihn, nachdem das Berliner Altbankengesetz vom 10. Dezember 1953 (Berliner GVBl. 1953, S. 1483) am 15. Dezember 1953 in Kraft getreten sei, vom 1. Dezember 1953 an wieder beschäftigen müssen. Die Beklagte könne die ausgesprochene Beurlaubung ohne Gehalt nicht auf unabsehbare Zeit aufrechterhalten. Dadurch, daß sie ihn vom 1. Dezember 1953 an nicht wieder beschäftigt habe, sei sie in Annahmeverzug geraten und müsse von da an Gehalt bezahlen. Er hat beantragt, die Beklagte zu verurteilen, an ihn 439,64 DM als Gehalt für die Monate Dezember 1953 und Januar 1954 zu zahlen.

In allen Instanzen blieb die Klage erfolglos.

Aus den Gründen:

... Der Kläger macht unter dem Gesichtspunkt des Annahmeverzugs im Sinne des § 615 BGB Gehaltsansprüche für die Monate Dezember 1953 und Januar 1954 geltend. Das setzt zunächst voraus, daß zu dieser Zeit noch ein Arbeitsverhältnis zwischen den Parteien bestand, auf Grund dessen der Kläger Beschäftigung gegen Gehalt verlangen konnte.

1. Wie auch die Beklagte nicht bestreitet, ist das Arbeitsverhältnis zwischen den Parteien nicht dadurch beendet worden, daß der Kläger 1939 zur Wehrmacht eingezogen wurde. Als der Kläger 1945 aus der Kriegsgefangenschaft zurückkehrte, hatte er grundsätzlich aus dem

fortbestehenden Arbeitsverhältnis einen Anspruch auf Weiterbeschäftigung und — im Falle des Annahmeverzugs — einen Anspruch auf Gehaltszahlung auch ohne Leistung der geschuldeten Dienste (§ 615 BGB).

2. Als aber der Kläger sich zurückmeldete, lag die Ruhensanordnung der Besatzungsmacht und des Berliner Magistrats gegen die Beklagte vor, die eine weitere Betätigung der Beklagten in dem bisherigen Umfang auf nicht absehbare Zeit völlig ausschloß. Die Beklagte hatte deshalb bereits durch Aushang vom 15. Juni 1945 ihren Belegschaftsmitgliedern mitgeteilt, daß sich diese als ohne Gehalt beurlaubt betrachten müßten. Sie hatte ihnen empfohlen, anderweite Gelegenheiten zur Schaffung einer neuen Existenzgrundlage auszunutzen. Einen Zeitpunkt, von dem an sie die Angestellten wieder gegen Gehalt beschäftigen wollte, hatte sie nicht genannt. Der Senat muß nach den tatsächlichen Feststellungen des Landesarbeitsgreichts davon ausgehen, daß entsprechende Erklärungen auch dem Kläger gegenüber bei seiner Rückmeldung am 11. September 1945 abgegeben und von ihm hingenommen worden sind. Jedenfalls ergibt sich aus dem unstreitigen Sachverhalt, daß die Beklagte 1945 und auch später die Beschäftigung des Klägers unter Hinweis auf die durch die Ruhensanordnung geschaffene Lage abgelehnt hat. Der Kläger hat nicht vorgetragen, daß er damals gleichwohl auf Beschäftigung gegen Gehalt bestanden habe. Dementsprechend hat die Beklagte auch das Zeugnis vom 28. April 1948 ausgestellt, und der Kläger hat dieses angenommen.

Es kann dahingestellt bleiben, ob die Ruhensanordnung und die damit verbundene Unmöglichkeit zur weiteren Arbeit im bisherigen Umfange zu einer Beendigung des Arbeitsverhältnisses auch ohne rechtsfeststellende oder rechtsgestaltende Maßnahmen der Beklagten hätte führen können. Hierauf kommt es deshalb nicht an, weil die Beklagte sich 1945 weder auf eine Beendigung des Arbeitsverhältnisses auch ohne rechtsfeststellende oder rechtsgestaltende Erklärungen berufen hat noch aber 1945 und in den folgenden Jahren bis zum Beginn des Rechtsstreits eine Kündigung dem Kläger gegenüber ausgesprochen und damit durch rechtsgestaltende Erklärung das Arbeitsverhältnis beendet hat. Die Beklagte will jedoch jetzt ihre 1945 abgegebenen Erklärungen über die Beurlaubung ohne Gehalt als Kündigung oder Aufhebung des Arbeitsverhältnisses gewertet sehen. Das Landesarbeitsgericht hat diese Erklärungen nicht als Kündigung angesehen. Diese Wertung des Landesarbeitsgerichts ist möglich und damit in der Revisionsinstanz nicht nachprüfbar. Sie entspricht im übrigen auch der Rechtsansicht des Senats, wie sie dieser in dem zur Veröffentlichung vorgesehenen Urteil vom 22. Januar 1959 — 1 AZR 535/55 — BAG 7, 197 ff., des Näheren begründet hat. Es ist somit für die Entscheidung des Rechtsstreits davon auszugehen, daß das Arbeitsverhältnis des Klägers weder 1945 noch in den Jahren bis Ende 1953 durch rechtsgestaltende Erklärungen einer Partei beendet worden ist oder aber ohne Zutun der Parteien erloschen ist.

3. Das Arbeitsverhältnis ist vielmehr durch die zwischen den Parteien zustande gekommenen Vereinbarungen zu einem ruhenden Arbeitsverhältnis geworden. Die Auslegung der gegenseitigen Rechte und Pflichten aus diesem Arbeitsverhältnis ergibt sich im vorliegenden Falle aus dem Gesamtzusammenhang, unter dem es zu der Vereinbarung über das Ruhen des Arbeitsverhältnisses gekommen ist.

Als die Vereinbarung im Jahre 1945 getroffen wurde, lag die Ruhensanordnung der Besatzungsmacht und damit die Unmöglichkeit zur Beschäftigung aller bisherigen Angestellten der Beklagten vor. Die Beklagte hatte die Möglichkeit, die überzähligen Angestellten zu entlassen. Statt einer Kündigung, verbunden mit der Erklärung, zu gegebener Zeit die gekündigten Angestellten wieder einzustellen, ist sie den Weg der Beurlaubung ohne Gehalt gegangen. Sie hat aber bei der Beurlaubung einen Zeitpunkt, bis zu dem diese Beurlaubung dauern sollte, nicht genannt, insbesondere auch nicht gesagt, daß von einem bestimmten Zeitpunkt an der Kläger wieder gegen Gehalt beschäftigt werde. Sie konnte einen solchen Zeitpunkt unter den Verhältnissen des Jahres 1945 auch gar nicht nennen. Später hat die Beklagte dann in dem dem Kläger erteilten Zeugnis ausgeführt, der Kläger sei „bis auf weiteres" ohne Gehalt beurlaubt, also auch hierbei keinen festen oder aus der Erklärung bestimmbaren Endigungszeitpunkt der Beurlaubung genannt. Eine derartige vertragliche Abrede, durch die das Arbeitsverhältnis dem Bande nach aufrechterhalten wird, ist rechtswirksam. Ihr kann insbesondere nicht entgegengesetzt werden, daß dadurch der Arbeitnehmer in der Auswertung seiner Arbeitskraft unbillig beschränkt werde. Dem Kläger ist für die Zeit seiner Beurlaubung ausdrücklich die anderweite Verwertung seiner Arbeitskraft freigestellt worden. Er konnte nicht nur Aushilfsstellen annehmen, sondern sich auch eine andere Dauerstellung beschaffen, ohne gegen die Pflichten aus dem ruhenden Arbeitsverhältnis zu verstoßen. Ihm war es auch unbenommen, etwa noch aus der Abrede über das Ruhen des Arbeitsverhältnisses und aus dem Arbeitsverhältnis mit der Beklagten selbst ihn belastende Bindungen dadurch zu beseitigen, daß er seinerseits das Arbeitsverhältnis kündigte. Andererseits begünstigte ihn die Abrede insoweit, als sie ihm — wie die Beklagte selbst vorträgt — etwaige Ruhegehaltsansprüche, Berufsjahre für Steigerung der Vergütung im Falle der Wiederbeschäftigung und für die Urlaubsdauer beließ und ihm gegenüber eine etwa bereits begründete Versorgungsanwartschaft aufrechterhalten wurde. Die Vereinbarung über das Ruhen des Arbeitsverhältnisses stellte den Kläger sonach besser, als wenn er 1945 gekündigt worden wäre. Eine solche Kündigung wäre aber, wie nach Erfahrungsgrundsätzen ohne weiteres anzunehmen ist, ausgesprochen worden, wenn der Kläger sich nicht mit dem Vorschlag der Beklagten, das Arbeitsverhältnis durch Parteivereinbarung zu einem ruhenden Arbeitsverhältnis zu machen, einverstanden erklärt hätte.

4. Der Kläger sagt sich jetzt, jedenfalls mit der Klage, in der er Gehalt aus dem Gesichtspunkt des Annahmeverzuges begehrt, von dieser Vereinbarung los. Er will erreichen, daß das Arbeitsverhältnis wieder in vollem Umfange durchgeführt wird.

Zu einer einseitigen Kündigung der Vereinbarung über die Umwandlung des Arbeitsverhältnisses in ein ruhendes Arbeitsverhältnis mit dem Ziele, daß das Arbeitsverhältnis wieder voll wirksam wird, ist aber der Kläger nicht befugt. Bei dieser Wertung ist entscheidend davon auszugehen, daß die Beklagte die Form der Beurlaubung ohne Gehalt anstelle einer an sich möglichen ordentlichen oder außerordentlichen Kündigung des Arbeitsverhältnisses gewählt hat. Damit ist das Arbeitsverhältnis einverständlich umgestaltet worden. Es ist zu einem ruhenden Arbeitsverhältnis oder zu einem Vertragsverhältnis eigener Art geworden. Ein solches so gestaltetes Vertragsverhältnis kann nicht, jedenfalls nicht von dem Kläger, einseitig zu einem wieder voll wirksamen Arbeitsverhältnis umgestaltet werden. Eine solche Umgestaltung ist vielmehr ebenso wie die Vereinbarung, die das Arbeitsverhältnis von einem lebenden Arbeitsverhältnis zu einem ruhenden Arbeitsverhältnis gemacht hat, nur durch Willensübereinstimmung beider Parteien möglich. Der Kläger kann also durch eine einseitige Kündigung einer Vereinbarung über das ruhende Arbeitsverhältnis das Arbeitsverhältnis nicht einseitig wieder zu einem voll wirksamen lebenden Arbeitsverhältnis machen.

5. Es ist jedoch nicht zu verkennen, daß das ruhende Arbeitsverhältnis auch der Beklagten Pflichten auferlegt. Insbesondere wohnt auch einem solchen ruhenden Arbeitsverhältnis eine Fürsorgepflicht des Arbeitgebers inne. Diese Fürsorgepflicht in dem besonderen Falle des ruhenden Arbeitsverhältnisses ist dahin gestaltet, daß der Arbeitgeber das ihm Zumutbare zu tun hat, um im Interesse seines beurlaubten Arbeitnehmers das Arbeitsverhältnis möglichst bald wieder zu einem lebenden Arbeitsverhältnis zu machen und damit dem Arbeitnehmer Arbeit und Gehalt zu gewähren.

Es ist also zu prüfen, ob die Beklagte im vorliegenden Fall das ihr insoweit Zumutbare getan hat, um das ruhende Arbeitsverhältnis wieder zu einem lebenden Arbeitsverhältnis zu gestalten. Das Arbeitsgericht hat insoweit die Grundsätze des § 315 BGB angewendet und geprüft, ob die den Grund der Beurlaubung bildenden wirtschaftlichen Schwierigkeiten behoben sind. Nach Verneinung dieser Frage hat es die Klage abgewiesen. Das Landesarbeitsgericht hat sich zwar mit der Frage der entsprechenden Anwendbarkeit des § 315 BGB nicht ausdrücklich beschäftigt, hat aber unter Zugrundelegung seiner Feststellung, der Beklagten sei weder eine Zulassung zum Neugeschäft noch eine Abwicklung möglich, die Berufung gegen das klagabweisende Urteil zurückgewiesen. Hiergegen wendet sich die Revision, die bemängelt, das Landesarbeitsgericht habe ohne ausreichende Begründung angenommen, die Beklagte könne nicht zum Neugeschäft zugelassen werden.

Es kann dahingestellt bleiben, ob bei einem Sachverhalt der vorliegenden Art überhaupt der Grundsatz des § 315 BGB unmittelbar oder entsprechend anwendbar ist. Denkbar wäre es auch, insoweit die Grundsätze des § 162 BGB anzuwenden.

Die Frage, ob die Beklagte zum Neugeschäft zugelassen werden kann, ist jedoch für die Entscheidung des Rechtsstreits nicht ausschlaggebend. Wenn auch die Beklagte kraft der fortwirkenden Fürsorgepflicht gehalten ist, auf die Belange ihrer Arbeitnehmer bei ihren Entschließungen Rücksicht zu nehmen, so ist sie doch nicht gehalten, allein wegen der sich dann vielleicht ergebenden Beschäftigungsmöglichkeit für ihre Angestellten und damit für den Kläger ihre Zulassung zum Neugeschäft zu betreiben. Insoweit ist eine unternehmerische Entscheidung des Arbeitgebers erforderlich, bei der wohl die Belange der Arbeitnehmer im ruhenden Arbeitsverhältnis mit zu berücksichtigen sind, bei der aber diese Belange allein nicht den Ausschlag geben. Wenn also die Beklagte aus wohl erwogenen unternehmerischen Gründen eine Zulassung zum Neugeschäft nicht betreibt, so kann ihr daraus allein nicht eine Verletzung der Fürsorgepflicht dem Kläger gegenüber vorgeworfen werden. Daß die Beklagte etwa gerade deshalb die Zulassung zum Neugeschäft nicht betreibt, um ihre beurlaubten Arbeitnehmer nicht wieder beschäftigen zu müssen, hat der Kläger selbst nicht vorgetragen.

Eine Verletzung der Fürsorgepflicht dem Kläger gegenüber könnte allerdings dann vorliegen, wenn die Beklagte nach 1945 neue Arbeitnehmer eingestellt hätte, obwohl aus dem Kreis ihrer beurlaubten Arbeitnehmer geeignete Kräfte zu finden waren. Wenn also die Beklagte, statt auf beurlaubte Arbeitnehmer zurückzugreifen, bisher betriebsfremde Personen eingestellt hätte, so könnte darin eine Verletzung der Fürsorgepflicht liegen. Dies gilt jedoch nur dann, wenn es sich um solche Arbeitsplätze handelt, für die im Kreis der beurlaubten Arbeitnehmer geeignete Personen zur Verfügung gestanden hätten. Insoweit hat aber der Kläger nichts vorgetragen. Er hat insbesondere nicht geltend gemacht, daß die Beklagte nach 1945 bis zum Anfang des Jahres 1954, als er noch ohne Gehalt beurlaubt war, andere Arbeitnehmer aus dem freien Arbeitsmarkt eingestellt hätte, und zwar auf Posten, die er mindestens ebensogut hätte ausfüllen können.

31

Das Aberkennungsverfahren des § 9 RegelungsG ist auch für die sogenannten Nichtbetroffenen des § 62 Abs. 3 RegelungsG vorgesehen.

Regelungsgesetz §§ 9, 62 Abs. 3.

III. Senat. Urteil vom 27. 1. 1959 i. S. G. (Kl.) w. AOK B. (Bekl.) 3 AZR 548/56.

I. Arbeitsgericht Berlin. — II. Landesarbeitsgericht Berlin.

Der Kläger stand seit 1917, zuletzt als Dienstordnungsangestellter, im Dienste der Allgemeinen Ortskrankenkasse Berlin. Nach Kriegsende wurde er ab 10. Oktober 1945 von der Versicherungsanstalt Berlin (VAB) als Finanzrevisor in der Revisionsabteilung der Zentrale in der Rungestraße (Ostsektor) beschäftigt, während er selbst in Westberlin wohnte. Bei der Spaltung der VAB im Februar 1949 blieb er bei der Verwaltung der Versicherung im östlichen Sektor Berlins bis zu seiner Entlassung im Dezember 1952. Er wandte sich dann an die Beklagte mit Ansprüchen aus dem Regelungsgesetz. Diese erkannte ihm mit Bescheid vom 12. September 1953 die Rechte aus dem Regelungsgesetz gemäß § 9 dieses Gesetzes ab, weil sein Verhalten bei der Spaltung Berlins mit einem Bekenntnis zur freiheitlichen demokratischen Grundordnung nicht zu vereinbaren sei. Er habe auch später keine Initiative gezeigt, von sich aus das Beschäftigungsverhältnis zu dem Versicherungsträger des Ostsektors zu lösen.

Mit der Klage hat der Kläger die Feststellung begehrt, daß der Aberkennungsbescheid der Beklagten vom 12. September 1953 rechtsunwirksam sei und daß sein Arbeitsverhältnis bei der Beklagten fortbestehe.

Das Arbeitsgericht hat festgestellt, daß der Aberkennungsbescheid der Beklagten vom 12. September 1953 rechtsunwirksam sei, aber im übrigen die Klage abgewiesen.

Das Landesarbeitsgericht hat die Berufung des Klägers zurückgewiesen und auf die Berufung der Beklagten die Klage in vollem Umfange abgewiesen.

Auf die Revision des Klägers hat der Zweite Senat des Bundesarbeitsgerichts das Urteil des Landesarbeitsgerichts aufgehoben und die Sache zur anderweiten Verhandlung und Entscheidung an die Vorinstanz zurückverwiesen (vgl. AP Nr. 8 zu § 52 RegelungsG).

Der Kläger beantragt nunmehr,

1. unter Abänderung des Urteils des Arbeitsgerichts insoweit, als darin die Klage auf Kosten des Klägers abgewiesen wird, festzustellen, daß der Kläger seit dem 1. Januar 1953 die Rechtsstellung eines dienstordnungsmäßigen Angestellten der Beklagten hat und daß diese gehalten ist, dem Kläger von dem genannten Zeitpunkt ab die Bezüge nach der Besoldungsgruppe A 7 a der Reichsbesoldungsordnung zu gewähren;
2. hilfsweise die Beklagte für verpflichtet zu erklären, dem Kläger nach Maßgabe der Vorschrift in § 64 der Bundesdisziplinarordnung mit Wirkung vom 1. Dezember 1953 ab auf Lebenszeit einen Unterhaltsbeitrag in Höhe von 75 v. H. der von ihm im letzgenannten Zeitpunkt erdienten Ruhevergütung zu gewähren.

Das Landesarbeitsgericht hat auf die Berufungen des Klägers und der Beklagten das Urteil des Arbeitsgerichts wie folgt abgeändert:

Unter Abweisung der Klage im übrigen wird festgestellt, daß die Beklagte verpflichtet ist, dem Kläger auf Lebenszeit einen Unterhaltsbeitrag in Höhe von 50 v. H. des Ruhegehalts zu zahlen, welches ihm am 25. September 1956 zustehen würde. Die Kosten des Rechtsstreits einschließlich der Kosten der Revisionsinstanz sind dem Kläger zu $^{2}/_{3}$ und der Beklagten zu $^{1}/_{3}$ auferlegt worden.

Mit der Revision stellt der Kläger folgenden Antrag: Unter Abänderung des angefochtenen Urteils

a) in erster Linie, unter Abänderung des am 29. Oktober 1953 verkündeten Urteils des Arbeitsgerichts Berlin — 19 Arb. 795/53 — insoweit, als darin die Klage auf Kosten des Klägers abgewiesen wird, festzustellen, daß der Kläger seit dem 1. Januar 1953 die Rechtsstellung eines dienstordnungsmäßigen Angestellten der Beklagten hat und daß diese gehalten ist, dem Kläger von dem genannten Zeitpunkt ab die Bezüge aus der Besoldungsgruppe des Bundesbesoldungsgesetzes zu gewähren, die nach der Regelüberleitungsübersicht zu diesem Gesetz der Besoldungsgruppe A 7 a der Reichsbesoldungsordnung entspricht;

b) hilfsweise, die Beklagte für verpflichtet zu erklären, dem Kläger nach Maßgabe der Vorschrift in § 64 der Bundesdisziplinarordnung mit Wirkung vom 1. Dezember 1953 ab auf Lebenszeit einen Unterhaltsbeitrag in Höhe von 75 v. H. der von ihm im letztgenannten Zeitpunkt erdienten Ruhevergütung zu gewähren.

Mit der Anschlußrevision bekämpft die Beklagte die Kostenentscheidung des Urteils des Landesarbeitsgerichts vom 25. September 1956. Die Revisionen führten zur Aufhebung und Zurückverweisung.

Aus den Gründen:

I. In dem Urteil des Zweiten Senats vom 27. Oktober 1955 — 2 AZR 46/54 — AP Nr. 8 zu § 52 RegelungsG — ist dargelegt worden, daß der Kläger zu dem Personenkreis des § 63 Abs. 1 Ziff. 1 a des Regelungsgesetzes gehört. Durch seine Beschäftigung bei der VAB sei er nicht entsprechend seiner früheren Rechtsstellung i. S. der vorerwähnten Bestimmung wiederverwendet worden. Daher habe er nach §§ 63, 52 des Regelungsgesetzes und der 3. DVO zum Regelungsgesetz i. d. F. vom 10. Juni 1955 (BGBl. I S. 274) die Rechtsstellung eines Angestellten zur Wiederverwendung. Ein Verlust, der einem Angestellten nach dem Regelungsgesetz zustehenden Rechte könne — von einem Verzicht auf diese Rechte abgesehen — nur durch eine Aberkennung der Rechte auf dem Wege über § 2 Nr. 4 der 3. DVO in Verbindung mit § 9 des Regelungsgesetzes eintreten. An diese rechtliche Beurteilung, die der damaligen Aufhebung des Berufungsurteils zugrunde liegt, ist das Landesarbeitsgericht ebenso wie der erneut mit der Sache befaßte Dritte Senat grundsätzlich gebunden (§ 565 Abs. 2 ZPO).

Die Revision meint nunmehr, daß § 9 des Regelungsgesetzes auf den Kläger deshalb nicht angewendet werden könne, weil er als politisch Nichtbetroffener unter § 62 Abs. 3 des Regelungsgesetzes falle und für solche Personen eine Aberkennung der Rechte nach § 9 des Regelungsgesetzes nicht in Betracht kommen könne. Daß der Kläger i. S. des § 62 Abs. 3 des Regelungsgesetzes und des § 5 des Berliner Durchführungsgesetzes vom 13. Dezember 1951 (GVBl. S. 1162) politisch nicht belastet sei, ist aus dem erst nach Erlaß des Urteils des Zweiten Senats vom 27. Oktober 1955 in der Berufungsinstanz gestellten Antrag des Klägers zu entnehmen und vom Kläger selbst in seinem Schriftsatz vom 18. Juli 1956 behauptet worden. Im angefochtenen Urteil ist zu diesem

Sachvortrag des Klägers nicht Stellung genommen. Die Beklagte hat sich hierzu schriftsätzlich ebenfalls nicht erklärt. Es mag danach zweifelhaft sein, ob als unstreitig anzunehmen ist, daß der Kläger unbelastet war. Aber selbst wenn dies der Fall wäre, könnte der Ansicht der Revision nicht gefolgt werden. Zwar würde in einem solchen Falle die Bindungswirkung des Urteils des Zweiten Senats vom 27. Oktober 1955 — AP Nr. 8 zu § 52 RegelungsG — nach § 565 Abs. 2 ZPO nicht Platz greifen, weil ein anderer Sachverhalt der angefochtenen Entscheidung zugrunde gelegen hätte. Denn der Zweite Senat ist nicht davon ausgegangen, daß der Kläger ein politisch unbelasteter Angestellter i. S. des § 62 Abs. 3 des Regelungsgesetzes gewesen sei. Jedoch erscheint es nicht gerechtfertigt, die Anwendbarkeit des § 9 des Regelungsgesetzes für die Personengruppe des § 62 Abs. 3 des Regelungsgesetzes auszuschließen.

Die von ihrem Amt oder Arbeitsplatz entfernten Angehörigen des öffentlichen Dienstes, die weder der NSDAP noch ihren Gliederungen angehört haben und durch rechtskräftigen Kategorisierungsbescheid als nicht betroffen erklärt worden sind, werden vom Regelungsgesetz miterfaßt, wenn sie nicht wiederverwendet worden sind, und fallen unter die Personengruppe des Kap. II des Regelungsgesetzes, weil sie nicht zu den verdrängten Angehörigen des öffentlichen Dienstes oder zu den Angehörigen aufgelöster Dienststellen des Kap. I des Regelungsgesetzes zählen. Deshalb trifft das Regelungsgesetz für sie eine Regelung auch innerhalb des Kap. II in § 62 Abs. 3. Sie geht dahin, daß auf diese Personen die sonstigen Vorschriften über die Behandlung der dem Kap. II unterfallenden Personen keine Anwendung finden sollen und sie von Inkrafttreten des Gesetzes ab so behandelt werden sollen, wie wenn sie aus ihrem Dienst nicht ausgeschieden wären, eine Nachzahlung von Bezügen aber nicht stattfinden soll. Diese Sonderregelung schließt aber nicht aus, allgemeine Vorschriften des Regelungsgesetzes, die auf alle von diesem Gesetz erfaßten Personen Anwendung finden, auch auf sie anzuwenden, wenn das mit der Sonderregelung für diese Personengruppe vereinbar ist. Eine solche allgemeine Vorschrift stellt die Regelung des § 9 dar, die sich mit der Ahndung von schweren Dienstvergehen befaßt, die vor oder nach dem 8. Mai 1945 von einem Angehörigen des öffentlichen Dienstes begangen worden sind. Sie ermöglicht es, wegen solcher Vergehen eine Aberkennung der Rechte aus dem Regelungsgesetz auszusprechen. Daß eine Verfolgung von solchen Dienstvergehen bei der Personengruppe des § 62 Abs. 3 wegen ihrer Sonderbehandlung unterbleiben müßte, kann nicht angenommen werden, weil hierfür alle Gründe fehlen. Die politische Unbelastetheit und die hierauf beruhende bevorzugte Behandlung dieser Personen schließt es nicht aus, ihnen wegen eines ganz anderen Sachverhalts, nämlich wegen schwerer Dienstvergehen und einer sich hieraus ergebenden persönlichen Unwürdigkeit, die Rechte aus dem Regelungsgesetz, d. h. ihre durch das Regelungsgesetz erst gewährte Rechtsstellung, wieder zu nehmen, wenn die ihnen zur Last gelegten Vergehen dies erfordern. Nach der Rechtsprechung des Bundesarbeitsgerichts (BAG 2, 200 [202]) kann ein Verlust der nach dem Regelungsgesetz zustehenden Rechte, von einem möglicherweise zulässigen Verzicht auf diese Rechte abgesehen, nur allein durch eine Aberkennung dieser Rechte auf dem Wege über § 9 dieses Gesetzes eintreten. Gegen die Richtigkeit dieser Ansicht bestehen auch keine Bedenken, weil nach der Bestimmung des Art. 11 des Gesetzes zur Änderung und Ergänzung des Dienststrafrechts vom 28. November 1952 (BGBl. I S. 749) ein Verlust der Rechte aus dem Regelungsgesetz auch dann eintreten soll, wenn gegen einen Beamten die Disziplinarstrafe der Entfernung aus dem Dienst verhängt wird. Denn hierbei handelt es sich um eine zusätzliche besondere gesetzliche Regelung, die von der Erwägung ausgeht, daß eine solche Dienststrafe auch ohne ein weiteres Aberkennungsverfahren hinsichtlich der besonderen Rechte aus dem Regelungsgesetz deren Verlust rechtfertigt. Andere Gründe, die nicht dem Aberkennungsverfahren nach § 9 des Regelungsgesetzes unterliegen, können daher gegenüber den auf dem Regelungsgesetz beruhenden und sich aus ihm ergebenden Rechten nicht geltend gemacht werden. Hieraus ergibt sich notwendigerweise eine allgemeine, auf alle vom Regelungsgesetz erfaßten Personen erforderliche Anwendbarkeit der Bestimmung des § 9 des Regelungsgesetzes. Dementsprechend ist aus dem Wortlaut der Bestimmung des § 9 Abs. 1 des Regelungsgesetzes: „Gegen einen Beamten zur Wiederverwendung, einen Ruhestandsbeamten oder einen früheren Beamten ... kann das förmliche Disziplinarverfahren mit dem Ziele der Aberkennung der Rechte aus diesem Gesetz ... eingeleitet und durchgeführt werden" auch zu entnehmen, daß alle in Betracht kommenden Beamten erfaßt werden sollen (so auch Anders, Komm. zum Gesetz zu Art 131 GG, 3. Aufl., § 9 Anm. 1, der alle unter Art. 131 GG fallenden Beamten als erfaßt ansieht, einerlei, ob sie nach dem Regelungsgesetz den Status eines Beamten zur Wiederverwendung oder eines Ruhestandsbeamten haben oder als entlassen gelten). Ebenso spricht hierfür § 1 der 4. DVO i. d. F. vom 10. Juni 1955 (BGBl. I S. 284), die das Aberkennungsverfahren im einzelnen regelt, indem dort der gesamte Personenkreis des § 62 des Regelungsgesetzes als unter das Aberkennungsverfahren fallend erfaßt wird, also ohne eine Ausnahme für die in § 62

Abs. 3 erwähnten Nichtbetroffenen zu machen. Für die nicht betroffenen Angestellten und Arbeiter des öffentlichen Dienstes kann hinsichtlich der Anwendbarkeit des § 9 des Regelungsgesetzes, dessen weitere Durchführung in § 2 Ziff. 4 der 3. DVO für alle Arbeiter und Angestellten schlechthin geregelt ist, nichts anderes gelten. Hierbei müssen die nicht betroffenen Angestellten und Arbeiter, deren Dienstverhältnis seit dem Inkrafttreten des Regelungsgesetzes als fortbestehend angenommen wird, i. S. des § 9 des Regelungsgesetzes in ihrer Rechtsstellung einem Beamten zur Wiederverwendung als gleichgestellt angesehen werden.

II. Zu den Ausführungen des Landesarbeitsgerichts über die Berechtigung der Aberkennung der Rechte rügt der Kläger mit Recht, daß die tatsächlichen Vorgänge bei der Spaltung der VAB nicht hinreichend aufgeklärt und gewertet worden sind.

Es handelte sich bei der Spaltung der VAB in eine westliche und östliche Versicherungsanstalt um die Teilung einer sehr großen Verwaltung mit insgesamt etwa 6500 Beschäftigten. Der Kläger verweist in der Revision darauf, daß im sowjetischen Sektor acht der insgesamt zwanzig Verwaltungsbezirke mit einer Einwohnerzahl von mehr als einem Drittel derjenigen der ganzen Stadt lagen. Es erscheint daher von vornherein einleuchtend, daß nicht die sämtlichen Arbeitnehmer der früheren VAB nach ihrer Teilung im Westen Berlins Beschäftigung finden konnten. Es ist ferner auch verständlich, daß es im Interesse der Bewohner von Gesamtberlin geboten gewesen sein mag, die Dienststellen im Ostsektor nicht von sämtlichen fachkundigen Angestellten zu entblößen. Aus dieser Sicht ist wohl die Bekanntmachung des Bürgermeisters Friedensburg zu würdigen, nach der den Arbeitnehmern, die im Osten der Stadt beschäftigt waren und dort auch wohnten, wegen ihres Verbleibens auf ihren Dienstposten kein Vorwurf gemacht werden solle. Von dieser allgemeinen und vorrangigen Überlegung aus hätte das Landesarbeitsgericht die einzelnen Vorgänge der Spaltung und die Anordnungen der sich bildenden westlichen Verwaltung feststellen und vor allem würdigen müssen, um das Verhalten des einzelnen Beschäftigten in bezug auf eine Dienstverfehlung zutreffend prüfen zu können. Seine Ausführungen erscheinen deshalb als unzureichend, weil sie die Einordnung der bisher getroffenen einzelnen Feststellungen und ihre Wertung in diese allgemeine Sicht der Spaltung einer großen Verwaltung vermissen lassen, was aber unbedingt erforderlich gewesen wäre.

Im übrigen hat das Landesarbeitsgericht auch die Ausführungen des Zweiten Senats in seinem Urteil vom 27. Oktober 1955 verkannt. Es heißt dort, daß bei dem Kläger solche Gründe, die bei einem Beamten zur Wiederverwendung ein Dienstvergehen oder eine als Dienstvergehen geltende Handlung darstellen und wegen der die Entfernung aus dem Dienst gerechtfertigt wäre, für eine Aberkennung der Rechte aus dem Regelungsgesetz entsprechend in Betracht kommen. Der Beamte müsse sich insbesondere durch sein gesamtes Verhalten zu der freiheitlichen demokratischen Grundordnung i. S. des Grundgesetzes bekennen und für deren Erhaltung eintreten (§ 52 Abs. 2 BBG). Eine Verletzung dieser Pflicht stelle ein Dienstvergehen dar (§ 77 Abs. 1 BBG). Demgemäß sei bei den unter die Vorschriften des Regelungsgesetzes fallenden Angestellten und Arbeitern anzunehmen, daß zu deren Pflichten gleichfalls das Bekenntnis zur freiheitlichen demokratischen Grundordnung und das Eintreten für ihr Bestehen gehöre. Ein Verstoß gegen diese Pflicht könne daher zur Aberkennung der Rechte aus dem Regelungsgesetz führen. Ein weiterer Grund für die Aberkennung der Rechte könne gegeben sein, wenn der Arbeitnehmer seine bei den Bindungen nach dem Regelungsgesetz bestehende Treuepflicht verletze, indem er sich schuldhaft aus dem Bereich, in dem das Dienstverhältnis von früher bestand und in dem seine hierauf zurückgehenden Bindungen liegen, löse. Auch hiermit begehe der Arbeitnehmer eine Pflichtverletzung, die dem Dienstvergehen des Beamten nach § 77 Abs. 1 BBG entspreche. Diese Bestimmung erfasse die Verletzung aller Beamtenpflichten. In beiden Fällen sei allerdings der Entzug der Rechte aus dem Regelungsgesetz nur gerechtfertigt, wenn die Handlungen schon im Zeitpunkt ihrer Vornahme vorwerflich waren. Die Handlungen müßten bereits bei ihrer Verwirklichung die Merkmale der objektiven und subjektiven Vorwerfbarkeit tragen. Es müßten daher alle Umstände eines Verhaltens, das ein Grund für die Entziehung der Rechte aus dem Regelungsgesetz bilden könne, geprüft werden. Wenn nun das Landesarbeitsgericht meint, der Kläger habe es schon deshalb, weil er als Westberliner für die östliche Versicherungsanstalt tätig geworden sei, an einem Bekenntnis zur freiheitlichen demokratischen Grundordnung fehlen lassen und er habe sich deshalb auch treuewidrig vom Westen gelöst, und diese Auffassung im wesentlichen mit der Wiedergabe der Begründung des Urteils des Zweiten Senats rechtfertigt, so wird das den Ausführungen des Zweiten Senats nicht gerecht. Mit ihnen war nur die Auffassung vertreten, daß der Kläger durch sein Verhalten, das in seinem Verbleiben in einer Dienststelle im Osten Berlins liege, eine Dienstverfehlung begangen haben könne. Es fragt sich daher, ob bei einer Gesamtbetrachtung der Spaltung, ihrer einzelnen Umstände und der Anordnungen einschließlich des Verhaltens der Leitung der sich neu bildenden westlichen Versicherungsanstalt das eigene Verhalten des einzelnen Arbeitnehmers überhaupt als eine Dienstverfehlung zu werten ist und ferner, ob möglicherweise Umstände vorliegen, die eine solche Dienstverfehlung als eine so entschuldbare erscheinen lassen, daß eine Aberkennung der Rechte nicht als gerechtfertigt erscheint.

32

Wenn in einem Tarifvertrag wegen des Wertes der Sachbezüge auf „geltende Richtlinien" verwiesen wird, so sind damit im Zweifel nicht die jeweils geltenden, sondern die bei Abschluß des Tarifvertrages in Kraft gewesenen gemeint.

TVG § 1.

II. Senat. Urteil vom 2. 2. 1959 i. S. B. (Kl.) w. Sch. (Bekl.) 2 AZR 275/58.

I. Arbeitsgericht Göttingen. — II. Landesarbeitsgericht Hannover.

Der Beklagte ist Fleischermeister. Die Klägerin war bei ihm vom 6. Mai 1957 ab als Verkäuferin tätig. Die Parteien sind nicht tarifgebunden, haben aber den für das Fleischerhandwerk in Niedersachsen abgeschlossenen Lohn- und Gehaltstarifvertrag (TV) vom 14. Februar 1957 zum Inhalt ihres Einzelarbeitsvertrages gemacht.

Von ihrem tariflichen Brutto-Lohn wurden ihr im Juni 1957 für freie Kost 55,20 DM abgezogen, für Juli 1957 dagegen 84,— DM, so daß sie im Juli einen geringeren Nettolohn ausgezahlt erhielt.

Inzwischen waren nämlich die für Zwecke der Lohnsteuer und der Sozialversicherung erlassenen Richtlinien des niedersächsischen Sozialministers geändert worden. Während vorher die Richtlinien des Sozialministers vom 5. Dezember 1952 (RegMinBl. Nr. 3/53, S. 36) galten, traten am 1. Juli 1957 die neuen Richtlinien vom 25. Juni 1957 (NdsGVBl. 1957 Nr. 15, S. 70) in Kraft. Nach den alten Richtlinien war der Wert der gewährten freien Kost mit 55,20 DM monatlich einzusetzen, nach den neuen Richtlinien mit 84,— DM.

In dem TV ist hinsichtlich des Wertes der Sachbezüge folgendes vorgesehen:

§ 3 Löhne und Gehälter
(nach Aufzählung der Tabellensätze),
letzter Satz:

„Vorstehende Sätze stellen Brutto-Löhne und -Gehälter dar, von denen Steuern, Sozialversicherungsbeiträge, die gewährten Sachbezüge (Kost und Wohnung) nach den geltenden Richtlinien in Abzug zu bringen sind."

§ 4 Wert der Sachbezüge

„Für die Bewertung der Sachbezüge (Kost und Wohnung) gelten die im Anhang veröffentlichten amtlichen Sätze vom 1. Januar 1953."

Diese im Anhang mitgeteilte Aufstellung enthält die Sätze, die nach den alten Richtlinien vom 5. Dezember 1952 ab 1. Januar 1953 in Niedersachsen galten.

Die Klägerin verficht die Ansicht, daß in dem hier maßgebenden TV für die gesamte Laufzeit des TV diejenigen Richtlinien weiter in Geltung geblieben seien, die bei Abschluß des TV in Kraft waren. Der Beklagte dagegen ist der Ansicht, daß der TV auf die jeweils geltenden Richtlinien verweise.

Das Arbeitsgericht ist der Ansicht der Klägerin gefolgt und hat ihrer Klage auf Zahlung der Differenz für Juli 1957 in Höhe von 28,80 DM stattgegeben. Das Landesarbeitsgericht dagegen hat auf die Berufung des Beklagten die Klage abgewiesen. Das Landesarbeitsgericht hat bei den Tarifparteien angefragt, welche Vorstellungen sie bei Abschluß des TV gehabt hatten. Die Gewerkschaft hat im Sinne der Klägerin, der Landesinnungsverband des Fleischerhandwerks hat im Sinne des Beklagten geantwortet. Die Revision des Beklagten hatte Erfolg.

Aus den Gründen:

Die Richtlinien des Sozialministers über Sachbezugswerte sind für die Zwecke der Lohnsteuer und der Sozialversicherung erlassen. Die Tarifvertragsparteien waren bei der Festsetzung der Lohnhöhe nicht an diese Sätze gebunden; sie hätten auch eigenständige Richtsätze für die Bewertung der Naturalleistungen vereinbaren können. Auch hätten sie die vom Arbeitgeber geschuldeten Naturalleistungen aus der Berechnung des Brutto-Lohnes herauslassen und nur den Brutto-Barbetrag als Tariflohn festlegen können. Die Tarifvertragsparteien sind aber diesen Weg nicht gegangen, sondern haben in § 3 letzter Satz TV bestimmt, daß die in den vorangegangenen Bestimmungen des § 3 festgesetzten Löhne Brutto-Löhne sind, von denen noch Steuern, Sozialversicherungsbeiträge und die gewährten Sachbezüge (Kost und Wohnung) nach den geltenden Richtlinien abgehen. In § 4 haben sie angeordnet, daß für die Bewertung der Sachbezüge (Kost und Wohnung) die im Anhang veröffentlichten Sätze vom 1. Januar 1953 gelten.

Es ist nicht zu verkennen, daß beide Bestimmungen nicht recht miteinander im Einklang zu stehen scheinen. Unter „geltenden Richtlinien", nach denen gemäß § 3 letzter Satz bestimmte Abzüge von den tariflich festgelegten Brutto-Löhnen zu machen sind, können — jedenfalls soweit es sich um den in dieser Bestimmung vorgesehenen Abzug für Steuern und Sozialversicherungsbeiträge handelt — nur die jeweils geltenden verstanden werden. Denn für Steuern und Sozialversicherungsbeiträge sind die jeweils geltenden Richtlinien zwingend. Da in § 3 letzter Satz die Worte „geltende Richtlinien" nur einmal, und zwar einheitlich für Steuern, Sozialversicherungsbeiträge und Sachbezüge (Kost und Logis) verwendet worden sind, liegt es nahe, unter „geltenden Richtlinien", soweit sie für die Sachbezüge maßgebend sind, ebenfalls die jeweils geltenden zu verstehen. Dafür spricht auch die Überlegung, daß dann einheitlich die gleichen Richtlinien für alle den Brutto-Lohn mindernden Abzüge gelten, was eine Vereinfachung für die Buchführung bedeuten würde. Andererseits ist in § 4 TV, der sich lediglich mit dem Wert der Sachbezüge beschäftigt, bestimmt, daß für die Bewertung der Sachbezüge die im Anhang veröffentlichten amtlichen Sätze vom 1. Januar 1953 gelten. Diese Bestimmung wiederum spricht dafür, daß für die gesamte Geltungsdauer des TV die Bewertung der Sachbezüge sich nach diesen Richtlinien richten sollte, auch wenn etwa der Sozialminister inzwischen für Lohnsteuer und Sozialversicherungsbeiträge neue Richtlinien erlassen haben sollte. Dabei ist nicht unwichtig, auf einen früheren Tarifvertrag der gleichen Tarifvertragsparteien zu verweisen, nämlich den Tarifvertrag vom 6. Februar 1952, in dem für die Bewertung der Sachbezüge auf die alten Sätze des Oberversicherungsamtes vom 1. Juli 1942 nur als „einstweilen" geltend verwiesen worden ist, wo also für den Fall einer etwaigen Änderung dieser alten Sätze ihre Fortgeltung nicht vereinbart worden ist.

Es spricht somit der Wortlaut des § 3 letzter Satz TV für die vom Beklagten vertretene Auslegung, der § 4 TV hingegen für die von der Klägerin erstrebte Auslegung des TV.

Bei einem solchen Widerstreit im Wortlaut zweier Bestimmungen ein und desselben Tarifvertrages muß auf das Wesen und die Grundprinzipien eines Tarifvertrages zurückgegriffen werden. Zu diesen Grundprinzipien des Tarifvertrages gehört die Festlegung der Arbeitsbedingungen für die Dauer des Tarifvertrages. Für diese Zeit soll jeder Arbeitgeber wie Arbeitnehmer mit einer von sonstigen Konjunkturschwankungen unabhängigen Stetigkeit der Arbeitsbedingungen rechnen können. Für diese Zeit soll dem Arbeitnehmer ein bestimmter Mindestlohn garantiert sein; für die gleiche Zeit hat der Arbeitgeber eine verbürgte feste Kalkulationsgrundlage (vgl. Hueck-Nipperdey, Lehrbuch des Arbeitsrechts, 6. Aufl., II. Band, § 14 zu 2).

Geht man hiervon aus, so ist derjenigen Auslegungsmöglichkeit der Vorzug zu geben, die diesem Grundprinzip am besten gerecht wird, bei der also für die Dauer des Tarifvertrages feste Lohn- und Gehaltssätze garantiert werden. Der hier maßgebende TV ist daher seinem Wesen als Tarifvertrag gemäß dahin auszulegen, daß für die Berechnung des vom tariflich festgelegten Brutto-Lohn abzuziehenden Wertes der Sachbezüge während der Gesamtdauer des TV einheitlich die Sätze vom 1. Januar 1953 fortgelten, auch wenn inzwischen für die Lohnsteuer und die Sozialversicherungsbeiträge neue Richtlinien erlassen worden sind. Unter „geltenden Richtlinien" in § 3 letzter Satz TV sind also diejenigen Richtlinien zu verstehen, die jeweils für Lohnsteuer und Sozialversicherung einerseits sowie für die Naturalbezüge andererseits gelten, und das sind für Lohnsteuer und Sozialversicherung die jeweils geltenden vom Sozialminister erlassenen Richtlinien, für die Naturalbezüge dagegen die nach § 4 TV für diese als maßgebend tarifvertraglich normierten Richtlinien, also die Richtlinien vom 1. Januar 1953.

33

1. Mit dem Verbot der KPD durch das Urteil des Bundesverfassungsgerichts vom 17. August 1956 sind die Arbeitsverhältnisse der Arbeitnehmer der KPD beendet.

2. Die Bundesrepublik haftet nicht für die Verbindlichkeiten der KPD aus diesen Arbeitsverhältnissen.

3. Soweit die Arbeitnehmer Entschädigung für weggefallene Ansprüche gegen die KPD von der Bundesrepublik geltend machen, sind die Gerichte für Arbeitssachen nicht zuständig.

BVerfGG § 46; BGB §§ 419, 620.

I. Senat. Urteil vom 12. 2. 1959 i. S. Sch. (Kl.) w. B. D. (Bekl.)
1 AZR 354/58.

I. Arbeitsgericht Köln. — II. Landesarbeitsgericht Düsseldorf.

Der Kläger war seit 1952 bei der Kreisleitung der damaligen Kommunistischen Partei Deutschlands (KPD) in Köln als Angestellter gegen ein monatliches Gehalt von 350,— DM beschäftigt.

Durch Urteil vom 17. August 1956 hat das Bundesverfassungsgericht die KPD für verfassungswidrig erklärt (BVerfGE 5, 86). Die KPD wurde aufgelöst, und es wurde auch verboten, Ersatzorganisationen für die KPD zu schaffen oder bestehende Organisationen als Ersatzorganisationen fortzusetzen. Durch das Urteil vom 17. August 1956 ist schließlich das Vermögen der KPD zu Gunsten der Bundesrepublik Deutschland zu gemeinnützigen Zwecken eingezogen. Die Einziehung des Vermögens ist dem Bundesminister des Innern übertragen, der sich dabei der Hilfe der Minister (Senatoren) des Innern der Länder bedienen kann. Noch am 17. August 1956 wurden die Büros der KPD durch die zuständigen staatlichen Stellen geschlossen. Der Kläger wurde seit diesem Tage nicht mehr beschäftigt.

Der Kläger ist der Ansicht, daß durch das Verbot der KPD allein sein Arbeitsverhältnis nicht beendet worden sei. Es habe ihm allenfalls unter Einhaltung der gesetzlichen Kündigungsfrist von 6 Wochen zum Schluß des Kalendervierteljahres gekündigt werden können. Deshalb habe er noch den Anspruch auf das Gehalt für den Monat September 1956 in Höhe von 350,— DM. Weiter stehe ihm ein Anspruch auf Abgeltung des nicht gewährten Erholungsurlaubs für das Jahr 1956 in Höhe von 350,— DM zu. Diese Ansprüche müsse die beklagte Bundesrepublik erfüllen, da sie das Vermögen der KPD übernommen habe. Der Kläger hat beantragt,

1. festzustellen, daß durch die Beendigung der tatsächlichen Beschäftigung das Arbeitsverhältnis nicht beendet worden sei,
2. die Beklagte zur Zahlung von 700,— DM zu verurteilen.

Die Beklagte hat gebeten, die Klage abzuweisen. Sie hat die örtliche und sachliche Zuständigkeit des Arbeitsgerichts bestritten und ausgeführt, sie sei weder Arbeitgeberin des Klägers noch sei sie durch das Urteil des Bundesverfassungsgerichts Nachfolgerin der KPD hinsichtlich deren Rechte und Pflichten aus dem Arbeitsverhältnis geworden; sie hafte auch nicht für die Schulden der KPD. Gehaltsansprüche für den Monat September 1956 ständen dem Kläger aus seinem Arbeitsverhältnis mit der KPD nicht mehr zu. Das Arbeitsverhältnis sei durch das Verbot der KPD am 17. August 1956 beendet.

Das Arbeitsgericht hat die Beklagte in entsprechender Anwendung des § 419 BGB zur Zahlung der Urlaubsabgeltung verurteilt, im übrigen aber die Klage abgewiesen. Das Landesarbeitsgericht hat die Klage in vollem Umfange abgewiesen.

Gegen dieses Urteil wendet sich die Revision des Klägers.

Aus den Gründen:

I. Die Entscheidung über den Feststellungsantrag und den Zahlungsantrag auf Lohn für September 1956 hängt davon ab, ob das Arbeitsverhältnis zwischen dem Kläger und der KPD über den 17. August 1956 hinaus von Bestand geblieben ist. Das ist zu verneinen.

1. Durch das Urteil vom 17. August 1956, das am gleichen Tage wirksam geworden ist, hat das Bundesverfassungsgericht die KPD für verfassungswidrig erklärt und aufgelöst. Dieser Ausspruch des Bundesverfassungsgerichts erfaßt die KPD schlechthin, d. h. die KPD auch als Trägerin von Rechten und Pflichten, ihre Organisation, ihre Tätigkeit. In diesem Umfange, also auch hinsichtlich ihrer Stellung als Arbeitgeberin in den von ihr eingegangenen Arbeitsverhältnissen, ist die KPD als verfassungswidrig bezeichnet und aufgelöst worden. Wie sich aus dem Urteil des Bundesverfassungsgerichts ergibt, war vom 17. August 1956 ab jede Tätigkeit der KPD und jede Tätigkeit für die KPD verboten. Insbesondere ist auch ausgeschlossen worden, daß die KPD bis zu ihrer endgültigen Abwicklung zunächst bestehen geblieben wäre. Im vorletzten Absatz der Entscheidungsgründe des Urteils des Bundesverfassungsgerichts ist ausdrücklich ausgesprochen worden, daß eine Abwicklung durch die KPD nicht erfolgt und nicht erfolgen durfte. Ein auch nur vorübergehendes Bestehenbleiben der KPD und ihrer Organisation würde dem Sinn des Urteils des Bundesverfassungsgerichts widersprechen, durch das unmittelbar und sofort jegliche Tätigkeit der KPD unterbunden wurde. Mit der Verkündung des Urteils des Bundesverfassungsgerichts sind daher alle Tätigkeiten der KPD und alle Tätigkeiten für die KPD, die deren Arbeitnehmer bisher nach dem Arbeitsvertrag zu erbringen hatten, beendet. Dieser Hoheitsakt, der in der Entscheidung des Bundesverfassungsgerichts liegt, führte unmittelbar zur Lösung der Arbeitsverhältnisse der bisherigen Arbeitnehmer der KPD.

2. Dieses aus der besonderen Natur des Verfahrens vor dem Bundesverfassungsgericht und der Rechtswirkung des Urteils vom 17. August 1956 hergeleiteten Ergebnis ergibt sich auch unmittelbar aus § 134 BGB.

Nach § 134 BGB ist ein Rechtsgeschäft, das gegen ein gesetzliches Verbot verstößt, nichtig. Als die Angestellten der KPD vor dem 17. August 1956 ihre Arbeitsverhältnisse mit der KPD begründeten, war diese allerdings noch nicht eine im Verfahren nach Art. 21 GG als verfassungswidrig bezeichnete und deshalb aufgelöste Partei. Gegen die Rechtswirksamkeit der Arbeitsverhältnisse zwischen der KPD und ihren Arbeitnehmern bestanden danach bis zum 17. August 1956 insoweit keine rechtlichen Bedenken. Mit der Verkündung des Urteils des Bundesverfassungsgerichts ist aber eine neue Rechtslage entstanden. Nach dem 17. August 1956 durften von der KPD zur Fortsetzung ihrer nunmehr verbotenen Tätigkeit keine neuen Arbeitsverhältnisse begründet werden, etwa gleichwohl eingegangene Arbeitsverhältnisse wären nach § 134 BGB nichtig gewesen. Mit dem 17. August 1956 sind aber auch die Arbeitsverhältnisse nichtig geworden, die bereits vorher zwischen der KPD und ihren Arbeitnehmern eingegangen waren. Daß die Regel des § 134 BGB sich auch auf solche Fälle erstreckt in denen ein erst später erlassenes Gesetz das Rechtsgeschäft verbietet, das dem Rechtsgeschäft entgegenstehende Verbot also erst nach Abschluß des Rechtsgeschäftes einsetzt, unterliegt keinem Zweifel (vgl. RGZ 102, S. 208). Die weitere Tätigkeit der KPD und eine weitere Tätigkeit auf Grund eines Arbeitsverhältnisses mit der KPD für diese nunmehr verbotene Partei würde gegen das gesetzliche Verbot des Art. 21 des Grundgesetzes verstoßen. Dieses gesetzliche Verbot wird zwar erst, dann aber auch umfassend, wirksam, wenn auf der Grundlage des Art. 21 GG das Bundesverfassungsgericht in dem Verfahren nach dem Bundesverfassungsgerichtsgesetz die Verfassungswidrigkeit der Partei festgestellt hat. Nach Art. 21 GG sind Parteien, die nach ihren Zielen und nach dem Verhalten ihrer Anhänger darauf ausgehen, die freiheitliche demokratische Grundordnung zu beeinträchtigen oder zu beseitigen oder den Bestand der Bundesrepublik zu gefährden, verfassungswidrig. Daß die KPD eine solche Partei ist, steht nach Erlaß des Urteils des Bundesverfassungsgerichts fest. Wenn das Bundesverfassungsgericht die KPD für verfassungswidrig erklärt und aufgelöst hat, folgt daraus, daß jede Tätigkeit dieser Partei und jede Tätigkeit für diese Partei gegen das Verbot des Art. 21 GG und damit gegen ein gesetzliches Verbot verstößt. So hat auch das Bundesverfassungsgericht in dem erkennenden Teil seines Urteils ausgesprochen, daß vorsätzliche Zuwiderhandlungen gegen die Entscheidung oder gegen die im Vollzug dieser Entscheidung getroffenen Maßnahmen nach §§ 47, 42 des Gesetzes über das Bundesverfassungsgericht mit Gefängnis nicht unter 6 Monaten bestraft werden. Nach dem Urteil des Bundesverfassungsgerichts darf also die aufgelöste KPD nicht mehr weiter arbeiten. Ihre bisherigen Arbeitnehmer dürfen nicht mehr für sie arbeiten. Die bereits vor dem Verbot eingegangenen Arbeitsverhältnisse werden daher mit dem Inkrafttreten des Verbots gemäß § 134 BGB nichtig, denn die nach dem Arbeitsvertrag geschuldete Tätigkeit verstößt gegen ein nunmehr einsetzendes gesetzliches Verbot.

3. Es kommt noch folgendes hinzu: Im Arbeitsrecht ist anerkannt, daß unter besonderen Umständen unbefristete Arbeitsverträge auch ohne Kündigung enden können. Zwar können grundsätzlich unbefristete Arbeitsverhältnisse nur durch Kündigung beendet werden. Sie finden aber auch dann ihr Ende — ohne daß es einer weiteren rechtsfeststellenden oder rechtsgestaltenden Erklärung bedarf —, wenn die tatsächlichen Grundlagen für eine Beschäftigung des Arbeitnehmers durch äußere Ereignisse sowohl für den Arbeitgeber wie auch für den Arbeitnehmer erkennbar dauernd oder doch auf unabsehbare Zeit weggefallen sind. Eine solche Beendigung des Arbeitsverhältnisses liegt hier vor. Denn durch die Auflösung der KPD auf Grund des Urteils des Bundesverfassungsgerichts und die in Vollzug dieses Urteils vorgenommene Schließung aller ihrer Verwaltungsstellen sollte ohne Einschränkung die gesamte bisherige Tätigkeit und auch jede zukünftige Tätigkeit der KPD eingestellt werden und wurde auch eingestellt. Damit entfiel endgültig die Grundlage für eine weitere Beschäftigung der bisherigen Arbeitnehmer der KPD. Der nach den Arbeitsverträgen mit den Arbeitnehmern der KPD vorausgesetzte Vertragszweck wurde unerreichbar. Damit wurden die Verträge mit den Arbeitnehmern selbst endgültig zweck- und gegenstandslos. Eine derartige außergewöhnliche Entwicklung führt unmittelbar zum Erlöschen der Arbeitsverhältnisse. Einer Kündigung bedarf es in solchen Fällen nicht, weil die Beendigung der Arbeitsverhältnisse sich aus der Natur der Sache von selbst ergibt. Die KPD war im übrigen auch gar nicht mehr zur Kündigung rechtlich und tatsächlich imstande. Daß unter solchen besonderen Umständen Arbeitsverhältnisse auch ohne Kündigung enden, hat das Bundesverfassungsgericht in ständiger Rechtsprechung bei der Beurteilung der Frage nach dem Schicksal der Arbeitsverhältnisse der Arbeitnehmer des Reiches im Zuge des Zusammenbruchs des Jahres 1945 anerkannt. So hat das Bundesverfassungsgericht in dem Urteil vom 17. Dezember 1953 (BVerfGE 3, 162) ausgeführt, daß wegen des Wegfalls der bisherigen Dienststellen und Arbeitsplätze es dem Staat nicht habe zugemutet werden können, die Dienstverhältnisse mit den Angestellten dieser Dienststellen über den 8. Mai 1945 hinaus fortzusetzen. Einer besonderen Kündigungserklärung habe es zur Beendigung der Dienstverhältnisse nicht bedurft, weil ein handlungsfähiger deutscher Staat gefehlt habe und keine zuständigen Stellen vorhanden gewesen seien, die eine Kündigung hätten aussprechen können; im übrigen sei auch eine solche Kündigung nach den damaligen Umständen nicht zu erwarten gewesen. Diese vom Bundesverfassungs-

gericht entwickelten Grundsätze treffen auch auf den vorliegenden Fall zu.

4. Von einem Übergang der Arbeitsverhältnisse auf die beklagte Bundesrepublik mit der Wirkung, daß diese die Rechtsstellung des Arbeitgebers aus diesen Arbeitsverhältnissen erlangte, kann entgegen den Ausführungen der Revision keine Rede sein. Die Bundesrepublik ist weder Rechtsnachfolgerin noch Betriebsnachfolgerin noch Funktionsnachfolgerin der aufgelösten und verbotenen KPD. Das schließt den Fortbestand des zwischen dem Kläger und der KPD begründeten Arbeitsverhältnisses über den 17. August 1956 unter Eintritt der Bundesrepublik auf Arbeitgeberseite aus.

Aus diesen Gründen ist die Feststellungsklage und die Leistungsklage aus dem Arbeitsverhältnis insoweit abzuweisen, als der Kläger Vergütungsansprüche für den Monat September 1956 geltend macht.

II. Hinsichtlich des weiteren von dem Kläger verfolgten Anspruchs auf Urlaubsabgeltung für im Jahre 1956 erdienten, aber nicht gewährten Urlaub ist zwar davon auszugehen, daß auch bei einem Erlöschen des Arbeitsverhältnisses auf Grund der dargelegten besonderen Umstände Ansprüche aus der Vergangenheit grundsätzlich bestehen geblieben sind. Der Senat hat zu Gunsten des Klägers unterstellt, daß ihm für das Jahr 1956 der von ihm behauptete Urlaubsanspruch gegen die KPD zugestanden hat und daß ihm Urlaub nicht gewährt worden ist. Daraus würde sich ein Anspruch auf Urlaubsabgeltung gegen die KPD rechtfertigen.

Für einen solchen aus dem Arbeitsverhältnis des Klägers herzuleitenden Anspruch kommt jedoch eine Haftung der Bundesrepublik nicht in Betracht. Wie bereits hervorgehoben, ist die Bundesrepublik weder Rechtsnachfolgerin noch Betriebsnachfolgerin noch Funktionsnachfolgerin der aufgelösten KPD und deshalb nicht auf Arbeitgeberseite in das Arbeitsverhältnis des Klägers eingetreten.

1. Die Bundesrepublik haftet aber auch nicht aus Vermögensübernahme für Verbindlichkeiten der KPD aus den von ihr eingegangenen Arbeitsverhältnissen. Durch das Urteil des Bundesverfassungsgerichts ist das Vermögen der KPD zu Gunsten der Bundesrepublik zu gemeinnützigen Zwecken eingezogen worden. Auf den Fall einer solchen Einziehung finden die Vorschriften des § 419 BGB keine Anwendung. Nach § 419 BGB können dann, wenn jemand durch Vertrag das Vermögen eines anderen übernimmt, dessen Gläubiger unbeschadet der Fortdauer der Haftung des bisherigen Schuldners von dem Abschluß des Vertrages an ihre zu dieser Zeit bestehenden Ansprüche auch gegen den Über-

nehmer geltend machen. Diese Vorschrift setzt nach ihrem klaren Wortlaut die Übernahme des Vermögens eines anderen durch Vertrag voraus, es muß eine rechtsgeschäftliche Vermögensübertragung vorliegen.

Nun hat allerdings die Rechtsprechung zu § 419 BGB diese Vorschrift auch in Fällen nicht vertraglicher Vermögensübernahme für entsprechend anwendbar gehalten. Eine entsprechende Anwendung scheidet aber nach einhelliger Meinung in Schrifttum und Rechtsprechung dann aus, wenn es sich nicht um eine Vermögensübernahme im Privatrechtsverkehr handelt, sondern um einen Vermögensübergang auf Grund öffentlich-rechtlicher hoheitlicher Vorgänge. Der Rechtsgedanke, der der Vorschrift des § 419 BGB zugrunde liegt, nämlich dem Übertragenden nicht zu gestatten, sich zu Lasten der Gläubiger von der Schuld zu befreien, und den Übernehmer, der sich die Aktiva hat übertragen lassen, auch für die Passiva haften zu lassen, scheidet solchen Falles aus. Um einen solchen öffentlich-rechtlichen Vermögensübergang handelt es sich hier. Auf ihn ist § 419 BGB auch nicht entsprechend anwendbar (vgl. BGHZ 16, 184). Das gilt insbesondere im Falle einer gesetzlich vorgesehenen Vermögenseinziehung, die entweder Strafcharakter hat oder aber wie hier aus Gründen der notwendigen Sicherung ausgesprochen ist, um einen weiteren Zusammenhalt der verbotenen Partei auszuschließen.

2. Der Kläger kann den Anspruch auf Urlaubsabgeltung entgegen der Ansicht der Revision auch nicht auf die Vorschrift des § 46 Abs. 3 BVerfGG stützen.

Nach dieser Norm, die das Bundesverfassungsgericht der KPD gegenüber angewendet hat, kann das Bundesverfassungsgericht mit der Feststellung der Verfassungswidrigkeit einer politischen Partei außerdem die Einziehung des Vermögens der Partei zu Gunsten des Bundes oder des Landes zu gemeinnützigen Zwecken aussprechen. Unter „Vermögen" im Sinne dieser Vorschrift ist im Gegensatz zu der Annahme der Revision wie auch sonst in aller Regel in der Rechtsordnung nur das Aktivvermögen zu verstehen. Die Einziehung des Vermögens und seine Übertragung auf die Bundesrepublik betrifft das Aktivvermögen, nicht auch das Passivvermögen, also die Verbindlichkeiten der aufgelösten KPD. Daß auch sonst im Grundgesetz unter Vermögen nur das Aktivvermögen zu verstehen ist, folgt eindeutig z. B. aus Art. 110 Abs. 3 und Art. 114 Abs. 1 GG, in denen ausdrücklich das Vermögen den Schulden gegenübergestellt ist. Gleiches gilt für die Vorschrift des § 46 BVerfGG. Das entspricht auch der Entstehungsgeschichte dieser Vorschrift. Während der Beratungen des Gesetzes wurde erwogen, ob nicht nur das nach Erfüllung der Verbindlichkeiten verbleibende Vermögen der Einziehung unterliegen sollte. Eine solche Regelung ist jedoch nicht Gesetz geworden. Die Regelung des § 46 BVerfGG entspricht auch derjenigen früherer eine Einziehung vorsehender Gesetze, die gleichfalls davon ausgingen, daß eine Haftung für die Forderungen der Gläubiger der aufgelösten Organisation ipso iure nicht bestehe. So bestimmte z. B. § 18 des Gesetzes zum Schutze der Republik vom 21. Juli 1922 (RGBl. I, S. 585):

„Im Falle der Auflösung eines Vereins oder einer Vereinigung kann das Vermögen des Vereins oder der Vereinigung zu Gunsten des Reichs beschlagnahmt und eingezogen werden."

§ 10 des Gesetzes zum Schutze der Republik vom 25. März 1930 (RGBl. I, S. 91 lautete:

„Wird ein Verein, weil sein Zweck den Strafbestimmungen dieses Gesetzes oder der §§ 81—86 des Strafgesetzbuches zuwiderläuft, aufgelöst, so kann sein Vermögen zu Gunsten des Landes beschlagnahmt und eingezogen werden.

Zur Vermeidung von Härten kann das Land aus dem eingezogenen Vereinsvermögen Gläubiger des Vereins befriedigen."

Die Einziehung führt aber nicht zu einer vermögensrechtlichen Abwicklung mit Befriedigung der Gläubiger. Eine Berücksichtigung der Gläubiger k a n n vielmehr nur zur Vermeidung von Härten stattfinden.

Die Ausführungen des Bundesverfassungsgerichts, die sich mit der Einziehung beschäftigen, sprechen nicht gegen diese sich aus dem Wesen der Einziehung ergebende Rechtslage. Das Bundesverfassungsgericht erwähnt zwar die Möglichkeit einer Auseinandersetzung durch die verbotene Partei selbst, wenn die vermögensrechtlichen Verhältnisse so klar liegen, daß die Auseinandersetzung in kürzester Frist möglich ist. In diesen Fällen ist nach der Auffassung des Bundesverfassungsgerichts eine Einziehung nicht erforderlich, vielmehr kann dann die Abwicklung der verbotenen Partei überlassen bleiben. Ist aber eine Einziehung ausgesprochen, so scheidet eine ipso iure erfolgende Befriedigung der Gläubiger in einem Abwicklungsverfahren aus. Das Bundesverfassungsgericht stellt nicht etwa gegenüber Auseinandersetzung durch die Partei und Auseinandersetzung durch den Empfänger des eingezogenen Vermögens. Vielmehr erfolgt entweder keine Einziehung, sondern eine Auseinandersetzung und Gläubigerbefriedigung durch die aufgelöste Partei oder aber eine Einziehung ohne Auseinandersetzung und ohne Gläubigerbefriedigung. Dem entspricht auch, daß in dem erkennenden Teil des Urteils unter II Abs. 2 dem Bundesminister des Innern lediglich die Einziehung übertragen worden ist, dort aber nicht bestimmt ist, daß der Bundesminister des Innern auch eine Abwicklung und Gläubigerbefriedigung vorzunehmen habe.

Das Bundesverfassungsgericht hat sonach den § 46 BVerfGG im Sinne des Rechts der Einziehung und damit des Untergangs der Gläubigeransprüche gegen das eingezogene Vermögen angewendet. Deshalb kann und muß der Senat auch davon ausgehen, daß das Bundesverfassungsgericht gegen § 46, der eine Einziehung ohne Vermögensauseinandersetzung und ohne Befriedigung der Gläubiger vorsieht, keine verfassungsrechtlichen Bedenken gehabt hat. Solche Bedenken können entgegen der Ansicht der Revision auch nicht aus einem von der Revision behaupteten Verstoß gegen Art. 14 GG, der die entschädigungslose Enteignung verbietet, hergeleitet werden. Denn nicht jede Eigentumsentziehung ist bereits eine Enteignung im Sinne des Art. 14 GG. So ist unstreitig die strafrechtliche Einziehung keine Enteignung und — jedenfalls soweit sie sich auf das Eigentum des Täters bezieht — als verfassungsrechtlich zulässige Sühne- bzw. Sicherungsmaßnahme anzusehen. Diese Zulässigkeit wird vom Grundgesetz offensichtlich vorausgesetzt und ist somit durch einen ungeschriebenen Verfassungssatz sanktioniert.

Von der Einziehung ist nun zwar die sogenannte Konfiskation zu unterscheiden. Sie ist der staatliche Eingriff, durch den private Vermögensrechte, sei es allgemein, sei es im Einzelfall, dem bisherigen Inhaber unter dem allgemeinen Vorwurf staats- oder sozialschädlicher Wirkung seines Eigentums oder staats- oder sozialfeindlichen Verhaltens, als mit rein politischer Begründung entzogen werden. Eine solche Konfiskation wird im Rechtsstaat der westlichen Welt mit Recht als verfassungswidrig angesehen, da sie ein Tatbestand politischer Diskriminierung, eine politische Kampfmaßnahme mit dem Ziel politischer Entrechtung ist und die Absicht verfolgt, die Betroffenen wegen der von ihnen vertretenen politischen Position ihres Eigentums zu berauben. Von einer solchen Konfiskation unterscheidet sich jedoch die Vermögenseinziehung nach § 46 BVerfGG grundsätzlich. Im Verfahren vor dem Bundesverfassungsgericht steht nicht das politische Verhalten der Partei im Hinblick auf seine Verschiedenheit zu anderen politischen Anschauungen, etwa zu denen der Regierung oder der anderen Parteien zur Entscheidung, nicht einmal die Frage, ob die Partei die obersten Prinzipien einer freiheitlichen demokratischen Grundordnung nicht anerkennt, sondern allein die Frage, ob die Partei, gegen die ein Verfahren nach Art. 21 GG anhängig ist, eine aktiv kämpferische, aggressive Haltung gegen die bestehende freiheitliche Ordnung einnimmt, ob der politische Kurs der

Partei durch eine Absicht bestimmt ist, die grundsätzlich und dauernd auf die Bekämpfung der freiheitlich demokratischen Grundordnung gerichtet ist. Das Verfahren vor dem Bundesverfassungsgericht knüpft an den in der Verfassung konkret normierten rechtsstaatlich einwandfreien Tatbestand, nämlich den des Art. 21 GG an. Das Verfahren selbst ist mit allen Garantien eines rechtsstaatlichen Verfahrens ausgestattet und hat allein eine rechtliche, keine politische Entscheidung zum Gegenstand. Wenn das Bundesverfassungsgericht auf Grund des § 46 BVerfGG im Anschluß an die Feststellung der Verfassungswidrigkeit der Partei weiter ausspricht, daß das Vermögen dieser Partei eingezogen wird, so liegt hierin, eben in der Einziehung, ebenso wie in dem gesamten Verfahren selbst, kein Akt diskriminierender politischer Entrechtung, sondern eine der Einziehung im Strafverfahren durchaus vergleichbare und damit verfassungsrechtlich zulässige Maßnahme. Ein Verstoß gegen Art. 14 GG liegt somit nicht vor. Das gilt nicht nur für die Einziehung des KPD-Vermögens selbst, sondern auch für den hiermit verbundenen und durch die Einziehung im Hinblick auf den Wegfall der Zugriffsmöglichkeit auf den bisherigen Schuldner eintretenden Untergang der Rechte der Gläubiger.

Ist somit § 46 BVerfGG im Sinne des anerkannten Begriffs der Einziehung auszulegen und vom Bundesverfassunggericht auch in diesem Sinne angewendet worden, so ist der Anspruch des Klägers auf Urlaubsabgeltung aus seinem früheren Arbeitsverhältnis erloschen.

III. Der Kläger hat, namentlich in der Revisionsinstanz, gerügt, daß seine Ansprüche nicht unter dem rechtlichen Gesichtspunkt einer Entschädigungspflicht der Bundesrepublik für die untergegangenen arbeitsvertraglichen Forderungen geprüft worden seien.

Die Frage, ob gewisse Gläubiger der aufgelösten Partei für den Verlust der Zugriffsmöglichkeit auf ihren bisherigen durch die Auflösung ersatzlos weggefallenen Schuldner zu entschädigen sind, kann in der Tat aufgeworfen werden. So ist z. B. in § 86 Abs. 2 StGB bei gewissen hochverräterischen Straftaten eine Entschädigung für diejenigen vorgesehen, die sich an den Handlungen, die zur Einziehung geführt haben, nicht beteiligt haben. Die Revision verweist auch auf den Gedanken des Aufopferungsanspruchs. Auch die Frage, ob die Gläubiger einen sogenannten „Billigkeitsanspruch" (wie er z. B. nach § 10 des Republikschutzgesetzes vom 25. März 1930 — RGBl. I, S. 91 — nach pflichtgemäßem Ermessen der zuständigen Behörden gegeben war) haben, gehört hierher. Solche behaupteten Ansprüche beruhen aber nicht auf dem Arbeitsverhältnis, sondern könnten allenfalls darauf beruhen, daß ein

Arbeitsverhältnis durch Hoheitsakt beendet worden ist und deshalb nicht mehr Grundlage von Ansprüchen gegen den Arbeitgeber sein kann. Gleiches gilt auch für Ansprüche aus Amtspflichtverletzung, wenn eine Entschädigungspflicht zu Gunsten gewisser Gläubiger bestehen sollte. Auf solche Ansprüche kann § 2 Abs. 4 ArbGG selbst bei weitester Auslegung nicht angewendet werden. Eine Zuständigkeit der Arbeitsgerichte ist nicht gegeben.

In dieser Sache hat zwar der Zweite Senat des Bundesarbeitsgerichts unter dem Aktenzeichen 2 AZR 442/57 mit seiner (nicht veröffentlichten) Entscheidung vom 17. April 1958 die Zuständigkeit der Gerichte für Arbeitssachen bei einer Inanspruchnahme der Bundesrepublik durch die Arbeitnehmer der aufgelösten KPD bejaht. Dabei handelte es sich jedoch, wie die Auslegung der Urteilsformel aus den Entscheidungsgründen eindeutig ergibt, nur um die Frage, ob der Arbeitnehmer sich an die Bundesrepublik unter dem Gesichtspunkt einer Haftung für die arbeitsvertraglichen Ansprüche gegen die verbotene und aufgelöste KPD halten kann, namentlich unter dem Gesichtspunkt des § 419 BGB. Der Kläger machte in dem der Entscheidung des Zweiten Senats vom 17. April 1958 zugrunde liegenden Fall einen Anspruch aus dem Arbeitsverhältnis geltend, der als solcher erhoben war. Der etwaige Anspruch auf Entschädigung wegen des durch den Staat erfolgten Ausschlusses der Zugriffsmöglichkeit auf die KPD als Arbeitgeberin und Schuldnerin des Klägers ist aber kein privatrechtlicher Anspruch aus dem Arbeitsverhältnis zwischen dem Kläger und der KPD oder aus einem Arbeitsverhältnis zwischen dem Kläger und der Beklagten. Er ist vielmehr ein von diesem scharf zu scheidender Anspruch eigener und besonderer, jedenfalls nicht arbeitsvertraglicher oder arbeitsrechtlicher Art.

Bei dieser Sachlage mußte der Senat, ohne durch die Entscheidung des Zweiten Senats vom 17. April 1958 gehindert oder zur Vorlage an den Großen Senat verpflichtet zu sein, seine eigene Zuständigkeit von Amts wegen prüfen. Dieser Prüfung ist der Senat auch nicht dadurch enthoben, daß die Beklagte in der Revisionsinstanz insoweit die Zuständigkeit des Senats nicht angezweifelt hat. Eine Prüfung ist auch nicht etwa im Hinblick auf § 528 ZPO entbehrlich oder ausgeschlossen, denn diese Vorschrift schließt nur dann eine Nachprüfung der sachlichen Zuständigkeit im Rechtsmittelverfahren aus, wenn die Partei in erster Instanz die sachliche Zuständigkeit nicht gerügt und das Arbeitsgericht seine sachliche Zuständigkeit bejaht hatte. Hier aber hat die Beklagte bereits in erster Instanz die sachliche Unzuständigkeit der Gerichte für Arbeitssachen gerügt und diese Rüge in der Berufungsinstanz wiederholt. Daraus, daß das Landesarbeitsgericht seine sachliche Zuständigkeit für die Klage aus § 419 BGB bejaht hat, folgt nicht, daß nunmehr von der grundsätzlich in jeder Lage des Verfahrens vorzunehmenden Nachprüfung der sachlichen Zuständigkeit Abstand genommen werden kann.

IV. Nach alledem ergibt sich folgendes:

1. Soweit der Kläger die Beklagte auf Grund seines Arbeitsverhältnisses in Anspruch nimmt und vorträgt, die Beklagte sei an die Stelle des bisherigen Arbeitgebers (KPD) auf Arbeitgeberseite in das Arbeitsverhältnis eingetreten oder hafte jedenfalls für die arbeitsvertraglichen Ansprüche gegen die KPD, unterliegt die Klage hinsichtlich des Vergütungsanspruchs für den Monat September 1956 der Abweisung, weil im Hinblick auf die Beendigung des Arbeitsverhältnisses am 17. August 1956 der Anspruch auf Vergütung für den Monat September 1956 nicht gegeben ist.

Gleiches gilt hinsichtlich des Feststellungsantrags, denn das Arbeitsverhältnis ist am 17. August 1956 beendet worden.

2. Soweit der Kläger die Beklagte aus dem Arbeitsverhältnis auf Abgeltung des ihm angeblich für das Jahr 1956 zustehenden, aber nicht gewährten Urlaubs in Anspruch nimmt, unterliegt die Klage gleichfalls der Abweisung, weil dieser Anspruch mit der Einziehung des Vermögens der KPD untergegangen ist.

3. Soweit der Kläger Entschädigung, unter welchen rechtlichen Gesichtspunkten auch immer, für weggefallene Ansprüche gegen die KPD von der Beklagten begehrt, ist der Rechtsstreit an das Landgericht Bonn, dem hilfsweise gestellten Antrag des Klägers entsprechend, zu verweisen.

Die sachliche Zuständigkeit des Landgerichts Bonn ergibt sich insbesondere auch daraus, daß der Kläger den von ihm geltend gemachten Entschädigungsanspruch auch auf eine seiner Ansicht nach vorliegende Amtspflichtverletzung der Beklagten stützt.

34

1. In einem Teilurteil hat das Arbeitsgericht den Wert des Streitgegenstandes nach demjenigen Teil des Streitstoffes festzusetzen, über den durch das Teilurteil erkannt ist.

2. Wird ein Teilurteil erst vom Berufungsgericht erlassen, so hat dieses den Wert des Streitgegenstandes im Teilurteil neu festzusetzen.

ArbGG § 61 Abs. 2, § 69 Abs. 2.

IV. Senat. Beschluß vom 16. 2. 1959 i. S. H. (Kl.) w. L. H. (Bekl.)
4 AZR 530/58.

I. Arbeitsgericht Wiesbaden. — II. Landesarbeitsgericht Frankfurt/Main.

Der Kläger hat vor dem Arbeitsgericht beantragt,

1. festzustellen, daß er nicht zum Blasen der Baßklarinette verpflichtet sei,
2. festzustellen, daß der Beklagte verpflichtet sei, ihm allen Schaden zu ersetzen, der ihm daraus entstehe, daß er unter Androhung der fristlosen Entlassung dazu veranlaßt worden sei, die in dem Gutachten des Instrumentenbauers P. beschriebene Baßklarinette zu blasen.

Das Arbeitsgericht hat die Klage abgewiesen und den Streitwert auf 13 000,— DM festgesetzt. In der Berufungsinstanz hat der Kläger beantragt,

1. das Urteil des Arbeitsgerichts aufzuheben und festzustellen, daß er nicht zum Blasen der Baßklarinette verpflichtet ist,
2. a) das beklagte Land zu verurteilen, an den Kläger DM 3141,40 nebst 4 % Zinsen seit Klageerhebung zu zahlen,
   b) festzustellen, daß das beklagte Land verpflichtet ist, dem Kläger allen weiteren Schaden zu ersetzen, der diesem noch daraus entsteht, daß er unter Androhung der fristlosen Entlassung dazu veranlaßt worden ist, die in dem Gutachten des Instrumentenbauers P. beschriebene Baßklarinette zu blasen.

Das Landesarbeitsgericht hat, weil nur der Klageanspruch zu 1) entscheidungsreif war, durch Teilurteil vom 10. Oktober 1958 die Berufung gegen das erstinstanzliche Urteil insoweit zurückgewiesen, als sie sich gegen die Abweisung des Klageantrages zu 1) richtete. Den Streitwert für das Teilurteil hat es im Urteil auf 2976,— DM festgesetzt. Die vom Kläger hiergegen erhobene Revision ist als unzulässig verworfen worden.

Aus den Gründen:

Die vom Klägre gegen dieses Teilurteil eingelegte Revision war als unzulässig zu verwerfen, weil sie nicht statthaft ist (§§ 72 Abs. 3, 74 Abs. 2 Satz 2 und 3 ArbGG, 554 a ZPO). Sie ist vom Landesarbeitsgericht nicht zugelassen. Der vom Landesarbeitsgericht gemäß § 69 Abs. 2 ArbGG für das angefochtene Teilurteil festgesetzte Streitwert von 2976,— DM erreicht auch nicht die in der ordentlichen bürgerlichen Gerichtsbarkeit geltende Revisionsgrenze (§§ 72 Abs. 1 Satz 4 ArbGG; 546 ZPO). Die Ansicht der Revision, daß diese Streitwertfestsetzung nicht zulässig gewesen und deshalb unbeachtlich sei, daß vielmehr der vom Arbeitsgericht festgesetzte Streitwert von 13 000,— DM für die Statthaftigkeit der Revision maßgebend sei, ist rechtsirrig.

Nach § 61 Abs. 2 ArbGG hat das Arbeitsgericht den Wert des Streitgegenstandes im Urteil festzusetzen. Danach richtet sich die Statthaftigkeit der Berufung (§ 64 Abs. 1 ArbGG), sofern diese nicht vom Arbeitsgericht zugelassen worden ist. Daraus ergibt sich, daß mit dem vom Arbeitsgericht im Urteil festzusetzenden Streitwert nur der Wert desjenigen Streitgegenstandes gemeint sein kann, über den das Urteil entschieden hat, nicht aber, welcher Streitgegenstand überhaupt dem Arbeitsgericht unterbreitet gewesen ist oder jedenfalls im Zeitpunkt des Erlasses des Urteils noch unterbreitet war. Es bleibt daher nicht nur Streitstoff unberücksichtigt, der sich bei Erlaß des Urteils erledigt hatte. Vielmehr ist auch in einem Teilurteil der in diesem Urteil festzusetzende Streitwert danach zu bemessen, worüber in dem Teilurteil entschieden worden ist. Wird daher ein Teilurteil erst in der Berufungsinstanz erlassen, so hat das Berufungsgericht den Streitwert für sein Teilurteil gemäß § 69 Abs. 2 ArbGG neu festzusetzen, weil für dieses Urteil der Streitwert ein anderer ist als für das angefochtene erstinstanzliche Urteil. (Ebenso Dietz-Nikisch, ArbGG, § 61 Anm. 16, § 69 Anm. 13; Dersch-Volkmar, ArbGG, 6. Aufl., § 61 Anm. 43, § 69 Anm. 9; Stein-Jonas, § 4 ZPO Anm. VI 1; Volkmar, ArbRspr. 1930, S. 164 und 349. A. M. RAG ARS 9, 238; 9, 551; 10, 584 sowie Gerstel in den Anmerkungen zu diesen Entscheidungen.)

Das Landesarbeitsgericht hat daher für das mit der Revision angefochtene Teilurteil zu Recht eine neue Wertfestsetzung vorgenommen. Diese ist für das Revisionsgericht bindend. Das wäre im übrigen auch dann der Fall, wenn das Landesarbeitsgericht irrtümlich angenommen hätte, der Streitwert habe sich geändert, und wenn es deshalb sachlich unrichtig eine Neufestsetzung des Streitwerts vorgenommen hätte (BAG AP Nr. 18, 21 zu § 69 ArbGG).

Die Erwägung der Revision, daß den Parteien durch den Erlaß eines Teilurteils ein sonst gegebenes Rechtsmittel genommen werden könne, kann zu keinem anderen Ergebnis führen. Im ordentlichen Gerichtsverfahren ist das nicht anders. Von einer Willkür des Gerichts kann schon deshalb nicht gesprochen werden, weil § 301 ZPO den Erlaß von Teilurteilen über entscheidungsreife Teile des Streitstoffs als Regel vorschreibt.

35

Das Revisionsgericht ist im Falle eines sogen. Rückläufers, bei dem die jetzige Entscheidung des Berufungsgerichts in keiner Weise auf neuen Gesichtspunkten aufgebaut ist, jedenfalls grundsätzlich an die Rechtsauffassung gebunden, die seine erste (zurückverweisende) Entscheidung getragen hat.

ZPO §§ 318, 565 Abs. 2.

II. Senat. Urteil vom 19. 2. 1959 i. S. T. (Kl.) w. W. (Bekl.)
2 AZR 209/56.

I. Arbeitsgericht Berlin. — II. Landesarbeitsgericht Berlin.

Der Kläger war bis Juli 1951 als Geschäftführer der im sowjetischen Sektor von Berlin belegenen, dort unter Treuhänderschaft gestellten Saatgut-, Getreide- und Futtermittelfirma Gebr. T. tätig gewesen. Der Sohn des letzten Inhabers machte die alte Firma Gebr. T. in West-Berlin neu auf, und zwar mit Unterstützung des Beklagten, der als stiller Gesellschafter ein Kapital von 30 000,— DM zur Verfügung stellte. Beide forderten den Kläger auf, seine Tätigkeit in der unter Treuhänderschaft gestellten alten Firma aufzugeben und seine in der alten Firma erworbenen Erfahrungen und Kenntnisse der neu gegründeten Firma zur Verfügung zu stellen. Das tat der Kläger ab 1. September 1951, wenngleich die Verhandlungen über die Höhe seines Gehalts und seiner sonstigen Arbeitsbedingungen noch nicht zum Abschluß gekommen waren.

In der Folgezeit kam es zu Streitigkeiten zwischen dem Firmeninhaber und dem Beklagten; der Firmeninhaber zog mit seinen Mitarbeitern, darunter dem Kläger, aus dem Hause des Beklagten aus, in dessen Räumen zunächst das Geschäft geführt worden war. Der Kläger hat Klage gegen die Firma, deren Inhaber und den Beklagten auf gesamtschuldnerische Zahlung von 8800,— DM erhoben (d. h. monatlich 550,— DM für die Monate 1. September 1951 bis 31. Dezember 1952) abzüglich erhaltener 2046,— DM.

Das Arbeitsgericht hat nach Klageantrag erkannt. Gegen dieses Urteil hat lediglich der Beklagte Berufung eingelegt. Das Landesarbeitsgericht hat in seinem ersten Urteil vom 14. Januar 1954 die Berufung des Beklagten zurückgewiesen. Auf die Revision des Beklagten hat der Zweite Senat des Bundesarbeitsgerichts durch Urteil vom 16. März 1955 — 2 AZR 28/54 — BAG 2, 71 ff. — das Urteil des Landesarbeitsgerichts aufgehoben und die Sache an das Landesarbeitsgericht zurückverwiesen.

In seinem zweiten Urteil vom 9. Februar 1956 hat das Landesarbeitsgericht der Berufung des Beklagten stattgegeben und unter Abänderung des Urteils des Arbeitsgerichts die Klage gegen den Beklagten abgewiesen. Die Revision des Klägers führte zur erneuten Aufhebung und Zurückverweisung.

Aus den Gründen:

1. Soweit die Revision die im Urteil des Senats vom 16. März 1955 — BAG 2, 71 ff. — niedergelegte und es tragende Rechtsansicht bekämpft, kann sie hiermit nicht gehört werden. An diese Ansicht ist gemäß § 565 Abs. 2 ZPO das Berufungsgericht gebunden, und es hat sie auch seiner nunmehrigen Entscheidung zugrunde gelegt, die es in keiner Weise auf in diesem Zusammenhang interessierende neue tatsächliche und rechtliche Gesichtspunkte aufbaute (vgl. RGZ 129, 124). Dann ist aber auch der Senat an sein früheres Urteil bei dem jetzt erfolgten Rücklauf der Sache an das Bundesarbeitsgericht gebunden. Ob diese Bindung aus § 318 ZPO folgt (so z. B. RGZ 58, 286 [289]; 149, 158 [163]; Stein-Jonas, ZPO, 18. Aufl., § 318 Anm. I, 2; Baumbach, ZPO, 25. Aufl., § 318 Anm. 1), mag dahinstehen. Auf jeden Fall folgt die Bindung daraus, daß es bei dem Sicherheits- und Vertrauensbedürfnis der an dem Rechtsstreit Beteiligten untragbar ist, die rechtliche Grundlage wieder umzuwerfen, auf die das Verfahren durch das erste Revisionsurteil gestellt wurde und auf die es, eben weil keine neuen Gesichtspunkte vom Berufungsgericht herangezogen wurden, auch gestellt blieb. Nicht zuletzt würde auch die Autorität des Rechts empfindlich leiden, wenn das Revisionsgericht in derselben Streitsache bei der für seine Entscheidung jeweils maßgeblichen Beurteilung derselben Rechtsfrage hin und her schwanken könnte (im einzelnen siehe hierzu RGZ 124, 322 [325]; 149, 157 [163]; BGHZ 3, 321 [325]; JW 38, 1069). Ob diese Selbstbindung des Revisionsgerichts an die in einem zurückverweisenden Urteil ausgesprochene rechtliche Beurteilung im Falle seiner erneuten Befassung mit der Sache dann entfällt, wenn zwischen dem ersten und dem zweiten Revisionsverfahren das Revisionsgericht in einem anderen Rechtsstreit sich einen anderen Rechtsstandpunkt erarbeitet hat (vgl. BVerwG 7, 159 = NJW 58, 1841), muß nicht geprüft werden. Ein solcher Fall liegt hier nämlich nicht vor.

Der Senat muß also, gemäß der für sein Urteil vom 16. März 1955 (BAG 2, 71 ff.) maßgeblichen Rechtsmeinung, davon ausgehen, daß der Beklagte, wenngleich stiller Gesellschafter, für das vom Firmeninhaber geschuldete Gehalt des Klägers solange mithaftet, als das zwischen ihm und dem Kläger bestehende Vertrauensverhältnis bestand.

Unter „Vertrauensverhältnis" ist hierbei, wie das fragliche Urteil eindeutig ergibt, nicht etwa ein nahes Freundschaftsverhältnis u. dgl. zu verstehen, so daß die Rüge des Beklagten, das Landesarbeitsgericht habe jetzt seine Behauptung übergangen, ein betont persönliches Verhältnis zwischen den Parteien habe nie bestanden, unbeachtlich ist. Entgegen der Meinung des Beklagten handelt es sich bei dem „Vertrauensverhältnis" auch nicht um eine tatsächliche Gegebenheit. Der Senat war vielmehr in seiner Entscheidung vom 16. März 1955 von der festgestellten Anwerbung des Klägers zur Kontrolle des geschäftlich unerfahrenen Firmeninhabers zwecks Sicherung der vom Beklagten gewährten Geschäftseinlage ausgegangen. Die damit zwischen dem Kläger und dem Beklagten gegebenen Beziehungen hatte er terminologisch als „Vertrauensverhältnis" bezeichnet, indem er rechtsbegrifflich ausführte, es sei unter den angegebenen Umständen mit Treu und Glauben unvereinbar, wenn der Beklagte sich dem Kläger gegenüber auf § 335 Abs. 2 HGB berufe. Er müsse vielmehr für das Gehalt des Klägers mithaften, allerdings nur solange, als dieses Vertrauensverhältnis zwischen ihm und dem Kläger bestehe, d. h. — und so sagte der Senat ausdrücklich — solange der Kläger mit dem Beklagten zusammen arbeitete.

2. . . .

36

1. Soweit ein Verkaufsleiter die Verpflichtung übernimmt, nach beendetem Anstellungsverhältnis Kundenanschriften seines bisherigen Arbeitgebers nicht in einem neuen Anstellungsverhältnis bei einem anderen Arbeitgeber zu verwenden, liegt darin die Vereinbarung eines Wettbewerbsverbotes im Sinne von § 74 ff. HGB. Eine solche Vereinbarung verpflichtet den Angestellten nur dann zur Einhaltung des Wettbewerbsverbotes, wenn eine bezahlte Karenz vereinbart ist oder die besonderen Voraussetzungen des § 75 d HGB vorliegen.

2. Derjenige, der sich auf die Verletzung eines vertraglich vereinbarten Wettbewerbsverbotes beruft, muß darlegen, daß es gültig unter Wahrung der Voraussetzungen von § 74, § 75 d HGB vereinbart worden ist.

3. Der Gesichtspunkt der nachvertraglichen Treuepflicht ist nicht geeignet, ein Wettbewerbsverbot eines Handlungsgehilfen nach beendetem Anstellungsverhältnis zu begründen.

ZPO § 286; HGB §§ 74, 75 b, 75 d; BGB §§ 242, 826; UWG §§ 1, 17.

II. Senat. Urteil vom 19. 2. 1959 i. S. K. (Kl.) w. B. (Bekl.)
2 AZR 341/56.

I. Arbeitsgericht Düsseldorf. — II. Landesarbeitsgericht Düsseldorf.

Der Kläger betreibt einen Handel mit Werkzeugmaschinen. Der Beklagte war bei ihm in der Zeit von 1952 bis Mitte Juli 1954 als Verkaufsleiter angestellt. Seiner Tätigkeit lag ein schriftlicher Anstellungsvertrag zugrunde, dessen § 8 folgenden Wortlaut hat:

„Herr B. (Bekl.) verpflichtet sich, bei Austritt aus der Firma keinerlei Unterlagen aus dem Betriebe mitzunehmen, weder Lieferanten- noch Kundenadressen zu notieren, um diese für sich selbst oder eine dritte Person zu verwerten."

Die Ehefrau des Beklagten ist zusammen mit dem Kaufmann von W. Inhaberin der Firma „I.-Verkaufsgesellschaft D.", welche ebenfalls mit Werkzeugmaschinen handelt. Diese Gesellschaft war bis zum Juli 1954 unter der Firma „Industrie-Dienst" in K. ansässig und ist im Juli 1954 nach D. verlegt worden. In ihr ist der Beklagte seit seinem Ausscheiden beim Kläger als Verkaufsleiter tätig.

Der Kläger hat behauptet, nach seinem Ausscheiden habe der Beklagte der Firma seiner Ehefrau, in der die Ehefrau nur der Strohmann des Beklagten sei, Geschäftsverbindungen des Klägers mit den sechs Firmen L., C., K., Kv., R., und M. verraten und ihn dadurch geschädigt.

Der Kläger hat in der Berufungsinstanz zuletzt beantragt, festzustellen, daß der Beklagte verpflichtet ist, dem Kläger sämtliche Schäden zu ersetzen, die daraus entstanden sind oder noch entstehen werden, daß er die Geschäftsverbindungen der Klägerin zu diesen Firmen verraten hat.

Das Landesarbeitsgericht hat die Klage abgewiesen. Die Revision des Klägers ist zurückgewiesen worden.

Aus den Gründen:

I. ...

II. In materiell-rechtlicher Beziehung bedarf es einer Klarstellung der Anspruchsgrundlage, mit der sich das Landesarbeitsgericht nicht näher befaßt hat.

1. Wenn der Kläger eine Feststellung dahin begehrt, daß der Beklagte ihm allen bereits entstandenen und künftig entstehenden Schaden aus einem „Verrat" der Geschäftsverbindungen des Klägers mit den sechs Firmen L., C., K., R., Kv. und M. ersetzen müsse, dann müssen

für die materielle Berechtigung eines solchen Verlangens folgende Voraussetzungen gegeben sein:

a) Der Kläger muß von dem Beklagten kraft Gesetzes oder kraft Vertrages verlangen können, die Preisgabe solcher Geschäftsverbindungen zu unterlassen;
b) der Beklagte muß einer solchen etwaigen Unterlassungspflicht rechtswidrig und schuldhaft zuwidergehandelt haben;
c) durch eine solche rechtswidrige und schuldhafte Zuwiderhandlung des Beklagten gegen eine Unterlassungspflicht muß dem Kläger ein Schaden entstanden sein, und die Entstehung künftigen Schadens daraus muß möglich sein.

2. Das Landesarbeitsgericht hat die Klage mit der Begründung abgewiesen, in allen sechs hier in Rede stehenden Fällen habe der Kläger nicht beweisen können, daß ihm der Beklagte durch Verrat von Geschäftsgeheimnissen einen Schaden zugefügt habe. Für den Fall der Richtigkeit dieser Annahme konnte das Landesarbeitsgericht ohne Verstoß gegen die Logik von einer Erörterung der übrigen, soeben dargelegten Anspruchsvoraussetzungen absehen, weil es dann darauf nicht mehr ankommen konnte; es mußte eben nur feststehen, daß der Beklagte dem Kläger keinen Schaden durch Verrat von Geschäftsgeheimnissen zugefügt hat. Die Feststellungen des Landesarbeitsgerichts sind indessen teilweise fehlerhaft (wird für die Fälle L., C. und K. ausgeführt).

Es ergibt sich somit, daß in den Fällen L., C. und K. das Landesarbeitsgericht einen Verrat von Geschäftsverbindungen und einen dadurch entstandenen und künftigen Schaden des Klägers auf Grund einer fehlerhaften Beweiswürdigung verneint hat und die Klage daher nicht mit der Begründung abweisen konnte, es fehle an einer derartigen Schadenszufügung durch den Beklagten. In den drei restlichen Fällen Kv., R. und M. ist es dagegen auf Grund tatsächlicher Feststellungen, die von der Revision nicht wirksam angegriffen worden sind und die daher für das Revisionsgericht gemäß § 561 ZPO bindend sind, zu der Annahme gekommen, daß der Beklagte keine Geschäftsverbindungen des Klägers verraten hat.

Daraus folgt, daß die Revision unbegründet ist, soweit die hier in Rede stehende Klage die Fälle Kv., R. und M. betrifft. Denn wenn insoweit nicht festgestellt ist, daß der Beklagte in diesen Fällen Geschäftsverbindungen des Klägers verraten hat, und wenn damit auch nicht feststeht, daß dem Kläger in diesen Fällen ein Schaden entstanden ist oder künftig entstehen kann, der auf ein Verhalten des Beklagten ursächlich zurückzuführen ist, fehlt es an zwei Anspruchselementen, die nach dem zu Ziffer II 1 dieser Entscheidungsgründe Gesagten gegeben sein müssen, um die Klage insoweit zu rechtfertigen.

3. Für die Fälle L., C. und K. ergibt sich nach dem bisher Gesagten, daß das Landesarbeitsgericht die Klage insoweit auf Grund einer Feststellung abgewiesen hat, die auf einer Gesetzesverletzung, nämlich einer Verletzung von § 286 ZPO beruht. Die Entscheidung des Landesarbeitsgerichts erweist sich aber trotzdem im Ergebnis als zutreffend, weil ein anderer Gesichtspunkt die Klageabweisung trägt (§ 563 ZPO). Der Kläger hat nämlich nicht dargelegt, daß die oben zu Ziffer II 1 dieser Entscheidungsgründe genannte Voraussetzung gegeben ist, daß er vom Beklagten überhaupt verlangen kann, das Verhalten, das er ihm vorwirft, zu unterlassen.

a) Aus § 8 des Anstellungsvertrages ergibt sich eine solche Pflicht des Beklagten nicht.

Soweit sich der Kläger in dieser Vertragsbestimmung verpflichtet hat, nach Beendigung seines Anstellungsverhältnisses ihm bekanntgewordene Kundenadressen des Klägers nicht für sich selbst oder eine dritte Person zu verwerten, liegt darin eine Wettbewerbsklausel. Unter einer Wettbewerbsklausel ist ausweislich des § 74 Abs. 1 HGB unter Beachtung des Satzes von Treu und Glauben jede Absprache zu verstehen, die geeignet ist, einen Handlungsgehilfen nach beendetem Anstellungsverhältnis in seiner gewerblichen Tätigkeit in wirtschaftlich nicht unbedeutender Weise zu behindern. Dabei ist der Begriff der gewerblichen Tätigkeit nicht nur im Sinne einer selbständigen Tätigkeit zu verstehen. Da § 74 Abs. 1 HGB es darauf abstellt, im Interesse der Person des Handlungsgehilfen bestimmte Sicherungen gegen eine Beschränkung seiner Wettbewerbstätigkeit zu geben, wird damit geradezu typisch auf sein Berufsbild abgestellt, das sich in abhängiger Arbeit vollzieht. Deshalb gilt § 74 Abs. 1 HGB auch dann, wenn dem Handlungsgehilfen für die Zeit nach dem Ausscheiden aus seinem bisherigen Anstellungsverhältnis Beschränkungen seiner Tätigkeit in einem Angestelltenverhältnis zu einem anderen Arbeitgeber auferlegt werden (vgl. RAG ARS 4, 262 [264/265]; RAG ARS 14, 353 [355]; Schlegelberger-Geßler-Hefermehl-Hildebrand-Schröder, HGB, 3. Aufl., 1955, § 74 Anm. 4; Staub, HGB, 14. Aufl., § 74 Anm. 7; RGRK HGB, 2. Aufl., 1953, § 74 Anm. 3 und § 59 Anm. 31 d; Gros, AR-Blattei Stichwort Wettbewerbsverbot III, Abschnitt B I 2; RG Gruchot 47 Nr. 79; Grüll, Die Konkurrenzklausel, S. 12; Reimer, Wettbewerbs- und Warenzeichenrecht, 3. Aufl., Kap. 100 Anm. 4 S. 753). Eine solche nicht unbedeutende Behinderung der gewerblichen Tätigkeit des Beklagten liegt vor, wenn er sich verpflichtet, nach beendetem Anstellungsverhältnis auf nicht näher bestimmte Zeit ihm bekannt gewordene Kundenanschriften des Klägers nicht in seiner Tätigkeit als Verkaufsleiter der I.-Verkaufsgesellschaft zu verwerten. Man kann schlechterdings nicht sagen, daß die Nichtverwertung von Kundenanschriften eine Pflicht sei, mit der sich Wettbewerbsverbote nicht befassen könnten. Denn ein Verkaufsleiter, der sich weiterhin als Verkaufsleiter betätigen will, würde sonst in seinen beruflichen Möglichkeiten, die gerade durch die aus früheren Tätigkeiten erworbenen Kenntnisse gekennzeichnet und geprägt werden, beschränkt.

Nach beendetem Anstellungsverhältnis kann ein Arbeitgeber von einem Handlungsgehilfen die Einhaltung einer solchen Wettbewerbsklausel nur unter den Voraussetzungen der §§ 74 ff. HGB verlangen. Gemäß § 74 HGB ist ein Wettbewerbsverbot nur verbindlich, wenn es nach näherer Maßgabe der Formvorschriften des § 74 Abs. 1 HGB vereinbart ist und eine Absprache über die Bezahlung der Karenz im Sinne von § 74 Abs. 2 HGB enthält. Eine Ausnahme von dem Gebot der Absprache einer bezahlten Karenz gilt nur für die in § 75 b HGB näher bezeichneten Fälle der Tätigkeit eines Handlungsgehilfen außerhalb Europas sowie für sogenannte „Hochbesoldete" im Sinne von § 75 b Satz 2 HGB. Diese Vorschriften sind gemäß § 75 d HGB als Mindestbedingungen unabdingbar. Aus dem Umstand, daß das Gesetz in § 74 HGB zum Ausdruck bringt, eine Wettbewerbsklausel sei „nur verbindlich, wenn" sie in der Form des § 74 Abs. 1 HGB geschlossen ist und eine Absprache über die bezahlte Karenz im Sinne von § 74 Abs. 2 HGB enthält, und daraus, daß es den Fall des § 75 b HGB seinem Inhalt nach zu einem Ausnahmefall des in § 74 Abs. 2 HGB normierten Regelfalles einer verbindlichen Wettbewerbsabsprache mit dem Handlungsgehilfen erhebt, ergibt sich, daß derjenige, der sich auf ein Wettbewerbsverbot beruft, darlegen muß, daß ein solches die Gültigkeitserfordernisse der §§ 74, 75 b HGB erfüllt; er muß somit neben den in § 74 Abs. 1 HGB genannten Formerfordernissen darlegen, daß gemäß § 74 Abs. 2 HGB eine bezahlte Karenz vereinbart oder daß gemäß § 75 b HGB eine solche Vereinbarung nicht erforderlich ist. Darüber hat der Kläger nichts dargelegt, noch hat er gerügt, daß insoweit § 139 ZPO verletzt worden sei. Demnach ergibt sich aus seinem Vortrag nicht, daß er kraft vertraglicher Absprache das Recht hat, vom Beklagten Unterlassung des ihm vorgeworfenen Verhaltens zu verlangen.

Soweit die Rechtsprechung angenommen hat, dann, wenn die vereinbarte Karenzentschädigung nicht die vorgeschriebene Mindesthöhe (§§ 74 Abs. 2, 74 a Abs. 2 HGB) erreiche, führe das nicht zu einer Nichtigkeit der Wettbewerbsklausel schlechthin, sondern gestatte das dem Handlungsgehilfen, sich auf die Gültigkeit einer solchen Absprache insoweit zu berufen, als er die ausgesetzte Karenzentschädigung beansprucht (vgl. RAG 14, 143 [148]; RAG vom 20. 5. 1941 — RAG 15/41 — RAG 25, 69 [73/74] = DR 1941, 2014 [2015]; RGRK HGB, 2. Aufl., § 74 Anm. 7; Schlegelberger, a. a. O., § 74 Anm. 12), steht das der hier getroffenen Annahme, daß der Kläger keine gültige Wettbewerbsklausel dargelegt hat, nicht entgegen. Denn auch diese soeben erwähnte Rechtsprechung versagt dem Unternehmer die Berufung auf eine solche Wettbewerbsklausel, die hinsichtlich der vereinbarten Karenzentschädigung nicht die vorgeschriebene Mindesthöhe erreicht; das wäre gesetzwidrig, und erst recht gesetzwidrig wäre es, dem Unternehmer die Berufung darauf zu gestatten, daß Wettbewerbsbeschränkung ohne jede Entschädigung vereinbart sei. Die Rechtsprechung gestattet unter dem Gesichtspunkt von Treu und Glauben nur dem Angestellten die Berufung darauf, die Absprache sei insoweit nicht ungültig, als er im Hinblick auf seine Wettbewerbsenthaltung die ausgesetzte Karenzentschädigung erhalten will. Eine solche Situation, bei der es also nicht um die Realisierung eines verbotswidrig vereinbarten Wettbewerbsverbotes geht, sondern lediglich darum, daß derjenige, der sich an ein solches Wettbewerbsverbot hält, mindestens die ausgesetzte Karenzentschädigung erhalten soll, steht aber hier nicht in Rede.

b) Eine Pflicht des Beklagten zur Unterlassung des ihm vorgeworfenen Verhaltens ergibt sich auch nicht aus dem Gesichtspunkt der nachvertraglichen Treuepflicht. Ohne daß es auf eine nähere Umreißung dessen ankommt, wozu ein Arbeitnehmer aus nachvertraglicher Treuepflicht im einzelnen gehalten sein kann, ergibt sich nämlich, daß dann, wenn es, wie hier, um eine nachvertragliche erhebliche Einschränkung der gewerblichen Betätigung eines Handlungsgehilfen und damit um eine Wettbewerbsklausel geht, diese der Arbeitgeber vom Handlungsgehilfen nur dann verlangen kann, wenn dabei die zwingenden Voraussetzungen beachtet sind, unter denen §§ 74 ff. HGB eine Wettbewerbsabrede für verbindlich halten. Dem Gesetzgeber kommt es darauf an, dem Handlungsgehilfen nach Beendigung seines Anstellungsverhältnisses hinsichtlich seiner gewerblichen Tätigkeit Entfaltungsfreiheit zu gewährleisten oder ihm im Falle deren Beschränkung ein entsprechendes Entgelt zu sichern. Wollte man hier eine Verzahnung zwischen nachvertraglicher Treuepflicht und Wettbewerbsklauselrecht in Betracht ziehen, so wäre das mit der Bedeutung, die das Gesetz der Gewährleistung der nachvertraglichen freien gewerblichen Betätigung eines Handlungsgehilfen ausweislich der Gesamtregelung der §§ 74 ff. HGB beimißt, weder zu vereinbaren sein noch bestünde die Möglichkeit, hier klare Abgrenzungen dafür zu schaffen, wann ein Wettbewerb im Hinblick auf nachvertragliche Treuegesichtspunkte verboten oder gestattet ist. Insoweit sind die Vorschriften der §§ 74 ff. HGB Spezialvorschriften, die die Anwendung der Regeln der nachvertraglichen Treuepflicht ausschließen.

c) Soweit in Betracht kommt, ob das vom Kläger dem Beklagten vorgeworfene Verhalten von diesem deshalb zu unterlassen ist, weil der Beklagte damit sittenwidrig im Sinne von § 826 BGB, § 1 UWG gehandelt habe, so reicht für eine solche Annahme der Sachvortrag des Klägers nicht aus. Sein Sachvortrag erschöpft sich in dem Vorwurf, der Beklagte habe nach seinem Ausscheiden seine Interessen bzw. die Interessen der Firma seiner Ehefrau dadurch gefördert, daß er dem Kläger Konkurrenz gemacht habe. Daß der Beklagte dabei aber die Grenzen des sittlich Erlaubten überschritten habe, hat er nicht dargelegt (vgl. auch RAG ARS 4, 262 [264]).

d) Schließlich hat der Kläger auch nicht dargelegt, daß die Voraussetzungen des § 17 UWG gegeben seien. Daß der Beklagte während des Anstellungsverhältnisses Geschäftsgeheimnisse weitergegeben habe, wie das § 17 Abs. 1 UWG erfordert, ist seinem Vortrag nicht zu entnehmen. Er hat auch nicht dargelegt, daß er seine Kenntnis von den Geschäftsverbindungen des Klägers in gesetz- oder sittenwidriger Weise oder durch Geheimnisverrat eines beim Kläger Beschäftigten erlangt habe, wie das § 17 Abs. 2 UWG erfordert.

e) Somit ergibt sich für die Fälle L., C. und K., daß der hier in Rede stehende Klageantrag nicht begründet ist, weil der Kläger die Unterlassung dessen, was er dem Beklagten vorwirft, gar nicht verlangen konnte. Ohne eine solche Unterlassungspflicht scheidet aber nach dem zu Ziffer II, 1 dieser Entscheidungsgründe Ausgeführten eine Schadenersatzpflicht des Beklagten aus. Damit erweist sich die geschehene Klageabweisung im Ergebnis als zutreffend und ist auch insoweit die Revision des Klägers zurückzuweisen. Das Landesarbeitsgericht mag allerdings erkennen, daß es keinesfalls prozeßökonomisch gehandelt hat, wenn es zur Frage des Schadens eine umfangreiche Beweisaufnahme veranstaltete, anstatt in allen hier in Rede stehenden Fällen nach den vorstehend dargelegten rechtlichen Gesichtspunkten zu entscheiden, die ohne Beweisaufnahme zum Tragen kommen.

37

Für die Frage, ob eine Divergenz im Sinne von § 72 Abs. 1 Satz 3 ArbGG vorliegt, ist der wahre Text der Entscheidungsgründe des angezogenen Urteils und nicht der davon abweichende Text einer Veröffentlichung in der Fachpresse entscheidend.

ArbGG § 72 Abs. 1 Satz 3, 4, 5.

II. Senat. Urteil vom 19. 2. 1959 i. S. H. (Bekl.) w. St. (Kl.)
2 AZR 515/55.

I. Arbeitsgericht Hamburg. — II. Landesarbeitsgericht Hamburg.

Der 1952 verstorbene Ehemann der Klägerin stand von 1933 bis zum Jahre 1941 als kaufmännischer Angestellter und Filialleiter im Dienste des Beklagten. Beiträge für ihn zur Angestelltenversicherung wurden nur bis zum Jahre 1937 und für zwei Monate im Jahre 1938 entrichtet. Nach dem Tode ihres Ehemannes wurde der Klägerin die Hinterbliebenenrente versagt, weil die Versicherungszeiten nicht zur Hälfte durch Beiträge gedeckt waren.

Die Klägerin hat geltend gemacht, der Beklagte habe die Sozialversicherungsbeiträge ordnungsgemäß entrichten müssen, zumal er, wie die Klägerin behauptet hat, im Besitz der Versicherungskarte des Erblassers gewesen sei. Wären die Beiträge regelmäßig geleistet worden, so würde ihr ab 1. März 1952 eine Witwenrente von monatlich 40,— DM zustehen. Die Klägerin hat daher die Zahlung eines Betrages von 1200,— DM für die Zeit vom 1. März 1952 bis 31. August 1954 (30 Monate) und ferner die Feststellung begehrt, daß der Beklagte verpflichtet ist, ihr den aus nicht ordnungsgemäßer Beitragsleistung zur Angestelltenversicherung entstandenen Schaden zu ersetzen.

Der Beklagte hat zu seinem Klageabweisungsantrag behauptet, die Zahlung der Gehälter und die Leistung der Beiträge zur Sozialversicherung habe dem Ehemann der Klägerin als Filialleiter selbständig obgelegen.

Das Arbeitsgericht hat, unter Abweisung im übrigen, den Klaganträgen nur zu zwei Dritteln entsprochen. Es hat den Streitwert auf 6000,— DM festgesetzt. Das Landesarbeitsgericht hat die Berufung des Beklagten zurückgewiesen und den Streitwert für die Berufungsinstanz auf 6000,— DM neu festgesetzt.

Mit der Revision, für deren Statthaftigkeit er sich auf den vom Landesarbeitsgericht festgesetzten Streitwert und auf den Gesichtspunkt der Divergenz beruft, verfolgt der Beklagte seinen Klagabweisungsantrag weiter. Sie ist als unzulässig verworfen worden.

Aus den Gründen:

1. Soweit der Beklagte für die Statthaftigkeit seiner Revision geltend macht, diese ergebe sich aus dem Gesichtspunkt der sogenannten Streitwertrevision aus § 72 Abs. 1 Satz 4 und Satz 5 ArbGG, trifft das nicht zu. Nach dem in dieser Sache ergangenen und daher für den erkennenden Senat gemäß § 138 Abs. 3 GVG bindenden Beschluß des Großen Senates vom 22. Mai 1958 (BAG 6, 149 ff. [159]) muß der Streit- bzw. der Beschwerdewert im Sinne von § 72 Abs. 1 Satz 4 und Satz 5 ArbGG den Betrag von 6000,— DM übersteigen, um die Revisionsinstanz aus dem Gesichtspunkt der Streitwertrevision zu eröffnen. Das ist vorliegend nicht der Fall. Das Landesarbeitsgericht hat gemäß § 69 Abs. 2 ArbGG den Streitwert neu festgesetzt, weil der Streitgegenstand sich in der Berufungsinstanz, in der nur noch über zwei Drittel der erstinstanzlichen Klageanträge gestritten wurde, geändert hatte. An diese Neufestsetzung des Streitwertes durch das Landesarbeitsgericht wegen Veränderung des Wertes des Streitgegenstandes ist das Revisionsgericht gebunden, ohne Rücksicht darauf, ob die Streitwertneufestsetzung durch das Landesarbeitsgericht sachlich richtig erfolgt ist oder nicht (vgl. statt aller: BAG 1, 8 [9, 10]; AP Nr. 8 und 18 zu § 69 ArbGG 1953; AP Nr. 59 zu § 72 ArbGG 1953, BAG 6, 14 [16]; Beschluß des Zweiten Senates des Bundesarbeitsgerichts vom 3. Dezember 1958 — 2 AZR 456/58 — AP Nr. 22 zu § 69 ArbGG 1953). Soweit der Große Senat in BAG 3, 46 [49], vorher der Zweite und Erste Senat in BAG 2, 26 [30], BAG 2, 40 [42] und nachher der Erste Senat in AP Nr. 19 zu § 69 ArbGG eine „auf den ersten Blick erkennbare gesetzwidrige — perplexe — Zulassung der Revision" für die Revisionsinstanz als unverbindlich bezeichnet haben, kann dahinstehen, ob dieser Satz, der nur für die Zulassung einer Revision und nicht für eine Streitwertfestsetzung ausgesprochen worden ist, im Rahmen einer Streitwertrevision mit dem Inhalt Geltung beanspruchen kann, daß eine offensichtlich und auf den ersten Blick erkennbare unrichtige Streitwertfestsetzung durch die Vorinstanzen für das Revisionsgericht ebenfalls unverbindlich ist. Denn jedenfalls liegt eine solche auf den ersten Blick und offensichtlich unrichtige Streitwertneufestsetzung durch das Landesarbeitsgericht nicht vor. Das Landesarbeitsgericht hat bei der Neufestsetzung des Streitwertes möglicherweise berücksichtigt, daß mit dem Feststellungsantrag allein zwei Drittel dessen im Streit war, was die der Klägerin entgangene lebenslange Witwenrente ausmachte. Wenn es dabei §§ 9, 3 ZPO berücksichtigte und auch den Zahlungsantrag mit 800,— DM bewertete, so kann bei der ge-

schehenen Bewertung des Streitgegenstandes mit 6000,– DM von einer offensichtlich unrichtigen Streitwertfestsetzung keine Rede sein.

Für die Annahme schließlich, daß das Landesarbeitsgericht mit der Streitwertfestsetzung auf 6000,– DM einer sogenannten falsa demonstratio unterlegen sei, es also in Wahrheit nur den Streitwert habe bezeichnen wollen, der für eine Streitwertrevision notwendig ist, ergeben die Entscheidungsgründe des angefochtenen Urteils, die für die geschehene Streitwertneufestsetzung keine Begründung enthalten, keinen Anhalt, so daß es keiner Entscheidung der Frage bedarf, ob im Hinblick auf den ersten Sinn der Streitwertfestsetzung, nämlich die Festsetzung entsprechend dem Streitwert vorzunehmen, und den Grundsatz der Rechtsmittelklarheit eine derartige falsa demonstratio bei der Streitwertfestsetzung überhaupt Anerkennung finden darf.

2. Soweit sich der Beklagte für die Statthaftigkeit seiner Revision auf den Gesichtspunkt der Divergenz im Sinne von § 72 Abs. 1 Satz 3 ArbGG beruft, hat er geltend gemacht, das angefochtene Urteil weiche von der Entscheidung des Landesarbeitsgerichts Hamm vom 6. Juli 1954 — 2 Sa 218/54 — ab und beruhe auf dieser Abweichung. Diese Annahme des Beklagten trifft indessen nicht zu.

Das angefochtene Urteil hat den seine Entscheidung tragenden Rechtssatz aufgestellt, ein Arbeitgeber sei auf Grund seiner arbeitsvertraglichen Fürsorgepflicht gehalten, darüber zu wachen, daß für seine Arbeitnehmer die Sozialversicherungsbeiträge ordnungsgemäß geleistet werden, und zwar selbst dann, wenn er dem Arbeitnehmer die Versicherungskarte belassen habe. Von diesem Rechtssatz ausgehend ist es zu der Annahme gekommen, daß der Beklagte im vorliegenden Falle seine Fürsorgepflicht schuldhaft verletzt habe und deshalb für den der Klägerin entstandenen Schaden hafte, der sich aus dem Gesichtspunkt des schadensursächlichen Mitverschuldens des Erblassers um ein Drittel der Klageanträge mindere.

Einen hiervon abweichenden Rechtssatz enthält das vom Beklagten angezogene Urteil des Landesarbeitsgerichts Hamm vom 6. Juli 1954 nicht. Die gegenteilige Annahme des Beklagten beruht darauf, daß er von einem Inhalt der Entscheidungsgründe des Landesarbeitsgerichts Hamm ausgegangen ist, wie sie in einer Fachzeitschrift veröffentlicht sind. Die dort mitgeteilten Entscheidungsgründe des Landesarbeitsgerichts Hamm können in der Tat dahin verstanden werden, als ob das Landesarbeitsgericht den seine Entscheidung tragenden Rechtssatz aufgestellt habe, es gehöre nicht zur Fürsorgepflicht des Arbeitgebers, die Abführung der Sozialversicherungsbeiträge für seinen Arbeitnehmer zu überwachen. Die vom Senat beigezogene Urschrift des angezogenen Urteils des Landesarbeitsgerichts Hamm ergibt aber, daß die Veröffentlichung in der Fachzeitschrift die Entscheidungsgründe des Landesarbeitsgerichts entstellt wiedergegeben hat. In Wahrheit hat das Landesarbeitsgericht in dem angezogenen Urteil nur ausgeführt, es könne zweifelhaft sein, ob es zur Fürsorgepflicht des Arbeitgebers gehöre, für die Überwachung der Abführung der Sozialversicherungsbeiträge des Arbeitnehmers zu sorgen. Die Entscheidung dieser Frage hat es aber dahinstehen lassen mit der Begründung, auch dann, wenn von einer solchen Fürsorgepflicht des Arbeitgebers einmal ausgegangen werde, fehle es jedenfalls in dem Fall, den es zu entscheiden hatte, an einem Verschulden des Arbeitgebers. Damit ergibt sich aber, daß das angezogene Urteil des Landesarbeitsgerichts nicht, wie das für das Vorliegen einer Divergenz erforderlich ist (vgl. BAG 1, 18 [20]; 1, 23 [25]; AP Nr. 3 und 51 zu § 72 ArbGG 1953 und ständige Rechtsprechung), auf der Entscheidung der Rechtsfrage beruht, die für die Entscheidung des angefochtenen Urteils tragend war.

Daß demgegenüber die in einer Fachzeitschrift geschehene Veröffentlichung des angezogenen Urteils einen Inhalt hat, aus dem sich, wenn es die wahren Gründe des angezogenen Urteils wären, eine Divergenz im Sinne von § 72 Abs. 1 Satz 3 ArbGG ergeben würde, ist unerheblich. Das Institut der Divergenzrevision soll der Vereinheitlichung auseinandergehender Rechtsprechung der Landesarbeitsgerichte durch das Bundesarbeitsgericht dienen (BAG 1, 23 [25]). Auch wenn in Betracht gezogen wird, daß entstellte Veröffentlichungen der Fachpresse durchaus geeignet sind, den Anschein einer uneinheitlichen Rechtsprechung der Landesarbeitsgerichte zu begründen und zur Geltendmachung von Divergenzrevisionen zu verleiten, kann es für die Frage, ob eine uneinheitliche Rechtsprechung wirklich vorliegt, nicht auf den durch Veröffentlichungen begründeten Schein, sondern nur auf die Wirklichkeit ankommen, wie sie sich aus den wahren Entscheidungsgründen angezogener Urteile von Landesarbeitsgerichten ergibt, weil andernfalls die Rechtsprechungstätigkeit der Gerichte von Umständen beeinflußt würde, die nicht zum Bereich der Rechtsprechung gehören. Veröffentlichungen in der Fachpresse können keine Rechtsprechung sein.

38

1. Hat die Einweisung eines Dienstordnungsangestellten in eine Planstelle einer Besoldungsgruppe nach seinem dienstlichen Aufgabenkreis zu erfolgen, so ist die für ihn zutreffende Besoldungsgruppe diejenige, der sein Tätigkeitsbereich im Stellenplan der Dienstordnung zugewiesen ist.

2. Die besoldungsmäßige Bewertung der Aufgabengebiete der Dienstordnungsangestellten im Stellenplan unterliegt grundsätzlich nicht der Nachprüfung durch die Arbeitsgerichte.

3. Bei der Festlegung der Arbeitsbedingungen der Dienstordnungsangestellten durch Dienstordnung und Stellenplan besteht keine arbeitsvertragliche Fürsorgepflicht; auch ist hier kein Raum für eine Anwendung des arbeitsvertragsrechtlichen Grundsatzes der Gleichbehandlung.

RVO §§ 346 Abs. 2, 351—353, 355, 357 Abs. 3; Dienstordnung der AOK Berlin vom 5. November 1953.

IV. Senat. Urteil vom 19. 2. 1959 i. S. AOK B. (Bekl.) w. B. (Kl.) 4 AZR 202/56.

I. Arbeitsgericht Berlin. — II. Landesarbeitsgericht Berlin.

Die Klägerin ist seit dem 1. Juli 1945 bei der Beklagten tätig. Als Hauptsachbearbeiterin erhielt sie ab 1. Oktober 1949 Entlohnung nach Vergütungsgruppe V b TO.A. Durch Anstellungsvertrag vom 13. April 1955 wurde sie bei gleichbleibender Tätigkeit als Dienstordnungsangestellte übernommen. In dem Anstellungsvertrag heißt es u. a.:

„§ 1

Frau B. wird von der Krankenversicherungsanstalt Berlin im Sinne des § 351 Abs. 1 der Reichsversicherungsordnung mit Wirkung vom 1. Dezember 1952 entsprechend den Bestimmungen der Dienstordnung der Krankenversicherungsanstalt Berlin vom 5./12. November 1953 angestellt.

Diese Anstellung wird auf Grund der Übergangsbestimmungen der Dienstordnung (§ 16) ausgesprochen.

Frau B. befand sich seit dem 1. Juli 1945 ununterbrochen als Tarifangestellte im Dienst der Krankenversicherungsanstalt Berlin (Versicherungsanstalt Berlin).

§ 2

Frau B. erhält vom Tage der Anstellung an eine Stelle der Gruppe A 5 b der Reichsbesoldungsordnung mit der Dienstbezeichnung Verwaltungssekretärin. Das Besoldungsdienstalter in dieser

Besoldungsgruppe wird nach den Übergangsbestimmungen der Dienstordnung (§ 16) festgesetzt und gesondert mitgeteilt werden."

Vor Abschluß des Vertrages hatte die Klägerin der Beklagten gegenüber die Ansicht vertreten, sie sei bei Überführung in das Dienstordnungsverhältnis auf Grund ihrer bisherigen Tätigkeit nach Gruppe A 4 c 2 RBO zu besolden. Als die Beklagte ihr am 22. März 1955 mitteilte, sie solle in die Gruppe A 5 b RBO eingestuft werden, und anfragte, ob sie damit einverstanden sei, gab die Klägerin ihre Zustimmung. Nach Empfang der Vertragsurkunde erklärte sie jedoch am 27. Mai 1955, sie habe diese nur unterschrieben, um den gesetzlichen Vorschriften zu genügen.

Die Klägerin ist der Auffassung, als Hauptsachbearbeiterin in einer nach Vergütungsgruppe V b TO.A bezahlten Stellung habe sie einen Rechtsanspruch auf Überleitung in die Besoldungsgruppe A 4 c 2 RBO. Aus der in der Anlage A zur Dienstordnung der Beklagten enthaltenen Aufstellung vergleichbarer Gruppen der TO.A und RBO ergebe sich, daß die Vergütungsgruppe V b TO.A der Besoldungsgruppe A 4c 1 und A 4 c 2 entspreche. Wenn die Beklagte sie nicht demgemäß eingestuft habe, habe sie auch ihre Fürsorgepflicht verletzt. Denn sie habe einen Angestellten der Vergütungsgruppe V b TO.A sogar nach Gruppe A 4 b 1 RBO und zahlreiche Angestellte der Vergütungsgruppe VI b TO.A nach Gruppe A 4 c 2 RBO übernommen.

Die Klägerin hat beantragt, die Beklagte zu verurteilen, die Klägerin als Dienstordnungsangestellte mit Wirkung von 1. Dezember 1952 in eine Stelle der Besoldungsgruppe A 4 c 2 RBO zu übernehmen.

Die Vorinstanzen haben der Klage entsprochen, das Bundesarbeitsgericht hat sie abgewiesen.

Aus den Gründen:

Die Ansicht des Landesarbeitsgerichts, die Klägerin habe auf Grund des § 1 ihres Anstellungvertrages vom 13. April 1955 in Verbindung mit § 3 Abs. 1 der Bestandteil dieses Vertrages bildenden Dienstordnung der Beklagten vom 5. November 1953 (DO) Anspruch auf Einweisung in die Besoldungsgruppe A 4 c 2 der früheren Reichsbesoldungsordnung (RBO), kann keine Zustimmung finden. Allerdings verkennt das Berufungsgericht nicht, daß sich aus dem Anstellungsvertrag selbst ein solcher Anspruch keinesfalls herleiten läßt. Denn dort ist in § 2 gerade ausdrücklich festgelegt, daß die Klägerin eine Stelle der Gruppe A 5 b RBO erhalten sollte. Wenn das Landesarbeitsgericht aber meint, nach den Vorschriften der DO habe die Einweisung der Klägerin zwingend in eine höhere Besoldungsgruppe erfolgen müssen, in diesem Punkte stehe daher der Anstellungsvertrag im Widerspruch zu der ihm vorgehenden DO, so ist diese Auffassung nicht frei von Rechtsirrtum.

Zwar beherrschen die Bestimmungen der DO, die als Rechtsnormen öffentlich-rechtlichen Charakters in ihrer Anwendung der freien Nachprüfung durch das Revisionsgericht gemäß § 73 ArbGG unterliegen (vgl. dazu Hueck-Nipperdey, Lehrbuch des Arbeitsrechts, 6. Aufl., Bd. II, § 19 IV, 1; Dietz-Nikisch, ArbGG, § 73 Anm. 4), den Anstellungsvertrag der Klägerin mit der Folge, daß ihnen zuwiderlaufende Vereinbarungen nichtig sind (§ 357 Abs. 3 RVO), die Rechtsstellung der Klägerin sich also zwingend nach der DO gestaltet. § 3 des Anstellungsvertrages steht aber nicht im Gegensatz zu dem hier in Betracht kommenden § 3 Abs. 1 DO, wie das Berufungsgericht annimmt. Danach werden die Angestellten nach ihrem dienstlichen Aufgabenkreis in eine Gruppe des einen Bestandteil der DO bildenden Stellenplans eingewiesen, genauer gesagt, in eine Planstelle einer Besoldungsgruppe des Stellenplans, wie sich aus den §§ 1 und 4 DO ergibt, wo von einer Stelle die Rede ist, die der Angestellte innehat bzw. die ihm übertragen wird (vgl. auch Kastner-Immand, Das Personalrecht der Krankenkassen. MDO, § 3 Anm. 1). Die Besoldungsgruppen der RBO kennen keine Tätigkeitsmerkmale, anhand deren sich die für die Angestellten nach dem ihnen zugewiesenen Aufgabenreich jeweils zutreffende Gruppe feststellen ließe, wie es z. B. bei der TO.A der Fall ist. Deshalb ist es verfehlt, wenn das angefochtene Urteil glaubt, aus der Tabelle der vergleichbaren TO.A- und RBO-Gruppen, die den Übergangsbestimmungen zur DO als Anlage A beigefügt ist, Anhaltspunkte dafür gewinnen zu können, welche Besoldungsgruppe für den Tätigkeitsbereich der Klägerin in Frage kommt. Abgesehen davon, daß die Tabelle lediglich bei der Festsetzung des Besoldungsdienstalters nach Übernahme der Angestellten in das DO-Verhältnis zugrundezulegen ist, wie sich aus Nr. 6 Ziff. 2 a, Nr. 10 Abs. 2 der Übergangsbestimmungen eindeutig ergibt, ist für die Zuordnung der Aufgabenbereiche der DO-Angestellten zu den einzelnen Besoldungsgruppen der RBO allein entscheidend wie die Tätigkeiten der DO-Angestellten in dem Stellenplan bewertet werden, der selbst Bestandteil der das Arbeitsverhältnis zwingend beherrschenden DO ist. Im vorliegenden Fall ist diese Bewertung in einem besonderen, den Stellenplan ergänzenden „Gruppenplan zum DO-Stellenplan" vorgenommen, der eine Zusammenstellung der den Besoldungsgruppen zugewiesenen Tätigkeitsbereichen und Dienstposten enthält.

Daß diese Bewertung in vollem Umfang einer gerichtlichen Nachprüfung unterliegt, kann der Klägerin nicht zugegeben werden. Denn die Beklagte erläßt die DO, innerhalb deren sie den Stellenplan aufzustellen hat (§§ 351, 353 RVO), nach Anhörung der volljährigen Angestellten (§ 355 Abs. 1 RVO) auf Grund Ermächtigung durch die RVO als öffentlich-rechtliche Satzung im Rahmen ihrer Autonomie als Krankenkasse. Dabei ist die Gültigkeit der DO einschließlich des Stellenplans an die Zustimmung der Vertreterversammlung (§ 346 Abs. 2 Ziff. 1 RVO) und die Genehmigung durch die Aufsichtsbehörde (§ 355 Abs. 2 RVO) gebunden. Durch Vorschaltung dieser Sicherungen hat demnach bereits die RVO Vorsorge u. a. gegen eine unangemessen niedrige Besoldung getroffen, die ja auch in einer unangebrachten Bewertung der einzelnen Aufgabenkreise liegen kann (vgl. dazu Peters, Handbuch der Krankenversicherung, 16. Aufl., Bd. II, § 355 Anm.; Kastner-Immand, a. a. O., § 355 Anm. 3). Im übrigen ist der Sozialversicherungsträger bei der Bewertung frei. Diese ist daher ebensowenig schlechthin nachprüfbar wie die Bewertung von Tätigkeiten, die die Tarifparteien in einem Tarifvertrag vornehmen. Wenn die Klägerin nun auch geltend macht, mit der Einordnung ihres Aufgabenbereichs in die Besoldungsgruppe A 5 b RBO habe die Beklagte § 138 BGB verletzt, so fehlt es schon an jeglichem Tatsachenvortrag, der einen solchen Verstoß schlüssig erkennen ließe, wobei es dahingestellt bleiben kann, ob und inwieweit der Rechtsgedanke des § 138 BGB hier durchgreifen könnte.

Die Klägerin war demnach gemäß § 3 Abs. 1 DO in eine Planstelle derjenigen Besoldungsgruppe einzuweisen, die für ihr Aufgabengebiet im Stellenplan vorgesehen war. Das ist aber ebenso wie in § 2 des Anstellungsvertrags unstreitig die Besoldungsgruppe A 5 b RBO. Auf § 3 Abs. 1 DO kann also die Klägerin den von ihr geltend gemachten Anspruch nicht stützen.

Aber auch Nr. 2 Abs. 1 der zum Inhalt der DO vom 5. November 1953 (vgl. dort §§ 15, 16) gehörenden Übergangsbestimmungen kann entgegen der Ansicht des angefochtenen Urteils der Klage nicht als Grundlage dienen. Nach dieser Vorschrift ist den am Tage des Inkrafttretens der DO bei der Beklagten tätigen Personen, die in einer Stelle des Stellenplans für das Jahr 1952 beschäftigt werden, im Rahmen des DO-Stellenplans eine ihrer Tätigkeit beim Inkrafttreten der DO entsprechende Stelle zu übertragen, wenn sie die in § 2 Abs. 1 DO vorgeschriebenen Voraussetzungen erfüllen oder sich vor dem Inkrafttreten der DO oder dem 30. November 1953 während der letzten vier Jahre bei der Beklagten bewährt und die in § 2 Abs. 1 a—c DO vorgeschriebenen Voraussetzungen erfüllt haben. Daß die Klägerin zu dem in Nr. 2 Abs. 1 der Übergangsbestimmungen angesprochenen Personenkreis gehört, ist nach den Feststellungen des angefochtenen Urteils zwischen den Parteien nicht streitig. Ob nun dieser Angestelltengruppe auch ein Rechtsanspruch auf Übernahme in ein DO-Verhältnis unter Übertragung einer Stelle der dort bezeichneten Art eingeräumt werden sollte, wie das Berufungsgericht annimmt, braucht hier nicht entschieden zu werden. Selbst bei Bejahung eines solchen Anspruchs wäre er jedenfalls der Klägerin gegenüber erfüllt.

Wenn nach Nr. 2 Abs. 1 a. a. O. den Angestellten eine ihrer Tätigkeit bei Inkrafttreten der DO entsprechende Stelle zu übertragen ist, so ist davon auszugehen, daß hier „Tätigkeit" nichts anderes bedeutet als „Aufgabenkreis" in § 3 Abs. 1 DO. Allein nach diesem, nicht nach der bisher innegehabten Vergütungsgruppe der TO.A, wie die Klägerin offenbar meint, bestimmt sich, welche Stelle des DO-Stellenplans als „entsprechend" in Betracht kommt. Denn Wortlaut und Sinn der Nr. 2 Abs. 1 a. a. O. bieten keinen Anhalt dafür, daß etwa im Rahmen der Überleitung mit dem Ziele einer Besitzstandswahrung die den unter diese Bestimmung fallenden Angestellten bisher eingeräumte TO.A-Stelle hinsichtlich der Höhe der Besoldung einen Maßstab für die nunmehr zu übertragende DO-Planstelle bilden sollte. Dafür spricht auch nicht die Aufnahme der bereits erwähnten Tabelle der vergleichbaren TO.A- und RBO-Gruppen in die Übergangsbestimmungen (Anlage A). Einerseits befassen sich diese nämlich, wie ausgeführt, mit der Anlage A nur im Zusammenhang mit der Festsetzung des Besoldungsdienstalters nach Übernahme in das DO-Verhältnis, wobei sie (vgl. Nr. 6 Ziff. 2a a. a. O.) auch in Betracht ziehen, daß sich der Angestellte vor der DO-Anstellung in einer höheren Vergütungsgruppe der TO.A befunden haben kann, als sie die Anlage A bei der ihm zugewiesenen Besoldungsgruppe als vergleichbar aufführt. Zum anderen zeigt gerade Nr. 11 der Übergangsbestimmungen, daß mit Nr. 2 Abs. 1 a. a. O. keine Besitzstandswahrung erstrebt wurde. Denn darin ist die Zahlung einer Übergangszulage für den Fall vorgesehen, daß ein TO.A-Angestellter nach den Übergangsbestimmungen Bezüge erhält, die niedriger als seine bisherige Vergütung sind.

Ist demnach der Aufgabenkreis des Angestellten im Zeitpunkt des Inkrafttretens der DO maßgebend, so kann eine diesem im Sinne der Nr. 2 Abs. 1 a. a. O. entsprechende Stelle des DO-Stellenplans wiederum nur eine Planstelle derjenigen Besoldungsgruppe sein, der das in Frage kommende Tätigkeitsgebiete im Stellenplan zugewiesen ist. In der Regel wird das bei einer Überleitung, wie hier, die Planstelle sein, die aus der bisherigen Stelle hervorgegangen ist. Nur auf diese könnte sich ein etwa anzunehmender Anspruch der Klägerin richten. Da die TO.A-Stelle der Klägerin nach dem dem Berufungsurteil zugrunde liegenden Sachverhalt in eine Stelle der Gruppe A 5 b RBO umgewandelt worden ist und die Klägerin diese übertragen bekommen hat, kann auch eine Berufung auf Nr. 2 Abs. 1 a. a. O. ihrer Klage nicht zum Erfolge verhelfen.

Ebensowenig ist diese unter dem Gesichtspunkt einer Fürsorgepflichtverletzung begründet. Die Klägerin glaubt eine solche darin zu finden, daß die Beklagte, wie sie geltend macht, unter Mißbrauch des ihr zukommenden Ermessens für den Aufgabenbereich der Klägerin keine Planstelle der Besoldungsgruppe A 4 c 2 RBO im Stellenplan eingerichtet habe. Sie übersieht aber, daß sich die der Beklagten als Sozialversicherungsträger zur Aufgabe gemachte Festlegung der Arbeitsbedingungen ihrer DO-Angestellten in DO und Stellenplan (§§ 351—353 RVO) in der Form des Erlasses öffentlich-rechtlicher Normen außerhalb der davon erfaßten Anstellungsverhältnisse vollzieht und die Beklagte dabei lediglich, wie bereits bemerkt, die Vorschriften der §§ 346 Abs. 2, 355 RVO zu beachten hat. Sind aber diese Maßnahmen der Sphäre der arbeitsvertraglichen Beziehungen zwischen der Beklagten und deren Angestellten entzogen, so ist in ihrem Bereich auch für das Bestehen einer arbeitsvertraglichen Fürsorgepflicht der Beklagten, die allein im Zusammenhang mit einem konkreten Arbeitsvertrag erwachsen und bei Verletzung Ansprüche auslösen kann, kein Raum. Im übrigen ist, wie ausgeführt, den berechtigten Belangen der DO-Angestellten hinsichtlich des Erlasses und Inhalts der öffentlich-rechtlichen Dienstordnung durch die §§ 346, 355 RVO Rechnung getragen. Die Klägerin hätte daher, wenn sie aus einer Fürsorgepflicht der Beklagten Rechte der geltend gemachten Art für sich herleiten wollte, eine solche hinsichtlich ihres eigenen Anstellungsvertrags dartun müssen. Das ist aber und konnte nach Lage der Sache wohl auch nicht geschehen.

Schließlich kann auch der Hinweis der Klägerin auf eine Verletzung des Gleichbehandlungsgrundsatzes nicht zu dem mit der Klage erstrebten Ziel führen. Es kann hier unerörtert bleiben, ob dieser Grundsatz überhaupt für das Gebiet der Entlohnung der Arbeitnehmer Geltung hat, wie die Klägerin offenbar meint. Selbst wenn das anzunehmen wäre, könnte der Grundsatz der Gleichbehandlung im Arbeitsrecht für die DO-Angestellten der Beklagten jedenfalls insoweit keine Anwendung finden, als die Aufstellung der DO und des Stellenplans in Betracht kommt. Hier gelten dieselben Erwägungen, aus denen das Bestehen einer arbeitsvertraglichen Fürsorgepflicht in diesem Bereich zu verneinen war. Es ist daher unbeachtlich, daß die Beklagte, wie die Klägerin behauptet, einen Angestellten der Vergütungsgruppe V b TO.A nach Besoldungsgruppe A 4 b 1 RBO und eine Anzahl Angestellter der Vergütungsgruppe VI b TO.A nach Besoldungsgruppe A 4 c 2 RBO überführt hat, wenn bereits der Stellenplan diese Stellen für die Angestellten vorsah. Aber auch wenn das nicht der Fall war, wäre eine willkürliche Ungleichbehandlung der Klägerin entgegen einer allgemeinen Ordnung schon deshalb nicht schlüssig dargetan, weil es sich nach dem eigenen Vorbringen der Klägerin um Angestellte mit einer von ihren Aufgaben sachlich völlig verschiedenen Tätigkeit handelte.

39

1. Stellt ein Kläger den Antrag auf Feststellung, daß sein Arbeitsverhältnis durch eine fristlose Entlassung nicht beendet worden ist, dann ist darin der Hilfsantrag enthalten, die Folgen einer in der fristlosen Entlassung liegenden befristeten Kündigung auszusprechen.

2. Das Grundrecht der freien Meinungsäußerung umfaßt auch das Recht zu aktiver politischer Betätigung im Rahmen der demokratischen Grundordnung. Insbesondere für Angestellte des öffentlichen Dienstes ist dieses Recht eingeschränkt durch die im Arbeitsverhältnis begründete Pflicht, bei politischen Äußerungen maßvoll und zurückhaltend zu sein. Dies gilt auch und besonders für Angestellte des öffentlichen Dienstes in Berlin.

3. Eine Verletzung dieser Pflicht kann eine Kündigung rechtfertigen.

GG Art. 5 Abs. 1 Satz 1; ZPO §§ 308, 536; KSchG §§ 1, 3, 11 Abs. 2 Satz 1; Dienst- und Disziplinarordnung §§ 1 Nr. 2, 8 Ziff. 2 e und f (Anlage zum Rahmentarifvertrag für die im öffentlichen Dienst von Berlin stehenden Beschäftigten).

III. Senat. Urteil vom 23. 2. 1959 i. S. B. (Kl.) w. B. (Bekl.) 3 AZR 583/57.

I. Arbeitsgericht Berlin. — II. Landesarbeitsgericht Berlin.

Der im Jahre 1890 geborene Kläger war bis 1945 beamteter Studienrat in Berlin. Sein Hauptfach war Kunsterziehung, daneben unterrichtete er in Deutsch und Geschichte. Im Jahre 1950 wurde er vom Bezirksamt Wilmersdorf als technischer Lehrer wiedereingestellt und nach der Vergütungsgruppe V der Lehrervergütungsordnung (LVO) bezahlt. Im Mai 1952 wurde er an die Oberschule in der Ei-Straße versetzt. Dort wurde er Klassenleiter und unterrichtete in den Fächern Deutsch und Geschichte. Auf Grund des Regelungsgesetzes wurde er als Studienrat zur Wiederverwendung anerkannt, aber noch nicht in das Beamtenverhältnis übernommen.

Am 30. Januar 1953, dem Tage, an dem vor 20 Jahren Hitler zum Reichskanzler ernannt worden war, sprach der Kläger in seiner Eigenschaft als Landesverbandsvorsitzender der Deutschen Partei (DP) in einer öffentlichen Versammlung dieser Partei in Spandau. Als Thema war angekündigt: „Soziale Gerechtigkeit als Grundforderung der Deutschen Partei". Der Kläger wählte jedoch stattdessen das Thema „Politik der gesunden Vernunft". Er knüpfte an die Bedeutung des Tages an, vertrat die Auffassung, daß man sich zur deutschen Geschichte bekennen müsse, und zwar trotz ihrer zu beklagenden Abartigkeit auch zu den Jahren von 1933 bis 1945, und setzte sich kritisch mit der früheren und jetzigen Haltung der Sozialdemokratischen Partei (SPD) zum Nationalsozialismus auseinander. Nachdem er behauptet hatte, die SPD habe in der Reichstagssitzung am 23. März 1933, ebenso wie die anderen Parteien, dem sogenannten Ermächtigungsgesetz zugestimmt, und in diesem Zusammenhang eine Stelle aus der damaligen Reichstagsrede des Abgeordneten Wels zitierte, entstand ein Tumult. Die Versammlung mußte abgebrochen werden. Der Vorfall wurde in der Presse von West- und Ostberlin lebhaft, zum Teil erregt erörtert und auf Grund einer Dringlichkeitsanfrage der SPD am 5. Februar 1953 im Berliner Abgeordnetenhaus behandelt. Nach Anhörung des Klägers erließ das Bezirksamt Wilmersdorf mit Zustimmung des Senators für Volksbildung und des Betriebsrats für Lehrer und Erzieher gegen den Kläger am 26. Mai 1953 einen Dienststrafbescheid, der auf fristlose Entlassung wegen Verstoßes gegen § 1 Nr. 2 der Dienst- und Disziplinarordnung (DDO), Anlage zum Rahmentarifvertrag für die im öffentlichen Dienst von Berlin stehenden Beschäftigten (RTV), lautete. Nach dieser Vorschrift haben die Angestellten und Arbeiter der Stadt Berlin sich durch ihr Verhalten der Achtung und des Vertrauens würdig zu erweisen, das ihr Dienstverhältnis erfordert. In dem Dienststrafbescheid, der dem Kläger am 28. Mai 1953 zugestellt wurde, wird ihm auch vorgeworfen, er habe gegen § 1 des Schulgesetzes für Großberlin vom 26. Juni 1948 (GVBl. S. 358) verstoßen, wonach es unter anderem Aufgabe der Schulerziehung ist, Persönlichkeiten heranzubilden, welche der nationalsozialistischen Ideologie unerbittlich gegenüberstehen.

Der Kläger ist der Ansicht, daß er sich keiner Dienstverfehlung schuldig gemacht, sondern nur von seinem Recht zur freien Meinungsäußerung Gebrauch gemacht habe, und nur wegen seiner dem Berliner Senat nicht genehmen politischen Einstellung entlassen worden sei. Er hat auf Feststellung geklagt, daß sein Arbeitsverhältnis durch den Dienststrafbescheid nicht aufgelöst worden sei und ferner auf Zahlung von 7947,37 DM als Unterschied zwischen der ihm zustehenden Bezahlung nach der Vergütungsgruppe II LVO und der ihm tatsächlich nur gewährten Vergütung nach Gruppe V für die Zeit vom 1. April 1953 bis zum 31. August 1954.

Das Arbeitsgericht hat durch Teilurteil vom 18. Oktober 1954 den ersten Klageantrag abgewiesen, d. h. die fristlose Dienstentlassung als berechtigt angesehen, und durch Endurteil vom 3. November 1954 die Beklagte zur Zahlung von nur 615,84 DM verurteilt, das ist der genannte Gehaltsunterschied für die Monate April und Mai 1953. Die weitere Klage hat es abgewiesen.

Die 4. Kammer des Landesarbeitsgerichts Berlin hat durch Urteil vom 17. Februar 1955 die Berufungen des Klägers gegen die beiden Arbeitsgerichtsurteile zurückgewiesen. Der Erste Senat des Bundesarbeitsgerichts hat durch das (nicht veröffentlichte) Urteil vom 30. November 1956 — 1 AZR 296/55 — das landesarbeitsgerichtliche Urteil aufgehoben, weil der Inhalt der beanstandeten Rede des Klägers nicht genau genug festgestellt worden sei, und die Sache an die 1. Kammer des Landesarbeitsgerichts Berlin zurückverwiesen.

Diese Kammer hat nach erneuter Verhandlung, in der der Kläger seinen weiteren Zahlungsanspruch einschränkte, dahin entschieden, daß an die Stelle der Dienststrafe der Dienstentlassung nach fristloser Kündigung die Dienststrafe der Dienstentlassung nach fristgemäßer Kündigung tritt. Dementsprechend hat die Kammer auch den vom Kläger verlangten Gehaltsunterschied zeitlich begrenzt. Im übrigen hat sie die Berufungen des Klägers zurückgewiesen.

Die Revision des Klägers ist zurückgewiesen worden.

Aus den Gründen:

I. Die Revisionsangriffe des Klägers richten sich in erster Linie dagegen, daß sich das Landesarbeitsgericht zu einer Umwandlung der fristlosen in eine befristete Kündigung für befugt gehalten hat. Der Kläger meint, nachdem das Landesarbeitsgericht die fristlose Entlassung für unbegründet und unwirksam erachtet habe, hätte es seiner Feststellungsklage in vollem Umfang stattgegeben müssen. Dieser Ansicht kann nicht gefolgt werden.

§ 11 Abs. 2 Satz 1 KSchG bestimmt zwar, daß eine unwirksame fristlose Kündigung im Zweifel nicht als Kündigung für den nächsten zulässigen Kündigungszeitpunkt gilt. Das angefochtene Urteil hat jedoch festgestellt, aus dem Dienststrafbescheid vom 26. Mai 1953, der die Kündigung enthält, gehe eindeutig und auch für den Kläger erkennbar hervor, daß die Beklagte das Dienstverhältnis unter keinen Umständen habe fortsetzen wollen, weil sie den Kläger als Lehrer für untragbar hielt. Damit legt das Landesarbeitsgericht die Kündigung ergänzend dahin aus, daß die Beklagte, wenn sie die Unwirksamkeit ihrer fristlosen Kündigung erkannt hätte, dem Kläger mit Frist gekündigt haben würde. Diese Auslegung ist rechtlich möglich und bindet daher das Revisionsgericht. Ob sich außerdem aus der DDO oder aus Gesichtspunkten einer Vertragsstrafe die Möglichkeit einer Umwandlung der Dienststrafe der fristlosen Entlassung in eine Dienststrafe nach fristgemäßer Kündigung ergibt, kann daher unentschieden bleiben.

Auch verfahrensrechtlich verstößt es nicht gegen § 308, § 536 ZPO, daß das Landesarbeitsgericht nicht nur die Unwirksamkeit der fristlosen Entlassung ausgesprochen, sondern auch auf Wirksamkeit der befristeten Kündigung erkannt hat, obwohl der Kläger keinen dahingehenden Hilfsantrag gestellt, ja es sogar auf richterliche Frage (§ 139 ZPO) abgelehnt hat, einen solchen Hilfsantrag zu stellen. Denn in dem Hauptantrag, die Unwirksamkeit der fristlosen Entlassung festzustellen, ist bereits unausgesprochen ein solcher Hilfsantrag enthalten. Die befristete Kündigung ist nämlich gegenüber der fristlosen Entlassung nicht etwas grundsätzlich anderes, denn beide führen zur Beendigung des Dienstverhältnisses, sondern insofern etwas Minderes, als nur das Ende des Arbeitsverhältnisses hinausgeschoben wird. Einen Hilfsantrag ausdrücklich zu stellen, hat der Kläger nach der Feststellung des angefochtenen Urteils deshalb abgelehnt, weil er fürchtete, ein solcher Hilfsantrag könne als ein — wenn auch nur bedingtes — Schuldbekenntnis aufgefaßt werden. Das hinderte das Landesarbeitsgericht nicht, dennoch auf befristete Kündigung zu erkennen. Nur wenn der Kläger eindeutig erklärt hätte, es solle einzig und allein die Unwirksamkeit der fristlosen Entlassung festgestellt und unter keinen Umständen auf befristete Kündigung erkannt werden, hätte das Landesarbeitsgericht von einer Umwandlung absehen müssen. Das hätte aber dazu geführt, daß die Klage abgewiesen worden wäre, weil dann der nur auf Feststellung der völligen Unwirksamkeit der Kündigung beschränkte Klageantrag unbegründet war (vgl. Baumbach, ZPO, 25. Aufl., Anm. 1 B zu § 308 ZPO). Das hat aber der

Kläger sicher nicht gewollt, und deshalb kann seine Weigerung, einen Hilfsantrag zu stellen, nicht in diesem Sinne ausgelegt werden.

Unter diesen Umständen bedeutet die Umwandlung der fristlosen Entlassung in eine befristete Kündigung kein Abweichen von dem Feststellungsantrag und enthält keinen Verstoß gegen §§ 308, 536 ZPO.

II. Ob die hiernach formell einwandfreie befristete Kündigung zum nächst zulässigen Termin auch sachlich berechtigt war, hat das Landesarbeitsgericht in erster Linie nach §§ 1 Ziffer 2, 8 Ziffer 2 DDO (Kündigung als Dienststrafe), aber hilfweise auch nach § 1 Abs. 2 KSchG unter dem Gesichtspunkt der Sozialwidrigkeit beurteilt. Da es sich im vorliegenden Falle allein um ein nach Meinung der Beklagten vorwerfbares eigenes Verhalten des Klägers handelt, kann dem angefochtenen Urteil dahin zugestimmt werden, daß es hier im Ergebnis keinen Unterschied ausmacht, ob wegen einer Dienstverfehlung eines Angestellten die Dienststrafe der Entlassung nach befristeter Kündigung verwirkt ist, oder ob das Verhalten des Angestellten arbeitsrechtlich gesehen ausreicht, um die Kündigung zu begründen. In beiden Fällen ist die gleiche umfassende Würdigung aller Umstände erforderlich und hat die Beklagte die Tatsachen zu beweisen, die die Kündigung aus dem Verhalten des Angestellten rechtfertigen sollen.

Der Kläger sieht in der Kündigung eine Verletzung seines Rechts auf freie Meinungsäußerung. Nach Artikel 5 Abs. 1 Satz 1 GG, der auch in Berlin gilt (vgl. BVerfG 7, 1) und mit Artikel 8 der Berliner Verfassung vom 1. September 1950 (GVBl. S. 433) insoweit übereinstimmt, hat der Kläger das Recht, seine Meinung frei zu äußern. Dieses Grundrecht, das auch als Ausfluß des Rechts auf freie Entfaltung der Persönlichkeit (Artikel 2 Abs. 1 GG) aufgefaßt werden kann, richtet sich nicht nur gegen den Staat als Hoheitsträger, sondern gestaltet, zum mindesten in gewissem Umfang, auch das bürgerliche Recht (vgl. BAG 1, 185; 4, 274). „Keine bürgerlich rechtliche Vorschrift darf in Widerspruch zu ihm stehen, jede muß in seinem Geiste ausgelegt werden" (BVerfG 7, 199 [205]). Nach Artikel 24 der Berliner Verfassung darf sich nicht auf dieses Grundrecht berufen, wer nationalsozialistische Ziele verfolgt. Daß dem Kläger bei seiner Rede solche Ziele vorschwebten, hat das angefochtene Urteil nicht angenommen. Das Recht zur freien Meinungsäußerung hat aber auch seine Schranken in den Vorschriften der allgemeinen Gesetze (Artikel 5 Abs. 2 GG).

Es wirkt sich zwar auch im Recht der freien politischen Betätigung aus. Weder den Beamten noch den Angestellten ist es verboten, ihre politische Meinung öffentlich zu äußern. Für Bundesbeamte bestimmt

§ 53 BBG vom 14. Juli 1953 einschränkend, daß sie bei politischer Betätigung diejenige Mäßigung und Zurückhaltung zu wahren haben, die sich aus ihrer Stellung gegenüber der Gesamtheit und aus der Rücksicht auf die Pflichten ihres Amtes ergeben. Ähnlich sagt § 15 Satz 2 des Berliner Landesbeamtengesetzes vom 24. Juli 1952 in der Fassung vom 10. Dezember 1954 (GVBl. S. 729), daß das Verhalten des Beamten innerhalb und außerhalb des Dienstes, auch bei politischer Betätigung, der Achtung und dem Vertrauen gerecht werden muß, die sein Beruf erfordern. Diese Vorschrift gilt zwar nicht unmittelbar für den Kläger, weil er nicht Beamter, sondern Angestellter war. Für ihn gilt aber die bereits erwähnte allgemeine Vorschrift des § 1 Abs. 2 DDO, wonach sich die Beschäftigten im öffentlichen Dienst von Berlin durch ihr Verhalten der Achtung und des Vertrauens würdig zu erweisen haben, das ihr Dienstverhältnis erfordert. Damit ist im Grunde dasselbe gesagt. Das Gebot der Mäßigung und Zurückhaltung der öffentlichen Diener bei ihren politischen Meinungsäußerungen ist ein allgemeiner Grundsatz, der auch gelten muß, wenn er nicht in die Form eines Gesetzes gekleidet ist, sondern wie hier als Generalklausel in einer Norm des maßgebenden Tarifvertrages erscheint. Auch allgemein anerkannte arbeitsrechtliche Grundsätze sind „Gesetze" im Sinne von Artikel 5 Abs. 2 GG. (Vgl. BAG 1, 185 [194 ff.] mit ausführlicher Begründung). Dadurch wird übrigens das Grundrecht der freien Meinungsäußerung in seiner Substanz nicht angetastet, sondern nur die Form der Meinungsäußerung in den durch die Interessen der Allgemeinheit gebotenen Schranken gehalten. Das angefochtene Urteil nimmt nicht an, daß der Kläger die Absicht hatte, von der politischen Linie seiner Partei abweichend die Ideologie des Nationalsozialismus und die in ihrem Namen begangenen Verbrechen zu verteidigen. Aber es macht ihm zum Vorwurf, daß seine Ausführungen an einzelnen Stellen bei den Zuhörern diesen Eindruck erwecken konnten und auch erweckt haben. Dem kann mit Rechtsgründen nicht entgegengetreten werden. Die Revisionsangriffe dagegen gehen fehl.

Die Rüge der Revision, die im Tatbestand des Urteils enthaltene Wiedergabe der Rede sei nicht ganz genau und nicht ganz vollständig, geht schon deshalb fehl, weil der Kläger nicht gemäß § 320 ZPO beantragt hat, den Tatbestand zu berichtigen. Die weitere Rüge, der 30. Januar 1953 sei nicht von ihm, sondern vom Vorstand der Deutschen Partei als Versammlungstag ausgewählt worden, ist gleichfalls vergeblich. Denn der Kläger war sich der Bedeutung dieses Tages bewußt, konnte sich darauf einstellen und hat sie sogar noch unterstrichen, indem er das Thema seines Vortrags entsprechend geändert hat. Ebensowenig kann die Rüge durchgreifen, das angefochtene Urteil kranke insofern an einem inneren Widerspruch, als es an einer Stelle einen Verstoß gegen § 1 des Berliner Schulgesetzes (Erziehung der Schüler zu unerbittlichen Gegnern des Nationalsozialismus) nicht für erwiesen hält, an einer anderen Stelle hingegen die Befürchtung ausdrückt, daß der Kläger dieser Vorschrift künftig nicht genügen werde. Ein solcher Widerspruch liegt deswegen nicht vor, weil es sehr wohl möglich ist, daß die beanstandeten Wendungen der Rede, wenn sie auch unmittelbar keine Verletzung des § 1 Schulgesetz erkennen lassen, wegen ihrer Mißverständlichkeit doch Zweifel daran erwecken können, ob der Kläger künftig bei seiner Lehrtätigkeit gegenüber der nationalsozialistischen Ideologie immun sein werde. Ferner ist es kein innerer Widerspruch, wenn das Urteil sagt, die Beklagte habe keinen Beweis dafür angetreten, daß das Auftreten des Klägers zu erheblichen Schwierigkeiten in der Schule geführt habe, gleichwohl aber an einer anderen Stelle das Vertrauensverhältnis zwischen dem Kläger und der Beklagten als weitgehend zerstört ansieht. Schon die durch die Rede hervorgerufene Unruhe in der Öffentlichkeit konnte die Gefahr eines wenn auch späteren Übergreifens auf die Schule heraufbeschwören und daher geeignet sein, das Vertrauen der Beklagten zu ihm zu beeinträchtigen.

Mit Recht hat das Landesarbeitsgericht als besonders anstößig empfunden, daß der Kläger in seiner Rede im Widerspruch zur geschichtlichen Wahrheit behauptet hat, bei der Abstimmung im Deutschen Reichstag am 23. März 1933 habe auch die SPD dem Ermächtigungsgesetz zugestimmt, und daß er zum Beweis dafür eine aus ihrem Zusammenhang herausgelöste Stelle aus der Rede des sozialdemokratischen Sprechers Wels zitierte. Wenn sich auch dieser unberechtigte Angriff des Klägers nicht gegen die Berliner Senatsverwaltung als seine Dienstherrin, sondern gegen eine politische Partei richtete, die Gegnerin der Partei des Klägers war, ihr gegenüber allerdings eine üble Nachrede bedeutete, so konnte er doch, wenn man die näheren Umstände, insbesondere die gespannten Berliner Verhältnisse bedenkt, geeignet sein, das Vertrauen der Beklagten zur Lehrtätigkeit des Klägers, besonders als Geschichtslehrer, zu erschüttern. Dem steht nicht entgegen, daß der Kläger seinen Irrtum nachher eingesehen und richtiggestellt hat. Der Erste Senat des Bundesarbeitsgerichts hat in seinem Urteil vom 30. November 1956 in dieser Sache nur gesagt, daß der Irrtum des Klägers kein Grund zu seiner fristlosen Entlassung sei. Das schließt nicht aus, daß darin ein Grund zur befristeten Kündigung liegen kann.

Nach alledem konnte das Landesarbeitsgericht ohne Rechtsverstoß dazu kommen, zwar die fristlose Entlassung des Klägers als unberechtigt, eine fristgemäße Kündigung jedoch als begründet anzusehen, und zwar sowohl nach § 1 Abs. 2 KSchG als auch als Dienststrafe gemäß § 8 Abs. 2 Buchst. f DDO. Daß das Landesarbeitsgericht nur eine fahrlässige Dienstpflichtverletzung angenommen hat, schließt eine solche Rechtsfolge nicht aus. Mag auch subjektiv gesehen die Schuld des Klägers bei seinen parteipolitischen Exzessen als bloße Fahrlässigkeit nicht allzu schwer wiegen, so fallen doch die tatsächlichen und die möglichen Folgen, immer im Licht der Lage in Berlin gesehen, umso schwerer ins Gewicht. Es ist mit Rechtsgründen nicht zu beanstanden und überschreitet den Beurteilungsspielraum nicht, daß das Landesarbeitsgericht eine befristete Kündigung als durch das Verhalten des Klägers bedingt und als angemessene und notwendige Dienststrafe angesehen hat.

Zum Tatbestand des § 1 Abs. 2 KSchG gehört allerdings, ebenso wie zur Strafzumessung im Rahmen des § 8 DDO, daß auch die besonderen Interessen des Klägers an der Aufrechterhaltung seines Arbeitsverhältnisses berücksichtigt werden (vgl. BAG 1, 117). In diesem Zusammenhang sagt das angefochtene Urteil, diese Interessen seien durch die Kündigung deshalb nicht einschneidend verletzt, weil der Kläger im pensionsfähigen Alter stehe und nach dem Regelungsgesetz versorgungsberechtigt sei. Die Revision macht demgegenüber geltend, daß die Versorgungsbezüge des Klägers für sein ganzes weiteres Leben von der fristlosen Entlassung abhängen. Dieser Einwand greift nicht durch, da das angefochtene Urteil ja gerade die fristlose Entlassung in eine befristete Kündigung umgedeutet hat. Daß die Beklagte trotzdem gegen den Kläger gemäß § 9 Regelungsgesetz ein Verfahren mit dem Ziel der Aberkennung seiner Pension eingeleitet habe oder einleiten wolle, hat der Kläger nicht geltend gemacht und ist auch mit Rücksicht darauf, daß das Landesarbeitsgericht nur ein fahrlässiges Dienstvergehen festgestellt hat, kaum zu erwarten. Unstreitig erhält der Kläger seine Pension aus dem Regelungsgesetz. Die Unannehmlichkeiten, die er vorübergehend dadurch hatte, daß er zunächst als fristlos Entlassener behandelt wurde, brauchten bei der gebotenen Interessenabwägung das Landesarbeitsgericht keineswegs zu veranlassen, von der Dienststrafe der befristeten Kündigung abzusehen und statt deren eine noch mildere Dienststrafe zu verhängen.

40

Ist ein Angestellter aus einem der TO.A unterliegenden Arbeitsverhältnis aus einem von ihm nicht zu vertretenden Grunde ausgeschieden, so kommen ihm nach § 5 Abs. 5 TO.A bei einer Wiedereinstellung in einer anderen Verwaltung seine Vordienstzeiten bei der Bemessung der Grundvergütung in der Weise zugute, daß er die zuletzt bezogene Grundvergütung behält, sofern er wieder in die gleiche Vergütungsgruppe eingestellt wird. Diese Bestimmung ist analog anzuwenden, wenn der Angestellte in dem neuen Arbeitsverhältnis in eine niedrigere Vergütungsgruppe (mit höherer Ordnungszahl) eingestellt wird. Seine Grundvergütung ist dann so zu bemessen, als ob er in dem früheren Arbeitsverhältnis über diejenige Vergütungsgruppe, mit der er wieder eingestellt worden ist, nicht hinausgekommen wäre.

TO.A § 5 Abs. 5.

IV. Senat. Urteil vom 25. 2. 1959 i. S. F. B. (Bekl.) w. S. (Kl.)
4 AZR 78/56.

I. Arbeitsgericht Kempten. — II. Landesarbeitsgericht Bayern (München).

Der Kläger war bis zum 31. März 1953 bei dem Soforthilfeamt des Landkreises K. als Angestellter beschäftigt; er war dort zuletzt in die VergGr. VI b TO.A eingestuft. Mit Wirkung vom 1. April 1953 wurde er auf Grund eines schriftlichen Dienstvertrages von dem beklagten Freistaat Bayern als Angestellter des mit dem Inkrafttreten des Lastenausgleichsgesetzes bei dem Landratsamt K. als Bestandteil der staatlichen Verwaltung errichteten Ausgleichsamts übernommen. Zugleich wurde seine Vergütung nunmehr nach der VergGr. VII TO.A festgesetzt. Bei der Bemessung der Grundvergütung wurde die vom Kläger bei dem Landkreis K. abgeleistete Dienstzeit nicht berücksichtigt.

Der Kläger ist der Ansicht, seine Grundvergütung müsse in entsprechender Anwendung von § 5 Abs. 5 TO.A so bemessen werden, als wenn er bei dem Landkreis K. nicht in die VergGr. VI b TO.A aufgerückt, sondern in die VergGr. VII eingestuft gewesen wäre, mit der ihn der Beklagte eingestellt habe. Auch wegen des Übergangs der Funktionen seiner früheren Dienststelle auf das Ausgleichsamt sei er so zu behandeln, als ob er nur eine Zurückstufung bei demselben Dienstherrn erfahren habe. Demgemäß hätte er für die Zeit vom 1. April 1953 bis 31. Januar 1954 monatlich 17,60 DM und seit dem 1. Februar 1954 monatlich 19,60 DM mehr an Grundvergütung erhalten müssen. Von diesem Gehaltsunterschied hat der Kläger in der ersten Instanz 314,80 DM eingeklagt.

Das Arbeitsgericht hat die Klage abgewiesen. Mit der Berufung hat der Kläger seinen Klageantrag auf den Betrag von 607,20 DM erweitert; er erfaßt nunmehr die Gehaltsdifferenz vom 1. April 1953 bis 30. November 1954. Das Landesarbeitsgericht hat der Klage stattgegeben. Die Revision des Beklagten ist zurückgewiesen worden.

Aus den Gründen:

Der Auffassung des Landesarbeitsgerichts, daß auf einen Tatbestand, wie er hier vorliegt, die Bestimmung des § 5 Abs. 5 TO.A entsprechend anzuwenden ist, ist beizutreten. Diese Bestimmung lautet:

> Scheiden Belegschaftsmitglieder nach dem Inkrafttreten dieser Tarifordnung aus einem von ihnen nicht zu vertretenden Grunde aus und werden sie in einer Verwaltung oder in einem Betriebe, der von dieser Tarifordnung erfaßt wird, wieder in der gleichen Vergütungsgruppe eingestellt, so erhalten sie die zuletzt bezogene Grundvergütung, wenn diese höher ist als die nach Abs. 4 berechnete.

Von dem Wortlaut dieser Bestimmung wird der hier gegebene Sachverhalt nicht erfaßt. Zwar ist, wie das Berufungsgericht ohne Rechtsirrtum feststellt, der Kläger aus einer von der TO.A erfaßten Verwaltung, nämlich des Landkreises K. ausgeschieden und in einer ebenfalls unter die TO.A fallenden Verwaltung des Beklagten wieder eingestellt worden. Das Ausscheiden des Klägers ist auch unstreitig aus einem vom Kläger nicht zu vertretenden Grunde erfolgt, nämlich wegen der Überleitung der Aufgaben des Soforthilfeamts auf das Ausgleichsamt und mit Billigung der früheren Dienststelle (vgl. ADO Nr. 9 zu § 5 Abs. 5 TO.A). Jedoch ist der Kläger vom Beklagten nicht in derselben Vergütungsgruppe wieder eingestellt worden, in die er in seiner früheren Stelle eingestuft war. Das Berufungsgericht hat indessen mit Recht angenommen, daß der dem § 5 Abs. 5 TO.A zugrunde liegende Rechtsgedanke eine entsprechende Anwendung dieser Bestimmung dann gebietet, wenn der Angestellte bei seiner neuen Dienststelle in einer niedrigeren Vergütungsgruppe (mit höherer Ordnungszahl) eingestellt wird als derjenigen, in die er zuletzt eingestuft war.

Die TO.A berücksichtigt bei der Bemessung der Vergütung die sog. Vordienstzeiten, die der Angestellte in anderen öffentlichen Verwaltungen oder Betrieben abgeleistet hat, grundsätzlich nicht. Demgegenüber bildet § 5 Abs. 5 TO.A eine Ausnahmeregelung für den Fall, daß der Angestellte aus einem früheren, ebenfalls von der TO.A erfaßten Arbeitsverhältnis aus einem von ihm nicht zu vertretenden

Grunde ausgeschieden ist und dann von einer anderen Verwaltung mit seiner letzten Vergütungsgruppe wieder eingestellt wird. Auch bei singulären Rechtsvorschriften ist aber, wenn ihnen ein engeres Rechtsprinzip zugrunde liegt, innerhalb dieses Prinzips eine analoge Anwendung gestattet (vgl. Enneccerus-Nipperdey, Allg. Teil des bürgerlichen Rechts, 14. Aufl., § 48 I, 2 a). Die Voraussetzungen dafür sind hier gegeben. Der Sinn der Vorschrift des § 5 Abs. 5 TO.A ist ersichtlich der, daß es dem Angestellten unter den dort genannten Voraussetzungen abweichend von der Regel der Nichtanrechnung von Vordienstzeiten bei der Bemessung der Grundvergütung in einem neuen Dienstverhältnis zugute kommen soll, wenn er in dem früheren Dienstverhältnis zuletzt bereits eine der neuen Beschäftigung gleichwertige Tätigkeit ausgeübt hat; in diesem Falle soll ihm die zuletzt bezogene Grundvergütung erhalten bleiben. Ist das aber der Sinn der Bestimmung, so hat diese auch entsprechende Anwendung zu finden, wenn die letzte Beschäftigung des Angestellten gegenüber seiner neuen Tätigkeit sogar höherwertig war (ebenso Neumann-Duesberg in Anm. zu AP 54 Nr. 13).

Die gegenteilige, eine solche Analogie ablehnende Auffassung würde zu unverständlichen und dem Sinn der Vorschrift zuwiderlaufenden Ergebnissen führen. Ist z. B. ein bei der neuen Dienststelle mit der VergGr. VII TO.A wieder eingestellter Angestellter in dem früheren Arbeitsverhältnis neun Jahre in die VergGr. VII und das letzte (zehnte) Jahr in die VergGr. VI b eingestuft gewesen, so dürfte diese Dienstzeit bei der Neufestsetzung seiner Grundvergütung durch den neuen Arbeitgeber nicht berücksichtigt werden, während der Angestellte seine zuletzt bezogene Grundvergütung behalten würde, wenn er in dem alten Arbeitsverhältnis auch im zehnten Jahr in der Verg.Gr. VII verblieben wäre. Oder der Kläger, der nach den Feststellungen des Landesarbeitsgerichts bei dem Beklagten die gleiche Tätigkeit verrichtet wie vorher bei dem Landkreis K. und somit vermutlich früher übertariflich eingestuft war, würde deshalb schlechter stehen, als wenn er schon früher tarifgerecht in die niedrigere VergGr. VII TO.A eingestuft gewesen wäre.

Daß eine solche Handhabung unbillig wäre, wird dadurch bestätigt, daß für Angestellte der Bundesverwaltung, verschiedener Länder und schon früher im Bereich des Zentralhaushaltsamts für die britische Zone durch Erlasse gemäß ADO Nr. 10 zu § 5 TO.A die entsprechende Anwendung des § 5 Abs. 5 TO.A bei Wiedereinstellung in eine niedrigere Vergütungsgruppe nachgelassen worden ist (vgl. Ambrosius, Tarifrecht der Angestellten im öffentlichen Dienst, unter ldf. Nr. 37). Es bedarf indessen hierfür keiner Billigkeitserwägungen, die sich überdies auf Härtefälle unter Berücksichtigung der besonderen Umstände des Ausscheidens aus der früheren Beschäftigung beschränken ließen. Denn wie bereits dargelegt wurde, ist die entsprechende Anwendung des § 5 Abs. 5 TO.A auch ohne solche Billigkeitserwägungen im Falle der Wiedereinstellung mit niedrigerer Vergütungsgruppe geboten, weil das allein dem Grundgedanken der Bestimmung entspricht. Dieser Fall ist offenbar nur deshalb nicht ausdrücklich geregelt worden, weil es zur Zeit des Erlasses der Tarifordnung erfahrungsgemäß kaum vorkam, daß ein Angestellter bei der einen Verwaltung aus einem von ihm nicht zu vertretenden Umstande ausschied und bei einer anderen Verwaltung eine Beschäftigung mit einer niedrigeren Vergütungsgruppe übernahm.

Die entsprechende Anwendung führt nun allerdings nicht dazu, daß der Angestellte wie bei einer Wiedereinstellung mit der gleichen Vergütungsgruppe die zuletzt bezogene Grundvergütung behält (sofern diese höher ist als die nach § 5 Abs. 4 TO.A berechnete). Denn die zuletzt bezogene Grundvergütung ist ja nach den Bezügen einer höheren Gruppe berechnet, die dem Angestellten nunmehr nicht mehr zusteht. Vielmehr ist die neue Grundvergütung so zu berechnen, als wenn der Angestellte in dem früheren Arbeitsverhältnis über die Vergütungsgruppe, in die er nunmehr eingestuft ist, nicht hinausgekommen wäre (vgl. hierzu die oben erwähnten Erlasse, Ambrosius lfd. Nr. 37). Etwas anderes begehrt der Kläger auch nicht.

41

1. Führt der Arbeitgeber des öffentlichen Dienstes Personalakten über seine Arbeitnehmer, die u. a. auch Dienstleistungsberichte enthalten, so muß er diese Berichte so erstellen, daß sie unter Abwägung der beiderseitigen Interessen ein möglichst objektives Bild von der Person und den Leistungen des Arbeitnehmers ergeben. Der Arbeitnehmer hat einen Anspruch darauf, daß die Dienstleistungsberichte sowohl hinsichtlich der tatsächlichen Angaben zutreffend sind als auch hinsichtlich der Bewertung von Führung und Leistungen des Arbeitnehmers nach pflichtgemäßem Ermessen des Arbeitgebers erstellt werden.

2. Ist ein Dienstleistungsbericht erstellt worden, so kann der Arbeitnehmer, wenn er der Ansicht ist, daß dieser Bericht unwahr oder hinsichtlich der Bewertung unrichtig ist, darauf klagen, daß der Arbeitgeber in Erfüllung der ihm obliegenden Fürsorgepflicht es unterläßt, einen derartigen Dienstleistungsbericht zu den Personalakten zu bringen.

Wenn gleichwohl ein solcher Bericht schon zu den Personalakten gebracht ist, so kann der Arbeitnehmer beanspruchen, daß der Bericht je nach den Umständen berichtigt oder entfernt oder durch einen zutreffenden Leistungsbericht ersetzt wird. Dabei ist es Sache des Arbeitnehmers, darzulegen und notfalls zu beweisen, welche Punkte des Leistungsberichts in tatsächlicher Hinsicht unrichtig und welche Bewertungen, weil nicht im Rahmen des pflichtgemäßen Ermessens getroffen, unhaltbar sind.

3. Der Arbeitnehmer kann nicht verlangen, daß der Arbeitgeber bei der Erstellung des Leistungsberichts bestimmte Dienststellen hinzuzieht. Welche Erkenntnisquellen der Arbeitgeber benutzt, ist seine Sache und sein Risiko.

BGB § 611 Fürsorgepflicht; RTV für die im öffentlichen Dienst von Berlin stehenden Beschäftigten vom 24. 1. 1959, §§ 6, 20.

IV. Senat. Urteil vom 25. 2. 1959 i. S. B. (Bekl.) w. M. (Kl.)
4 AZR 549/57.

I. Arbeitsgericht Berlin. — II. Landesarbeitsgericht Berlin.

Der Kläger trat im Jahre 1945 ins Angestelltenverhältnis zur Beklagten. Er war zunächst als stellvertretender Kassenleiter, später als stellvertretender Leiter der Preisstelle und sodann als Leiter des Strafdienstes beschäftigt. Im Jahre 1951 wurde ihm zunächst vorläufig, sodann endgültig die Leitung der Lohnausgleichsstelle eines Bezirks übertragen. 1956 übernahm er zusätzlich die Leitung der Lohnausgleichsstelle eines weiteren Bezirks. Die Tätigkeit des Klägers wurde zuletzt nach Gruppe IV b TO.A vergütet. Im Jahre 1956 wurde er zum Sozialamt versetzt.

Unter dem 24. November 1956 erstattete die Abteilung Finanzen des Bezirksamts der Beklagten, der der Kläger dienstlich unterstand, während fachlich die zentrale Lohnausgleichskasse für ihn zuständig war, über ihn folgenden Leistungsbericht:

„a) Mit welchen Arbeiten wurde M. beschäftigt?
Hauptsachbearbeiter und Leiter der LAST; ab Mitte März 1953 gleichzeitig Leiter der WUST zwecks Auslastung, weil die Tauschgeschäfte laufend bedeutend zurückgingen.

b) Wie sind die übertragenen Arbeiten erledigt worden?
befriedigend für das Umtauschgeschäft; die organisatorischen Maßnahmen, insbesondere Anpassung des Personals an den laufend kleiner werdenden Geschäftsumfang, zweckdienliche Unterbringung, bei der gleichzeitig Personal- und Sachkosten eingespart werden konnten, mußten allerdings von der Leitung der

Abteilung Fin und meist gegen den Willen von M. durchgeführt werden.

c) Wie ist die natürliche Befähigung, Anstelligkeit und Verwendbarkeit?
befriedigend; über seine anderweitige Verwendbarkeit kann ein Urteil nicht abgegeben werden.

d) Wie waren Fleiß und Eifer?
ausreichend, wobei zu berücksichtigen ist, daß M. seit längerer Zeit nicht ausgelastet war.

e) Gibt das dienstliche und außerdienstliche Verhalten zu irgendwelchen Bedenken Veranlassung?
Die Zusammenarbeit mit der Leitung der Abteilung Finanzen ließ zu wünschen übrig. M. trat u. a. mit anderen Stellen ohne vorherige Unterrichtung der Leitung in Verbindung.

f) Ist M. in der Lage, höher bewertete Arbeiten zu verrichten?
u. E. nein.

g) Besondere Bemerkungen:
M. scheint keine rechte Vorstellung davon zu haben, was von einem Sachbearbeiter der Gruppe IV oder gar höher normalerweise an Wissen, Können und Leistung vorausgesetzt werden muß."

Bei diesem Leistungsbericht hat der Betriebsrat nicht durch Mitzeichnung mitgewirkt.

Der Kläger beanstandete diesen Bericht, den er als in tatsächlicher Hinsicht unrichtig und in der Bewertung unhaltbar bezeichnete, und verlangte dessen Zurückziehung. In einer Verhandlung vom 7. Dezember 1956 zwischen Angehörigen der Verwaltung und des Betriebsrats sowie dem Kläger wurde folgendes Übereinkommen erzielt:

„Der beanstandete Leistungsbericht wurde in allen Punkten durchgesprochen. Nachdem der Betriebsrat hierzu Stellung genommen und die Herren B. und M. ihren Standpunkt dargelegt hatten, erklärte sich der Büroleiter der Abt. Finanzen bereit, dem Dezernenten der Abt. Finanzen folgenden Vorschlag zu unterbreiten:

a) den Leistungsbericht über den Vwa. M. in allen Punkten lediglich auf die im Vordruck vorgesehenen Fragen abzustellen,

b) den Vorschlag des Herrn Direktor R. in Erwägung zu ziehen, die Leitung der Lohnausgleichskasse Berlin bei der Beurteilung der Leistungen des Vwa. M. gegebenenfalls heranzuziehen und

c) den zuerst abgegebenen Leistungsbericht mit den Erläuterungen zu den einzelnen Punkten zurückzuziehen.

Mit dem Ergebnis dieser Unterredung erklärten sich alle Beteiligten einverstanden."

Die Beklagte, die den Inhalt des Leistungsberichts als in jeder Beziehung zutreffend bezeichnete, lehnte diese Vorschläge ab. Sie nahm den Bericht zu den Personalakten des Klägers.

Mit der Klage hat der Kläger beantragt:

1. die Beklagte zu verurteilen, den Leistungsbericht vom 24. November 1956 sowie alle sich darauf beziehenden Vorgänge aus den Personalakten zu entfernen.
2. die Beklagte zu verurteilen, für den Fall, daß sie die unter 1. bezeichnete Handlung nicht binnen einer bestimmten Frist vornimmt, eine vom Gericht nach freiem Ermessen festzusetzende Entschädigung zu zahlen.

Das Arbeitsgericht hat nach dem Antrag des Klägers erkannt und die in Ziff. 2. des Antrags erwähnte Frist auf drei Wochen nach Rechtskraft des Urteils sowie die dort begehrte Entschädigung auf 2000,– DM festgesetzt. Die von der Beklagten eingelegte Berufung wurde vom Landesarbeitsgericht zurückgewiesen. Die Revision der Beklagten führte zur Aufhebung und Zurückverweisung.

Aus den Gründen:

Das Landesarbeitsgericht geht davon aus, auf Grund ihrer Fürsorgepflicht als Arbeitgeberin sei die Beklagte gehalten, von dem Kläger diejenigen Nachteile fernzuhalten, die ihm unter Umständen im Zusammenhang mit dem Arbeitsverhältnis hinsichtlich seiner jetzigen sozialen Stellung und seines Fortkommens begegnen könnten. Das gelte auch für die Führung von Personalakten und für die Erstellung von Dienstleistungsberichten. Die im öffentlichen Dienst auf Grund jahrzehntelanger Übung für den einzelnen Beschäftigten geführten Personalakten begleiteten diesen sein Leben lang von Dienststelle zu Dienststelle und seien in ihrer Gesamtheit geeignet, ein getreues Spiegelbild seiner beruflichen und letzten Endes damit auch seiner menschlichen und sozialen Entwicklung zu geben. Die Beklagte sei verpflichtet, die Personalakten stets so zu führen, daß sie auch solchen Personen ein vollständiges und richtiges Bild über die Persönlichkeit und die Leistungen des Arbeitnehmers vermittelten, die selbst mit ihm unmittelbar nichts zu tun hätten, aber künftig in dieser oder jener Hinsicht über sein weiteres Fortkommen und seinen beruflichen Einsatz zu entscheiden hätten. Sogar innerhalb der Behörde erfolge die Erstellung von Zeugnissen für noch im Dienst befindliche Angestellte vor allem auf Grund der in den

Personalakten enthaltenen Dienstleistungsberichte. Für jede nach außen dringende und damit für das weitere Fortkommen des Arbeitnehmers erhebliche Stellungnahme der Behörde sei also nicht das eigene Urteil des Erklärenden und Unterzeichnenden maßgebend, sondern der Inhalt der Dienstleistungsberichte. Diese stellten somit denjenigen Inhalt der Personalakten dar, der hinsichtlich der Führung und Leistung des einzelnen Arbeitnehmers nicht nur die Auffassung des jeweiligen unmittelbaren Vorgesetzten des betreffenden Arbeitnehmers im Sinne einer als Gedächtnisstütze gedachten Notiz wiedergebe; die Berichte hätten ihrem Hauptzweck nach vielmehr Mitteilungscharakter, und zwar sowohl innerhalb der eigenen derzeitigen Beschäftigungsbehörde als auch für jeden anderen künftigen Arbeitgeber, bei dem sich der betreffende Arbeitnehmer um Einstellung bewerben werde. Dieser auf die Dauer und überwiegend zu Mitteilungszwecken ausgerichtete Charakter der Dienstleistungsberichte mache sie zu Urkunden, die weit über den Rahmen rein persönlicher, zur eigenen Erinnerungserleichterung bestimmten Notizen eines Arbeitgebers hinausgingen.

Diese Ausführungen des Berufungsgerichts über die Bedeutung von Dienstleistungsberichten und Personalakten im öffentlichen Dienst sowie über Art und Umfang der Fürsorgepflicht des Arbeitgebers, wie er die Dienstleistungsberichte zu erstellen hat, lassen einen Rechtsirrtum im Grundsätzlichen nicht erkennen. Anders als bei rein privaten Aufzeichnungen, die jeder Arbeitgeber nach Belieben für sich anfertigen und aufbewahren kann, ohne daß sie von dem Arbeitnehmer zur Einsicht verlangt oder von ihm in irgendeiner Form angegriffen werden können, müssen die Grenzen freier Beurteilung anderer dort respektiert werden, wo eine Auffassung nach außen hervortritt und daher geeignet sein kann, den Betreffenden unmittelbar oder durch Mitteilung an Dritte in seiner Rechtssphäre zu berühren. Dabei sind, worauf das Landesarbeitsgericht mit Recht hinweist, neben dem Interesse des Arbeitnehmers allerdings auch die Belange des sich über einen anderen Äußernden beachtlich. Deshalb findet hinsichtlich des Inhalts von Personalakten die dem Arbeitnehmer zu gewährende Fürsorge ihre Grenze an den berechtigten eigenen Belangen des Arbeitgebers. Darauf ist auch bei der Erstellung von Dienstleistungsberichten Rücksicht zu nehmen, was sich aus ihrer vom angefochtenen Urteil zu Recht aufgezeigten Bedeutung als Mitteilung für weitere, nicht unmittelbar mit dem entsprechenden Arbeitnehmer bekannte Personen und Behörden ergibt. Die Bedeutung der Berichte liegt vor allem darin, daß diejenigen Personen, die über den einzelnen Arbeitnehmer, seine Leistungen und seine Führung Zeugnisse auszustellen haben, über die Persönlichkeit und die Arbeitskraft des Arbeitnehmers vollständig und richtig unterrichtet werden, soweit dies möglich ist. Deshalb kann der Arbeitgeber selbst nur daran interessiert sein, daß seine Personalsachbearbeiter dem einzelnen Beschäftigten auf Grund richtiger Dienstleistungsberichte in vollem Umfang gerecht werden und daß Dritte, insbesondere andere Arbeitgeber des öffentlichen Dienstes, die künftig mit dem beurteilten Arbeitnehmer in Berührung kommen, in die Lage versetzt werden, ihn im Interesse der gesamten Verwaltung nutzbringend an dem für ihn geeigneten Platz zu beschäftigen. Die richtig verstandenen Belange des Arbeitgebers liegen also — auch darin ist dem Landesarbeitsgericht zu folgen — lediglich in einer möglichst vollständigen, wahrheitsgemäßen und sorgfältigen Beurteilung der Arbeit und Persönlichkeit des Beschäftigten, keinesfalls aber darin, daß auf Grund unrichtiger tatsächlicher Angaben und entstellender Beurteilungen in den Personalakten und den darin enthaltenen Leistungsberichten ein falsches Bild über den Arbeitnehmer entsteht.

Zu Unrecht meint die Revision, daß es auf die Fürsorgepflicht der Beklagten nicht ankomme, da bereits der das Arbeitsverhältnis der Parteien beherrschende Rahmentarifvertrag für die im öffentlichen Dienst von Berlin stehenden Beschäftigten vom 24. Januar 1949 eine abschließende Regelung über den Inhalt der Personalakten und die damit zusammenhängenden Fragen enthalte. Mit den Personalakten beschäftigt sich der Rahmentarifvertrag lediglich in seinem § 20, in dem es heißt, daß für die Einsicht in die Personalakten die Dienstblattverfügung I/1948 Nr. 36 S. 35 vom 6. Dezember 1947 gelte. Selbst wenn man mit den Prozeßparteien davon ausgeht, daß diese Dienstblattverfügung im ganzen auf das Arbeitsverhältnis der Parteien Anwendung findet, nicht nur hinsichtlich des Rechts des Arbeitnehmers auf Einsichtnahme in die Personalakten, so enthält die Dienstblattverfügung für den hier zu entscheidenden Fall doch keine spezielle Regelung. Insbesondere ist eine solche Regelung nicht in Ziffer I 4 der Dienstblattverfügung enthalten. Dort heißt es, daß ungünstige Tatsachen in die Personalakte erst eingetragen werden dürfen, wenn der Arbeitskraft Gelegenheit zur schriftlichen Stellungnahme hierzu gegeben worden ist, und daß Bewertungen nicht als ungünstige Tatsachen im Sinne dieser Bestimmungen gelten. Das besagt jedoch nichts darüber, in welcher Form und mit welchem Inhalt Dienstleistungsberichte aufzustellen sind und ob der Arbeitnehmer ein Recht darauf hat, daß die Dienstleistungsberichte hinsichtlich der tatsächlichen Angaben zutreffend sind und die Bewertungen sich im Rahmen pflichtgemäßen Ermessens des Arbeitgebers halten.

Geht aber das Landesarbeitsgericht mit Recht davon aus, daß der Arbeitgeber des öffentlichen Dienstes sich bei der Führung von Personalakten im Rahmen der Fürsorgepflicht halten muß, dann ist es diesem nicht gestattet, sie nach völlig freiem Ermessen zu führen, weil die Personalakten, insbesondere aber die laufenden Dienstleistungsberichte, ihrem Wesen nach eine Mitteilung über die persönliche und sachliche Qualifikation des Bediensteten darstellen, die gerade im öffentlichen Dienst von wesentlicher Bedeutung für seine dienstliche Stellung und sein Fortkommen sind (z. B. Beförderungen, Versetzungen und Bewerbungen). Wie auch sonst hat daher der Arbeitgeber hinsichtlich der Personalakten sich so zu verhalten, daß sein Arbeitnehmer vor ungerechtfertigten Nachteilen nach Möglichkeit bewahrt bleibt. Das hat bereits der Erste Senat des Bundesarbeitsgerichts in seinem Urteil in BAG 3, 332 ausgesprochen. Danach verlangt die Fürsorgepflicht vom Arbeitgeber, daß er bei allen seinen Maßnahmen, auch soweit er Rechte ausübt, auf das Wohl seines Arbeitnehmers Bedacht nimmt. Der Arbeitgeber muß deshalb unter Umständen auch besondere Maßnahmen treffen, die die Entstehung eines Schadens, insbesondere eine Beeinträchtigung des Fortkommens des Arbeitnehmers, verhindern können. Das entspricht auch der Auffassung, die der Dritte Senat des Bundesarbeitsgerichts in seinem Urteil AP Nr. 1 zu § 611 BGB Fürsorgepflicht vertreten hat. Daher wird der Arbeitgeber bemüht sein müssen, daß die Personalakten im allgemeinen und die Dienstleistungsberichte im besonderen ein richtiges Bild des Arbeitnehmers in dienstlicher und persönlicher Beziehung vermitteln. Dies erfordert aber bei der Aufnahme von dienstlichen Beurteilungen eine gewissenhafte Prüfung in der Richtung, ob die zu den Akten zu nehmenden Schriftstücke eine umfassende und objektive Beurteilung der in Betracht kommenden Vorgänge und des Arbeitnehmers ermöglichen.

Zwar gebietet es die Fürsorgepflicht des Arbeitgebers nicht, Dienstleistungsberichte zu erstellen; deshalb hat der Arbeitnehmer hierauf grundsätzlich keinen Anspruch, wie das bei der Erteilung eines Zeugnisses nach § 630 BGB der Fall ist. Wohl aber hat der Arbeitnehmer bei der Bedeutung der Personalakten und der Dienstleistungsberichte im öffentlichen Dienst, wie sie vom Landesarbeitsgericht mit Recht hervorgehoben ist, einen Anspruch darauf, daß die tatsächlich erstatteten Dienstleistungsberichte hinsichtlich der tatsächlichen Angaben zutreffend sind und hinsichtlich der Bewertung von Führung und Leistungen des Arbeitnehmers nach pflichtgemäßem Ermessen des Arbeitgebers erstellt werden.

Der Arbeitnehmer, der der Ansicht ist, ein Leistungsbericht über ihn sei unwahr oder entstellend, kann darauf klagen, daß der Arbeitgeber in Erfüllung der ihm obliegenden Fürsorgepflicht es unterläßt, einen derartigen Dienstleistungsbericht zu den Personalakten zu bringen. Wenn gleichwohl ein solcher Dienstleistungsbericht schon zu den Personalakten gebracht ist, kann der Arbeitnehmer beanspruchen, daß dieser Dienstleistungsbericht je nach den Umständen berichtigt oder entfernt und durch einen zutreffenden Leistungsbericht ersetzt wird. Dabei ist es allerdings Sache des Arbeitnehmers, im einzelnen genau darzulegen und notfalls zu beweisen, welche Punkte des Leistungsberichts in tatsächlicher Hinsicht unrichtig und welche Bewertungen, weil nicht im Rahmen des pflichtgemäßen Ermessens getroffen, unhaltbar sind.

Dagegen kommt entgegen der Auffassung des Klägers dem Umstand, ob ein Dienstleistungsbericht unter Mitzeichnung des Betriebsrats zustande gekommen ist oder nicht, im Rahmen der für Berlin geltenden Regelung keine entscheidende Bedeutung bei. Zwar wirkt nach § 14 der Betriebsvereinbarung über die Zusammenarbeit des Landes und der Stadt Berlin mit den Betriebsräten vom 1. Dezember 1954, die nach § 6 des Rahmentarifvertrages zu dessen Inhalt gemacht worden ist, der Betriebsrat bei Dienstleistungsberichten durch Mitzeichnung mit. Diese Bestimmung ist jedoch nur dahin auszulegen, daß der Betriebsrat zwar das Recht hat, von dem Dienstleistungsbericht durch Mitzeichnung Kenntnis zu nehmen, nachdem der Bericht schon erstellt worden war. Die Mitwirkung des Betriebsrats durch Mitzeichnung des Dienstleistungsberichtes nach der erwähnten Betriebsvereinbarung bedeutet aber nicht, daß ein Dienstleistungsbericht, der ohne eine solche Mitzeichnung erstellt ist, ohne weiteres ungültig und allein deshab aus den Personalakten zu entfernen wäre, weil er etwa ordnungswidrig zustande gekommen wäre. Die Mitzeichnung, wie sie in § 14 der Betriebsvereinbarung erwähnt ist, ist also nicht Wirksamkeitsvoraussetzung für die „Gültigkeit" des einzelnen Dienstleistungsberichts. Entscheidend kommt es vielmehr nur darauf an, ob der Dienstleistungsbericht in tatsächlicher Hinsicht wahr oder unwahr ist und ob er hinsichtlich der in ihm enthaltenen Bewertungen richtig ist oder nicht.

Es kann auch der Ansicht des Klägers nicht gefolgt werden, daß der hier streitige Dienstleistungsbericht schon deshalb zu beanstanden wäre, weil er ohne Hinzuziehung der dem Kläger fachlich vorgesetzten Stelle, nämlich der Lohnausgleichskasse, zustande gekommen wäre. Vielmehr ist der Dienstleistungsbericht eines Arbeitgebers des öffentlichen Dienstes immer ein Bericht des Arbeitgebers als solchen, auch wenn die betreffende

Behörde horizontal und vertikal in verschiedene Unterbehörden, Abteilungen usw. aufgegliedert ist. Es besteht daher grundsätzlich keine sich aus der Fürsorgepflicht ergebende allgemeine Rechtspflicht der nach dem Behördenaufbau oder nach positiven Vorschriften für die Erstellung des Leistungsberichts zuständigen Stelle des Arbeitgebers, andere Stellen im Behördenaufbau des Arbeitgebers oder gar Dritte über die Qualifikation des zu beurteilenden Arbeitnehmers vor der Erstellung des Leistungsberichts zu hören, widrigenfalls der Leistungsbericht als solcher annulliert werden müßte. Welche Erkenntnisquellen der Arbeitgeber benutzt, ist seine Sache und sein Risiko.

Die Entscheidung des Rechtsstreits hängt deshalb davon ab, ob der vom Kläger beanstandete Dienstleistungsbericht in tatsächlicher Hinsicht unrichtig ist oder in der Bewertung unter Überschreitung des pflichtgemäßen Ermessens den Kläger zu Unrecht abqualifiziert. Daraus folgt, daß dem Senat eine abschließende Beurteilung des Falles noch nicht möglich ist; denn das angefochtene Urteil unterläßt es, hinsichtlich der streitigen Behauptungen der Parteien, ob der Inhalt des Dienstleistungsberichts richtig ist oder nicht, entsprechende Feststellungen zu treffen. Es begnügt sich unrichtigerweise damit, den Dienstleistungsbericht deshalb für hinfällig zu halten, weil er ohne Anhörung und Einholung einer Auskunft der Lohnausgleichskasse zustande gekommen ist.

Weiter nimmt das Landesarbeitsgericht irrigerweise an, der Kläger habe durch frühere bessere Zeugnisse den Beweis des ersten Anscheins dafür geführt, daß er besser zu qualifizieren sei, so daß es Sache der Beklagten gewesen wäre, im einzelnen substantiiert darzulegen und Beweis dafür anzutreten, durch welches Verhalten der Kläger die berechtigte Kritik seiner ihm fachlich vorgesetzten, allein zur Beurteilung befugten Dienstvorgesetzten erregt hätte; die Beklagte könne nicht damit gehört werden, daß allein die bei ihr beschäftigten, nicht zur fachlichen Weisung an den Kläger und damit entsprechenden Beaufsichtigung befugten Mitarbeiter eine im ganzen plötzlich ins Ungünstige abweichende Wertung seiner Tätigkeit zu erkennen gegeben hätten. Das Landesarbeitsgericht hat dem entsprechenden Vortrag der Beklagten deshalb keine Bedeutung beigemessen, weil sie nicht dargelegt habe, in welcher Hinsicht die bei ihr beschäftigten Personen entgegen der vom Kläger vorgetragenen Kompetenz der Lohnausgleichskasse dennoch fachkundig, weisungsbefugt und daher beurteilungsberechtigt hinsichtlich der Leistungen des Klägers gewesen wären, so daß der Leistungsbericht als ungeeignet zur sachgemäßen Beurteilung des Klägers und damit im Ergebnis als schwer fürsorgepflichtwidrig betrachtet werden müsse.

In Wahrheit kommt es demgegenüber für die Entscheidung über den Anspruch des Klägers nur darauf an, ob der Leistungsbericht sich im Rahmen der Fürsorgepflicht der Beklagten hält. Das kann aber nur dann entschieden werden, wenn feststeht, ob im Leistungsbericht tatsächliche Unrichtigkeiten enthalten sind, und wenn weiter feststeht, ob und welche Bewertungen unter Überschreitung der Grenzen des pflichtgemäßen Ermessens seitens der Abteilung für Finanzen des zuständigen Bezirksamts zum Nachteil des Klägers erfolgt sind. Da das Berufungsurteil Feststellungen hierüber nicht enthält, ist es aufzuheben und die Sache zur erneuten Verhandlung und Entscheidung an das Berufungsgericht zurückzuverweisen.

Das Landesarbeitsgericht wird hinsichtlich der vorgenannten Gesichtspunkte unter Berücksichtigung der beiderseitigen Behauptungen und Beweisanträge, wobei die gerichtliche Aufklärungs- und Fragepflicht (§ 139 ZPO) zu beachten ist, entsprechende Feststellungen treffen müssen. Dabei wird es weiter die Überlegung anstellen müssen, ob dem Kläger anheimzugeben ist, seinen Klageantrag sachdienlicherweise dahin zu präzisieren, daß er — evtl. hilfweise — auch auf Berichtigung des Leistungsberichts klagt, ferner, ob er den Zusatz, auch alle übrigen sich auf den Dienstleistungsbericht beziehenden Vorgänge aus den Personalakten zu entfernen, in dieser Form und in diesem Umfang aufrechterhalten will. Insoweit bedarf es ebenfalls der Feststellung, ob und inwieweit es die Fürsorgepflicht der Beklagten gebietet, auch diese Vorgänge aus den Personalakten zu entfernen.

42

1. Der Tarifvertrag betr. das Kindergeld vom 6. August 1953 geht dem § 32 BMT-G als Sonderregelung vor.

2. Auf Ansprüche aus dem Kindergeldtarifvertrag vom 6. August 1953 ist § 58 BMT-G (Ausschlußfrist) nicht anzuwenden.

BMT-G §§ 32, 58; ATO § 12; TO.B § 6; Tarifvertrag über das Kindergeld (Kinderzuschlag) vom 6. August 1953; TVG § 4 Abs. 4.

IV. Senat. Urteil vom 4. 3. 1959 i. S. O. (Kl.) w. H. L. (Bekl.)
4 AZR 50/56.

I. Arbeitsgericht Lübeck. — II. Landesarbeitsgericht Kiel.

Der Kläger ist Straßenbahnschaffner bei den Stadtwerken der Beklagten. Er hat neben zwei anderen Kindern ein Stiefkind, für das er bis zum 1. Juli 1949 Kindergeldzuschlag erhielt. Als für das Stiefkind dann eine Waisenrente gezahlt wurde, stellte die Beklagte die Zahlung des Kindergeldzuschlags ein.

Es besteht unter den Parteien kein Streit, daß dem Kläger für dieses Stiefkind seit dem 1. Januar 1953 trotz der den Betrag von 40,– DM nicht erreichenden Waisenrente wieder Kindergeldzuschlag auf Grund des Tarifvertrages über das Kindergeld vom 6. August 1953, abgeschlossen zwischen der Bundesrepublik Deutschland, der Tarifgemeinschaft deutscher Länder, der Vereinigung der kommunalen Arbeitgeberverbände einerseits und der Gewerkschaft ÖTV andererseits und in seinen wesentlichen Teilen rückwirkend am 1. Januar 1953 in Kraft getreten, zustand. Der Kläger hatte die Zahlung dieses Kindergeldzuschlages erstmals mit Schreiben vom 27. Januar 1955 bei der Beklagten beantragt, und zwar auch für die zurückliegende Zeit ab 1. Januar 1953. Die Beklagte zahlte jedoch den Kindergeldzuschlag lediglich für die Zeit ab 1. Oktober 1954. Für die weiter zurückliegende Zeit verweigerte sie die Nachzahlung unter Berufung auf die Ausschlußklausel des § 58 Bundesmanteltarifvertrag für Arbeiter gemeindlicher Verwaltungen und Betriebe (BMT-G) vom 22. Mai 1953.

Der Kläger ist der Ansicht, sein Anspruch auf Kindergeld für das Stiefkind unterliege nicht dieser Ausschlußklausel, weil der BMT-G auf seinen Anspruch überhaupt keine Anwendung finde. Er hat daher Klage erhoben mit dem Antrage, die Beklagte zu verurteilen, an ihn für die Zeit vom 1. Januar 1953 bis zum 30. September 1954 monatlich 30,– DM Kindergeldzuschlag, insgesamt 630,– DM zu zahlen.

Das Arbeitsgericht hat die Klage abgewiesen; das Landesarbeitsgericht hat die Beklagte zur Zahlung von 330,– DM für die Zeit vom 1. Januar 1953 bis 30. November 1953 verurteilt; im übrigen wurde die Klage abgewiesen.

Die Revision der Beklagten ist zurückgewiesen worden. Die Revision des Klägers hatte dagegen Erfolg.

Aus den Gründen:

I. Die Revision der Beklagten ist unbegründet.

Zu Recht hat das angefochtene Urteil ausgeführt, daß der Bundesmanteltarifvertrag für Arbeiter gemeindlicher Verwaltungen und Betriebe (BMT-G) vom 22. Mai 1953, in Kraft getreten erst am 1. Dezember 1953 (vgl. § 64, Satz 1 BMT-G in der Fassung des Zusatztarifvertrags zum BMT-G vom 29. September 1953), auf das Arbeitsverhältnis der Parteien für die Zeit vor dem 1. Dezember 1953 nicht anzuwenden ist. Vielmehr wurde das Arbeitsverhältnis der Parteien erst mit dem Wirksamkeitsbeginn, d. h. mit dem Inkrafttreten des BMT-G am 1. Dezember 1953, von diesem ergriffen. Der Anspruch des Klägers auf Kindergeld für die Zeit vom 1. Januar 1953 bis zum 30. November 1953 einschließlich unterliegt daher auf keinen Fall dem BMT-G. Infolgedessen kann schon aus diesem Grunde auf den Kindergeldanspruch für den genannten Zeitraum § 58 BMT-G (Ausschlußfrist für die Geltendmachung von Ansprüchen) keine Anwendung finden. Der Kindergeldanspruch für die Zeit vom 1. Januar 1953 bis zum 30. November 1953 beruht vielmehr, wie das angefochtene Urteil zutreffend ausgeführt hat, auf dem Kindergeldtarifvertrag vom 6. August 1953, rückwirkend in Kraft getreten in seinen wesentlichen Teilen am 1. Januar 1953, im übrigen schon am 1. August 1952 (vgl. § 5 Abs. 1), in Verbindung mit dem Kindergeldtarifvertrag vom 3. November 1952 (vgl. § 1 d; § 4).

Der Kindergeldanspruch ist auch nicht verwirkt. Gemäß § 4 Abs. 4 TVG ist die Verwirkung von tariflichen Rechten ausgeschlossen. Es kann hier dahingestellt bleiben, ob diese Bestimmung auch auf Tarifordnungen oder nur auf Tarifverträge anzuwenden ist; denn wenn auch die vorgenannten Kindergeldtarife an §§ 12 ATO, 6 TO.B anknüpfen und diese Bestimmungen nicht völlig beseitigen, so ist der Kindergeldanspruch des Klägers hier doch nach Grund und Höhe durch die Tarifverträge wesentlich gestaltet worden; letztere bilden in Wahrheit die maßgebende Anspruchsgrundlage für das Kindergeld, das der Kläger für sein Stiefkind zu erhalten hat. Eine Verwirkung dieser tarifvertraglichen Rechte ist ausgeschlossen. Ausschlußfristen für die Geltendmachung dieser tariflichen Rechte enthalten die genannten Kindergeldtarifverträge nicht.

Von einem Verhalten des Klägers, das mit Rücksicht auf sein früheres Verhalten schlechthin gegen Treu und Glauben verstoßen und damit den Einwand der sogenannten allgemeinen oder gegenwärtigen Arglist mit Bezug auf die Geltendmachung des Kindergeldanspruchs begründen würde, kann keine Rede sein. Es fehlt dafür an jeglichem Sachvortrag der Beklagten. Auf den Zeitablauf und auch auf die relativ späte Geltendmachung kommt es nicht an; für ein gröblich unanständiges Verhalten des Klägers ist aber nichts ersichtlich (vgl. hierzu Hueck-Nipperdey-Tophoven, TVG, 3. Aufl., § 4, Anm. 63).

Mit Recht hat daher das angefochtene Urteil dem Kläger das Kindergeld für die elf ersten Monate des Jahres 1953 zugesprochen.

II. Hingegen ist die Revision des Klägers begründet.

Zu Unrecht nimmt nämlich das angefochtene Urteil an, der Kindergeldanspruch sei ab 1. Dezember 1953 nach den Vorschriften des an diesem Tag in Kraft getretenen und nunmehr auf das Arbeitsverhältnis der Parteien anzuwendenden BMT-G zu beurteilen und unterliege daher auch der Ausschlußfrist des § 58 dortselbst. Zwar ist es richtig, daß der BMT-G seit dem 1. Dezember 1953 auch auf das Arbeitsverhältnis der Parteien anzuwenden ist; es ist auch richtig, daß § 58 BMT-G bestimmt, daß „Ansprüche aus diesem Tarifvertrag und den Sondervereinbarungen innerhalb einer Ausschlußfrist von drei Monaten nach Entstehen des Anspruchs geltend gemacht werden müssen". Der Kindergeldanspruch des Klägers beruht aber gar nicht auf dem BMT-G, sondern auch für die Zeit nach dem 1. Dezember 1953 bis zum 30. September 1954 weiterhin auf dem speziellen, vom BMT-G unberührt gelassenen Kindergeldtarifvertrag vom 6. August 1953. Ansprüche aus letzterem sind weder Ansprüche „aus diesem Tarifvertrag", nämlich dem BMT-G, noch aus „den Sondervereinbarungen", die abschließend in § 2 BMT-G aufgezählt sind und unter die der genannte Kindergeldtarif nicht fällt.

An dieser Rechtslage ändert nichts die Bestimmung des § 32 BMT-G, wonach neben dem Lohn Kindergeld unter sinngemäßer Anwendung der für die Beamten jeweils geltenden Vorschriften gezahlt wird. Die Höhe des Kindergeldes wird hiernach im Bundeslohntarif geregelt. Im übrigen können bezirklich abweichende Regelungen für das Kindergeld vereinbart, bestehende Regelungen beibehalten werden. Der Kindergeldanspruch des Klägers richtet sich aber nicht nach § 32 BMT-G — etwaige Bezirksregelungen bestehen nicht —, obwohl auch § 32 BMT-G wie der gesamte Tarif auf das Arbeitsverhältnis der Parteien seit dem 1. Dezember 1953 anzuwenden ist. Denn der Kindergeldtarifvertrag vom 6. August 1953 geht als die speziellere Regelung dem § 32 BMT-G vor. Letztere Vorschrift enthält zwar eine Grundsatzregelung des Kindergeldes für Arbeiter der Gemeinden. Gleichwohl haben die Tarifvertragspartner trotz Abschluß des BMT-G weiterhin die Kindergeldansprüche auch ihrer unter den BMT-G fallenden Arbeiter bis in das Jahr 1958 hinein in besonderen, sich an §§ 12 ATO, 6 TO.B anschließenden Tarifverträgen nach Grund und Höhe eingehend und jeweils abschließend geregelt. Diese Tarifverträge — vgl. Tarifvertrag vom 3. November 1952, vom 6. August 1953, vom 28. Dezember 1954 und vom 21. Dezember 1955 — wurden jeweils nicht nur zwischen den Tarifpartnern des BMT-G geschlossen, sondern auf Arbeitgeberseite waren weiter die Bundesrepublik und die Tarifgemeinschaft deutscher Länder beteiligt. Dieses Tarifwerk hatte den Zweck, die Materie des Kindergeldes für Arbeiter des Bundes, der Länder und der Gemeinden einheitlich zu regeln. Die Kindergeldansprüche auch der unter den

BMT-G fallenden Arbeiter sind für die Dauer der Geltung der genannten Tarife ausschließlich nach diesen und nicht nach § 32 BMT-G zu beurteilen, was z. B. in den Kindergeldtarifen vom 28. Dezember 1954 (vgl. § 3) und vom 21. Dezember 1955 (vgl. § 5) ausdrücklich hervorgehoben wird. So haben denn die Tarifpartner des BMT-G trotz § 63 dortselbst für das Kindergeld zunächst noch an der ATO bzw. TO.B festgehalten und angeknüpft, weil es den Beteiligten offensichtlich zunächst noch darauf ankam, weiterhin die besondere Materie des Kindergeldes für sämtliche Arbeiter des öffentlichen Dienstes einheitlich zu regeln, wofür im übrigen auch das Fehlen einer Regelung der Höhe des Kindergeldes in einem Bundeslohntarif (vgl. § 32 Satz 2 BMT-G) spricht. Soweit ersichtlich sind erstmals am 28. Juli 1958 die Tarifvertragsparteien des BMT-G dazu übergegangen, in einem besonderen Tarif das Kindergeld für die gemeindlichen, unter den BMT-G fallenden Arbeiter im Anschluß an § 32 BMT-G zu regeln.

Nach allem haben damit die Tarifpartner des BMT-G zu erkennen gegeben, daß sie jedenfalls für die hier in Frage stehende Zeit an der einheitlichen Kindergeldregelung für so gut wie alle Arbeiter des öffentlichen Dienstes in besonderen, gegenüber dem BMT-G innerlich und äußerlich selbständigen die Ansprüche nach Grund und Höhe regelnden Tarifverträgen festgehalten und auf die Anwendung des § 32 BMT-G insoweit keinen Wert gelegt haben. § 32 BMT-G hat den Kindergeldtarifvertrag vom 6. August 1953 unberührt gelassen.

Die für die hier in Frage kommende Zeit gültig gewesenen Kindergeldtarife sind also keine Ergänzungen zu § 32 BMT-G, sondern gehen nach dem Spezialitätsprinzip diesem vor. Sie regeln die besondere Materie des Kindergeldes für sich, während der BMT-G sich hiermit lediglich allgemein und im Rahmen eines größeren Manteltarifs befaßt. Die Kindergeldtarife aus 1953 bis 1955 haben den Vorrang vor § 32 BMT-G, weil sie als speziellere Normen das Kindergeld der Arbeiter in besonderer Weise selbständig und eingehend ordnen. Daher geht hier der Tarifvertrag vom 6. August 1953 dem § 32 BMT-G als Sonderregelung (lex specialis) vor.

43

1. § 618 BGB läßt sich nicht, auch nicht analog, auf den Schutz des Arbeitnehmereigentums ausdehnen, das der Arbeitnehmer im Zusammenhang mit der Verwirklichung seiner Arbeit in den Betrieb einbringt.

2. Ob der Arbeitgeber auf Grund seiner allgemeinen Fürsorgepflicht gehalten ist, Einrichtungen zum Schutze eingebrachter Motorroller seiner Belegschaftsmitglieder zu schaffen, hängt von den Gegebenheiten des Einzelfalles, insbesondere von der Platz-, Kosten- und Dringlichkeitsfrage, ab.

3. Aus der allgemeinen Fürsorgepflicht folgt im gegebenen Falle eine verbietende Fürsorgepflicht. Der Arbeitgeber muß also die Benutzung von Räumlichkeiten des Betriebes für die Unterstellung von Arbeitnehmereigentum verbieten, das üblicherweise und als arbeitsfördernd eingebracht wird, wenn die betreffenden Räumlichkeiten eine Gefahr für das eingebrachte Eigentum mit sich bringen.

4. Aus § 619 BGB läßt sich ein Verbot des vorherigen Haftungsausschlusses hinsichtlich einer Fürsorgepflicht des Arbeitgebers zum Schutz von eingebrachten Sachen des Arbeitnehmers nicht entnehmen.

5. Ein vorheriger Haftungsausschluß für grobe Fahrlässigkeit des Arbeitgebers ist für das Arbeitsverhältnis nicht zulässig.

6. Eine Betriebvereinbarung kann, jedenfalls grundsätzlich, keine Regelung zum Inhalt haben, die ausschließlich in einem Haftungsausschluß zugunsten des Arbeitgebers besteht.

BGB § 618; § 611 Fürsorgepflicht; §§ 619, 276;
Betriebsverfassungsgesetz §§ 49, 42, 56.

II. Senat. Urteil vom 5. 3. 1959 i. S. D. L. AG (Bekl.) w. D. (Kl.)
2 AZR 268/56.

I. Arbeitsgericht Gelsenkirchen. — II. Landesarbeitsgericht Hamm/Westf.

Die Beklagte ist eine Aktiengesellschaft in G. Sie beschäftigt etwa 2000 Arbeitnehmer. Bei ihr ist der Kläger seit längerem als Naßschleifer beschäftigt. Er wohnt in G., etwa 2½ bis 3 km von der Fabrik entfernt. Für den Weg von der Wohnung zur Fabrik und zurück benutzt er einen Motorroller. Etwa 70 bis 80 andere Belegschaftsmitglieder benutzen ebenfalls Krafträder, 500 bis 700 Beschäftigte Fahrräder. Zwei Fahrradschuppen auf dem Gelände der Beklagten dienen der Unterbringung der Fahrräder. Für die Motorfahrzeuge der Belegschaft ist eine besondere Halle nicht vorhanden. Das Betriebsgelände ist eng, die Produktion hat sich ausgeweitet. Die Beklagte hat bereits einen Nebenbetrieb nach Wesel gelegt. Trotz der Raumknappheit hat die Beklagte seit 1955 die Errichtung eines Unterstellraums für die Motorräder und -roller ihrer Belegschaftsmitglieder geplant. Seine Baukosten sind auf 100 000,— DM veranschlagt worden. Mit dem Bau ist jedoch noch nicht begonnen worden. Für die Zwischenzeit duldete die Beklagte die Unterstellung der

Motorfahrzeuge ihrer Arbeitnehmer in der 40 ×100 m großen Versandhalle ihres Werkes. In dieser Versandhalle, in der sich ein Bahnanschlußgleis und eine Verladerampe mit Kraneinrichtung zum Beladen von Lastwagen befindet, werden Kisten mit Glas bereitgestellt und auf Lastwagen und Eisenbahnwaggons verladen.

Folgenden vom Betriebsratsvorsitzenden L. mitunterzeichneten Aushang gab die Beklagte am 23. Mai 1955 bekannt:

„Aushang!

Aus gegebenem Anlaß wird darauf hingewiesen, daß die Unterbringung von Motorrädern innerhalb des Betriebes nur als Notlösung und auf Widerruf gestattet werden kann. Die Firma übernimmt keinerlei Haftung für auftretende Schäden. Umgekehrt trifft aber den Fahrzeugbesitzer die volle Verantwortung für etwa auftretende Schäden innerhalb des Betriebes. Aus diesem Anlaß muß verboten werden, daß Krafträder innerhalb der Gebäude mit laufendem Motor gefahren werden. Fahrzeugbesitzer, die innerhalb der Gebäude mit laufendem Motor angetroffen werden, müssen einer Strafe gewärtig sein.

Der Betriebrat: gez. L. Die Direktion: gez. J., gez. M."

Während auf Grund dieses Aushangs einige Arbeiter ihre Motorräder nunmehr draußen im Freien abstellten, stellte der Kläger wie eine Reihe anderer Mitarbeiter sein Kraftrad weiterhin in der Versandhalle unter. Dort wurde am 10. September 1955 der Motorroller durch Umkippen einer schmalen, hohen Versandkiste beschädigt. Die erforderlichen Reparaturkosten belaufen sich auf 113,40 DM.

Der Klage auf Zahlung dieses Betrages, die der Kläger damit begründet, daß die Beklagte verabsäumt habe, für ordnungsmäßige und ungefährdete Abstellmöglichkeiten zu sorgen, hat das Arbeitsgericht stattgegeben. Die Berufung der Beklagten hat das Landesarbeitsgericht zurückgewiesen.

Die Revision der Beklagten führte zur Aufhebung und Zurückverweisung.

Aus den Gründen:

I. 1. Aus der Reichsgaragenordnung (RGaO) vom 17. Februar 1939 (RGBl. I, 219) läßt sich eine Verpflichtung der Beklagten, ihren Arbeitnehmern für deren Motorfahrzeuge einen geeigneten Abstellraum zu schaffen, nicht herleiten. § 2 Abs. 1 und 2 RGaO legt nur demjenigen Betriebsinhaber eine Pflicht zur Schaffung von Einstellplätzen für die Motorfahrzeuge seiner Belegschaft auf, der Neubauten oder wertsteigernde Um- und Erweiterungsbauten vornimmt. Dieserhalb hat der Kläger nichts vorgetragen. Auch eine gemäß § 2 Abs. 3 RGaO dem Beklagten eine solche Verpflichtung auferlegende örtliche Baupolizeiverordnung oder Ortssatzung ist, wie aus dem Vortrag der Parteien zu entnehmen ist, nicht ergangen. Es kann daher unerörtert bleiben, ob die in Rede stehenden Vorschriften der RGaO, die ihrer Fassung und ihrem Zweck nach öffentlich-rechtlicher Natur sind, und eine Baupolizeiverordnung oder Ortssatzung der fraglichen Art den zivilrechtlichen Anspruch des Klägers überhaupt zu stützen vermögen.

2. Auch aus § 618 BGB ergibt sich keine derartige Verpflichtung der Beklagten. § 618 BGB macht dem Arbeitgeber zur Pflicht, Räume, Vorrichtungen und Gerätschaften, die er für die Arbeitsleistung des Arbeitnehmers zu beschaffen hat, so einzurichten und zu unterhalten, daß der Arbeitnehmer gegen Gefahr für Leben und Gesundheit soweit geschützt ist, als die Natur der Dienstleistung es gestattet. Diese dem Leben und der Gesundheit des Arbeitnehmers dienende Bestimmung läßt sich nicht auf den Schutz des Arbeitnehmereigentums ausdehnen, das der Arbeitnehmer im Zusammenhang mit der Verwirklichung seiner Arbeit einbringt. Eine analoge Anwendung oder ein Schluß von der gewichtigeren Regelung auf die weniger gewichtigere verbietet sich schon deswegen, weil Leben und Gesundheit gegenüber dem Eigentum erheblich höherwertig sind. Sollen die ersteren Rechtsgüter geschützt werden, ist noch nicht gesagt, daß auch das letztere sinngemäß an diesem Schutz teilnimmt.

3. Wohl aber kann sich aus der allgemeinen Fürsorgepflicht des Arbeitgebers seine Verpflichtung ergeben, für eingebrachte Sachen seines Arbeitnehmers zu sorgen. Auf Grund seiner allgemeinen Fürsorgepflicht kann der Arbeitgeber verpflichtet sein, entweder Einrichtungen zum Schutze des eingebrachten Arbeitnehmereigentums zu schaffen oder doch wenigstens durch Verbotsmaßnahmen die Arbeitnehmer vor einer Gefährdung zu bewahren.

Das Landesarbeitsgericht hat angenommen, daß die Beklagte zum Bau einer Unterstellhalle für die Motorräder und -roller ihrer Belegschaft verpflichtet gewesen sei. Im Zeitalter zunehmender Motorisierung sei die Benutzung eines eigenen Motorrades oder Motorrollers durch den Arbeitnehmer als arbeitsfördernd und zweckdienlich anzusehen. Jedenfalls im rheinisch-westfälischen Industriegebiet seien Motorroller und Motorräder zum landläufigen Verkehrsmittel der arbeitenden Bevölkerung geworden. Die Beklagte habe daher ihre Arbeitnehmer nicht auf die Benutzung öffentlicher Verkehrsmittel verweisen können. Das Landesarbeitsgericht hat festgestellt, daß die Versandhalle, in der mit Duldung der Beklagten verschiedene Belegschaftsmitglieder der Beklagten ihre Motorräder und -roller abstellten, zum Unterstellen von Motorrädern und Motorrollern ungeeignet ist. Die Beklagte hätte deshalb, so führt das Landesarbeitsgericht aus, für die Motorräder und -roller ihrer Belegschaftsmitglieder einen geeigneten Unterstellraum zur Verfügung stellen müssen.

Diese Ausführungen des Urteils reichen nicht aus, um eine solche Verpflichtung der Beklagten aus der allgemeinen Fürsorgepflicht des Arbeitgebers abzuleiten. Mit den vom Landesarbeitsgericht angestellten Erwägungen müßte schlechthin jeder im rheinisch-westfälischen Industriegebiet gelegene Betrieb seinen Arbeitnehmern Abstellmöglichkeiten für ihre Motorräder schaffen.

In dieser Verallgemeinerung geht das nicht an. Es ist vielmehr stets auf die besonderen Gegebenheiten des Einzelfalles abzustellen (vgl. Nipperdey-Mohnen-Neumann in Staudinger, 11. Aufl., § 618 Anm. 35; Denecke, BB 50, 27; Endemann, AR-Blattei D, Haftung des Arbeitgebers, II C; Bulla, RdA 50, 88). Zwar ist die Benutzung von Motorrollern und sonstigen Krafträdern jedenfalls bei den von ihrer Arbeitsstätte weiter entfernt wohnenden Arbeitnehmern heute weitgehend üblich, und das Landesarbeitsgericht stellt das für die Verhältnisse des Ruhrgebiets ausdrücklich fest. Auch kann der Arbeitgeber selbst von der Benutzung des Motorrollers durch den von der Betriebsstätte weiter entfernt wohnenden Arbeitnehmer ohne weiteres Vorteil haben, weil der Arbeitnehmer wegen der Zeitersparnis, die er für seinen Weg von und zur Arbeitsstätte erzielt, arbeitsfreudiger und, im Hinblick auf den Hinweg, ausgeruhter sein kann. Wenn eine große Verkehrsdichte gegeben sein sollte, ist das eine Erscheinung, an die die Verkehrsteilnehmer durchweg gewöhnt sind. In Abwägung der Lage des Arbeitgebers gegenüber jenen, jedenfalls in ihrer Gesamtheit für eine Verpflichtung des Arbeitgebers sprechenden Umständen, positiv Einrichtungen für die Unterbringung der Roller bereitzustellen, kann jedoch der Grundsatz von Treu und Glauben dazu führen, doch eine solche Verpflichtung zu verneinen. Bei der Vielgestaltigkeit der auf Arbeitnehmer- und Arbeitgeberseite eine Rolle spielenden Umstände und der großen Zahl der in Betracht kommenden Möglichkeiten scheidet die Annahme einer Typizität aus. Es muß zunächst einmal Platz für die Unterbringung der Fahrzeuge auf dem Betriebsgelände — unter Berücksichtigung etwaiger Erweiterungsmöglichkeiten durch Erwerb von Nachbargelände — vorhanden sein. Ferner kommt es auf die finanziellen Möglichkeiten des Arbeitgebers an. So geht es sicherlich zu weit, von einem finanziell schwachen Arbeitgeber den Bau einer Unterstellhalle für die Krafträder seiner Belegschaft zu fordern, wenn durch einen solchen Bau die Gefahr des Ruins und damit des Verlustes des Arbeitsplatzes für alle Arbeitnehmer heraufbeschworen würde oder der Arbeitgeber auch nur unverhältnismäßig hoch belastet werden sollte. Auch muß die Zahl der Arbeitnehmer bedacht werden, die zur Hin- und Rückfahrt das Motorrad oder den Motorroller benutzen. Sind es sehr wenig, so wird dem Arbeitgeber der Aufwand an Kosten schwerer zuzumuten sein als bei einer größeren Anzahl. Sind es wiederum sehr viele, so kann der Bau einer für alle ausreichenden Halle die wirtschaftlich vertretbare Grenze überschreiten. Möglicherweise wird der Arbeitgeber bei einer zu großen Anzahl berechtigt sein — so wie das etwa die Schulen tun —, das Mitbringen von Fahrzeugen nur denjenigen zu gestatten, die in einem bestimmten Mindestabstand wohnen oder die öffentlichen Verkehrsmittel nicht oder nur mit größeren Schwierigkeiten benutzen können. Nicht zuletzt sind die verkehrsmäßige Lage des Betriebes sowie die Dringlichkeit des Bedürfnisses zu beachten. Die Dringlichkeit wird etwa zu verneinen sein, wenn sich in unmittelbarer Nähe des Betriebes ein geeigneter, den Arbeitnehmern zugänglicher und durchweg für ihre Erfordernisse freier Parkplatz befindet.

Das Klagevorbringen wie auch das angefochtene Urteil lassen ein Eingehen auf die hiernach erforderlichen Einzelumstände vermissen. Angesichts der unstreitigen Raumknappheit der Beklagten hätten der Kläger vortragen und das Landesarbeitsgericht feststellen müssen, daß auf dem Fabrikgelände der Beklagten überhaupt eine Möglichkeit bestand, einen Einstellraum für Motorroller zu bauen. Der Hinweis auf den Plan der Beklagten genügte nicht. Es hätte dann schon vom Kläger dargetan und vom Landesarbeitsgericht geprüft werden müssen, ob sich dieser Plan auch verwirklichen ließ. Insbesondere hätte ferner die Finanzierungsfrage, gegebenenfalls auch unter dem Gesichtspunkt des Erwerbs von Nachbargrundstücken, angeschnitten und geprüft werden müssen. Mit dem Hinweis auf die Rechtsnatur der Beklagten als einer Aktiengesellschaft und auf die Anzahl ihrer Belegschaftsmitglieder war es nicht getan. Auch mußte geklärt werden, ob die eine Einrichtung von Einstellmöglichkeiten zur Pflicht machenden Umstände bereits so lange Zeit vor der Beschädigung des Motorrollers stets und ständig vorlagen, daß zu diesem Zeitpunkt die betreffenden Räume oder Plätze vorhanden sein mußten.

4. Kann somit die Verpflichtung der Beklagten, eine Unterstellhalle für Motorfahrzeuge zu schaffen, jedenfalls nicht ohne weiteres bejaht werden, so ist doch nach dem festgestellten Sachverhalt eine verbietende Fürsorgepflicht der Beklagten zu bejahen. Nach den Feststellungen des

Landesarbeitsgerichts war die Versandhalle zum Unterstellen von Motorrädern ungeeignet. Mit Beschädigungen der dort untergestellten Motorroller war zu rechnen. Es wurde bereits betont, daß die Benutzung dieser Verkehrsmittel für den Weg zur und von der Arbeitsstätte für die hiervon entfernter wohnenden Arbeitnehmer heute weitgehend üblich ist. Daß deren Benutzung in diesen Fällen ohne weiteres arbeitsförderlich und -dienlich sein kann, wurde ebenfalls schon gesagt; daß sie es im Falle des Klägers war, hat das Landesarbeitsgericht ausdrücklich festgestellt. Die Beklagte hätte also jedenfalls bei dem Komplex dieser Umstände im Interesse der Arbeitnehmer, nämlich um sie vor Schaden zu bewahren — im übrigen aber auch im eigenen Interesse und im Interesse des Betriebsfriedens, nämlich um Streit und Prozesse zu vermeiden —, in der Versandhalle das Unterstellen der Motorroller nicht dulden dürfen, sondern hätte sie für derartige Benutzung sperren müssen.

5. Ob daneben noch eine gleiche Verpflichtung der Beklagten unter dem Gesichtspunkt der Schadenszufügung aus unerlaubter Handlung besteht, konnte der Senat offen lassen, da hier kein Anspruch auf Schmerzensgeld vorliegt und im übrigen der Anspruch aus unerlaubter Handlung zu keinem anderen Ergebnis als dem aus dem Arbeitsvertrag abgeleiteten führen würde. Das gilt auch, wie anschließend noch gezeigt wird, soweit in diesem Zusammenhang in verschiedener Hinsicht Fragen eines Haftungsausschlusses in Rede stehen.

II. Ein Haftungsausschluß ist — entgegen Staudinger-Nipperdey-Mohnen (§ 618 BGB, Anm. 35, 3. Absatz, letzter Satz) — nicht von vornherein als rechtlich unzulässig abzulehnen. Das in § 619 BGB enthaltene Verbot des vorherigen Haftungsausschlusses bezieht sich nur auf Ansprüche aus § 618 BGB. Bei der Verpflichtung der Beklagten, ob sie nun auf die Errichtung einer Unterstellhalle oder nur auf Sperrung der Versandhalle für Motorräder und -roller geht, handelt es sich, wie schon oben dargelegt, nicht um eine aus § 618 BGB, sondern aus der allgemeinen Fürsorgepflicht des Arbeitgebers hergeleitete Pflicht. Die Begründung, die § 618 BGB als Anspruchsgrundlage entfallen läßt, verbietet auch eine analoge Anwendung des in § 619 BGB zum Schutze von Leben und Gesundheit aufgestellten Verbots des Haftungsausschlusses auf eine Verpflichtung, die zum Schutz geringwertiger Rechtsgüter besteht.

Wenn hiernach auch das in § 619 BGB enthaltene Verbot eines Haftungsausschlusses nicht zum Zuge kommt, so wäre aber doch ein vorheriger Haftungsausschluß für grobe Fahrlässigkeit unzulässig. Denn ein solcher Haftungsausschluß würde zu einer Abwertung der Sorgepflicht des Arbeitgebers zu Lasten des Arbeitnehmers führen, die mit den Grundsätzen der Fürsorgepflicht des Arbeitgebers im Arbeitsverhältnis nicht zu vereinbaren wäre (vgl. Bulla, AP 1950 zu Nr. 92). Die personale Struktur des Arbeitsverhältnisses würde mit der Anerkennung eines Haftungsausschlusses für grobe Fahrlässigkeit des Arbeitgebers entschieden getroffen, letztlich liefe ein derartiger Ausschluß auf eine gewisse Abwertung der Menschenwürde des Arbeitnehmers hinaus. Das Verbot des Haftungsausschlusses für grobe Fahrlässigkeit gilt dabei in gleicher Weise für den auf Vertrag wie für den auf unerlaubte Handlung gestützten Anspruch. Denn der vertragsmäßige Ausschluß der Haftung aus unerlaubter Handlung ist da nicht für zulässig zu erachten, wo er nach der Rechtsordnung für den sich aus demselben Tatbestand ergebenden Vertragsanspruch untersagt ist (vgl. RGR Komm. BGB, 10. Aufl., Vorbem. §§ 823 ff., Anm. 4 b).

Daß in dem hier möglichen rechtlichen Umfange die Haftung der Beklagten tatsächlich ausgeschlossen werden konnte und auch ausgeschlossen worden ist, erscheint nach dem gegebenen Sachverhalt nicht von vornherein unmöglich; es wird sich das erst auf Grund weiterer tatsächlicher Feststellungen, insbesondere einschließlich solcher, die Näheres zum Grade der Fahrlässigkeit ergeben, beurteilen lassen. Dabei kann das Ergebnis verschieden sein, je nachdem, ob die Beklagte positiv zur Schaffung von Einstellungsmöglichkeiten verpflichtet war oder ob sich ihre Verpflichtung auf die verbietende Maßnahme beschränkte. Das Landesarbeitsgericht hat also auch in dieser Richtung das Erforderliche zu veranlassen. Der Umstand, daß das gegenwärtige Vorbringen des Klägers nicht genügt, um eine Verpflichtung der Beklagten zur Erstellung einer Unterstellhalle für Motorroller der Belegschaft zu begründen, führt keineswegs ohne weiteres wegen diesbezüglicher Unsubstantiiertheit der Klage zur Verneinung der positiven Fürsorgepflicht. Denn das Landesarbeitsgericht hat die Möglichkeit und die Verpflichtung, gemäß § 139 ZPO dem Kläger Gelegenheit zur Ergänzung seines Klagevorbringens zu geben.

1. Allerdings war ein Haftungsausschluß, wie das Landesarbeitsgericht zutreffend entschieden hat, nicht durch einseitige Erklärung der Beklagten möglich. Auf diese Weise kann man sich nicht von Ansprüchen lossagen, die dem Geschädigten kraft Vertrages oder nach dem Recht der unerlaubten Handlungen zustehen.

2. Auch durch die Mitunterzeichnung des Aushangs durch den Betriebsratsvorsitzenden L. ist es nicht zu einem wirksamen Haftungsausschluß gekommen.

Das Landesarbeitsgericht hat diese Frage mit der Begründung verneint, daß es hier an einer wirksam zustande gekommenen Betriebsvereinbarung fehle, indem es feststellt, daß vor der Unterzeichnung des Aushangs durch L. keine einschlägige Beschlußfassung des Betriebsrats stattgefunden hatte. Jedenfalls dann, wenn man der Ansicht beipflichtet, daß der Betriebsrat durch entsprechenden Beschluß allgemein seinem Vorsitzenden für Fälle der vorliegenden Art die Entscheidungsbefugnis übertragen könne (vgl. AP Nr. 1 zu § 14 AZO; allerdings mit insoweit ablehnender Anm. von Denecke, ferner Herschel, RdA 59, 81 ff.), müßte immerhin doch geprüft werden, ob eine solche Übertragung erfolgt ist oder nicht.

Aber auch wenn dem Aushang eine der Form nach wirksam zustande gekommene Betriebsvereinbarung zugrunde liegen sollte, vermag das nicht zu einem Haftungsausschluß oder zu einer Haftungsbeschränkung zu führen.

Zwar hat gemäß § 56 Abs. 1 f BetrVG der Betriebsrat ein Mitbestimmungsrecht in Fragen der Ordnung des Betriebes, und zu dieser Ordnung kann auch eine betriebsvereinbarungsmäßig getroffene Regelung gehören, wie das Unterstellen von Belegschaftsfahrzeugen erfolgen soll (vgl. Fitting-Kraegeloh, BetrVG, 4. Aufl., § 56 Anm. 37). Eine Betriebsvereinbarung kann aber nicht — wie das hier der Fall wäre — nur in einem Haftungsausschluß zugunsten des Arbeitgebers bestehen. Das ginge weit über die Aufgabe hinaus, die durch die geschichtliche Entwicklung seiner Stellung und durch das Betriebsverfassungsgesetz dem Betriebsrat als dem Repräsentanten der Belegschaft zugewiesen ist. Er soll entscheidend die Interessen der Belegschaft und ihrer Angehörigen gegenüber dem Arbeitgeber vertreten. Dem widerspricht es aber, wenn in einer Vereinbarung zwischen ihm und dem Arbeitgeber einseitig nur der letztere durch den Wegfall einer sonst nach der Rechtsordnung gegenüber den Belegschaftsangehörigen eintretenden Haftung begünstigt werden könnte. In einem solchen Falle bleibt von dem sein Wesen bestimmenden Charakter des Betriebsrats als einer Institution zur Wahrung der Arbeitnehmerbelange schlechterdings nichts übrig, der Betriebsrat überschreitet dann seine ihm von seiner Funktion her gegebene Handlungsfähigkeit. Es ist auch nicht ersichtlich, daß der Haftungsausschluß in unmittelbarem Zusammenhang mit einer sonstigen, der Belegschaft zugute kommenden Regelung stünde, wie es etwa der Fall wäre, wenn die Betriebsvereinbarung Einrichtungen und Vorkehrungen zur Sicherung der eingebrachten Arbeitnehmerfahrzeuge vorsieht, dann aber auch bestimmt, daß gegenüber demjenigen Arbeitnehmer, der von diesen Einrichtungen keinen Gebrauch macht und sein Fahrzeug anderweit ungesichert abstellt, eine Haftung des Betriebsinhabers entfällt. Eine Betriebsvereinbarung, die lediglich durch den Ausschluß einer sonst eintretenden Haftung dem Arbeitgeber zugute kommt, läßt sich schließlich nicht durch den Gedanken rechtfertigen, daß Arbeitgeber und Betriebsrat gemeinsam zum Wohle des Betriebes zusammenzuarbeiten haben. Es müßte dieserhalb wenigstens ersichtlich sein, daß der Haftungsausschluß im Interesse der sonst gefährdeten Aufrechterhaltung des Betriebes unumgänglich ist.

3. Ein Haftungsausschluß kann — immer vorausgesetzt, daß die Beklagte wegen des Schadensereignisses nur gewöhnliche Fahrlässigkeit trifft — allerdings aus anderen Gründen eingetreten sein. Wie der Kläger in der Klageschrift vortrug und die Beklagte nicht bestritt, hatte auf Grund des Anschlags ein Teil der Belegschaftsmitglieder nunmehr seine Motorräder der Witterung ausgesetzt. Die Feststellungen des Landesarbeitsgerichts lassen nicht ersehen, ob sich eine Opposition der Arbeitnehmer gegen den Anschlag gezeigt hat, auch soweit sie ihre Fahrzeuge nach wie vor in der Versandhalle unterstellten. Das Fehlen einer solchen Opposition könnte dafür sprechen, daß die Arbeitnehmer den Anschlag ohne Widerspruch hingenommen haben und mit ihm einverstanden waren. Der Ausschluß selbst würde bei der aller Erfahrung nach anzunehmenden wirtschaftlichen Betrachtungsweise der Beteiligten sich auch in jeweils gleicher Weise sowohl auf Vertragsansprüche wie auf Ansprüche aus einer etwaigen unerlaubten Handlung beziehen, da dieserhalb nun einmal keine inhaltlich besonderen Ansprüche bestehen würden. Die Feststellung des Landesarbeitsgerichts, daß ein einzelvertraglicher Ausschluß der Haftung nicht erfolgt, ja nicht einmal von der Beklagten behauptet worden ist, steht den vorstehenden Erwägungen nicht entgegen. Bei jener Feststellung handelt es sich dem Zusammenhang nach um einen ausdrücklich formulierten Ausschluß. Das Landesarbeitsgericht wird sich dann auch mit der Frage beschäftigen müssen, ob ein Haftungsausschluß der hier fraglichen Art auch gegenüber einer im weiteren Verlauf des Prozesses etwa festgestellten Verpflichtung der Beklagten zur Errichtung einer besonderen Abstellmöglichkeit durchgreift. Hier ist es immerhin denkbar, daß wegen der besonderen Vorteile einer solchen Einrichtung ein Haftungsausschluß nicht erfolgen sollte.

4. Falls kein Haftungsausschluß anzunehmen ist, wird das Landesarbeitsgericht noch zu prüfen haben, ob die Beklagte sich auf die Mitunterzeichnung des Aushangs durch den Betriebsratsvorsitzenden mit der Folge verlassen durfte, daß sie nicht fahrlässig gegen ihre Verpflichtungen verstieß, die ihr dem Kläger gegenüber oblagen. Dabei wird allerdings

wieder zu bedenken sein, daß die Beklagte die oben aufgezeigten rechtlichen Bedenken, die die Gültigkeit einer Betriebsvereinbarung ausschließen, auch wohl selbst erkennen konnte.

5. Das Landesarbeitsgericht wird sodann noch Feststellungen über das Mitverschulden des Klägers zu treffen haben. Es ist nicht angängig, die Frage des Mitverschuldens einfach mit der Erwägung abzutun, daß der Beklagten die Einbringung des Motorrollers bekannt gewesen sei. Auf diese Weise würde der Kläger für die Zeit der Einbringung seines Motorrollers jeder Sorge um sein Eigentum enthoben sein. Falls das Landesarbeitsgericht bei seinen neuerlichen Feststellungen zu dem Ergebnis kommen sollte, daß der Klaganspruch allein seine Rechtsgrundlage in einem Verstoß der Beklagten gegen ihre verbietende Fürsorgepflicht hat, so wird das Landesarbeitsgericht zu beachten haben, daß dann die Pflicht des Eigentümers, selbst für die Sicherung seines Eigentums zu sorgen, dieser Pflicht merklich vorgeht. Sollte aber das Landesarbeitsgericht zu dem Ergebnis kommen, daß auch eine positive Verpflichtung der Beklagten, eine Abstelleinrichtung zu schaffen, zu bejahen ist, so wird sich das in anderer Weise auf die Abwägung des Mitverschuldens des Klägers auswirken können. Dann wird sein Mitverschulden möglicherweise erheblich geringer sein. Bei einer Abwägung aller Umstände kann es u. a. auch eine Rolle spielen, welches Ausmaß ein etwaiges fahrlässiges Sichverlassen der Beklagten auf eine für sie günstige Wirkung der Mitunterzeichnung des Aushangs durch den Betriebsratsvorsitzenden hat.

44

1. Von Fällen der gefahrengeneigten Arbeit abgesehen, haftet ein Arbeitnehmer wegen jeder fahrlässigen Verletzung seiner Arbeitspflichten dem Arbeitgeber für den diesem entstandenen Schaden.

2. Schäden, die ein Arbeitnehmer bei gefahrengeneigter Arbeit grobfahrlässig verursacht, muß in aller Regel der Arbeitnehmer allein tragen.

3. Schäden, die ein Arbeitnehmer bei gefahrengeneigter Arbeit nicht grobfahrlässig verursacht, sind bei normaler Schuld in aller Regel zwischen Arbeitgeber und Arbeitnehmer quotal zu verteilen, wobei die Gesamtumstände von Schadensanlaß und Schadensfolgen nach Billigkeitsgrundsätzen und Zumutbarkeitsgesichtspunkten gegeneinander abzuwägen sind. Bei geringer Schuld des Arbeitnehmers wird in aller Regel der Arbeitgeber solche Schäden allein zu tragen haben.

4. Der Begriff der Fahrlässigkeit ist ein durch die Revision in vollem Umfang nachprüfbarer Rechtsbegriff. Die Revisionsinstanz kann auch nachprüfen, ob hinsichtlich des Begriffs der groben Fahrlässigkeit die Tatsacheninstanz den Begriff „grob" in dem zu entscheidenden Fall in einer vertretbaren Weise angewandt hat.

5. Die Vorschriften der §§ 812, 818 Abs. 2 BGB beanspruchen auch Geltung für arbeitsrechtliche Verhältnisse.

BGB §§ 276, 277, 812 Abs. 1, 818 Abs. 2 und Abs. 3.

II. Senat. Urteil vom 19. 3. 1959 i. S. P. (Bekl.) w. St. (Kl.)
2 AZR 402/55.

I. Arbeitsgericht Bielefeld. — II. Landesarbeitsgericht Hamm.

1. a) Der in der Zeit vom 26. Februar 1954 bis zum 25. September 1954 bei einem wöchentlichen Bruttolohn von 91,58 DM bei der Beklagten als zweiter Kraftfahrer im Güterfernverkehr tätige Kläger hatte im Mai 1954 einen von ihm geführten Lastzug der Beklagten, bestehend aus einem „Krupp"-Motorwagen und einem Anhänger, auf einem Parkplatz abgestellt. Nach seinem Weggang von dem Lastzug geriet dieser ins Rollen und fuhr auf einen anderen Lastzug auf, wodurch an dem Motorwagen der Beklagten Beschädigungen an Stoßstange und Kotflügel entstanden, für deren Reparatur die Beklagte 289,96 DM aufgewendet hat. Die Beklagte, die den Kläger für diesen Schaden verantwortlich machte, behielt von dessen Wochenlohn in der Folge jeweils Beträge von 15,— bis 20,— DM ein, und zwar bis zu der am 25. September 1954 durch den Kläger erfolgten fristlosen Aufkündigung seines Arbeitsverhältnisses im Gesamtbetrag von 185,— DM.

b) Der Kläger hat von der Beklagten Zahlung dieses einbehaltenen Betrages von 185,— DM verlangt. Er hat dazu behauptet, auf seine Frage, wie der Maschinenwagen abzubremsen sei, habe ihm der erste Fahrer, G., gesagt, von den vorhandenen zwei Handbremsen sei die linke für die Bremsung des Anhängers und die rechte für die Feststellung der linken Bremse bestimmt, und außerdem müsse er einen kleinen Gang einschalten. Dementsprechend sei er bei dem Abstellen des Lastzuges auf dem Parkplatz an dem Unglückstage auch verfahren. Da jedoch der Luftkessel der Luftdruckbremse des Anhängers defekt gewesen sei, habe der Anhänger nicht gehalten und den Maschinenwagen nach vorne gedrückt, wodurch es dann zu dem Unfall gekommen sei. Unter Hinweis auf diese Unfallumstände habe er den von der Beklagten durchgeführten Lohnabzügen auch sofort widersprochen. Er hat dazu die Ansicht vertreten, der Unfall sei nicht auf Fahrlässigkeit, keinesfalls aber auf grobe

Fahrlässigkeit seinerseits zurückzuführen. Deshalb dürfe ihn die Beklagte wegen des ihr entstandenen Schadens nicht in Anspruch nehmen. Bei einer etwaigen leichten Fahrlässigkeit seinerseits müsse die Beklagte nach den Grundsätzen des innerbetrieblichen Schadensausgleichs bei gefahrengeneigter Arbeit den Schaden ganz oder teilweise selber tragen.

Die Beklagte hat Klageabweisung und im Wege der Widerklage Verurteilung des Klägers zur Zahlung des Restschadens in Höhe von 104,96 DM beantragt. Sie hat behauptet, die Bremseinrichtungen des Lastzuges seien in Ordnung gewesen. Der Unfall sei darauf zurückzuführen, daß der Kläger vergessen habe, die Handbremsen anzuziehen. Auch habe der Kläger den nach dem Unfall geschehenen Lohnabzügen nicht widersprochen. Sie hat die Ansicht vertreten, der Kläger habe wissen müssen, wie er den von ihm vorher gefahrenen Lastzug ordnungsmäßig abzubremsen habe, und er habe deshalb grobfahrlässig gehandelt. Nach den Grundsätzen über den innerbetrieblichen Schadensausgleich bei gefahrengeneigter Arbeit sei sie nicht gehalten, den ihr entstandenen Schaden ganz oder teilweise selbst zu tragen, weil diese Grundsätze bei grobfahrlässigem Verhalten eines Arbeitnehmers nicht zur Anwendung kämen. Außerdem sei in der stillschweigenden Duldung der geschehenen Abzüge durch den Kläger ein Anerkenntnis zu sehen.

c) Mit der Widerklage hat die Beklagte Zahlung eines weiteren Betrages von 12,16 DM verlangt. Hierzu ist unstreitig, daß der Kläger nach seinem am 25. September 1954 erfolgten Ausscheiden aus dem Arbeitsverhältnis infolge eines Versehens der Lohnbuchhaltung der Beklagten noch den Wochenlohn für die Zeit vom 27. September 1954 bis zum 2. Oktober 1954 erhalten hat. Hierauf hat die Beklagte fünf dem Kläger noch zustehende Urlaubstage verrechnet, so daß er insgesamt einen Betrag für einen Tag in Höhe von 12,16 DM zuviel erhalten hat, zu dessen Rückzahlung die Beklagte den Kläger mit Schreiben vom 12. Oktober 1954 vergeblich aufforderte. Diesen Betrag hat die Beklagte aus dem Gesichtspunkt der ungerechtfertigten Bereicherung geltend gemacht. Der Kläger hat auch insoweit Zurückweisung der Widerklage beantragt. Er hat geltend gemacht, er sei um den Betrag von 12,16 DM nicht mehr bereichert.

2. a) Das Arbeitsgericht hat unter Abweisung der Klage und der Widerklage im übrigen die Beklagte zur Zahlung von 40,— DM und den Kläger zur Zahlung von 12,16 DM verurteilt. Bezüglich des Unfalls hat es eine leichte Fahrlässigkeit des Klägers angenommen und unter Anwendung der Grundsätze über den innerbetrieblichen Schadensausgleich bei gefahrengeneigter Arbeit die Parteien für verpflichtet gehalten, den

entstandenen Schaden hälftig zu tragen. Da somit die Beklagte von dem Kläger nur die Hälfte von 290,– DM = 145,– DM habe fordern können, müsse sie von dem vom Lohn des Klägers einbehaltenen Betrag von 185,– DM einen solchen von 40,– DM an den Kläger erstatten. Hinsichtlich des Betrages von 12,16 DM hat es ausgeführt, um diesen Betrag sei der Kläger zu Unrecht bereichert.

Es hat den Streiwert getrennt für die Klage auf 185,– DM und für die Widerklage auf 117,12 DM festgesetzt.

b) Gegen das Urteil des Arbeitsgerichts haben, soweit sie unterlegen sind, die Beklagte Berufung und der Kläger Anschlußberufung eingelegt. Das Landesarbeitsgericht hat beide Berufungen zurückgewiesen. Zum Unfallhergang hat es in tatsächlicher Beziehung festgestellt, ausweislich der erstinstanzlichen Aussage des ersten Kraftfahrers G. habe dieser dem Kläger die Bedienung der Bremsen richtig erklärt. Wenn der Lastzug auf dem Parkplatz, der ausweislich der Aussage des Zeugen G. nur unwesentliches Gefälle gehabt habe, ins Rollen gekommen sei, so lasse sich das nur dadurch erklären, daß der Kläger die Bremsen nicht ordnungsmäßig angezogen und den kleinen Gang nicht eingeschaltet habe. In rechtlicher Beziehung hat es ausgeführt, auch wenn die Bremsen nicht in Ordnung gewesen sein sollten, habe der Kläger bei diesem festgestellten Sachverhalt in ungewöhnlichem Maße die verkehrsübliche Sorgfalt außer Acht gelassen, weil er beim Abstellen und Sichern des Lastzuges besonders vorsichtig habe sein müssen. Er habe daher grobfahrlässig gehandelt. Da auch das Abstellen und Sichern eines abgestellten Lastzuges als gefahrengeneigte Arbeit anzusehen sei, rechtfertige das grobfahrlässige Verhalten des Klägers es, ihn aus dem Gesichtspunkt des innerbetrieblichen Schadensausgleichs bei gefahrengeneigter Arbeit unter Abwägung aller in Betracht kommenden Einzelumstände mit der Hälfte des daraus der Beklagten entstandenen Schadens zu belasten, wozu das Arbeitsgericht nicht schon bei seiner Annahme, der Kläger habe nur leicht fahrlässig gehandelt, habe kommen können, weil derartige nur leicht fahrlässig verursachte Schadensfolgen der Arbeitgeber grundsätzlich selbst tragen müsse.

Bezüglich des Betrages von 12,16 DM ist es der Beurteilung des Arbeitsgerichts mit der Begründung gefolgt, der Kläger habe beim Empfang des Geldes wissen müssen, daß ihm der Betrag nicht zustehe; spätestens mit dem Schreiben der Beklagten vom 12. Oktober 1954 habe der Kläger von dem mangelnden Rechtsgrund gewußt.

3. Hiergegen haben die Beklagte Revision und der Kläger Anschlußrevision im Sinne ihrer bisher erfolglos gebliebenen Klage- und Widerklageanträge eingelegt. Der Kläger ist in vollem Umfange unterlegen.

Aus den Gründen:

I. Zur Statthaftigkeit der Revision.

1. Gegen die Statthaftigkeit der Anschlußrevision bestehen insoweit keine Bedenken, als mit dieser der Kläger auch seine Verurteilung zur Zahlung von 12,16 DM bekämpft. Im Tenor des angefochtenen Urteils ist die Revision uneingeschränkt zugelassen. Aus der in den Entscheidungsgründen enthaltenen Begründung des Landesarbeitsgerichts läßt sich nur entnehmen, daß es der Rechtssache eine grundsätzliche, die Zulassung der Revision rechtfertigende, Bedeutung zugemessen hat, weil darin Fragen aus dem Bereich des innerbetrieblichen Schadensausgleichs bei schadensgeneigter Arbeit eine Rolle spielen. Es hat aber von der Zulassung der Revision den zwischen den Parteien streitigen Betrag von 12,16 DM, der mit Fragen aus dem Bereich des innerbetrieblichen Schadensausgleichs bei schadensgeneigter Arbeit nicht zusammenhängt, nicht ausdrücklich oder erkennbar ausgenommen. Unter diesen Umständen gebietet es der Gedanke der Rechtsmittelklarheit, davon auszugehen, daß die Revision auch bezüglich dieses Streitpostens vom Landesarbeitsgericht uneingeschränkt zugelassen worden und die Anschlußrevision auch insoweit statthaft ist.

2. Die Revisionsinstanz hat auch zu überprüfen, ob das in der Vorinstanz eingelegte Rechtsmittel der Berufung statthaft war (vgl. BAG 6, 95 [100] = AP Nr. 4[3] zu § 580 ZPO und BAG AP Nr. 3[2] zu § 580 ZPO mit weiteren Nachweisen). Da das Arbeitsgericht die Berufung nicht zugelassen hatte, waren die Berufung der Beklagten und die Anschlußberufung des Klägers nur statthaft, wenn der vom Arbeitsgericht festgesetzte Wert des Streitgegenstandes den Betrag von 300,— DM erreichte (§ 64 Abs. 1 ArbGG). Soweit das Arbeitsgericht den Streitwert für Klage und Widerklage getrennt festgesetzt hat, war das aus den Gründen, wie sie in BAG AP Nr. 24 zu § 72 ArbGG 1953 für einen entsprechenden Fall der getrennten Streitwertneufestsetzung durch das Landesarbeitsgericht erörtert sind, unzulässig. Der Streitwert wäre einheitlich festzusetzen gewesen. Entsprechend dem Sinn der Streitwertfestsetzung, die Rechtsmittelfähigkeit der als Urteil insgesamt eine einheitliche Größe darstellenden Entscheidung auszuweisen, muß jedoch bei getrennter Festsetzung des Streitwertes für Klage und Widerklage die dann ohne weiteres mögliche Addierung als vollzogen angesehen werden

(vgl. das Urteil des Zweiten Senates des Bundesarbeitsgerichts vom 13. März 1959 — 2 AZR 282/58 — AP Nr. 28 zu § 69 ArbGG 1953; vgl. auch: Dietz-Nikisch, ArbGG, § 64 Bem. 15; Dersch-Volkmar, ArbGG, 6. Aufl., 1955, § 61 Bem. 57; RAG ARS 23, 142 [145] mit Anm. von Volkmar S. 147, 148; LAG München, ARS 24, L 96 [97] mit Anm. von Volkmar S. 103/104).

II. Der Unfallschaden.

1. Die Berechtigung des Zahlungsverlangens des Klägers in Höhe von 185,— DM hängt davon ab, ob die Beklagte ihm in dieser Höhe von dem vereinbarten Wochenbruttolohn einen entsprechenden Betrag zu Recht einbehalten und seine Lohnforderung insoweit durch Aufrechnung gemäß § 389 BGB getilgt hat. Nicht dagegen ist für die Berechtigung des Zahlungsbegehrens des Klägers in Betracht zu ziehen, ob er neben dem vereinbarten Bruttowochenlohn noch Mehrarbeitsvergütung verlangen kann. Seine in dieser Richtung gehenden erstinstanzlichen Behauptungen hat er in der zweiten Instanz nicht aufrecht erhalten. Daraus muß geschlossen werden, daß er in der Berufungsinstanz nur noch die Beträge verfolgt hat, die ihm von seinem normalen Bruttolohn einbehalten worden sind. Unter diesen Umständen hängt die Berechtigung des Zahlungsbegehrens des Klägers in Höhe von 185,— DM ebenso wie die der Widerklage der Beklagten in Höhe von 104,96 DM nur davon ab, ob und in welchem Umfang die Beklagte vom Kläger Ersatz für den Unfallschaden verlangen kann.

2. a) Bei dem vom Kläger verursachten Schaden handelt es sich um einen solchen aus gefahrengeneigter Arbeit. Die Eigenart der Dienstleistung eines Kraftfahrers bringt es mit sich, daß auch dem sorgsamen Kraftfahrer gelegentlich Fehler bei der Bedienung des Kraftfahrzeuges unterlaufen, die — für sich betrachtet — zwar jedesmal vermeidbar waren, mit denen aber angesichts der menschlichen Unzulänglichkeit als mit einem typischen Abirren der Dienstleistung erfahrungsgemäß zu rechnen ist. Nach anerkannter Rechtsprechung und Lehre, die in dem Beschluß des Großen Senates des Bundesarbeitsgerichts vom 25. September 1957 — GS 4/56, 5/56 — BAG 5, 1 [7, 8] — weitgehend zusammengestellt ist, ist bei einem solchen Sachverhalt ein sogenannter innerbetrieblicher Schadenausgleich zwischen Arbeitnehmer und Arbeitgeber in Betracht zu ziehen. Ob und gegebenenfalls in welcher Höhe der Arbeitnehmer in solchen Fällen an der Wiedergutmachung des von ihm verursachten Schadens zu beteiligen ist, richtet sich nach der Größe der in seiner Arbeit liegenden Gefahr, nach dem vom Arbeitgeber einkalkulierten oder durch Versicherung deckbaren Risiko, nach der Stellung des

Arbeitnehmers im Betrieb, nach der Höhe des Arbeitsentgeltes, in dem möglicherweise eine Risikoprämie für den Arbeitnehmer enthalten sein kann, nach der Höhe des Schadens, insbesondere nach dem Grad seines Verschuldens und überhaupt nach den persönlichen Umständen des Arbeitnehmers, wie der Dauer der Betriebszugehörigkeit in der vorangegangenen Zeit, seinem Lebensalter, den Familienverhältnissen, seinem bisherigen Verhalten u. ä. (vgl. BAG 5, 1 [7, 8]).

b) Für den vorliegenden Rechtsstreit hat das Landesarbeitsgericht, von diesem Institut des innerbetrieblichen Schadensausgleiches zwischen Arbeitnehmer und Arbeitgeber bei gefahrengeneigter Arbeit ausgehend, das Verhalten des Klägers als grobfahrlässig bewertet. Es hat ausgeführt, das von ihm angenommene grobfahrlässige Verhalten des Klägers rechtfertige es, ihn unter Abwägung aller sonstigen in Betracht kommenden Einzelumstände mit der Hälfte des der Beklagten entstandenen Schadens zu belasten, wozu das Arbeitsgericht nicht schon bei seiner Bewertung, der Kläger habe nur leicht fahrlässig gehandelt, habe kommen können, weil bei gefahrengeneigter Arbeit nur leicht fahrlässig verursachte Schadensfolgen der Arbeitgeber grundsätzlich selbst tragen müsse.

c) Die beiderseitigen Revisionen der Parteien streiten im vorliegenden Fall ausdrücklich nur noch über zweierlei, nämlich darüber, ob das Landesarbeitsgericht zu Recht eine grobe Fahrlässigkeit des Klägers bei der Verursachung des der Beklagten entstandenen Schadens angenommen hat und wie sich, je nach dem festzustellenden Grade des Verschuldens des Klägers, dieses für den Umfang des sogenannten innerbetrieblichen Schadensausgleichs bei gefahrengeneigter Arbeit auswirke. Der Kläger vertritt den Standpunkt, bei leichter Fahrlässigkeit, wie sie ihm bei richtiger Beurteilung nur vorgeworfen werden könne, müsse die Beklagte die Schadensfolgen in vollem Umfang tragen. Die Beklagte vertritt dagegen den Standpunkt, bei grober Fahrlässigkeit, wie sie das Landesarbeitsgericht gegen den Kläger zu Recht angenommen habe, müsse der Kläger die Unfallfolgen ganz, bei leichter Fahrlässigkeit jedoch mindestens anteilig tragen.

d) Damit ist der Rechtsstreit — von den Parteien offensichtlich bewußt — auf die Rechtsfrage zugespitzt, bei welchem Verschuldungsgrad des Arbeitnehmers bei gefahrengeneigter Arbeit seine Haftung entfällt oder seine Haftung nur quotal entfällt bzw. quotal bestehen bleibt oder seine Haftung in vollem Umfang gegeben ist. Der Bundesgerichtshof hat in seinem Urteil vom 10. Januar 1955 — III ZR 153/53 — BGHZ 16, 111 [116 ff.] = AP Nr. 1 zu § 611 BGB Haftung des Arbeitnehmers — darauf hingewiesen, daß die Rechtsprechung bei dieser Frage bisher zu recht unterschiedlichen Ergebnissen gekommen ist. Er hat, unter ausführlicher Mitteilung der bisher ergangenen gerichtlichen Entscheidungen, dargelegt, daß dabei fast alle Lösungen vertreten worden sind, die denkbar sind zwischen dem Alleintragen des ganzen Schadens durch den Arbeitgeber bei leicht fahrlässigem oder bei schlechthin fahrlässigem Handeln des Arbeitnehmers sowie einem Mittragen des Schadens durch den Arbeitnehmer bei grobfahrlässigem Handeln des Arbeitnehmers und dem Alleintragen des Schadens durch den Arbeitnehmer bei grobfahrlässigem und schlechthin fahrlässigem Handeln sowie einem Mittragen des Schadens durch den Arbeitgeber höchstens bei leichtfahrlässigem Handeln des Arbeitnehmers. Angesichts dieser Rechtsprechungsergebnisse drängt sich die Erkenntnis auf, daß gerade für die Massenerscheinungen der Schadensverursachung durch Arbeitnehmer bei der Bedienung von Kraftfahrzeugen es der Rechtssicherheit der Beteiligten und der Entlastung der Gerichte dient, wenn zu dieser Frage eine handliche und grundsätzliche Typisierung gewonnen wird, die genügend klar stellt, welche Bedeutung in solchen Fällen in der Regel die einzelnen denkbaren Verschuldungsgrade des Arbeitnehmers beim innerbetrieblichen Schadensausgleich haben, die aber andererseits elastisch genug ist, um bei dem innerbetrieblichen Schadensausgleich auch den sonstigen Umständen Rechnung zu tragen, die nach dem vom Großen Senat in BAG 5, 1 [7, 8] Ausgeführten mit zu berücksichtigen sind.

3. Für die Frage, bei welchem Verschuldungsgrad des Arbeitnehmers bei gefahrengeneigter Arbeit seine Haftung entfällt oder seine Haftung nur quotal entfällt bzw. quotal bestehen bleibt oder seine Haftung in vollem Umfang bestehen bleibt, ist von folgendem auszugehen.

a) Es muß zunächst der Grundsatz berücksichtigt werden, daß — von der Besonderheit des Falles der gefahrengeneigten Arbeit einmal abgesehen — der Arbeitnehmer grundsätzlich Vorsatz und Fahrlässigkeit schlechthin zu vertreten hat (§ 276 Abs. 1 Satz 1 BGB). An einer ausdrücklichen Vorschrift darüber, daß für arbeitsvertragliche Pflichten von Arbeitnehmern etwas anderes als der in § 276 Abs. 1 Satz 1 BGB geregelte Normalfall gelte, fehlt es. Ein anderer als der in § 276 Abs. 1 Satz 1 BGB geregelte Verschuldensmaßstab ergibt sich auch nicht schlechthin aus der besonderen personalen Struktur des Arbeitsvertrages. Diese spricht geradezu für das Gegenteil. Der wirtschaftliche Gesamtsinn eines Arbeitsverhältnisses macht es dem Arbeitnehmer zur Pflicht, ohne jede Fahrlässigkeit zu arbeiten. Es muß in Betracht gezogen werden, daß der Arbeitgeber dem Arbeitnehmer weitgehende Fürsorgepflichten schuldet, bei deren bereits fahrlässigen Verletzung der Arbeitgeber vom Arbeitnehmer aus dem Gesichtspunkt der schuldhaften Vertragsverletzung auf Ersatz des ihm dadurch entstandenen Schadens in Anspruch genommen werden kann (vgl. statt aller: Hueck-Nipperdey, Lehrbuch des Arbeitsrechts, 6. Aufl., 1. Bd. § 48 II 5 c, cc S. 365; § 48 III 4 S. 376; Bundesarbeitsgericht, 2. Senat, Urteile vom 27. März 1958 — 2 AZR 221/56, 2 AZR 188/56, 2 AZR 291/57 — BAG 6, 52 [58], AP Nr. 1 und 2 zu § 670 BGB; Meinert, Der Betrieb 1958, 1328; ferner das zur Veröffentlichung in der Amtlichen Sammlung bestimmte Urteil des 2. Senates des Bundesarbeitsgerichts vom 8. Dezember 1958 — 2 AZR 524/57 — BAG 7, 118 ff.). Es würde eine Wertverfälschung der wirtschaftlichen Austauschbeziehungen, in denen Arbeitnehmer und Arbeitgeber immerhin wechselseitig stehen, bedeuten, wollte man verneinen, daß auch der Arbeitnehmer, dem im übrigen immer mehr wertvolle Vermögensteile seines Arbeitgebers anvertraut werden, nach besten Kräften bemüht sein muß, seine Arbeitspflichten zu erfüllen. Mit einer solchen Auffassung ist es unvereinbar, generell eine Haftungsmilderung in der Weise in Betracht zu ziehen, daß der Arbeitnehmer für Vertragsverletzungen nur bei grober Fahrlässigkeit haftet. Soweit Denecke, RdA, 1952, 209 und RGRK, 11. Aufl., Anm. 17 vor § 611 BGB sowie das Landesarbeitsgericht Stuttgart, AP Nr. 2 zu § 611 BGB Haftung des Arbeitnehmers, für derartige Fälle die auf Vorsatz und grobe Fahrlässigkeit beschränkte Haftung des Arbeitnehmers insbesondere aus einer Analogie zu Art. 34 GG herleiten wollen, wird damit ein Sachverhalt herangezogen, der mit dem besonderen Wesen des Arbeitsverhältnisses nicht verglichen werden kann. Deshalb ist der weitaus überwiegenden Meinung beizutreten, die es ablehnt, generell einen Arbeitnehmer milder als in § 276 Abs. 1 Satz 1 BGB vorgesehen und nur beschränkt auf grobe Fahrlässigkeit haften zu lassen (vgl. statt aller: das zur Veröffentlichung in der Amtlichen Sammlung bestimmte Urteil des 2. Senates des BAG vom 8. Dezember 1958 — 2 AZR 524/57, BAG 7, 118 ff. sowie die Nachweise bei Hueck-Nipperdey, a. a. O., Bd. I § 35 II 3 S. 209 zu Fußnote 27).

b) Was nun die Fälle der Schadenshaftung bei gefahrengeneigter Arbeit angeht, kann sich die moderne Gesellschafts- und Sozialordnung nicht der Lebenstatsache verschließen, daß bei sogenannter „gefahrengeneigter Arbeit" eine schuldhafte Außerachtlassung der im Verkehr und im Arbeitsleben erforderlichen Sorgfalt erfahrungsgemäß jedem einmal passieren kann. Die Gesellschafts- und Sozialordnung kann ein solches gelegentliches Versagen des einzelnen nicht billigen, weil eine derartige Billigung dem Ordnungsprinzip widerstreiten würde, das grundsätzlich die Wahrung „der erforderlichen Sorgfalt" im Interesse eines gedeihlichen Zusammenlebens aller unerläßlich macht. Aber sie bringt für ein solches gelegentliches Versagen ein entschuldigendes Verständnis in der Form eines Verständnisgedankens auf. Wird ein Arbeitnehmer auf Grund seines Arbeitsverhältnisses mit gefahrengeneigten Arbeiten betraut, dann erbringt er diese im Interesse des Arbeitgebers und für den Arbeitgeber. Dabei ergibt sich als Erfahrungstatsache, daß bei Arbeiten dieser Art immer wieder ein menschliches Versagen des Arbeitnehmers auftritt. Bei einer solchen Arbeit gebietet es die Fürsorgepflicht des Arbeitgebers, den Arbeitnehmer, der bei den im Interesse des Arbeitgebers erbrachten gefahrengeneigten Arbeiten gelegentlich versagt, in zumutbarem Maße vor den Folgen eines solchen Versagens zu bewahren. In einem solchen Fall werden aber nicht Schuld des Arbeitnehmers und Schuld des Arbeitgebers zum Anlaß gegenseitiger Abwägung genommen, wie das nach näherer Maßgabe des § 254 BGB bei Schadensverursachung aus beiderseitigem Verschulden geschehen muß. Vielmehr stehen zur Abwägung ein rechtswidriges und schuldhaftes Verhalten des Arbeitnehmers auf der einen Seite und die auf den Arbeitgeber zurückgehende Veranlassung — nämlich das schuldlose Setzen der Möglichkeit des schuldhaften Versagens in gefahrenbedingten Situationen durch den Arbeitnehmer — auf der anderen Seite. Betrachtet man das Gewicht dieser beiderseitigen Umstände, dann kann nicht übersehen werden, daß dabei der Teil, der rechtswidrig und schuldhaft handelt, immer noch gegen die Rechtsordnung und gegen das Ordnungsgefüge der Gemeinschaft verstößt, während sich derjenige, der gefahrengeneigte Arbeit von einem anderen für sich verrichten läßt, innerhalb dessen hält, was die Rechts- und Gemeinschaftsordnung billigt. Dieser Gesichtspunkt gebietet es, auch bei schuldhafter Schadensverursachung durch den Arbeitnehmer im Rahmen von schadensgeneigter Arbeit dem Verständnisgedanken bestimmte Grenzen, eine Art Toleranzgrenze, zu ziehen, zumal anderenfalls sehr leicht schlechthin Unordnung und Leichtsinn einreißen kann.

Die Toleranzgrenze liegt dort, wo andere Gesichtspunkte es kraft ihres Übergewichtes verbieten, den Arbeitnehmer bei schuldhafter Schadensverursachung im Rahmen von schadensgeneigter Arbeit zu entlasten. Namentlich die Bedeutung der Aufrechterhaltung einer allgemeinen schadensfreien Ordnung im Interesse aller, der Abschreckung vor einem „Sich-gehen-lassen", der Bewahrung der dem Arbeitnehmer anvertrauten — oft wertvollen — Güter des Arbeitgebers vor vermeidbaren Schäden sowie auch ein Gerechtigkeitsprinzip und das sich daraus ergebende Sühneprinzip ganz allgemein verbieten es in aller Regel, den Verständnisgedanken dort zum Tragen und demjenigen zugutekommen zu lassen, der gegen die im Verkehr und im Arbeitsleben erforderliche Sorgfalt grob verstößt, der also „grobfahrlässig" oder, um mit dem Großen Senat (BAG 5, 1 [18]) zu sprechen, mit „schwerer Schuld" handelt. Wenn unsere Rechtsordnung schon denjenigen, der nicht schlechthin jede Fahrlässigkeit zu vertreten hat, sondern nur für sogenannte „Sorgfalt in eigenen Angelegenheiten" haftet, von einer Haftung für grobe Fahrlässigkeit nicht befreit (§ 277 BGB), so ist das eine Regelung, die auf denselben Gesichtspunkten beruht, nämlich denjenigen, daß die Gerechtigkeit, der daraus sich ergebende Sühnegedanke und die allgemeine Ordnung es gebieten, denjenigen, der grob gegen die durch das menschliche Zusammenleben gebotenen Sorgfaltspflichten verstößt, für die Folgen eines solchen gemeinschaftswidrigen Verhaltens auch haften zu lassen. Dieser Gedanke muß um so mehr zum Tragen kommen, wenn in Betracht gezogen wird, daß die Freistellung des Arbeitnehmers von der Schadenshaftung bei gefahrengeneigter Arbeit letzten Endes nicht auf einer Billigung durch die Rechtsordnung, sondern lediglich auf einem Verständnisgedanken beruht. Darin unterscheidet sich das Prinzip des innerbetrieblichen Schadensausgleichs bei schadensgeneigter Arbeit von dem in § 277 BGB niedergelegten Gedanken immerhin. Während in den Fällen des § 277 BGB der Schuldner nicht mehr schuldet als die Sorgfalt in eigenen Angelegenheiten, schuldet der Arbeitnehmer auch bei gefahrengeneigter Arbeit jede Sorgfalt im Sinne von § 276 Abs. 1 Satz 1 BGB schlechthin, weil anderenfalls von vornherein eine Unordnung sanktioniert würde, was nicht tragbar ist; der Arbeitnehmer wird lediglich aus dem Verständnisgedanken heraus und im Hinblick auf das für den Schaden mit anlaßgebende Verhalten des Arbeitgebers nicht wegen jeden Schuldverstoßes auf Schadenersatz in Anspruch genommen.

c) Unter Betrachtung dieser Toleranzgrenze ergibt sich dann aber als Grundsatz, daß in aller Regel grobfahrlässiges Verhalten auch bei schadensgeneigter Arbeit den Arbeitnehmer von seiner Ersatzpflicht nicht befreien kann. Das ist im Grundsatz auch die Ansicht des Großen Senates in dem von ihm entschiedenen, dem vorliegenden ähnlichen Sachverhalt (BAG 5, 1 [18]). Scheidet also grobfahrlässige Schadensverursachung in aller Regel als Anlaß für die Anwendung des Instituts des innerbetrieblichen Haftungsausgleichs bei gefahrengeneigter Arbeit aus, so kann in aller Regel nur nicht grobe Fahrlässigkeit Anlaß sein, das Institut des innerbetrieblichen Haftungsausgleiches bei schadensgeneigter Arbeit zur Anwendung zu bringen. Als Richtlinie bietet sich dann an, daß geringe Fahrlässigkeit in aller Regel es verbietet, den Arbeitnehmer wegen des im Rahmen von schadensgeneigter Arbeit verursachten Schadens in Anspruch zu nehmen, und daß Fahrlässigkeit schlechthin — jedoch unter Ausschluß der groben Fahrlässigkeit — in aller Regel zu einer quotalen Verteilung der Schadensfolgen zwischen Arbeitnehmer und Arbeitgeber führt, wobei die Gesamtumstände von Schadensanlaß und Schadensfolgen nach Billigkeitsgrundsätzen und Zumutbarkeitsgesichtspunkten erschöpfend und widerspruchsfrei gegeneinander abzuwägen sind.

4. Somit hängen die Berechtigung der Zahlungsklage des Klägers in Höhe von 185,— DM ebenso wie die der Widerklage in Höhe von 104,96 DM davon ab, ob das Landesarbeitsgericht rechtsfehlerfrei eine „grobe Fahrlässigkeit" des Klägers angenommen hat. Trifft das zu, dann haftet der Kläger für den Unfallschaden in jedem Fall, ohne daß es dann noch darauf ankommen könnte, ob das Landesarbeitsgericht, was die Revision der Beklagten bezweifelt, zu Recht eine gefahrengeneigte Arbeit angenommen hat.

a) Der Begriff der „Fahrlässigkeit" ist ein durch die Revision in vollem Umfang nachprüfbarer Rechtsbegriff (Wieczorek, ZPO, § 550 A II e 1 mit Nachweisen; BGHZ 10, 14 [16]). Der Begriff der „groben Fahrlässigkeit" als solcher ist der Nachprüfung durch die Revision daraufhin zugänglich, ob die Tatsacheninstanz den Begriff der Fahrlässigkeit im Sinne des § 276 Abs. 1 Satz 2 BGB richtig erkannt hat, ob es sich des Unterschiedes zwischen der nicht groben Fahrlässigkeit und der groben Fahrlässigkeit bewußt und ob es sich der Rechtserheblichkeit des Unterschiedes zwischen nicht grober und grober Fahrlässigkeit in dem von ihm entschiedenen Falle bewußt war. Die Revisionsinstanz kann dabei aber auch nachprüfen, ob die Tatsacheninstanz den Begriff „grob" in dem zu entscheidenden Fall in einer vertretbaren Weise angewandt hat. Denn was „grob" im Sinne der „groben Fahrlässigkeit" ist, ist gleichfalls eine Rechtsfrage. Allerdings enthält gerade dieser Begriff als Rechtsbegriff einen bestimmten Beurteilungsspielraum für die Tatsacheninstanz, der sich, sofern seine Grenzen unter Beachtung der Umstände des Einzelfalles nicht überschritten werden, der Nachprüfung durch die Revisionsinstanz entzieht (vgl. Beschluß des Ersten Senates vom 2. November 1955 — BAG 2, 175 [181/182]). Die wertende Subsumtion der Tatsacheninstanz ist daher nicht schon dann eine Rechtsverletzung, wenn die Revisionsinstanz bei eigener Wertung zu einem anderen Ergebnis gekommen wäre. Vielmehr liegt nur dann eine Rechtsverletzung vor, wenn bei der Subsumtion gegen Rechtsvorschriften, gegen allgemein anerkannte Bewertungsmaßstäbe, gegen Denkgesetze oder allgemeine Erfahrungssätze verstoßen worden ist, insbesondere wenn bei der Bewertung offensichtlich fehlerhaft verfahren, etwa die einzelnen zugunsten oder zu Lasten des Schädigers sprechenden Gesichtspunkte und die von ihm geltend gemachten Umstände unzureichend berücksichtigt sind (vgl. BAG 2, 175 [182] und die demgegenüber etwas andere, in revisionsrechtlicher Beziehung engere Auffassung des Bundesgerichtshofs in BGHZ 10, 69 [74]).

b) In dieser Beziehung lassen die Ausführungen des Landesarbeitsgerichts keinen Rechtsfehler erkennen. Nach seinen tatsächlichen Feststellungen hat der Kläger die Bremsen nicht ordnungsmäßig angezogen und den kleinen Gang nicht eingelegt. Gegen diese tatsächlichen Feststellungen hat der Kläger keine prozessualen Rügen erhoben, so daß diese für das Revisionsgericht bindend sind (§ 561 Abs. 1 ZPO). Bei diesen Feststellungen handelte der Kläger eindeutig fahrlässig, weil er damit eine Pflicht zur Sicherung des Lastzuges unterließ, die bei einem Berufslastwagenfahrer, wie keiner weiteren Ausführung bedarf, einfach das Selbstverständlichste ist, was von ihm zu erwarten ist. Wenn das Landesarbeitsgericht dieses Verhalten des Klägers dazu auch als grobfahrlässig bewertete, so hält es sich damit auch im Rahmen des ihm nach dem soeben Ausgeführten zustehenden Beurteilungsspielraumes.

c) Ist aber rechtsfehlerfrei vom Landesarbeitsgericht festgestellt, daß der Kläger den Unfall grobfahrlässig verschuldet hat, dann hat er, da besondere Umstände mangels entsprechender Feststellung durch das Landesarbeitsgericht nicht in Betracht zu ziehen sind, die gesamten Schadensfolgen aus dem Unfall zu tragen. Daraus folgt, daß seine Zahlungsklage in Höhe von 185,— DM unbegründet und die Widerklage in Höhe von 104,96 DM begründet ist. Dementsprechend ist das Urteil des Landesarbeitsgerichts auf die Revision der Beklagten abzuändern und unter Abweisung der Klage in Höhe von 185,— DM der Kläger in Höhe von 104,96 DM zur Zahlung zu verurteilen.

III. Zur Widerklage hinsichtlich des Betrages von 12,16 DM.

Die Berechtigung des von der Beklagten gegen den Kläger mit der Widerklage verfolgten Anspruchs auf Zahlung von 12,16 DM ergibt sich aus dem Gesichtspunkt der ungerechtfertigten Bereicherung nach näherer Maßgabe der §§ 812, 818 Abs. 2 BGB.

Soweit die Revision des Klägers geltend macht, diese Vorschriften seien für arbeitsrechtliche Verhältnisse nicht anwendbar, geht sie grundlegend fehl. Zweck der Vorschriften über die ungerechtfertigte Bereicherung (§§ 812 ff. BGB) ist es, Vermögensverschiebungen, die ohne rechtlichen Grund erfolgt sind, rückgängig zu machen. Sie beruhen letzten Endes auf dem allgemeinen Gerechtigkeitsgedanken, daß regelmäßig niemand behalten soll, was er ohne rechtlichen Grund erhalten hat, und beanspruchen daher auch für arbeitsrechtliche Verhältnisse Geltung.

Die tatsächlichen Voraussetzungen für einen Bereicherungsanspruch der Beklagten nach §§ 812 Abs. 1, 818 Abs. 2 BGB hat das Landesarbeitsgericht festgestellt, ohne daß hiergegen von der Revision prozessuale Rügen erhoben worden sind. Danach hat der Kläger nach seinem am 25. September 1954 erfolgten Ausscheiden bei der Beklagten von deren Lohnbuchhaltung versehentlich den Betrag von 12,16 DM als Lohn für die Zeit vom 27. September bis 2. Oktober 1954 erhalten. Hierauf hatte er keinen Rechtsanspruch, weil das Arbeitsverhältnis am 25. September 1954 beendet war und er danach auch nicht mehr für die Beklagte gearbeitet hat. Deshalb verpflichten ihn die §§ 812 Abs. 1, 818 Abs. 2 BGB, den Wert des zu Unrecht Erlangten an die Beklagte herauszugeben.

Auf einen Wegfall der Bereicherung gemäß § 818 Abs. 3 BGB kann sich der Kläger nicht berufen, weil er gewußt hat, daß ihm dieser Betrag nicht als Lohnzahlung für geleistete Arbeit zustand (§ 819 Abs. 1 BGB). Daß dieses nach § 819 Abs. 1 BGB erforderliche positive Wissen beim Kläger um die Rechtsgrundlosigkeit der Zahlung gegeben war, hat das Landesarbeitsgericht für die Revisionsinstanz bindend (§ 561 Abs. 2 ZPO) festgestellt. Wenn es nämlich ausführt, der Kläger habe angesichts seiner eigenen fristlosen Kündigung vom 25. September 1954 wissen müssen, daß er für die Woche vom 27. September bis 2. Oktober 1954 keinen Lohn (für geleistete Arbeit) und im übrigen nur noch für fünf Tage Urlaubsgeld zu bekommen habe, so bringt es damit trotz der Worte „wissen müssen" ebenso wie das Arbeitsgericht seine Überzeugung zum Ausdruck, daß nach allen einschlägigen Erfahrungssätzen der Kläger die Rechtsgrundlosigkeit des Empfanges von 12,16 DM in Wahrheit positiv gekannt hat. Seine weitere Ausführung, „spätestens" mit Empfang des Schreibens der Beklagten vom 12. Oktober 1954 habe er die Rechtsgrundlosigkeit des Empfanges dieses Betrages gekannt, ist nur eine Hilfsbegründung, die im übrigen dem Kläger die Berufung auf § 818 Abs. 3 BGB ebenfalls schon deshalb abschneidet, weil er nicht behauptet hatte, daß seine Bereicherung schon vorher weggefallen gewesen sei.

Gegen diese tatsächlichen Feststellungen hat die Revision des Klägers keine zulässigen Rügen innerhalb der Revisionsbegründungsfrist (§ 554 Abs. 3 Ziff. 2b ZPO) erhoben. Ihre späteren Ausführungen sind unbeachtlich.

Soweit der Kläger in erster Instanz ausgeführt hatte, ihm stehe ein Anspruch auf Vergütung von Mehrarbeit zu, und soweit das Arbeitsgericht dies unter dem Gesichtspunkt einer etwaigen Aufrechnung des Klägers gegenüber dem Bereicherungsanspruch der Beklagten gewürdigt hat, hat der Kläger seine in dieser Richtung gehenden Behauptungen in der zweiten Instanz nicht wiederholt, so daß das Landesarbeitsgericht auch keinen Anlaß hatte, die Berechtigung einer solchen Aufrechnung näher zu erörtern. Soweit der Kläger erstmalig in der Revisionsinstanz behauptet hat, die Beklagte habe seine fristlose Kündigung des Arbeitsverhältnisses vom 25. September 1954 verschuldet, und soweit er daraus einen Schadenersatzanspruch nach § 628 Abs. 2 BGB herleiten und damit aufrechnen will, handelt es sich um ein in der Revisionsinstanz unbeachtliches neues tatsächliches Vorbringen.

Demnach ist die Verurteilung des Klägers zur Zahlung des Betrages von 12,16 DM zu Recht erfolgt und die hiergegen erhobene Revision des Klägers unbegründet.

45

Eine ordentliche Kündigung ist nicht schon deshalb sozial ungerechtfertigt, weil bei Ausspruch der Kündigung keine Kündigungsgründe angegeben worden sind.

KSchG § 1

II. Senat. Urteil vom 21. 3. 1959 i. S. H. u. a. (Bekl.) w. K. (Kl.)
2 AZR 375/56.

I. Arbeitsgericht Berlin. — II. Landesarbeitsgericht Berlin.

Das in B. belegene C.-Filmtheater gehörte früher dem verstorbenen Vater der minderjährigen Beklagten zu 2), der testamentarisch die Beklagte zu 1) zu seiner alleinigen Erbin eingesetzt hatte. In einem Rechtsstreit der Beklagten über die Gültigkeit dieser Erbeinsetzung haben sich die Beklagten gerichtlich unter anderem dahin verglichen, daß die Beklagte zu 1) mit 75 % und die Beklagte zu 2) mit 25 % an dem Nachlaß beteiligt sei und das Kino durch einen Geschäftsführer als Vertrauensperson beider Parteien verwaltet werde. Auf Grund dieses Vergleichs hat die Beklagte zu 1) am 1. November 1951 den Kläger im behaupteten Einverständnis mit der Mutter der Beklagten zu 2) als deren damaligen, inzwischen verstorbenen, Vormünderin eingestellt.

Im Laufe des Jahres 1955 kam es zwischen den Beklagten hinsichtlich der Verwaltung des Kinos zu Streitigkeiten, in die der Kläger als

Geschäftsführer hineingezogen wurde. Am 15. November 1955 kündigte die Beklagte zu 1) dem Kläger zum 31. Dezember 1955 ohne Angabe von Gründen mit der Behauptung, die gesetzliche Vertreterin der Beklagten zu 2) habe ihr Einverständnis zu dieser Kündigung erklärt.

Der Kläger hat geltend gemacht, diese Kündigung sei unwirksam, weil sie ohne Einverständnis der Mutter der Beklagten zu 2 ausgesprochen worden sei, aber auch deshalb, weil bei ihrem Ausspruch keine Kündigungsgründe angegeben worden sind. Mit der Klage hat er — neben anderem, was nicht in die Revision gelangt ist — Feststellung begehrt, daß sein Dienstverhältnis durch die Kündigung vom 15. November 1955 nicht aufgelöst ist.

Die Beklagten haben zu ihrem Klageabweisungsantrag behauptet, der Kläger habe in die Auseinandersetzungen zwischen den Beklagten durch herabsetzende Äußerungen über die Beklagte zu 1) gegenüber den Angestellten des Kinos eingegriffen und er sei außerdem wegen seines Alters und infolge mangelhafter Fachkenntnisse nicht in der Lage, sein Amt als Geschäftsführer ordnungsgemäß auszuüben.

Das Arbeitsgericht hat die Klage abgewiesen, das Landesarbeitsgericht hat ihr entsprochen, entsprechend dem vom Kläger weiter gestellten Antrag das Arbeitsverhältnis zum 31. Dezember 1955 aufgelöst und die Beklagten als Gesamtschuldner verurteilt, an den Kläger eine Abfindung in Höhe von 2000,— DM zu zahlen.

Die Revision der Beklagten führte zur Aufhebung und Zurückverweisung.

Aus den Gründen:

I. . . .

II. Soweit das angefochtene Urteil dem Feststellungs-, Auflösungs- und Abfindungsantrag des Klägers gegenüber der Beklagten zu 2) entsprochen hat, ist es fehlerhaft.

1. Nur derjenige Arbeitnehmer, der darlegt, daß ein Arbeitsverhältnis bis zu der von ihm bekämpften Kündigung des Arbeitgebers bestanden hat, kann unter den allgemeinen Voraussetzungen des § 256 ZPO oder, für den Fall der Anwendbarkeit des Kündigungsschutzgesetzes, nach näherer Maßgabe des § 3 Satz 1 KSchG Feststellung dahin begehren, daß die bekämpfte Kündigung das Arbeitsverhältnis nicht aufgelöst hat. Auch ein Auflösungs- und Abfindungsantrag des Arbeitnehmers nach näherer Maßgabe der §§ 7, 8 KSchG setzen die Darlegung und Feststellung voraus, daß ein Arbeitsverhältnis bestanden hat. Demnach konnte das Landesarbeitsgericht gegenüber der Beklagten zu 2) dem Feststellungs-, Auflösungs- und Abfindungsantrag des Klägers nur dann

entsprechen, wenn feststand, daß zwischen dem Kläger und der Beklagten zu 2) ein Arbeitsverhältnis überhaupt bestand.

Das Landesarbeitsgericht hat aber nicht rechtsfehlerfrei festgestellt, daß zwischen dem Kläger und der Beklagten zu 2) überhaupt ein Arbeitsverhältnis bestanden hat. Im Tatbestand des angefochtenen Urteils ist im einzelnen ausgeführt, zwischen den Parteien sei streitig, ob der Kläger auch in einem Arbeitsverhältnis zur Beklagten zu 2) gestanden habe. In den Entscheidungsgründen hat das Landesarbeitsgericht diese Streitfrage nicht ausdrücklich entschieden. Es hat nur an einer Stelle und dazu noch in einem anderen sachlichen Zusammenhang ausgeführt, es könne dahinstehen, ob „das zwischen den Parteien begründete Arbeitsverhältnis" nur mit Zustimmung der Beklagten zu 2) habe gekündigt werden können, da die Beklagte zu 1) jedenfalls die Beklagte zu 2) habe vertreten können und auch vertreten habe. Ob diese in anderem Zusammenhang gemachte beiläufige Ausführung des Landesarbeitsgerichts die Feststellung eines Arbeitsverhältnisses des Klägers mit beiden Beklagten und damit auch mit der Beklagten zu 2) bedeutet, ist nicht klar zu erkennen und mehr als zweifelhaft. Denn wenn beide Beklagten zum Kläger in einem einheitlichen Arbeitsverhältnis standen, konnte das Landesarbeitsgericht nicht offen lassen, ob dann eine einheitliche Kündigung des Arbeitsverhältnisses des Klägers mit beiden Beklagten auch eines bestimmten Tätigwerdens der Beklagten zu 2) bedurfte. Besteht ein Arbeitsverhältnis eines Arbeitnehmers zu mehreren Arbeitgebern und soll dieses mit Wirkung für beide Arbeitgeber einheitlich gekündigt werden, bedarf die Kündigung als Verfügung gemäß § 747 Satz 2 BGB entweder einer Mitwirkung beider Arbeitgeber oder gemäß § 185 BGB der Zustimmung eines Arbeitgebers zu der vom anderen Arbeitgeber vorgenommene Kündigung oder gemäß §§ 164 ff. BGB der Vertretung des einen Arbeitgebers durch den anderen Arbeitgeber beim Ausspruch der Kündigung (vgl. statt aller: Molitor, Die Kündigung, 2. Aufl., 1951, S. 77). Da das Landesarbeitsgericht dahingestellt sein läßt, ob nur mit Zustimmung der Beklagten zu 2) habe gekündigt werden können, und seine weitere Bemerkung, die Beklagte zu 1) habe die Beklagte zu 2) vertreten können, ihrer Formulierung nach noch gar nichts über die Notwendigkeit einer Vertretung für die Wirksamkeit der Kündigung auch hinsichtlich der Beklagten zu 2) besagt, muß ernstlich daran gedacht werden, daß das Landesarbeitsgericht eine Willensäußerung der letzteren überhaupt für überflüssig hielt. Unter diesen Umständen ergibt sich daher aus der beiläufigen Bemerkung des Landesarbeitsgerichts jedenfalls keine zweifelsfreie Feststellung darüber, daß zwischen dem Kläger und der Beklagten zu 2) überhaupt ein Arbeitsverhältnis bestand. Es muß daher als möglich erscheinen, daß kein solches Arbeitsverhältnis bestand. Solchenfalls würde dann jeder Möglichkeit der Boden entzogen sein, gegen die Beklagte zu 2) festzustellen, daß die Kündigung vom 15. November 1955 das Arbeitsverhältnis mit ihr nicht aufgelöst habe, und im Verhältnis zwischen Kläger und Beklagten zu 2) ein Arbeitsverhältnis aufzulösen und die Beklagte zu 2) zur Zahlung einer Abfindung zu verurteilen. Diese Möglichkeit der Fehlerhaftigkeit der im Verhältnis zwischen dem Kläger und der Beklagten zu 2) ergangenen Entscheidung genügt für die Annahme, daß das angefochtene Urteil im Sinne von § 549 Abs. 1 ZPO auf einer kausalen Rechtsverletzung beruht. Das macht in Ermangelung eigener Feststellungs- und Beurteilungsmöglichkeiten des Revisionsgerichts gemäß §§ 564 Abs. 1, 565 Abs. 1, Abs. 3 Ziffer 1 ZPO insoweit die Aufhebung des angefochtenen Urteils und insoweit die Zurückverweisung der Sache zur anderweitigen Verhandlung und Entscheidung an die Vorinstanz notwendig, als das angefochtene Urteil gegen die Beklagte zu 2) ergangen ist.

III. Soweit das angefochtene Urteil den Anträgen des Klägers gegenüber der Beklagten zu 1) entsprochen hat, ist es ebenfalls fehlerhaft.

1. Zu einer Beurteilung der Frage, ob die hier in Rede stehende Kündigung im Sinne von § 1 KSchG sozial ungerechtfertigt ist und ebenso zu einer Auflösung des Arbeitsverhältnisses und zu einer Verurteilung der Beklagten zur Abfindung gemäß §§ 7, 8 KSchG führte, konnte das Landesarbeitsgericht nur kommen, wenn die genannten Vorschriften des Ersten Abschnittes des Kündigungsschutzgesetzes auf das Arbeitsverhältnis des Klägers überhaupt Anwendung fanden. Daß dies zutraf, hat das Landesarbeitsgericht aber nicht festgestellt. Gemäß § 21 Abs. 1 Satz 2 KSchG gelten die Vorschriften des Ersten Abschnittes des Kündigungsschutzgesetzes nicht für sogenannte Kleinbetriebe, in denen in der Regel fünf oder weniger Arbeitnehmer beschäftigt werden. Es fehlt an jeder Feststellung darüber, wieviele Arbeitnehmer in dem Betriebe des C.-Filmtheaters beschäftigt werden. Es spricht auch keine tatsächliche Vermutung dafür, daß nach dem Aufbau unserer Wirtschaft der Betrieb mit mehr als fünf Arbeitnehmern die Regel und der Kleinbetrieb im Sinne von § 21 Abs. 1 Satz 2 KSchG die Ausnahme sei (vgl. BAG 1, 272 [276] und 4, 203 [207]). Demnach ist es nicht ausgeschlossen, daß die vom Landesarbeitsgericht angenommene Sozialwidrigkeit der hier in Betracht kommenden Kündigung ebenso wie die von ihm ausgesprochene Auflösung des Arbeitsverhältnisses und die Verurteilung zur Zahlung

einer Abfindung schon deshalb fehlerhaft sind, weil das Kündigungsschutzgesetz überhaupt nicht zur Anwendung kam. Das genügt ebenfalls für die Annahme einer kausalen Rechtsverletzung im Sinne von § 549 Abs. 1 ZPO und macht in Ermangelung eigener Feststellungs- und Beurteilungsmöglichkeiten des Revisionsgerichts gemäß §§ 564 Abs. 1, 565 Abs. 1, Abs. 3 Ziffer 1 ZPO wiederum die Aufhebung des angefochtenen Urteils und die Zurückverweisung der Sache zur anderweiten Verhandlung und Entscheidung an die Vorinstanz auch insoweit notwendig, als das Landesarbeitsgericht gegen die Beklagte zu 1) erkannt hat.

IV. Bei der erneuten Verhandlung und Entscheidung wird das Landesarbeitsgericht zweckmäßigerweise wie folgt verfahren müssen:

1. Zunächst wird es befinden müssen, ob der Kläger nur zu der Beklagten zu 1) oder auch zur Beklagten zu 2) überhaupt in einem Arbeitsverhältnis gestanden hat. Soweit dies hinsichtlich der Beklagten zu 2) nicht der Fall sein sollte, würde die Klage gegen die Beklagte zu 2) schon aus diesem Grunde abzuweisen sein.

2. Alsdann wird es zu prüfen haben, ob das Arbeitsverhältnis des Klägers unter den Ersten Abschnitt des Kündigungsschutzgesetzes fällt. Würde es dabei zu der Feststellung kommen, daß es sich bei dem C.-Filmtheater um einen Kleinbetrieb im Sinne des § 21 Abs. 1 Satz 2 KSchG handelt, so käme eine Unwirksamkeit der Kündigung jedenfalls nicht aus dem Gesichtspunkt der Sozialwidrigkeit in Betracht, und der auf §§ 7, 8 KSchG gestützte Auflösungs- und Abfindungsantrag des Klägers wäre in keinem Fall begründet.

3. Sollte das Landesarbeitsgericht zu dem Ergebnis kommen, daß der Erste Abschnitt des Kündigungsschutzgesetzes auf das Arbeitsverhältnis des Klägers mit der Beklagten zu 1) oder auf ein Arbeitsverhältnis des Klägers mit beiden Beklagten anzuwenden ist, so wird es die Sozialwidrigkeit der Kündigung nicht schon mit der Begründung bejahen dürfen, die Beklagte zu 1) habe bei Ausspruch der Kündigung deren Gründe nicht angegeben. Die Nichtangabe der Gründe führt auch sonst nicht zu einer Unwirksamkeit der Kündigung. Eine Auflösung des Arbeitsverhältnisses und eine Abfindung selbst kommen übrigens nur im Falle einer sozialwidrigen Kündigung sowie nach der dort gegebenen näheren Regelung in den Fällen des § 11 Abs. 1, Abs. 2 und Abs. 3 KSchG in Betracht. Nach § 1 KSchG ist zwar eine Kündigung nur dann sozial gerechtfertigt und damit rechtswirksam, wenn sie durch die in § 1 Abs. 2 KSchG genannten Gründe gedeckt ist. Das besagt aber nicht, daß diese Gründe dem Arbeitnehmer bereits bei Ausspruch der Kündigung mitgeteilt werden müßten, sofern nicht im Einzelfall auf Grund besonderer einzelver-

traglicher oder kollektiver Vereinbarungen etwas anderes gilt. Die Nichtangabe der Kündigungsgründe außerhalb und, insbesondere zeitlich gesehen, vor dem Kündigungsschutzprozeß hat weder die Sozialwidrigkeit der Kündigung im Sinne des § 1 Abs. 2 KSchG zur Folge, noch ist die Kündigung allein schon aus diesem Grunde unter anderen Gesichtspunkten (§§ 138, 242 BGB) unwirksam. Die soziale Rechtfertigung der Kündigung aus personen- oder betriebsbedingten Gründen ist im Rechtsstreit nachzuprüfen. Wird keine Klage erhoben, so gilt auch die sozial ungerechtfertigte Kündigung rückwirkend als gültig (§ 6 KSchG); im Rechtsstreit hat der Arbeitgeber die Tatsachen zu beweisen, die die Kündigung rechtfertigen (§ 1 Abs. 2 KSchG). Dann kommt es aber auf das tatsächliche Bestehen der Kündigungsgründe und deren Nachweis im Prozeß an, nicht auf die alsbaldige Angabe der Gründe schon bei Ausspruch der Kündigung. Die gegenteilige Meinung des angefochtenen Urteils würde darauf hinauslaufen, daß bei einer nach den Vorschriften des Kündigungsschutzgesetzes zu beurteilenden Kündigung die unterbliebene frühzeitige Angabe der Gründe, die an sich eine Kündigung vielleicht durchaus sozial zu rechtfertigen vermögen, bereits als solche zur Unwirksamkeit der Kündigung wegen Sozialwidrigkeit führen würde. Wie sich aus dem Verhältnis von § 1 Abs. 1 KSchG zu § 1 Abs. 2 KSchG ergibt, ist es aber unstatthaft, außerhalb der abschließenden Regelung des § 1 Abs. 2 KSchG weitere Tatbestände einer sozial ungerechtfertigten Kündigung aufzustellen (vgl. BAG 2, 87 [89]). Das Erfordernis, die Kündigungsgründe vollständig oder zumindest soweit bekannt schon bei Ausspruch der Kündigung anzugeben, würde auch die Einführung einer formellen Kündigungsvoraussetzung bedeuten, die im geltenden Recht keine allgemeine Rechtsgrundlage hat, sondern nur in bestimmten Sonderfällen vorgesehen ist (vgl. § 78 Abs. 1 HGB; § 127 e Abs. 1 GewO). Die insbesondere von Frey (BB 53, 1070) vertretene Auffassung, die Kündigung müsse erschöpfend begründet werden und gehe in diesem Zustand in den Prozeß ein (dagegen insbesondere Oehmann, BB 53, 627 und 1072), kann auch nicht unter allgemeinen Gesichtspunkten, z. B. dem der Wichtigkeit des Arbeitsplatzes und dem der Bedeutung der Kündigungsgründe für die Beurteilung der Aussichten eines Rechtsstreits, gerechtfertigt werden. Diese allgemeinen Erwägungen scheitern daran, daß die Notwendigkeit des Begründungszwangs eben zu einem weiteren Formerfordernis für die Kündigung führt, das einmal im Gesetz keinerlei Grundlage hat und nicht zuletzt auch eine erhebliche Rechtsunsicherheit mit sich bringen würde. Im Einzelfall würden zahlreiche Zweifelsfragen auftauchen, z. B. dahingehend, wie ausführlich die Begründung für die Kündigung sein müßte, ob bei deren Ausspruch bereits alle vorhandenen oder zumindest alle dem Arbeitgeber bekannten Gründe anzugeben sind oder ob gar schon die Beweismittel bezeichnet werden müssen. Die Anhänger des Begründungszwanges bei Ausspruch der Kündigung machen selbst erhebliche Ausnahmen für den Fall, daß die Gründe „offensichtlich" sind, insbesondere bei der personenbedingten Kündigung oder wenn sie mit Rücksicht auf die Person des Gekündigten nicht mitgeteilt werden (z. B. Kündigung wegen unehrenhaften oder strafbaren Verhaltens). Auch diese Ausnahmen würden eine ständige Quelle von Zweifelsfragen sein. Wollte man die Angabe der Kündigungsgründe für notwendig zur Rechtswirksamkeit der Kündigung halten, würde die Entscheidung der oben erwähnten Zweifelsfälle mangels näherer gesetzlicher Ausgangspunkte stets nur zu leicht etwas willkürlich wirken, gleich wie sie im einzelnen Falle auch lauten möge. Nach geltendem Recht kann daher auch im Interesse der Rechtssicherheit mangels besonderer Abreden die Kündigung ohne Angabe der Kündigungsgründe nicht unwirksam und insbesondere auch nicht sozialwidrig sein. Eine Begründung gehört somit nicht zum wesensnotwendigen Inhalt der Kündigungserklärung (BAG in AP Nr. 1 zu § 1 KSchG Betriebsbedingte Kündigung; BGH in AP Nr. 26 zu § 626 BGB; Hueck, KSchG, 3. Aufl., § 1 Anm. 43 a; Herschel-Steinmann, KSchG, 4. Aufl., § 1 Anm. 34; Hueck-Nipperdey, 6. Aufl., 1. Bd., § 56 VI 1; Maus, Handbuch des Arbeitsrechts, VI A Anm. 148 ff.; Nikisch, Arbeitsrecht, 2. Aufl., 1. Bd., S. 568; Oehmann, BB 53, 627 und 1072; für die fristlose Kündigung vgl. auch BAG 2, 245 [251]; 3, 13 [15]; ferner: Urteil des Zweiten Senates des BAG vom 19. Dezember 1957 — 2 AZR 146/55 —; a. M. vor allem Frey, BB 53, 1070; ebenso Lent, AcP 152, 401, der insbesondere eine Offenbarungspflicht aus Gründen der Rechtsklarheit und der Notwendigkeit einer Individualisierung der Kündigung als Gestaltungsrecht annimmt).

Eine ganz andere und hier nicht zu entscheidende Frage ist es, ob dem von der Kündigung betroffenen Arbeitnehmer ein Schadenersatzanspruch erwachsen kann, weil der Arbeitgeber, insbesondere auch auf Befragen, keine Auskunft über die Kündigungsgründe erteilt und dem Arbeitnehmer deshalb ein Schaden, vor allem in Form der Kosten einer erfolglosen Kündigungsschutzklage, entsteht. Ein derartiger Schadenersatzanspruch wird hier nicht geltend gemacht und kann sich niemals auf den durch die Kündigung selbst entstandenen Schaden mit der Folge erstrecken, daß der Arbeitnehmer etwa weiterzubeschäftigen wäre. Die Nichterteilung oder Verweigerung der Auskunft zu den Kündigungsgründen führt als solche eben noch nicht die Unwirksamkeit der Kündigung herbei; das Begehren um Auskunft und die Auskunft selbst betreffen ihrem Wesen nach gar nicht die Aufrechterhaltung des Arbeitsplatzes. Ein Verstoß gegen eine Verpflichtung zur Auskunft kann daher, wenn nicht etwas anderes eindeutig vorgesehen ist, ebenfalls nicht zu einem solchen Ergebnis führen.

Das Landesarbeitsgericht wird also die Frage der Sozialwidrigkeit der Kündigung unter dem Gesichtspunkt neu erörtern müssen, ob in Anbetracht etwaiger gegen den Kläger festgestellter Verfehlungen und unter erschöpfender Prüfung und Abwägung aller nach Lage der Sache vernünftigerweise in Betracht zu ziehenden beiderseitigen Interessen und bei verständiger Würdigung die Kündigung angemessen und billigenswert erscheint (BAG 1, 99 [101] und 117 [120]; BAG in AP Nr. 21, 50 zu § 1 KSchG). Dabei wird das Berufungsgericht zur Vermeidung des materiellrechtlichen Vorwurfs nicht erschöpfender Würdigung aller Umstände auch der Rechtsprechung des Bundesarbeitsgerichts zur Frage der Anhörung des Betriebsrats vor der Kündigung im Hinblick auf § 66 Abs. 1 BetrVG Rechnung tragen müssen, sofern es sich um einen betriebsratspflichtigen Betrieb handelt und ein Betriebsrat besteht (vgl. BAG 4, 306 [310 ff.] mit einer Zusammenfassung der ständigen Rechtsprechung des Bundesarbeitsgerichts).

4. Kommt das Berufungsgericht zu dem Ergebnis, daß entweder das Kündigungsschutzgesetz unanwendbar oder doch die Sozialwidrigkeit der Kündigung zu verneinen ist, so kommt es im Falle des Bestehens eines Arbeitsverhältnisses des Klägers mit beiden Beklagten für die Wirksamkeit der hier geschehenen Kündigung darauf an, ob die Beklagte zu 1) die Kündigung mit Zustimmung der Beklagten zu 2) (§ 185 BGB) oder in deren berechtigten Vertretung (§§ 164 ff. BGB) ausgesprochen hat. Bei einer etwaigen erneuten Beurteilung dieser Frage wird das Berufungsgericht darauf zu achten haben, daß nicht erhebliche Beweisantritte des Klägers übergangen und durch eine unzulässige antezipierte Beweiswürdigung ersetzt werden, wie das bisher möglicherweise insoweit geschehen ist, als das Landesarbeitsgericht es abgelehnt hat, die Zeugin Ingeborg W. gemäß dem Beweisantrag des Klägers darüber zu hören, ob sie der Kündigung zugestimmt habe.

Sollte die Zustimmung der Beklagten zu 2) zur Kündigung erforderlich und auch erteilt sein, so wird das Landesarbeitsgericht dann aber davon auszugehen haben, daß der allgemeine Vorbehalt, den der Kläger bei der Entgegennahme der Kündigung auf dem Kündigungsschreiben machte, mangels einer dahingehenden näheren Präzisierung nicht derart aufgefaßt werden kann, es solle die Nichtvorlage einer Vollmachtsurkunde gemäß § 174 BGB gerügt werden. Die Kündigung bliebe also formell wirksam, was sie an sich auch ohne Vollmachtsurkunde von Anfang an war (Staudinger, 11. Aufl., § 174 Anm. 6). Das Berufungsgericht wird den vom Kläger erklärten Vorbehalt allerdings dann noch unter dem Gesichtspunkt prüfen müssen, ob er nicht die von der Beklagten zu 1) behauptete Vertretungsmacht für die Beklagte zu 2) bestreitet (vgl. § 180 BGB). Falls nämlich die etwa erforderliche Zustimmungserklärung der Beklagten zu 2) erst nach Ausspruch der Kündigung erteilt sein sollte, handelte die Beklagte zu 1) zunächst als Vertreterin ohne Vertretungsmacht, so daß deren Kündigung als einseitiges Rechtsgeschäft nur unter den Voraussetzungen des § 180 BGB gültig war.

5. Sollte das Landesarbeitsgericht bei der erneuten Verhandlung und Entscheidung zu dem Ergebnis kommen, daß die Kündigung des Klägers sozialwidrig war, so bedarf es einer Klarstellung der Anträge. Der Kläger hatte zunächst nur Feststellungsklage nach § 3 KSchG erhoben, in der letzten mündlichen Verhandlung vor dem Berufungsgericht aber beantragt, „eventualiter" das Arbeitsverhältnis gemäß § 7 KSchG aufzulösen und die Beklagten zur Zahlung einer Abfindung zu verurteilen. Das Berufungsgericht hat dem Hauptantrag und dem Eventualantrag stattgegeben. Das wäre richtig, falls der Hilfsantrag für den Fall des Obsiegens mit dem Hauptantrag hinter diesem gestellt sein sollte (sogenannter uneigentlicher Eventualantrag, vgl. die zur Veröffentlichung in der Amtlichen Sammlung vorgesehene Entscheidung des Senats vom 19. Dezember 1958, 2 AZR 390/58 — BAG 7, 165 ff.). Bedeutet dagegen der Gebrauch des Wortes „eventualiter", daß der Kläger in Wahrheit einen echten Eventualantrag stellte, der also nur für den Fall der Erfolglosigkeit des Hauptantrages gelten sollte, so hätte einem so auszulegenden Hilfsantrag nicht stattgegeben werden dürfen. Der Arbeitnehmer muß nämlich den Auflösungsantrag entweder unbedingt oder als uneigentlichen Eventualantrag stellen. Stellt er ihn nur hilfsweise für den Fall, daß er mit seinem in der Hauptsache gestellten Feststellungsantrag nicht durchdringt, so ist er bei Unterliegen mit seinem Hauptantrag ohne weiteres unbegründet (vgl. Herschel-Steinmann, KSchG, 4. Aufl., § 7 Anm. 6 a; Hueck, KSchG, 3. Aufl., § 7 Anm. 5), und bei Obsiegen ist sein Hauptantrag gegenstandslos.

46

Auf einen Vertrag, in dem ein Arbeitgeber 1933 mit einem in die Emigration gedrängten jüdischen Arbeitnehmer die Aufhebung seines Anstellungsverhältnisses gegen eine tragbare Abfindung vereinbart hat, finden §§ 138, 123 Abs. 1 BGB dann keine Anwendung, wenn der Arbeitgeber die Zwangssituation des jüdischen Arbeitnehmers nicht herbeigeführt, nicht verschärft und nicht ausgenutzt hat.

Bundesentschädigungsgesetz i. d. F. vom 29. 6. 1956 — BGBl. I, 562 ff. — §§ 8 Abs. 2, 89; BGB §§ 123 Abs. 1, 138; ArbGG § 2 Abs. 1 Ziff. 2, Abs. 4, § 3.

II. Senat. Urteil vom 23. 3. 1959 i. S. H. u. a. (Kl.) w. D. K. AG (Bekl.) 2 AZR 341/55.

I. Arbeitsgericht Berlin. — II. Landesarbeitsgericht Berlin.

1. Ursprüngliche Klägerin dieses Rechtsstreites war die Witwe des am 6. April 1950 in Buenos Aires verstorbenen Arztes Dr. H. Sie ist im Verlaufe des Rechtsstreites ebenfalls verstorben. Die jetzigen Kläger sind ihre Stiefsöhne und testamentarischen Erben; sie führen den bisherigen Rechtsstreit weiter.

2. Der Erblasser Dr. H. war bei der Beklagten, an deren Gründung er maßgeblichen Anteil hatte, nach näherer Maßgabe eines Vertrages vom 6. September 1926 und eines Zusatzvertrages vom 5. November 1926 als ärztlicher Sachbearbeiter angestellt. Der Vertrag lief auf 10 Jahre mit einer Verlängerungsklausel für jeweils 5 Jahre. Das vereinbarte Entgelt betrug zunächst jährlich 18 000,— RM zuzüglich 3 % Beteiligung am Reingewinn der Gesellschaft. Bei fristgemäßer Kündigung durch die Beklagte oder im Falle der Zurruhesetzung infolge Arbeitsunfähigkeit sollte er eine Pension in Höhe von 65 %, nach seinem Tode seine Witwe eine solche in Höhe von 50 % des Gehaltes beziehen, sofern von der Beklagten Gewinne nach Maßgabe näherer Bestimmungen des Anstellungsvertrages in den einzelnen Wirtschaftsjahren erzielt wurden. Durch Verträge vom 30. Juni 1928, 16. Mai 1929 und 11. Mai 1932 wurden die festen Bezüge auf jährlich 24 000,— RM erhöht und dem Erblasser für seinen Verzicht auf den vorgesehenen Sitz im Vorstand der Beklagten eine Abfindung von 23 860,— RM gewährt.

Im Frühjahr 1933 verlangte die NSBO (Nationalsozialistische Betriebszellenorganisation) von dem Vorstand der Beklagten die Entfernung des Erblassers aus dem Unternehmen mit der Begründung, daß er als Jude nicht mehr tragbar sei. Die Beklagte lehnte das Ersuchen ab. Der

Erblasser und die Beklagte kamen jedoch nach näherer Maßgabe eines Schriftwechsels vom 3. Mai, 22. Mai und 24. Mai 1933 überein, das Vertragsverhältnis zu lösen. Die Beklagte zahlte an den Erblasser vereinbarungsgemäß als Abfindung den Betrag von 60 000,– RM, verzichtete auf eine ihr gegen den Erblasser zustehende Forderung von 38 600,– RM und tilgte eine gegen den Erblasser bestehende Hypothek in Höhe von 29 000,– RM durch Ersteigerung seines in Berlin gelegenen Grundbesitzes. Sein Einverständnis zu dieser Regelung erklärte der Erblasser handschriftlich mit den Worten: „Mit vorstehenden Vereinbarungen, auch zum Schreiben vom 3. Mai 1933, erkläre ich mich, durch die politischen Verhältnisse gezwungen, einverstanden." Das von der Beklagten dem Erblasser nach seinem Ausscheiden erteilte Zeugnis schließt mit dem Satz: „Infolge der durch die politischen Verhältnisse bedingten Gleichschaltung waren wir genötigt, das zwischen Herrn Dr. H. und uns bestehende Vertragsverhältnis zu lösen."

Der Erblasser verließ mit seiner Familie Deutschland im Frühjahr 1933. Er ging zunächst nach Paris. Während seines dortigen Aufenthaltes fand zwischen ihm und Herren der Beklagten ein Schriftwechsel statt, der eine Weiterbeschäftigung des Erblassers zum Gegenstand hatte, aber zu keinem Ergebnis führte. Am 23. Juli 1934 teilte der Erblasser von Paris aus der Beklagten gegen ihren Widerspruch mit, daß er das getroffene Übereinkommen als Ergebnis einer Erpressung betrachte. In der Folge wanderte der Erblasser dann mit seiner Familie nach Buenos Aires aus. Am 15. März 1947 erklärte der Erblasser gegenüber der Beklagten die Anfechtung der Verträge. Auf das Angebot der Beklagten, wieder in ihre Dienste zu treten, machte er seine Entscheidung von der Regelung der gegen die Beklagte erhobenen Forderungen aus den früheren Dienstjahren abhängig.

Die Kläger haben die Ansicht vertreten, die Absprachen, die zum Ausscheiden des Erblassers bei der Beklagten führten, seien wegen Sittenwidrigkeit nichtig, jedenfalls wegen Drohung durch die NSBO im besonderen und durch die nationalsozialistischen Machthaber im allgemeinen anfechtbar und rechtzeitig angefochten. Mit ihrer Ende September 1951 erhobenen Klage haben sie Zahlung von 75 886,– DM rückständigen Gehalts des Erblassers nebst 4 % Zinsen seit Klagezustellung, 60 000,– DM Witwenrente für die Zeit vom 1. April 1950 bis zum 31. März 1955, Auskunftserteilung über die in den Jahren von 1933 bis 1950 erzielten tantièmepflichtigen Gewinne und die Feststellung begehrt, daß die Beklagte verpflichtet ist, an die Witwe des Erblassers vom

1. April 1955 ab monatlich eine im voraus fällige Rente von 1000,– DM zu zahlen.

Die Beklagte hat Klageabweisung beantragt und behauptet, Dr. H. habe die Auflösung des Dienstverhältnisses selbst betrieben. Der Vorstand der Beklagten habe seine Weiterbeschäftigung, wenn auch mit geringerem Gehalt, angestrebt und für durchsetzbar gehalten. Dr. H. sei auch keineswegs unter Druck gesetzt worden; von der Forderung der NSBO habe sich der Vorstand ausdrücklich distanziert. Eine Kollektivdrohung habe 1933 noch nicht vorgelegen. Die gewährte Abfindung sei in Anbetracht der eigenen finanziellen Lage der Gesellschaft außerordentlich großzügig gewesen.

Beide Vorinstanzen haben die Klage abgewiesen mit der Begründung, die Voraussetzungen einer Sittenwidrigkeit und einer Anfechtbarkeit der das Arbeitsverhältnis auflösenden Verträge seien nicht gegeben.

Die Revision der Kläger ist zurückgewiesen worden.

Aus den Gründen:

I. Die Zulässigkeit des Rechtsweges vor den Gerichten für Arbeitssachen hat das Landesarbeitsgericht zutreffend bejaht. § 8 Abs. 2 des Bundesentschädigungsgesetzes in der Fassung vom 29. Juni 1956 – BGBl. I, 562 ff. – (künftig: BEG 1956) – besagt ausdrücklich, daß Ansprüche von Verfolgten gegen Personen des privaten Rechts durch das BEG 1956 unberührt bleiben und daß solche Ansprüche dann, wenn und soweit der Verfolgte Entschädigung nach näherer Maßgabe des BEG 1956 erhält, auf das die Entschädigung leistende Land übergehen. Diese Regelung ergibt, daß es einem Verfolgten durch das BEG 1956 nicht verwehrt ist, neben den Ansprüchen, die ihm nach dem BEG 1956 zustehen, aus einem Verfolgungstatbestand gegen Personen des privaten Rechtes Ansprüche nach allgemeinen – nicht entschädigungsrechtlichen – Rechtsvorschriften herzuleiten. Im vorliegenden Rechtsstreit verfolgen die Kläger Ansprüche gegen die Beklagte als eine Person des privaten Rechtes auf arbeitsrechtlicher Grundlage, weil sie die Rechtfertigung ihrer in diesem Prozeß geltend gemachten Ansprüche daraus herleiten, das Anstellungsverhältnis des Erblassers bei der Beklagten sei trotz des Aufhebungsvertrages von 1933 nicht beendet. Damit machen sie Ansprüche geltend, für die die Arbeitsgerichtsbarkeit zuständig ist. Für die mit der Klage verfolgten Ansprüche auf Zahlung rückständigen Gehaltes und auf Auskunft über tantièmepflichtige Gewinne folgt die arbeitsgerichtliche Zuständigkeit aus § 2 Abs. 1 Ziff. 2 ArbGG; soweit die Zahlung rückständiger und künftiger Witwenrente verlangt wird, ergibt sich die arbeitsgerichtliche Zuständigkeit aus § 3 ArbGG. Daß auch für die Kläger, die als Rechtsnachfolger ihrer Eltern die Ansprüche verfolgen, die arbeitsgerichtliche Zuständigkeit gegeben ist, ergibt sich aus § 2 Abs. 4 ArbGG.

II. 1. In sachlicher Beziehung hängt die Berechtigung der Klagebegehren neben anderem in jedem Fall von der Frage ab, ob die zwischen dem Erblasser und der Beklagten im Frühjahr 1933 vereinbarte Aufhebung des Anstellungsverhältnisses des Erblassers rechtsbeständig ist oder nicht. Denn wenn die Rechtsbeständigkeit dieser Absprache und damit die wirksame Beendigung des Anstellungsverhältnisses des Erblassers mit der Beklagten bejaht werden müßte, ist kein rechtlicher Gesichtspunkt ersichtlich, der die Klagebegehren noch tragen kann.

Nach den vom Landesarbeitsgericht getroffenen tatsächlichen Feststellungen, die von der Revision nicht angegriffen worden und daher gemäß § 561 Abs. 1 ZPO für das Revisionsgericht bindend sind, ist es zu der Aufhebung des Anstellungsverhältnisses des Erblassers mit der Beklagten deshalb gekommen, weil im Jahre 1933 die rassischen Diskriminierungen der Juden einsetzten, der Erblasser diese als eine ihm drohende Gefahr erkannte und daraus die Konsequenzen zog, indem er die vereinbarte Auflösung seines Anstellungsverhältnisses mit der Beklagten zu den oben näher geschilderten Bedingungen betrieb und auswanderte. Es ist weiter vom Landesarbeitsgericht festgestellt worden, daß die Beklagte nicht die Initiative zur Auflösung des Anstellungsverhältnisses mit dem Erblasser ergriffen, sondern im Gegenteil damals trotz der von nationalsozialistischen Stellen erhobenen gegenteiligen Forderungen den Standpunkt vertreten hat, daß sich eine Weiterbeschäftigung des Erblassers bei ihr noch ermöglichen lasse.

3. Aus diesen Feststellungen des Landesarbeitsgerichts ergibt sich, daß die Auflösung des Anstellungsverhältnisses des Erblassers mit der Beklagten eine Folge der kollektiven rassischen Diskriminierung war, die das damalige nationalsozialistische Regime gegen jüdische Mitbürger entfachte. Diese menschenrechtswidrigen Maßnahmen waren kollektive Unrechtsmaßnahmen, die vor keiner Rechtsordnung Bestand haben können.

4. Eine davon zu unterscheidende Frage ist jedoch, ob diese nationalsozialistischen Unrechtsmaßnahmen im Verhältnis des Erblassers bzw. der Kläger einerseits und der Beklagten andererseits zu der Annahme

führen, daß der Aufhebungsvertrag vom Frühjahr 1933 sittenwidrig im Sinne des § 138 BGB oder nach § 123 Abs. 1 BGB anfechtbar war. Das ist zu verneinen.

a) Das vom nationalsozialistischen Staat viele Jahre hindurch gesetzte Unrecht und seine weittragenden Auswirkungen auf allen Lebensgebieten haben ein nicht mehr entwirrbares Rechtschaos hinterlassen. Es steht als unbezweifelbar fest, daß damals von autoritären Kräften getragene kollektive Phänomene das Unrecht gesetzt und verwirklicht haben. Inwieweit der einzelne Deutsche an dieser nazistischen Unrechtssetzung beteiligt war, steht dagegen nicht ohne weiteres fest. Es gibt viele Deutsche, die an der Unrechtsetzung des nationalsozialistischen Staates nicht beteiligt waren, ihr der Sache nach ferngestanden haben oder sich ihr widersetzt haben. Soweit die nationalsozialistische Unrechtsetzung bei den vom Nazismus Verfolgten zu Schäden geführt haben, müssen diese Schäden von der jetzigen deutschen Gemeinschaft als solchen getragen werden, wie das nach näherer Maßgabe des Bundesentschädigungsgesetzes und der sonstigen Wiedergutmachungsgesetzgebung geschieht. Es ist ein unzweifelhaftes Gebot der Gerechtigkeit, daß das aus der Mitte der deutschen Rechtsgemeinschaft entstandene nationalsozialistische Unrechtssystem in seinen Folgen von der heutigen deutschen Rechtsgemeinschaft deshalb wieder gutgemacht wird, weil es in ihrem Bereich entstehen konnte und entstanden ist. Der Gerechtigkeitsgedanke verbietet jedoch, für die Folgen des nationalsozialistischen Unrechtssystems den einzelnen Deutschen ohne weiteres und unmittelbar in Anspruch zu nehmen, ohne zu klären, ob er selbst und für sich an dem nationalsozialistischen Unrechtssystem und an den von ihm bewirkten Schäden im Einzelfall rechtswidrig und schuldhaft mitgewirkt hat. Eine gegenteilige Ansicht müßte zwangsläufig dem nationalsozialistischen Unrecht neues Unrecht folgen lassen, weil es dann möglich wäre, jemanden für die nazistischen Unrechtsfolgen in Anspruch zu nehmen, obwohl er dazu keinen rechtswidrigen und schuldhaften Unrechtsbeitrag gesetzt hat. Im Grundsätzlichen haben der Bundesgerichtshof (Urteil vom 11. Februar 1953 — II ZR 51/52 — NJW 1953, 542 [544]) und das Bundesverwaltungsgericht (Urteil vom 29. Januar 1959 — BVerwG II C 119.57 — NJW 1959, 1289 [1290]) zu dieser Frage die gleiche Auffassung vertreten, und der Senat schließt sich ihr mit dem soeben gekennzeichneten Inhalt an.

b) Aus dieser soeben gekennzeichneten Wertung muß auch die Frage beantwortet werden, inwieweit der Aufhebungsvertrag zwischen dem Erblasser und der Beklagten vom Frühjahr 1933 sittenwidrig war und inwieweit dabei der Erblasser zu seiner Willenserklärung widerrechtlich durch eine Drohung bestimmt worden ist (§ 123 Abs. 1 BGB). Wie es das erörterte Gerechtigkeitsprinzip erfordert, daß Folgen des nazistischen Unrechtssystems wohl von der deutschen Rechtsgemeinschaft als solchen zu tragen sind, dem einzelnen jedoch nur dann zur Last gelegt werden dürfen, wenn er die in Rede stehenden Unrechtsfolgen rechtswidrig und schuldhaft mitverursacht hat, so ist es auch bei einer Prüfung des vorliegenden Sachverhaltes unter dem Gesichtspunkt der §§ 138, 123 Abs. 1 BGB notwendig, den einzelnen nur dann mit dem sich aus der Anwendung dieser Vorschriften ergebenden Verdikt und den sich daraus ergebenden Folgen zu belegen, wenn das mit allgemeinen Gerechtigkeitserwägungen zu vereinbaren ist.

c) Die Vorschrift des § 138 BGB geht von dem Leitgedanken aus, daß im rechtsgeschäftlichen Verkehr niemand die ihm von der Rechtsordnung eingeräumte Macht, im Wege der Vertragsfreiheit Rechtsverhältnisse inhaltlich zu gestalten, in einer gegen das ethische Minimum des Gerechtigkeitsgedankens verstoßenden Weise mißbrauchen darf. Das Leitbild des § 123 Abs. 1 BGB ist in seinem hier interessierenden Inhalt von einem ähnlichen Prinzip beherrscht, nämlich, daß in einer echten Rechtsordnung der rechtsgeschäftliche Entschließungswille des einzelnen frei und unbeeinflußt von widerrechtlich erregten Furchtvorstellungen und damit frei von Drohungseinflüssen sein muß.

d) Mit diesen vom allgemeinen Gerechtigkeitsgedanken her orientierten Prinzipien und Leitbildern der §§ 138, 123 Abs. 1 BGB kann man jedoch den besonderen Umständen, unter denen der Aufhebungsvertrag von 1933 geschah, nicht gerecht werden. Das ergibt sich aus folgendem:

Gegen den Erblasser als jüdischen Mitbürger hatte sich bereits 1933 faktisch ein Unrechtssystem ausgewirkt, über dessen Vorliegen im Jahre 1933, entgegen manchen anders lautenden Erwägungen der Vorinstanzen und auch der Beklagten, einfach deshalb nicht zu streiten ist, weil es ihn aus einer erfolgreichen Lebensstellung mit seiner Familie in das ungewisse Schicksal der Emigration trieb. Wenn der Erblasser von den wirtschaftlichen Werten, die in seinem bei der Beklagten rechtmäßig begründeten Anstellungsverhältnis bis dahin verkörpert waren, etwas für sich und seine Familie retten wollte, konnte er nur noch versuchen, das Anstellungsverhältnis mit der Beklagten im Wege eines Aufhebungsvertrages zu lösen und dabei eine geldliche Abfindung zu erreichen. Unternahm er einen solchen Versuch nicht, und emigrierte er ohne Vereinbarung über die Auflösung seines Anstellungsverhältnisses gegen eine

Abfindung, so konnte er nicht erwarten, von seinen in seinem Anstellungsverhältnis verkörperten Vermögenswerten etwas für sich zu retten. Er mußte für einen solchen Fall in Rechnung stellen, daß die Beklagte auch rechtlich nicht gehalten war, ihm für die Dauer der von ihr nicht zu vertretenden emigrationsbedingten Unmöglichkeit seiner Dienstleistung eine Vergütung zu zahlen (§ 323 BGB).

Von dieser Zwangssituation aus, in die der Erblasser damals durch das nazistische Unrechtssystem getrieben war, muß gerechterweise auch das Verhalten der Beklagten gewürdigt werden, als sie mit dem Erblasser den Aufhebungsvertrag schloß. Sie hatte den für den Erblasser gegebenen Emigrationszwang nicht verursacht, sie konnte ihn auch nicht abwenden oder abmildern. Ihr blieben angesichts der Zwangssituation des Erblassers nur zwei Möglichkeiten: Sie konnte sich dem Verlangen des Erblassers auf einverständliche Auflösung seines Anstellungsverhältnisses gegen Vereinbarung einer Abfindung versagen und ihn dadurch zwingen, ohne teilweise Rettung der in seinem Anstellungsverhältnis verkörperten Vermögenswerte in die Emigration zu gehen; dabei brauchte sie wegen der dann von ihr nicht zu vertretenden emigrationsbedingten Unmöglichkeit der Dienstleistung des Erblassers diesem keine Vergütung zu zahlen. Oder sie konnte seinem Auflösungs- und Abfindungsverlangen in irgendeiner mehr oder weniger für den Erblasser tragbaren Form entsprechen.

Aus dieser Konfrontierung der bei dem Erblasser gegebenen Zwangssituation und der für die Beklagte bestehenden Reaktionsmöglichkeiten ergibt sich eindeutig, daß die Beklagte den Erblasser in seiner Unrechtssituation nicht im Stich gelassen hat, was ihr möglich gewesen wäre, sondern daß sie einen Weg gewählt hat, der ihm in seiner damaligen Zwangssituation in einer tragbaren Form geholfen hat. Ein solches Verhalten der Beklagten läßt sich vom Gerechtigkeitsgedanken her nicht mit dem Verdikt der Sittenwidrigkeit und auch nicht mit dem in § 123 Abs. 1 BGB enthaltenen Vorwurf der Ausnutzung beschränkter rechtsgeschäftlicher Entschließungsfreiheit belegen. Die Richtigkeit dieser Gerechtigkeitsüberlegung ergibt sich aus einer Art gedanklichen Gegenprobe: Hätte die Beklagte sich 1933 dem Verlangen des Erblasser auf Auflösung seines Anstellungsverhältnisses und auf Gewährung einer finanziellen Abfindung versagt, so hätte sie für die Dauer seiner Emigration wegen der dadurch gegebenen und von ihr nicht zu vertretenden Unmöglichkeit der Dienstleistung des Erblassers keine Dienstvergütung an den Erblasser zu zahlen brauchen. Sein Anstellungsverhältnis mit der Beklagten hätte spätestens mit der späteren nazistischen Rassegesetzgebung ein von dem nazistischen System diktiertes Ende gefunden, ohne daß die Beklagte etwas dazu zu tun brauchte. Nach Kriegsende konnte die Beklagte für sämtliche Schädigungsfolgen die nazistischen Gewalthaber und ihr System verantwortlich machen und den Erblasser auf die Regelung der Entschädigungsgesetzgebung einschließlich des § 89 BEG 1956 verweisen; der Vorwurf des sittenwidrigen Handelns und der ungerechtfertigten Ausnutzung eingeschränkter Entschließungsfreiheit blieb ihr in jedem Falle erspart, und zwar deshalb, weil sie einfach nichts getan hatte. Es liegt klar zutage, daß derjenige, der dem durch die Unrechtssituation betroffenen jüdischen Mitbürger damals in einer tragbaren Form geholfen hat, wie das die Beklagte tat, rechtsethisch höher steht als der, der nichts tat. Diese Erwägungen verbieten es, auf den hier in Rede stehenden Auflösungsvertrag des Erblassers mit der Beklagten die §§ 138, 123 Abs. 1 BGB anzuwenden.

e) Daß diese hier vertretene Auffassung auch die des Gesetzgebers des BEG 1956 ist, ergibt sich in etwa auch aus der Gesamtregelung des § 89 BEG 1956. Wenn darin vorgesehen ist, daß der Verfolgte gegen seinen früheren Arbeitgeber oder dessen Rechtsnachfolger einen Anspruch auf Einräumung seines früheren oder eines gleichwertigen Arbeitsplatzes hat, d. h. einen Anspruch auf Neubegründung seines früheren Arbeitsverhältnisses hat (vgl. van Dam — Loos, BEG, 1957, § 89 Anm. 2; Blessin-Wilden, BEG, 2. Aufl., 1957, § 89 Anm. 16), so ist dabei vom Gesetzgeber mit in Betracht gezogen, daß regelmäßig zahllose Verfolgte in ihrer damaligen Unrechtssituation rechtsgeschäftliche Abmachungen über die Aufhebung ihres Arbeitsverhältnisses getroffen haben und treffen mußten, ohne daß diese schon deshalb als sittenwidrig oder anfechtbar im Sinne von §§ 138, 123 Abs. 1 BGB zu bewerten sind, weil mit ihnen lediglich der Unrechtssituation der Verfolgten Rechnung getragen wurde.

5. Aus dem früheren Anstellungsverhältnis des Erblassers können somit die Kläger ihre Klageansprüche nicht herleiten, weil dieses durch den Aufhebungsvertrag von 1933 im Verhältnis zur Beklagten rechtsgültig sein Ende gefunden hat.

Auch die Regelung des § 89 BEG vermag die Klageansprüche der Kläger nicht zu tragen. Sie sieht nur — wie bereits erörtert — einen Anspruch auf Neubegründung des früheren Arbeitsverhältnisses vor und will auf diesem Wege dem Verfolgten seine früheren Rechte und Positionen wieder beschaffen. Zu einer solchen Neubegründung eines Arbeitsverhältnisses zwischen dem Erblasser und der Beklagten ist es aber nicht gekommen.

47

1. Ein Arbeitgeber kann auf Grund seiner Fürsorgepflicht verpflichtet sein, einen Arbeitnehmer an einem anderen als dem vereinbarten Dienstort zu beschäftigen, wenn das durch in der Person des Arbeitnehmers liegende besondere Gründe geboten und dem Arbeitgeber zumutbar ist. Eine solche Verpflichtung kann insbesondere dann bestehen, wenn dem Arbeitgeber das Recht zusteht, den Arbeitnehmer aus dienstlichen Gründen an einen anderen Dienstort zu versetzen (§ 22 TO.A). Inwieweit eine solche Verpflichtung anzuerkennen ist, bestimmt sich nach dem Grundsatz von Treu und Glauben (§ 242 BGB) und läßt sich nur unter Berücksichtigung aller Umstände des Einzelfalles und unter Abwägung der berechtigten beiderseitigen Interessen entscheiden.

2. Die Einholung eines Obergutachtens steht regelmäßig im pflichtgemäßen Ermessen des Gerichts. Sie ist jedoch dann geboten, wenn eine besonders schwierige Frage zu beurteilen ist, die das Gericht anhand der bereits erstatteten, einander widersprechenden Gutachten nicht selbst klären kann. Das gilt auch dann, wenn vorliegende Gutachten im Wege des Urkundenbeweises verwertet werden, die Parteien sie aber wie Sachverständigengutachten behandelt wissen wollen.

BGB §§ 615, 242; ZPO §§ 286, 287.

IV. Senat. Urteil vom 25. 3. 1959 i. S. T. (Kl.) w. F. B. (Bekl.)
4 AZR 236/56.

I. Arbeitsgericht Kempten. — II. Landesarbeitsgericht Bayern (München).

Die Klägerin war seit dem 25. Mai 1949 als Gesundheitspflegerin beim Staatlichen Gesundheitsamt M. angestellt. Vom 1. Juni bis zum 30. September 1953 war sie auf ihren Antrag aus gesundheitlichen Gründen vom Dienst beurlaubt; während dieser Zeit wurde sie vom 25. Juni bis 4. Juli und vom 14. Juli bis 1. August 1953 wegen Luophobie und paranoider Entwicklung mit Eigenbeziehungen in der Universitätsnervenklinik T. stationär behandelt. Danach versah sie wieder ihren Dienst. Am 22. Mai 1954 wurde sie im Walde umherirrend von der Polizei aufgegriffen und in einem psychischen Ausnahmezustand in das Kreiskrankenhaus M. eingeliefert. Vom 9. Juni 1954 ab war die Klägerin erneut in stationärer Behandlung in der Universitätsnervenklinik T. Diese erklärte die Klägerin mit Schreiben des behandelnden Arztes an die Beklagte vom 7. Juli 1954 und in einem fachärztlichen Gutachten vom 8. August 1954 für vollkommen arbeitsfähig unter der Voraussetzung, daß sie in einer anderen Dienststelle beschäftigt werde. Am 1. September 1954 fand sich die Klägerin im Gesundheitsamt M. ein und zeigte schriftlich die Wiederaufnahme des Dienstes an, wurde aber vom Leiter der Dienststelle wegen schlechter Verfassung wieder nach Hause geschickt mit dem Hinweis, sie möge wegen ihrer Verwendung weitere Nachricht der Regierung in Augsburg abwarten. Mit Schreiben vom selben Tage teilte die Klägerin der Regierung mit, daß sie zwar durch den Vertrauensarzt der Krankenkasse ab sofort arbeitsfähig geschrieben, aber nach dem Urteil ihres Facharztes bis zu einer Versetzung weiter arbeitsunfähig sei; zur Wiederaufnahme ihrer Tätigkeit an einem anderen Gesundheitsamt stehe sie zur Verfügung. Auf Veranlassung des Beklagten wurde die Klägerin darauf durch den Amtsarzt beim Staatlichen Gesundheitsamt in M. untersucht, der in einem Gutachten vom 29. November 1954 zu dem Ergebnis kam, daß die Klägerin als Gesundheitspflegerin dauernd dienstunfähig sei. Unter Bezugnahme auf dieses Gutachten kündigte der Beklagte mit Schreiben vom 14. Februar 1955 das Anstellungsverhältnis zum 30. Juni 1955 und teilte der Klägerin zugleich mit, daß sie über den 27. August 1954 hinaus Bezüge nicht erhalte. Dieses Schreiben wurde aber erst am 14. April 1955 dem Prozeßbevollmächtigten der Klägerin zugestellt, nachdem die Klägerin eine Aufforderung, mit ihrem Vater zur Entgegennahme der nicht näher bezeichneten Regierungsentschließung vorzusprechen, abgelehnt hatte. Auf die Kündigungsschutzklage der Klägerin hat das Arbeitsgericht in einem anderen Verfahren durch Urteil vom 20. September 1955 rechtskräftig festgestellt, daß das Arbeitsverhältnis zum 30. September 1955 gelöst ist.

Die Klägerin begehrt mit der Begründung, sie habe sich zur Verfügung des Beklagten gehalten und sei auch voll einsatzfähig gewesen, Zahlung ihres Gehaltes vom 1. September 1954 bis zum 30. September 1955. Hilfsweise fordert sie diesen Betrag als Schadenersatz, weil der Beklagte sie schuldhaft darüber im unklaren gelassen habe, daß und weshalb er sie nicht mehr beschäftigen wolle; hierdurch seien ihr Rentenbeträge entgangen, die ihr mit Rücksicht auf ihr Beschäftigungsverhältnis gekürzt worden seien; auch hätte sie ihre Arbeitskraft anderweit verwenden können.

Das Arbeitsgericht hat der Klage entsprochen. Das Berufungsgericht hat sie abgewiesen mit der Begründung, die Klägerin sei nach den ärztlichen Feststellungen in vollem Umfange arbeitsunfähig gewesen; zum mindesten sei sie außerstande gewesen, ihren Dienst beim Gesundheitsamt M. zu verrichten. Der hilfsweise geltend gemachte Schadenersatzanspruch sei völlig unsubstantiiert und deshalb unbegründet.

Die Revision der Klägerin führte zur Aufhebung und Zurückverweisung.

Aus den Gründen:

I. Soweit das Berufungsgericht einen Anspruch der Klägerin auf Fortzahlung des Gehalts gemäß § 615 BGB verneint hat, stellt es zutreffend darauf ab, daß die Klägerin als Gesundheitspflegerin bei dem Gesundheitsamt M. angestellt war, also auf diesem Arbeitsplatz ihre Leistungen zu erbringen hatte und nur hier ihre vertragsmäßigen Dienste in einer den Annahmeverzug des Arbeitgebers begründenden Weise anbieten konnte. Voraussetzung hierfür war außer dem tatsächlichen Angebot der Dienste, daß die Klägerin zur Bewirkung der geschuldeten Leistung auch imstande war (§§ 294, 297 BGB). Beides hat das Berufungsgericht ohne revisiblen Verstoß verneint. Nach seinen Feststellungen ist die Klägerin zwar am 1. September 1954 zum Dienstantritt im Gesundheitsamt M. erschienen. Sie hat aber danach mit ihrem am selben Tage an den Beklagten gerichteten Schreiben mitgeteilt, der Vertrauensarzt ihrer Krankenkasse habe sie zwar ab 1. September 1954 arbeitsfähig im Sinne der Reichsversicherungsordnung geschrieben, sie sei aber nach dem Urteil ihres Facharztes bis zur Versetzung arbeitsunfähig; sie stehe zur Wiederaufnahme ihrer Tätigkeit gemäß dem Befunde ihres Facharztes an einem anderen Orte bereit. Es kommt nicht darauf an, daß es, wie die Revision meint, nach dem persönlichen Angebot der Dienste eines weiteren schriftlichen Angebots nicht bedurft hätte. Entscheidend ist, daß die Klägerin, wie das Landesarbeitsgericht feststellt, ihr uneingeschränktes mündliches Erbieten zur Dienstleistung durch das Schreiben vom selben Tage in dem Sinne eingeschränkt hat, daß sie, der Ansicht ihres Facharztes folgend, nur an einem anderen Ort zur Dienstleistung bereit sei. Diese Feststellung ist von der Revision nicht angegriffen. Aus ihr entnimmt das Landesarbeitsgericht zu Recht, daß die Klägerin nicht gewillt war, die Dienste, zu deren Leistung sie sich vertraglich verpflichtet hatte, beim Gesundheitsamt M. zu erbringen.

Auch die weitere Feststellung des angefochtenen Urteils, daß die Klägerin auch gesundheitlich nicht in der Lage war, diese Dienste ordnungsgemäß zu leisten, beruht nicht auf einer Rechtsverletzung (wird ausgeführt).

War somit nach den mit der Revision nicht angreifbaren Feststellungen des Landesarbeitsgerichts die Klägerin zur Leistung der vertragsmäßig geschuldeten Dienste weder fähig noch bereit, so ist der Beklagte mit der Annahme der Dienste nicht in Verzug geraten. Das Landesarbeitsgericht hat daher einen Anspruch der Klägerin auf Weiterzahlung ihrer Bezüge gemäß § 615 BGB bis zum Ablauf der Kündigungsfrist zu Recht verneint.

II. Begründet ist die Revision dagegen, soweit das Landesarbeitsgericht einen Anspruch der Klägerin auch unter dem Gesichtspunkt einer Verletzung der Fürsorgepflicht verneint.

Das Berufungsgericht räumt ein, daß bei einem anderen Beruf die Fürsorgepflicht es vielleicht geboten hätte, den Versuch zu machen, die Klägerin wenigstens bis zur Beendigung des Dienstverhältnisses auf einem anderen Arbeitsplatz zu beschäftigen; es meint aber, daß nach der Art der Tätigkeit der Klägerin ein solcher Versuch dem Beklagten nicht zuzumuten gewesen sei. Diese Erwägung stellt das Landesarbeitsgericht nur hilfsweise an, weil es auf Grund des Gutachtens des Gesundheitsamts M. als sicher annimmt, daß sich an dem Krankheitsbild der Klägerin (Beziehungswahn) bei einem Einsatz auf einem anderen Arbeitsplatz nichts geändert haben würde.

Diesen Ausführungen ist insofern beizutreten, als der Beklagte auf Grund seiner Fürsorgepflicht verpflichtet gewesen sein kann, die Klägerin, die aus gesundheitlichen Gründen auf ihrem bisherigen Arbeitsplatz nicht dienstfähig war, an ein anderes Gesundheitsamt zu versetzen. Zwar war die Klägerin allein für das Gesundheitsamt M. angestellt. Der Beklagte hatte aber nach § 22 TO.A das Recht, die Klägerin aus dienstlichen Gründen an einen anderen Dienstort zu versetzen. Ein so weitgehendes einseitiges Direktionsrecht des Arbeitgebers bringt auf der anderen Seite eine erhöhte Fürsorgepflicht mit sich, die den Arbeitgeber verpflichtet, einen Arbeitnehmer an einem anderen Dienstort zu beschäftigen, wenn das durch besondere in der Person des Arbeitnehmers liegende Gründe geboten und dem Arbeitgeber zumutbar ist. Inwieweit eine solche Verpflichtung im Einzelfalle anzuerkennen ist, bestimmt sich nach dem Grundsatz von Treu und Glauben (§ 242 BGB) und läßt sich nur unter Berücksichtigung aller Umstände des Einzelfalles und unter Abwägung der berechtigten beiderseitigen Interessen entscheiden.

Ein aus der Verletzung der Fürsorgepflicht herzuleitender Anspruch der Klägerin würde allerdings entfallen, wenn die Klägerin, wie das angefochtene Urteil feststellt, überhaupt außerstande war, die Dienste einer Gesundheitspflegerin zu leisten. Dann würde es schon an der Entstehung eines Schadens fehlen. Indessen greift gegenüber dieser Feststellung des Berufungsgerichts die Rüge der Revision durch, daß das Landesarbeitsgericht unter Verletzung des § 286 ZPO den Antrag der Klägerin auf Einholung eines Obergutachtens übergangen habe.

Die Einholung eines Obergutachtens steht allerdings, wie die Erhebung des Sachverständigenbeweises überhaupt, regelmäßig im pflichtgemäßen Ermessen des Gerichts. Es kann von ihr absehen, wenn die vorliegenden Gutachten es in die Lage versetzen, Widersprüche zwischen den einzelnen Sachverständigen aus eigener Sachkenntnis zu entscheiden. Eine Partei hat jedoch Anspruch auf Heranziehung eines Obergutachters, wenn eine besonders schwierige Frage zu beurteilen ist, die das Gericht anhand der bereits erstatteten, einander widersprechenden Gutachten nicht selbst klären kann (vgl. BGH MDR 1953 S. 605). Das war hier der Fall, wie die Darlegungen des angefochtenen Urteils ergeben. Das Gutachten der Universitätsnervenklinik T. ist auf Grund von drei längeren stationären Behandlungen erstattet worden. Es stellt zwar in Übereinstimmung mit dem amtsärztlichen Gutachten fest, daß die Klägerin an einer paranoiden Enwicklung mit Eigenbeziehungen und Luophobie leide. Doch weist es zugleich darauf hin, daß die Krankheitssymptome, die mit der bisherigen Arbeitsstelle in einen engen ursächlichen Zusammenhang gebracht werden, in der Klinik voll abgeklungen sind, und kommt zu dem Ergebnis, daß die Klägerin an jedem anderen Arbeitsplatz als dem Gesundheitsamt M. voll einsatzfähig sei. Das amtsärztliche Gutachten, das nur auf Grund einer ambulanten Untersuchung erstattet wurde und die völlige Arbeitsunfähigkeit der Klägerin in ihrem Beruf als Gesundheitspflegerin feststellt, ist in seiner wissenschaftlichen Begründung zumindest nicht überzeugender als das der Universitätsnervenklinik. Es stellt deshalb keine für die Urteilsfindung sicherere Grundlage dar als jenes. Deshalb konnte sich das Landesarbeitsgericht nicht allein auf dieses Gutachten stützen, zumal nichts in den Urteilsgründen darauf hinweist, daß das Gericht selbst die nötige Sachkunde besaß, um die auch für medizinische Sachverständige schwer zu beurteilende Erkrankung der Klägerin zutreffend einzuschätzen.

Der Einholung eines Obergutachtens steht auch nicht der Umstand entgegen, daß Beweis durch Sachverständige bisher nicht erhoben wurde. Sowohl das Gutachten der Universitätsnervenklinik als auch das des Amtsarztes wurden außerhalb des Rechtsstreits für den Beklagten erstattet und von diesem mit den Personalakten der Klägerin dem Gericht vorgelegt. Das Landesarbeitsgericht hat beide Gutachten demzufolge nur im Wege des Urkundenbeweises würdigen können. Dennoch sind die Gutachten hier wie formale Sachverständigenbeweise zu werten, weil die Parteien sie übereinstimmend als solche behandelt wissen wollten (vgl. BGH MDR 1953 S. 605). Für den Beklagten ergibt sich das ohne weiteres aus der Vorlage der Gutachten zum Beweis seines Vorbringens, für die Klägerin aus dem Antrag auf Einholung eines Obergutachtens, der voraussetzt, daß sie die bisher erstatteten Gutachten ebenfalls wie Sachverständigenbeweise gewürdigt wissen will.

Sollte das Landesarbeitsgericht auf Grund neuer Feststellungen zu dem Ergebnis kommen, daß die Klägerin bei einem anderen Gesundheitsamt den Dienst einer Gesundheitspflegerin hätte versehen können, so ergäbe sich daraus freilich nicht schon ein Schadenersatzanspruch der Klägerin auf Zahlung des entsprechenden Gehalts. Ein solcher Schadenersatzanspruch setzt weiter voraus, daß eine Versetzung der Klägerin dem Beklagten zumutbar war und daß die Unterlassung der Versetzung eine schuldhafte Verletzung der Fürsorgepflicht darstellte. Hierzu bedarf es näherer tatsächlicher Feststellungen, die das Landesarbeitsgericht, gegebenenfalls nach Ausübung der richterlichen Fragepflicht, noch zu treffen haben wird. So wird der Beklagte darzulegen haben, ob und aus welchen Gründen ihm eine Versetzung der Klägerin an ein anderes Gesundheitsamt alsbald oder zu einem späteren Zeitpunkt nicht möglich oder jedenfalls nicht zumutbar war; dabei kann es bei der Interessenabwägung eine Rolle spielen, ob eine Stelle frei war oder inwieweit anderen Bediensteten eine Umsetzung zugemutet werden konnte. Auch ergibt sich ein Verschulden der Beklagten hinsichtlich der unterlassenen Versetzung, sofern diese organisatorisch möglich und zumutbar war, nicht schon dann, wenn die Dienstfähigkeit der Klägerin an einem anderen Arbeitsplatz nachträglich objektiv festgestellt wird. Denn während der Verzug bei der Annahme der vertraglich geschuldeten Leistung ein Verschulden des Arbeitgebers nicht voraussetzt, kann eine Verletzung der Fürsorgepflicht nur bei einem schuldhaften Verhalten angenommen werden. Ein solches könnte zu verneinen sein, wenn etwa der Beklagte bei einer Weiterbeschäftigung der Klägerin mit der Möglichkeit einer Schädigung der vom Gesundheitsamt zu betreuenden Personen rechnen mußte. Hierzu genügt aber nicht die Feststellung des angefochtenen Urteils, daß die Tätigkeit der Klägerin für diese eine erhebliche seelische Belastung bedeutete. Für die Frage, ob dem Beklagten nicht mindestens der Versuch einer Beschäftigung an einem anderen Ort zuzumuten war, kann auch von Bedeutung sein, ob der Beklagte ein Versagen der Klägerin und eine damit verbundene Gefährdung der Erfüllung der dem Gesundheitsamt obliegenden Aufgaben durch eine Beaufsichtigung der Dienstleistungen der Klägerin alsbald hätte feststellen können. Schließlich bedarf es, falls eine Verletzung der Fürsorgepflicht zu bejahen ist, für die Ermittlung der Höhe des Schadens noch der Feststellung, wie sich bei einer Weiterbeschäftigung der Klägerin der weitere Verlauf bis zum Ablauf der Kündigungsfrist mutmaßlich gestaltet hätte; insoweit kommt es auch auf die Behauptung des Beklagten an, die Klägerin habe bereits innerhalb des Zeitraums, für den sie vom Beklagten Gehalt fordert, von der Angestelltenversicherung Ruhegeld wegen dauernder Arbeitsunfähigkeit bezogen.

III. Als begründet erweist sich auch die weitere Rüge der Revision, das Landesarbeitsgericht habe den hilfsweise geltend gemachten Anspruch auf Ersatz entgangenen anderweitigen Arbeitsverdienstes zu Unrecht als unsubstantiiert zurückgewiesen. Einer Substantiierung dieses Anspruchs bedurfte es nämlich im Hinblick auf § 287 ZPO nur, soweit der konkrete Haftungsgrund reicht, also für den Tatbestand, aus dem der Anspruch hergeleitet wird. Dagegen soll der Berechtigte nach dem Sinn dieser Vorschrift der Angabe der Tatsachen enthoben sein, welche auf den Umfang des Schadens schließen lassen. Ihn hat das Gericht gegebenenfalls in freier Beweiswürdigung zu ermitteln.

Als Haftungsgrund wird das Landesarbeitsgericht eine Fürsorgepflichtverletzung des Beklagten in Erwägung zu ziehen haben, die darin liegen kann, daß der Beklagte die Klägerin lange Zeit über ihre Weiterverwendung im unklaren gelassen hat. Nachdem die Klägerin am 1. September 1954 auf ihre Meldung zum Dienst hin mit dem Bemerken nach Hause geschickt worden war, die Regierung werde über die Art ihrer Weiterbeschäftigung entscheiden, hat der Beklagte erst am 14. April 1955 die Kündigung ausgesprochen und der Klägerin zugleich mitgeteilt, daß ihr ab 27. August 1954 keine Vergütung gezahlt werde. Bis zu diesem Zeitpunkt war die Klägerin hinsichtlich der weiteren Gestaltung ihres Dienstverhältnisses lediglich auf Mutmaßungen angewiesen. Ein solches Verhalten des Arbeitgebers gegenüber einem Arbeitnehmer ist mit den Vertragspflichten nicht vereinbar, sofern es nicht durch besondere Gründe gerechtfertigt wird. Hierzu hat das Landesarbeitsgericht keine Feststellungen getroffen, weil es zu Unrecht den Anspruch schon wegen ungenügender Darlegung eines Schadens abgewiesen hat. Entstehung und Höhe des geltend gemachten Schadens ist aber in freier Würdigung gemäß § 287 ZPO festzustellen. Dazu gehört nicht nur die Frage, ob die Klägerin eine andere Beschäftigung hätte bekommen und ausüben können, sondern auch die Feststellung, ob die Klägerin nach dem mutmaßlichen Verlauf der Dinge eine solche Beschäftigung auch angenommen haben würde, wenn ihr der Inhalt des Schreibens vom 14. Februar 1955 früher mitgeteilt worden wäre; hierzu wird die Klägerin dazulegen haben, weshalb sie nach dem 14. April 1955, als ihr der Beklagte seinen Standpunkt mitgeteilt hatte, eine andere Beschäftigung nicht angenommen hat.

48

1. Die Rentenreform allein gibt dem Arbeitgeber noch kein Recht, die Höhe eines vorbehaltlos mit Rechtsanspruch für den Arbeitnehmer festgesetzten betrieblichen Ruhegeldes zu kürzen.

2. Betriebliche Ruhegeldzusagen sind im Zweifel dahin auszulegen, daß der Arbeitgeber dem Arbeitnehmer im Ruhestand höchstens das Gesamteinkommen des Ruheständlers während des Arbeitsverhältnisses oder später das etwa höhere Gesamteinkommen eines vergleichbaren jetzt bei ihm tätigen Arbeitnehmers des betreffenden Betriebes versprechen will. Übersteigen Sozialversicherungsrente und betriebliches Ruhegeld (brutto) dieses Bruttoeinkommen, so kann der Arbeitgeber seine Ruhegeldzusage um den überschießenden Betrag kürzen.

BGB § 242 Ruhegeld; Arbeiterrentenversicherungsneuregelungsgesetz vom 23. 2. 1957; Angestelltenversicherungsneuregelungsgestz vom 23. 2. 1957.

I. Senat. Urteil vom 7. 4. 1959 i. S. K. R. AG (Bekl.) w. W. (Kl.)
1 AZR 573/58.

I. Arbeitsgericht Köln. — II. Landesarbeitsgericht Düsseldorf (Köln).

Der jetzt 71-jährige Kläger war von 1910 bis 1923 und von 1942 bis zum 31. Dezember 1956 als kaufmännischer Angestellter im Dienst der Beklagten. Sein letztes Bruttogehalt stellte sich auf monatlich 654,— DM. Daneben erhielt er, als er noch im Dienst bei der Beklagten stand, vom Beginn seines 65. Lebensjahres an aus der Angestelltenversicherung eine Altersrente, die sich vor der Rentenreform auf monatlich 231,90 DM stellte. Das letzte Gesamteinkommen (brutto) des Klägers aus Gehalt als Arbeitnehmer und aus der Altersrente der Angestelltenversicherung belief sich sonach in der Zeit, in der er noch im Arbeitsverhältnis stand, auf monatlich 885,90 DM.

Die Beklagte hatte ihren Arbeitnehmern durch Betriebsvereinbarung vom 1. Juli 1953 ein Ruhegeld zugesichert. Der maßgebende § 10 dieser Betriebsvereinbarung lautet insoweit:

> „Betriebsangehörige, die 10 Jahre im Dienst der Gesellschaft stehen, erhalten einen Rechtsanspruch auf Ruhegehalt sowie Witwen- und Waisenrente. Die Höhe dieser Leistungen wird von Fall zu Fall vom Arbeitgeber nach Maßgabe des zuletzt bezogenen Gehaltes, der Dauer der Betriebszugehörigkeit, der Familienverhältnisse und der vorhandenen Mittel festgesetzt. Falls eine einschneidende Veränderung der Lage der Gesellschaft dies unvermeidlich macht, ist eine nachträgliche Herabsetzung durch den Arbeitgeber zulässig."

Am 27. September 1956 schrieb der Vorstand der Beklagten wie folgt an den Kläger:

„Herrn
Emil W.
im Hause
Sehr geehrte Herr W.

Nachdem Sie bereits im 69. Lebensjahr stehen, werden wir Sie mit Ihrem Einverständnis am 1. Januar 1957 in den wohlverdienten Ruhestand versetzen.

In Anbetracht Ihrer langen Dienstzeit und der Treue zu unserer Gesellschaft haben wir Ihr monatliches Ruhegehalt auf DM 315,— festgesetzt.

Nach der bei uns üblichen Regelung sind Sie vom 1. Oktober d. J. an zu keiner Tätigkeit mehr im Dienste unserer Gesellschaft verpflichtet, sondern mit diesem Tage beurlaubt.

Wir schließen mit unserem Dank für die geleisteten Dienste in unserer Gesellschaft und wünschen Ihnen noch viele Jahre der Gesundheit in Ihrem Ruhestand."

Der Kläger trat demzufolge mit Wirkung vom 1. Januar 1957 in den Ruhestand. Er erhielt von da an das von der Beklagten in dem Schreiben vom 27. September 1956 versprochene Ruhegeld in Höhe von 315,— DM und als Rente aus der Angestelltenversicherung zunächst weiter 231,90 DM monatlich. Die Rente erfuhr durch die Rentenreform eine Erhöhung auf 532,40 DM, so daß sich die Gesamteinnahmen des Klägers aus betrieblichem Ruhegeld und aus der Rente der Angestelltenversicherung zunächst auf monatlich 847,40 DM stellten.

Am 18. März 1957 schrieb der Vorstand der Beklagten an den Kläger wie folgt:

„Betr.: Ihre Rente aus der Angestelltenversicherung

Wir bitten Sie ausnahmsweise, dem Rechtsunterzeichneten vertraulich die Ihnen monatlich aus der Angestelltenversicherung zukommende Rente bekanntzugeben.

Wie Ihnen bekannt ist, haben wir bisher bei der Festsetzung des Ruhegehaltes unserer Pensionäre nicht nach der Rente aus der Angestelltenversicherung gefragt, sondern unabhängig davon das Ruhegehalt festgesetzt. Durch die Rentenreform wird aber die Grundlage für die Berechnung der Ruhegehälter unserer Pensionsanwärter völlig verändert. Um diesen aber eine ebenso hohe Gesamtversorgung (Sozialversicherungsrente und betriebliche Altersversorgung) zukommen zu lassen, wie sie die bisherigen Pensionäre erhalten haben, möchten wir eine statistische Erhebung anstellen, in welchem Verhältnis die Sozialrente zu dem Ruhegehalt bisher steht.

Da unsere Berechnungen sofort vorgenommen werden müssen, bitten wir Sie, uns Ihre Angaben noch diese Woche zugänglich zu machen.

Indem wir Ihnen schon jetzt unseren Dank für Ihre Hilfe zum Ausdruck bringen, grüßen wir Sie bestens."

Am 17. April 1957 schloß die Beklagte mit Ihrem Betriebsrat eine neue Betriebsvereinbarung, durch die insbesondere der § 10 der Betriebsvereinbarung vom 1. Juli 1953 über das Ruhegeld geändert wurde. Der § 10 der neuen Betriebsvereinbarung vom 17. April 1957 hat insoweit folgenden Wortlaut:

„Betriebsangehörige, die 10 Jahre im Dienst der Gesellschaft stehen, erhalten einen Rechtsanspruch auf Ruhegehalt sowie Witwen- und Waisenrente. Die Höhe dieser Leistungen wird von Fall zu Fall vom Arbeitgeber unter Berücksichtigung der staatlichen Sozialrenten nach Maßgabe des zuletzt bezogenen Gehalts, der Dauer der Betriebszugehörigkeit, der Familienverhältnisse und der vorhandenen Mittel der Gesellschaft festgesetzt. Falls eine einschneidende Veränderung der Bemessungsgrundlagen oder der Lage der Gesellschaft dies erforderlich macht, ist eine angemessene Anpassung durch den Arbeitgeber zulässig."

Mit Schreiben vom 10. Juli 1957 teilte die Beklagte dem Kläger mit, daß sie das ihm ausgesetzte Ruhegeld von monatlich 315,— DM auf monatlich 80,— DM mit Wirkung vom 1. Juli 1957 kürze. Diese Kürzung begründete sie damit, daß die Vertragsgrundlage für die bisherige Pensionsfestsetzung weggefallen sei, weil der Kläger bei Fortzahlung eines betrieblichen Ruhegeldes von 315,— DM durch die Rentenreform mehr als 85 % seines früheren Arbeitseinkommens von 654,— DM erhalten würde.

Der Kläger sieht diese Herabsetzung des ihm zugesagten Ruhegeldes als unzulässig an.

Er hat die Beklagte vor dem Arbeitsgericht auf Zahlung des Unterschiedsbetrages in Anspruch genommen und insoweit obsiegendes Urteil erstritten. Die Berufung und Revision der Beklagten sind zurückgewiesen worden.

Aus den Gründen:

I. Nach § 10 der Betriebsvereinbarung vom 1. Juli 1953, die zur Zeit der Versetzung des Klägers in den Ruhestand im Betrieb der Beklagten galt, haben Betriebsangehörige, die 10 Jahre im Dienst der Gesellschaft stehen, einen Rechtsanspruch auf Ruhegehalt sowie auf Witwen- und Waisenrente. Die Höhe dieser Leistungen wird nach der Betriebsvereinbarung von Fall zu Fall vom Arbeitgeber „nach Maßgabe des zuletzt bezogenen Gehalts, der Dauer der Betriebszugehörigkeit, der Familienverhältnisse und der vorhandenen Mittel" festgesetzt. Falls eine einschneidende Veränderung der Lage der Gesellschaft dies unvermeidlich macht, ist eine nachträgliche Herabsetzung durch den Arbeitgeber zulässig.

Diese Betriebsvereinbarung räumt sonach den Arbeitnehmern und den Ruheständlern der Beklagten einen klaren Rechtsanspruch auf Altersversorgung und Hinterbliebenenversorgung ein. Eine Herabsetzung der zugesagten Versorgungsleistungen ist nur für den Fall zulässig, daß eine einschneidende Veränderung der Lage der Beklagten eine solche Maßnahme erforderlich macht. Insbesondere ist in dieser Betriebsvereinbarung die Sozialrente, die der Arbeitnehmer aus der Sozialversicherung bereits bezieht oder nach seinem Ausscheiden aus dem aktiven Dienst bei der Beklagten beziehen wird, unter den Bemessungsgrundlagen für das von der Beklagten mit Rechtsanspruch grundsätzlich vorbehaltlos versprochene betriebliche Ruhegeld nicht ausdrücklich erwähnt.

Auf Grund dieser Betriebsvereinbarung vom 1. Juli 1953 hat die Beklagte den Kläger mit Schreiben vom 27. September 1956 zum 31. Dezember 1956 in den Ruhestand versetzt und ihm gleichzeitig die Zahlung eines monatlichen Ruhegeldes von 315,— DM zugesichert. Die Rechte und Pflichten der Parteien aus dem Ruhestandsverhältnis des Klägers zu der Beklagten bestimmen sich sonach nach der Betriebsvereinbarung vom 1. Juli 1953 und nach dem Schreiben vom 27. September 1956. Zwar hat die Beklagte am 17. April 1957 mit ihrem Betriebsrat eine neue Betriebsvereinbarung vereinbart, in der eine Änderung der Betriebsvereinbarung vom 1. Juli 1953 insoweit vorgesehen ist, als nunmehr das betriebliche Ruhegeld auch unter Berücksichtigung der staatlichen Sozialrente festgesetzt wird, und in der weiter bestimmt ist, daß eine Anpassung des betrieblichen Ruhegeldes auch dann erfolgen kann, wenn eine einschneidende Veränderung der Bemessungsgrundlagen, zu denen nunmehr auch die Sozialrente gehören soll, eine solche Anpassung erforderlich macht. Diese Betriebsvereinbarung vom 17. April 1957 ist aber auf das Ruhestandsverhältnis des Klägers nicht anzuwenden, da sie erst nach der Versetzung des Klägers in den Ruhestand zustande gekommen ist. Der Senat verweist insoweit auf die Entscheidung des Großen Senats vom 10. März 1956 — GS 1/55 — BAG 3, S. 10 — und die Entscheidung des Vierten Senats vom 17. Dezember 1958 — 4 AZR 395/57 — AP Nr. 47 zu § 242 BGB Ruhegehalt.

II. Die von der Beklagten vorgenommene Festsetzung des Ruhegeldes von monatlich 315,— DM ist zwar keine arbeitsvertragliche besondere Vereinbarung, wie das Berufungsurteil angenommen hat; sie stellt sich vielmehr als die Festsetzung der Leistung dar, die durch die Betriebsvereinbarung vom 1. Juli 1953 dem Arbeitgeber übertragen und die deshalb unter Berücksichtigung der §§ 315 ff. BGB vorzunehmen ist.

An diese Festsetzung, die auch von dem Kläger nicht angegriffen worden ist, ist die Beklagte gebunden. Durch die Festsetzung selbst ist die der Beklagten obliegende Leistung auf monatlich 315,— DM bestimmt und dem Kläger ein Rechtsanspruch auf diesen Betrag eingeräumt worden.

Aus dem Schreiben vom 27. September 1956 ist auch nicht zu ersehen, daß die Beklagte die Festsetzung des Ruhegeldes zunächst nur für eine beschränkte Zeit — etwa bis zum Inkrafttreten der damals bereits bevorstehenden Rentenreform — vornehmen wollte. Wenn die Beklagte ihre in dem Schreiben vom 27. September 1956 vorgenommene Festsetzung der Höhe des Ruhegeldes zeitlich beschränken wollte, hätte sie dies dem Kläger eindeutig erkennbar machen müssen. Von selbst versteht sich eine solche zeitliche Beschränkung der vorgenommenen Festsetzung nicht. Es ist vielmehr nach dem eindeutigen Wortlaut des Schreibens davon auszugehen, daß die Festsetzung von 315,— DM nicht nur für eine beschränkte Zeit erfolgt ist. Die Beklagte ist deshalb an diese Festsetzung grundsätzlich auch über das Inkrafttreten der Rentenreform hinaus gebunden.

Auch eine Anfechtung der in dem Schreiben vom 27. September 1956 vorgenommenen Festsetzung wegen Irrtums oder Täuschung scheidet aus. Die Beklagte trägt selbst nicht vor, daß sie sich bei der durch das Schreiben vom 27. September 1956 vorgenommenen Festsetzung des betrieblichen Ruhegeldes für den Kläger über die Höhe der bereits damals diesem gewährten Rente aus der Angestelltenversicherung geirrt habe oder daß der Kläger insoweit unrichtige Angaben gemacht habe. Aus ihren eigenen Ausführungen ergibt sich vielmehr, daß die Beklagte sich im Einzelfall nach der dem Ruheständler zufließenden Rente aus der Sozialversicherung nicht erkundigt hat, daß sie vielmehr insoweit von bestimmten Erfahrungssätzen ausgegangen ist. Damit scheidet eine Anfechtung der vorgenommenen Festsetzung wegen Willensmangels aus.

III. Die Beklagte kann sich auch zur Rechtfertigung der von ihr am 10. Juli 1957 vorgenommenen Kürzung des Ruhegehaltes auf monatlich 80,— DM nicht darauf berufen, daß sie die Festsetzung der betrieblichen Ruhegelder für ihre in den Ruhestand tretenden Arbeitnehmer allgemein und auch im Fall des Klägers dem Betrag nach von der Höhe der Rente aus der Angestelltenversicherung, die der Ruheständler erhalte, nach allgemeinen Erfahrungssätzen abhängig gemacht habe; sie kann daraus insbesondere nicht herleiten, daß sie bei einer Änderung der sich aus diesen Erfahrungssätzen ergebenden Rentenhöhe auch zu einer Änderung der von ihr festgesetzten betrieblichen Ruhegelder befugt sei.

Dem widerspricht nicht nur der Wortlaut der Betriebsvereinbarung vom 1. Juli 1953 und des Schreibens an den Kläger vom 27. September 1956, sondern insbesondere auch das Schreiben der Beklagten an den Kläger vom 18. März 1957. Dies hat das Landesarbeitsgericht zutreffend ausgeführt. In dem Schreiben vom 18. März 1957 ist mit völliger Klarheit und ohne jeden Vorbehalt gesagt, daß die Beklagte bisher bei der Festsetzung der Ruhegelder ihrer in den Ruhestand tretenden Arbeitnehmer nicht nach der Rente aus der Angestelltenversicherung gefragt habe, sie habe vielmehr unabhängig von der Rente aus der Angestelltenversicherung das betriebliche Ruhegeld festgesetzt. Dieser eindeutige Inhalt des Schreibens vom 18. März 1957 schließt die Behauptung der Beklagten aus, sie habe erkennbar auch für den Kläger die Festsetzung der Ruhegelder mit Rücksicht auf die Höhe der dem einzelnen Ruheständler zustehenden Rente aus der Sozialversicherung vorgenommen. Das Landesarbeitsgericht konnte bei dieser Sachlage mit Recht von der Vernehmung der von der Beklagten benannten Zeugen, von denen einer im übrigen Vorstandsmitglied der Beklagten und deshalb als Zeuge ungeeignet ist, Abstand nehmen. Denn der Beweisantritt, daß „die betrieblichen Renten nur einen Zusatz zur gesetzlichen Rente darstellen sollten, was auch dem Kläger bekannt war bzw. bekannt sein mußte", ist im Hinblick auf die klare Erklärung der Beklagten vom 18. März 1957 unerheblich; die Beklagte hat nämlich selbst nicht vorgetragen, daß ihre Erklärung vom 18. März 1957 unrichtig gewesen wäre. Ebenso unbegründet ist die auf die §§ 139, 286 ZPO gestützte Revisionsrüge, daß das Landesarbeitsgericht zu Unrecht angenommen habe, die Beklagte habe lediglich ihre Rückstellungen beschränken wollen. Denn dieser Gesichtspunkt ist für das angefochtene Urteil nicht tragend, und für die Entscheidung kommt es auf ihn nicht an.

IV. Die Rechtslage würde aber selbst dann keine andere sein, wenn die Höhe der Rente aus der Sozialversichernug mit Bemessungsgrundlage für die im Zeitpunkt der Versetzung des Klägers in den Ruhestand vorgenommene Festsetzung des betrieblichen Ruhegeldes gewesen wäre. Denn auch das würde die Beklagte mangels eines besonderen Vorbehalts nicht berechtigen, bei einer Erhöhung der Sozialversicherungsrenten ohne weiteres das der Höhe nach rechtswirksam und endgültig fest und ohne jeden Vorbehalt zugesagte Ruhegeld hinabzusetzen. Hat der Arbeitgeber einmal rechtsverbindlich dem Arbeitnehmer bei der Versetzung in den Ruhestand einen bestimmten Betrag als monatliches Ruhegeld zugesichert, so ist er nach dem Grundsatz, daß rechtswirksam eingegangene Verbindlichkeiten auch so, wie sie eingegangen sind, zu erfüllen sind, grundsätzlich nicht befugt, seine vorbehaltlos abgegebene Zusage einseitig zu ändern, und zwar auch dann nicht, wenn sich eine der bei der Festsetzung berücksichtigten Bemessungsgrundlagen nachträglich ändert. Eine solche Befugnis steht ihm nur dann zu, wenn er eindeutig einen entsprechenden Vorbehalt bereits bei Erteilung der Zusage oder Festsetzung des betrieblichen Ruhegeldes gemacht hat. Die Grundsätze über den Wegfall der Geschäftsgrundlage, die im Hinblick auf die Notwendigkeit der Vertragstreue nur mit großer Vorsicht angewendet werden können, scheiden in Fällen der vorliegenden Art, wie auch hier, regelmäßig aus. Das gilt sowohl für die sogenannte subjektive Geschäftsgrundlage wie auch für den Wegfall der objektiven Geschäftsgrundlage (vgl. einerseits Enneccerus-Nipperdey, Allg. Teil, § 177, III, andererseits § 177 V).

V. Eine Änderung der Rechtslage hinsichtlich der Höhe der zugesagten betrieblichen Altersrente kann nach den Umständen des einzelnen Falles sich jedoch daraus ergeben, daß die große Rentenreform des Jahres 1957 (Arbeiterrentenversicherungsneuregelungsgesetz vom 23. Februar 1957 und Angestelltenversicherungsneuregelungsgesetz vom 23. Februar 1957) die Sozialversicherungsrenten für die Alters- und Invalidenversorgung der Arbeitnehmer auf eine völlig neue Grundlage gestellt hat. Während vor dem Inkrafttreten dieser Gesetze die Arbeitnehmer aus der Sozialversicherung im Alter oder in der Invalidität lediglich einen — in der Regel kaum zureichenden — Zuschuß zur Bestreitung ihres Lebensunterhalts erhielten, ist nunmehr die Sozialrente zu einer Lebensgrundlage geworden; die Rentner sind aus der Nähe des Fürsorgeempfängers in die Nachbarschaft des Lohnempfängers gerückt. „Damit beginnt sich eine Kluft zu schließen, die sich durch die unterschiedliche Entwicklung der Einkommen derjenigen, die im Produktionsprozeß stehen, und solcher, die aus ihm ausgeschieden sind, aufgetan hat" (vgl. die Begründung zum Regierungsentwurf des Gesetzes zur Neuregelung des Rechts der Rentenversicherung, Bundestags-Drucks. Nr. 2437, II. Wahlperiode). Aufgabe der Rentenreform war sonach nicht nur die Anpassung der bisher gezahlten Renten an gesteigerte Lebenshaltungskosten. Vielmehr sollte mit der Rentenreform eine grundlegende Neuregelung der Altersversorgung und der Versorgung im Invaliditätsfall erreicht werden. Die Rentenreform des Jahres 1957 unterscheidet sich sonach entscheidend von sonstigen Fällen einer Erhöhung der Renten aus der Sozialversicherung. Sie hat dazu geführt, daß der Schwerpunkt der Versorgung der Arbeitnehmer im Alter und in der Invalidität in weitaus stärkerem Maße als bisher bei den staatlichen Sozialrenten liegt.

Gleichwohl hat aber die Rentenreform betriebliche Ruhegelder nicht etwa überflüssig oder gegenstandslos gemacht; sie sind trotz der Umgestaltung der Sozialversicherung weiterhin sozial erwünscht und gerechtfertigt. Die Geschäftsgrundlage für betriebliche Versorgungsversprechen ist durch die Rentenreform allein noch nicht weggefallen. Der Zweck solcher Versorgungsversprechen, dem Ruheständler einen Zuschuß zu den Sozialrenten zu gewähren, ist nach wie vor gegeben und erfüllbar. Die Opfergrenze des Vertrages ist nicht überschritten. Daher gibt auch die im allgemeinen erhebliche Erhöhung der Sozialversicherungsrenten durch die neue Gesetzgebung mangels entsprechender ausdrücklicher Vorbehalte des Arbeitgebers in der Pensionszusage dem Arbeitgeber auch unter Berücksichtigung der in Rechtsprechung und Schrifttum entwickelten Grundsätze über die Bedeutung des Wegfalls oder der Änderung der Geschäftsgrundlage noch keinen berechtigten Grund zur Herabsetzung fest zugesagter Ruhegelder. Auch insoweit gilt vielmehr der Grundsatz, daß der Arbeitgeber von ihm freiwillig eingegangene Verpflichtungen so zu erfüllen hat, wie er sie übernommen hat.

Der Gesetzgeber hat auch davon Abstand genommen, allgemein im Zuge der Rentenreform des Jahre 1957 den Arbeitgebern, die betriebliche Ruhegelder zugesichert oder gewährt haben, nachzulassen, rechtswirksam und unwiderruflich eingegangene Versorgungszusagen im Hinblick auf die Rentenerhöhungen zu widerrufen oder zu beschränken.

VI. Es ist jedoch notwendig, die Höhe der neuen Sozialversicherungsrenten, die sich inhaltlich als Ruhegelder zur Versorgung der Arbeitnehmer im Alter und in der Invalidität darstellen und diesem Ziel dienen sollen, in Verbindung zu setzen mit den Ruhegeldern, die vom

Arbeitgeber mit der gleichen Zweckbestimmung gewährt werden. Beide Leistungen — Sozialversicherungsrente und betriebliches Ruhegeld — dienen einem Ziel, der Versorgung des Arbeitnehmers im Alter oder in der Invalidität. Der Sinn des Ruhegehaltes ist es seinem Begriff nach, dem Arbeitnehmer nach einem langen Arbeitsleben oder im Falle der Invalidität eine Sicherung zu geben, die es ihm ermöglicht, ohne erhebliche Einschränkung seiner bisherigen, aus seinem Einkommen als Arbeitnehmer bestrittenen Lebenshaltung das Alter sorgenfrei zu verbringen.

Wenn es auch im allgemeinen gebräuchlich ist und als genügende Versorgung angesehen wird, daß der Ruheständler insgesamt Bezüge von seinem früheren Arbeitgeber und aus der Sozialversicherung — beide zusammengenommen — bezieht, die etwas unter dem Arbeitseinkommen des auf einem gleichartigen Arbeitsplatz beschäftigten noch aktiven Arbeitnehmers liegen, so ist es doch nicht Aufgabe der Rechtsprechung, ohne eindeutige gesetzliche Grundlage einen bestimmten Prozentsatz eines solchen Arbeitseinkommens festzulegen, den die Gesamtbezüge eines Ruheständlers aus betrieblichem Ruhegeld und Sozialversicherung nach dem Sinn einer jeden Altersfürsorge nicht übersteigen dürfen. Dazu sind auch die Besonderheiten eines jeden einzelnen Falles zu vielgestaltig. Sie schließen es aus, einen solchen allgemeinen Prozentsatz festzustellen.

Sinn einer Altersfürsorge, sei es auf vertraglich-betrieblicher Basis, sei es auf sozialversicherungsrechtlicher Ebene, ist es aber grundsätzlich nicht, dem Arbeitnehmer durch Sozialrenten und betriebliches Ruhegeld, beide als Grundlagen der Altersversorgung zusammengenommen, zu höheren Bezügen im Ruhestand zu verhelfen, als er sie selbst zuletzt als aktiver Arbeitnehmer hatte oder sie später ein Arbeitnehmer in der entsprechenden Stellung, der noch im Arbeitsleben steht, hat. Von dieser Grunderkenntnis über Sinn, Zweck und Ziel der Altersversorgung, mag diese in Sozialrenten oder in betrieblichen Versorgungsleistungen oder in beiden als zweckbestimmte Einheit anzusehenden Leistungen bestehen, ist insbesondere auch bei der Auslegung betrieblicher Versorgungsversprechen auszugehen.

Aus dem Begriff und dem Wesen der Altersfürsorge müssen sich sonach äußerste Grenzen ergeben, die auf jeden Fall dann durch Sozialrente und betriebliches Ruhegeld, beide Leistungen dem Betrage nach zusammengerechnet, nicht überschritten werden sollen, wenn nicht völlig eindeutige darüber hinausgehende Abmachungen getroffen sind.

Diese obere Grenze liegt bei dem letzten Einkommen des Ruheständlers in der Zeit unmittelbar vor der Versetzung in den Ruhestand und später bei dem etwa höheren Einkommen eines noch im Arbeitsleben stehenden vergleichbaren Arbeitnehmers des betreffenden Betriebes. Kein Arbeitnehmer kann erwarten, daß ihm aus Sozialversicherung und betrieblichem Ruhegeld zusammen ein höherer Lebensstandard garantiert wird als der Lebensstandard, den er selbst als Arbeitnehmer im Berufsleben zuletzt hatte, und später der Lebensstandard, den ein vergleichbarer (jetzt aber besser bezahlter) noch aktiver Arbeitnehmer im Arbeitsleben hat. Kein Arbeitgeber will seinem Ruheständler einen Lebensstandard gewährleisten, der besser ist als der, den dieser als aktiver Arbeitnehmer oder später ein entsprechender bei ihm tätiger aktiver Arbeitnehmer hatte. Diese Willensrichtung des Arbeitgebers wie der Arbeitnehmer und ihres Betriebsrats liegt bei der Gewährung eines betrieblichen Ruhegeldanspruchs so offenkundig, daß die Vereinbarung bei richtiger Anwendung der Grundsätze der §§ 133, 157, 242 BGB in diesem Sinne auszulegen ist. Die Auslegung einer betrieblichen Ruhegeldzusage in diesem Sinne führt also dazu, daß sich im Hinblick auf die grundlegende Neuordnung der Altersversorgung durch die Rentenreform das der Höhe nach zugesagte betriebliche Ruhegeld — wenn nicht weitergehende eindeutige Abmachungen getroffen sind — auf den Betrag beschränkt, der erforderlich ist, um den Unterschied zwischen den erhöhten Bezügen des Ruheständlers aus der Sozialversicherung und den Bezügen, die dieser Ruheständler als Arbeitnehmer zuletzt erzielte, später aber den etwa höheren Bezügen eines entsprechenden aktiven Arbeitnehmers des betreffenden Betriebes, auszugleichen. Nur auf diesen Unterschiedsbetrag haftet der Arbeitgeber nach Maßgabe der von ihm eingegangenen Versorgungszusage.

Wenn der Senat sonach als obere Grenze für die Zahlungspflicht des Arbeitgebers aus der von ihm eingegangenen Versorgungsverpflichtung das letzte Einkommen des Ruheständlers, später aber das etwa höhere Einkommen eines vergleichbaren noch aktiven Arbeitnehmers des betreffenden Betriebes ansieht, so muß aus Gründen der Eindeutigkeit und Klarheit sowohl bei den aktiven Arbeitnehmern wie bei dem Ruheständler von den Bruttobezügen ausgegangen werden. Die Zugrundelegung der Nettobezüge, also des tatsächlich nach Abzug von Steuern und Sozialbeiträgen ausgezahlten Betrages, würde wegen der Verschiedenheit dieser Abzüge nach den Umständen des einzelnen Falles nicht praktikabel sein und zur Rechtsunsicherheit führen. Die Lage für den im Ruhestand lebenden Arbeitnehmer, die sich aus geringeren Sozialbeiträgen und Steuern ergibt, ist nicht in den Vergleich einzubeziehen, weil sie außerhalb des Verhältnisses von Arbeitgeber und Arbeitnehmer steht.

VII. Wendet man diese Grundsätze auf den vorliegenden Fall an, so ist davon auszugehen, daß der Kläger in den letzten Jahren, in denen er noch als Arbeitnehmer der Beklagten im Erwerbsleben stand, zur Bestreitung seines Lebensunterhalts das Gehalt der Beklagten mit 654,– DM und daneben seit Vollendung des 65. Lebensjahres, also bereits seit mehreren Jahren, eine Sozialversicherungsrente in Höhe von 231,90 DM zur Verfügung hatte. Insgesamt hatte also der Kläger bereits während des bestehenden Arbeitsverhältnisses zuletzt zur Bestreitung seines Lebensunterhalts Bruttoeinnahmen in Höhe von monatlich 885,90 DM aus Gehalt und Sozialversicherungsrente.

Der Senat konnte der Ansicht der Revisionsklägerin nicht folgen, daß bei der Berechnung des Gesamteinkommens des Klägers während der letzten Jahre seiner Erwerbstätigkeit die ihm von seinem 65. Lebensjahre an aus der Sozialversicherung gezahlte Rente auszuscheiden habe. Denn auch mit dieser durch jahrzehntelange Arbeitsleistung erdienten Rente hat der Kläger, als er noch im Erwerbsleben stand, seinen Lebensunterhalt bestritten und mit ihr gerechnet. Für die Ermittlung des höchstens vom Arbeitgeber zu zahlenden Ruhegeldes ist somit davon auszugehen, daß der Arbeitnehmer seine Lebensführung in den letzten Jahren vor der Versetzung in den Ruhestand sowohl mit seinem Einkommen aus dem Gehalt wie mit seinen Einnahmen aus der Rente der Sozialversicherung bestritten hat. Ebenso, wie dies für den Ruhestand des Klägers geschieht, sind auch für die letzten Arbeitsjahre des Klägers sein damaliges Gehalt und die von ihm bereits damals bezogene Sozialrente als wirtschaftliche Einheit anzusehen. Der Kläger war also bereits zu der Zeit, als er noch im Arbeitsverhältnis zu der Beklagten stand, besser gestellt als andere Arbeitnehmer der Beklagten, die keine Sozialrente bezogen. Von diesem dem Kläger bereits während der letzten Jahre des Arbeitsverhältnisses zur Bestreitung seines Lebensunterhalts zur Verfügung stehenden Gesamtbetrag ist also auszugehen. Dieser Gesamtbetrag von 885,90 DM soll und braucht nach den entwickelten Grundsätzen durch die Sozialversicherungsrente, die der Kläger jetzt bezieht, und das betriebliche Ruhegeld, das er von der Beklagten nach deren Versorgungszusage beansprucht, nicht überschritten zu werden. Der Kläger erhält nunmehr nach der Rentenreform aus der Sozialversicherung monatlich 532,40 DM. Unter Hinzurechnung der von der Beklagten versprochenen und vom Kläger beanspruchten betrieblichen Rente in Höhe von 315,– DM ergibt sich ein Bruttobetrag von 847,40 DM, der somit unter dem letzten Bruttoeinkommen des Klägers (885,90 DM) aus Gehalt (654,– DM) und Sozialversicherung (231,90 DM) zurückbleibt.

Wenn die Beklagte also ihrer rechtswirksam übernommenen Verpflichtung entsprechend dem Kläger das versprochene Ruhegeld von 315,— DM weiter zahlt, bleiben die Brutto-Gesamteinnahmen des Klägers aus der erhöhten Sozialversicherungsrente und aus dem betrieblichen Ruhegeld immer noch unter den Bruttobezügen, die er als Arbeitnehmer im aktiven Dienst der Beklagten zuletzt erhalten hat. Sie mögen zwar höher liegen als die Bezüge, die ein vergleichbarer Arbeitnehmer der Beklagten nunmehr aus seinem Arbeitseinkommen erzielt. Dies liegt aber lediglich daran, daß der Kläger bereits während seiner aktiven Dienstzeit die Altersrente aus der Sozialversicherung in Höhe von 231,90 DM bezogen hat und insofern besser gestellt war als andere vergleichbare Arbeitnehmer der Beklagten. Diesen besonderen Umständen muß die Beklagte durch die Fortzahlung des versprochenen Ruhegeldes von monatlich 315,— DM Rechnung tragen.

49

Die Einreichung der Kündigungsschutzklage bei dem örtlich unzuständigen Arbeitsgericht innerhalb der Dreiwochenfrist des § 3 KSchG genügt zur Wahrung dieser Frist, wenn die Klage an das zuständige Gericht abgegeben wird und alsbald nach der Einreichung der Klage sodann ihre Zustellung an den beklagten Arbeitgeber erfolgt.

KSchG § 3; ArbGG § 46; ZPO §§ 554, 496.

II. Senat. Urteil vom 16. 4. 1959 i. S. Pf. (Kl.) w. B. (Bekl.)
2 AZR 227/58.

I. Arbeitsgericht Stuttgart. — II. Landesarbeitsgericht Stuttgart.

Aus den Gründen:

I. ...

II. Bedenken gegen die rechtzeitige Erhebung der Kündigungsschutzklage bestehen nicht. Mit Recht haben die vorinstanzlichen Urteile in dem innerhalb der Dreiwochenfrist des § 3 KSchG an das Arbeitsgericht Ludwigsburg gerichteten Schreiben des Klägers vom 25. August 1957, in dem er gegen die Kündigung „Berufung" einlegt und, ohne einen bestimmten Antrag zu formulieren, um Anberaumung eines Termins bittet, eine Kündigungsschutzklage gesehen. Diese Klage ist allerdings bei dem örtlich unzuständigen Arbeitsgericht eingereicht und nicht innerhalb der Dreiwochenfrist des § 3 KSchG der Beklagten zugestellt worden. Das ist aber unschädlich. Denn gemäß § 46 Abs. 2 ArbGG in Verbindung mit § 496 Abs. 3 ZPO genügt die Einreichung der Klage zur Fristwahrung, sofern die Zustellung demnächst erfolgt. Das gilt, weil die örtliche Zuständigkeit keine ausschließliche ist, auch dann, wenn die Klage beim örtlich unzuständigen Gericht eingereicht worden ist, von dort aber an das zuständige Gericht abgegben wird (vgl. Herschel-Steinmann, KSchG, 4. Aufl., § 3 Anm. 11; Hueck, KSchG, 3. Aufl., § 3 Anm. 15). Da hier alsbald nach Einreichung der Klage die Zustellung, und zwar jedenfalls auch durch das zuständige Gericht, erfolgt ist, ist die Frist des § 3 KSchG gewahrt worden.

50

1. Betriebsordnungen aus der Zeit des aufgehobenen AOG können grundsätzlich vom Arbeitgeber wie vom Betriebsrat jederzeit gekündigt werden.

2. Enthält eine Betriebsordnung oder Betriebsvereinbarung die Regelung verschiedener Fragenbereiche, so ist eine Teilkündigung hinsichtlich eines Fragenbereiches regelmäßig nicht zulässig. Eine solche Teilkündigung ist nur dann möglich, wenn ihre Zulässigkeit besonders vereinbart ist oder wenn die Auslegung der Betriebsvereinbarung oder deren Ergänzung gemäß § 157 BGB ausnahmsweise die Zulässigkeit der Teilkündigung ergibt.

3. Das Verhältnis einer Betriebsordnung oder Betriebsvereinbarung zum Tarifvertrag, das sich seit Inkrafttreten des Betriebsverfassungsgesetzes namentlich nach den §§ 56, 59 BetrVG, im übrigen nach dem Günstigkeitsprinzip bestimmt, ist für die Zeit vor dem Betriebsverfassungsgesetz mangels anderweiter Bestimmungen der früheren Landesgesetze nur nach dem Günstigkeitsprinzip zu beurteilen.

4. Besitzstandsklauseln im Tarifvertrag bedeuten in der Regel, daß der Tarifvertrag die Rechtslage nicht zu Lasten der Arbeitnehmer verschlechtern darf. Sie bedeuten aber nicht, daß der Arbeitnehmer die erhöhten tariflichen Leistungen und die mit ihnen im inneren Zusammenhang stehenden zusätzlichen Bedingungen der früheren betrieblichen Regelung in Anspruch nehmen kann.

BetrVG § 59; TVG § 4.

I. Senat. Urteil vom 17. 4. 1959 i. S. M. U. AG (Bekl.) w. G. (Kl.)
1 AZR 83/58.

I. Arbeitsgericht Hamburg. — II. Landesarbeitsgericht Hamburg.

Der Kläger ist seit dem 18. Juni 1931 bei der Beklagten als gewerblicher Arbeitnehmer beschäftigt. Er ist Betriebsratsvorsitzender. Im Betrieb der Beklagten galt eine am 1. April 1942 in Kraft getretene Betriebsordnung in der Fassung vom 7. April 1943, in der neben anderen Bestimmungen auch solche über den Urlaub getroffen waren.

Insoweit bestimmt Ziff. 11 dieser Betriebsordnung:
„Alle Gefolgschaftsmitglieder über 18 Jahre haben nach mindestens sechsmonatiger Betriebszugehörigkeit alljährlich Anspruch auf Erholungsurlaub unter Fortbezahlung des Gehaltes oder Lohnes nach Maßgabe der folgenden Bestimmungen:
Die Dauer des Urlaubs beträgt:

6	Werktage	im	1.	Betriebszugehörigkeitsjahr	
8	„	„	2.	„	
10	„	„	3. u. 4.	„	
12	„	„	5., 6. u. 7.	„	
15	„	„	8., 9. u. 10.	„	
18	„	„	11.	„	und mehr.

Gefolgschaftsmitglieder mit mehr als 25 Betriebszugehörigkeitsjahren, Schwerkriegsbeschädigte und ihnen gleichgestellte Gefolgschaftsmitglieder, Inhaberinnen des Ehrenkreuzes der deutschen Mutter erhalten einen zusätzlichen Urlaub von drei Arbeitstagen im Jahr. Für diesen zusätzlichen Urlaub kann jeweils immer nur einer der vorstehenden Gründe herangezogen werden.“

In Ziff. 14 der Betriebsordnung findet sich unter der Überschrift „Besondere soziale Einrichtungen, a) Jubiläen“ weiter folgende Regelung:

> „Jubilare erhalten anläßlich der Vollendung ihrer ununterbrochenen 25-jährigen Betriebszugehörigkeit eine besondere geldliche Zuwendung in der Höhe eines regulären Monatsgehaltes oder -lohnes. Außerdem erhalten sie vom 26. Betriebszugehörigkeitsjahr an einen zusätzlichen Urlaub von drei Tagen im Jahr, sofern sie diesen nicht schon in ihrer Eigenschaft als Schwerbeschädigte erhalten (siehe Seite 11).“

In den Jahren 1948 und 1949 kam es zu Verhandlungen zwischen der Beklagten und der Gewerkschaft zur Beseitigung u. a. auch der auf dem Gebiete der Urlaubsregelung für gewerbliche Arbeitnehmer wie für Angestellte entstandenen Uneinheitlichkeiten. Dabei wurde für die Urlaubshöhe die Berücksichtigung des Lebensalters des Arbeitnehmers in Verbindung mit der Dauer seiner Betriebszugehörigkeit angestrebt; es sollte die Rechtsstellung des Arbeitnehmers verbessert werden.

Daraufhin verfaßte die Beklagte am 9. Juli 1948 den folgenden Aushang:

„In Abänderung der bisherigen Urlaubs-Regelung tritt nach Vereinbarung zwischen der Hauptgeschäftsleitung und den Gewerkschaftsvertretern zunächst für das Urlaubsjahr 1948 nachfolgendes Urlaubsabkommen in Kraft:

Die Urlaubsdauer beträgt:

bis zum vollendeten 18. Lebensjahr	24 Arb.-Tage
vom vollend. 18. L-jahr bis zum vollend. 30. L-jahr	12 Arb.-Tage
vom vollend. 30. L-jahr bis zum vollend. 40. L-jahr	13 Arb.-Tage
vom vollend. 40. L-jahr bis zum vollend. 50. L-jahr	14 Arb.-Tage
ab vollendeten 50. Lebensjahr aufwärts	15 Arb.-Tage

zuzüglich eines Zuschlages von:

2 Arb.-Tagen nach 5-jähriger ununterbroch. Betriebszugehörigkeit
4 Arb.-Tagen nach 10-jähriger ununterbroch. Betriebszugehörigkeit
6 Arb.-Tagen nach 15-jähriger ununterbroch. Betriebszugehörigkeit

Der bisher zusätzlich gewährte Urlaub von 3 Arbeitstagen im Jahr für Schwerkriegsbeschädigte und Werksangehörige mit mehr als 25 Dienstjahren wird nach der neuen Urlaubsregelung nicht mehr zusätzlich gewährt. Die Höchstgrenze der Urlaubszeit liegt also wie bei der alten Urlaubsregelung (mit Ausnahme der Jugendlichen) bei 21 Arbeitstagen.

Wenn für einige Werksangehörige die in der Betriebsordnung festgelegte Urlaubsregelung günstiger ist als die Bestimmungen des neuen Urlaubsabkommens, so wird für diese Werksangehörigen die Urlaubszeit nach der alten Urlaubsregelung (Betriebsordnung) errechnet."

Am 29. April 1949 wurde schließlich zwischen der Industriegewerkschaft Nahrung, Genuß und Gaststätten und dem Margarine-Verband die folgende Urlaubsvereinbarung getroffen:

„Zwischen der Industriegewerkschaft Nahrung, Genuß, Gaststätten, Hamburg, einerseits und dem Margarine-Verband, Hamburg, andererseits ist in Abänderung der Ziff. 4 und 5 des § 9 der Reichstarifordnung folgende Urlaubsvereinbarung getroffen worden:

Die Ziffern 4 und 5 des § 9 der Reichstarifordnung werden für die Geltungsdauer der Reichstarifordnung nicht mehr angewandt.

An die Stelle tritt folgende Abmachung:

Der Urlaub beträgt:

bis zum vollendeten 18. Lebensjahr	24 Arb.-Tage
vom vollend. 18. L-jahr bis zum vollend. 30. L-jahr	12 Arb.-Tage
vom vollend. 30. L-jahr bis zum vollend. 40. L-jahr	13 Arb.-Tage
vom vollend. 40. L-jahr bis zum vollend. 50. L-jahr	14 Arb.-Tage
ab vollendeten 50. Lebensjahr an aufwärts . . .	15 Arb.-Tage

zuzüglich eines Zuschlages von:

2 Arb.-Tagen nach 5-jähriger ununterbroch. Betriebszugehörigkeit
4 Arb.-Tagen nach 10-jähriger ununterbroch. Betriebszugehörigkeit
6 Arb.-Tagen nach 15-jähriger ununterbroch. Betriebszugehörigkeit

Schwerbeschädigte im Sinne dieses Gesetzes über die Beschäftigung Schwerbeschädigter vom 12. Januar 1923 erhalten einen zusätzlichen Urlaub von 3 Tagen, soweit die Höchstgrenze von 21 Tagen dabei nicht überschritten wird.

Wo in einzelnen Betrieben ein höherer Urlaub gewährt wurde, bleibt es bei der günstigeren Regelung.

Diese Urlaubsvereinbarung tritt am 1. 4. 1949 in Kraft und gilt für das Urlaubsjahr 1949."

Die Entwicklung der Urlaubsregelung schloß mit einem Manteltarifvertrag vom 4. August 1950 ab, der in § 10 unter der Überschrift „Urlaub" folgende Bestimmung enthält:

„Jeder Arbeitnehmer hat in jedem Kalenderjahr einmal Anspruch auf einen bezahlten Erholungsurlaub. Das Urlaubsjahr ist das Kalenderjahr.

Soweit keine günstigeren gesetzlichen Bestimmungen bestehen, entsteht der Urlaubsanspruch nach einer Betriebszugehörigkeit von sechs Monaten und beträgt

bis zum vollendeten 18. Lebensjahr	24 Arb.-Tage
vom vollend. 18. L-jahr bis zum vollend. 30. L-jahr	12 Arb.-Tage
vom vollend. 30. L-jahr bis zum vollend. 40. L-jahr	13 Arb.-Tage
vom vollend. 40. L-jahr bis zum vollend. 50. L-jahr	14 Arb.-Tage
ab vollendeten 50. Lebensjahr an aufwärts . . .	15 Arb.-Tage

zuzüglich eines Zuschlages von

2 Arb.-Tagen nach 5-jähriger ununterbroch. Betriebszugehörigkeit
4 Arb.-Tagen nach 10-jähriger ununterbroch. Betriebszugehörigkeit
6 Arb.-Tagen nach 15-jähriger ununterbroch. Betriebszugehörigkeit

Schwerbeschädigte im Sinne des Gesetzes über die Beschäftigung

Schwerbeschädigter vom 16. Juni 1953 oder die diesen Gleichgestellten erhalten den für Schwerbeschädigte gemäß dieses Gesetzes vorgesehenen zusätzlichen Urlaub, soweit die Höchstgrenze von 21 Tagen dabei nicht überschritten wird."

In dem Manteltarifvertrag findet sich schließlich unter der Überschrift „Allgemeine Bestimmungen über die Entlohnung" in § 8 Ziff. 3 folgende Regelung:

„Bessere Lohn- und Arbeitsbedingungen dürfen durch den Abschluß dieses Manteltarifvertrages nicht verschlechtert werden, soweit es die zu den bisherigen Bedingungen Eingestellten betrifft. Für Neueinstellungen kommen dagegen die in diesem Tarifvertrag festgelegten Bestimmungen in Betracht."

Der Kläger hat von der Beklagten für das Jahr 1956 21 Tage bezahlten Urlaub erhalten. Er ist der Auffassung, daß ihm im Hinblick auf seine über 25-jährige Betriebszugehörigkeit ein Anspruch auf einen Zusatzurlaub von 3 Tagen nach der Betriebsordnung vom 1. April 1942 zustehe, und hat, da ihm die Beklagte diesen Urlaub nicht gewährt hat, beantragt, die Beklagte zu verurteilen, dem Kläger für das Jahr 1956 3 Arbeitstage Urlaub zu gewähren und mit 53,28 DM brutto zu bezahlen.

Beide Vorinstanzen haben nach dem Klageantrag erkannt. Das Bundesarbeitsgericht hat die Klage abgewiesen.

Aus den Gründen:

Das Landesarbeitsgericht gründet die angefochtene Entscheidung darauf, daß die Vorschriften der Betriebsordnung von 1942 insoweit noch in Kraft seien, als es sich um den Zusatzurlaub von 3 Tagen für Werksangehörige mit mehr als 25 Dienstjahren handelt.

Die von dem Landesarbeitsgericht als entscheidend angesehene Frage, ob es sich bei diesem Zusatzurlaub nach der Betriebsordnung des Jahres 1942 um einen Teil der allgemein in dieser Betriebsordnung auf die Dauer der Betriebszugehörigkeit abgestellte Urlaubsregelung als solcher oder aber um eine von der Bemessung des Grundurlaubs nach der jeweiligen geltenden kollektiven Regelung getrennte, besondere soziale Leistung handelt, konnte der Senat dahingestellt sein lassen.

Denn auch wenn man mit dem Berufungsgericht annehmen sollte, daß es sich bei dem Zusatzurlaub für Jubilare nach der Betriebsordnung von 1942 um eine solche Sonderregelung handelt, muß der Klageanspruch daran scheitern, daß die Betriebsordnung von 1942 hinsichtlich des

Urlaubs der Werksangehörigen einschließlich der Jubilare überhaupt außer Kraft getreten ist.

Das ist allerdings noch nicht durch den Aushang der Beklagten vom 9. Juli 1948 geschehen, der die Urlaubsregelung für das Urlaubsjahr 1948 enthält. Eine Feststellung, ob dieser Anschlag auf einer bereits vorher zustande gekommenen gültigen kollektiven Vereinbarung (Tarifvertrag oder Betriebsvereinbarung) beruht, hat das Berufungsgericht nicht treffen können.

Allerdings könnte in der ausdrücklichen Erklärung der Beklagten in ihrem Anschlag vom 9. Juli 1948, daß der Urlaub für das Jahr 1948 nach einer vom Lebensalter der Werksangehörigen ausgehenden Staffel unter Gewährung von Zuschlägen nach der Dauer der Betriebszugehörigkeit berechnet und der bisher nach der Betriebsordnung gewährte zusätzliche Urlaub für Werksangehörige mit mehr als 25 Dienstjahren nicht mehr gewährt würde, eine Kündigung aller Urlaubsbestimmungen der Betriebsordnung gesehen werden. Zwar können Betriebsordnungen aus der Zeit des aufgehobenen Gesetzes zur Ordnung der nationalen Arbeit ebenso wie Betriebsvereinbarungen nach dem BetrVG sowohl von dem Betriebsrat wie von dem Arbeitgeber gekündigt werden, sofern sich nicht aus der Betriebsvereinbarung selbst etwas anderes ergibt (vgl. Hueck-Nipperdey, Lehrbuch des Arbeitsrechts, 6. Aufl., Bd. 2, S. 794 mit Angaben). Da aber in der Betriebsordnung des Jahres 1942 nicht nur Bestimmungen über den Urlaub getroffen worden sind, würde es sich um eine sogenannte Teilkündigung handeln. Wie bereits der Dritte Senat des Bundesarbeitsgerichts in der Entscheidung AP Nr. 1 zu § 620 BGB Teilkündigung näher ausgeführt hat, ist die Kündigung einzelner Bestimmungen des Arbeitsvertrags (Teilkündigung) nur zulässig, wenn sie besonders vereinbart oder wenn auf einen entsprechenden Willen auf Grund einer Auslegung des Vertrages nach § 157 BGB zu schließen ist. Das gleiche gilt für kollektive Verträge und für Betriebsordnungen. Der Entscheidung des Dritten Senats vom 19. März 1957, BAG 4, 6 ff., nach der betriebliche Regelungen (Betriebsvereinbarungen, Dienstvereinbarungen, Dienstordnungen) regelmäßig nur als ganze gekündigt werden können, ist beizutreten. Eine Teilkündigung der vorliegenden Betriebsordnung hinsichtlich der Urlaubsbestimmungen würde also voraussetzen, daß besondere Gründe eine solche Teilkündigung für zulässig erscheinen ließen. Insoweit hat aber das Berufungsgericht keinerlei tatsächliche Feststellungen getroffen, die es rechtfertigen, im vorliegenden Fall eine Teilkündigung zuzulassen.

Wohl aber ergibt sich aus der am 29. April 1949 abgeschlossenen Urlaubsvereinbarung für das Urlaubsjahr 1949, die als Tarifvertrag von der Industriegewerkschaft Nahrung, Genuß, Gaststätten mit dem Margarine-Verband abgeschlossen ist, daß die Bestimmungen der Betriebsordnung von 1942 über den Urlaub der Werksangehörigen (einschließlich der Regelung über den Zusatzurlaub für Jubilare) aufgehoben sind. Diese tarifliche Urlaubsvereinbarung bringt gegenüber der Regelung der Betriebsordnung von 1942 endgültig die bereits in dem Aushang vom 9. Juli 1948 gekennzeichnete Umstellung der Urlaubsbemessung. Sie stellt eine abschließende Regelung des Urlaubs nach einem neuen System dar. Während es nach der Betriebsordnung nur auf die Dauer der Betriebszugehörigkeit ankam, Bemessungsmerkmal für den Urlaub der einzelnen Werksangehörigen also lediglich die Dauer seiner Betriebszugehörigkeit war, wird nunmehr in Abkehr von diesem System die Urlaubsdauer auf das Alter der Arbeitnehmer und auf die Dauer der ununterbrochenen Betriebszugehörigkeit abgestellt. Ausgehend von einer auf das Alter des Werksangehörigen ausgerichteten Urlaubsstaffel erhält der einzelne Werksangehörige je nach der Dauer seiner Betriebszugehörigkeit 2—6 zusätzliche Urlaubstage. Die Urlaubsvereinbarung gibt dem 50 Jahre alten Werksangehörigen nach 15jähriger ununterbrochener Betriebszugehörigkeit einen Urlaub von 21 Tagen. Ein darüber hinausgehender Urlaub für Jubilare ist nicht vorgesehen. Die 21 Tage Urlaub, die nach der Betriebsordnung erst nach 25jähriger Betriebszugehörigkeit (von den Jubilaren) erreicht wurden, erhält der 50 Jahre alte Werksangehörige schon nach 15 Jahren Betriebszugehörigkeit. Die Urlaubsregelung der Betriebsordnung ist also durch die neue tarifliche Urlaubsvereinbarung vom 29. April 1949 überholt.

Dagegen kann auch nicht eingewendet werden, daß die Betriebsordnung als die speziellere Regelung dem Tarifvertrag vorgehe (vgl. dazu Hueck-Nipperdey, Lehrbuch des Arbeitsrechts, 6. Aufl., II, S. 416 ff., 420). Zwar ist ein solches Spezialitätsprinzip im vorliegenden Fall nicht durch die Regeln des Betriebsverfassungsgesetzes (namentlich § 59) ausgeschlossen, da dieses Gesetz zur fraglichen Zeit noch nicht galt. Wohl aber gilt nach früherem Recht mangels entgegenstehenden Landesrechts der Vorrang der Betriebsvereinbarung (Betriebsordnung) nur, wenn sie für die Arbeitnehmer günstiger ist (vgl. Hueck-Nipperdey, a. a. O., S. 415, 420). Ist das nicht der Fall, sind die Arbeitsbedingungen der Betriebsordnung ungünstiger oder gleich günstig wie die des Tarifvertrages, so gilt nur der Tarifvertrag. So liegen die Dinge aber hier, wie bereits dargetan.

Wenn die tarifliche Urlaubsvereinbarung vom 29. April 1949 bestimmt, daß es bei der günstigeren Regelung bleibt, wo in einzelnen Betrieben ein höherer Urlaub gewährt wurde, so kann auch diese Besitzstandsklausel für den Kläger zu keinem anderen Ergebnis führen. Denn nach der Betriebsordnung hätte der Kläger, wenn er bereits im Jahre 1949 Jubilar gewesen wäre (was er aber im Hinblick auf seinen Diensteintritt am 18. Juni 1931 damals noch nicht war), aber auch nach 25jähriger Dienstzeit höchstens einen Urlaub von 21 Tagen bekommen. Der Kläger ist also durch den Tarifvertrag nicht schlechter gestellt worden, als er vorher stand. Mit der erwähnten Besitzstandsklausel haben die Tarifparteien das Verhältnis der bisherigen betrieblichen Regelung zum Tarifvertrag zulässigerweise abschließend bestimmt. Für die Anwendung der in der Rechtsprechung entwickelten allgemeinen Grundsätze über den Einfluß der Erhöhung der Tarifbedingungen auf bisherige Sonderleistungen (vgl. Hueck-Nipperdey, Lehrbuch, II, S. 420 ff.) ist daher kein Raum. Der Kläger kann nicht den erhöhten tariflichen Urlaub und den zusätzlichen Urlaub der früheren Betriebsordnung für Jubilare verlangen.

Der Wegfall der Urlaubsbestimmungen der Betriebsordnung ist auch in den folgenden Jahren von Bestand geblieben. Die alte Betriebsordnung hinsichtlich des Urlaubs der Werksangehörigen mit 25 Dienstjahren ist auch nicht wieder eingeführt worden. Denn aus dem Manteltarifvertrag vom 4. August 1950, der ebenfalls einen besonderen Zusatzurlaub für Jubilare nicht erwähnt, ergibt sich, daß sich der Höchsturlaub unter allen Gesichtspunkten auf 21 Tage stellte. Auf die Besitzstandsklausel dieses Manteltarifvertrages kann sich der Kläger nicht berufen, denn er hatte, wie sich bereits auf Grund der Urlaubsvereinbarung für das Urlaubsjahr 1949 ergibt, keinen besseren Besitzstand.

51

1. Das Arbeiterkrankheitsgesetz vom 26. Juni 1957 schließt auch für Arbeiter, die unter das Gesetz fallen, § 616 Abs. 1 BGB nicht aus.

2. § 616 Abs. 1 BGB ist abdingbar.

3. Regelt ein Tarifvertrag die Lohnfortzahlung im Falle der Erkrankung des Arbeiters für bestimmte Zeit nach dem Eintritt der Arbeitsunfähigkeit, so ist zu prüfen, ob der Arbeiter auf die Dauer der Krankheit gesehen nach der tariflichen Regelung günstiger steht als nach der Regelung des Arbeiterkrankheitsgesetzes. Erweist sich die Regelung des

Arbeiterkrankheitsgesetzes für die Zeit der Erkrankung günstiger als die des Tarifvertrages, so kann der Arbeiter, dem die Ansprüche aus dem Arbeiterkrankheitsgesetz zustehen, nicht daneben die Ansprüche aus der tariflichen Regelung erheben.

Arbeiterkrankheitsgesetz § 6; TVG § 4.

I. Senat. Urteil vom 17. 4. 1959 i. S. K. KG (Bekl.) w. AOK M. (Kl.)
1 AZR 189/58.

I. Arbeitsgericht Mannheim.
II. Landesarbeitsgericht Baden-Württemberg (Mannheim).

Der bei der Klägerin gegen Krankheit versicherte Montageschlosser E. S. arbeitete seit dem 30. April 1956 bei der Beklagten. In der fünften Arbeitsstunde des 7. Oktober 1957 erlitt er ohne eigenes Verschulden einen Arbeitsunfall, an dessen Folgen er länger als 6 Wochen arbeitsunfähig krank war.

Das Arbeitsverhältnis zwischen S. und der Beklagten unterstand dem Manteltarifvertrag für die Arbeiter der Metallindustrie in den Regierungsbezirken Nord-Württemberg und Nord-Baden des Landes Baden-Württemberg vom 18. Dezember 1953. In § 6 Ziff. 1 dieses Manteltarifvertrages ist unter der Überschrift „Grundsätze der Entlohnung" bestimmt:

„Bezahlt wird nur die geleistete Arbeit, soweit in diesem Tarifvertrag nicht etwas anderes bestimmt ist."

Die im gleichen Abschnitt III „Entlohnung" befindliche Vorschrift des § 9 bestimmt unter der Überschrift „Arbeitsausfall, Arbeitsverhinderung" folgendes:

„Von dem Grundsatz, daß der Lohn nur für die geleistete Arbeit gezahlt wird, gelten folgende Ausnahmen:

1. Betriebsstörung ...
2. Arbeitsverhinderung (§ 616 BGB):
   In folgenden Fällen wird der notwendig werdende Ausfall von Arbeitszeit bezahlt:
   a) ...
   b) ...
   c) ...
   d) ...
   e) bei nicht selbstverschuldeten Betriebsunfällen bis zu 8 Stunden am Unfalltag. Hat ein solcher Unfall eine Arbeitsunfähigkeit von 2 und mehr Tagen zur Folge, werden insgesamt 8 Stunden entgangenen Arbeitsverdienstes gezahlt."

Die Beklagte hat es abgelehnt, an S. noch für den Unfalltag und den Tag darauf insgesamt den Arbeitslohn für 8 Stunden zu zahlen. Auch die Klägerin hat zunächst an S. Krankengeld für den 7. und 8. Oktober nicht gezahlt, da sie der Ansicht ist, daß S. für diese beiden Tage noch insgesamt den Arbeitslohn für 8 Stunden zu beanspruchen habe. Als die Beklagte bei ihrer Weigerung beharrte, hat die Klägerin an S. für den 7. und 8. Oktober Krankengeld gezahlt, sich aber von S. einen Lohnanspruch für insgesamt 8 Stunden an diesen beiden Tagen in Höhe des gewährten Krankengeldes von 9,68 DM abtreten lassen.

Mit der Klage macht die Klägerin diesen abgetretenen Anspruch gegen die Beklagte geltend. Die Parteien streiten über die Frage, ob S. nach den Vorschriften des Manteltarifvertrages Bezahlung für diese 8 Stunden verlangen könne. Die Klägerin ist der Ansicht, der Manteltarifvertrag rechtfertige den Anspruch, während die Beklagte die Bezahlung mit der Begründung ablehnt, der Manteltarifvertrag sei insoweit nach dem Inkrafttreten des Gesetzes zur Verbesserung der wirtschaftlichen Sicherung der Arbeiter im Krankheitsfall vom 26. Juni 1957 nicht mehr anzuwenden.

Das Arbeitsgericht hat die Klage abgewiesen, das Landesarbeitsgericht hat nach dem Klageantrag erkannt. Die Revision der Beklagten führte zur Klageabweisung.

Aus den Gründen:

Grundsätzlich ist nach dem Manteltarifvertrag vom 18. Dezember 1953 (§ 6) nur die geleistete Arbeit zu bezahlen. Eine Bezahlung von nicht geleisteter Arbeit kann nur verlangt werden, wenn in dem Tarifvertrag selbst eine solche Bezahlung nicht geleisteter Arbeit vorgesehen ist. Für den Fall des nicht selbstverschuldeten Betriebsunfalls gewährt der Manteltarifvertrag in § 9 Ziff. 2 Buchst. e den Arbeitern einen Anspruch auf Fortzahlung des Lohnes für insgesamt 8 Stunden, wenn ein solcher Unfall eine Arbeitsunfähigkeit von 2 und mehr Tagen zur Folge hat.

Daß hier ein unverschuldeter Betriebsunfall vorliegt und daß der Zedent — die Weitergeltung der Regelung des § 9 Ziff. 2 Buchst. e des Manteltarifvertrages auch nach dem Inkrafttreten des Gesetzes zur Verbesserung der wirtschaftlichen Sicherung der Arbeiter im Krankheitsfall vom 28. Juni 1957 (BGBl. I, S. 649) (Arbeiterkrankheitsgesetz) zunächst unterstellt — für den Unfalltag (7. 10. 1957) und den Tag danach einen Anspruch auf Bezahlung von insgesamt 8 Arbeitsstunden trotz Nichtleistung von Arbeit nach dem Unfall hat, ist unstreitig. Die Entscheidung des Rechtsstreits hängt sonach davon ab, ob § 9 Ziff. 2 Buchst. e des Manteltarifvertrages auch nach dem Inkrafttreten des Arbeiterkrankheitsgesetzes den Anspruch rechtfertigt.

§ 9 Ziff. 2 Buchst. e des Manteltarifvertrages steht, wie sich aus den Eingangsworten des § 9 ergibt, in durch die Wortfassung klar hervorgehobenem gedanklichem Zusammenhang mit § 6 Ziff. 1 des gleichen Tarifvertrages. Nach dieser Vorschrift wird nur die geleistete Arbeit bezahlt, soweit in dem Tarifvertrag nichts anderes bestimmt ist. Eine solche in § 6 Ziff. 1 MTV erwähnte andere Regelung enthält § 9 Ziff. 2 und insbesondere deren Buchstabe e. Weitere Ansprüche auf Lohnfortzahlung im Falle des Unfalls und der Krankheit gegen den Arbeitgeber hatte der Zedent nach dem Tarifvertrag nicht, denn solche Ansprüche waren durch die Grundregel des § 6 Ziff. 1 MTV, nach der nur die geleistete Arbeit bezahlt wird, ausgeschlossen.

Weitere Ansprüche hätte der Zedent auch nicht nach der Vorschrift des § 616 Abs. 1 BGB geltend machen können. Der Senat steht zwar im Gegensatz zu einer im Schrifttum weit verbreiteten Ansicht (Hessel, BB 1957, 681; Hueck-Nipperdey, Lehrbuch des Arbeitsrechts, 6. Aufl., 1959, I, S. 970; Staudinger-Nipperdey-Mohnen, § 616 Bem. 85; Schelp, RdA 1957, 250; Schelp-Trieschmann, Das Arbeitsverhältnis im Krankheitsfall, 1958; Gros, ArbR-Blattei, Krankheit des Arbeitnehmers, I unter D I 3 a ee; vgl. auch Kurzprotokoll der 159. Sitzung des Ausschusses für Sozialpolitik des Bundestages vom 6. Mai 1957) auf dem Standpunkt, daß § 616 Abs. 1 BGB auch im Krankheitsfall des Arbeiters, der unter das ArbKrankhG fällt, weiter Anwendung findet (ebenso Schmatz-Fischwasser, Kommentar zum ArbKrankhG, 3. Aufl., § 6 Bem. II; vgl. dazu auch Dieckhoff, AuR 1957, 297; Schediwy, RdA 1958, 51). Mit der Feststellung, daß das ArbKrankhG lex specialis sei, ist noch nichts gewonnen. Ein allgemeiner Rechtssatz, daß die lex specialis der lex generalis vorgehe, ist nicht anzuerkennen. Eine feste Regel, ja selbst eine Vermutung kann in der Frage, ob mehrere Gesetze nebeneinander oder alternativ anzuwenden sind oder ob das eine das andere ausschließt, nicht aufgestellt werden. Vielmehr handelt es sich um eine Frage der Auslegung oder der Rechtsfindung, die auf Grund des Wortlauts, des Zusammenhangs, der historischen Entwicklung und der Entstehungsgeschichte, besonders aber auch nach dem Zweck der Vorschriften und dem Wert des Ergebnisses der einen oder anderen Auslegung zu lösen ist (so mit Recht Enneccerus-Nipperdey, Allgem. Teil, § 60, II). Schon für § 63 HGB als Sondervorschrift zugunsten der kaufmännischen Angestellten gilt, daß sie die allgemeine Regel des § 616 BGB nicht ausschließt (vgl. Hueck-Nipperdey, 6. Aufl., 1959, I, S. 314). Hier ist es aber sogar so, daß § 616 Abs. 1 BGB, wenn er nicht abgedungen ist, die Anwendung des ArbKrankhG ausschließt, soweit er Platz greift. Denn die Pflicht des Arbeitgebers zur Zuschußzahlung zum Krankengeld nach § 1 ArbKrankhG setzt notwendig voraus, daß der Arbeiter Krankengeld erhält. Nach dem — im § 8 Ziff. 3 ArbKrankhG nicht geänderten — § 189 Abs. 1 Satz 1 RVO ruht aber der Anspruch auf Krankengeld, wenn und soweit der Versicherte während der Krankheit Arbeitsentgelt erhält. Es kommt hinzu, daß das ArbKrankhG sich als Gesetz zur Verbesserung der wirtschaftlichen Sicherung der Arbeiter im Krankheitsfall bezeichnet. Es ist nicht einzusehen, warum dann, wenn die volle Lohnzahlung für den Arbeiter nach § 616 Abs. 1 ihn besser stellt als das ArbKrankhG, der § 616 Abs. 1 entfallen soll. Verfehlt wäre auch ein argumentum e contrario aus der Spezialvorschrift des § 7 ArbKrankhG. Schließlich kann keine Rede davon sein, daß es sich bei § 616 Abs. 1 BGB um eine „entgegenstehende" Vorschrift im Sinne des § 11 ArbKrankhG handelt. Demgegenüber muß das Argument, die Verdrängung des § 616 Abs. 1 im Krankheitsfall des Arbeiters durch das ArbKrankhG sei praktikabler (dagegen aber schon zutreffend Schediwy, RdA, 1958, S. 53 linke Spalte), zurücktreten. Eine solche „Praktikabilität" würde zu Lasten der Arbeitnehmer gehen und deren Rechtslage namentlich bei kürzeren Krankheiten und längerer Betriebszugehörigkeit dann wesentlich verschlechtern, wenn § 616 Abs. 1 BGB von den Parteien des Arbeitsvertrages oder des Tarifvertrages aus irgendwelchen Gründen unberührt gelassen wurde.

Jedoch ist, wie in Rechtsprechung und Rechtslehre allgemein anerkannt, die Vorschrift des § 616 Abs. 1 BGB abdingbar. Eine solche Abdingung kann sowohl im einzelnen Arbeitsvertrag wie durch eine kollektive Regelung erfolgen. Eine danach zulässige Abdingung des § 616 Abs. 1 BGB ist hier durch die erwähnte Vorschrift des § 6 MTV in Verbindung mit § 9 des gleichen Tarifvertrages rechtswirksam vorgenommen, und zwar dahin, daß der durch Betriebsunfall arbeitsunfähig gewordene und deshalb an der Arbeitsleistung verhinderte Arbeiter nur den Anspruch auf Bezahlung des Arbeitsentgeltes für weitere 8 Stunden erheben, nicht aber darüber hinaus weitere Ansprüche auf die Vorschrift des § 616 Abs. 1 BGB gründen kann.

Nun bestimmt § 6 des ArbKrankhG, das für den Zedenten gilt, daß die Vorschriften des ersten Abschnitts dieses Gesetzes nicht zuungunsten des Arbeiters abgedungen werden können. Stellt jedoch eine Vereinbarung den Arbeiter günstiger, als er nach dem ersten

Abschnitt des ArbKrankhG stände, so kann er sich auch nach dem Inkrafttreten des ArbKrankhG weiter auf die Abrede berufen.

Diese Rechtslage macht die Prüfung erforderlich, ob in den Bestimmungen der §§ 6 und 9 des MTV vom 18. Dezember 1953 eine Regelung erfolgt ist, die den Arbeiter besser oder schlechter stellt als das ArbKrankhG (vgl. Schmatz-Fischwasser, Gesetz zur Verbesserung der wirtschaftlichen Sicherung der Arbeiter im Krankheitsfall, 3. Aufl., S. 118 f.; Schelp-Trieschmann, Das Arbeitsverhältnis im Krankheitsfall, 1958, S. 156 f.).

Bei einer solchen Prüfung dürfen nicht einzelne isolierte Bestimmungen der beiden Regelungen miteinander verglichen werden. Es ist vielmehr darauf abzustellen, wie der einzelne von einer Krankheit betroffene Arbeiter bei Anwendung der einen oder der anderen Regelung im Gesamtergebnis steht. Es müssen dabei wie im Tarifrecht die in einem inneren Zusammenhang stehenden Vorschriften beider zu vergleichender Regelungen gegenübergestellt werden (vgl. Hueck-Nipperdey, Lehrbuch des Arbeitsrechts, 6. Aufl., Bd. 2, S. 433 ff.). Für die Entscheidung muß sonach zugrunde gelegt werden, welche Folgen sich für den einzelnen von einer Krankheit betroffenen Arbeiter, der Ansprüche wegen dieses Krankheitsfalles geltend macht, aus der einen oder aus der anderen Regelung im konkreten Krankheitsfall ergeben. Entscheidend ist, welche von beiden Regelungen in dem zur Beurteilung stehenden Zeitpunkt dem Arbeitnehmer günstiger ist. Dabei darf jedoch bei einem Vergleich der tariflichen Regelung und der gesetzlichen Regelung im Krankheitsfall die Dauer einer *einheitlichen* Krankheit nicht in verschiedene Zeitabschnitte geteilt werden. Es muß vielmehr die Krankheit selbst als ein einheitliches Ereignis, das einheitliche Folgen auslöst, in ihrer Auswirkung auf die wirtschaftliche und soziale Lage des Arbeiters für die Gesamtdauer dieser Krankheit in Betracht gezogen werden. Es darf also namentlich nicht bei einem Krankheitsfall darauf abgestellt werden, wie der Arbeiter nach der einen oder der anderen Regelung während einzelner Tage der Dauer seiner Krankheit, an denen er arbeitsunfähig ist, steht und wie seine Lage hinsichtlich der anderen Tage seiner Krankheit ist. Vielmehr ist die Lage des Arbeiters für die Gesamtdauer der auf dem Betriebsunfall beruhenden Krankheit, also für *alle* Tage dieser Krankheit einheitlich zu werten. Denn die Krankheit und ihre Dauer und die Leistungen aus Arbeitgeberzuschuß und Krankengeld, die der Arbeiter während der Gesamtdauer dieser Krankheit bei Anwendung des ArbKrankhG erhalten, und die Lohnzahlung, die er nach dem mit diesem zu vergleichenden Tarifvertrag bekommen würde, beruhen auf dem einheitlichen

Lebensvorfall der Erkrankung. Alle Leistungen, Zuschuß wie Krankengeld nach dem ArbKrankhG einerseits und tarifliches Entgelt andererseits, dienen einem Ziel, der wirtschaftlichen Sicherung des Arbeiters im Krankheitsfall. Es ist daher auch im Interesse des Arbeitnehmers selbst darauf abzustellen, welche Ansprüche er aus diesem einheitlichen Lebensvorgang für die Krankheitsdauer, für die Dauer der Arbeitsunfähigkeit nach der einen oder nach der anderen Regelung hat.

Nach der tariflichen Regelung würde der durch Arbeitsunfall erkrankte Zedent der Klägerin den Lohn nur für 8 Stunden fortbezahlt erhalten, während er für die folgende Zeit seiner Krankheit, die auf diesem Arbeitsunfall beruht, gegen den Arbeitgeber, die Beklagte, keinerlei Lohnfortzahlungsansprüche haben könnte.

Nach dem ArbKrankhG erhält der Zedent der Klägerin zwar nicht den vollen Lohn für die ersten 8 Stunden, er erhält aber für volle 6 Wochen nach dem Arbeitsunfall den Zuschuß zum Krankengeld, der ihn zusammen mit dem wegen dieser Krankheit gewährten Krankengeld auf insgesamt 90 % seines letzten Nettoverdienstes kommen läßt. Diese Regelung des ArbKrankhG ist bei der hier vorliegenden längeren Krankheit des Zedenten ungleich günstiger für ihn als die Regelung des Tarifvertrages.

Führt also der Vergleich zu diesem völligen eindeutigen Ergebnis, so stehen dem Zedenten und damit der Klägerin nur die Ansprüche aus dem ArbKrankhG, nicht aber solche aus § 9 Ziff. 2 Buchst. e des MTV zu. Denn der Sinn des Vergleichs der in innerem Zusammenhang stehenden Bestimmungen der beiden Regelungen liegt darin, daß bei solchem Zusammenhang nur die günstigere Regelung gilt. Nicht aber kann der Arbeitnehmer die ihm ungünstigeren Vereinbarungen durch die günstigere gesetzliche Regelung ersetzen, den Arbeitgeber aber an den vertraglich für ihn (den Arbeitnehmer) günstigeren Punkten festhalten.

52

Das Zahlungsversprechen eines Mannes zu Gunsten der mit ihm in einem eheähnlichen Verhältnis lebenden Frau bedarf der Form des § 518 BGB.

BGB §§ 516, 518.

II. Senat. Urteil vom 23. 4. 1959 i. S. F. (Bekl.) w. G. (Kl.)
2 AZR 118/56.

I. Arbeitsgericht Düsseldorf. — II. Landesarbeitsgericht Düsseldorf.

Die Klägerin hat von ihrem 23. bis 44. Lebensjahr bis zu dessen Tod mit dem Rechtsanwalt Dr. P., dessen Nachlaß der Beklagte verwaltet, in häuslicher Gemeinschaft zusammengelebt; sie hat ihm im Haushalt und — jedenfalls nach der Behauptung der Klägerin — auch im Büro mit geholfen. Sie hat keine Barbezüge, wohl aber ihren Lebensunterhalt bekommen. Zur Sozialversicherung war sie nicht angemeldet.

Dr. P. hat der Klägerin zwei Quittungen ausgestellt, die folgendermaßen lauten:

a) „Quittung über DM 18 000,— von Fräulein Hanni L. geb. 8. 12. 10, als Darlehn für einbehaltene Gehälter
— Achtzehntausend —
vom 1. 8. 33 bis 1. 8. 48 richtig erhalten zu haben, wird hiermit bescheinigt.
Düsseldorf, den 1. 8. 1948"
gez., unterschrieben und Stempel:
„Dr. P., Rechtsanwalt"

b) „Quittung DM 4800,— von Fräulein Johanna L. als Darlehn einbehaltene Gehälter vom 1. 9. 48 — 1. 9. 50
— DM Viertausendachthundert —
richtig erhalten zu haben, bescheinigt hiermit
Düsseldorf, den 1. 9. 1950."
gez., unterschrieben und Stempel:
„Dr. P., Rechtsanwalt"

Den in diesen Schuldscheinen genannten Betrag von 18 000,— RM = 1800,— DM und 4800,— DM = insgesamt 6600,— DM klagt die Klägerin gegen den Beklagten ein. Außerdem hat sie noch Gehalt für die Zeit vom 1. September 1950 bis 1. Oktober 1954 in Höhe von 9800,— DM verlangt. Der Beklagte bestreitet das Bestehen eines Arbeitsverhältnisses und trägt vor, daß es sich bei diesen Quittungen in Wahrheit um Schenkungsversprechen handele, die mangels Erfüllung der gesetzlichen Formvorschriften nichtig seien.

Das Arbeitsgericht hat der Klage in Höhe von 10 800,— DM stattgegeben, die restliche Forderung hat es als verjährt abgewiesen.

Gegen dieses Urteil haben der Beklagte Berufung und die Klägerin Anschlußberufung eingelegt. Im Berufungsrechtszug hat der Beklagte hilfsweise gegenüber der Klägerin die Aufrechnung mit einer angeblich deshalb dem Nachlaß zustehenden Gegenforderung in Höhe von 50,— DM monatlich erklärt, weil die Klägerin noch in dem Dr. P. gehörigen Hause ein Zimmer bewohnt, ohne hierfür Mietentschädigung zu zahlen. Die

Klägerin hingegen macht an dem Zimmer bis zur Bezahlung der Klageforderung ein Zurückbehaltungsrecht geltend und hält überdies eine Miete von höchstens 5,— DM monatlich für angemessen.

Das Landesarbeitsgericht hat die Anschlußberufung der Klägerin zurückgewiesen. Auf die Berufung des Beklagten hat es die vom Arbeitsgericht vorgenommene Verurteilung in Höhe von 10 800,— DM auf 6600,— DM herabgesetzt.

Die Revision des Beklagten führte zur Klageabweisung.

Aus den Gründen:

Das Landesarbeitsgericht hat gesagt, daß die Klägerin zum Erblasser „in einer familienrechtsähnlichen Beziehung" stand, die nach seinen Feststellungen auf „gesellschaftlicher Grundlage" begonnen und „sich zu einem mehr oder weniger starken Freundschaftsverhältnis vertieft" hatte. Das Landesarbeitsgericht hat weiter festgestellt, daß die Klägerin auf Grund dieser ihrer Beziehung mit dem Erblasser zusammenlebte, bei ihm ihren Lebensunterhalt fand, seinen Haushalt führte, ihn besorgte, pflegte und betreute und auch im Büro gelegentlich mithalf. Unter Hinweis auf diese Feststellungen hat das Landesarbeitsgericht das Bestehen eines Arbeitsverhältnisses zwischen der Klägerin und dem Erblasser verneint.

An die Feststellungen des Landesarbeitsgerichtes ist der Senat gebunden.

In einem solchen eheähnlichen Verhältnis, wie es hier nach den Feststellungen des Landesarbeitsgerichts vorliegt, werden die Leistungen, die jeder Teil für den anderen erbringt, im Hinblick auf die Leistungen des anderen Teils erbracht: die Frau besorgt und betreut den Mann, der Mann sorgt für den gemeinsamen Unterhalt. Keiner erwartet eine Bezahlung, vielmehr halten sich nach der Überzeugung und dem Willen der Partner auf Grund der zwischen ihnen bestehenden Gemeinschaft die beiderseitigen Leistungen die Waage. Dadurch unterscheidet sich das eheähnliche Verhältnis von den Rechtsbeziehungen, wie sie etwa zwischen der Erbtante und der diese in der Erwartung späterer Erbeinsetzung unentgeltlich pflegenden Nichte bestehen, bei denen eine solche Ausgewogenheit der beiderseitigen Leistungen fehlt und die Leistung der einen Seite in der Erwartung künftiger Belohnung erfolgt, was dann eine dahingehende Rechtswirkung jedenfalls in den Bereich der Möglichkeit rückt, daß beim Ausbleiben der zugesagten Erbeinsetzung zum mindesten Ansprüche aus ungerechtfertigter Bereicherung bestehen können. Daß ein solches Gleichgewicht der beiderseits für die eheähnliche

Gemeinschaft erbrachten Leistungen nach der Überzeugung beider Partner besteht, ist insbesondere bei einem langjährigen Verhältnis anzunehmen. Denn andernfalls hätte der eine oder der andere Partner diese Gemeinschaft, zu deren Aufrechterhaltung ihn rechtlich nichts zwang, aufgegeben; die Partner wollten eben in dieser Gemeinschaft verbleiben.

Daß hier die Klägerin mehrfach vom Erblasser eine Sicherstellung gefordert hat, steht damit nicht im Widerspruch. Denn mit diesem Verlangen hat die Klägerin gerade keine Abgeltung ihrer für die Gemeinschaft erbrachten Leistungen gefordert, sondern eine Sicherstellung für den Fall der Auflösung dieser Gemeinschaft, also eine Sicherstellung, wie sie vergleichbar einer geschiedenen Ehefrau oder einer Witwe gewährt wird. Bezeichnenderweise war auch beiderseits zunächst eine Sicherstellung der Klägerin durch Testament des Erblassers in Aussicht genommen worden. Der Erblasser hatte die Klägerin bereits testamentarisch bedacht, hatte später aber durch Erbeinsetzung seiner Schwester das die Klägerin begünstigende Testament widerrufen.

Wenn der Erblasser nunmehr — wie das Landesarbeitsgericht ebenfalls festgestellt hat — als Ersatz für die weggefallene testamentarische Sicherstellung sich der Klägerin gegenüber durch die den Gegenstand dieses Prozesses bildenden Quittungen schuldrechtlich verpflichten wollte, so war das angesichts des Gleichgewichts der beiderseitig für ihre eheähnliche Gemeinschaft erbrachten Leistungen nur im Wege der Schenkung möglich (vgl. RG 94, 322; 125, 380; JW 29, 3497). Der Erblasser vermochte durch diese Quittungen nicht nachträglich die für das Zusammenleben erbrachten Leistungen der Klägerin zu entgeltlichen Dienstleistungen zu stempeln, da eben, wie sich aus den Feststellungen des Landesarbeitsgerichts zwingend ergibt, zwischen beiden Partnern ein eheähnliches Verhältnis vorlag. Damit bestand aber kein Arbeitsverhältnis, und es konnte bei der Tatsächlichkeit der in Rede stehenden Beziehungen zwischen der Klägerin und Dr. P. auch nachträglich kein Arbeitsverhältnis zustande kommen. Bei jenen Beziehungen besteht auch kein Anspruch der Klägerin aus ungerechtfertigter Bereicherung, den der Erblasser zu erfüllen hätte. Somit war, was das Landesarbeitsgericht verkannt hat, die Verpflichtungserklärung des Erblassers nur als eine unentgeltliche, mithin als ein Schenkungsversprechen möglich. Daß der Erblasser sich zu diesem Versprechen mit Rücksicht auf das langjährige Zusammenleben mit der Klägerin veranlaßt sah, steht, wie § 534 BGB und die von der Rechtslehre anerkannte Rechtsfigur der belohnenden Schenkung ergibt, dem Schenkungscharakter nicht entgegen (vgl. auch RG 125, 380).

Mit den vorstehenden Erwägungen wird keineswegs die eheähnliche Gemeinschaft in den Rang einer Ehe erhoben. Vielmehr wird nur der Partner eines solchen Verhältnisses an sein eigenes Verhalten gebunden, wie er es zusammen mit dem anderen Partner tatsächlich gezeigt hat.

Da die rechtlich ein Schenkungsversprechen darstellenden Quittungen nicht der gesetzlich vorgeschriebenen Form des § 518 BGB genügen, mußte die Klage abgewiesen werden, ohne daß es noch eines Eingehens auf die vom Landesarbeitsgericht nicht behandelte Gegenforderung des Beklagten bedurfte.

53

1. Wenn ein ausländisches Unternehmen im Inland eine feste und dauerhafte Zweigstelle unterhält, sei es eine handelsregisterlich eingetragene Filiale oder auch sonst einen Betrieb oder Betriebsteil, und ein Arbeitnehmer nur in dieser Filiale oder in diesem Betrieb oder Betriebsteil tätig sein soll, ist für dessen Arbeitsverhältnis grundsätzlich inländisches Recht anzuwenden.

2. Ist der Arbeitsvertrag des Handlungsgehilfen auf einen bestimmten längeren Zeitraum abgeschlossen, ist aber innerhalb dieses Zeitraums die Möglichkeit einer ordentlichen Kündigung vorgesehen, so muß die Kündigungsfrist hierfür mindestens einen Monat betragen. Enthält der Vertrag eine kürzere Kündigungsfrist, so ist die vereinbarte Frist durch die gesetzliche Mindestkündigungsfrist zu ersetzen.

EGBGB Art. 7 ff.; HGB § 67.

II. Senat. Urteil vom 9. 5. 1959 i. S. SAS S. (Bekl.) w. Sch. (Kl.)
2 AZR 474/58.

I. Arbeitsgericht Stuttgart. — II. Landesarbeitsgericht Baden-Württemberg (Stuttgart).

Der Kläger war seit dem 15. Januar 1958 in Stuttgart bei der Beklagten als Handlungsgehilfe beschäftigt. Mit Schreiben vom 22. Januar 1958 regelte die Beklagte im Einvernehmen mit dem Kläger das Arbeitsverhältnis wie folgt:

„Wir bestätigen hiermit, daß Sie ab 15. Januar 1958 bei SAS in Stuttgart als Assistent III in Gehaltsgruppe 6, Klasse 9 mit einem monatlichen Bruttogehalt von DM 400,— auf Probe angestellt sind.

In Übereinstimmung mit unseren Personalbestimmungen gelten die ersten drei Monate Ihrer Beschäftigung als Probezeit, während der Ihre Kündigungsfrist 14 Tage beträgt. Wenn Ihre Arbeitsleistung während der Probezeit unseren Wünschen entspricht, werden Sie ab 1. Mai 1958 fest angestellt.

Alle anderen besonderen Bedingungen, unter welchen Sie bei uns angestellt sind, gehen aus den beigefügten „Personalbestimmungen für lokal angestelltes S-Personal in Westdeutschland" hervor."

Am 15. Februar 1958 kündigte die Beklagte dem Kläger zum 28. Februar 1958. Gegen diese Kündigung hat der Kläger am 6. März 1958 Klage erhoben mit dem Antrag, festzustellen, daß das Arbeitsverhältnis zwischen den Parteien über den 28. Februar 1958 hinaus bis zum 31. März 1958 fortdauert. Die Beklagte macht geltend, daß für sie schwedisches Recht gelte, zumal ihr Stuttgarter Betrieb nicht einmal als Zweigniederlassung im Handelsregister von Stuttgart eingetragen sei. Das schwedische Recht lasse eine 14tägige Kündigung zu. § 67 HGB gelte auch nicht für fest befristete Arbeitsverhältnisse.

Das Arbeitsgericht hat der Klage stattgegeben. Auf die Berufung der Beklagten hat das Landesarbeitsgericht unter Zurückweisung der Berufung im übrigen die Kündigung zum 15. März 1958 durchgreifen lassen.

Die Revision der Beklagten ist zurückgewiesen worden.

Aus den Gründen:

I. Auf das Arbeitsverhältnis der Parteien ist, wie das Landesarbeitsgericht zutreffend angenommen hat, deutsches Recht und nicht, wie die Beklagte meint, schwedisches Recht anzuwenden.

Das Landesarbeitsgericht hat festgestellt, daß die Parteien eine Vereinbarung, wonach schwedisches Recht angewendet werden solle, in dem zwischen ihnen abgeschlossenen Vertrag nicht getroffen haben.

Daß sie die Anwendung deutschen Rechts vereinbart haben, ist weder vom Landesarbeitsgericht festgestellt worden noch mit Sicherheit aus den vom Landesarbeitsgericht festgestellten Vertragsbestimmungen noch aus den in diesen Vertragsbestimmungen in Bezug genommenen „Personalbestimmungen für lokal angestelltes S-Personal in Westdeutschland" zu entnehmen. Zwar ist in diesen „Personalbestimmungen" mehrfach auf deutsches Recht verwiesen, so in § 7 Abs. 5 auf das deutsche Mutterschutzgesetz, in § 6 Abs. 2 auf die deutsche Feiertagsregelung und in § 9 Abs. 1 auf die deutsche Sozialversicherung. Aber gerade die strittigen Bestimmungen über eine 14tägige

Kündigungsfrist in den Anstellungsbedingungen sowie, im Zusammenhang mit dieser Abmachung zu sehen, die Bezugnahme auf einzelne herausgestellte Bestimmungen des deutschen Arbeitsrechts, die doch überflüssig gewesen wäre, wenn die Parteien schlechthin die Anwendung deutschen Rechts vereinbart hätten, sprechen gegen die Annahme, daß die Parteien hier ausdrücklich oder sonstwie sicher erkennbar die Anwendung deutschen Rechts vereinbart haben.

Es muß also nach den sonstigen Regeln des internationalen Privatrechts ermittelt werden, welches Recht hier mangels einer eindeutigen Parteiabrede anzuwenden ist.

Bei der Frage, welches Recht auf ein Arbeitsverhältnis anzuwenden ist, kommt es entscheidend darauf an, in welchem Staatsgebiet dieses Arbeitsverhältnis seinen Schwerpunkt hat, weil davon auszugehen ist, daß jeder Staat kraft seiner Staatshoheit die in seinem Gebiete ruhenden Rechtsverhältnisse nach seiner Rechtsordnung regeln will und daß übrigens die Parteien dem auch in einem hypothetischen Vertragswillen Rechnung tragen. Deshalb ist grundsätzlich inländisches Recht anzuwenden, wenn ein ausländisches Unternehmen im Inland eine feste und dauerhafte Zweigstelle, sei es eine handelsregisterlich eingetragene Filiale oder auch sonst einen Betrieb oder Betriebsteil unterhält und der Arbeitnehmer nur in dieser Filiale oder diesem Betrieb oder Betriebsteil tätig sein soll (vgl. Beitzke, RdA 51, 134). Etwas anderes würde, und zwar auch hier von der Sache her wie nach einem allerdings wieder nur zu unterstellenden Parteiwillen, gegenüber jenem Grundsatz etwa dann gelten, wenn die inländische Arbeitsstätte lediglich eine Ausstrahlung des ausländischen Hauptbetriebes ist, wie das etwa — im Verhältnis zwischen dem Recht des Staates, auf dessen Territorium das Arbeitsverhältnis in Erscheinung tritt, und deutschem Recht — beim sogenannten Badischen Bahnhof in Basel oder auch bei vorübergehenden deutschen Baustellen im Ausland der Fall ist (vgl. Beitzke, a. a. O.). Da nun hier der Kläger, im Gegensatz zum fliegenden Personal der Beklagten, ausschließlich für den Stuttgarter Betrieb der Beklagten eingestellt worden ist und nur dort zu arbeiten hatte, dieser Stuttgarter Betrieb auch im Interesse der Befliegung des Stuttgarter Lufthafens durch die Beklagte eine feste Einrichtung ist und damit organisatorisch eine eigene Größe darstellt, lag der Schwerpunkt seines Arbeitsverhältnisses in Stuttgart. Dort allein hatte er die im Arbeitsvertrag übernommenen Pflichten zu erfüllen. Daher ist es auch unerheblich, ob der Stuttgarter Betrieb im Handelsregister eingetragen ist oder nicht. Der Kläger war mit seiner Tätigkeit, die nach seiner Vergütung mehr untergeordneter Art war, auch nicht wenigstens für seine Person in einer betonten Weise auf die schwedische Hauptniederlassung der Beklagten hingeordnet, und es ist auch nicht vorgetragen, daß er Staatsangehöriger des Landes ist, in dem die Beklagte ihren Sitz hat, was eine Vermutung in Richtung der Anwendung des ausländischen Rechts auf Grund des abermals bloß hypothetischen Willens der Parteien eröffnen kann (vgl. Beitzke, a. a. O.). Da hiernach das Arbeitsverhältnis im Inland ruhte, kommt jedenfalls aus diesem Grunde deutsches Arbeitsrecht zur Anwendung.

II. Das Landesarbeitsgericht hat die in den Anstellungsbedingungen für die Probezeit vorgesehene Kündigungsfrist von 14 Tagen gemäß § 67 Abs. 1 HGB in eine Kündigungsfrist von einem Monat umgewandelt. Die hiergegen von der Revision der Beklagten erhobenen Rügen greifen nicht durch.

Die Revision rügt die Verletzung des § 67 HGB. Für einen auf bestimmte Zeit abgeschlossenen Arbeitsvertrag sei die Bestimmung des § 67 Abs. 1 HGB nur anzuwenden, wenn in dem Vertrag vereinbart sei, daß das Arbeitsverhältnis in Ermangelung einer vor dem Ablauf der Vertragszeit erfolgten Kündigung als verlängert gelten solle. Eine solche Verlängerungsklausel sei aber hier nicht vereinbart. Vielmehr laufe nach dem zwischen den Parteien abgeschlossenen Vertrag das Probearbeitsverhältnis nach Ablauf von drei Monaten aus, und es sei nur im Vertrag vorgesehen worden, daß die Beklagte, falls sie mit den Arbeitsleistungen des Klägers zufrieden sei, nach Ablauf der Probearbeitszeit einen neuen, den Kläger fest anstellenden Vertrag mit ihm abschließen werde. Infolgedessen liege der Tatbestand des § 67 Abs. 3 HGB gar nicht vor, und die Beklagte sei daher in der Vereinbarung kürzerer als der in § 67 Abs. 1 HGB vorgesehenen Kündigungsfristen frei gewesen.

Diesen Ausführungen kann nicht gefolgt werden.

Sowohl das HGB in §§ 66 ff. wie auch das BGB in § 620 gehen erkennbar von zwei deutlich voneinander geschiedenen Vertragstypen des Dienst- oder Arbeitsvertrages aus, nämlich einmal von dem auf bestimmte Zeit abgeschlossenen Vertrag, der nach Ablauf der vereinbarten Vertragsdauer von selbst endet und für den es — außer aus wichtigem Grunde — eine Kündigung bis zum Ablauf der Vertragsdauer nicht gibt, eben weil er auf b e s t i m m t e Zeit abgeschlossen ist, und zum anderen von dem auf unbestimmte Zeit abgeschlossenen und daher kündbaren Vertrag. Wenn also in § 66 und § 67 Abs. 1 und 2 HGB ebenso wie in § 620 Abs. 2 BGB die Kündigungsfristen nur für den auf unbestimmte Zeit abgeschlossenen Dienst- oder Arbeitsvertrag geregelt sind, so ist das deshalb geschehen, weil der Gesetzgeber eine Kündigung (außer aus wichtigem Grunde) bei dem auf bestimmte Zeit abgeschlossenen Dienst- oder Arbeitsvertrag als nicht erforderlich angesehen hat und davon ausgegangen ist, daß bei dem auf bestimmte Zeit abgeschlossenen Dienst- oder Arbeitsvertrag für die Vertragszeit, also für die bestimmte Zeit, eine ordentliche Kündigung ausgeschlossen sein sollte.

Es besteht nun aber, worauf der Senat bereits in seinem Urteil vom 15. Dezember 1955 (BAG 2, 245 ff.) hingewiesen hat, ein Bedürfnis nach Zwischenlösungen und Mischfiguren; im Rahmen ihrer Vertragsfreiheit steht es den Parteien eines Dienstvertrages durchaus offen, auch bei einem auf bestimmte Zeit abgeschlossenen Dienstvertrag die Möglichkeit der vorzeitigen Auflösung aus nicht wichtigem Grund vorzusehen und ihn insoweit im Ergebnis zu einem auf unbestimmte Zeit abgeschlossenen Vertrag zu machen. Das haben hier die Parteien getan. Sie haben die Probearbeitszeit auf drei Monate bemessen, haben aber außerdem noch für diese Zeit die Möglichkeit einer Kündigung vorgesehen. Durch die Zulassung einer Kündigung während der vorgesehenen Vertragsdauer hat der Vertrag, wenn er auch auf einen Zeitraum von drei Monaten abgeschlossen ist, ein wesentliches Element zeitlicher Unbestimmtheit erhalten. Es gelten daher für ihn, soweit es sich um die im Vertrag vorgesehene Kündigung handelt, die für den auf unbestimmte Zeit abgeschlossenen Arbeitsvertrag gesetzlich vorgesehenen Kündigungsvorschriften, und zwar unmittelbar, ohne daß es noch erforderlich wäre, auf die oben erwähnte Auffassung der Beklagten zum Inhalt des Vertrages einzugehen und sich dann etwa auch mit der Tragweite des § 67 Abs. 3 HGB auseinanderzusetzen, insbesondere mit der Frage, ob diese Vorschrift ebenfalls eine — und dann die Bestimmung des § 67 Abs. 1 HGB übernehmende — Regelung für die Kündigungsfrist hinsichtlich derjenigen Kündigung enthält, die innerhalb der „bestimmten Zeit" des Vertragsablaufs ausgesprochen wird, oder ob nur eine Normierung für die nach Ablauf der „bestimmten Zeit" eintretende Fortsetzung des Vertrags ausgesprochen ist. Es würde dem Schutzgedanken des § 67 Abs. 1 HGB zuwiderlaufen, wenn die Parteien in einem zwar für einen doch längeren Zeitraum, aber mit vorheriger Kündigungsmöglichkeit abgeschlossenen Vertrag kürzere Kündigungsfristen sollten vereinbaren können, als das Gesetz für den auf unbestimmte Zeit abgeschlossenen Arbeitsvertrag erlaubt. Die Mindestkündigungsfrist von einem Monat soll verhüten, daß der Handlungsgehilfe mehr oder weniger unmittelbar vor einem Existenzverlust steht, und das Gesetz bringt, was, gleichgültig wie die positivrechtliche Tragweite dieser Vorschrift im einzelnen zu sehen ist, letztlich auch aus § 67 Abs. 3 HGB hervorgeht, diesen Gedanken im Zusammenhang mit dem Kündigungsfristenkomplex für Handlungsgehilfen ganz allgemein zum Ausdruck. Er hat somit für den aus Elementen des befristeten und unbefristeten Vertrags zusammengesetzten Arbeitsvertrag ebenfalls zu gelten (vgl. BAG, 2, 245 ff [247]).

Die im Vertrag vorgesehene Kündigungsfrist von 14 Tagen war somit unzulässig. An ihre Stelle tritt die einen Monat betragende Kündigungsfrist des § 67 Abs. 1 HGB, also die kürzestmögliche Kündigungsfrist, die in dem Arbeitsvertrag eines Handlungsgehilfen vertraglich vereinbart werden kann (vgl. auch RAG 3, 15 [17]).

54

1. Im Arbeitsrecht ist für die Frage des anzuwendenden Rechts nach internationalem Privatrecht mangels eines festzustellenden Parteiwillens maßgeblich, wo das Arbeitsverhältnis seinen Schwerpunkt, seinen wirtschaftlich-technischen Mittelpunkt hat. Das ist grundsätzlich am Arbeitsort der Fall. Das gleiche gilt in der Regel auch für die Ruhegehaltsbeziehungen.

2. Der Arbeitgeber ist bei der Gewährung von Teuerungszulagen an seine Pensionäre in dem Aufstellen einer Regel, insbesondere in der Bildung von Gruppen, frei. Ein Verstoß gegen den Gleichbehandlungsgrundsatz liegt nur in einer willkürlichen, sachfremden Gruppenbildung.

3. Eine Verletzung der Fürsorgepflicht liegt noch nicht darin, daß der Arbeitgeber nicht auf staatliche Stellen einwirkt, diese dazu zu bewegen, nicht nur für inländische, sondern auch für ausländische Pensionäre des Arbeitgebers staatliche Mittel für die Gewährung von Teuerungszulagen zur Verfügung zu stellen.

4. Die Aufwertung oder Ergänzung eines in Reichsmark vereinbarten und im Verhältnis 1 : 1 umgestellten Ruhegeldes mit Rücksicht auf die allgemeine Veränderung der wirtschaftlichen Verhältnisse und Erhöhung der Löhne ist heute nicht begründet (Bestätigung von BAG 2, 239).

ArbGG § 73 Abs. 2; ZPO §§ 512 a, 549; BGB §§ 154, 242.

I. Senat. Urteil vom 13. 5. 1959 i. S. M. u. a. (Kl.) w. E. D. D. (Bekl.) 1 AZR 258/57.

I. Arbeitsgericht Passau. — II. Landesarbeitsgericht Bayern (München).

Der Rechtsvorgänger der Kläger war Vorstand einer Agentie der Beklagten in Regensburg und trat im Jahre 1935 in den Ruhestand. Seit dieser Zeit bezieht er nach dem Pensionsstatut der Beklagten vom 1. Juli 1921 ein Ruhegehalt. Durch Bundesgesetz der Republik Österreich über die Verstaatlichung von Unternehmungen (Verstaatlichungsgesetz) vom 26. Juli 1946 (BGBl. S. 337) sind die Anteilsrechte an dem Unternehmen der Beklagten in das Eigentum der Republik Österreich übergegangen.

Auf Grund einer Vereinbarung zwischen der Direktion der Beklagten und dem Österreichischen Gewerkschaftsbund vom 8. Januar 1954 werden an Ruhegehaltsempfänger der Beklagten, die österreichische Staatsbürger sind und im österreichischen Bundesgebiet ihren ordentlichen Wohnsitz haben, aus staatlichen Mitteln freiwillige und jederzeit widerrufliche Pensionszuschüsse gewährt. Die Kläger sind der Auffassung, daß auch den deutschen Pensionisten der Beklagten diese Zuschüsse zur Pension gewährt werden müßten. Sie sind als Erbeserben des am 7. Juli 1957 verstorbenen ursprünglichen Klägers Franz M. und seiner gleichfalls verstorbenen Ehefrau Erna M. geb. F. in den Rechtsstreit eingetreten.

Die Löhne der in Bayern wohnenden Aktivbediensteten der Beklagten sind durch Tarifvertrag vom 1. Januar 1954 neu geregelt worden.

Das Arbeitsgericht hat der Klage stattgegeben, das Landesarbeitsgericht hat sie abgewiesen. Die Revision der Kläger ist zurückgewiesen worden.

Aus den Gründen:

I. Die Zuständigkeit der deutschen Arbeitsgerichte ist zu bejahen. In § 40 des Pensionsstatuts der Beklagten vom 1. Juli 1921 ist zwar für Streitigkeiten über vertragsmäßige Ansprüche der Angestellten aus dem Titel der Pensionsversicherung und die Höhe dieser Ansprüche die örtliche Zuständigkeit der Gerichte in Wien festgelegt. Diese Bestimmung ist auch Inhalt des Arbeitsvertrages zwischen dem ursprünglichen Kläger und der Beklagten geworden. Dem Revisionsgericht ist jedoch eine Nachprüfung der örtlichen Zuständigkeit nach § 73 Abs. 2 ArbGG entzogen. Denn diese Bestimmung ist ebenso wie § 512a und § 549 Abs. 2 ZPO auch auf die Fälle der sogenannten internationalen Zuständigkeit anzuwenden, d. h. auch dann, wenn es sich um die Frage handelt, ob nach deutschem internationalen Prozeßrecht ein deutsches oder ein ausländisches Gericht örtlich zuständig ist (vgl. BGH NJW 1953 S. 222).

II. Auf den vorliegenden Rechtsstreit ist deutsches Recht anzuwenden. Da eine ausdrückliche oder stillschweigende Vereinbarung der Parteien über diese Frage nicht ersichtlich ist, ist nach internationalem Privatrecht darauf abzustellen, wo das Arbeitsverhältnis seinen Schwerpunkt, seinen wirtschaftlich-technischen Mittelpunkt hat (vgl. BAG 2, 18). Das ist grundsätzlich am Arbeitsort, d. h. dem gewöhnlichen Tätigkeitsort der Fall (vgl. Gamillscheg, Internationales Arbeitsrecht, 1959, S. 127, 140); denn hier wirkt sich das Arbeitsverhältnis in jeder Beziehung aus.

Der Rechtsvorgänger der Kläger war Vorstand einer Agentie der Beklagten in Regensburg und ist dort bis zu seiner Zurruhesetzung tätig gewesen. Hier hatte die Beklagte, deren Hauptsitz sich in Wien befindet, eine ständige Betriebsstätte, an der der Rechtsvorgänger der Kläger seine Arbeit zu verrichten hatte. Regensburg war daher auch von der Arbeitgeberseite her gesehen der Schwerpunkt, der wirtschaftlich-technische Mittelpunkt des Arbeitsverhältnisses des Rechtsvorgängers der Kläger und somit der für das anzuwendende Recht maßgebende Anknüpfungspunkt. Das gleiche muß aber auch für dessen mit dem Arbeitsverhältnis zusammenhängenden Ruhegehaltsbeziehungen gelten, zumal er seinen Wohnsitz in Deutschland behalten hatte. Wie bereits der Zweite Senat in seiner Entscheidung vom 5. Mai 1955 (BAG 2, 18) ausgesprochen hat, ist kein allgemeiner Rechtssatz des Inhalts anzuerkennen, daß etwa alle Ruhegehaltsbeziehungen als am Sitz des Unternehmens zusammengefaßt zu gelten haben und deshalb nach dortigem Recht zu behandeln sind.

III. Die Revision der Kläger mußte zurückgewiesen werden, weil der von ihrem Rechtsvorgänger geltend gemachte Anspruch unter keinem rechtlichen Gesichtspunkt begründet ist.

1. Auf das Pensionstatut vom 1. Juli 1921 können die Kläger ihren Anspruch nicht stützen; denn die in diesem Statut vorgesehenen Leistungen hat ihr Rechtsvorgänger unstreitig erhalten.

2. Aus der Vereinbarung vom 8. Januar 1954 zwischen der Beklagten und dem Österreichischen Gewerkschaftsbund können die Kläger ihren Anspruch nicht herleiten, weil der Geltungsbereich dieser Vereinbarung ausdrücklich auf diejenigen Pensionisten der Beklagten beschränkt ist, die österreichische Staatsbürger sind und im österreichischen Bundesgebiet ihren ordentlichen Wohnsitz haben. Der Senat brauchte daher nicht zu prüfen, ob die Vereinbarung vom 8. Januar 1954 nach österreichischem Recht als ein Tarifvertrag anzusehen ist oder ob es sich um einen Vertrag anderer Art, insbesondere einen Vertrag zugunsten Dritter handelt. Wäre der Vertrag ein Tarifvertrag, so würde der Anspruch auch schon daran scheitern, daß der Rechtsvorgänger der Kläger nicht Mitglied des Österreichischen Gewerkschaftsbundes war. Auch auf

den Tarifvertrag vom 1. Januar 1954 können die Kläger den Anspruch nicht stützen, weil dieser ausschließlich die Aktivbediensteten der Beklagten erfaßt.

3. Die Kläger können aber auch nicht unter Berufung auf den Gleichbehandlungsgrundsatz die Gewährung von Leistungen verlangen, die vom Österreichischen Gewerkschaftsbund für seine österreichischen Landsleute mit ordentlichem Wohnsitz im österreichischen Bundesgebiet erwirkt worden sind.

Es kann dahingestellt bleiben, ob und inwieweit der Grundsatz der Gleichbehandlung über den Betrieb hinaus im Rahmen des Unternehmens angewendet werden kann und ob er über Ländergrenzen hinweg gilt. Denn selbst wenn man das bejahen würde, wäre der Gleichbehandlungsgrundsatz von der Beklagten nicht verletzt worden. Die Arbeitnehmer haben sicherlich keinen Anspruch darauf, daß der Arbeitgeber eine bestimmte Regel, eine bestimmte Ordnung für die Behandlung seiner Betriebsangehörigen schafft. Auch in dem Aufstellen der Regel, insbesondere in der Bildung von Gruppen, ist der Arbeitgeber im allgemeinen frei (vgl. Nikisch, Arbeitsrecht, 2. Aufl., S. 430; Hueck-Nipperdey, Lehrbuch des Arbeitsrechts, 6. Aufl., 1. Bd., S. 387). Die Beklagte konnte daher die Gewährung des Pensionszuschusses auf ihre österreichischen Pensionisten beschränken. Nur eine willkürliche, völlig sachfremde Gruppenbildung wäre unzulässig. Unzulässig wäre weiter ein willkürlicher Ausschluß einzelner Arbeitnehmer von der vom Arbeitgeber zugrunde gelegten Regelung (BAG AP Nr. 4 zu § 242 BGB Gleichbehandlung; BAG AP Nr. 5 zu § 242 BGB Gleichbehandlung). Der letztere Fall scheidet ohne weiteres aus. Aber auch von einer willkürlichen, sachfremden Gruppenbildung kann schon deshalb nicht gesprochen werden, weil die Pensionszulagen auf Grund der Vereinbarung vom 8. Januar 1954 ausschließlich aus Mitteln des österreichischen Staates für österreichische Staatsbürger, die im österreichischen Bundesgebiet ihren Wohnsitz haben, gewährt werden. Diese Mittel sind zweckbestimmt, d. h. die Beklagte könnte sie nicht zur Aufbesserung der Pensionen auch der deutschen Pensionisten verwenden. Damit handelt es sich bei diesen Mitteln eindeutig um Zuwendungen des österreichischen Staates, die aus sozialpolitischen Gründen gewährt werden. Dem österreichischen Staat steht es jedoch frei zu bestimmen, daß die zur Verfügung gestellten Staatsgelder nur für die Besserstellung der Pensionen der eigenen Staatsbürger verwendet werden. Daran ändert auch die Tatsache nichts, daß der österreichische Staat zugleich Inhaber der Beklagten ist; denn an deren Rechtsform hat sich durch die Verstaatlichung nichts geändert. § 1 des Verstaatlichungsgesetzes vom 26. Juli 1946 (BGBl. S. 337) besagt ausdrücklich, daß die Anteilsrechte an den in der Anlage genannten Gesellschaften in das Eigentum der Republik Österreich übergehen, und in § 2 dieses Gesetzes wird hervorgehoben, daß das Bundesministerium für Vermögenssicherung und Wirtschaftsplanung die Anteilsrechte auszuüben hat. Das Gesetz geht also eindeutig von dem Fortbestand der bisherigen Rechtsform der verstaatlichten juristischen Personen aus. Die Beklagte ist daher nach wie vor als Aktiengesellschaft eine vom österreichischen Staat unabhängige juristische Person, und die vom österreichischen Staat zur Verfügung gestellten Mittel sind staatliche Mittel, nicht eigene Mittel der Aktiengesellschaft.

4. Der vom Kläger geltend gemachte Anspruch ist auch nicht als Schadenersatzanspruch wegen Verletzung der Fürsorgepflicht begründet. Es ist davon auszugehen, daß es sich hier um freiwillige und zusätzliche Leistungen des Arbeitgebers handelt. Aus der Fürsorgepflicht ergibt sich kein Ruhegeldanspruch (BAG 4, 360). Auch die Tatsache, daß die Beklagte es unterlassen hat, auf den österreichischen Staat einzuwirken, zugleich Mittel für die deutschen Pensionisten zur Verfügung zu stellen, kann nicht als Verletzung der Fürsorgepflicht angesehen werden. Allenfalls wäre eine Verletzung der Fürsorgepflicht anzunehmen, wenn die Beklagte es treuwidrig verhindert hätte, daß der österreichische Staat auch Mittel für die deutschen Pensionisten zur Verfügung stellt. Dafür ist aber nichts festgestellt. Prozessuale Rügen sind in dieser Richtung nicht erhoben.

Ein Verstoß gegen die Fürsorgepflicht liegt auch nicht darin, daß die Beklagte es bisher abgelehnt hat, mit den deutschen Pensionisten eine entsprechende Vereinbarung wie mit den österreichischen abzuschließen. Dabei ist zu beachten, daß sie für diesen Fall auch eigene Mittel zur Verfügung stellen müßte, was sie bei österreichischen Pensionisten nicht braucht.

5. Der Anspruch des Klägers läßt sich schließlich auch nicht aus den §§ 157, 242 BGB in Anlehnung an den Rechtsgedanken des § 323 ZPO herleiten. Der Erste Senat hat bereits in seiner Entscheidung vom 30. November 1955 (BAG 2, 239) ausgesprochen, daß die Aufwertung oder Ergänzung eines in Reichsmark vereinbarten und im Verhältnis 1 : 1 umgestellten Ruhegeldes mit Rücksicht auf die allgemeine Veränderung der wirtschaftlichen Verhältnisse und Erhöhung der Löhne heute nicht begründet sei. Daran ist festzuhalten.

Sachregister

Gesetzesregister

Zusammenstellung der Entscheidungen nach der Zeitfolge

FSC
www.fsc.org
MIX
Papier | Fördert
gute Waldnutzung
FSC® C083411

Kolibri 360 GmbH
Ferdinand-Jühlke-Straße 7
99095 Erfurt, Deutschland
produktsicherheit@kolibri360.de